中国农民负担史

第三卷

中国新民主主义革命时期
革命根据地的农民负担
(1927年—1949年)

中华人民共和国财政部
《中国农民负担史》编辑委员会 编著

中国财经出版传媒集团
中国财政经济出版社

图书在版编目（CIP）数据

中国农民负担史. 第三卷, 中国新民主主义革命时期革命根据地的农民负担：1927年—1949年 / 中华人民共和国财政部《中国农民负担史》编辑委员会编著. --北京：中国财政经济出版社，2020.12

国家出版基金资助项目 "十三五"国家重点出版物出版规划项目

ISBN 978-7-5095-9561-9

Ⅰ.①中… Ⅱ.①中… Ⅲ.①农民负担-历史-研究-中国-1927-1949 Ⅳ.①F323.8

中国版本图书馆 CIP 数据核字（2020）第 020242 号

责任编辑：胡　博	责任校对：李　丽
封面设计：陈宇琰	责任印制：刘春年

中国农民负担史　第三卷
ZHONGGUO NONGMIN FUDAN SHI　DI SAN JUAN

中国财政经济出版社 出版

URL：http：//www.cfeph.cn
E-mail：cfeph@cfeph.cn

（版权所有　翻印必究）

社址：北京市海淀区阜成路甲 28 号　邮政编码：100142
营销中心电话：010-88191522
天猫网店：中国财政经济出版社旗舰店
网址：https：//zgczjjcbs.tmall.com
北京时捷印刷有限公司印刷　各地新华书店经销
成品尺寸：170mm×240mm　16 开　43.5 印张　620 000 字
2020 年 12 月第 1 版　2020 年 12 月北京第 1 次印刷
定价：152.00 元
ISBN 978-7-5095-9561-9
（图书出现印装问题，本社负责调换，电话：010-88190548）
本社质量投诉电话：010-88190744
打击盗版举报热线：010-88191661　QQ：2242791300

《中国农民负担史》第三卷
编辑委员会

顾　　　问	江东平　李成瑞　骆耕漠
主 任 委 员	项怀诚
副主任委员	蒋乐民　吴坤龙　吴建武　宫成喜
委　　　员	（按姓氏笔画排列）
	李文彬　李宏略　汪雁题　张恩绶
	陈靖华　邵　治　柳国钦　顾仲民
	郭书春
执 行 主 编	汪雁题　李宏略

《中国农民负担史》第三卷
撰稿人及协助审稿人名单

主　　　　稿　　汪雁题

收集资料或编写　　汪义质　张仕振　秦　向　赵之彦
部 分 初 稿 者　　李茂海　关克敏

协 助 审 稿　　（按姓氏笔画排列）

孔祥征　卢德昌　叶锦棠　田均耕
付荣修　白　镜　冯田夫　边裕鲲
成少伯　朱建华　朱跃庭　江楚屏
杜　中　李树萱　吴硕人　言　仁
沈　云　张　扬　陆修璞　欧阳三
罗惠文　周万铣　星　光　贾　森
唐滔默　黄希源　蔡德祐　戴新民

总　　序

《中国农民负担史》是一套专史。它着重从国家与农民的关系上，总结处理负担问题的历史经验教训，阐述中国社会各个历史阶段的农民负担演变过程及其发展变化的规律。

农民负担，诸如捐税、贡赋、摊派、劳役、地租、高利债息、工农产品交换不等价等，都是一定历史条件下一定分配关系的产物。农民，作为社会成员，作为社会的生产者或经营者，要完全摆脱这些负担，是不可能的，也是不符合历史唯物主义观点的。但是，国家对这些负担的处理必须适当，政策要公道，制度要得法，负担要适度；否则，不论在任何社会制度下，都会影响农业生产力的发展，甚至成为爆发社会、政治危机的导火线。

我国是个历史悠久的农业大国，从古至今，处理农民负担问题的正反两方面的经验是比较丰富的。在漫长的旧中国，各种形式的农民负担都是地主、官僚、军阀、资本所有者直接或间接地吮吸农民血汗的罪证，其剥削性是无疑义的。但是，从社会理财的观点考虑，从改革的角度观察，从赋役制度本身看，有许多东西却给后人留下了一份可供借鉴的历史资料。在新中国，从新民主主义革命到社会主义初级阶段，在处理农民负担的问题上，积累的正面经验是主导的。人民政府不仅发动群众，有步骤地消灭了剥削制度，废除了旧社会的苛捐杂税和劳役制度，而且根据中国共产党在各个历史时期提出的总方针、总任务和农村经济发展情况，制定了与之相适应的经济政策和负担政策，建立了一套新型的农村税收制度，当然，在某些问题上也有失误。所有这些经验，不论是古代的、近代的或现代的，也不论是正面的或反面的，都是我国宝贵的文化遗产和社会精神财富。古语说："殷鉴不远，在夏后之世"；"前车覆，后车戒"；"前事不忘，后事之师"。我们在实际工作中，必须高度重视历史经验的研究。

马克思在《〈政治经济学批判〉导言》中指出政治经济学的研究方法有两条道路："在第一条道路上，完整的表象蒸发为抽象的规定；在第二条道路上，抽象的规定在思维行程中导致具体的再现。"[①] 我们认为，这同样是历史学研究方法的两条道路。我国历史学者在第一条道路上已经走出很远，他们按照原始社会、奴隶社会、封建社会、半殖民地半封建社会、新民主主义社会和社会主义社会的历史发展阶段写成了好几部古代史、近代史和现代史；尽管在历史分期方面依然"聚讼纷纭"，就是在许多重大历史事件方面也是"莫衷一是"，但他们的成就是无可怀疑的。相形之下，专史的研究还是一个比较薄弱的环节。但是，我们相信，有相当多的同志正在冲上第二条道路，在不久的将来，一定会取得丰硕的成就。就我们而言，编纂《中国农民负担史》这套专史是一项开拓性的工作，困难是不少的。但是，我们觉得财政部编纂这套专史是义不容辞、责无旁贷的。

编写这套专史，必须坚持历史唯物主义的观点，坚持实事求是的态度。同时，必须对农民怀有深厚的阶级感情，也就是心目中要有农民。在旧中国，各种负担的实质是剥削。我们写旧中国的农民负担，要批判地叙述，反映农民的悲惨处境；但也不能一概否定，对历史上带有民主性、进步性、改革性的东西，像轻徭薄赋、抑制豪强、休养生息、改革赋役制度等有利于发展经济的政策措施也要加以肯

---

① 《马克思恩格斯选集》第二卷，第103页。

定。正如毛泽东讲的，中国现时的新政治新经济是从古代的旧政治旧经济发展而来的。因此，我们必须尊重自己的历史，决不能割断历史，要给历史以一定的科学地位。但是，绝不能无批判地兼收并蓄，要把古代统治阶级的一切腐朽的东西和多少带有民主性、进步性的东西区别开来。对于今天有益的东西，要有批判地继承，做到古为今用。写新中国的农民负担则有所不同。新中国各种负担的实质是农民对中国革命、对"四化"建设的伟大贡献，我们应当热情歌颂，大书特书农民对国家对社会的贡献。同时，对于处理农民负担问题出现的缺点和错误，也必须实事求是揭露，不避讳，不掩过。总之，要用可靠的史料，据实直言，为世人为后代留下一套科学的信史。

"中国一切政党的政策及其实践在中国人民中所表现的作用的好坏、大小，归根到底，看它对于中国人民的生产力的发展是否有帮助及其帮助之大小，看它是束缚生产力的，还是解放生产力的。"[①] 因此，本书围绕农民负担这一主题，对农业生产发展状况及当时影响、制约农业生产力的主要因素，包括政治、军事、土地制度等方面的因素，也择要作了一些分析。这不是多余的笔墨。因为孤立地去分析农民负担问题，政策的社会效应就反映不出来，总结经验教训的目的也难以达到。

本书共分四卷编写：第一卷写中国封建社会的赋役制度与农民负担；第二卷写中国半殖民地半封建社会的赋役制度与农民负担；第三卷写中国新民主主义革命时期革命根据地的农民负担；第四卷写过渡时期和社会主义初级阶段的农村经济与农民负担。（本书最初编写了四卷，2006年又增编了第五卷，写中国全面改革开放和建设社会主义市场经济体制时期的农民负担。本次五卷内容一并出版。编者注）

---

① 毛泽东：《论联合政府》（1945年4月24日），载《毛泽东选集》第三卷，人民出版社1966年版，第1028页。

社会主义中国的历史还在发展。我们总结的历史经验教训,只能当作往前行进的跳板,不是一成不变的。我们不要重复过去的错误,也不能为成功的经验所束缚。我们期望更多的实际工作者和专家学者,都来关心农民负担问题,把中国农民负担史的研究,推向新的境界。

这套专史是中华人民共和国财政部组织编写的。谨以此书献给中国八亿勤劳勇敢的农民,献给从事财政税收和农村工作的实际工作者、教学工作者、理论工作者,献给国内外关心或对中国农民负担问题感兴趣的朋友们。

《中国农民负担史》编辑委员会

1987年12月

目 录

导言 …………………………………………………………………（ 1 ）
第一章 土地革命战争时期的农民负担 ………………………（ 5 ）
 第一节 综述 ……………………………………………（ 5 ）
 第二节 井冈山根据地的农民负担 ……………………（ 39 ）
 第三节 中央根据地的农民负担 ………………………（ 48 ）
 第四节 鄂豫皖、川陕根据地的农民负担 ……………（ 94 ）
 第五节 闽浙赣、湘赣根据地的农民负担 ……………（116）
 第六节 湘鄂赣、湘鄂西和湘鄂川黔根据地的农民负担

  ………………………………………………………（130）

 第七节 左右江、琼崖、陕甘根据地的农民负担 ………（141）
第二章 抗日战争时期的农民负担 ……………………………（157）
 第一节 综述 ……………………………………………（157）
 第二节 陕甘宁边区的农民负担 ………………………（192）
 第三节 晋察冀边区的农民负担 ………………………（241）
 第四节 晋冀鲁豫边区的农民负担 ……………………（293）
 第五节 晋绥边区的农民负担 …………………………（340）
 第六节 山东根据地的农民负担 ………………………（369）
 第七节 华中各抗日根据地的农民负担 ………………（412）
 第八节 华南敌后两个抗日根据地的农民负担 ………（478）

第三章 解放战争时期的农民负担 …………………………（488）
　　第一节 综述 ……………………………………………………（488）
　　第二节 华北解放区的农民负担 ………………………………（513）
　　第三节 西北解放区的农民负担 ………………………………（555）
　　第四节 华东解放区的农民负担 ………………………………（581）
　　第五节 中原解放区的农民负担 ………………………………（622）
　　第六节 东北解放区的农民负担 ………………………………（637）
后记 ……………………………………………………………………（684）

导言

本书第三卷写的是中国新民主主义革命时期革命根据地的农民负担。在时间上，上起国共第一次合作破裂，下迄中华人民共和国成立前夕。

中国的新民主主义革命，始于1919年的五四运动。1921年中国共产党成立后，同孙中山领导的国民党合作，在1925—1927年曾掀起了第一次革命高潮，取得了北伐战争的胜利。但正当北伐战争乘胜向前发展的紧要关头，蒋介石、汪精卫集团却背叛了孙中山所制定的联俄、联共、扶助农工三大政策，勾结帝国主义，叛变革命，残酷屠杀共产党人和革命人民，使中国革命遭受了严重的挫折。

1927年大革命失败后，中国共产党人根据中国半殖民地半封建社会的特点，拿起武器，转向农村，并在总结"工农武装割据"经验的基础上，逐步探明了一条适合中国国情的革命道路——农村包围城市、武装夺取政权的道路。中国人民沿着这条道路前进，经过22年的艰苦奋斗，终于战胜强大的敌人，建立了新中国。

斯大林说过，武装的革命反对武装的反革命，是中国革命的特点之一，也是中国革命的优点之一。在中国革命过程中，武装斗争是革命的主要斗争形式，以农民为主体的军队，是革命的主要组织形式；广大农民所在的广大农村，是革命发展的主要阵地，武装斗争是以农村根据地为依托的，农村根据地从小块发展为大块，从少数根据地发展为多数根据地。同时，武装斗争又是同解决农民问题，即同土地革命（在抗日战争时期是减租减息）紧密联系的。所以，毛泽东曾概括地明确指出，"中国的革命实质上是农民革命"[①]，"中国共产党的武装斗争，就是在无产阶级领导之下的农民战争"[②]。

中国革命的武装斗争是长期的、曲折的，走的是积小胜为大胜的道路。革命不是一举打败敌人，而是经过长期的反复的较量，一点一点地消灭敌人。夺取政权是在一块一块、一片一片的地区上夺取；打碎旧的国家机器也是在一块一块、一片一片的地区上打碎。因此，在中国长期存在着两个对立的政权。

中国革命的这些特点和规律，不仅规定了革命战争过程中军事、政治、经济等诸种斗争的策略和方针，而且规定了革命根据地的财政具有战时的、分散的、主要依靠自己的力量等特点。

革命根据地的财政，中心任务就是保障革命战争的物质供给，解决军队和政府人员的给养问题。从革命战争的需要出发，为革命战争服务，这就是根据地财政的本质和主要内容。毛泽东早就讲过，财政和粮食问题，对于反对"围剿"是有重大意义的。他认为，有足够给养的经济力，是工农武装割据存在和发展的重要条件之一。

革命根据地处于敌人包围、分割、封锁的农村，交通不便，经济落后，自给自足的农业经济占统治地位，工商业比重很小，而且基本上没有任何外间的援助。在这样的环境、条件下，要解决战争的给养问题，是十分困难的。怎么办呢？只能依靠自力更生、艰苦奋斗，只能依靠农村，依靠农业，最后归结到依靠农民出人出力、出粮出钱来解决。正如毛泽东和斯特朗谈话时所说的，"我们所依靠的不过是小米加步枪"[③]。

依靠农民的力量来支持革命，是革命战争时期财政的特色。当然，革命根据地的财政收入还有另外的两个来源，这就是取之于敌和取之于己。所谓取之于敌，就是用革命的武力，把敌人积聚的财富或战略

[①] 毛泽东：《新民主主义论》《〈共产党人〉发刊词》，载《毛泽东选集》第二卷，人民出版社1966年7月横排版，第572、652页。
[②] 同①。
[③] 毛泽东：《和美国记者安娜·路易斯·斯特朗的谈话》，载《毛泽东选集》第四卷，人民出版社1966年7月横排版，第1139页。

物资夺过来，用于革命战争的需要。所谓取之于己，就是军队和政府机关自己动手，发展以自给为目标的生产事业，自己解决部分供给上的困难。这两种方式虽然在某些革命阶段起过显著的作用，但毕竟还是一些辅助的办法，而且这些办法也只是特殊历史条件下的特殊产物。

中国的农民，与工人阶级有着天然的广泛的联盟。中国共产党领导的反帝反封建斗争，符合农民的根本利益，这就是农民积极支援革命的基础。但是，由于根据地农村经济落后，农业生产遭受战争严重破坏，加上自然灾害的袭击，因而，巨大的不断增长的革命战争需要同有限的农民负担能力及其基础——落后的农村生产力之间，仍然存在着严重的矛盾。

为了合理解决这个矛盾，保障战争持久的需要，各根据地政府根据中共中央的指示精神，在开展武装斗争、土地革命（在抗日战争时期是减租减息）的同时，一面抓财政建设，一面抓经济建设。在这个基础上，中共中央总结各地的经验，逐步形成了一套解决财经问题的适当的方针，这就是"发展生产，保障供给，集中领导，分散经营，军民兼顾，公私兼顾，生产和节约并重"的方针[1]。在这套方针指导下的军民兼顾的原则、合理负担的原则以及支持生产的原则，就成为处理革命战争需要同农民负担能力有限这个矛盾的有效原则。根据地政府正是依据这些原则，把农民的个人利益和革命的整体利益、农民的长远利益和眼前利益有机地结合在一起。

与此同时，各根据地政府还按照各个时期的形势、任务、方针，从本地区的实际情况出发，先后废除了封建主义、新老军阀政府的一切苛捐杂税制度，并在利用、改造某些旧税制的基础上，逐步建立了适应新民主主义革命和经济发展需要的新型税收制度；彻底铲除了半殖民地半封建的劳役制度，确立了为革命战争服务的战勤制度。这一整套的农民负担制度，不仅适应了组织财力、人力、物力的需要，而且为中华人民共和国成立后制定财政、税收、农民负担政策和制度奠定了基础。

---

[1] 毛泽东：《一九四六年解放区工作的方针》（1945年12月），载《毛泽东选集》第四卷，人民出版社1966年7月横排版，第1120页。

革命战争期间，农民的负担是重的，在财政经济极端困难的阶段，在环境十分恶劣的根据地里，甚至是超负荷的。但是，政府一方面取之于民，一方面设法减轻人民的负担，而且在"取"的过程中，十分注意节省民力，休养民力，培养民力。政府严格控制了赋税的限度，规定了合理的战勤标准，开展了大生产运动、精兵简政运动和节约运动，还多次整顿了村财政。因此，在长期的战争条件下，农民经济能够有所增长、有所补充，农民的生活能够维持最低的需要，从而能够做到"负担虽重而民不伤"。

由此可见，革命战争时期农民负担变化的过程，既是解决矛盾保障供给的过程，也是中国共产党同农民相互支持、不断加强和巩固工农联盟的过程。我们编写本书第三卷，目的就在于反映这个过程，反映农民对革命战争的贡献，反映革命根据地在财政和农民负担问题上，解决各种矛盾的措施，反映农民负担政策和制度曾经起过的作用和基本的经验教训；使读者能够从这个侧面，看到中国革命道路是怎样走过来的。

革命根据地的农民负担，形式是多种多样的，就其内容来说，主要是三种：一是财粮负担，即农民出的粮、钱、物；二是战勤负担，就是农民出人出力为革命战争承担的各种勤务；三是农民服从战争需要，发挥阶级友爱精神，为革命烈军属代耕代种的一种负担，习惯上叫作社会负担。我们在这一卷里所讲的农民负担，主要是指农民为革命战争所承受的这三种负担。当然，革命根据地的农民还有一种封建的资本主义的经济剥削负担，即地租、高利贷和商业资本剥削负担。但这种负担只是在一段时间里存在，且受到严格的限制，已不是农民负担的主体。

本卷共分三章，土地革命战争时期、抗日战争时期、解放战争时期各设一章。国共合作的北伐战争时期建立的广东革命政府，虽然具有根据地的性质，但政权并不巩固，农村变化不大，财政来源也有较多的特殊因素，而且这方面的史料有限，所以我们就从略了。各章的分节，均是按根据地写的，除东北抗日联军活动的地区，因没有建立过政权组织从略外，其余根据地的农民负担都写进去了。

第一章

土地革命战争时期的农民负担

第一节 综 述

一、红色政权的诞生与发展

1924年,孙中山和共产党人的首次国共合作,是中国近百年史上的一个重大事件。它不仅推动了中国人民反帝反封建革命运动的发展,而且在世界的革命人民中产生了强烈的反响。然而不久,两党结成的统一战线就破裂了,大革命失败了。

1927年大革命失败后,阶级关系和敌我力量对比发生了显著变化,全国革命形势由高潮转入了低潮。"但是,中国共产党和中国人民并没有被吓倒,被征服,被杀绝。他们从地下爬起来,揩干净身上的血迹,掩埋好同伴的尸首,他们又继续战斗了。他们高举起革命的大旗,举行了武装的抵抗,……"①

1927年8月1日,周恩来等领导的南昌起义打响了武装反抗国民

---

① 毛泽东:《论联合政府》,《毛泽东选集》第三卷,人民出版社1966年7月横排版,第985页。

党反动派的第一枪，开始了中国共产党独立领导革命武装斗争的新时期。

1927年8月7日，中共中央在汉口召开了紧急会议，即著名的"八七"会议。会议确定了土地革命和武装反抗国民党反动派的总方针，决定在农民运动基础较好的湘、鄂、赣、粤四省举行秋收武装起义。

根据"八七"会议的决定，1927年9月毛泽东举行了湘赣边界秋收起义；10月，杨善集、王文明、冯白驹等领导了琼崖起义；同月，彭湃等在广东海陆丰地区，领导了农民自卫军起义；11月，潘忠汝、吴光浩等领导了黄麻起义；12月，张太雷、叶挺、恽代英、叶剑英、杨殷、周文雍、聂荣臻等领导了广州工人起义；1928年1月，方志敏等发动了弋阳、横峰农民起义；1月下旬，朱德、陈毅等发动了湘南起义；3月，贺龙、周逸群到洪湖、湘鄂边界开展了武装斗争；3—6月，郭滴人、邓子恢、张鼎丞等领导了龙岩、永定起义；5月，在中共陕西地方组织领导下，渭南、华县农民和西北军许权中旅举行起义；7月，彭德怀、滕代远、黄公略等领导了平江起义。总计，从1927年大革命失败到1928年底，全国各地的革命群众，为了反抗国民党右派的白色恐怖和残酷的屠杀政策，先后发动了100余次武装起义。

毛泽东率领的湘赣边界秋收起义部队，于1927年10月进驻井冈山地区，在这里建立了第一个农村革命根据地，建立了第一个工农武装割据的红色政权。其他地方的武装起义部队中许多起义后向农村进军并实行武装割据的，亦陆续建立了革命根据地，革命武装力量也都得到了发展。

从井冈山革命根据地的建立开始，经过3年的战斗，到1930年的上半年，全国红军发展到10万人（建立了13个军的正规军），赤卫队达10余万人。在江西、福建、湖南、湖北、广东、广西、四川、陕西、山西、河北、河南、安徽、江苏、浙江等10余个省的300多个县中，建立了赣南、闽西、湘赣、湘鄂赣、赣东北、洪湖、湘鄂西、鄂豫皖、左右江、陕甘、琼崖等大小15块革命根据地，人口有八九百万。

第一章 土地革命战争时期的农民负担

1930年5月,反动统治阶级内部爆发了蒋介石和阎锡山、冯玉祥的中原大战。毛泽东等利用当时蒋、阎、冯战争的有利形势,发动群众,扩大红军,进一步扩大了革命根据地。之后,毛泽东、朱德等又正确地指挥红军,成功地粉碎了蒋介石连续发动的三次"围剿",使赣南、闽西根据地连成一片,建立了拥有21个县城、250万人口的中央革命根据地。

在中央革命根据地反"围剿"胜利的同时,其他各革命根据地也都取得了重大的胜利和发展。鄂豫皖根据地在1931年11月发展成纵横数百里、拥有200万人口的地区。湘鄂西根据地扩大到包括桑植、鹤峰、大庸等县,直到常德附近。洪湖区自红军主力西移后,一直坚持游击战争,至1931年初又得到了恢复。闽浙赣区的红十军自九江退回原根据地后,1931年又恢复到将近1万人。此外,在广东东江、海南岛、陕北以及江苏有些县的游击队也很活跃。

三次反"围剿"战争结束后,闽赣、湘赣、湘鄂赣、闽浙赣及其他红色区域,都有了发展和相互间的联系,普遍建立了人民自己的红色政权。1931年11月7日,在江西瑞金召开了中华工农兵苏维埃第一次全国代表大会,成立了全国性的红色政权——中华苏维埃共和国临时中央政府。在中央政府的统一领导下,设有江西省、福建省、湘赣省、闽浙赣省、粤赣省、湘鄂赣省、鄂豫皖省、湘鄂西省等地方性政权组织。这时,革命根据地的人口达到1000万,红军亦恢复到10万人,是土地革命战争时期根据地发展的盛期。

从第四次反"围剿"战争开始,革命根据地逐渐发生变化。1932年10月中旬,由于张国焘的错误,红四方面军撤离鄂豫皖根据地向西转移,建立川陕根据地,原鄂豫皖根据地变成游击区。1932年9月,湘鄂西红军被迫退出洪湖根据地,后来经过长途转战,转移到湘鄂川黔边境,建立了湘鄂川黔根据地。与此同时,湘鄂赣根据地的红十六军,也被迫移师南下,转入湘赣根据地,湘鄂赣根据地全部变成了游击区。但是,中央革命根据地和闽浙赣根据地仍然取得了第四次反"围剿"的伟大胜利,根据地面积不仅没有缩小,而且略有扩大。

1933年10月,蒋介石对革命根据地发动了大规模的第五次大

"围剿"。这时，共产党内的"左"倾机会主义发展到了顶点，由于军事战略战术上的错误，湘赣红军于1934年8月被迫西征。中央根据地虽然坚持斗争了一年之久，终因"根据地日蹙而无法恢复"①，不得不退出中央根据地。随着中央革命根据地红军开始长征，闽浙赣根据地也于1935年1月全部丧失。红军长征以后，革命根据地损失90%，除陕甘苏区仍保留土地革命的胜利成果外，其余根据地基本上丧失；红军由30万人减少到3万人，党员由30万人减少到2.5万人；根据地人口，由约1000万减少到100万。

红军主力北上长征后，留下的红军在南方八省的14个地区，继续坚持了艰苦卓绝的游击战争。这14个地区是：赣粤边、闽浙赣、赣东北边、闽西、闽北、闽东、闽南、湘南、浙南、湘赣边、湘鄂赣边、鄂豫皖边、豫南桐柏山和广东琼崖。这些地区，有些后来发展成为敌后抗日根据地。

1936年10月，中国工农红军第一、二、四方面军在甘肃会宁会师，胜利结束了伟大的长征。不久，中共中央又和平解决了"西安事变"。从此，中国革命由国内战争走向抗日民族战争，红色政权发展的重点亦由南方移到了北方。

二、苏区的土地革命斗争

土地革命战争时期，土地斗争是根据地的中心任务，筹粮筹款是围绕着这一中心任务进行的，负担政策亦是同土地政策紧密联系的。因此，我们研究这一时期的农民负担，不能不把土地革命开展的情况及有关的政策精神，先作一个扼要的叙述。

鸦片战争以后，中国的社会性质是变了，但是封建剥削制度的根基——封建地主的土地私有制，却一点也没有变动。在中国广大农村中，地主阶级占有的土地依旧保持着绝对优势，而且由于军阀、官僚、商人、高利贷者以及帝国主义纷纷兼并土地，地权更为集中了。

据1927年6月中国国民党中央执行委员会农民部土地委员会报

---

① 毛泽东：《中国革命战争的战略问题》，载《毛泽东选集》第一卷，人民出版社1966年7月横排版，第195页。

告，在全部农业人口中，佃农、雇农和无固定职业的农村人口占55%，他们全无土地；贫农占20%，占有全部耕地的6%；中农占11%，占有全部耕地的13%；富农占8%，占有全部耕地的19%；地主占6%，占有全部耕地的62%。总计，占农业人口86%的贫农、佃农、中农等，只占有全部耕地的19%，而仅占农业人口14%的富农、地主，却占有全部耕地的81%[①]。

苏区大部分处于兵战连年、农民困苦流离的南方各省，地权集中的程度还要高一些。地主阶级占有的土地一般达到土地总数的70%左右。

随着土地的集中，农村佃农贫农增加，地租剥削也日益加重。苏区革命前的租率，一般在50%以上，闽西各县最低60%，长汀70%，连城南乡高至80%[②]。这种地租剥削又同买办资本和高利贷资本的剥削结合在一起，吮吸着农民的血汗。因此，农民痛苦日甚，非革命即再无生路。

中国共产党是深知农民痛苦，真心实意支持农民起来革命的。中国共产党成立不久，一些共产党人就深入农村，组织农会，开展了抗租、减租斗争。1925年11月发表的《中国共产党告农民书》进一步指出："解除农民的困苦，根本是要实行'耕地农有'的办法，就是谁耕种的田地归谁自己所有，不向地主缴纳租谷。"[③] 1926年2月11—24日，中共中央为准备北伐战争在北京召集的特别会议上指出"北伐的政纲，必须以解决农民问题作主干"之后，邓演达、毛泽东等进一步论述了农民问题的严重性，指出：农民问题乃国民革命的中心问题[④]；中国的农民问题，其内容即是一个贫农问题，贫农问题的中心

[①] 中国现代史丛刊：《第一次国内革命战争时期的农民运动》，人民出版社1953年出版，第3—5页。
[②] 中共闽西第一次代表大会之政治决议案（1929年7月），载《中央革命根据地史料选编》（中册），江西人民出版社出版，第109页。
[③] 中央党校编：《中共党史参考资料》（二），人民出版社出版，第174页。
[④] 毛泽东：《国民革命与农民运动》（《农民问题丛刊》序）。

问题，就是一个土地问题①。

这些主张和见解，不仅有力地驳斥了党内外怀疑和指责农民运动的各种论调，正确地指导了北伐战争前后农民运动的开展，而且为中国农民的彻底解放，提出了一条正确的道路——土地革命的道路。

然而，土地革命纲领的正式提出，还是在1927年的"八七"会议②；土地革命纲领真正付诸实施，则是在中国红色政权建立以后。

1928年春，毛泽东在宁冈大陇区发动群众开展的分田斗争，揭开了中国土地制度改革的序幕③。同年夏，邓子恢、张鼎丞也在永定县的金砂乡搞了分田试点，并取得了经验。1928—1935年的8年间，各个革命根据地都在不同范围不同程度上，实行了土地制度的改革，实现了"耕地农有"的主张。其中，赣西南分配土地的有30余个县（1930年统计），闽西有5个县，陕甘地区开展土改的有23个县。就是斗争环境极端恶劣的琼崖根据地，也在乐会、万宁、陵水等县进行了土改，将土地从封建剥削者手里转移到农民手里，使农民从封建的土地关系中获得了解放。

这是中国新民主主义革命过程中进行的第一次土地制度改革，也是一次彻底的改革。所谓"彻底"，包含着两层意思：其一，彻底废除了一切封建剥削的土地制度，真正做到了"耕者有其田"；其二，土地按人口平均分配（也有按人口和劳力混合分配的），使"耕者"每人平均占有土地的数量与质量，大体上趋于一致（在一个乡的范围内）。这种彻底的改革，既不同于资产阶级改良主义者提出的各种主张，也不同于苏联十月革命后解决土地问题的做法。

苏区的土地革命，依阶级斗争的发展，大体上是分三个阶段进行

---

① 邓演达、陈克文、毛泽东：《中国国民党中央执行委员会第三次全体会议对农民宣言》，1927年3月19日。中央党校编：《中共党史参考资料》（二），人民出版社出版，第424页。

② 1927年5月中共"五大"会上，虽然通过了土地问题决议案，但是中共中央领导人陈独秀、谭平山却说暂时不能深入革命，没收土地还要等一等，所以实际上等于没有提出土地革命纲领。

③ 1927年11月，彭湃在海陆丰领导农民成立了苏维埃政权，并且宣布没收和分配土地，但不久就因敌人进攻而失败了，实际上没有执行。所以，这次分田斗争，还不是中国土地制度改革的正式开始。

的：没收分配土地的阶段、检查土地的阶段、土地建设的阶段①。

在第一阶段，中心任务是以武力推翻地主阶级的政权，建立革命的临时政权（革命委员会），建立地方的工农武装，建立革命的群众团体，没收地主阶级的土地财产分配给雇农、贫农、中农，废除债务，焚毁田契与借约。这个任务，凡是正式开展分田斗争的地区，都是完成了的。

第二阶段的任务是查田、查阶级，巩固革命政权，使土地革命的利益完全落到中农、贫农、工人身上。凡是在第一阶段分田斗争不深入的地方，都进行了第二阶段的土地检查。由于第一次搞土地改革，缺乏经验，又是在敌人四面包围的环境条件下进行的，当时分田不彻底的地方占有很大的比重。以中央苏区为例，这种地方的面积差不多占80%，群众在200万人以上②。但是，真正开展查田运动的地区，只有中央苏区、湘赣苏区和闽浙赣苏区。

苏维埃政权得到巩固，地方武装与革命群众团体得到发展，地主富农的封建半封建势力被彻底摧毁，土地已经彻底分配之后，农民群众在土地问题上的斗争，就进入改良土地发展生产的阶段。少数地方是从第一阶段直接进入第三阶段的，大部分地方是经过土地检查进入第三阶段的。第三阶段的中心问题是土地建设问题。这个问题，就是在中央苏区也是刚着手搞，就被敌人的"围剿"中断了。

在土地革命过程中，中共中央、特委、省委以及各级苏维埃政府③，都制发了正式的土地法令（或通过决议），具体规定了土地没收和分配的标准。由于"左"倾机会主义错误的干扰，加上党内认识上有分歧，这些标准规定得很不一致。不仅各根据地之间不一致，就是在同一根据地内前后执行的情况也不一致，变化较大。

关于没收谁的土地问题，前后大体上有五种做法：

---

① 毛泽东：《在八县查田运动大会上的报告》，1933年6月14日。
② 中央政府关于查田运动的训令（1933年6月1日）。
③ 中国红色政权的组织形式近似于苏维埃政权。中国1927年的革命失败之后，中国共产党以毛泽东为首所领导的各地民众革命起义，即以代表会议为民众政权的形式。但在中国这个革命阶段，这种政权的性质，是无产阶级领导的反帝反封建的新民主主义革命的人民民主专政，这是和苏联的无产阶级专政的政权性质有区别的。

第一，没收一切土地。即不论是地主、富农的土地，还是中农、贫农的土地，一律没收，同时焚毁一切契约。土地革命初期开展分田斗争的地方，包括井冈山根据地、湘东、闽西永定县等，都采取这种做法。正如毛泽东所指出的，没有把农民和地主区别对待，是一个原则性的错误。后来就改正了。

第二，没收地主豪绅阶级、一切反革命的土地和公田；自耕农的土地不没收，仍由耕者耕种，但管理权归政府，农民只有使用权。1928年琼崖特委在乐会第四区开展的土地革命，右江苏维埃政府1930年搞的分田运动，都采取这种办法。

第三，没收一切豪绅地主阶级及祠堂、庙宇、会社的田地、山林、池塘、房屋；自耕农的田地、山林、池塘、房屋，除自食自用外，尚有多余的，多余的部分经政府批准亦予以没收。这是1929—1930年南阳会议前赣南、闽西以及赣东北等根据地实行的办法。这里讲的自耕农，包括富农在内，没有单独提出对待富农的办法。

第四，没收地主、豪绅、反革命、富农的一切土地和财产（富农的财产只没收多余部分）。1930年6月南阳会议后，在赣南、闽西根据地改行这种做法；1931年中共中央六届四中全会后各个根据地普遍执行这种做法。这是当时反对富农策略的具体体现。

第五，没收地主豪绅的一切土地，对富农只没收其出租部分的土地。这种做法，在中共中央六届四中全会以前，湘鄂西根据地曾执行过一段时间。1930年10月，湘鄂西特委第一次紧急会议关于土地问题决议案大纲和湘鄂西第二次工农兵贫民代表大会通过《土地革命法令》中，都明确规定：没收一切地主阶级的土地和财产，对富农的土地只没收所余出佃的一部分土地，不动中农的土地。实际执行也是如此。1930年以前鄂豫皖苏区和1935年陕甘边区的做法，也类似湘鄂西的办法。但是，鄂豫皖根据地只提出没收富农超过生产能力以上的多余土地，没有明确提出"出租地"的界限；陕甘边区在绥德进行土改时，只对劳动富农没收一部分土地，对高利贷富农的土地仍全部没收。1935年12月6日，中共中央关于改变对富农策略的决定下达后，没收土地的标准趋于统一。从这时起到抗日战争前夕，中国共产党的土地政策是：只没收地主阶级的一切土地；对于富农，只取消其封建式剥削的部分，即没收其出租的土地，并取消其高利贷。富农所经营的（包括雇工经营）土地、商业以及其他财产则不没收，苏维埃政府保障富农扩大生产（如租佃土地、开辟荒地，雇用工人等）与发展工商业等的自由。

上述五种做法，有共同点，也有较大的差异。主要的差异是在对待富农的问题上。实践证明，对富农的土地，只没收其出租的部分，限制其封建剥削，是符合民权革命的性质和任务的，是一种比较完善的做法。

关于没收的土地的归属问题，整个土地革命过程中大体上有两种截然不同的做法：一是收归国有；二是分配给农民，归农民私有。1930年以前，各根据地都执行前一种做法，即没收的土地统归苏维埃政府所有，分配给农民后，农民只有使用权，没有所有权。有些根据地，例如赣南、闽西等，不仅没收的土地归苏维埃政府所有了，不在没收范围内的土地，即农民原来自有的土地，实际上也失掉了所有权，只有使用权。

1931年2月8日，中共苏区中央局就"土地问题与反富农问题"发出了第九号通告。通告强调指出："必须使广大农民在革命中取得了他们唯一热望的土地所有权，才能加强他们对于土地革命和争取全国苏维埃胜利的热烈情绪，才能使土地革命更加深入。"此后不久（2月28日），毛泽东给江西省苏维埃政府写了信。信中要求各级政府发出命令和布告，明确宣布过去分好的田即算分定。"这田由他私有，别人不得侵犯，以后一家的田，一家定业，生的不补，死的不退；租借买卖，由他自主；田中出产，除交土地税于政府外，均归农民所有。"从此，各根据地的做法都先后作了改变，把土地收归国有的做法，改为分配给农民私有。

从实行土地国有到确定土地归农民私有，是中国共产党的土地政策的一个重要转变。中共中央之所以要实现这一转变，是因为土地国有化的政策，在半殖民地半封建的中国农村行不通。首先是经济条件不具备。旧中国的农村，仍是封建经济占统治地位，生产水平很低，技术很落后。土地虽然很集中，但多数地主都是出租土地，经营地主很少，资本主义的农业生产方式很不发达。这些情况，与欧洲的农业资本主义化不同，与俄国许多地方存在着大量的农村公社、资本主义已有相当发展的情况也不同。因此，过早地实行土地国有化（或者是半土地国有化），不仅不能解放社会生产力，而且要破坏生产力的发展。其次是农民难以接受。中国长期存在着土地的自由买卖，长期存在着土地私有制，中国农民的土地私有观念很浓厚。农民热烈地起来参加土地革命，他们的目的，不仅在于取得土地的使用权，主要还是为了取得土地的所有权。在这种情况下，实行土地国有的政策，势必与农民的强烈的土地私有观念相抵触，因而得不到他们的拥护。再次是不利于调动农民的生产积极性。土地革命的目的在于解放生产力，提高农业生产水平。但是，"过去田归苏维埃政府所有，农民只有使用权的空气十分浓厚，并且四次五次分了又分，使得农民感觉田不是他自己的，自己没有权来支配，因此不安心耕种"[①]，也不愿意在施肥、水利和改良土壤等方面追加投资和下功夫。实践证明，由于地权没有确定，"红色区域在建立的头一二年，农业生产往往是下降的。但是经过分配土地后确定了地权，加以我们提倡生产，农民群众的劳动热情增长了，生产便有恢复的形势了"[②]。

在土地革命战争时期，凡是正式开展了分田斗争的地方，都平分了土地。但具体做法截然不同，大体上有三种：一是平分一切土地；二是只平分地主的土地和富农的出租地；三是平分地主富农的一切土地，地主不分田，富农分坏田。

平分一切土地，是多数地区执行的一种做法。闽西、赣南、赣东北、湘赣、右江等根据地基本上是按这种做法做的。所谓平分一切土地，就是以乡为单位，把没收的土地和农民原有的土地总合起来计算（地分上中下三等，按等统一折合为谷的担数），按全乡人口总数平均分配（男女老少都算一口人，地主家属和富农都算在内）。分配时，

---

① 毛泽东给江西省苏维埃政府的信，1931年2月28日。
② 毛泽东：《我们的经济政策》（1934年1月23日），载《毛泽东选集》第一卷，人民出版社1966年7月横排版，第117页。

以原耕为基础，抽多补少，抽肥补瘦，进行调剂。分配结果，在一个乡的范围内，每人分得的土地，在数量上质量上都大体差不多，地主富农同样分得一份田。这是一种彻底平分土地的做法：地主集中的土地，经过没收分配转移到了贫农雇农手里；富农占有的多余土地和好地，也通过"双抽"的办法（抽多补少、抽肥补瘦），转移到了贫农雇农手里。

为什么要采取平分一切土地的做法呢？这是因为：第一，在南方各省，富农所占的土地，其数目仅次于地主（例如，江西省富农所有土地占总数的20%），而且多数是肥沃的土地。如果仅仅没收分配地主的土地，而不没收平分富农多余的土地，就不能满足广大贫苦农民群众的土地需要。第二，南方各省土地集中程度较高，中农占有的土地一般都达不到平均水平，以江西省为例，中农人口占20%，土地只占15%。因此，实行平均分配土地的做法，中农一般是补进的多，抽出的少，不至于侵犯中农的利益。第三，平分一切土地与没收一切土地的做法是根本不同的，在政策上不仅体现了对地主与对农民有区别，而且对地主与对富农也仍然是有区别的。第四，平分一切土地的口号，最易于为农民所接受。

平分土地的第二种做法，是湘鄂西根据地在1930年以前执行的办法。这种办法，只平分没收地主、社会团体的土地和富农出租的土地，其余的土地均不参加平分，归原耕者耕种。特别强调不动中农的土地。没收的土地主要是平均分配给失地与少地的农民，如果土地有余，一般中农也可分给一点。这种做法，虽然贫雇农分得的土地要少一些，但对于稳定中农的情绪、团结中农是非常有利的，对于削弱富农经济、促使富农保持中立也是有利的。当时，湘鄂西根据地分配土地，农村中各阶级占有的土地数量与质量仍然是有差别的，富农占有的土地仍较多，中农特别是富裕中农占有的土地一般也比贫农多。鄂豫皖、湘鄂赣根据地在1930年以前的做法亦与湘鄂西差不多。

第三种做法是"左"倾机会主义者王明推行的一种错误做法，就是平分地主富农的一切土地，地主不分田，富农在不反革命的条件下分给一份坏田种。土地的平分，基本上是按人口和劳力两个标准进行的。这种做法，虽然受到毛泽东和苏区许多干部群众的抵制，但不少地区在1931年以后仍然采用。执行的结果是阶级阵线混乱，既伤了一些中农，又过火地打击了地主富农。所以后来毛泽东又作了多次批判，一再告诫全党，这种过"左"的错误政策，不应重复。

三、苏维埃政府的财政政策和负担政策

1927—1937年的土地革命战争，"是在新的情况之下进行的。战争的敌人不但是帝国主义，而且是大资产阶级和大地主的联盟"①。战争的特点，"是'围剿'和反'围剿'的长期地反复和攻防两种战斗形式的长期地反复"②。在战争过程中，敌人不但组织了武装力量进行军事上的"围剿"，而且在经济上实行残酷的封锁政策。分散而又孤立的红色区域，经济非常落后，农业经济很不发达，工商业经济比重很小。随着"围剿"和反"围剿"斗争的长期反复，根据地又常常流动不定。这一切，使苏区的财政，包括财政来源、筹集粮款的方式、政策实施和财政使用等方面，都具有许多不同的特点。

苏区政府的粮食和收入来源，主要有二：一是取之于敌，二是取之于民。筹集粮款的具体办法，各个革命阶段、各个根据地不尽相同。粮食的筹集，主要有征收、收集、征发、借谷等四种形式；收入的筹集，则有打土豪、捐款、派款、征税、发公债、捐献等数种形式。其中，有些属于经常性的来源，有些是根据当时的环境和条件，采取的临时性措施。

"苏维埃的财政政策，建筑于阶级的与革命的原则之上"，"苏维埃把主要财政负担放在剥削者身上"，"税收的基本原则，同样是重担归于剥削者"。而且，注意"从发展国民经济来增加苏维埃财政

---

① 毛泽东：《中国革命战争的战略问题》（1936年12月），载《毛泽东选集》第一卷，人民出版社1966年7月横排版，第168页。
② 毛泽东：《中国革命战争的战略问题》（1936年12月），载《毛泽东选集》第一卷，人民出版社1966年7月横排版，第178页。

的收入"①。这些政策原则,是从武装斗争、土地革命斗争的实践中逐步形成的,又是同解决土地问题所施行的斗争策略紧密联系的。

(一) 向封建剥削者进行没收或征发的政策

向封建剥削者进行没收或征发,是土地革命战争时期各个革命根据地普遍实行的一种筹粮筹款方式。用这种方式取得的收入,在土地革命的前期和中期,曾占了主要的位置。

"所谓向封建者没收征发,即是向苏区与白区地主富农筹款。"② 对地主筹款,当时叫打土豪;对富农筹款,当时叫捐款,或曰"征发余粮"。这种筹款方法,是借助武装力量或群众斗争力量进行的,具有极大的强制性。

向封建剥削者筹款,有没收、罚款、捐款、征调等不同的做法。对地主豪绅筹款,各根据地都采取没收、罚款的办法,就是没收他们的全部财产和家物(为富不仁、作恶多端的土豪除没收外还另行罚款),一部分分给当地贫苦农民,一部分(主要是金银和现款)用于红军供给。对富农筹款,则前后做法不同。土地革命初期,对富农亦放在土豪之列打,同样采取没收、罚款的办法,与对待地主没有什么区别。土地革命中期和后期,执行中立富农或限制富农策略的,有的只打土豪,没有向富农筹款,有的则采取捐款的办法,根据富农的经济力量要他们捐一部分钱;执行反富农策略的,则采取罚款、捐款或征调的办法,将富农现款捐尽,与地主罚款无别,并征发富农的全部剩余粮食。1933年10月10日,苏维埃共和国中央政府在《关于土地斗争中一些问题的决定》中,规定对富农捐款数量,至多不得超过富农现有活动款总数的40%,并明确指出:捐款是临时性质,与经常的土地税不同,捐款次数应有限制;向富农捐款之权,限于国家财政机关,任何其他机关,不得向富农捐款。从此,向富农筹款才有了明确的具体的政策。

没收、罚款、捐款,原是大革命时期农民从政治上打击地主的一

---

① 1934年1月23日毛泽东在中华苏维埃共和国中央执行委员会与人民委员会对第二次苏维埃代表大会的报告,《红色中华》,1934年1月26日。

② 同①。

种方法①，到土地革命战争时期，才成为红军和工农政权筹粮筹款的一种财政手段。红军和工农政府采取这种筹款办法，出发点有二：一是出于土地斗争的需要。从打土豪入手，有利于发动群众，使群众从长期反动宣传欺骗和宗族观念束缚中解放出来，提高觉悟，敢于斗争。同时，发动农民起来打土豪，有利于从经济上消灭地主，削弱或反对富农。二是出于财政需要。红军一成立，就面临供给的严重困难，首先是没有饭吃。当时，粮食和钱都掌握在财主手里，农民手里没有钱也没有粮。要解决红军给养的困难，只能从财主手里夺取。向封建剥削者筹款，就是在这样的特定历史条件下形成的。

实行向封建剥削者筹款的政策，对于保障革命战争的供给曾起了很大的作用。这种办法，不仅机动灵活，有利于就地解决红军供给问题，适应反"围剿"战争的需要；而且，由于负担的重担落在剥削者身上，有利于减轻根据地内农民的负担。在土地革命战争的初期和中期，农民负担较轻，有些地方的农民基本上没有负担，很重要的一条，就是打土豪筹款较多，有条件可以让农民少负担一些。

但是，向封建剥削者没收或征发的做法，特别是对富农罚款、捐款的做法，在土地革命初期、中期曾出现过一些过火的错误。有些地方对于富农缺乏正确的分析和认识，他们决定富农的条件，不是以剥削关系来决定，而是以财产多寡作标准，所以往往把不放高利贷，不出租土地，不雇用工人，不以各种方法来剥削别人，而只用自己劳动谋得生活上稍优裕的富裕中农认作富农。根据这一认识去"打富农"，并把筹款、筹粮当作斗争富农的唯一方法，必然把部分中农打成富农，从而破坏无产阶级与中农的联盟。这是革命的莫大损失和危险。

（二）依阶级征收的土地税政策

征税，是土地革命战争时期筹粮筹款的另一种形式，也是土地革命后期（特别是第四次第五次反"围剿"战争期间）的主要筹粮筹款方法。

---

① 当时农民对地主采取清算、没收、罚款、捐款等方法，主要是打掉地主豪绅的威风，使他们失掉面子，经济上的斗争主要是反对苛捐杂税。

苏区的税收比较简单，主要是两种：一是向农民直接征收的土地税，二是向商人征收的商业税（肩挑小贩及农民直接出卖其剩余生产品者，一律免收商业税）。商业税的征收又分关税与营业税。此外，少数根据地还征收过摊子税、屠宰税和特种税等。

向农民征收的土地税，在一些根据地又称田税、农业税、农业累进税、单一农业经济累进税、单一的农产累进税①、土地公益捐、公益费、粮食累进税、公粮。名称和形式虽然不同，实质是一样的，都是对土地所有人征税，即对分得土地的农民征税。此外，对分得山林的农民征收的山林税、园地税等，也属于这一类（闽西把店房税也放在土地税这一类）。在土地革命战争时期，土地税负担是农民的经常性负担；公债、借谷、捐献等形式的负担，则是临时性负担。

向农民征收土地税，最初是《中共中央关于湘、鄂、赣、粤四省农民暴动大纲》（1927年8月3日）中提出的。《大纲》在讲到暴动的战略时说："实行对反动政府拒绝交纳任何捐税，并实行对反革命势力的经济封锁，如阻禁，拒卖军米等。""自耕农土地不没收，自耕农凡已取得大地主田地之佃农，对其革命政权（农会）交纳田税，税额可由农民协会规定之。"② 1927年8月23日，《中央复湖南函》又提出："土地没收后由革命政府宣布简单的田税税率法（累进的田税，至多不超过收入30%）。"③ 各地组织秋收暴动后，中共中央在关于没收土地和建立苏维埃问题发出的三十七号通告中又提出，土地使用人须向县苏维埃缴纳农产品10%—15%国税（由县苏维埃以所收入之税额20%缴国家苏维埃，30%缴省苏维埃，20%津贴乡苏维埃，30%归县苏维埃支配，区苏维埃用费由县苏维埃津贴）④。依据中共中央的这

---

① 这个名称，是从苏联搬过来的。1923年，苏联实行税制改革，把粮食税、劳动畜力税、挨户货币税、公民税（属于农村居民部分）和某些地方税捐合并，称单一农业税。
② 中共中央党史资料征集委员会、中央档案馆编：《八七会议》，中共党史资料出版社1986年10月第1版，第103页。
③ 中央档案馆编：《秋收起义》（资料选辑），中共中央党校出版社1982年3月第1版，第24页。
④ 中国社会科学院经济研究所中国现代经济史组编：《第一、二次国内革命战争时期土地斗争史料选编》，人民出版社1981年出版，第221—222页。

些指示精神，各根据地在建立了政权之后，先后向分得土地的农民开征了土地税。开始是个别地方征收，土地革命深入后才普遍征收。

工农政权征收的土地税，是新民主主义革命税收体系建立的开端。这种新型的税收，是为革命战争服务的，是为土地革命服务的。它既是保障战争供给的财政手段，又是开展土地斗争的阶级斗争工具。

土地税的征收，贯彻了兼顾的原则和阶级的原则。

所谓兼顾的原则，就是"集中经济力量供给战争，同时极力改良民众的生活"[①]。这个原则的实行，大体上可以分成三个阶段。

土地革命尚未深入之前，即1927—1929年这一阶段，红军给养虽然很困难，但鉴于农民尚未得到土地或刚分得土地，生活较苦，生产上的困难也多，绝大多数地方都没有向农民征税。当时，各根据地的指导思想都比较明确，就是土地税的征收，以苏维埃政权是否巩固、农民是否分田受惠为原则，有些地区把这个原则写入了征税办法的第一条。个别地方出于筹集粮食的需要，征收了土地税，但税负也是比较轻的。平浏苏维埃政府向农民征收了生产总额25%的税，曾受到中共中央的批评。中共中央指出："土地问题的正当解决，不仅在狭义的土地关系上，同时在苏维埃对农民的税收上也应当注意。现在平浏苏维埃向农民征收生产总额25%的税，这确已经是不少的数目。自然，假使一切问题能得着正当的解决，假使农民群众真正免除了一切其他的负担，则现在25%的税，较之以前对地主豪绅完纳百分之五六十以上，自然仍是减轻许多。但我们同时要注意，因为敌人的进攻、经济的危机、持续不断的武装斗争，现在农民75%的收获，是否实质上能超过以前之百分之四五十，这是很大的疑问。因此，我们一定要承认现在25%的税收是一个很大的数目，在原则上我们依然要尽量想方法减轻农民的负担。"[②] 由此可见，在这个阶段里，苏维埃政府是侧重兼顾农民利益的。

---

① 毛泽东：《我们的经济政策》（1934年1月23日），载《毛泽东选集》第一卷，人民出版社1966年7月横排版，第116页。

② 《中央给湖南省委的指示信》（1929年9月5日），载中国社会科学院经济研究所中国现代经济史组编《第一、二次国内革命战争时期土地斗争史料选编》，人民出版社1981年出版，第319页。

到 1930 年，农民普遍分田受惠，农民经济力量有所增强，具备了征税的条件。苏维埃政府的财政，随着根据地的扩大和红军人数增多，困难逐渐加剧。国民党反动军阀连续发动的三次"围剿"，使各根据地的财政单靠打土豪已不能克服当时的困难。在这种情况下，苏区比较普遍地向农民征收了土地税。但是，在 1930—1932 年的 3 年中，征收的数目仍然不多，也没有自上而下分配征收任务，农民的负担还是比较轻的。以中央根据地为例，农民负担占分田产量的比例，一般在 8% 和 9% 之间。这个阶段还是偏重于兼顾农民利益的。

从 1932 年底到红军长征的几年间，情况就不同了。敌人的"围剿"越来越凶，战争很频繁，经济封锁越来越紧，而红军数量又猛增，根据地的范围又步步缩小。因此，战争的大量需要同财粮来源的不断减少，形成尖锐的矛盾。为了集中一切经济力量保证战争的需要，各个根据地都增加了土地税的征收额，并采取逐级分配任务指标的方法，责令区乡照数完成。中央根据地除增加土地税征收额外，还向农民多次推销公债，开展了借谷运动。这个阶段，苏维埃政府是着重从革命战争的需要出发考虑问题的，是偏重兼顾农民整体利益的，农民的负担也确实是比较重的。即便如此，也并没有忘记农民的眼前利益，苏维埃政府仍然想方设法，采取措施，例如普遍向商人征收营业税，开展节约运动等，尽量减少农民的负担，极力去改善农民的生活。

依阶级的原则征收土地税问题，是 1930 年 5 月全国苏维埃区域代表大会通过的《土地暂行法》中最初提出来的。《土地暂行法》规定："分有土地的农民，应缴相当的公益费，其数目由当地苏维埃政府按照累进税的原则规定之。""累进税的原则是所得愈多者，缴纳公益费的比例应同时增加。特别是雇用雇农耕种的富农，缴纳公益金的比例，必须比独立劳动的农民增多。"

同年 6 月，红四军前委、闽西特委联席会议通过的《富农问题》决议，更明确具体地提出了土地税征收的阶级原则。决议中说："土地上农业累进税的目标是供给斗争的财政需要，在这个目标下以保护贫农、联络中农、打击富农为原则。为了斗争的财政需要，贫农自不能不出相当的土地税，但必须收得很轻，极贫的（每年食不够的）应该免税。中农出税较贫农可以多一点，但须不违背联络中农的原则，就是说中农出税亦不能太重。对于富农可以抽收高至 15% 的土地税，为了斗争的紧急需要，得向富农无代价征发剩余粮食。"这个原则，总的精神是正确的。但是，打击富农（尽管最高只征 15% 的税）的提法，与民权革命的宗旨不符，是错误的。

后来，到 1934 年，毛泽东总结了土地斗争的经验，完整地提出了税收的阶级原则。他说："农业税依靠于农民的革命热情，使之自愿地纳税，同样是累进原则的征收法。家中人口少分田少的税轻，家中人口多分田多的税重。贫农中农税轻，富农税重。雇农及红军家属免税。被灾区域按灾情轻重减税或免税。"① 这个原则，后来一直是在税收问题上处理农民内部各阶级关系的一条基本准则。

征收土地税贯彻阶级的原则，主要是从各阶级的负担能力和限制富农经济发展两个方面出发的。

税收是一种义务缴纳。向每户农民征多少税，首先要看他们有没有负担能力，有多大的负担能力，不能像反动军阀政府那样横征暴敛。土地平分以后，农村各阶级占有土地的数量和质量虽然大体上差不多，但由于原来的家底厚薄不同，生产条件和经营条件不同，实际的收入水平和生活水平，也就是负担的能力，仍然存在一定的差别。贫农雇农由于翻身不久，家底单薄，家中青壮年参加红军的多，生产上还存在着不少的困难。许多贫苦农民经济收入仍然较低，生活也紧，负担能力很弱，需要在经济上加以扶持。中农的情况要好一些，一般都有些余钱剩米。但是，负担能力大一点的也只是其中的一部分，即富裕中农。真正有负担能力的还是富农。富农的土地虽然被平分了，但生产条件仍然较好（财产保留没有平分），实际收入水平仍然较高，生活仍然较富裕。在查田运动开展之前和未开展查田运动的地方，富农隐瞒土地和把持肥田的现象比较普遍，他们实际占有土地的数量或质量，都超过了贫农中农的占有水平。因此，依阶级的原则来安排税收负担，让收入多的多负担，收入少的少负担或不负担，使负担同纳税

---

① 1934 年 1 月 23 日毛泽东在中华苏维埃共和国中央执行委员会与人民委员会对第二次苏维埃代表大会的报告，《红色中华》，1934 年 1 月 26 日。

人的负担能力大体适应。这不仅有利于组织粮款收入，而且有利于扶持贫农中农经济的发展。

前面我们已经提到，苏区的税收，不仅是组织收入的财政手段，而且是开展土地斗争的阶级斗争工具。土地税的阶级斗争工具作用，集中体现在税负的安排上，就是要把税收的重担放在剥削者身上，贯彻党的农村阶级路线。在土地革命深入之前，农村主要存在着两个剥削者，即地主和富农，税收的重担当然放在地主富农身上，特别是放在地主身上。分田斗争结束以后，地主阶级消灭了，富农阶级仍然存在，税收的重担仍然需要放在富农身上。为什么呢？因为中国的富农，一般兼有封建地租、雇工、商业囤积三种剥削。平分土地过程中，只取消了封建地租剥削，雇工和商业剥削仍然存在（有一段时间雇工剥削是禁止的）。特别是粮食的囤买囤卖，在土地革命后期不仅是富农剥削贫农雇农的一种方式，而且成为反动富农对抗革命的一种手段。因此，苏维埃政府需要运用各种工具，包括税收这一工具，对富农经济进行限制，以保障贫农中农的利益，巩固工农联盟。限制的目的是削弱富农经济，而不是消灭富农经济。当然，税收上的限制也是有限度的，不能像"左"倾机会主义者那样去无限度地征税或征发。

土地革命战争时期的土地税政策，是从实践中逐步形成的，前后变化较大，虽然还不够完善，但对后来根据地的建设提供了极为有益的经验。

(三) 从发展国民经济来增加财政收入的政策

从发展国民经济来增加苏维埃的财政收入，是土地革命后期提出的一项具有深远意义的政策。

红军三次反"围剿"胜利以后，中国革命出现了极为有利的形势。然而，在"左"倾机会主义者的错误指导下，革命根据地的财政经济却逐步出现了严重的困难。

如何克服和战胜这些困难呢？当时"左"倾机会主义者的做法是，单纯地向农民增税，发行公债，加紧向富农征发，发行钞票。毛泽东则提出和采取了一种根本不同的做法，即在服从战争这个中心任务的前提下，开展必要的可能的经济建设，发展红色区域的国民经济，依靠经济的发展来解决财政的困难。

毛泽东说:"革命战争的激烈发展,要求我们动员群众,立即开展经济战线上的运动,进行各项必要和可能的经济建设事业。为什么?现在我们的一切工作,都应当为着革命战争的胜利,首先是粉碎敌人第五次'围剿'的战争的彻底胜利;为着争取物质上的条件去保障红军的给养和供给;为着改善人民群众的生活,由此更加激发人民群众参加革命战争的积极性;为着在经济战线上把广大人民群众组织起来,并且教育他们,使战争得着新的群众力量;为着从经济建设去巩固工人和农民的联盟,去巩固工农民主专政,去加强无产阶级的领导。为着这一切,就需要进行经济方面的建设工作。""如果不进行经济建设,革命战争的物质条件就不能有保障,人民在长期的战争中就会感觉疲惫。""只有开展经济战线方面的工作,发展红色区域的经济,才能使革命战争得到相当的物质基础,才能顺利地开展我们军事上的进攻,给敌人的'围剿'以有力的打击;才能使我们有力量去扩大红军,把我们的战线开展到几千里路的地方去,使我们的红军毫无顾虑地在将来顺利的条件下去打南昌、打九江,使我们的红军减少自己找给养的这一部分工作,专心一意去打敌人;也才能使我们的广大群众都得到生活上的相当的满足,而更加高兴地去当红军,去做各项革命工作。"[①]

革命根据地的国民经济,占支配地位的是农业经济。因此,发展经济的重点是发展农业生产。农业生产发展了,不仅能够解决军需民食最重要的粮食问题,解决衣服、砂糖、纸张等项日常用品的原料,即棉、麻、蔗、竹等的供给问题,而且随着生产的发展,农民收入增加,负担能力增强,筹粮筹款也就有坚实可靠的来源。

为着发展农业生产,中央苏维埃政府发布了许多指导农业生产的文件,并对个体农民在残酷战争环境里面临的生产困难,从各个方面进行了支援。

中央苏维埃政府提出发展经济的做法,受到广大群众和干部的拥

[①] 毛泽东:《必须注意经济工作》(1933年8月20日),载《毛泽东选集》第一卷,人民出版社1966年7月横排版,第105—106页。

护,并收到一定的成效。"1933年的农产,在赣南闽西区域,比1932年增加了15%(一成半),而在闽浙赣边区则增加了20%。川陕边区的农业收成良好。"1934年,"有些地方不但恢复了而且超过了革命前的生产量。有些地方不但恢复了在革命起义过程中荒废了的土地,而且开发了新的土地。很多的地方组织了劳动互助社和耕田队,以调剂农村中的劳动力;组织了犁牛合作社,以解决耕牛缺乏的问题。同时,广大的妇女群众参加了生产工作"[1]。这一切,为克服第五次反"围剿"战争的严重财政困难,起了很大的作用。

第五次反"围剿"失败后,红军被迫长征,根据地的经济建设随之中断,经济建设的成果也没有全部发挥出来,但是,通过发展经济来增加财政收入的政策,却为新中国的财政史开创了新的纪元。

四、苛捐杂税的废除与新型税收制度的建立

(一)红色政权成立前反对苛捐杂税的斗争

捐税,是一切剥削阶级及其统治集团榨取人民血汗的工具之一。在中国历史上,历代封建王朝强加在农民头上的赋役负担是逐步加重的。辛亥革命推翻清政府以后,北洋军阀政府巧立名目对人民的苛敛,可以说达到敲骨吸髓的程度。"有人计算过,以全国人口数计算,1916年平均每人每年负担6.65元,1926年平均每人每年负担8.18元。此外,各省各县以及区乡地主豪绅加在农民身上的苛捐杂税和各种摊派更要超过上述负担若干倍。"[2]

"国家的赋税加重,地主的租息加重和战祸的日广一日,造成了普遍于全国的灾荒和匪祸,使得广大的农民和城市贫民走上求生不得的道路。"[3] 因此,在中国近代和现代史上,农民群众反抗苛捐杂税的斗争从未间断过。

---

[1] 毛泽东:《我们的经济政策》(1934年1月23日),载《毛泽东选集》第一卷,人民出版社1966年7月横排版,第117页。
[2] 荣孟源:《北洋军阀的各派系及其覆灭》,转引自沈阳农学院马列主义教研组编印《中国现代革命史参考资料》,1956年,第121—122页。
[3] 毛泽东:《星星之火,可以燎原》(1930年1月5日),载《毛泽东选集》第一卷,人民出版社1966年7月横排版,第98页。

鸦片战争后 10 年间，各族人民的起义和抗租抗粮等斗争，不下 100 多次，几乎遍及全国各地①。

20 世纪初，即辛亥革命前夕，以农民为主力的抗捐抗税风潮持续发展。据不完全统计，1910 年群众"抗捐抗税"运动、"抢米"风潮以及反抗清政府重教抑民的斗争，达 290 多次，比上年增加了一倍多②。

1914 年，窃据临时大总统职位的袁世凯，为了加紧搜刮民财，颁布彻查全国耕地面积、"清丈地亩"的殃民政策，激起了广大农民群众的强烈反抗。1915 年 1 月，奉天新民县农民数百人，持枪械围攻该县清丈局。12 月，黑龙江省的宾县、阿城，吉林省的榆城、五常、舒兰等地农民，到处捣毁清丈局及税局；奉天的海龙、西安（今辽源）、盖平、岫岩、绥中、东丰等地，纷起响应。海龙县反清丈斗争，参加群众达 3000 余人，绥中抗丈群众千余人，"夺取保卫团枪械，围攻县城，拟驱逐县知事，实行自治"。1916 年春，山东肥城县农民数千人烧毁县署及四乡清丈局，邻近各县农民群起支援。同时，冀中有"山壮社"组织的大规模的反清丈斗争③。在广大农民激烈的反抗下，袁世凯不得不宣布撤销"清丈地亩"政策。

中国共产党成立前夕，随着社会矛盾和农民痛苦的加深，农民的反抗更为激烈，每次大小的反抗斗争，几乎都包含着抗捐抗税的内容。

1922 年 6 月 15 日，中国共产党发表了第一次对于时局的主张，指出："军阀政治是中国内忧外患的源泉，也是人民受痛苦的源泉。""军阀不打倒，想他们不横征暴敛，想他们绥靖地方，制止兵匪扰乱是不可能的。"提出了当时斗争的 11 条准则，其中第 8 条提出"废止厘金及其他额外的征税"，第 10 条提出"征收累进率的所得税"。

1840—1923 年的 84 年中，就反抗捐税的斗争来说，是农民自发的，是农民政治经济地位不安定所引起的革命现象。中国共产党成立

---

① 中国近代史编写组：《中国近代史》，中华书局 1979 年出版，第 53 页。
② 东北师范大学编：《中国近代史》，辽宁人民出版社 1983 年出版，第 572—573 页。
③ 中国近代史编写组：《中国近代史》，中华书局 1979 年出版，第 479—480 页。

之后虽然提出了废除苛捐杂税的主张，但缺乏深入具体的组织领导，农民的斗争基本上还是自发的斗争。这是农民反对苛捐杂税的第一个阶段。

北伐战争时期，农民反对苛捐杂税的斗争进入第二阶段。这个阶段的斗争是在中国共产党的领导或影响下进行的，而且抗捐抗税斗争同整个反帝反封建军阀统治的斗争融合在一起。

1924年1月23日，改组的国民党发表了《中国国民党第一次全国代表大会宣言》。《宣言》中提出：土地之税收为地方政府所有，各县对于国家之负担，当以县岁入百分之几为国家之收入，其限度不得少于10%，不得超过50%。并且规定，严定田赋地税之法定额，禁止一切额外征收，如厘金等类，当一切废绝之。

孙中山对农民的生计是比较关切的。他动身北伐时又以大元帅名义下令废除一切苛捐。但是，饷源在握的各军长不但不能遵令取消，反而更借北伐巧立名目加抽各种捐税。滇军军阀如此，粤军桂军湘军等军阀亦莫不如此①。从前陈炯明所抽的捐项，除了烟捐禁止之外，其余杂捐依旧抽收。因此，中国共产党代表人民的利益，一方面就征税问题向临时国民政府及国民会议提出了自己的主张或具体要求；另一方面在农村领导农民运动，发动农民群众起来广泛地开展反苛捐的斗争。

在北伐战争的过程中，中国共产党历次提出废苛捐的具体要求，大体上有五点：（1）取消田赋正额以外的附加捐及陋规；（2）停止钱粮预征；（3）废除厘金、牙税、盐税、米税及其他一切苛捐杂税；（4）取消包税制，绝对禁止军队霸占征收机关；（5）禁止差役需索。这五点内容，都是针对军阀、贪官污吏、土豪劣绅的苛政苛敛提出的，还不是废除一切税捐。因为"全国未统一，帝国主义军阀势力未推翻，农民对政府税捐的繁重负担，质言之，即革命军的军费负担，还

---

① 周恩来：《最近二月广州政象之概观》（1924年10月30日），载中共中央党校编《中共党史参考资料》（二），第43页。

是没有法子解除的"①。

广大农民群众依据中国共产党提出的斗争要求和口号，迅速掀起了全国爆发反对苛捐杂税的浪潮。

在南方，湖南、广东、江西、福建、湖北、江苏、四川等省，到处都掀起了有组织的反抗运动。辗转于军阀暴政之下的闽南，最苛的莫若烟捐。惠安县地方不及百里，军阀抽的烟捐达到50多万银元，农民早就不堪其苦。1924年，农民与乡团结合，进行了武装反抗，从几个乡推及全县，从惠安推及泉州各县。1925年10月中国共产党扩大会议后，土地问题已经成为广东农民斗争的明确目标。许多县开展了减租、反抗民团苛捐、反抗高利贷的运动。农民自卫军竭力剿除土匪或解散民团地主的反动武装，维持地方治安。农民协会在许多地方已成为乡村的实际政权机构。德庆县农民更要求民选县长，他们已经懂得只有自己掌握了政权，才能真正为他们的利益服务。湖北汉川农民，反对加租预收，举行三次大示威。江苏睢宁1925年反抗地亩捐，参加的农民两三万人以上，取得了胜利。丹阳农民反抗地主裕农机器戽水公司的剥削，9月间群起抗缴戽水费。1926年的元宵节，湖南益阳郊区"农民诉苦队"1万多人，打着灯笼到县政府请愿，要求取消苛捐杂税，诉苦队以16个流星（火球）开路，农民把牛牵到县衙门的大堂上，向县长说："我们喂牛都喂不起了。"江西1926年水灾，九江、吉安、永修、星子等县举行强烈示威，反对苛政苛敛，1926年夏，举行7000余人的游行大会。都昌县官侵蚀赈款，农民集合数千人，高呼打倒贪官污吏，将县官扣留，勒令算账。此外，四川宜宾农民反对刘自乾勒捐军饷，湖北枣阳县因反对苛捐杂税，农民数千人荷戈巡行……类似斗争事例，不胜枚举。

在北方，反苛捐的斗争亦很激烈，其中，河北、山西、河南、山东、陕西等省较为突出。河南杞县农民反抗特别捐，要求改组公款局，于1926年三四月间，集合万人，向县署示威，取得了部分胜利。鲁南因岱南各地驻军，以给养不足，添加军事特别捐，按丁漕每两4元缴

---

① 毛泽东：《湖南农民运动考察报告》（1927年3月），载《毛泽东选集》第一卷，人民出版社1966年7月横排版，第39页。

纳，催逼过甚，激成民变。而红枪会即以防匪之目的，移而御兵，振臂一呼，聚众3万余人。冀东党组织在领导玉田、遵化农民反"旗地变民"的斗争①胜利以后，又展开了反捐税、查地主黑地、打倒贪官、土豪劣绅的斗争。1927年1月至9月，在玉田、遵化以各种不同规模不同方式进行抗捐抗税斗争，总计不下数十次。先后被取消的捐税10余种，主要有屠宰税、牲畜税、鸡蛋税、鸡鸭税、皮毛税、肠衣税、烟叶税等。这一系列的斗争是从斗争官盐店开始的。官盐店是统治阶级用来榨取人民血汗的工具之一，当时军阀政府实行民盐专卖，不但屡屡提价，而且采用出售劣盐、掺杂使水等办法。此事早被人民恨之入骨。1927年1月以后，在许多地方都发生过群众自发打官盐店的斗争。经过各地斗争，官盐店不得不将盐价降低，不敢再掺杂使水，克扣斤两了。反抗捐税的斗争形式多种多样，有的是发动人数不等的群众，暴打收税人员，闹得无人敢包税了，只得由政府直接派人去收，政府派的下乡收税人员，又被农民打跑了，只得暂时停收。当税收人员在集镇上向农民收税时，都拒绝交税，税收人员慑于农会威力，也不敢向农民强征。但对没有加入农会组织的村庄，仍照常收税。这样就形成了一个明显的对照：有了组织的地方，敢于斗争，就不纳税；没有组织的地方就照样纳税。于是农会的威信越来越高，影响越来越大，在斗争中有了很大的发展。

北伐战争时期反苛捐的斗争，虽然未能全部达到目的，"但是土豪劣绅把持乡政时加于农民的苛捐如亩捐等，却因农民运动的兴起、

---

① 冀东反抗"旗地变民"的斗争，是从1926年冬开始的。这年冬天，统治河北的奉系军阀加紧催征"旗地变民"的地款，限定农民如期交款，领照换契，如逾期不交，就要没收土地。所谓"旗地"，就是清初八旗军队跑马占圈，霸占人民的土地。以后，这部分土地仍归农民耕种，但是每年需向"旗人"交纳一定的地税，作为供应旗人的各项费用。辛亥革命后，推翻了清王朝，旗人的供俸取消了，但土地又被军阀政府所霸占，农民仍需向政府交租。1926年冬，张作霖政府为了筹措军饷，大刮地皮，又强迫种旗地的农民出价，名义上是把旗租地改变为种地产的民地，实际上是强迫农民买用自己的土地。这样，农民每亩地便要一次付出相当于几年收获的代价，大大超过了农民负担的能力。因此，"旗地变民"命令一公布，就激起广大农民的愤怒和反抗。

土豪劣绅的倒塌而取消,至少也减轻了"①。所以,毛泽东在《湖南农民运动考察报告》中,对废苛捐的斗争作了充分的肯定,并把它列为农民运动所做的十四件大事之一。

大革命失败以后,中国共产党领导工农群众举行了武装起义,并开创了工农革命政权,从此反苛捐的斗争进入了新的阶段,即第三个阶段。这个阶段的特点,是从暴动的"四抗"(抗租、抗税、抗粮、抗捐)发展到了取消军阀政府一切地方税捐。

1927年中共中央召开的"八七"会议关于《最近农民斗争决议案》提出:"对于一切新旧军阀政府的捐税,实行抗纳,并实行抗租。"11月,中共中央临时政治局扩大会议通过的《中国现状与共产党的任务决议案》又提出:"土地革命的主要口号应当是:完全没收一切地主的土地,由农民代表会议自己支配给贫农耕种,耕者有其田,完全取消租田制度,同盟抗租抗税,取消一切苛约、重利债务,没收豪绅重利盘剥者的财产,歼灭豪绅地主及一切反革命派。"

1928年中国共产党的六大决议中,正式宣布取消一切由军阀及地方衙门颁布的捐税,取消包办税则制,取消厘金,设立单一农业经济累进税。从此,各革命根据地都贯彻和执行了这一决议精神。未建立革命根据地的地方,仍然开展农民运动,实行"四抗"斗争。

在革命根据地废除反动统治阶级的各种捐税,是随着红色政权的建立和根据地的扩大,逐步实施的。1928—1937年,凡是建立了工农政权,政权又比较稳定的地方,都完成了废除一切苛捐杂税的要求。但是,后来随着红军的转移,革命根据地基本上全部丧失,这一斗争成果未能继续保持下去。

(二)新型税收制度的建立

各革命根据地在宣布废除军阀政府的一切税捐之后,随着政权建设的发展,先后制定和颁发了革命的税收制度。

革命的税收制度一建立,与一切旧的税收制度就迥然不同。第一,它体现了工人阶级的意志和工农政府的要求,是为革命战争的供给服

---

① 毛泽东:《湖南农民运动考察报告》(1927年3月),载《毛泽东选集》第一卷,人民出版社1966年7月横排版,第39页。

务的。第二，它贯彻阶级征收的原则，兼顾革命战争和发展生产、改善民众生活的需要。第三，征税权集中在工农政府，任何其他单位或个人都无权向民众征税。

土地革命战争时期革命根据地的税收制度，主要是土地税制度和商业税制度两种。由于根据地处于被分割的战争环境，财政不统一，这些税收制度的制定，基本上是分散进行的。1931年虽然成立了中央临时政府，颁发了统一的税则，实际上仍是因地制宜执行的。因此，各根据地的税收制度不仅互不相同，就是同一根据地内也不完全相同，而且前后变化较大。这就形成了多种多样的征税办法，特别是土地税的征税办法较多。

关于各根据地的具体征税办法，我们拟在以后各节里详细介绍，这里只就土地税制度作一概括叙述。

依生产情形分类征收法。这是井冈山根据地实行的办法，也是根据地最早实施的征税办法。这种办法，是按分田产量的多少，分成三类，确定三个不同的税率，分别按不同税率比例征税。实质是一种地区比例征收法。

按分田数目分等征收法。这是1929年闽西地区、1930年赣西南地区、1931年湘鄂赣的大冶县、1932年到1933年赣东北地区制定或执行的办法。主要做法是，以农民分田的数量多少或质量好坏分成若干等，按等分别确定税率或确定征收的定额。例如，闽西规定，每人平均分田3担以下者征5%，分田5担以下者征10%，分田5担以上者征15%；大冶县规定，每人分田5斗以下者每斗征5升谷，5斗到10斗者每斗征1斗谷，10斗到15斗者每斗征1.5斗谷。赣东北的旱田税，上等田每亩征大洋2角5分，中等田每亩征大洋1角5分，下等田每亩征大洋5分；水田税则按等算出产量，按产量多少累进征收。这种办法，比较简单，对不同地区的农民收入有一定的调节作用。

按每人食用后剩余多少粮食累进计征法。就是把各农户的粮食产量，先扣除全家全年需要的食用数（食用标准由政府规定），然后按人口平均，没有剩余的不征税，有剩余的按剩余多少累进计征。这种办法，最大的优点是照顾了农民的最低生活需要，能较好地适应农户的不同负担能力,但是计算比较麻烦。这是赣西 1929 年分田前、1930 年鄂豫皖根据地和 1932 年湘赣根据地实行的办法。

按实际收获量累进征收法。这种办法是按农户全年的实际收获量,用人口平均,收入多的多负担,收入少的少负担或不负担。累进税率一般分为两种:贫农中农适用一种税率,叫贫中农税率;富农另定一种税率,叫富农税率。这种办法,主要出发点是要限制或反对富农。1931 年中央苏区和鄂豫皖根据地的鄂东南地区以及川陕根据地,都采用了这种征税办法。川陕根据地还把贫农中农适用的税率,按年龄情况定了一种成年人税率,一种老人小孩适用的税率。

按阶级成分定税率征收法,这也是适应限制或反对富农政策采用的另一种做法。鄂豫皖、闽北、湘鄂西等根据地都实行过这种办法,但都是 1931 年以后改行的。具体做法各地也不相同。例如,鄂豫皖 1931 年的粮食累进税,贫农中农每人扣除 4 石粮食后累进计征,富农每人扣除的粮食数为 3 石,除按贫中农税率累进征收外,另行加征 5%;湘鄂西 1932 年的土地税,富农的产量折款每 100 元征 15%,中农的产量折款每 100 元征 5%,贫农的产量折款每 100 元征 3% 或免税。

复合税率征税法。这是右江根据地实行的办法。所谓复合税率,就是把农户的产量分成自给产量和剩余产量两部分,自给产量部分按基本税率(比例税率)计算,剩余产量按剩余累进税率计算征收。由于基本税率较低,剩余产量税率较高,又是累进的,所以剩余粮食越多的交税越多,反之交税就少。这对于调节各个农户的收入,保障供给的需要,都是有好处的。

以上六种不同的征税办法,是着重从计税依据、税制税率方面归纳的。除了这些方面的不同外,在减税免税、优待照顾等方面,还有许多不同的规定。这些不同的规定,体现了苏维埃政府的财政政策和负担政策,也体现了各个根据地所处环境、条件等具体的特点。所有这些规定,都为后来根据地的财政建设和税收制度建设,提供了极为有益的经验。抗日战争时期采用的各种征税办法,也就是在这些经验的基础上,逐步发展和完善起来的。

五、战争勤务动员

动员和组织民众,保障红军的给养与运输,是苏维埃政府的一项经常性任务。在土地革命战争时期,政府动员军勤的基本形式是普遍组织赤卫队。

第三次反"围剿"战争以前,赤卫队基本上是群众自发地组织起来的,队员也是自发地加入的。1931年中央工农政府成立以后,赤卫队由各级苏维埃政府统一组织调配,加入赤卫队就成为一种义务。1932年中华苏维埃共和国中央执行委员会《关于战争动员与后方工作》的训令明确规定,18岁以上40岁以下的公民,都有加入赤卫队的义务(乡村包括劳动男女),但要经过广泛宣传,使其自愿加入。1933年10月18日,中央政府为粉碎敌人第五次"围剿"的紧急动员令进一步规定:"必须动员18至40岁的公民,自愿地大批地加入赤卫军。""应根据中央政府的义务劳动法,发动广大群众来担任运输工作,每一个赤卫军的队员,应该各有一根扁担、一条被单,五个人共一副担架,一听政府号令,立即可以集中,担任运输和帮助进攻敌人的工作。"

赤卫队一般的原则是不脱离生产。在中央革命根据地,这种组织是以村为单位编制的,有它的统一的系统,战时则集合,平常则定期召集训练,有一星期一次、10天一次的。赤卫队设有担架队、输送队、向导队、侦察队、破坏队、洗衣队、慰劳队、救护队等组织,主要担负前方的勤务工作。

除了赤卫队的形式外,年龄在18岁以下、40岁以上的公民,也要组织服勤务,主要是后方的警卫任务。例如打草鞋、修桥补路、慰劳红军、秘密的交通站联络等。参加这些战勤服务的公民,有些地方编入赤卫军后备队,有些地方统一组成红军服务队。

动员群众组织的担架队、运输队,分长期的短期的两种,均由各级政府和兵站机关共同负责。长期的运输队、担架队员由兵站转送军委分配到各军随军工作(后方及兵站医院均不得留用),服勤1—3个月的,每天发草鞋费大洋1角5分,5天发一次,并得分伙食尾子,但其他零用费不发。短期运输员、担架员，由当地政府发动来的短夫，就近担运伤兵、病兵和胜利品；在20天以下的，不发按日的草鞋费，但酌量发给运输时间内所需的草鞋费；临时由自己用的，根据当地情形和实际需要，酌量发给相当的草鞋费。

为了减轻工农群众对于战争勤务的负担，1932年11月25日，中央人民委员会决定征发富农，组织劳役队，担任苏区内的各项劳役。这种劳役队是强制性的征发，是王明"左"倾路线在对待富农问题上的另一种表现。

征发富农的待遇也与普通的运输队不同，其办法：（1）各地方政府将富农能劳动的，一律编入劳役队，工作时派赤卫队监督他们（每五个劳役者要派一个赤卫队去监督），派他们去拆毁城墙土围子，把过去敌人在苏区内所筑的工事毁除，把道路桥梁修好。此外，苏区内地各兵站沿城的运输工作，也派他们担任。（2）劳役队的给养，均须自带伙食，但如担任运输工作，路程超出两日以上者，政府供给饭食，要他们自带菜钱。

苏区革命的特点是全民动员，全民参战。赤卫队员、妇女、老年、儿童等都在各个不同岗位上发挥积极作用，有力地配合前方作战。广大妇女都参加了赤卫队、游击队、洗衣队、缝衣队、宣传队、慰问队等，表现了劳动妇女的革命力量。妇女最出色的工作是宣传动员参军与慰劳军队。当时最流行的山歌小调有"十送郎""十劝郎"等，很多地方出现了"父送子，妻送郎，母亲送儿上战场"的动人事迹。妇女做布鞋、打草鞋等慰问红军。每逢驻军和红军路过，妇女们组织欢迎欢送，唱歌跳舞，背背包等，对鼓舞士气起到很大作用。老年人负责担架运输和耕田队（优待红军家属）工作。儿童也是一支很宝贵的革命力量，他们年纪虽小，负的责任却很重大，平时站岗放哨检查行人，抓赌博，禁烟火，破迷信等；有军队过往时，组织欢迎欢送，很有礼节，并为红军叔叔倒开水，献礼物[①]。

[①] 陈毅、肖华等：《回忆中央苏区》，江西人民出版社1986年出版，第402页。

六、红军公田及代耕制度

(一) 红军公田代耕制度

红军公田,是苏区土地改革过程中预留给家住国民党统治区域的红军战士的部分土地。中国工农红军,一成立就废除了传统的薪饷制,改行供给制。这样,红军战士本人的生活需要,由政府按标准发给,是有保障的,但红军战士家庭生活上的困难,便无法解决。为了消除红军战士的这种顾虑,提高红军的社会地位,苏维埃政府在土地法令中明确规定:红军战士家住苏区境内的,在当地乡村分配一份土地;家不在苏区境内的,从各地乡村可分配的土地总数中,留出一部分建立红军公田,其出产由苏维埃政府统一分配给外籍红军战士使用。这就是红军公田制度。

最先提出并建立红军公田制度的是湘鄂西根据地。1931年11月初,中央苏区第一次党代表大会通过的《政治决议案》中进一步明确:"红军必须分田,由苏维埃政府设法代为耕种,外地的红军战士,必须由苏维埃政府在各地划出公田分给他们,以维持他们的家庭生活。"[①] 此后,各革命根据地普遍建立了红军公田制度。

红军公田一般以乡为单位提留。提留的标准,各地不尽相同,如表1-1所示。

表1-1

革命根据地名称	规定时间	留红军公田的标准
湘鄂西根据地	1931年秋	每乡留20—30亩
鄂豫皖根据地	1931年10月	每乡留1—5担田
鄂东南各县	1931年11月	每乡留5石田
江西省	1931年12月	每乡每人分得5担田以上的,每乡按3—5人提留,田多的地方多留,田少的地方至少留2人的田。山林、木梓不留

---

① 中共中央党校党史教研室选编:《中共党史参考资料》(三),人民出版社1979年出版,第99页。

续表

革命根据地名称	规定时间	留红军公田的标准
福建省永定县	1932年4月	每乡留5—10担田
福建省	1932年6月	每乡至少留3人的田
湘赣根据地	1932年8月	每乡至多留5人的田，田少的地方至少留2—3人的田
黔东特区	1934年7月	每乡留10—20挑田
湘鄂川黔根据地	1934年12月	每人分5担田以上的，每乡留3—5人的田，田多的地方多留，田少的地方至少留2人的田。山林、木梓不留
川陕根据地	1934年12月	小村留10背，大村留20背

上述标准为政策规定的数量标准。实际执行，据1932年11月江西省兴国、公略、永丰、宁都、干县、寻邬、万太等7个县统计，共留红军公田16501担，占7个县总耕地面积6805764担的0.24%[①]。

留作红军公田的土地，都是好田。有些地方还做一个木牌，写上"红军公田"几个字，插在田边。

红军公田，全部由当地政府组织群众代耕。代耕的形式，主要有五种：

一是政府与群众合耕。就是耕田的耕具、耕牛、种子等由政府负责帮助（苏维埃帮助不够，得借用一部），劳力由乡政府向群众调派。这是鄂豫皖根据地实行的办法，也是1932年1月13日《中国工农红军优待条例》里提出的办法。

二是群众共耕。这是湘赣、湘鄂川黔根据地和江西省1931年执行的办法。这种办法与第一种办法不同，群众除了出劳力外，还要供给耕牛、农具、肥料、种子等。也就是说，完全由群众共同来耕种。后来，发展为耕田队耕种。

三是群众轮耕。就是由当地农民轮流耕种，也是全无代价的。江

---

① 计算依据是红军公田数，根据1932年11月21日《江西省苏维埃政府报告》中有关数字计算。7个县总耕地面积根据1932年《江西苏区中共省委工作总结报告》（一、二、三、四月总报告）中的附表资料（各县土地统计表）计算。

西省在 1932 年曾提倡这种形式,福建省的永定县也执行过这种办法。

四是成立红军公田管理委员会,负责管理红军公田的生产、收获及收获品保管等事宜。这是 1933 年 7 月 1 日中央政府关于"八一"纪念运动的决议中提出的做法,川陕根据地在 1934 年执行过。

五是出租形式。江西省、湘鄂川黔根据地以及福建省的永定县都规定,在某种困难条件下,红军公田可以出租。江西省规定,租额由租田人与政府商定。福建省永定县规定,出租 10 担谷的田最低限度必须收 5 担租谷。

耕种红军公田收获的产品,由苏维埃政府组织分配。分配的形式也有数种。一种是收获的产品除偿还少数借用的耕牛费、种子费外,其余交给红军战士。一种是按比例分配,代耕人得 3/10,交红军战士 7/10。一种是 50% 交给红军战士寄回家用;30% 上交财政作为红军给养;20% 存入银行,待红军战士退伍时发给本人,作为耕种基金。

(二)红军家属土地代耕办法

这里讲的红军家属,是指家在苏维埃区域内的红军家属。这些红军战士的家庭分了田(包括红军战士本人分的和家属分的),由于缺乏劳力耕种,苏维埃政府也实行了动员群众代耕的办法。

为红军家属代耕代种,是优待红军政策的一个重要内容。在土地革命初期,许多根据地就实行了政府助耕的办法。1928 年 12 月《井冈山土地法》规定:"红军及赤卫队的官兵,在政府及其他的一切公共机关服务的人,均得分配土地,如农民所得之数,由苏维埃政府雇人代替耕种。"1929 年 4 月《兴国土地法》中也有这条规定。1930 年 3 月 25 日闽西第一次工农兵代表大会通过的《劳动法》进一步具体规定:"帮助士兵家属做工,以长年 12 个月计算,平均每月至少帮助 2 工,3、6、10 各月加倍。无人做工者,折银津贴其家属,不要津贴士兵本身,其家属无人者不必津贴。津贴工款以区县为单位,按全区全县人口分摊,分四季由区政府征收分发。"

从土地革命中期起,苏维埃政府把对红军家属施行的政府助耕办法,改为义务代耕的办法,即对无劳动力或缺乏劳动力的红军家属,由当地乡苏维埃政府负责派人帮助耕种。

义务耕种的具体做法，各根据地不同。其中，流行的形式有三种：

第一，派工的形式。就是由乡苏维埃政府或乡优待红军家属委员会向各户派工，轮流耕种。中央工农政府规定，对无劳动力的红军家庭，每年派工不得少于50个工；对缺少劳动力的，按其需要予以补助。江西省规定，发动群众帮助红军家属做工，每人每年至多6工，至少4工。福建省明确，帮助红军家属耕田，由全乡有劳动力者（16岁以上60岁以下）共同负担；有劳动力不做红军耕田的工者，区乡政府要给予处罚。

第二，组织耕田队、割禾队。耕田队是以劳动互助为基础的群众性组织。它的最大优点，是把调派式的义务劳动变成阶级友爱式的自觉劳动。这种劳动组织最早出现在福建省上杭县的才溪乡，后来经过政府总结推广，发展为优待红军家属义务劳动的最好组织形式。耕田队有三种：一是帮助红军家属的，做工不算工钱；二是群众之间进行劳动互助的，要算工钱，付钱还工都可以；三是由有劳动力的红军家属组织起来帮助缺劳力的群众耕田的"模范耕田队"，要算工钱。兴国县1932年统计，全县有耕田大队233个，耕田小队1528个，优待的人工达302423个。一般都做到了先耕红属的田，后耕自己的田，全县没有红属荒田现象，而且做到三犁三耙[①]。

第三，优待红军家属礼拜六工作日。这是土地革命后期中央人民委员会推行的一种做法。1934年1月10日《优待红军家属礼拜六条例》规定，从中央直到乡支部、乡政府、每个党员、每个团员及每个工作人员，凡是脱离生产的，都要参加礼拜六义务劳动，帮助红军家属做一切关于土地、山林及砍柴、挑水、日常家务等工作。在此之前，江西省的兴国、于都、胜利、公略等就执行了共产党礼拜六工作日制度。

实行红军公田代耕制度和替红军家属（包括烈属）代耕代种制度，无疑要增加群众的负担，但这种负担同财政粮食负担一样，是社会必需的，是很有意义的。因为它是解除战士后顾之忧，保证红军踊

---

① 肖正冈：《兴国长冈乡优待红军家属的优点》，《红色中华》第189期，1934年5月16日。

跃上前线及巩固其在前线上的战斗决心的重要条件。

第二节 井冈山根据地的农民负担

一、井冈山革命根据地的建立

1927年9月9日，毛泽东组织领导的中国革命军第一军第一师，合计5000多人，举行了震撼湘赣的秋收起义。起义部队经过艰苦转战，行程1000多里，于10月将革命红旗插上了巍巍的井冈山，点燃了工农武装割据的星星之火。

湘赣边界各地，在第一次国内革命战争时期曾掀起过轰轰烈烈的革命群众运动。马日事变后，各地共产党的组织全部被敌人破坏，群众革命情绪也被压下去了。工农革命军到达井冈山之后，立即在湘赣边界宣传群众，发动群众，重建边界地方共产党组织，建立革命政权，扩大主力红军，团结改造地方武装，革命的形势迅速好转。1927年11月，边界建立了第一个红色政权——茶陵工农兵政府；1928年1月，成立了遂川工农兵政府；2月，成立了宁冈工农兵政府。茶陵、遂川、宁冈三县红色政权的诞生，标志着井冈山革命根据地的建立。

1928年4月底，朱德、陈毅率领一部分南昌起义部队和湘南起义农军陆续到达井冈山根据地，同毛泽东领导的队伍会师。两军会师后（5月4日），改编为中国工农红军第四军，全军11600余人。

井冈山会师，发展和巩固了井冈山革命根据地。4月底，粉碎国民党反动军阀的"联合会剿"后，割据地区一天一天扩大，土地革命一天一天深入，红军和赤卫队也在发展。1928年5月20日，中共湘赣边界第一次代表大会在宁冈茅坪召开，产生了边界地方党的最高领导机关——湘赣边界特委，接着成立了井冈山的红色政权——湘赣边界工农兵政府。

红色区域及革命武装的扩大，给反动政权以严重的威胁，他们千方百计地想把这个初生的婴儿扼杀在摇篮里。从 4 月开始，新旧军阀接连不断地派出"进剿"军队，向井冈山根据地"会剿"。其中，规模大的有三次：一次为 6 月的赣敌进攻，一次为 7、8 月湘赣两省敌人发动的"两省会剿"，一次为 1928 年末湘赣粤三省敌军发动的"三省会剿"。这三次大的"会剿"，加上当时"左"倾盲动主义错误的干扰，使井冈山根据地的发展起伏较大，斗争极为艰难。

6 月间，赣省军阀朱培德部第九师杨池生、二十七师杨如轩倾全力由永新进犯宁冈，到了七溪岭上。当时，敌军兵力两倍于红军。由于毛泽东、朱德指挥正确，红军和革命群众英勇战斗，只打了一天，敌人在山顶望月亭一带全被歼灭了，敌军团长阵亡，师长杨池生、杨如轩受伤。这就是毛泽东在《井冈山的斗争》一文中所说的龙源口之战。

龙源口一战打败赣敌后，红军占领永新、莲花全县，安福、吉安亦各有一小部分在根据地的版图之内。这时，属边界割据的全盛时期。割据区域计有宁冈全县，永新全县，莲花全县，吉安一小部分，安福一小部分，遂川之北乡，酃县之东南乡一部，横亘数百里。根据地的全部面积为 9700 多平方公里，人口 100 余万。

第一次赣敌进攻被击溃后，7、8 月湘赣两省敌人，又纠合 18 个团，发动"两省会剿"，再度侵入宁冈等县。此时，红军主力已被湖南省委调往湘南，留下的只有 1 个团在永新。但是，这个团在广大群众的掩护之下，用四面游击的方式，仍将 11 个团的敌军困在永新县城附近 30 里内达 25 天之久。最后因敌人猛攻，失去永新，随后又失去莲花、宁冈。这就是毛泽东在《井冈山的斗争》一文中讲的"八月失败"。"八月失败"损失很大。边界各县的县城及平原地区尽为敌占据，党的组织和政权的组织大部塌台，红军数量上约损失一半，边界被焚之屋、被杀之人不可胜数[①]。

9 月 8 日，毛泽东从湘南迎还红军大队，归抵井冈山南麓黄坳。之后，毛泽东指挥红军三战三捷，收复了边界大部失地，恢复了以宁

[①] 毛泽东：《井冈山的斗争》(1928 年 11 月 25 日)，载《毛泽东选集》第一卷，人民出版社 1966 年 7 月横排版，第 61、79 页。

冈为中心的井冈山革命根据地。这时,"我区南自遂川井冈山南麓,北至莲花边界,包括宁冈全县,遂川、酃县、永新各一部,成一南北狭长的整块。蓬花的上西区,永新的天龙区、万年山区,则和整块不甚连属"①。

1928年末,蒋桂战争爆发前夕,湘、赣、粤敌人再次纠合18个团的兵力,对以井冈山为中心的湘赣革命根据地发动了第三次"会剿",妄图一举歼灭红军。为了粉碎敌人"会剿",在毛泽东的主持下,于宁冈附近的柏露召开了著名的"柏露会议"。会议确定:留下平江暴动来的彭德怀领导的红五军(彭德怀率领的红五军第四、五纵队于1928年12月转战到井冈山)和红四军三十二团保卫井冈山根据地,红四军主力离开井冈山,到粤赣闽边界进行游击运动战,以分散敌人的力量,扩大革命根据地。根据这个决定,毛泽东和朱德率领红四军主力4000余人,于1929年1月14日离开井冈山开始向赣南进军。不久,井冈山根据地即陷入敌手。

井冈山根据地从创建到丧失,前后共1年3个月。

二、红军给养的困难与土地税的开征

井冈山根据地处于湘、赣两省边陲地带,周围数百里,人烟稀少,经济非常落后。山上人口不满2000,产谷不满万担②。边界割据的地区,处在白色势力的四面包围中,敌人的"进剿"和严密封锁,又使落后的经济累遭摧残和破坏。因此,红军需要的粮食物资缺乏来源,给养非常困难。特别是食盐、布匹、药材等日用必需品,无时不处在十分缺乏和十分昂贵之中。

当时,红军的人数虽然不多,生活也很艰苦,但保障供给的任务仍然是相当重的。按每人每天1.5斤大米计算,每人每月需大米45斤,5000名红军一个月便需大米22.5万斤。除粮食外,"仅仅发油盐

---

① 毛泽东:《井冈山的斗争》(1928年11月25日),载《毛泽东选集》第一卷,人民出版社1966年7月横排版,第61页。
② 毛泽东:《井冈山的斗争》(1928年11月25日),载《毛泽东选集》第一卷,人民出版社1966年7月横排版,第64、67页。

柴菜钱，每月也需现洋万元以上"①。一件棉衣按15尺布、1.5斤棉花计算，5000名红军每人缝制一件棉衣，需棉布7.5万尺，棉花7500斤。如果按照宁冈一带当时的物价统一折成大米算，上述三项加在一起，全年共需大米632.4万斤（统一折银洋为22.7万元）②。

这些粮食和钱从何而来呢？不能从天上掉下来，也不可能得到外界的支援，只能从开展武装斗争、土地革命和根据地经济建设入手，从敌人手里夺过来，靠农民的支持，靠红军官兵的艰苦奋斗。这就是当时毛泽东解决红军给养问题的指导思想。

从敌人手里夺过来，是当时解决红军给养的一种有效办法。它包括缴获反动军队的武器、弹药、军需品和打土豪筹款两个方面的内容。据有关资料估算，红军用这种办法筹集的经费（包括粮食折款），占总数的70%以上。

战争缴获，是红军武器弹药的主要来源。毛泽东在《中国革命战争的战略问题》一文中十分风趣地说："伦敦和汉阳的兵工厂，我们是有权利的，并且经过敌人的运输队送来。这是真理，并不是笑话。"③ 在井冈山斗争时期，战争缴获的数量是十分可观的。以几次战斗为例，缴获枪支的数目大致是：新城战斗300余支，五斗江战斗500余支，草市坳战斗800余支，龙源口战斗1000余支，坳头陇战斗100余支。其他物资，数量也很大，如龙源口大捷，红军占领永新县城，除枪支外，缴获银元好几万元，缝纫机许多架，还有大批粮食、布匹和药材等④。

打土豪筹款，是根据地政治斗争和经济斗争相结合的一种形式。它既是发动群众、开展土地革命的前奏，又是取得财政收入、保障红军给养的一种手段。工农革命军在打下茶陵后，毛泽东就说过："打

---

① 毛泽东：《井冈山的斗争》（1928年11月25日），载《毛泽东选集》第一卷，人民出版社1966年7月横排版，第64、67页。
② 1928年宁冈一带物价：大米，每百斤值银洋3.58元；布，每块大洋买10尺；棉花，每块大洋买3斤。
③ 毛泽东：《中国革命战争的战略问题》（1936年12月），载《毛泽东选集》第一卷，人民出版社1966年7月横排版，第221页。
④ 《井冈山革命根据地的经济斗争》，江西人民出版社出版，第81页。

土豪筹款,是我们财政政策的阶级路线,既不增加穷人的负担,又能解决部队的供应来源;同时不把土豪打倒,部队一走,仍是他们的天下。"① 所以,他提出打土豪筹款是红军三大任务之一。

打土豪得到的财物,一律归公。当时曾经规定:区、乡赤卫队、暴动队筹得的金银款项要交区、乡工农兵政府,再上交县工农兵政府。主力红军得到的财物,则归红军使用。属于浮财,包括衣服、农具等和大部分粮食,一般是就地分给穷苦群众;一部分粮、油、现洋则归乡、区、县政府赤卫队、暴动队作给养和经费;其他金、银、现洋、布匹、食盐、药材等物资概归红军部队使用。红军在外缴获的银子,都运回小井造币厂,铸成"工"字银元(表示工农苏维埃的意思),投入市场使用。外地商人能得到银洋特别欢喜,货物源源而来,军队购买便利,打破了敌人的经济封锁。

在井冈山根据地,政府和赤卫队用费,都是靠打土豪解决的。红军的给养、钱亦完全靠打土豪,粮食则是用征收土地税的形式取得的。

湘赣边界的农民,生活相当苦。以永新县为例,红军来到之前,全县农民(包括贫雇农和中农在内)每人平均只占有土地0.74亩(相当于地主富农每人平均占有土地15.8亩的5%),每年收谷只有200余斤②。租种地主富农的土地,收获量一半以上要交租,所得甚少。中农尚可维持俭朴的生活,贫农雇农一年辛苦到头则缺食无衣,欠债累累。因此,根据地建立的初期,尽管红军给养非常困难,但都没有向农民征税。

到了1928年秋,随着土地革命的深入,广大贫苦农民分得了土地、房屋和农具,以往占收获物一半以上的地租不交了,利率高达百分之一百甚至更多的高利贷不必还了,而且这一年又获得了丰收(宁冈比上年增产20%)。考虑到农民已经得到了实际的利益,生活有所改善,考虑到红军给养的严重困难,工农政府才开始征收土地税。土地税主要在宁冈县征收,其他地方仍然没有征税,因为"遂川、鄮

---

① 赵镕回忆。财政科学研究所财政史档案资料。
② 根据刘型同志谈话材料计算。财政科学研究所财政史档案资料《回忆录》第三册。

县、永新各一部在割据区域内,都是山地,农民太苦,不好收税"①。茨坪、大小五井没有土地税,因为山上田少,除口粮外剩不多②。

在宁冈征收的土地税,有2.7万担谷(约合135万公斤)③。按当时全县9万人口计算,每人平均负担30斤谷。这一年秋割早禾时又分了一次地,每人分得3亩多,收成又很好,农民用自己辛勤劳动的成果,第一次献给自己的政府,支援红军,情绪非常之高。"宁冈县砻市有个邱老大爷,红军上山前,祖宗三代租的是地主的田,吃的是糠菜地皮谷(最差的谷子)。土地革命后,分到了10多亩田,秋收得谷3500多斤。秋收后,他想到的第一件事,便是交土地税。他把谷子晒得干干的,选了又选,选出最壮实最饱满的谷子,送给政府。按规定,他应交土地税700斤,结果他自愿交了1000斤,超过规定数的42%。"④邱老大爷的这种为革命踊跃交粮的热情,是整个宁冈农民支援革命战争的一个典型事例。

土地税由县、区、乡各级工农兵政府组织征收。办法比较简单,各户一律按分田产量征收20%,缴纳粮食。近处的农民,亲自挑上井冈山给红军吃;远处的农民,把粮食送到规定的存放地点,由政府负责保管。有了这批粮食,红军吃米已不成问题,但运输仍很困难。红军的军事根据地,一个在井冈山,一个在九陇山,从山上到山下相隔几十里。为了储备充足的粮食,对付敌人的"会剿",红军曾多次掀起了从宁冈运粮上山的运动。每次挑粮,红军官兵的肩上都磨起红块、小泡大泡,但他们毫不在乎。有的同志还编起了顺口溜:挑谷上坳,粮食可靠,为着伤员,不怕起泡。……⑤毛泽东、朱德带头同红军战士一起挑粮上山,写有"朱德扁担,不准乱拿"八个字的扁担,就是当时挑粮用的。所有这些,都生动地体现了红军不怕困难的革命英雄气概!

---

① 毛泽东:《井冈山的斗争》(1928年11月25日),载《毛泽东选集》第一卷,人民出版社1966年7月横排版,第70页。
② 新城革命老人座谈记录。财政科学研究所财政史档案资料。
③ 财政科学研究所财政资料《革命回忆录》。
④ 《井冈山革命根据地的经济斗争》,江西人民出版社出版,第83页。
⑤ 杨至成:《艰苦转战》,载《红旗飘飘》选编本第一集,中国青年出版社1979年出版,第22页。

井冈山根据地用打土豪和征收土地税两种方式筹集的粮食和钱很有限,不用说保障军政人员的正常需要,就是维持最低的生活水平也有困难。为了解决或缩小战争需要与客观可能的矛盾,根据地从创建开始,就实行了军事共产主义的生活制度,依靠官兵的艰苦奋斗精神,来解决矛盾,战胜困难。

首先,废除薪饷制,建立供给制。当兵的发饷,当官的发薪,是一切旧军队的惯例。北伐时的国民革命军也是这样,当个少校每月就有一百几十块大洋。工农革命军到井冈山后,毛泽东提出军队不能发饷了,要搞供给制①。从此,"从军长到伙夫,除粮食外一律吃五分钱的伙食。发零用钱,两角即一律两角,四角即一律四角"②。

那时候,供给的标准很低,生活很苦。官兵每天吃的是南瓜和红米(南方一种味道不好的糙米,米为红色),有时红米都吃不上,只吃南瓜③。"井冈山开始时期,队伍比较小,打土豪打得比较多,每个人一个月还可以发三块钱。一两个月以后土豪打得差不多了,钱来得少了,就每人每月发一块钱,以后发五毛。后来连五毛也发不起了,每个人一天只发五分钱的伙食钱,包括油、盐、酱、醋在内。"④冬季解决不了棉衣棉毯,穿两层单衣,盖稻草;夏秋无蚊帐,真是鲁迅所说"饕蚊遥叹"。"红米饭,南瓜汤,秋茄子,缺油少盐味好香,餐餐吃个精打光;干稻草,软又黄,金丝被儿盖身上,不怕北风和大雪,暖暖和和入睡乡。"⑤ 这既是对当时红军战士革命乐观主义精神的热情赞颂,也是当时艰苦生活的真实写照。

其次,开展群众性的节省运动。"在井冈山的时候,由于敌人封锁,不用说是服装弹药、粮秣食盐,就连点灯的油也是非常困难的。

---

① 黄克诚:《关于对毛主席评价和对毛泽东思想的态度问题》,《人民日报》,1981年4月11日。
② 毛泽东:《井冈山的斗争》(1928年11月25日),载《毛泽东选集》第一卷,人民出版社1966年7月横排版,第64页。
③ 杨至成:《艰苦转战》,载《红旗飘飘》选编本第一集,中国青年出版社出版,第20页。
④ 同①。
⑤ 刘型:《回忆黄洋界保卫战》,载《红旗飘飘》选编本第二集,中国青年出版社出版,第4页。

毛委员精打细算，省吃俭用，为的是使有限的物资用的时间更长一些。他曾亲自向全军宣布过一个点灯用油的规定：连以上的机关办公时用一盏灯，可以点三根灯芯，办公一结束，将灯熄灭。这个规定宣布后，全军都严格地执行着，每天夜里，当熄灯号一响，战士们都吹熄了灯，只有连部的那盏灯，有一根灯芯在闪亮着。"[1] 毛泽东带头执行这个规定，他经常只用一根灯芯。《中国红色政权为什么能够存在》《井冈山的斗争》等光辉著作，就是在一根灯芯的油灯下写出来的。

红军官兵同甘共苦，军民同甘共苦，为战胜困难所采取的措施是多方面的，这里就不逐条详述了。所有这些措施，不仅有效地缩小了革命战争需要同供给来源不足的矛盾，而且相对地减轻了农民的负担，其意义是非常深远的。

三、新型的土地税制度

井冈山根据地是中国革命建立的第一个农村根据地，政权建设的各个方面均无善法可依，只能在破旧立新的过程中，逐步摸索前进。税收制度的建立也是如此。

红军来到井冈山地区以后，首先就发动当地群众，毁债废约，取消苛捐杂税。那时，苛捐杂税的废除，说来很容易，并不需要颁布什么法令。红军武装所占领地方的群众一发动起来，苛捐杂税就废除了。

湘赣边界农村，是个穷乡僻壤的地区，封建剥削压榨很残酷，苛捐杂税也很多。官家的漕粮、地丁等征收很苛刻，土豪劣绅的榨取更重。遂川靖卫团在黄坳到草林70里路上要抽五道税，无论什么农产都不能免。红军发动群众，打倒土豪劣绅，消灭了他们的武装势力，取消了各种苛捐杂税，深受农民欢迎，也获得了中小商人的拥护。

在废除苛捐杂税的基础上，一些地方的工农政府开始为革命征收土地税。当时，政权还不稳固，任务繁重，来不及也不可能建立统一的土地税制度。有些地方按分田产量的20%征收，有的乡则是每户交

---

[1] 吴吉清：《在毛主席身边的日子里》，江西人民出版社1977年出版。

一桶谷（约合 12.5 公斤），还有群众自动缴纳的。

1928 年 12 月，毛泽东总结井冈山斗争的经验，制定和颁布了根据地第一个土地法——井冈山土地法。在这个土地法中，明确规定了土地税的征收制度。

这个土地税制度很简单，全文只有三小条共 123 个字。虽然如此简略，但它却概括了纳税人、税制、税率以及减免等主要内容。

土地税的纳税人，在这 123 个字的条文中没有具体写出来，但从《井冈山土地法》的全部条文看，指的是分到土地的所有农民。井冈山根据地在 1928 年 2 月 18 日新城大捷后，宁冈大陇等地即开始分田。5 月，毛泽东到永新塘边蹲点，总结经验，分田全面展开。在毛泽东亲自领导下，仅 5、6、7 月，宁冈全县，永新、莲花大部分地区和酃县的大院、东西大坑、青石岗一带，都普遍地分了田。农民分了田，得到了实际利益，具有纳税的能力，所以规定所有的农民都要向工农政府缴纳土地税。

条文规定："土地税依照生产情形分三种：（1） 15%；（2） 10%；（3） 5%。以上三种方法，以第一种为主体。遇特别情形，经高级苏维埃批准，分别适用二、三两种。"这个规定，包含了计税依据和税制税率两个方面的内容。

关于计税的依据，条文中体现得不够清楚。从革命老人的回忆材料分析，从后来湘赣省规定的征税办法印证，看来是指分田产量。因为湘赣边界农村的田地面积，习惯上按产量多少来计算，叫作"石"（不是按亩），分田也是按产量多少石来分配的（当然，这个产量并不是当年实收的产量数），所以征税也就以此作依据。

税率的规定很清楚，采用的是比例税制，一般情况下按 15% 税率征收。遇有特别情形，税率可以从低，经过湘赣工农政府批准，可以按 10% 或 5% 的税率征收。宁冈县在 1928 年秋季征收时，税率是 20%，比中央办法多收半成。因为当时已经执行，不好变动[①]，所以毛泽东后来在总结经验时，还是改为 15%。

[①] 毛泽东：《井冈山的斗争》（1928 年 11 月 25 日），载《毛泽东选集》第一卷，人民出版社 1966 年 7 月横排版，第 70 页。

为什么要实行比例税制呢？这是根据土地革命的实际情况定的。当时，边界对于土地是采取全部没收、彻底平分的政策。"土地分配的标准：以乡为分配土地的单位。山多田少地方，如永新之小江区，以三四个乡为一个单位去分配的也有，但极少。所有乡村中男女老幼，一律平分。"① 分田的方法是："以乡苏维埃为单位，由区苏维埃派人协同乡苏维埃调查土地人口的多少，再将人口土地统计，看每家应分多少，各家原有的田数，看应进出多少。分完后一发榜，照榜到各田去插一牌子，就归某家正式营生。"② 这种方法，叫作"以乡为单位，按人口平分，肥田差田搭配，多退少补"。因此，分田以后，在一个乡的范围内，农民经营的土地（当时土地所有权属政府，不是属于农民），大体上都差不多。例如，宁冈大陇乡每人名下分得的都是6担谷田；永新塘边分田，每人平均分15箩谷田（约为2.5亩）。正是由于分田以后，地主富农在经济上已被打垮，农民经营田地的数量和质量都差不多，经济上的差别很小，所以实行累进税制就没有必要，而采用了比例税制。

此外，对减免和征收也作了原则规定：明确遇到天灾或其他特殊情形时，可以报经高级苏维埃政府批准，免纳土地税；土地税由县苏维埃政府征收，交高级苏维埃政府支配，用于保障红军的给养。

井冈山的土地税制度，是中国新型税收制度的萌芽。虽然它在当时还很不完善，颁布以后也没有再在湘赣边界执行，但对后来革命根据地的农民负担制度的建设，提供了十分可贵的经验。

第三节　中央根据地的农民负担

一、中央根据地的形成

（一）红四军东征开辟赣南、闽西根据地

毛泽东、朱德率领的红四军，从井冈山下山后，经过遂川、上饶、

---

① 毛泽东：《井冈山的斗争》（1928年11月25日），载《毛泽东选集》第一卷，人民出版社1966年7月横排版，第70页。
② 谢觉哉：《湘南湘东赣西革命势力之扩展》，载《布尔什维克》第25期。

崇义、大余、信丰、寻邬、会昌等县，行军千里，于1929年2月7日，进入瑞金县境。

大柏地伏击战获胜后，红四军继续往东向宁都、永丰、吉安一带进军。2月13日抵达宁都，17日到达吉安东固，22日在东固与赖金邦、李文林等率领的江西红二、四团会师，初步打开了赣南的局面。

这时，蒋介石准备和李宗仁打仗。红四军利用这个机会，从东固出发，经宁都、石城，乘胜挺进闽西，解放了长汀城，成立了长汀县革命委员会。

闽西是革命斗争较早的地区之一。1928年，邓子恢、张鼎丞等在永定、龙岩、上杭等地举行过起义，打倒豪绅恶霸，烧毁田契借约，开仓分粮，声势很大。后来虽然受到挫折，但到1929年各县游击队、群众武装和秘密农会又恢复起来了。红军首次入闽，大大鼓舞了他们的斗志。

1929年3月下旬，蒋桂战争爆发，敌军大部调离赣南。趁此有利时机，毛泽东率领红四军回师赣南，占领了兴国、于都、瑞金、宁都、广昌等县。4月上旬，赣南第一个红色政权——兴国县革命委员会成立。4月中旬，成立了于都县革命委员会。5月上旬，成立了宁都县革命委员会。

5月，蒋桂在武汉混战告一段落，赣敌又向红军发动进攻，广东军阀混战又起。在这种形势下，红四军再次挺进闽西，占领了龙岩县城，解放了永定县城并建立了龙岩、永定等县的临时革命政权（革命委员会）。

为了帮助闽西开展土地革命和扩大根据地，红四军于同年7月兵分两路，朱德率领二、三纵队出漳平、宁洋、永春、大田、德化等县，开展游击战争，争取广大群众；一纵队则分布在闽西各县，帮助中共地方党和武装力量，消灭地主民团和土匪，打土豪分田地，建立政权[①]。

在红军的帮助下，闽西割据的地域日益扩大。到1930年春，赤色

---

① 邓子恢、张鼎丞：《闽西的春天》，载《解放军文艺》1977年第4期。

区域扩大到龙岩、上杭、永定、武平、长汀、连城等 6 县,红军、赤卫队扩充至七八千人①,革命政权像雨后春笋般地建立起来。1930 年 3 月 18 日,成立了闽西工农民主政府。随后,闽西有 6 个县、69 个区、390 个乡,先后成立了工农民主政府。根据地的人口达到 80 万。

1930 年 1 月,红四军从闽西回师赣南,部署争取江西,兼及闽西、浙西的斗争。半年之后,赣西南的形势变化很大:武装迅速扩大了,土地进行了分配,苏区也迅速扩大了,广大群众热烈地支持和拥护共产党和苏维埃政权,各县苏维埃也很快地建立起来。

红四军在推动赣南革命向前发展之后,于 1930 年 6 月第三次入闽,扩大和巩固闽西根据地。6 月中旬,毛泽东在长汀南阳龙田书院召开了著名的"南阳会议"。这次会议,讨论了政治、军事、经济等问题,作出了重大的决策。闽西的革命斗争,由此进一步得到深入和发展。

1930 年 10 月 4 日,毛泽东率领工农红军打下吉安城。7 日,在吉安正式成立了江西省工农兵政府。

攻克吉安,赣西南广大红色区域连成一片,进一步扩大了根据地。当时,苏维埃区域有吉安、泰和、安福、永新、莲花、宁冈、宜春、新余、分宜、峡江、万安、永丰、乐安、宁都、南丰、兴国、于都、瑞金、赣县、会昌、信丰、南康、大庾、上饶、崇义、寻邬、安远、南雄、萍乡、万载、遂川、石城、茶陵、攸县(归湘东指挥)等 30 余县。红军占领的县城有 14 个,其余的县城,虽为敌军盘踞,但已变成孤城②。与此同时,红军扩大到 4 万余人(包括一、三军团和总直属队)③。

毛泽东、朱德、陈毅等率领的红四军,三次进军闽西,还师赣南,经过将近两年的辗转奋战,使井冈山的星星之火,燃遍了闽西、赣南的大地。

(二)三次反"围剿"的胜利与中央根据地的建立

1930 年 12 月,蒋介石以 10 万人兵力,分 8 个纵队,采取"分进

---

① 《闽西第一次工农兵代表大会宣言及决议案》,1930 年 3 月 25 日。
② 赣西南特委刘士奇(给中央的综合)报告,1930 年 10 月 7 日。
③ 郭化若:《伟大的战略转变》(草案),1930 年 12 月 22 日。

合击"的办法,发动了第一次"围剿",妄图把红一方面军消灭在清江到分宜的袁水两岸地区。

这时,红一方面军有4万人左右。进攻的敌人在数量上、装备上都远远超过红军。毛泽东根据敌强我弱的形势,指挥红军有计划地以少数兵力协助赤卫队、少先队,节节阻击、消耗、迷惑、引诱敌人,主力则逐次向根据地中部实行战略退却,以保存军力,待机破敌。12月29日,敌第十八师师长兼前线总指挥张辉瓒率领主力,孤军深入龙冈地区。毛泽东凭借龙冈地区的有利条件,乘敌立足未稳,加以反击。经过不到一天的激战,敌军主力两个旅、一个师部,包括师长张辉瓒本人在内的9000人全部被俘,其他各路敌军纷纷逃窜。红军乘胜追击,消灭敌第五十师的一半。5天之内,胜利地粉碎了敌人的第一次"围剿"。

蒋介石不甘心失败,1931年初夏,又集中20万人,发动了第二次"围剿"。敌人采取"步步为营,稳打稳扎"的战术,从吉安到建宁,摆开700里长的战线,向根据地步步进逼。

毛泽东精辟地分析了当时敌我双方的形势,仍然采取诱敌深入、集中兵力、各个击破的方针,率领红军在地势险要的东固打第一仗。5月16日战斗打响后,隐蔽在高山丛林中的红军,发起猛烈攻势,直逼山下敌军,一举消灭敌军两个师。15天中,红军从江西东固到福建建宁,横扫700里,打了5个大胜仗,歼敌3万余人,缴枪2万余支,干脆利索地打破了敌人的第二次"围剿"。

第二次反"围剿"胜利之后,仅仅隔了一个月时间,1931年7月,蒋介石又发动了第三次"围剿"。这次蒋介石纠集30万人,自任总司令,采取"长驱直入"的方针。

毛泽东首先率领红军实行战略退却,绕道千里,回师赣南,将敌人诱到根据地内部,使敌人吃尽苦头,优势减少,弱点暴露。然后,指挥根据地军民转入战略反攻。结果,3万人左右兵力的红军,彻底粉碎了30万个敌人的"围剿",在红军战史上写下了以少胜多、以弱胜强的光辉一页。

毛泽东领导的三次反"围剿"战争,共歼敌7万多人,缴枪5万多支①。

第三次反"围剿"胜利结束后，根据地出现了空前有利的形势，毛泽东、朱德率领红军，由兴国以北地区移到以瑞金为中心的地区，向闽西北和赣西南的广大农村发展根据地，使原来的赣南、闽西革命根据地连成一片，形成以瑞金为中心的，包括拥有21个县城、250万人的中央革命根据地。

1931年11月7日至20日，在瑞金召开了第一次全国工农兵代表大会，选举并组成了中华苏维埃共和国临时中央政府。从此，以瑞金为中心的中央革命根据地，就成了全国革命的中心。

中央工农民主政府成立以后，各根据地的苏维埃政府相应改为省工农民主政府。在中央根据地内，原闽西苏维埃政府于1932年3月18日改为福建省工农民主政府，原江西省工农兵政府于1932年6月3日改为江西省工农民主政府。

二、闽西、赣南分田后农村经济的变化

革命前，闽西、赣南的农村经济，也是封建地主压迫剥削下的小农经济占主导地位。闽西地区12个县的250万人口中，80%是农民，10%是做工的；赣南地区70%的农民是贫农。由于闽西、赣南距厦门、汕头较近，随着帝国主义倾销的洋货入侵，农村经济还带有某些殖民地的色彩。此外，闽西地区由于军阀不停地混战（1922—1925年大小战争达30余次），战争的伤痕在农村也比较明显。

闽西、赣南人民在地租、高利贷和商业资本的剥削压榨下，饱尝半殖民地半封建社会的痛苦，迫切要求解放，渴望解决土地问题。红四军进入赣南、闽西以前，这里的土地斗争已经有所开展。邓子恢、张鼎丞领导的闽西特委，在1928年5月攻打永定城后，即转入城郊的溪南里，领导群众着手分田，约有2万名农民（10多个乡的范围）得到了土地果实。随后，永定的金丰里、太平里，龙岩的后田，上杭的蛟洋，平和的长乐地区，都掀起了打土豪分田地的群众运动。1928年

---

① 中共江西省委：《无产阶级革命史上的伟大创举》，《人民日报》1977年9月16日。

8月前后,赣南地区的共产党组织,在吉安的东固、延福两个区建立了红色政权,也发动群众分配了土地。红四军进入赣南、闽西以后,随着军事斗争的胜利,土地革命进一步得到普遍的深入的发展。

红四军二次入闽打下龙岩后,闽西的局面已经大定。1929年7月,闽西特委召开了中国共产党闽西第一次代表大会。会议根据毛泽东提出巩固根据地的三条方针①,把"实行土地革命使闽西广大的贫苦农民得到土地"作为闽西斗争的"坚实基础"和"主要目标",并在总结过去土地斗争(主要是溪南里的分田经验)的基础上,通过了《土地问题决议案》,制定了土地斗争中的具体政策。从此,闽西出现了"分田分地真忙"的大好形势。在长汀、连城、上杭、龙岩、永定纵横300多里的地区内,解决了50多个区500多个乡的土地问题,有60多万人得到土地②。

赣西南的土地革命进展较慢。"二七"会议批判了机会主义的错误后,分配土地停顿在半生半死的状态迅速得到改变。到1930年6月,赣西南的30多县中,有20县完全分好了土地,包括:吉安全县(除县城),吉水全县(除县城及近郊),永丰南半县,南丰西边一大块,广昌西边一支角,宁都北半县及西乡一大块,于都北半县及西乡一大块(于都全县缺赤化),兴国全县,泰和赣江东岸全部,万安东北角,永新、宁冈、莲花、安福四县全县,袁州、分宜、新余、峡江各一部分(靠吉安、安福境)③。

闽西、赣南分田以后,农村经济发生了三个主要变化:

第一个变化是,地权由集中变成大体平均。分田以前,闽西、赣南农村各阶级占有的土地比较集中。据龙岩、永定、上杭、连城、长汀、武平6县调查,田地平均85%在收租阶级手里,农民所有田地平均不过15%④。1927年闽西土地的调查,有65%是地主的,25%是公

---

① 三条基本方针是:深入地进行土地革命;彻底消灭民团土匪,发展工农武装,有阵地地波浪式地向前发展;发展党,建立政权,肃清反革命。
② 张鼎丞:《中国共产党为创建闽西根据地而斗争》,1943年。
③ 《赣西南的土地革命彻底实行的有二十县》,《上海报》,1930年6月10日。
④ 《中共闽西第二次代表大会日刊》,《闽西特委工作报告》,1930年8月。

尝①的，农民所有的不过占有全部土地的10%；农民成分中，贫农占65%，中农占20%，富农、雇农各占5%，流氓占4%②。福安县的柏柱洋乡，地主每人平均占有土地22.9亩，农民（包括富农在内）每人平均占有土地0.25亩，农民的土地只相当于地主土地的1%③。赣南的情况也差不多。据瑞金县前草田乡的调查，该乡暴动前共有364户1584人，土地3687亩。其中，地主富农的土地占90%，中农贫农的土地占10%，地主每人平均占有土地19.1亩，贫农每人平均占有土地只0.13亩④。

分田以后，在土地斗争深入的地方，彻底地改变了上述不合理的土地状况。原来地主富农集中的土地，除按人口分得一份田外，其余统统转到了贫农和中农手里（经过苏维埃政府所有到农民私有）。从地权集中到地权平均，各阶级的经济地位变化很大。封建地主经济被消灭，富农经济受到严厉的限制和打击，贫佃农普遍增加了土地，中农的土地一般来说也是增加的。这个趋势，即使在带有某些特性的上杭县才溪乡上才溪村，也可以看得出来。

上才溪村是个地权集中程度不太高的村庄，绝大部分土地集中在外来地主（不在本村居住的地主）手里。分田前，该村共耕种土地9424.07亩，其中52%属外来地主和本乡地主富农所有，48%属中农贫农所有。土地平分后，情况就倒过来了，贫佃农和中农占有土地9253.35亩，占总数的98.19%，地主富农只有土地170.72亩，占总数的1.81%（外来地主不在本村分田，故比例较少）。全村每人平均分田1.66亩，其中，佃农为1.72亩；贫农为1.65亩，比原来增加1.1倍；中农1.71亩，比原来增加72.7%；富农1.38亩，比原来减少57%；半地主式富农2.37亩，比原来减少63%；本乡小地主1.5亩，比原来减少69%。

第二个变化是，农村经济由停滞转向发展。红四军进入闽西、赣

---

① 为死去的人留田产，或凑分子抽田立公，这部分田闽西称"公尝"。
② 《中共闽西第一次代表大会之政治决议案》，1929年7月。
③ 中共福建省委党史办公室闽东工作组调查，1961年7月8日。
④ 财政科学研究所：财政史档案资料《回忆录》第16册。

南以前，农村经济的破坏很严重。农民受到种种剥削，无力而且不愿意购买肥料、改良农具，因而田地不能改良，生产方法不能进步，生产力很低。以瑞金县的红山乡为例，那时最好的田，一亩收300斤稻谷，差的田只能收80斤①。农民耕田利不及费，多有抛弃农业者，因此田地荒芜日多。据龙岩、永定、上杭、连城、长汀、武平等6县统计，荒田占2%，其中杭、武二县有超过3%—4%者，而且这种趋势是逐年增加的②。赣西南、信江流域、南浔路许多斗争区域，由于统治阶级的压迫和焚烧抢劫，农民不能安心耕种，田地也多半荒芜。农民穷了无力整修水利，而且樵采过甚，童山加多，因而水灾年甚一年。所谓"人穷山光，山穷水尽"，更使荒地发展，农产品急剧减少。所有这些，造成粮食恐慌，米价年贵一年，农民的田地不断向地主手里集中。

红四军进入闽西、赣南的第一年，即1929年，随着土地革命的开展，原来破产的农村经济有所好转，但农民的生产积极性仍不高，农民在土改后经济上继续处于困难境地。原因之一，是分田以后地权尚未确定，农民发展生产还有顾虑；原因之二，是1929年秋闽西一带（赣南亦有），尤其是龙岩附近出现工业品价格上涨，农产品价格下跌的现象，打击了农民的生产积极性。这就是当时中共闽西特委着重指出的"剪刀差现象"。为什么会出现这种"剪刀差现象"呢？当时中共闽西特委分析：（1）工人工资提高，商人便在物价中取偿；（2）受"会剿"影响，商人不敢尽量采办货品（固然有些商家，尤其是行栈，会用怠工方法以扰乱我们，然总数甚微），因而市场供不应求，而物价便提高起来；（3）暴动过后的乡村，债券焚烧，高利债务不还，有些乡村更取消一切债务，而多数拥有货财的地主土豪又杀的杀、跑的跑，资本藏匿不出，因此，乡村中一般均停止借贷，使金融流通完全停滞，农民在收获季节缺乏现金，只有贱卖粮食才能取得现金；（4）抗租斗争胜利，农民不必交纳地租，人人粮食有余，为了购买日用生活

---

① 财政科学研究所：财政史档案资料《回忆录》第16册，《党领导瑞金人民为建立和保卫苏维埃政权而斗争》。

② 闽西第一次党代表大会：《土地问题决议案》，1929年7月27日。

品,大家都要出粜粮食;(5)农民骇于"会剿"声势,大家怕谷子被敌人抢去,纷纷出卖粮食,求得现利,因此市场上稻米供过于求,米价下跌;(6)各处粮食不能调节,多者多、少者少,以致米价高低不同。"剪刀差现象"在当时是带有某些特殊因素的问题,也是影响农村经济发展的严重问题。

后来在土地法中取消了土地禁止买卖的规定(但也没有明文规定可以买卖),允许一般借贷关系存在(禁止高利贷),采取了解决"剪刀差现象"的具体措施,到了1930年,闽西、赣南的农村经济均得到了发展。赣南的农业生产有了恢复,人民日常所需要的米油盐酱醋菜,除盐比较困难以外,其余都能自给,盐亦可买到,不过昂贵点。闽西农村更是欣欣向荣。据《中共闽西第二次代表大会日刊·十二日大会纪要》报道:1930年的早稻,龙岩、连城比上年增加二成,上杭、永定、长汀增加一成。当时龙岩正是分田之后的第二年,农民分得了土地,每家每户都在自己的土地上积极劳动,精耕细作,增施肥料,每个乡都兴修水利,农村一片欢乐声,市场交易也日益繁盛。

第三个变化是,农民的生活开始改善。革命前,闽西、赣南的农民异常贫困。毛泽东在《寻乌调查》中写道:"他们衫很烂,要讨来着。三餐饭两餐食杂粮(栗板呀,番薯片呀),做米果卖。砍柴火卖、挑脚,就是他们添补生活的办法。"那时,由龙岩到长汀的大路上,每天至少有数百个挑货的农民。帝国主义的洋货入侵之后,闽西用的布匹、药材改从汕头、厦门进来,农民无货可挑,在这条路上失业的挑夫至少有1万人。这是闽西的情况。赣南农民的生活,从枫田湾农民一年的收支亏空账,也可窥见一斑。枫田湾是瑞金县壬田乡的一个村,共有贫佃农16户54人。这些贫苦农民自己没有田地,租种地主80亩田,全年收谷322担(每担约合100斤)。支出有这样几项:(1)地租160担(每亩2担);(2)牛租谷14担(牛2头);(3)租饭折谷27担;(4)全村借债460元,年息115元,折谷57.5担;(5)生产投资49担,包括种谷4担,肥料折谷25担(每亩30斤),修理购置农具20担。全部收入减去全部支出后,剩谷14.5担。加上种的芋头折谷12担,荞麦折谷8担,全村的口粮一共只有34.5担,每人平均只 0.63 担，仅能维持 1 个半月的需要，缺 10 个半月的粮食。

革命后，农民得到了土地，积极从事生产，提高了生产热情，增加了收入，生活也开始改善。以长汀之涂坊乡为例，该乡分田后，每担谷田普遍比过去增产一二十斤（当时闽西一般是 4 担左右折合为一亩——编者注），又有开荒田，粮食吃不完。像番薯几乎没有人拿去当粮吃，大部分人拿去养猪，生活过得挺好。粮食不但够吃，家家还有余粮出卖，真是丰衣足食①。朱德后来向美国进步作家史沫特莱回顾 1929 年年底在闽西的情况时说道："那年收成很好。""把地主赶跑了以后，分了田，农民不但够吃，还有余粮拨给军队。他们成千成万地涌到古田区，人人带着铺盖和一个星期的粮食，每一处都来给我们送礼。他们带着大批白米，还有鸡鸭，甚至还赶来猪啊牛啊，让我们过年时吃一顿好的。……我们的队伍和老百姓在一块儿做饭，一块儿吃，到了晚上，满街响起锣鼓，爆竹噼噼啪啪乱响，歌声四起。在几千只彩灯的照耀下，彩龙飞舞。农民们一边游行，一边唱歌。"②

赣南农民的生活也过得很好。下面是赣县田村乡一个普通农民在革命前后的生活对照。

这个农民叫谢仁地，贫农，全家 6 口。革命前没有一点田地，只有极少数的农具。谢仁地借了地主 100 担谷田种，由于剥削重，一年只能得到 10 担谷，全家不够吃，每年都得向地主借，割了禾交了租，还了债，又没有米下锅，又要向地主借。老婆帮别人补衣、做鞋赚些油盐钱，全家大小没有一件好衣服，都是补丁加补丁的。革命后，他分到了地主的谷子、衣服和犁耙等农具，在分田时全家分得了 57 担谷田、7 丈 8 尺的菜园地。分田后第一年，他收了 72 担干谷，还有番薯、豆子等，除口粮 40 担、交土地税 3 担外，还余下 29 担谷子。菜园种的菜，除了自己吃的以外还可出卖，生活有了根本的好转。当时，布价虽然很贵，但他每年都要买两匹。另外还要添置一些农具③。

---

① 财政科学研究所访问涂作义记录。
② 史沫特莱：《伟大的道路》，第 310 页。
③ 财政科学研究所的同志与赣县田村公社刘逊志等座谈记录，1959 年 10 月。

闽西赣南分田以后农村经济的这些变化，不仅为巩固和发展根据地打下了基础，而且也为保障革命战争的供给、向农民普遍征收土地税创造了极为有利的条件。

三、闽西、赣南的农村税收制度和负担情况

(一) 闽西的土地税、山林税制度

闽西苏维埃政府向农村、农民征税，是从1929年秋季开始的。在此之前，不仅没有向农民征税，对中小工商业者也没有征税。那时，部队的供给靠自行筹款解决，由前方供应后方，目的是给群众以安定和休养的机会。

1929年7月27日，中共闽西党的"一大"关于《土地问题决议案》中规定："土地税之征收，分三等：最高15%，其次是10%，再其次5%或免税。由各地方斟酌情形分别规定。"这是闽西根据地制定的第一个土地税征收制度。这个制度定得较粗，没有明确按什么标准去"分等"，也看不出以什么作标准去计算征收。因为当时土地斗争还未展开，农村的生产关系尚未改变，如何征税好，缺乏经验，只能参照井冈山根据地的经验，作些原则规定。

10月，中共闽西特委对上述征税办法作了比较具体的规定，明确："在未分田以前土地税之征收分三等，米谷够吃者收一成，有余粮者收一成半，有余粮20担以上者抽二成，只有半年粮者收半成，不够半年者不征。"土地税"由乡政府征收分配，乡政府得五成，县政府得二成，区政府得二成，闽西政府得一成"。这种以户为单位，按余粮多少累进计征的办法，是从分田以前农村各阶级的经济情况出发的。当时，在闽西农村，米谷够吃的户，一般为中农；有余粮者多为富农地主，余粮在20担（约合2000斤）以上的户多为地主；粮食只够吃半年或维持不了半年的户，基本上是贫农和雇农。所以，按余粮多少来征税，是体现了富裕者多负担、贫穷者少负担或不负担的原则的。这种征税办法，虽然实际执行的地区极少，但在负担上如何处理各阶级间的关系，具有极大的历史意义。

中共闽西"一大"以后，农民的分田运动发展很快，许多地方在

几个月内就平分了土地。这样，刚制定的征税办法一出台就不适用（因为是依据未分田以前的情况定的），于是，中共闽西特委于1929年11月5日又根据分田的情况，对税收问题作了新的规定。新规定仍然采用分等计征的办法，以农民所得田地数目为标准分等：每人分田3担以下者收半成，分5担以下者收一成，分5担以上者收一成半（以上三等，均以双季为标准，单季者折半计算）。此外，还规定征收山林税（因为山多田少的地方，山林同田地一样分配）。山林税分两等征收，以远近及竹麻为标准。

1930年4月，闽西苏维埃政府根据第一次工农兵代表大会决议，颁布了税则条例。条例规定：农民领耕田地，按照所领田地所收实谷面积，缴纳田地税。田地税之税率，以分田多少为标准。属于单季田，分田3担以下者征5%，3担以上者征10%，5担以上者征15%。属于双季田，分田3担以下者征10%，3担以上者征15%，5担以上者征20%。山林税，只收竹麻税，照生产数量征收，至多征15%。

闽西颁布这个税则条例，一是为了建立政府的财政基础，二是为了控制税负，"恐各处自由增加税收"。实际执行，未能如愿以偿。4月以后，闽西的财政经济越感困难。土地税征收数量不多，不够开支，没有办法，只好募捐，而一般群众很愿意增加土地税，不赞成募捐办法①。因此，"南阳会议"决定：一方面责成红军、赤卫团、游击队积极向外发展游击战争，完成筹款的任务；另一方面由政府普遍征收土地税，厉行节约，紧缩开支，以支持革命战争②。

根据"南阳会议"精神，9月，闽西在第二次工农兵代表大会上，通过了《修正财政问题决议案》《修正土地法令决议案》《修正税则条例》。这些文件，对原来的土地税制度作了较大的修订。修订后的土地税，分为田地税、山林税、园地税三种。

田地税。按照发给各户"耕田证"上登记的面积计征。闽西的田地面积，习惯上以"担"为单位，每"担"田统一规定按照干谷100斤（16两秤）扣算，作为各户的计税标准。税率以分田多少为标准，

---

① 连新：《闽西经济状况的报告》，1930年10月13日。
② 张鼎丞：《中国共产党为创建闽西革命根据地而斗争》，1943年。

每人分5担田以下者，按扣算产量征10%，分5担田以上按扣算产量征15%，单季者征一次，双季者征两次。受水灾者，受灾部分（按受灾面积）豁免；开垦荒田者，6年之内不收田地税，10年之内任其使用，政府不予收回。公田及收回田地（当时土地法规定死亡或离开本乡者，收回耕种的田地）不须分配者，由政府租给劳动力充足或原耕种农民耕作，政府加收其田地税，其加征之税，不得超过原税之一倍。田地税由县政府统一征收，征收以干谷为标准，按照市价作价收款，不收谷。其谷价由征收人与政府协同决定（永定县统一规定为：每1斗6升干谷折款1元）。

这些规定，同原税则条例比较，有两处大的变动：一是提高了税率。每人分田3担以下的户，原规定征5%，修订后统一按10%计征；原来的税率是按单季、双季分别规定的，修订后双季者收两次，税率相应提高。二是规定了一些优待减免的办法，这不仅对恢复农村经济起了促进作用，而且对后来税收制度的完善提供了有益的经验。

山林税。农民领耕茶山、竹山，凡当田亩分的，按照田地税征收。没有当田亩分的，以户为单位，按照竹、麻两项产品每年出产的价值累进计征。50元以下者收5%，100元以下者收10%，200元以下者收15%，300元以下者收20%，500元以下者收30%，500元以上者另定。山林税由区政府决定征收，转交县政府。实际执行，征收的地方不多，而且都是从轻从宽征收的。例如，上杭县规定，山林税只收竹帘税，照生产数量收15%，其余不收；永定县规定，竹山照竹麻生产额征收5%—15%。

园地税，是修订时增加的。园地税也是以户为单位，按照每年出产价值多少累进征收。茶税（油茶）、梓税（木梓）的征收标准是：30元以下者不征税，50元以下者收10%，100元以下者收15%，200元以下者收20%，300元以下者收30%，500元以下者收40%，500元以上者另定。此项税收，各地在执行时也是从宽的。上杭县规定：茶山照政府规定，出租的按租额征收，农民自种者不收税。永定县规定：30元以下者免收，100元以内者收5%，200元以内者收10%，

300元以内者收15%，300元以上者收20%。

修正税则执行一段后，到1931年4月，闽西土地部根据《土地委员会扩大会议决议案》又作了修改。确定土地税按实谷计算，实行统一累进税（即土地累进税），贫农雇农中农收实谷5担以下者，征10%，5担以上者，征15%；富农的土地税要比雇农贫农中农加倍征收，收实谷5担以下者征20%，5担以上征30%。

（二）赣西、赣南的农村税收制度

赣西的苏维埃区域，在1929年10月前后，就定有对农民征税的简单办法，并在少数建立政权的地方征收。征税办法规定：农民的收获，除供给终年食用外，以其剩余，用累进的方法征收。剩谷1石征1桶，剩2石征2桶，剩3石征4桶……①那时，赣西的谷，1石约合120斤，1桶约合28斤。照此计算，剩谷1石的户税率为23%，剩谷2石的户税率为23%，剩谷3石的户税率为31%，剩谷4石的户税率为35%……除了就农民的剩余粮食征税外，对商贩也征收极低的税（集圩营业者），商店亦按照累进的原则征税。

赣南的寻乌县，1929年"收了抗租所得税，每抗租1石，收税2斗，在双桥南八两区实行了"②。

1929年，赣南、赣西还处于根据地开辟阶段，土地革命还没有深入，只是打土豪，没有分田地，上述征税办法都是各地根据分田以前的农村经济情况，自行制定的。1930年"二七"会议以后，赣西南的土地革命普遍深入展开，为了领导好群众性的分田斗争，3月毛泽东主持制定了《兴国苏维埃土地法》，8月颁布了《中国革命军事委员会土地法》和《赣西南苏维埃政府土地法》（这三个土地法，除个别文字和提法有所修改或补充外，全部相同），在这些土地法中，明确规定了土地税的征收制度。从此，赣西南的土地税普遍开征，征税办法也基本上统一。

赣西南的土地税，也是以户为单位，按照农民分田数量分等征收。

---

① 克珍：《赣西苏维埃区域的现状》（1930年2月19日），载江西人民出版社编《中国共产党在江西地区领导革命斗争的历史资料》第一辑，第146—149页。

② 毛泽东：《寻乌调查》，1930年5月。

每人分田收谷 5 担以下的免收土地税；
每人分田收谷 6 担的收税 1%；
每人分田收谷 7 担的收税 1.5%；
每人分田收谷 8 担的收税 2.5%；
每人分田收谷 9 担的收税 4%；
每人分田收谷 10 担的收税 5.5%；
每人分田收谷 11 担的收税 7%；
每人分田收谷 12 担的收税 8.5%；
以后加收谷 1 担，加收土地税 1.5%。

这种按分田数量确定的税率，同闽西的规定一样，实际上也是一种地区差别比例税，而不是累进税。虽然"等"分得多一些，税率定得细一些，但具体到一个乡的范围内，对各阶级的收入仍然不起调节作用，只是对乡与乡之间、县与县之间的收入起调节作用。

但是，同闽西的税率规定比较，又有三点不同：一是有起征点的规定（每人分田 5 担以下的免税）；二是税率比闽西要低一些，同时由于"等"分得多，税率定得细，对地区之间的调节作用要大一些；三是明确规定按收谷数（即分田产量）计税，而不是按扣算产量计税。

对减税免税也作了原则的规定。纳税人遭受"天灾人祸致生产量减少时，由低级苏维埃呈请高级苏维埃批准，得减收或免收土地税"。

山林出产，只供人民自己食用，没有多余的不收税。自己食用尚有多余的，其多余部分，由苏维埃按照出卖价值，用适当比例收税。这同闽西的山林税征税办法是完全不同的。

此外，在宁都县、于都县还征收屠宰税和房租税。屠宰税每头猪收 0.50 元。房租只对公产、土豪（做生意）征收，对穷人不收。

（三）闽西、赣南的农民负担情况

在半殖民地半封建的社会，闽西、赣南农民的负担是又多又重。

田租负担，是主要的一项。闽西各县的租率，最低的 60%，长汀

70%，连城南乡高至80%①。赣南的兴国县，一乡（凌源里）、二乡（永丰圩）和四乡（侯径）租率均是50%，三乡（山坑）大部分是60%，少部分是50%②。瑞金县的红山乡，最好的田，1亩收300斤，缴地租200斤；差的田，1亩收80斤，缴地租30斤以上③。

高利贷利息负担，是另一项重负。闽西的高利贷，普通利率平均在2分以上，龙岩每月2分为最低，连城、武平、长汀均为3分，上杭、永定均为2分半，最高利息各县有到12分的④。兴国县第十区，钱利2分到2分半；谷利，不论上年11、12月借的，或是当年1、2、3月借的，7月割禾还谷时，都要50%的利，就是1担谷还3箩⑤。

捐税负担，尤为严重。田赋一年预征好几年，苛捐杂税有数百种。从国民党的中央政府、省政府到县政府，层层都抽税；盘踞的大小军阀和民团，个个都勒索。闽西的上杭，另有几种最奇特且为各地少见的税捐：（1）田亩捐。实际上就是强迫人民种鸦片纳捐。办法：全县按户平均发给种子，责令依照所指使的方法播种，预定收成时，每亩缴纳"水胶"（即鸦片）现款各若干。无胶缴款，无款缴胶，不种或种了歉收的，均不得减免。（2）防务捐。实际上就是赌捐。办法：全县由劣绅、恶棍等组成"防务公司"，核定缴数，包收包缴，然后转按各区、按地方大小，比例分担承纳。（3）公膏专卖。实际上就是鸦片公卖。办法：按区乡大小，定额多少，迫令高价承销。地方人民对以上三种，知道横直要空出捐饷，只得遵种、遵吸、遵赌，结果百业俱废，祸害丛生⑥。永定县还有一种"冠婚丧祭屠宰捐"，谁家办红白喜事都要纳捐，群众痛恨至极！

沉重的负担，使闽西、赣南农民陷入水深火热之中。

红四军东征，在途中发布了《红军第四军司令部布告》，提出："地主田地，农民收种，债不要还，租不要送"，"苛税苛捐，扫除干

---

① 《中共闽西第一次代表大会之政治决议案》，1929年7月。
② 毛泽东：《兴国调查》（1931年1月26日），新华书店1949年7月上海版。
③ 财政科学研究所：财政史档案资料《回忆录》（第16册），256号。
④ 同①。
⑤ 同②。
⑥ 《上杭初期革命活动情况调查》，财政科学研究所资料。

净"。这些口号,深受农民拥护,很快就实现了。

到1929年底1930年春,凡是建立了苏维埃政权的地方,都取消了地租和高利贷剥削,取消了苛捐杂税,农民基本上没有任何负担,过着自耕自食的安乐生活。有的地方,苏维埃政府虽然征了土地税,但负担也是很轻的。这个情况,当时赣西南特委在向中共中央的综合报告中,以赣县田村乡为例写道:"1930年春季,田村人民分得了土地,废除了债务,农民们在自己的土地上积极地劳动,取得了连年的大丰收。当时税收很轻,每份土地(9担谷田)只要收土地税50斤,雇农和红军家属一律免税。除此以外,农民卖农产品还要交点地分税,这税很轻,如卖1担稻谷只要缴税5合(税收一律由粮食委员会负责),农民们除了缴这二种轻微的税以外,其他什么税收也不要缴了,因此,当时农民的生活过得很好。"①

1930年秋季普遍征收土地税后,农民的负担主要是土地税和山林税。其他的税收,例如闽西的店房税、营业所得税、摊子税等,农民虽有缴纳的(闽西的农民不少都从事商业活动或兼营手工业),但为数不多,主要是商人、地主(兼营工商业)缴纳的。

土地税负担的具体情况,尚缺乏资料。表1-2是根据几个县平田的数量,按征税办法计算,编成的一张简表,可大体上看出一般。

表1-2

地 区	每人平均分田产量(谷,斤)	每人平均缴纳土地税(谷,斤)	土地税占分田产量的比例(%)
赣南:兴国第十区	700	10.5	1.5
兴国第十六区:全区	800	20.0	2.5
最高	1100	77.0	7.0
最低	400	免税	—
赣县:全县	700	10.5	1.5
最高	1100	77.0	7.0

---

① 刘士奇:《赣西南特委给中央的综合报告》,1930年10月7日。

续表

地　区	每人平均分田产量（谷，斤）	每人平均缴纳土地税（谷，斤）	土地税占分田产量的比例（％）
最低	300	免税	—
闽西各县：一般	600—800	60—80	10.0
最高（龙岩）	1800	270.0	15.0
最低	200	20.0	10.0

注：每人平均分田产量是按照分田担数，按每担100斤稻谷折算的。

这张简表可以说明两个问题：第一，可以看出，当时土地税的负担是比较轻的，一般都不超过分田产量的10%，最高的也不超过15%。1930年闽西、赣南各地都是增产的，实际收获量均比分田产量高一些（有的高20%，有的高10%），照此计算，农民负担的实际比例大体在8%和9%之间。第二，可以看出，闽西各地的负担比例比赣南要高，分田多的地区负担比例要比分田少的地区高一些，体现了地区之间的负担差别。

农民分田受惠以后，军政的财粮供给虽然一部分取之于民，但征收的土地税在财政收入中的比重仍然不大，财政收入的大部分仍然取之于敌，即靠打土豪罚款捐款得来的。这不仅是为了兼顾农民的利益，而且也因为根据地在开辟的过程中还有土豪可打。当时，每打一次土豪，得到的东西也相当多。例如，大柏地战斗后，红四军进军宁都，一次就筹款5500余元；1929年3月14日解放长汀城，没收10余家反动派财产，就罚得钱款3万余元，并向商人筹借到军饷2万元（资本千元以下者未派）。因此，军饷颇能补充，农民也得到了暂时的休养。

四、第一、二、三次反"围剿"中的筹粮筹款

毛泽东在论述《中国革命战争的战略问题》一文中说："对于敌人的一次有计划的'围剿'，如果我们没有必要的和充分的准备，必然陷入被动地位。""财政和粮食问题，不待说对于反对'围剿'是有

重大意义的。"①

三次反"围剿"战争，从准备到结束，持续将近一年。在这一年里，接二连三地进行三次筹粮筹款，任务是比较艰巨的。时间短、要求急，是困难的一个方面，更主要的方面是需要与可能的矛盾较大。

红军在第一次反"围剿"时约4万人，第二次反"围剿"时减为3万余人，第三次反"围剿"时未补充，仍是3万人左右。加上地方红军，总数为5万余人。就按5万人计算，单是吃粮（每人每天按1.5斤）和伙食费（每人每月按3元）两项，准备2个月的，即需要粮食450万斤米，需要大洋30万元；筹集3个月的，需要粮食675万斤米，需要大洋45万元。这个数字本来是不多的，但是在当时条件下却是困难的。因为闽西、赣南的经济本来就很落后，土地革命深入后农业生产刚开始好转，农民的生活水平较低，加之敌人的封锁，财政收入的来源很有限，经常收不抵支。

如何解决这个矛盾呢？当时，毛泽东等采取的方针是：既要顾及"围剿"时间的可能延长，又应当计算，主要的是红军，再则革命根据地的人民，在整个反"围剿"斗争中物资需要的最低限度②。也就是说，在服从战争需要的前提下，要考虑红军和根据地人民两个方面的需要，不能只顾一个方面的需要。

根据这个方针，红军和党政机关一起动员，发动群众，克服困难，采取了多种多样的筹集措施。

红军结合作战自筹，是主要的一种方式。第一次反"围剿"战争前，红军在占领吉安的45天时间里，利用商会组织了筹款、筹粮、筹布等活动，共筹款13万元，缝制了上万套军衣、军被。第一次反"围剿"战争开始时，红一方面军发出移师江东岸分散工作筹款的命令（1930年11月1日），要求中路军在漳树通丰城、新淦两大道附近筹款20万元，右路军在南丰、南城、崇仁、宜黄各处筹款40万元。

---

① 毛泽东：《中国革命战争的战略问题》（1936年12月），载《毛泽东选集》第一卷，人民出版社1966年7月横排版，第184、186页。

② 毛泽东：《中国革命战争的战略问题》（1936年12月），载《毛泽东选集》第一卷，人民出版社1966年7月横排版，第186页。

1931年1月16日，红一方面军总部要求红军各部一方面注意训练，另一方面在原地尽量分散筹款，于月内筹足14万元。1月18日，红一方面军总部又发出命令，要求红军移师建宁、南丰、广昌一带，用最大力量继续筹足3个月的给养（筹款计划共44万元）。红军战前自行筹款，都是在白色区域内进行的。这不仅有取之迅速、减少运输的优点，而且有利于保存根据地内的经济力量，减轻农民的负担。

依靠农民的支持，是筹集的第二项措施。江西省工农兵政府于1930年11月20日发出的财字第二号通告，对动员民力作了三条规定：（1）赣南、赣东限10天内筹集原定数目10万元，赣西限一周内筹集20万元；（2）各级政府立即扩大宣传，征收累进税，土地过少之区征剩余粮食，准备油盐等供给红军及机关人员；（3）进行清仓，按照摊派累进税与征集剩余粮食的原则进行，但各地抽的粮食须有详细统计，谷子仍归各乡保管。11月24日，江西省紧急通告秘字第三号要求各区兵工厂赶造土炮、土枪、炸弹；组织互济会，实行群众慰劳和救济，组织担架队；集中粮食，做到红军一到就有饭吃。1931年1月18日，闽西苏维埃政府发出通知，要求各地迅速供应红军的米食（闽西政府因经济困难只能担负菜钱），红军到达何地，即由该地政府将米食付与红军，此项米食可将当地收的土地税或粮食调剂局的谷子先行付出。中共苏区中央局在发出的《动员广大群众争取二次战争胜利》的紧急通告中，要求各地做到：（1）捉拿的土豪须迅速催其缴款；（2）党政机关应日常注意节省费用；（3）应尽量设法去捉土豪，以便解决经济问题；（4）二区四乡须快将谷子搬600担到五里山田家冲大段里一带。

第三项措施是，集中经济，节省费用，保障军需。江西省苏维埃政府在1930年11月17日的紧急通令中指出：为了有把握地使这次决战胜利，迅速争取江西省苏维埃胜利的前途，所有赤色区域内经济无疑要集中起来，供给决战的需要。并且相应采取了具体的措施，规定各级政府除留一月经费外，其余全部集中交省财政部。要求各地加紧节省杂费，减少办公费。如伙食费标准，在城市者由0.15元降为每人每天只发菜柴钱0.05元，乡村由0.10元改为0.03元；写标语不用纸，睡觉熄灯，信纸信套不要漂亮，使现金不致外流；只发伙食费不发零用费；米粮尽量不用现金买，减少现金支出；没收物品拍卖；等等。闽西在第三次反"围剿"时，经济困难，伙食标准减少一半，0.10元减0.05元，草鞋费取消了，军队保持一天0.10元。

第四项措施是，发行钞票。江西省苏维埃政府财政部以100万元现金创设大规模的江西省工农银行，同时财政部为使金融有广泛的流动，使革命群众与红军在经济上有很大的充裕，发行钞票100万元。

由于军队和地方齐心协力，采取的措施得当，三次反"围剿"战争中的军需，基本上得到保证。红军的供给标准，也基本上没有降低。农民在战争中，出人出力，出钱出粮，支援是很大的，但负担亦不重。所以，战争一结束，即使在遭受破坏比较严重的地方，农村经济也能迅速得到恢复。

五、中央暂行税则的颁布与修改

为了开展根据地的经济建设，统一领导，统一财政，加强管理，1931年11月28日，中华苏维埃共和国中央执行委员会第一次会议通过决议，颁布了《中华苏维埃共和国暂行税则》，确定从当年12月1日起实行统一的累进税。

暂行税则规定，统一累进税征收的原则是，将纳税的重担放在剥削阶级身上，对于被剥削的阶级与最苦的阶层的群众，免除纳税的义务。

统一累进税，分为商业税、农业税、工业税三种。所谓"统一"，就是在商业、农业、工业三个方面，都只征收一种税，不再征收其他的税（商业税在1932年才陆续开征，工业税实际上没有征收）。

这三种税中，由农民负担的，实际是农业税一种。因为商业税的征收办法中已明确规定，肩挑小贩及农民直接出卖其剩余生产品者，一律免收商业税。

农业税的征收，贯彻富农税重、贫农税轻、雇农及红军家属免税的阶级原则。征税的办法，既吸取了闽西、赣南的实践经验，又根据土地革命深入以后农村经济的变化，作了许多重大的改革。

关于征税范围及计税的标准。农业税只就主要生产品（谷麦）征税，副产品不征税。茶山、棉麻、果园，当作稻田麦地分配成为主要生产的，也征农业税。稻田多，而园土、菜土、鱼塘、莲塘、山地少的地方，过去没有折成田亩来分配的，不征税。计税的标准，按照全家每年主要生产的收获量计算。各户全年的收获量，按照分田的面积和乡联席会拟定各等田的收获成数折算，不由各户自报。这种计税标准，基本上是各户当年的实际产量，也就是闽西提出的按实谷计算的办法。

关于税率。采用全额累进税率。按照全家当年农产品的收获量，按人口平均，规定一个维持生活必须支出的最低数额，作为起征的标准，不足标准者免税，超过标准者按累进税率征税。对富农的征税，要较重些。

暂行税则没有规定农业税的统一累进税率，只附了江西省的税率供各省参考。江西省的税率表是按阶级的原则制定的，贫农、中农适用的税率与富农不同，富农的起征标准低，税率高一点。具体情况如表1-3所示。

表1-3

农产品平均每家每人收获量（干谷，担）	贫农、中农适用税率（%）	富农适用的税率（%）
1担（即100斤）	免征	免征
2担（即200斤）	免征	1
3担（即300斤）	免征	2
4担（即400斤）	1	3
5担（即500斤）	2	4
6担（即600斤）	3	5
7担（即700斤）	4	6
8担（即800斤）	5	7
9担（即900斤）	6.5	8.5
10担（即1000斤）	8	10
11担（即1100斤）	9.5	11.5
12担（即1200斤）	11	13

续表

农产品平均每家每人收获量（干谷，担）	贫农、中农适用税率（％）	富农适用的税率（％）
13 担（即 1300 斤）	12.5	14.5
14 担（即 1400 斤）	14.5	16.5
15 担（即 1500 斤）	16.5	18.5

注：富农适用的税率，是根据原规定排列的，目的是便于比较。原规定是："对于富农从 2 担起即抽 1％，3 担即抽 2％，以上类推。"

江西省制定的这个税率表，是个比较完善的税率表。原来闽西、赣南执行的税率，形式上是累进税率，实际上对各阶级的收入不起调节作用，是比例税率。江西省的税率表改为按每家每人平均收获量多少累进计征，就发挥了调节各阶级之间收入的作用，成了名副其实的累进税率。同时，表中规定的税率，也具体地体现了 1930 年 6 月中共前委、闽西特委联席会议决议中提出的"土地税以保护贫农联络中农打击富农"（打击富农的提法不妥，应当是限制富农）的原则。

关于优待和减免。为了调动农民的积极性，恢复农村经济，发展农业生产，暂行税则吸取过去的经验，规定了若干减税免税的措施。例如，红军在服务期间，本人及家属免纳苏维埃共和国之一切捐税。贫农收入已达开始征收的税额，但仍不能维持其一家生活的，由乡苏维埃决定个别减税或免税。如有水旱等灾或遭受国民党军摧残的区域，按照实际灾情轻重免税或减税。因改良种子、改良耕种所增加的农业收入免税。开垦荒地所收获的农产品免税 3 年，富农则依照收获情形减免或免税一年。这些规定，对后来的税收工作，起了很好的效法作用。

关于征收。农业税在农产品收获后 1—2 月开始征收。收税时，依照税率规定向各家征收。农业税征收现款或农产品，依据农民的意愿而定。

《暂行税则》颁布以后，各地的税收政策和税收制度逐渐统一。江西省的农业税征收，当年就实行了统一的办法；福建省虽仍执行原来土地部的规定，但基本精神和做法也是差不多的。

《暂行税则》颁布 7 个多月后，即到 1932 年 7 月 13 日，中华苏维埃共和国临时中央政府执行委员会又发出命令,作了较大的修改,主要是提高了税率。

这次修改,同王明的"左"倾机会主义错误有密切的联系。三次反"围剿"胜利后,"左"倾机会主义者对革命的有利形势估计过高,对溃退的反革命势力估计过低,多次提出要攻占一两个重要的中心城市,夺取一省或数省的彻底胜利。1932年6月27日,苏区中央局根据"左"的临时中央的指示作出决议,把争取和完成江西及其邻近省区革命首先胜利,列为中共中央苏区党的中心任务。在这个错误的指导方针和部署下,财政困难加剧。第一,中央区的红军要扩大到比原有的数目增加2/3,闽西十六军、十军要扩大成为军或师,各县还要成立一个团的补充军①,财粮的供给任务相应大大增加。第二,苏区中央局1932年6月27日通过决议,要求解除红军主力"分散筹款"的任务,全力用于决战方面。红军只管打仗,不管筹款,不仅减少了财政收入的来源,而且加重了财政机关工作上的困难。在这种情况下,要保障革命战争的经费需要,就只有依靠人民,用增加税收的办法来解决。

税则的修改,包括农业税和商业税两个方面。

在农业税方面,主要是降低了起征点,提高了税率。对富农,还改按劳动力平均(而不以人口平均)来计算收获量与纳税标准。以江西省为例,税则修改前后税率对比如表1-4所示。

表1-4

贫农中农的税率表			富农的税率表			
全年每人平均收获量	税率(%)		修改前		修改后	
	修改前	修改后	全年每人平均收获量	税率(%)	全年每劳力平均收获量	税率(%)
1担	免征	免征	1担	免征	1担	4
2担	免征	免征	2担	1	2担	5

---

① 中央决议案(1931年9月20日),载中央高级党校编《中国共产党历史参考资料》(第二次国内革命战争时期),1957年4月出版,第114页。

续表

贫农中农的税率表			富农的税率表			
全年每人平均收获量	税率（%）		修改前		修改后	
	修改前	修改后	全年每人平均收获量	税率（%）	全年每劳力平均收获量	税率（%）
3担	免征	4	3担	2	3担	6
4担	1	5	4担	3	4担	7
5担	2	6	5担	4	5担	8
6担	3	7	6担	5	6担	9
7担	4	8	7担	6	7担	10
8担	5	9	8担	7	8担	11
9担	6.5	10	9担	8.5	9担	12.5
10担	8	11	10担	10	10担	14
11担	9.5	12	11担	11.5	11担	15.5
12担	11	13.5	12担	13	12担	17
13担	12.5	15	13担	14.5	13担	18.5
14担	14.5	16.5	14担	16.5	14担	20
15担	16.5	18	15担	18.5	15担	22

注：每担约合100斤。

起征点降低，税率提高以后，江西的负担面扩大，税额普遍增加。据有关资料测算，贫农、中农的税额一般要增加一倍，富农的税额一般要增加两倍。江西人口较少，田地较多，据7个县的分田资料统计，每人平均分田担数为5—8担，最少的3担，最多的15担[①]。1932年由于受水灾的影响，多数地区收成不好，实际的收获量要低于分田产量。按照这个情况匡算，税则修改后（即1932年）农民的负担比例：贫农、中农大致不超过10%，富农大致在20%左右。

福建省的情况则有所不同。福建省在税则颁布时仍执行1931年4月闽西土地部制定的税率，无论是贫农、中农的税率，还是富农的税率，都定得较高，而且没有起征点的规定。1932年8月福建省苏维埃

---

① 《江西省苏维埃报告》，《红色中华》，1932年11月21、26日。

政府公布的税率,虽然是按照修改税则的要求制定的,但贫农、中农的税率均有所降低,富农的税率在形式上也是降低的。因此,贫农、中农的负担普遍还有些减少,只是富农的计税标准改按劳力平均计算后,负担略有增加。福建省税则修改前后税率执行的情况比较如表1-5所示。

表1-5

贫农中农的税率表			富农的税率表			
全年每人平均收获量（实谷）	税率（%）		修改前		修改后	
	修改前	修改后	全年每人平均收获量（实谷）	税率（%）	全年每劳力平均收获量（实谷）	税率（%）
1担	10	免征	1担	20	1担	5
2担	10	5	2担	20	2担	6
3担	10	6	3担	20	3担	7
4担	10	7	4担	20	4担	8.5
5担	10	8.5	5担	20	5担	10
6担	15	10	6担	30	6担	11.5
7担	15	11	7担	30	7担	13
8担	15	13	8担	30	8担	14.5
9担	15	14	9担	30	9担	16
10担	15	16	10担	30	10担	18
11担以上	15	不累	11担	30	11担	20

农业税方面,还有一处修改,就是将原来征收粮食(也可收现款)改为一律征收现款。规定应纳税额一律折成现款,按国币计算征收(只收中华苏维埃共和国的国币,其余的杂牌币不收)。谷价由县苏维埃按照各区某时期市价分别斟酌规定,由县苏维埃公布。江西的谷价是按新米上市后6天的最高市价计算；闽西的谷价,每担干谷折收银洋3元。

为什么农业税从收谷改为收现款呢?主要是为了提高国家银行发行纸币的信用。国家银行是在1932年7月发行苏区统一使用的纸币的。发行之初,币值稳定,国家银行的纸币可向银行兑换现洋,在市场上买卖东西的价格和当时流通的现洋一样。规定征税用纸币交纳，不仅可以减少纸币的发行数量，而且提高了纸币在市场上流通的信用。随着财政困难的加深，纸币发行数量急剧增加，加上敌人的经济封锁，物价飞涨，纸币贬值，到了 1933 年，农业税又不得不改为征收粮食了。

商业税方面，对起征点及税率都作了重大的修改。起征点从 200 元降到 100 元，并大幅度地提高了税率，加重了中小商人，尤其是小商人的负担。闽西的农民，特别是中农，不少都兼营商贩。这些小商贩，由于原定起征点较高，一般都不纳税，起征点降低后，大部分都要纳税，从这个角度讲，也相应增加了农民的负担。商业税修改前后的变化如表 1-6 所示。

表 1-6

类 别	资 本	1931 年税率	1932 年税率	1932 年税率与 1931 年税率差额	1932 年负担较 1931 年增长
小商贩	100—200 元	免征	6%	6%	
	200—300 元	2%	7%	5%	2.5 倍
中商人	3001—5000 元	6.5%	12%	5.5%	84.6%
大商人	8001—100000 元	18.5%	23%	4.5%	24.3%

总之，税则修改之后，各阶级、阶层的负担都有较大的变化。从农民负担看，不仅是富农的负担大大增加（富农兼营商业的不少），而且增加了贫农雇农的负担。这是王明执行过"左"的路线在财政上的一个反映。

六、第四次反"围剿"前后的财粮动员

（一）为保障第四次反"围剿"战争需要的财政动员

蒋介石在一连三次进攻中央苏区失败后，并不甘心。1932 年 6 月，他又调动兵力对根据地进行第四次"围剿"。

这时，中央根据地的财政经济很紧张。

蒋介石在发动第四次军事"围剿"的同时，对中央根据地采取了十分凶残的经济封锁办法，例如实行食盐公卖办法，以保甲制度为支柱在封锁区按口授盐，并在要隘设立盐、布、钢铁、药材等物验查所，封锁红色区域的物资进口和出口。这使苏维埃区域"形成极严重的剪刀差现象，一方面外来工业品，如布匹、洋油、洋火、食盐等减少输入，价格日见昂贵；另一方面苏区内各地农产品，如纸、木、豆、烟叶、夏布、粮食等销不出去，价格大跌特跌。因为农民只靠耕田为生，很难找到别种副业收入，所以，收获时，许多方面需要用钱而又借不到，只得忍痛低价出粜米谷，因而米谷价格形成惊人的跌价现象（如江西之万太、赣县、永丰、公略等县每担谷价跌到六七毛钱以下，实际上连农民耕种土地的成本都要蚀了一大半）。到了青黄不接之秋，因为农民仓米多数卖空，要向市场籴米，却又促成米价之高涨（一般米价都比收获时要贵两三倍）。这种米价之特起特落，实际上农民受了很大剥削，这样影响到农村生产降低，荒田加多，税收减少等坏的现象"①。

财政方面，在取消主力红军筹款以后，这方面的财源断绝；商业税初期尚有相当的收入，后因敌人经济封锁，加上对私商政策执行不当，城市坐商营业状况日益萧条（行商多数进口商品减税免税），营业税收入逐渐减少；农业税在提高税率后虽然可以多收一些，但1932年许多地区遭灾收成不大好，增收的数字也是有限的。

在这种情况下，苏维埃中央政府不得不采取集中一切经济力量的办法，动员群众出钱出粮，出人出力来保障战争的需要，克服财政经济上的困难。

第一，加强一切税款的征收入库。一方面，发动工农群众严格监督商人老板、富农依法担负国家税收的重担，防止他们从中取巧，隐瞒资本，以多报少，造谣捣乱与破坏生产；另一方面，动员广大工农群众用极大的热情与积极性来尽先缴税，并且以革命竞赛的方法来实

---

① 中央委员会训令：《发展粮食合作社运动问题》，1932年8月21日。江西省档案馆编：《中华苏维埃共和国法律文件选编》，江西人民出版社，第271页。

现,来互相鼓励。要求各地财政部门积极开辟土地税、商业税、房租等收入来源,充分筹集粮食及一切军用必需品,要准备能与敌人长期作战,使红军及一切工农群众在战争中不受敌人的封锁和解决给养的困难。江西省原来没有征收山林税,1932年11月5日为充裕战争经费,公布了征收细则,开征了山林累进税,以集中现款。为使苏区群众供养红军粮食,为使农村经济发展,增加政府税收并充裕战争经费,为使红军公田(分田时留下来的)与红军家属土地收入增加,苏维埃中央政府要求各级苏维埃政府认真进行保护秋收与加种杂粮的运动。这个运动的具体工作有以下几点:(1)各级政府要领导群众制定保护秋收的各种办法;(2)组织收获队、割禾队;(3)在游击队到白区出动时,更要发动白区的秋收运动;(4)加种杂粮;(5)注意集中公粮,举办公仓。

苏区的群众,尤其是农民,对政府的号召非常支持,表现了高度的革命精神。公略县陂头区平原乡苏维埃政府主席刘元群、副主席曾本江等许多农民,听说国民党要发动第四次"围剿",政府经济很困难,纷纷给苏维埃共和国中央政府主席写信,要求增加土地累进税,以保障红军给养的需要[①]。福建省龙岩县的群众,缴纳农业税,不拿公债而拿现洋(政府规定可以用公债券抵交);有些地方不满2石谷田的贫苦农民,纷纷要求政府照例缴税(原来照农业税则要每人2石起码才开始征税,2石以下的不收),县政府以违背农业税法不肯征收,他们还很坚决地要求交纳[②]。

第二,募集革命战争公债。"为充分准备革命战争,使红军能继续胜利去消灭敌人,争取江西首先胜利,除加紧开发财源征收商业税、城市房租、计划土地税的征收、组织游击队到白区筹款外,更要动员群众在经济上的帮助来保障革命战争的经费,不受其任何困难和阻碍,而影响革命战争的进行。"[③] 因此,1932年6月中央政府决定"向全苏

---

① 《红色中华》,1932年7月28日第5版。
② 《红色中华》,1932年9月6日第6版。
③ 中华苏维埃共和国临时中央政府执行委员会训令执字第十三号,《红色中华》,1932年6月26日。

区工农群众募集革命战争短期公债60万元,专为充裕革命战争的用费"①。同年10月,"为更充分保障这一次战争的完全胜利,充分准备战争的经济,特别是一切工农群众,更迅速完成这一准备,中央政府特再发行第二期革命战争短期公债120万元,专为充裕战争的用费"②。

第一期革命战争公债总额为国币60万元,除10万元在湘鄂赣省发行外,在中央根据地发行50万元。公债条例规定:1933年1月1日起为还本付息时间,公债可以用于完纳商业税、土地税等国家租(店租)税。中央苏区50万元的分配情况是:红军4万元,城市商人6万元,各县共30万元,党团政府1万元③。发行总数超过预定计划。第一期公债发行以后,未到还本期限,就通过抵交租税,几乎全部收回,实际上成为预征租税(主要是土地税)的一种方式,没有起到财政借款的作用。

第二期公债计划发行120万元。分配情况是:商家15万元,25个县(江西17个县,福建8个县)98.6万元,红军6万元,党政团体0.4万元④。公债条例规定,1933年6月1日还本付息。为了吸取第一期公债未满期限就已经完全抵交租税的教训,规定"于期满后准予交纳一切租税,……期未满前不准抵纳租税"。由于根据地军民踊跃认购,仅半个月时间,就"发出128万元,比原定数目超过8万余元"⑤。

两次发行革命战争公债共计180余万元,其中由各县农村认购的约为140万元,按照当时农村谷价每担3元计算,折谷47万担。除去第一期公债抵交土地税的部分(折谷)13万担,农村实际购买数为24万担。这既是农民对战争的另一方面的支持,也是农民的又一种

---

① 中华苏维埃共和国临时中央政府执行委员会训令执字第十三号,《红色中华》,1932年6月26日。
② 中华苏维埃共和国临时中央政府执行委员《为发行第二期革命战争公债》,《红色中华》,1932年10月21日。
③ 《红色中华》,1932年6月26日。
④ 《红色中华》,1932年11月1日。
⑤ 《红色中华》,1932年11月4日。

负担。

第三,发行国家纸币。除了发行公债以外,中央政府为使苏区境内金融流通,便于商业汇兑与交纳税款,又发行相当数量的国家纸币。这种发行,实际是一种财政发行,是在经济封锁的条件下取得军需品的一种方式。纸币的发行,同样也是依靠群众的热忱,动员群众用革命竞赛的方法来实现的。

第四,动员农民组织担架队、运输队到前方工作。

上述物力、财力、人力的各方面紧急动员,对于解决红军给养上的困难,支持战争胜利,都是必要的,也取得了一定的效果。但是,这些措施都是在王明"左"倾错误干扰下不得已而实行的。

(二) 第四次反"围剿"胜利后克服财粮困难的措施

1933年3月,第四次反"围剿"战争胜利结束。这次反"围剿"取得很大的战果,红军首创大兵团伏击战法,连续歼敌三个师,缴枪万余支。蒋介石在此役中比前三次失败得更惨。毛泽东后来称赞这次战役是一次"大胜仗"。1936年在延安时他还对埃德加斯诺说过,南京蒋介石对中央苏区的第四次"围剿","也许是败得最惨的一次'围剿'"。蒋介石在四次"围剿"结束后,在给他的"中路总指挥"陈诚的"手谕"中也不得不承认:"此次挫失,凄惨异常,实有生以来唯一之隐疼。"[①]

四次反"围剿"的胜利,使中央根据地更加扩大和巩固。然而在这样好的形势下,仍出现了粮荒,财政的困难也越来越大,财政发行增加,货币贬值。主要原因是王明"左"倾机会主义者为了实现他们夺取大城市的计划,盲目扩军。第四次反"围剿"时主力红军共有4万多人,从1933年5月起到同年9月又增加新兵6万人左右,使红军总数达到10万人。按照当时主力红军粮食标准每人每天1斤半米,伙食标准每人每天1毛2分钱计算,每月需粮450万斤米,伙食费需要36万元。5、6、7、8月就需粮1800万斤米,需款144万元。在当时250万人口的经济落后的根据地内,要筹集这些粮款,确实是一个沉

[①] 郑学风、黄少群:《中央苏区第四次反"围剿"是怎样取得胜利的?》,《人民日报》,1980年11月18日。

重的负担，也是一个很大的困难。

为了克服王明"左"倾错误给财政经济造成的困难，毛泽东在主持和领导中央工农政府的工作中，动员群众，环绕着革命战争这个中心任务，大力开展了根据地的经济建设。

为着开展根据地的经济建设，中央根据地从第四次反"围剿"战争结束开始，深入开展了查田运动，发布了关于开荒、组织劳动互助社、组织粮食合作社、设立外贸机构等训令和办法。这些工作，对于调动农民的积极性，发展农业生产，恢复和发展工商业，打破敌人的经济封锁，起了显著的作用。与此同时，结合经济建设开展了筹粮筹款工作。其措施，除了加强税收的检查管理外，还有以下三项：

第一，举行普遍的借谷运动。针对1933年中央根据地发生粮食紧张的严重情况，中央政府人民委员会于2月26日召开第三十六次常务会，决定实行普遍的借谷运动，以供给红军粮食。这次借谷为20万担①，规定"拿了借谷票的人，于1933年下半年准他抵纳土地税"②。这次借谷完成16万担③。粮食调剂局成立后，在发动群众节省谷子卖给政府的过程中，有些地方因缺乏资金，又开展了向群众的借谷运动。1933年4月，赣南地区开展节约粮食，向工农群众每人借5升谷子的运动，完成了借谷10多万担的任务。同年9月，中央决定在石城、博生、会昌、瑞金四县借谷5万担供给红军。四县群众很快就完成了任务，其中瑞金借谷1.6万担，博生借谷1.5万担④。1933年2月和4月两次借谷，大约完成30万担。这种借谷，名义是借，实际上带有农业税预征的性质。

第二，向富农捐款。向富农捐款，是在征收较高的累进税之外，另行采取的临时措施。既是为了削弱富农经济，又是为了筹措经费。这种捐款，比税收的强制性更大。1933年3月27日，中央政府专门下达了向富农捐款的训令，并分配了30万元的任务数，地方筹款也往往

---

① 《红色中华》，1933年2月16日。
② 《红色中华》，1933年3月6日。
③ 《红色中华》，1934年6月5日。
④ 赣州地委党校提供的调查材料。

向富农头上摊。鉴于这种情况，苏维埃共和国中央政府在《关于土地斗争中一些问题的决定》中指出：在削弱富农的政策下，除了没收多余的房屋、耕牛、农具，征收较高的累进税外，再向富农要求临时捐款，是应该的。包庇富农不去捐款，或者把富农现款捐尽，与地主罚款无区别，两者都是不对的，而后者则是消灭富农的倾向企图，并有影响到中农的危险。《决定》规定：（1）捐款数量至多不得超过富农现有活动款项合计40%，各地可按富农过去是否交过捐款，以及现在家况如何，在上述最高限度规定内，分别要求富农捐出适当的部分。（2）捐款是临时性质，与经常的土地税不同，故捐款次数应有限制，不能捐至多次，毫无止境。（3）向富农捐款之权，限于国家财政机关，任何其他机关，不得向富农捐款。（4）对于地主、富农兼商人罚款或捐款，应限制在地主、富农部分，不能侵及商业部分。

向富农捐款，是同查田运动结合的。查田是查阶级而不是再分田。不论是一个地主还是一个富农，都要把他们过去的剥削情形和生活情形查得明明白白，然后确定阶级成分。凡是确定为地主富农的，就按照规定进行没收和捐款。根据1933年7、8、9月的统计，中央苏区江西、福建、粤赣三省共计查出地主6988家，查出富农6638家，从这些被查出的地主富农等手中收回土地317539担，没收地主现款与富农捐款共计66916元[①]。这不仅使土地革命的果实完全落在雇农、贫农、中农的手里，而且增加了财政收入。

第三，继续发行公债。1932年10月发行的第二期革命战争公债120万元，按照公债条例规定，应在1933年6月1日起还本付息。1933年3月6日，《红色中华》报道："中国店员手艺工人工会举行筹备会上，号召会员退还前所购买的第二期公债票，不要政府还本，将这笔款项去充实革命战争的用费。"当时，政府财政困难，没有能力偿还借款，而还本的期限将到，于是因势利导，发出了退回第二期公债80万元的号召。这一号召得到了广大群众的热烈响应，在持续一年多的时间里，退回了90余万元。这样，第二期革命战争公债的绝大部

---

① 毛泽东：《中华苏维埃共和国中央执行委员会与人民委员会对第二次全国苏维埃代表大会的报告》（1934年1月24日），《红色中华》，1934年1月26日。

分以捐款的形式退回给政府了，剩下的一部分，实际也未还本付息，留在民间。

1933年7月26日，为了解决经济建设资金的不足，又发行300万元的经济建设公债，规定从1936年10月起，分5年偿还。购买公债者，交谷交银，听其自便，交谷者，谷价照当地县政府公布之谷价计算。到1934年2月，各地认购的公债早已超过300万元①，江西全省认购247万元②，福建没有具体材料，按江西省认购数的一半计算，总认购数约为320万元。

300万元经济建设公债，打算"100万元供给红军作战费，200万元借给合作社、粮食调剂局、对外贸易局做本钱。其中又以小部分用去发展生产，大部分用去发展出入口贸易"③。在第五次反"围剿"开始以后，红军继续扩大，发行公债收集的钱和谷，实际上绝大部分用于保障红军的给养了。

毛泽东说过："苏维埃的财政不是没有困难的，红军的扩大，战争的发展，使苏维埃面前有着它财政上面的困难。但是困难的克服即包含于困难本身之中，开展我们的革命战争，改善我们的苏维埃工作，向着一切国民党区域去扩大我们的财政收入，向着一切剥削分子的肩上安放着苏维埃财政的担子，向着国民经济的发展去增加苏维埃的收入，这就是克服困难的方法。"④

第四次反"围剿"胜利后，由于采取了毛泽东提出的克服困难的方法，中央根据地不仅挽回了王明"左"倾错误带来的损失，而且使根据地的经济得到了发展，特别是农业得到了普遍的发展。荒田大大减少了，即在江西一省，1933年开垦的荒田达20万担以上，福建省亦在3万担左右⑤。1933年的农业产量，在赣南闽西区域，比1932年

---

① 陈云：《为收集粮食而斗争》，《斗争》第45期，1934年2月2日。
② 《红色中华》，1933年12月12日。
③ 毛泽东：《必须注意经济工作》（1933年8月20日），载《毛泽东选集》第一卷，人民出版社1966年7月横排版，第108页。
④ 毛泽东：《第二次全国工农代表大会上的报告》，1934年1月。
⑤ 《关于苏维埃经济建设的决议》（1934年1月），《红色中华》，1934年2月16日。

增加了 15%（一成半）①。在杂粮种植方面，1933 年已经超过革命前的水平。杂食的收成一般都增加两成，有的县增加三成甚至四成②。赣南苏区的农业生产得到迅速的发展，1933 年的农产量比 1932 年增加 15%。广昌县土地革命前粮食亩产平均 160 斤左右，革命后达到 300 斤，土特产也有很大的增产，如莲子增产 50%，烟叶增产 30%。于都县未分田前粮食亩产不满 200 斤，1933 年上升到 300—400 斤；平安和琵琶两乡，粮食产量增长了两倍；宁都的璜陂区土地革命前亩产最高只 200 斤，革命后，平均达到 240 斤③。

因此，农民的负担（包括农业税、公债和借谷等）虽然不断增加，但在生产发展的基础上，农民的生活仍有很大的改善。1933 年，"农民的生活比较国民党时代至少改良了一倍。农民的大多数，过去一年中有许多时候吃不饱饭，困难的时候有些竟要吃树皮，吃糠秕，现在则一般不但没有饥饿的事，而且生活一年比一年丰足了。过去大多数农民衣服着得很烂，现在一般改良；有些好了一倍，有些竟好了两倍"④。

（三）1933 年公布的农业税暂行税则与山林税暂行税则

1933 年 9 月 18 日，中华苏维埃共和国出于筹粮筹款的需要，公布了《农业税暂行税则》，同年 10 月又公布了《山林税暂行税则》。此外，中央财政人民委员会于 1933 年 9 月 27 日制发了《土地税征收细则》。这是中央苏维埃政府成立以来税收制度的第二次修改。

在农业税方面，重要的修改有三点：一是重新制定了分阶级的累进税率；二是进一步扩大了减税免税的范围；三是将征钱改为征谷，并规定了具体的征收手续。

原来的农业累进税率，是按每人全年平均收获量的多少计算的（富农按每劳力平均收获量计算），税率的标准是一个。9 月公布的税

---

① 毛泽东：《我们的经济政策》（1934 年 1 月 23 日），载《毛泽东选集》第一卷，人民出版社 1966 年 7 月横排版，第 117 页。
② 《斗争》第 72 期，1934 年 9 月 23 日。
③ 江西省赣州地委宣传办公室提供的调查材料。
④ 毛泽东：《中华苏维埃共和国中央执行委员会与人民委员会对第二次全国苏维埃代表大会的报告》（1934 年 1 月 24 日），《红色中华》，1934 年 1 月 26 日。

率，改按两个标准混合来决定。

第一标准，是按照各人分田多少来决定税率的轻重。贫农中农分田每多1担，税率累加1%（即每担加收1升），如分田4担的，税率为5%（即每担收税5升）至7.2%（即每担征7.2升），分田5担的，则税率为6%—8.2%。富农则每多分1担田，税率累加1.5%（即每担加收1.5升），如分田4担的，税率为8.5%—11.3%，分田5担的，税率为10%—12.8%。

第二标准，是按照分田人口多少（分田后新生或死亡的不问）来决定税率之轻重。分田同样多的地方，少人分田的税率轻，多人分田的税率重。如同样分5担的地方，1个人的税率为6%，2个人的税率为11%，以上每多1人，税率累加0.1%（即每担加收0.1升）；但到了7个人以上的家庭，则每加1个人，税率累加0.2%（即每担加收0.2升），如分田3担的，7个人的家庭，其税率为4.4%，8个人的家庭则为4.6%。富农则在分田同样多的地方，每加1人，税率累加0.2%，如同样分田3担的地方，5个人家庭，税率为7.8%，6个人的家庭则为8%[①]。

修改后公布的分阶级税率如表1-7、表1-8所示。

为什么按分田多少来分别税率之轻重呢？当时中央财政部的解释是，因为土地是农民生活的主要来源，分田多的比分田少的，在生活上当然要更加富裕些，所以征税较重些。

为什么按照分田多少规定征税轻重之外，还要按照人口多少来规定征税的轻重呢？财政部说，这是因为人口多的人家，耕种上比人口少的人家，成本更低，收获更大，此人口是按照分田时的人口，而不是按照分田后的人口。

除了税率标准改为两个外，起征点也作了修改。贫农中农一律改为从2担起征（2个人的家庭，每人分田2担者不收），以减轻贫苦农民的负担。富农则不论分田多少，人口多少，一律不能免税，没有起征点的规定。地主开垦荒田者，暂作富农收税，以全家人口平均所

---

① 中央财政人民委员部：《农业税税率表之解释》，1933年。

表1-7　　　　　　　　　　　　　　　贫农中农税率表

单位：%

人数		1担以上	2担以上	3担以上	4担以上	5担以上	6担以上	7担以上	8担以上	9担以上	10担以上	11担以上	12担以上	13担以上	14担以上	15担以上
每户分到土地的人数	1	免征	免征	3.8	5.0	6.0	7.0	8.0	9.0	10.0	11.0	12.0	13.0	14.0	15.0	16.0
	2	免征	免征	3.9	5.1	6.1	7.1	8.1	9.1	10.1	11.1	12.1	13.1	14.1	15.1	16.1
	3	免征	1.5	4.0	5.2	6.2	7.2	8.2	9.2	10.2	11.2	12.2	13.2	14.2	15.2	16.2
	4	免征	1.7	4.1	5.3	6.3	7.3	8.3	9.3	10.3	11.3	12.3	13.3	14.3	15.3	16.3
	5	免征	1.9	4.2	5.4	6.4	7.4	8.4	9.4	10.4	11.4	12.4	13.4	14.4	15.4	16.4
	6	免征	2.1	4.3	5.5	6.5	7.5	8.5	9.5	10.5	11.5	12.5	13.5	14.5	15.5	16.5
	7	免征	2.3	4.4	5.6	6.6	7.6	8.6	9.6	10.6	11.6	12.6	13.6	14.6	15.6	16.6
	8	免征	2.5	4.6	5.8	6.8	7.8	8.8	9.8	10.8	11.8	12.8	13.8	14.8	15.8	16.8
	9	免征	2.7	4.8	6.0	7.0	8.0	9.0	10.0	11.0	12.0	13.0	14.0	15.0	16.0	17.0
	10	免征	2.9	5.0	6.2	7.2	8.2	9.2	10.2	11.2	12.2	13.2	14.2	15.2	16.2	17.2
	11	免征	3.1	5.2	6.4	7.4	8.4	9.4	10.4	11.4	12.4	13.4	14.4	15.4	16.4	17.4
	12	免征	3.3	5.4	6.6	7.6	8.6	9.6	10.6	11.6	12.6	13.6	14.6	15.6	16.6	17.6
	13	免征	3.5	5.6	6.8	7.8	8.8	9.8	10.8	11.8	12.8	13.8	14.8	15.8	16.8	17.8
	14	免征	3.7	5.8	7.0	8.0	9.0	10.0	11.0	12.0	13.0	14.0	15.0	16.0	17.0	18.0
	15	免征	3.9	6.0	7.2	8.2	9.2	10.2	11.2	12.2	13.2	14.2	15.2	16.2	17.2	18.2

每人的实际收获量（担）

表1-8　　　　　　　　　　　　　　　富农税率表

单位:%

人数	1担以上	2担以上	3担以上	4担以上	5担以上	6担以上	7担以上	8担以上	9担以上	10担以上	11担以上	12担以上	13担以上	14担以上	15担以上
1	4.0	5.5	7.0	8.5	10.0	11.5	13.0	14.5	16.0	17.5	19.0	20.5	22.0	23.5	25.0
2	4.2	5.7	7.2	8.7	10.2	11.7	13.2	14.7	16.2	17.7	19.2	20.7	22.2	23.7	25.2
3	4.4	5.9	7.4	8.9	10.4	11.9	13.4	14.9	16.4	17.9	19.4	20.9	22.4	23.9	25.4
4	4.6	6.1	7.6	9.1	10.6	12.1	13.6	15.1	16.6	18.1	19.6	21.1	22.6	24.1	25.6
5	4.8	6.3	7.8	9.3	10.8	12.3	13.8	15.3	16.8	18.3	19.8	21.3	22.8	24.3	25.8
6	5.0	6.5	8.0	9.5	11.0	12.5	14.0	15.5	17.0	18.5	20.0	21.5	23.0	24.5	26.0
7	5.2	6.7	8.2	9.7	11.2	12.7	14.2	15.7	17.2	18.7	20.2	21.7	23.2	24.7	26.2
8	5.4	6.9	8.4	9.9	11.4	12.9	14.4	15.9	17.4	18.9	20.4	21.9	23.4	24.9	26.4
9	5.6	7.1	8.6	10.1	11.6	13.1	14.6	16.1	17.6	19.1	20.6	22.1	23.6	25.1	26.6
10	5.8	7.3	8.8	10.3	11.8	13.3	14.8	16.3	17.8	19.3	20.8	22.3	23.8	25.3	26.8
11	6.0	7.5	9.0	10.5	12.0	13.5	15.0	16.5	18.0	19.5	21.0	22.5	24.0	25.5	27.0
12	6.2	7.7	9.2	10.7	12.2	13.7	15.2	16.7	18.2	19.7	21.2	22.7	24.2	25.7	27.2
13	6.4	7.9	9.4	10.9	12.4	13.9	15.4	16.9	18.4	19.9	21.4	22.9	24.4	25.9	27.4
14	6.6	8.1	9.6	11.1	12.6	14.1	15.6	17.1	18.6	20.1	21.6	23.1	24.6	26.1	27.6
15	6.8	8.3	9.8	11.3	12.8	14.3	15.8	17.3	18.8	20.3	21.8	23.3	24.8	26.3	27.8

（每户分到土地的人数） 每人的实际收获量（担）

开荒田的担数,作为计算税率的标准。

修改后的农业累进税率,在贯彻阶级政策、调节各阶层收入方面,较 1932 年的规定要好一些,也比较合理。但是,也过于复杂,难懂难用。优待减免的修改,主要是扩大了范围,体现在五个方面:(1) 红军及家属的免税优待。规定:凡在秋收前入伍的红军士兵及其家属(限于本人、父母、妻子,以及没有劳动力的兄弟姐妹),均按照《红军优待条例》给予免税。(2) 工人的免税优待。工龄 2 年以上的雇农及陆上苦力工人,本人及其配偶(妻或夫)以及其子女均可免税;2 年以上的水上苦力工人,本人及其配偶(妻或夫)可以免税;2 年以上亲属店员、手工业工人、船舶工人以及其他产业之工人,分得田地者,免除其本人应交之税。(3) 社会减免照顾。对于遭受天灾或遭受敌人破坏,以及孤儿、寡妇、残废者、患病者等丧失劳动力的家庭,按情况之轻重,予以减税或免税。(4) 政府工作人员的减免照顾。苏维埃政府的工作人员,本人及其父母、妻子均可免税一半。其中如系工人出身者,则其本人按对工人的规定免税,对于其家属中之未享受免税优待者,亦应减税一半。(5) 开垦优待。为了鼓励开荒,对于开垦荒地而收获的农产物,按照荒废年限及开垦者之阶级成分来区别对待,分别免税或不准免税。具体办法如表 1-9 所示。

表 1-9

土地荒废年限	免税年限		
	中农贫农开垦者	富农开垦者	地主开垦者
荒废 1 年以上	2 年	1 年	不予免税
荒废 2 年以上	3 年	2 年	1 年
荒废 3 年以上	5 年	3 年	2 年

农业税的征收,1932 年规定收款(国家银行发行的纸币)不收谷。1933 年中央政府决定全部收谷[①],以掌握粮食。为避免意外损失,赤色边界区乡仍照旧办法将税谷折价征收国币;边界区群众如不能交钱而愿交谷子,由纳税人挑送至县政府指定的适当地点储存,免受损

---

① 《怎样进行粮食收集与调剂的运动》,1933 年 7 月。

失。1933年政府发的借谷票，经乡政府主席盖印准抵土地税，但只准该乡群众抵缴，不得流用别乡。

此外，还明确规定：土地税征收之权，中央委托于各县区政府，由县政府以区为单位组织区土地税征收委员会，分别先后到各乡直接向农民收税，乡土地税征收委员会只帮助区税委动员群众及谷子出入仓工作，不能直接收税。各县收税时间，于收获完毕后农民闲暇时开始征收，由省政府按照各县收获迟早分别规定先后，呈报财政人民委员部批准之，无论内地还是边区，自开征之日起，限一个半月收清，不得拖延。纳税人纳税，必须取得区土地税征收委员会所发政府铅印三联收据为凭，无收据者以漏税论。纳税人纳税时，由乡税委员会发纳税证明书替他填好，由乡苏维埃主席盖印证明，纳税人按照纳税证明书按期送谷到指定地点纳税，如有免税减税者，另填减免证。所有这些，都逐渐形成了一套正规的征收手续。

在山林税方面，公布了竹麻税、菜籽税、茶叶税、果子税等四种税的具体征收办法。

竹麻税以实得竹麻（破成碎片未浸石灰的竹片，作造纸原料）为单位，每人分得的竹山，可破竹麻6担（100斤为1担）以上起征，富农则从3担起征，税率分别按14个等级累进征收。

菜籽税以实收菜籽（油菜籽）为单位计算，每人分得菜籽3担以上起征，富农则从1担起征，税率分别按13等级累进征收。

茶叶税以实收烘干茶叶的斤数为标准，每家每年收得茶叶10斤以上起征，富农则从5斤起征，税率分别按12个等级累进征收。

果子税以实收果子所卖得的价款为标准，每家每年卖得10元以上起征，富农则从5元起征，税率分别按12个等级累进征收。

山林税不收物品，征收国币。山林税的征收，中央政府虽然规定了统一的办法，但各地还是因地制宜执行的。

七、第五次反"围剿"战争过程中的农民负担

（一）第五次反"围剿"战争中根据地面临的严重经济困难

蒋介石在第四次"围剿"失败后，经过半年多的准备，于1933

年10月，又调集100万人军队、200架飞机，向各根据地发动了第五次"围剿"。蒋介石以50万人兵力，分兵四路，重点进攻中央革命根据地。

蒋介石发动的第五次"围剿"，比前四次更为凶狠。一方面，他对根据地实行严密的经济封锁，先后颁布了《封锁匪区办法》《匪区食盐、火油、药料、电器封锁办法》《邮电封锁暂行办法》等13种反动禁令，禁止食盐、布匹、煤油、医药和日用品等输入根据地，也禁止从根据地输出粮食、木材、土产等，企图把根据地军民困死在红色区域内。另一方面，他又改变过去的军事作战法，在根据地周围修筑2900座碉堡（每隔一二里一个），采用堡垒主义的新战略，企图阻止和压缩红军的活动，消耗红军的人力、物力，逐步缩小根据地，最后寻找红军主力决战，用所谓"车干塘水捉鱼"的办法，实现其消灭红军、摧毁根据地的目的。

这个时候，"左"倾机会主义者在中共中央和根据地内已发展到统治一切的地步。他们对当时形势的分析和采取的反"围剿"方针，完全适应了敌人的需要。战争一开始，"左"倾机会主义者采取了冒险主义的进攻方针，主张"全线出击""不丧失寸土""御敌于国门之外"，结果在敌人的主力和堡垒之间，东突西击，开脚一步就丧失了主动权，完全陷入被动的地位。攻打硝石、资溪桥失利后，"左"倾机会主义者为敌之优势兵力和堡垒政策所吓倒，转而采取了防御中的保守主义方针，主张分兵防御，"短促突击"，同敌人"拼消耗"，又正好适应了蒋介石的堡垒主义和同红军拼消耗的要求。

敌人的进攻和"左"倾机会主义造成军事上不断失利，使中央根据地从1934年初开始处于极端艰苦的阶段，经济上的压力越来越大。

首先，随着军事失利，根据地不断缩小，军需供应的来源不足。1934年1月，临时中央召开的六届五中全会以前，中央根据地还是完整的，只是失去黎川一县。之后，根据地被敌人压得越来越小："福建事变"后不久，失去建宁、泰宁；4月28日广昌被敌人占领；10月，敌人进占兴国、古龙岗、宁都、石城一线。原来中央根据地的粮款来源就不足，地盘缩小后，经济力减弱，筹粮筹款就更为困难。

其次，红军数量猛增，加大了粮款的需要。1933年12月的扩军突击运动中，红军补充了兵员2.5万人。1934年5、6两个月，扩大红军5万人。从1933年秋收到1934年秋收，加入红军的新战士在10万人以上。适应战争发展的需要，扩大红军是必然的，但是，红军数量猛增，同"左"倾机会主义推行的"正规战"、同敌人拼消耗的错误方针是密切联系的。这不但增加了供给粮食的困难，而且也超过了当时根据地的经济力，给人民群众以很大的压力。

最后，敌人的经济封锁和破坏，带来的经济困难也很大。"福建事变"前，根据地还有一条输出输入物资的通道，根据地短缺的东西可得到调剂；"福建事变"后，通道堵塞，不仅军需品困难，根据地人民的生活用品也很困难。敌人不仅封锁经济，而且抢劫粮食。据《红色中华》报道，几个月来各边区被敌人抢去的谷子不下4000担。

上述这些困难，集中反映在粮食问题上（食盐也是一个），供需之间的矛盾非常尖锐。当时，谷价到处高涨，有些地方如会昌、瑞金、博生、宁都等处已涨到七八元一担，而应该收集的土地税和公债谷子还差着巨大的数目，即在江西一省和瑞金直属县就有37万担谷子没有收清，部队吃饭成了问题。1934年3月26日，人民委员会不得不发出减发伙食谷子的命令，对红军后方机关、国家机关、企业、学校每人每日减发食米2两。

因此，在第五次反"围剿"战争过程中，财政工作的一个突出特点是把推销公债、征收土地税，甚至节约运动统统转到收集粮食的轨道，和粮食部门互相配合，采取各种非常措施为收集粮食而斗争。

（二）三次征集粮食的突击运动

第一次，是1934年春季征收土地税与推销公债的突击。

当时，敌人步步紧逼，根据地开始缩小，红军急剧增加。建设公债发行5个多月，交到金库的谷数不及半数。土地税征收，虽已于上年12月在各县普遍开始，但征收总数还不及1/10，而且各县多数将谷折钱，红军公谷也大部分未交到仓库，粮食供需之间的矛盾已经相当尖锐，红军部队及政府机关食米已经难以接济。因此，1934年1月

23日，中共中央、第二次全苏代表大会主席团作出决定，责成各级党部与政府，调集最好干部，组织推销公债与征收土地税集中红军公谷的突击队，有步骤有计划地突击收集粮食。

要求各地做到：在1934年2月底以前，公债照原承认的数目完全推销，土地税全部征收完毕，红军公谷扫数集中，要做到将公债谷子、土地税谷完全集中到仓库，将仓库收条送到县财政部报账。土地税完全收谷子，不准折谷收钱，公债也须以收谷子为原则。土地税要照中央财政部核定完成数征收，不得自由减少，公债谷子也照中财部规定价格计算，全县一律，直至全数销完为止，不再变更，更不得跟市面上特殊情况的谷价而自由增加。

各地自开展突击运动后，工作极为紧张，经过一个半月的奋斗，获得了很大的成绩。大多数县已经完成或将要完成，收集到的谷子在60%以上，现款约占40%，解决了粮食困难问题，保证了红军及后方机关的给养。然而粮食突击的任务，仍没有全部完成，收集谷子的数量也未能达到预定的计划①。原因之一：1933年秋收后收获的谷子，农民需要用钱，大部分已经卖掉；经济建设公债发行后，粮食部门在市场上又收购了相当数量的粮食，因此，农民家里的余谷已经不多。原因之二：谷价飞涨，有些地区涨到七八元一担，而政府规定的谷价每担5元，农民用钱买谷交公债和土地税，每担谷要多付3元，因此，宁愿交钱，不愿交谷，以至拖欠不交。

即使采取了这些强有力的措施，红军给养的粮食需要，仍然难以满足，不得不进一步采取节约口粮的措施。1934年3月26日，人民委员会命令红军后方等机关每人每天减发二两食米，随后《红色中华》又提出节省80万元的号召。4月19日，人民委员会又发出开展节省运动的指示信，提出：为了充分保障红军的供给，立即在群众中开展每人节省3升米捐助红军的群众运动。各级苏维埃政府及后方军事机关工作人员，要多开辟菜园，多种杂粮蔬菜，养猪养鸡养鹅等，做到完全能供给工作人员的食用，并以收获的1/3来帮助前方红军；要引

---

① 陈潭秋：《收集粮食突击运动的总结》，1934年3月26日。

导群众多种杂粮蔬菜，消灭夏荒，并多晒干菜，捐助红军。在中央工农民主政府关于建立机关菜园的号召下，各级工农民主政府都作出了相应的决议，并普遍地开辟了机关菜园。这是革命根据地自己动手，解决部分供给问题，即"取之于己"的开始。

第二次，是1934年夏季24万担谷的紧急动员。

1934年6月20日，中共中央、中央人民委员会发出《为紧急动员24万担粮食供给红军致各级党部及苏维埃的信》。信中说：红5月扩大红军已达2.7万人，在6、7两个月为完全实现并超过5万名新战士而斗争，红军的扩大与革命的发展，要求我们以大批的粮食来供给红军。我们现在所存粮食还差24万担谷子，为保证红军的给养，必须动员24万担谷子。

如何动员呢？中央的指示信中指出：

第一，真正开展群众的节省3升米的运动，从节省中得到7.5万担谷子。

第二，没收地主，征发富农粮食6.5万担。

第三，向群众借谷10万担。所借的谷子，或是由借谷的群众自己从后方运取公谷来归还，或是由下年收土地税时归还。

这次紧急动员，又得到了广大群众热烈的普遍的响应。到8月，除了少数县因处于战争环境（如宜黄、乐安、广昌），客观上不可能完成外，其余各县均已如数完成。实际完成的总数，估计约为20万担（江西省12个县，包括宜黄、乐安、广昌，共分配12.52万担任务，平均每县约1万担）。

第三次，是1934年秋收的借谷运动。

夏季紧急动员粮食基本完成以后，蒋介石的军队已逐步进入中央苏区，向汀州、石城、博生、兴国、会昌以及于都进攻，根据地日益缩小，而红军仍在继续补充扩大，粮食供需不能解决，秋收即将开始，于是又一次采取借谷的非常措施。

1934年7月22日，中共中央、中央人民委员会作出《关于在今年秋收中借谷60万担及征收土地税的决定》。《决定》要求借谷任务，一般的要在9月15日前完成。并规定夏季借谷部分，在当年土地税中归还；秋收60万担借谷，在1935年与1936年的土地税中归还。1934年土地税的税率照上年的办法不变。

秋收借谷和征收土地税，由于1934年农业继续丰收，群众发挥了高度的政治热情，进行得比较顺利。

秋收借谷运动不到一个月的时间即大大超过了预定计划。借谷任务60万担，动员68.8万担（9月已收集58.2万担，未收集的大部分是迟熟的地方还未割禾）。征收土地税20万担，完成9.4万担（连还旧借谷完成12万担）。红军公谷完成5000余担，没收反革命分子的谷子7000余担[①]。

1934年的财政工作除了通过推销公债、征收土地税配合收集粮食和借谷等运动以外，在节省运动和查田筹款中也都取得了相当的成绩。正是由于这些成绩才能支持五次反"围剿"战争直到长征。

1935年1月8日在遵义会议上由中共中央政治局通过的《中央关于反对五次"围剿"的总结决议》，对这一时期的财政工作给予了高度的评价。决议说："党在一切为了前线上的胜利口号下，解决了前方红军财政上的粮食上的与一切其他物质上的需要。苏区内部阶级斗争的深入，苏维埃的经济建设以及苏维埃政府与群众关系的彻底的改善，更大大地发扬了广大群众参加革命战争的热情与积极性。一切这些造成了彻底粉碎五次'围剿'的有利条件。"[②]

（三）1934年的农民负担

到第五次反"围剿"战争时，中央根据地的财源逐渐萎缩。打土豪筹款的收入没有了，工商税随着敌人的封锁也越来越少，公营企事业的收入为数很少，因此，战争的供给主要靠取之于民，即靠征收土地税、发行公债、借谷等方式来筹集粮食。这一段时间里，根据地的财政收支不易保持平衡，因此，农民的负担也比以前各年重一些。

1934年的农民负担，这里依据有关的资料算了一个粗账。这一年，经过三次紧急动员，实际征集的粮食数约为161.5万担谷。具体

---

① 陈潭秋：《秋收粮食动员的总结》，1934年9月30日。
② 《中央关于反对五次"围剿"的总结决议》，1935年1月8日。

数字如表1-10所示①。

表1-10　　　　　　　　　　　　　　　　　　　　　　　　单位：万担

项　目	第一次动员	第二次动员	第三次动员	合　计
征收土地税	15	—	20	35
公债折谷	40	—	—	40
向群众借谷	—	10	68.8	78.8
红军公谷	—	—	0.5	0.5
对地主富农征发	—	6.5	—	6.5
其他	—	—	0.7	0.7
合计	55	16.5	90.0	161.5

当时，中央根据地的人口为250万，1934年秋季以前被敌人占领的黎川、建宁、泰宁、广昌、石城等县共计减少人口约63.6万，根据地缩小后的人口为189.4万（8月前）。按照这个数字计算，每人平均征集的粮食为0.85担，即合85斤谷。

1934年中央根据地的农业是个丰收年，一般可以达到九成年景。根据地每人平均分田产量约为6担，九成年景每人平均可收获粮食540斤谷。按此推算，则负担占农业产量的比例达到15.7%。这不能不承认负担是重的。

这个负担比例，是个平均数，具体到各阶级身上，贫农和部分中农要低一些，富农则要高一些。从当时对待富农的做法分析，富农的实际负担比例一般在30%以上。

在分析农民的负担时，还必须看到，在战争进行中和红军长征后，由于敌人大肆进行破坏和抢掠，这一年农业虽是丰收了，但是人民并

---

① 本表数均为实际完成数。动员的节约粮未计入内。第一次动员的土地税，是估算的。据1934年3月29日《红色中华》报道：于都县土地税计划征收2.7万担谷子，人口为178988，每人平均15斤。到了1934年2月，土地税共收谷子3542担，现洋52399元，按照计划征收数计算，只完成一半左右（每担谷价按5元计算）。据此推算，中央根据地共250万人口，每人平均交谷15斤，应征土地税谷为30万担，按完成一半计算，估计完成15万担。经济建设公债认购数也是估算的。认购数为320万元，按完成80%推算，完成数为250万元。每担谷按5元折算，共折谷50万担。其中农民认购的比例约占80%，即为40万担谷。第三次征收土地税和借谷数，均按任务落实数计算。其他一项，为没收反革命分子的粮食。

没有得到丰收。例如，宁都县在年初战勤任务少，大家在生产上用工较多，生产准备也抓得好，气候条件也好，稻谷长得很好，但没有全部收到手，只收了早稻，糯稻和二季晚稻还未收，红军就北上了，即使收了，也被敌人抢了去。会昌县在红军北上前夕，为了战争需要，实行坚壁清野，许多来不及收割的晚稻只好忍痛捣毁；没有捣毁的，由于红军北上抗日后，在兵荒马乱下，也很少有人去收割。所有这些，都是农民负担重的另一方面的反映。

（四）红军被迫长征

由于军事路线的错误，红军打了一年之久，仍然不能粉碎敌人的第五次"围剿"。正如毛泽东指出的那样："到打了一年之久的时候，虽已不利于出浙江，但还可以向另一方向改取战略进攻，即以主力向湖南前进，不是经湖南向贵州，而是向湖南中部前进，调动江西敌人至湖南而消灭之。此计又不用，打破第五次'围剿'的希望就最后断绝，剩下长征一条路了。"[①]

第五次反"围剿"在"左"倾机会主义错误的危害下失败了，中央主力红军于1934年10月被迫撤离了中央根据地，开始了举世闻名的战略大转移——长征。

中央红军主力8万多人撤离后，剩下由陈毅、项英、谭震林、邓子恢、张鼎丞等同志率领的一部分红军和地方工作人员3万人，留在中央革命根据地坚持游击战争。

第四节 鄂豫皖、川陕根据地的农民负担

一、鄂东、豫南、皖西根据地的财粮供给

（一）鄂东、豫南、皖西根据地的创建和发展

位于湖北、河南、安徽三省交界地带的大别山区，是仅次于中央

[①] 毛泽东：《中国革命战争的战略问题》（1936年12月），载《毛泽东选集》第一卷，人民出版社1966年7月横排版，第220页。

根据地的一块红色区域。第一次国内革命战争时期，这里就建立了中共党的组织，并开展了轰轰烈烈的农民运动。1927年大革命失败后，白色恐怖虽然笼罩着整个大别山区，但共产党的组织仍然存在，农民自卫军也没有被冲散。他们继续坚持了斗争。

1927年11月13日，共产党员潘忠汝、吴光浩、戴克敏等根据中共"八七"会议决定及湖北的秋收暴动计划，组织黄安（今红安）、麻城两县农民自卫军、义勇军1000多人和2万名农民群众，举行了著名的"黄麻起义"，14日凌晨攻克黄安县城。起义军组成了中国工农革命军鄂东军，并宣布成立黄安县工农民主政府。

黄麻武装起义，使国民党和地主豪绅极度惊慌，他们急忙调动军队反扑。12月5日晚上，国民党十二军教导师进攻黄安城，起义军予敌重创后，被迫撤离。于是解放21天后的黄安城，又沦入敌手。

黄麻起义部队撤出黄安后，在黄陂、黄冈、罗田三县之间开展游击活动。1928年4月，工农革命军乘国民党军阀混战、黄麻地区敌军撤出之机重返黄麻地区，并在黄安、麻城、光山边界的柴山堡地区，利用有利地形发动群众，开展革命斗争。7月，工农革命军改编为中国工农红军第十一军三十一师。10月，重建中共鄂东特委。1929年4月，黄安、麻城、黄陂、孝感等县委和红军师委联席会议决定，成立中共鄂东北特委。从此，以黄安、麻城和光山柴山堡为中心的鄂东根据地初步形成。

与此同时，豫东南地区的革命运动也蓬勃发展起来。1929年5月6日，在中共豫东南特委和中共鄂东北特委的联合领导下，发动了商城起义，并获得成功。商城起义创建的红十一军三十二师开辟了豫南根据地。

1929年6月开始，国民党部队与反动民团对鄂东、豫南根据地连续发动"会剿"。在鄂东北特委领导下，红军与游击队、赤卫队和农民群众密切配合，粉碎了敌人的进攻，消灭了地方反动武装，初步巩固了根据地。这时，鄂东、豫南根据地的范围包括：南起黄安南部的永和、八里区，北至老山陡山河，170余里；西起罗山、宣化店，东至麻城黄土岗，170—180里。苏区内人口在60万以上。

为统一鄂东与豫南共产党的领导,加速根据地的发展,1929年11月成立了中共鄂豫边特委会,1930年初成立了鄂豫边区革命委员会。自此,形成了统一的鄂豫根据地。

鄂豫边区革命形势的迅速发展,促进了皖西地区的革命斗争。皖西也是第一次国内革命战争时期农民运动活跃的地区。1925年,六安县就建立了共产党的组织;1927年大革命失败后,共产党人继续在农村开办平民学校,秘密建立农会,宣传革命道理,发动群众开展抗租、抗捐斗争。中共"八七"会议后,中共安徽临时省委确定六安、霍山、霍邱、寿县、英山为第一暴动区,秘密组织工农武装,但工作很艰苦,进展较慢。商城起义的胜利,给六霍地区群众鼓舞很大。1929年11月8日,六安的独山、西河口等地的数千名农民,在中共六安中心县委领导下,举行武装起义,占领了独山镇,成立了六安三区革命委员会。独山起义后的一个多月内,连续爆发了西镇、七邻湾、流波䃥、徐集和桃源河起义。1930年1月,起义武装统一组成红十一军三十三师,共200多人。红三十三师成立后,连续攻克霍山、麻埠,挫败了敌人的反扑和围攻,创立了纵180余里、横100多里、人口达30余万的皖西根据地。

1930年2月25日,根据中共中央的指示和形势发展的需要,成立中共鄂豫皖特委,统一领导鄂东、豫南、皖西的斗争。同时,红十一军三十一、三十二、三十三师,合编为红一军。这个时候,根据地的范围,包括湖北的黄安、麻城、罗田、孝感、应山、安陆、黄陂、黄冈,河南的商城、固始、潢川、光山、罗山,安徽的六安、霍山、英山、霍邱等17个县。

(二)鄂东、豫南、皖西根据地的财粮供给情况

鄂东、豫南、皖西根据地在创建的过程中,凡红军和游击队所到之处,都发动群众开展了"打土豪,分田地"的斗争。同时,为了保障红军的财粮供应,开展了群众性的筹粮筹款工作,并建立了简单的农业累进税制度。

1928年7月,中共鄂东特委在尹家咀会议上就决定普遍实行"五抗"(抗租、抗粮、抗税、抗债、抗捐),同时没收反动地主的土地财

产。同年秋收时，中共鄂东特委根据贫雇农的要求，又决定"谁种的田归谁收"。1929年6月，中共鄂东北特委正式制定了《临时土地政纲》。1930年1月，鄂豫边区在《临时土地政纲》的基础上，又具体制定了《土地政纲实施细则》。鄂豫皖边区初期的土地斗争，基本上是在这些政策规定的指导下进行的。

分田斗争开展得早的是黄安、麻城北部的老苏区，这里1928年秋就开始分田。之后，鄂东北地区普遍展开，到1929年秋，中心地区的分田运动基本完成。豫南的分田运动是在1930年展开的，年底亦基本结束。皖西的土地斗争进展稍慢，1930年内只在局部地区进行。

土地的没收与分配，前后做法不尽相同。前一段的做法是：没收豪绅地主的土地财产，没收富农的好地，按人口平均分给贫雇农；中农的土地不进不出；不反动的小地主，分一份坏地。这些原则，部分地区已付诸实施，部分地区因战斗频繁未能实行。1930年的做法是：对地主、反革命分子和祠堂、庙宇、教堂、祖积、公积所有的土地，以及一切公产、官地一律没收，把没收的土地分配给无地、少地的农民、红军官兵、革命职业家、退伍的兵士，以及愿耕种的工人、小贩、其他职业者。土地分配采取按食粮需要（全家人每年需要吃粮数）为主要条件，计算分配时，不以土地面积为标准，而以土地的产量为标准。例如，1斗田产谷2担，每人平均需口粮5担，则每人可分田2.5斗。没收的柴山、竹园、池塘，由当地乡农会管理。

广大农民分得土地后，生产热情很高，普遍获得增产增收，生活显著改善。例如，黄安县联山乡农民肖世宾一家五口，土改前有田2.5斗，收谷5担，完粮5斗，租种田1.25石，收谷22石，交租12石，全家一年缺4—5个月口粮；土改时，全家每人分田2.5斗，不再交租，粮食有余。农民来馨台，土改分田1.2石，地1.2石，房屋3间，菜地一块，半条牛，还有粮食、家具、衣服等，兄弟四人都结婚成家，一日三餐生活无忧无虑。为了保卫土地革命胜利果实，保卫苏维埃政权，粉碎敌军的进攻，翻身的农民热烈参军参战，支援革命战争。如1930年6月，红军在黄安七里坪、檀树岗招兵，一天就有800人报名。留在后方的农民也从各个方面支援红军作战。他们战时上前线抬担架、运输物资，农忙时为红军耕田和为烈军属代耕。

翻身农民对红军另一方面的支援，就是以自己辛勤劳动的成果，从经济上保障了红军和苏维埃政府的财粮需要。

鄂豫皖根据地的范围虽然较大，但稳定的中心区域不多，大部分是游击地区，战争比较频繁，敌人的包围、封锁也紧，加之部队人员不断增加，流动性又大，因此，红军的供给是很困难的。当时，供给的来源主要是打土豪和征税，而组织这两个方面的收入，都离不开农民的支持和帮助。

打土豪的做法是：发动群众，查清地主的粮食、财产，经政治机关批准后没收。没收后，部分解决部队给养，部分分给群众。

还有一种做法，叫作"吃白用白，不吃赤不用赤"。这话的意思是红军的一切给养，都从白色区域去取得，不从红色区域取得，借以积蓄红色区域的经济力量。"吃白用白"完全是靠武力进行的。部队先打出去，展开宣传、调查，把豪绅地主的粮库、财产，在城市的作坊、商店，反动资本家开设的工厂和商店的物资、财产等没收过来，再由赤区人民组织运输队，在部队掩护下，把物资运回赤区。

征税是从1930年开始的。这年9月，中共鄂豫边特委决定向农民征收农业累进税。其征收办法是：农户全年收获的粮食，按人口扣除规定的需要量后（每人的需要量规定为5石谷），剩余不足1石谷的不征，剩谷1石的征5升，剩谷1石以上的部分，每增加1石增征5升。具体累进率如表1–11所示。

表1–11

级 数	剩谷数量（石）	应征税额（斗）[①]	折算税率（%）[②]
第一级	1	0.5	5
第二级	2	1.5	7.5
第三级	3	3	10
第四级	4	5	12.5
第五级	5	7.5	15

注：①规定以全斗为计算标准。全斗的1石折10斗，1斗相当于15.5斤，1石约合155斤。
②折算税率，是按全额累进的办法倒算出来的，供参考。

这种农业累进税的税负是很轻的,雇农贫农基本上不负担,中农负担亦不多,只有富农剩余粮食较多,负担稍重一点。

农民除了交纳农业税(公粮)外,还以捐款、慰劳的形式自动支援红军。当时,农民捐献粮食的、捐献鞋袜的、送各种慰劳品的不少。有些农民家里只有3升米也要分出2升,甚至全部献给红军。"苏维埃分配某一家给部队派饭,如那一家自己没有粮食时,往往向别家借粮来给部队做饭,也有粮多的群众主动送粮给无粮的群众,解决部队的吃饭问题。当红军要打大的战斗时,只要铜锣一敲,苏区人民自动带着干粮草鞋,抬着担架,去前方运送伤兵、武器和粮食。"①

二、鄂豫皖根据地的财粮供给和税收制度

(一)鄂豫皖苏区的统一与红四方面军西征

1930年蒋、冯、阎之间爆发的中原大战,给红色区域的发展提供了有利条件。当时,根据地周围敌兵大大减少,封锁、"围剿"也暂时停止。红一军抓住这个有利时机,主动出击,大力发展革命势力,进一步扩大了苏区,红军亦发展到1万多人。

1930年秋(阴历),鄂东、豫南、皖西3块红色区域已连成一片。鄂豫皖特区召开了第一次工农兵代表大会,成立了鄂豫皖特区苏维埃政府。鄂豫皖苏区归于统一。

鄂豫皖根据地形成不久,即1930年12月,国民党在集中主力进攻中央根据地的同时,对鄂豫皖根据地发动了"围剿"。为适应反"围剿"战争的需要,1931年1月,红一军与红十五军在商城会师后,合编为红四军。全军共1.2万多人。

1931年4月,中共中央派张国焘等到鄂豫皖根据地组织中央分局。不久,中央分局决定成立红二十五军,并将原红四军和新成立的红二十五军,合编为红四方面军。

红军经过改编和充实后,由于采取了机动灵活的战略战术,鄂豫皖根据地的军民连续粉碎了国民党军阀发动的三次"围剿"。在第一

---

① 1965年访问吴先恩的记录:《关于红四方面军的供给来源与战役保障》。财政科学研究所资料《回忆录》(第22册)。

次反"围剿"战争中，红四军从1931年1月下旬开始到3月上旬为止，共进行了50天的战斗，总共歼敌1万多人。其中，最出色的战斗是双桥镇大捷，全歼敌第三十四师，活捉敌师长岳维峻。在第二次反"围剿"战中，仅独山一仗，就全歼敌1个多团，毙、伤和俘虏敌人2000多人，缴枪1200多支。第三次反"围剿"战，红四方面军在黄安、商潢、苏家埠、潢（川）光（山）四次战役中，总共歼敌40个团6万人。

三次反"围剿"战争的胜利，使红军在战斗中不断得到发展，根据地也进一步巩固和扩大。到1932年5月，红军发展到六个师，达到45000人；根据地面积达4万多平方公里，人口350万，拥有黄安、商城、英山、罗田、霍邱五座县城，在26个县建立了革命政权。这是鄂豫皖根据地发展的盛期。

1932年7月，蒋介石发动了第四次"围剿"。为解除红军对武汉包围的形势，蒋介石集结24个师另5个旅，首先进攻鄂豫皖根据地。

当时，红四方面军由于粉碎了敌人的第三次"围剿"，士气高涨，部队壮大，械弹充足，而且根据地扩大后，有广阔的回旋余地和广大群众的支援；而敌人则屡遭挫败，心有余悸，内部又矛盾重重，同床异梦。因此，只要红军有正确的战略战术指导，粉碎敌人发动的这次"围剿"是完全可能的。

但是，在鄂豫皖苏区担任中央分局书记的张国焘却极力推行错误路线。他为反"围剿"的胜利冲昏了头脑，放松了反"围剿"的准备。在军事战略指挥上，他采取所谓"不停顿地进攻"的作战方针，使部队忙于进攻，疲于奔命。结果在敌军发动大规模进攻之下，红军仓促应战，苦战两个多月，虽多次击溃敌人，但终因战略指导上的错误，未能扭转战局。1932年10月上旬，敌军已深入苏区，占领了重要城镇和交通线，鄂豫皖根据地已丧失5/6。10月15日，红四方面军主力四个师2万多人，被迫越过京汉路转至外线。后来，又西征向川陕地区转移。

（二）三次反"围剿"斗争中的粮食困难及克服困难的措施

在第一、二、三次反"围剿"斗争的过程中，鄂豫皖根据地出现了严重的粮食恐慌,不仅军队的粮食供应紧张,民众的吃粮亦极端困难。1931年春,麻城县赤区有五六千人没有饭吃,内红军家属占3000人,残废者1000人。罗山县靠运粮度日者约1万人,黄安县城区二稻区一带民众有的甚至连浆粑都没的吃①。皖西北苏区没有粮食吃的有两万人以上,后方医院有1000余红军伤兵也没有粮食吃②。除在前线作战的红色战士每天吃三顿干饭外,苏维埃政府机关人员也是每天吃两顿稀饭,其余在后方工作的军事机关人员,则吃一顿稀饭。

粮食缺乏,主要是敌人包围封锁、骚扰破坏造成的。鄂豫皖苏区内有许多地方一向只生产茶麻之类,粮米须靠他县供给。敌人长期的经济封锁,断绝了粮米的来源。敌人、白军和民团又经常到苏区来骚扰,破坏生产,抢劫储粮。他们抢挑群众的粮食,把吃不完搬不完的粮食,倒到粪窖里;把马放在麦子、豌谷田里,糟蹋庄稼;在田地挖战壕,拖大炮,损坏农具,屠杀农民或压迫农民出捐出税。1930年苏区的谷子可以算丰收,因为国民党军阀豪绅地主种种破坏,苏区谷子损失10万担以上③。此外,地主豪绅在失去统治地位后,在赤白交界的山地险要地方立营筑寨,专门破坏赤区,抢劫农民的牲畜,抢劫耕地上的五谷,也是造成粮食缺乏的一个因素。不过,这个因素不是蒋介石造成的,而是根据地政府在打乱重分土地的过程中,执行王明"地主不分田,富农分坏田",肉体上消灭地主、经济上消灭富农的过"左"政策带来的恶果。

为了解决粮食恐慌问题,保障战争的供给,中共鄂豫皖中央分局和鄂豫皖苏维埃政府进行了紧急动员,采取了一系列措施。主要有下列几项:

第一,加紧根据地内的粮食生产。在外面不能输入、内部储蓄已告罄的情况下,解决粮食困难的主要方法是自力更生,增加生产。

---

① 鄂豫皖中央分局通知第七号(1931年6月10日),载《安徽革命根据地财经史料选》(一),安徽人民出版社出版,第71页。
② 中共皖西北特委方英给中央的信(1931年7月1日),载《安徽革命根据地财经史料选》(一),安徽人民出版社出版,第73页。
③ 鄂豫皖区苏维埃政府通令第七号(1931年8月10日),载《安徽革命根据地财经史料选》(一),安徽人民出版社出版,第93页。

1931年7月,鄂豫皖"二苏大"关于粮食问题的决议案上说:"增加生产,使苏区的土地一寸不要荒了,组织生产队,适当调动人力牛力帮助人力牛力缺乏的地方耕种。政府应颁布生产奖励条例,以收获之一部分奖励帮助人力牛力者。妇女儿童应尽可能的力量,参加耕田,特别是要多种瓜菜杂粮,以及短时可以收获的食物,如热水萝卜等,进行生产比赛。"

为了增加生产,鄂豫皖苏区在1931年春天举行了春耕运动。在这一运动中,广大群众在耕牛、种子方面互相帮助;乡苏维埃还收集剩余的秧苗,转送给缺种的地方,将有余力的耕牛组织成耕牛队,帮助缺牛地方春耕。到了秋天,各级苏维埃政府又举行了秋耕与秋收运动。为了加紧种植各种杂粮,党团组织首先发起了"粮食运动周",要求每个党员团员必须种五棵瓜藤或等量的其他杂粮,并动员一切群众都来参加这一运动。杂粮的种植,极大弥补了食粮的不足。

第二,设立平粜局,同粮食投机买卖者作斗争。平粜局以县、区为单位设立,任务是从粮食集中的区域(如新集)采办粮食以补各县之不足。平粜局之本钱由苏维埃财政拨付,或向合作社银行借一部分,或由群众自动去借,待平粜完后归还。粮食卖价可在买价基础上加一部分运费。

第三,组织群众互济。鄂豫皖苏区虽然平分了土地,但每家所有的粮食是不平衡的。为了使大家都有饭吃,苏维埃政府宣传群众,使群众站在阶级同情的观点上,站在争取革命胜利的立场上,实行粮食互济。这一互济运动,不限于粮食,还有种子、秧苗、人力、牛力与农具等的互济。

第四,鼓励群众自动节省粮食。1931年初,苏维埃政府就降低了机关工作人员的粮食供给标准,并要求广大群众,特别是共产党员、共青团员节省粮食。这种办法产生了很大的效果,单就黄麻苏区来说,有吃的家庭每日节省1合米,每天即可节省50石粮食。

第五,实行粮食收集制。为了保障红军的给养,同饥荒作斗争,防备国民党军队的破坏与烧毁,1931年8月10日鄂豫皖苏维埃政府制定并颁布了《粮食收集储藏条例》。《条例》规定:每户收获的谷子，每人扣除4担后，余1担至3担的收集8%，余3担至7担的收集13%，余7担至10担的收集22%，余10担至13担的收集27%，余13担至17担的收集30%，余17担至20担的收集32%，余20担至25担的收集35%，余25担至30担的收集37%，余30担至35担的收集39%，余35担至40担的收集41%，余40担至45担的收集42%，余45担至50担的收集43%[①]。富农所有之谷子，每人3担以内不收集，每人3担至4担收集8%，每人在4担以上照上述收集比例再增加5%。红军兵士本身的土地、牺牲了的红军家属的土地以及贫农雇农的土地则不收集。收集的谷子一律交鄂豫皖苏维埃粮食委员会。这样的做法，名义是鼓励群众储藏，实际上是一种税。

经过近一年的斗争，鄂豫皖苏区获得丰收，渡过了饥荒的难关。

（三）财政来源和税收制度

鄂豫皖根据地统一后，财政收入的主要来源是累进税。

1931年11月2日，鄂豫皖苏维埃政府"为粮食累进税的征收问题"发出通令，对原农业累进税的征收办法作了修改和补充。通令规定：（1）富农的粮食累进税按户计算，除掉全家每人3石以外的粮食，按普通税率增加5%征收。（2）其他革命群众按人口计算，按每人除开4石以外的多余粮食征收，以适当减轻他们的负担。（3）除雇农贫农继续免税外，牺牲的红色战士家属完全免税。对遇着意外灾害（蝗灾、水灾）的纳税群众免收或减收。对农具、家具缺乏，剩余粮食不多之家，不收税。对耕牛、农具、种子齐备，而粮食又有多余之家，则按照累进税的原则征收（例如，其他革命群众一家有两人，10石粮食，除两人共需8石外，其余分到每人平均1石，就按每人多的1石收税）。

商业累进税于1931年开征，征收的税种有佣金税、营业累进税、进口累进税、特种税等4种。佣金税是对猪行、米行、茶行及一切有佣金收入的商行征收的。凡每日营业额在20元以下者免税，超过20元者按营业额多寡累进征收，最低税率15%，最高税率44%。营业累

---

① 原文注：3担按8%计算，7担按13%计算，余类推。

进税按商店每月营业额征收,每月营业额不到150元者免税,160元以上者按营业额大小累进计征,最低税率5‰,最高税率10‰。对于无固定铺面之商贩,则征收货物进口累进税。特种税分两种:属于禁止性质者如烟酒及各种麻醉药品,按30%税率征收;宰杀猪羊征屠宰税,税率为屠宰价值的5%。原来规定,对本地生产的烟叶、烟丝征10%的特种税,由于农民不满意,就取消了。以上各种税率,是按阶级的原则制定的,主要负担者为商人,小康之农民商贩所纳者皆极轻之税[1]。

除累进税外,财政来源还有保卫局所指挥的特务队(税务总分局都有一队短枪便衣)捉拿白区豪绅之缴款。岳维俊(国民党三十四师师长)前后缴款9万元,西药价值近1万元。1931年1月到3月,红军南下没收来的金子有10余斤,银子1000余斤[2]。

群众捐款捐物支援红军,是鄂豫皖根据地供给来源的一个显著的特点。平时,群众常常把自己的粮食财物以慰劳的形式送给红军;战时,群众则倾其家中之一切支持红军打仗。1931年6月至8月,黄安苏区群众响应中共黄安中心县委"每人省下三升米供给红军"的号召,两个多月内,由少先队、儿童团和妇女会捐献的粮食就达411石,大洋225元,钱11万元,鞋4万双,其他如肉、鱼、鸡、麦、面粉和饼果等无法统计。

当红军要打大的战斗时,苏区人民则主动支援前方运输粮食和武器弹药,运送伤兵。部队进军的沿途,各级苏维埃设有担架站、运粮站,伤员逐站转运,走得很快,一天一夜就走200多里。1931年11月,在黄安战役中,整个黄安人民都动员起来了,男的运粮、送弹药、抬担架;妇女为红军烧水煮饭,救护伤员;赤卫军参加战斗。人们自豪地歌唱:"小小黄安,人人好汉;铜锣一响,四十八万;男将打仗,女将送饭。"后来,鄂豫皖中共中央分局在总结这次攻打黄安的战斗时,曾把苏区群众的热情支援列为胜利的三个原因之一,指出:"这

---

[1] 《鄂豫皖苏维埃政府关于商业累进税之规定》,1931年10月。
[2] 《鄂豫皖中央分局关于鄂豫皖区情况给中央的综合报告》(1931年10月9日),载《安徽革命根据地财经史料选》(一),安徽人民出版社出版,第106—109、113页。

次我四军主力之围黄安是有鄂豫皖广大劳苦群众，尤其是黄安的劳苦群众的热烈拥护，1.5万石粮食的动员，群众日夜的输送，数百里内外群众的送肉送衣，成千累万的男女老幼之热烈慰劳，游击队、袭击队、独立团之各处向敌扰动，赤卫军之广大配合。这种群众的力量，无异增加了几倍的红军，这是我们胜利的第三个原因。"① 1932年3月，红四方面军再次东征皖西，为粉碎敌人第三次"围剿"发动了著名的苏家埠战役。红军部队集中几万人，粮食供应困难。这时候，六安县委和苏区干部群众提出了响亮的口号："红军要人有人，要粮有粮。"各级苏维埃成立了红军招待站，具体负责红军的物资供应。五区苏维埃政府组织打粮队，负责打粮，保证红军吃粮。每天给每个红军师运送粮食的就有千余人，加上打柴队、担架队、运输队、洗衣队、慰问队等，服务于每个红军师的群众达万人以上②。红军的英勇善战和六安苏区群众的支援，使苏家埠战役取得了胜利。

三、川陕根据地的财粮供给及税收制度

（一）川陕根据地的建立

红四方面军西征开始后，接连粉碎了敌人的追击堵截，战胜了种种困难，经过长途英勇转战，于1932年底进入四川北部，并解放了通江、南江、巴中，很快与当地共产党组织和地方武装汇合一起，建立起以通、南、巴为中心的川陕根据地。

1933年2月，成立了中共川陕省委和川陕省工农民主政府。

川陕根据地的建立，直接威胁四川地方军阀的统治。1933年2月中旬，在蒋介石的部署下，四川军阀田颂尧出动6万人兵力，分三路围攻根据地。在优势敌军的进攻面前，红四方面军采取"收紧阵地，集中兵力，诱敌深入"的方针，利用有利地形，进行阻击，给敌重大杀伤后，主动撤离城区，向山区转移。待敌人深入根据地，伤亡日增，

---

① 陈昌浩：《攻下黄安和巩固黄安》（1931年12月30日），载财政科学研究所《回忆录》资料第21册。
② 《记六安人民支援苏家埠战役》，载《皖西革命回忆录》，安徽人民出版社1980年出版，第223页。

补给困难，士气低落，陷入困境时，红四方面军集中主力转入反击。到 6 月 15 日，红军彻底粉碎了敌军的围攻，歼敌 2 万多人，缴枪 8000 余支。根据地面积随之扩大一倍以上。

粉碎敌人三路围攻后，从 1933 年 8 月至 10 月，红四方面军乘胜先后发动了仪（陇）南（部）战役、营（山）渠（县）战役和宣（汉）达（县）战役，解放了达县、宣汉、万源、城口以及仪陇、广元、昭化、苍溪、阆中、南部、营山、蓬安、渠县等县嘉陵江以东的广大地区，使通、南、巴地区与川东游击根据地连成一片，红四方面军在宣汉与川东游击军胜利会师。至此，根据地发展到东起城口，西抵嘉陵江，南至营山、渠县，北至陕南的镇巴、宁强，东西 500 余里，南北 400 余里，人口达 600 多万。控制了通江、巴中、仪陇、南部、营山、宣汉、达县、万源等八座县城，建立了 22 个县和 1 个市的革命政权，计有：通江、南江、赤北、赤江、红江、巴中、江口、仪陇、恩阳（巴中西恩阳河地区）、英安（广元东北鹦咀岩地区）、广元（旺苍坝地区）、长赤（长池地区）、嘉陵（广元之东元坝地区）、营山、阆南、渠县、红胜（万源南部的罗文坝地区）、宣汉、达县、苍溪、万源、城口、镇巴和巴中特别市（1934 年 10 月改为赤中市）。红四方面军从进川时的 1 万多人扩大到 8 万余人。

1933 年 10 月，在蒋介石发动第五次"围剿"时，四川军阀刘湘秉承蒋介石的旨意，集结 110 个团 30 万人，分东西两线，向川陕根据地发动了六路围攻。从 11 月开始，到 1934 年 9 月下旬，经过 11 个月苦战，六路围攻又被红军粉碎。这次战斗，共歼敌 8 万多人，缴枪 3 万多支，被敌侵占的地区亦大部分恢复。

为总结反六路围攻的经验，加强部队的政治训练，红四方面军于 1934 年 11 月先后召开了全军政治工作会议和军事会议，着重研究了中央红军长征后红四方面军如何配合行动的问题。会议以后，掀起了学军事技术的热潮，并作了长征的准备。1935 年 1 月，中共中央电告红四方面军，要求集中主力向嘉陵江以西进攻，配合中央红军北上。红四方面军于同年 3 月 29 日顺利地渡过嘉陵江开始西征，而后长征北上。红四方面军走后，川陕根据地只留少数武装坚持游击战争。

(二) 财粮供给与税收制度

川陕根据地从建立到红四方面军撤离，前后将近两年的时间。在这两年里，军事战斗频繁，军民都很艰苦，财粮供给也很困难。

当时，红军给养的主要来源，一个靠缴获，一个靠人民的支援。

红四方面军在作战过程中，缴获是不少的，不仅有武器弹药，还有大量的粮食和其他物资。例如，在发动宣（汉）达（县）战役时，解放了绥定（今达县）、宣汉。军阀刘存厚的兵工厂、造币厂及准备与红军作战三年之久的枪弹粮秣，全部被红军缴获。缴获的物资，仅红九十师就每人发了一套单衣、一套衬衣，粮食随便吃，每人还发了三块现洋。缴获的工厂机器、子弹等，红军组织几万群众才运到后方，以后在通江县办起了兵工厂、枪支修配厂、被服厂、鞋袜厂和造币厂等。

人民的支援，主要是交税，还有捐助和其他形式的支援。

红军入川的第一年，没有向农民征收公粮，也没有征收别的税。为什么呢？主要是考虑到老百姓太穷太苦。

处于秦岭、大巴山一带的农民，比湘赣边界的农民还穷。当时，四川军阀在这一带的剥削压榨非常残酷，名目繁多的苛捐杂税数十种，压得人民群众直不起腰，喘不出气。他们要当地农民提前五年完粮，交不起粮的就捆绑吊打。种田的，要交田税；种烟的，要交烟款；不种田、不种烟的，要交人头税和"懒捐"，连讨饭吃的人，也要出"花子捐"；生孩子，要交出生税。他们还到处拉夫抽丁服苦役，保甲制很厉害。老百姓中，很多人抽大烟土，一个个面黄肌瘦、骨瘦如柴，不能生产劳动，他们面临着贫困、饥饿和死亡的严重威胁。

因此，红四方面军一进入川北，西北革命军事委员会就发出布告，宣布废除苛捐杂税，没收地主阶级的土地，分配给贫苦农民。1933年川陕省苏维埃政府成立后，又颁发了土地改革布告，发动群众开展了分田斗争。

到第二年，即1933年，由于废除了军阀统治的一切捐税剥削，农民分田之后受到实惠，农业收成较好，加之红军的粮食缺少来源，财政很困难，于是苏维埃政府开始向农民征收公粮。

1933年8月，川陕省苏维埃政府颁发了公粮条例。征收的数量，依每个成年、老年、小孩维持全年吃、穿等基本需要后剩余粮食的多少来决定。

成年每人收谷在5背以上应纳苏维埃公粮5升，6背以上纳7升半，7背以上纳1斗，8背以上纳1斗2升5合，9背以上纳1斗5升，10背以上纳1斗8升（5背以下不纳公粮）。

老年人，小孩每人收谷4背以上纳5升，5背以上纳7升半，6背以上纳1斗，7背以上纳1斗2升5合，8背以上纳1斗5升，9背以上纳2斗（4背以下不纳）。

富农每人收谷3背以上纳5升，4背以上纳7升半，5背以上纳1斗，6背以上纳1斗2升5合，7背以上纳1斗5升，8背以上纳2斗。

如完全系旱地，即纳苞谷、麦子、豌豆或杂粮。可分两季交纳，秋收纳3/5，春收纳2/5。公粮征收入库后，4/10作为红军吃，4/10作为苏维埃公务人员及来往运输队吃，2/10作社会保险（即发给没有生产能力的鳏、寡、孤、独、残疾者吃）。

这个征收办法，同鄂豫皖根据地的办法不同（按剩余粮食计算是相同的），是一种有起征点的全额累进税。为便于了解，这里按市制折算，编成三张税率表（见表1-12—表1-14）。

表1-12

成年				
每人平均		应纳公粮		
粮食（背）	折斤（斤）	粮食（斗）	折斤（斤）	负担比例（%）
5以上	500以上	0.50	25.00	5.0
6以上	600以上	0.75	37.50	6.3
7以上	700以上	1.00	50.00	7.1
8以上	800以上	1.25	62.50	7.8
9以上	900以上	1.50	75.00	8.3
10以上	1000以上	1.80	90.00	9.0

表 1-13

老人小孩				
每人平均		应纳公粮		
粮食（背）	折斤（斤）	粮食（斗）	折斤（斤）	负担比例（%）
4 以上	400 以上	0.50	25.00	6.3
5 以上	500 以上	0.75	37.50	7.5
6 以上	600 以上	1.00	50.00	8.3
7 以上	700 以上	1.25	62.50	8.9
8 以上	800 以上	1.50	75.00	9.4
9 以上	900 以上	2.00	100.00	11.1

表 1-14

富农				
每人平均		应纳公粮		
粮食（背）	折斤（斤）	粮食（斗）	折斤（斤）	负担比例（%）
3 以上	300 以上	0.50	25.00	8.3
4 以上	400 以上	0.75	37.50	9.4
5 以上	500 以上	1.00	50.00	10.0
6 以上	600 以上	1.25	62.50	10.4
7 以上	700 以上	1.50	75.00	10.7
8 以上	800 以上	2.00	100.00	12.5

可以看到，由于规定交纳公粮的起征点（每人平均400斤至500斤），已照顾到农民生活的基本需要，定额征收的负担比例不高（成年人负担5%—9%，老人、小孩负担6.3%—11.1%）。公粮条例公布的当年（1933年），"全苏区共征收公粮1000万余斤"①。农民负担是不重的。

与颁布公粮条例的同时，还制定了《川陕苏维埃税务条例草案》，规定征收税目种类及税率标准如下：

（甲）特种税。

（1）白木耳。按每两价值抽5%（但因革命受伤不能生产、红军

---

① 四川省粮食厅编：《川陕根据地粮政史长编》（初稿），1987年4月讨论稿。

家属、有特殊情况，资金不满 30 元以上，经苏维埃证明得免税）。

（2）鸦片烟。开设烟馆者，每月按三等征收：头等 2 元，二等 1 元，三等 5 角。专门以贩卖鸦片烟为业，按每两抽 5%。

（3）屠宰。专门在市场营业者，按每百斤抽 5%，但工农冠婚丧祭，自己养肥之猪，自己杀着吃，皆得免税（地主富农不在此例）。

（乙）营业税。

凡经营商业者，每月所得金额在 500 元以上、700 元以下，抽 0.5%（即 5‰）；700 元以上、1000 元以下，抽 1%；1000 元以上、2000 元以下，抽 2%；2000 元以上、5000 元以下，抽 3%；5000 元以上、1 万元以下，抽 4%；1 万元以上抽 5%（但入口税第二项所指定免税的东西皆不征收）。

（丙）入口税。

（1）纸烟、酒、旱烟、水烟、香水，以及非工农必需物品，皆得从值百抽五起，以至 10% 为止。

（2）盐、布匹、棉花、粮食、中西药材、耕牛、小猪、洋油、生发油等，皆得免税。

（丁）出口税。

（1）粮食、布匹、棉花、中西药材、耕牛、小猪、盐等，皆得从值百抽 20 起，以至抽 50% 为止。必要时，苏维埃政府得禁止出境。

（2）茶叶、锅、煤炭、木耳、木料、鸦片烟等皆得免税。

由于根据地遭受敌人封锁，一些生产生活必需品，如粮、棉、布、药材、耕牛、小猪等供应紧张，为鼓励这些物品从白区运入苏区销售，都免征入口税；对这些物品的出口，则采取重税政策，限制出口，直至禁止出口。对根据地出产的土特产品，如茶叶、煤炭、木耳、锅、木料等，为鼓励运出，换取资金、物资回来，则采取免税政策。

苏维埃的税收制度公布以后，得到广大民众的热情支持，特别是广大农民的支持更大。他们不仅踊跃交纳公粮，而且积极参军参战，热情慰劳红军，支援前线。据中共川陕省委机关报《共产党》1934 年 2 月 6 日第 34 期报道："自省委发出拥护红军医院的号召后，各地拥护红军的物质大批向医院赠送。巴中县清江渡在广暴纪念大会上群众拥护的物质非常多，计有：猪30条，草鞋632双，鞋子204双，袜底13双，手巾5条，挂面1627把，棉絮30床，羊腿6条，洋钱（银币）300元，鸡蛋160斤，条粉107斤，火米糖1517封，白米1斗，芡粉10斤，红糖390斤，红甘蔗190根，饼子105斤，豆腐1箱，白萝卜100斤，猪腿50根，灰菜60斤，灰面30斤……"镇巴县苏家坡、白杨坪两个乡的农民，一次就筹集粮食一万多斤，苏家坡妇女做了1000多双鞋慰劳红军。渔渡有个小姑娘，看见爸爸妈妈都在准备慰劳品，她学着做了个小烟包送给了红军连长。从此，当地流行了一首歌谣："伯伯上山去送粮，妈妈急忙做衣裳，唯我人小没啥送，做个荷包给连长。"

为了保证战争的胜利，保卫土地革命果实，保卫苏维埃政权，根据地广大农民，不仅努力生产，节衣缩食，出钱、出粮支援红军，还出动大批人力支援前线。他们除直接参加红军作战外，还担负支前运输、抬担架等工作。特别是在男同志多数参加红军到了前线，或参加政府工作后，妇女们的支前表现更为突出。正如吴朝祥《巴山妇女在战斗中成长》① 一文中所记述的："在频繁的战争中，广大妇女承担了运送弹药粮食和救护伤员的主要任务。无论是两次反'围剿'，还是我军主动发动的几次战役，无论是寒冷的冬季，还是炎热的夏天，一支支妇女运输队，都日夜奔忙在千里运输线上。哪里的战斗最紧张，她们就把粮食和弹药送到哪里。那时，大巴山区没有公路，全是荆棘丛中踩出来的山间小道，坡陡路窄，莫说过汽车，连鸡公车也无法通行。一袋袋粮食，一箱箱弹药，全用背架子一背一背地背上前线。妇女们一步一把汗，但没人叫苦，没人喊累，一个个豪放乐观，志比山高。她们把弹药和粮食运到前线，又把伤员送往后方，运输队变成了担架队，把伤员抬下火线，送进后方医院。英雄的巴山妇女同红军并肩战斗，根据地的山山岭岭都深印着她们光辉的足迹，记录着她们不灭的功勋。"根据地人民的积极支援，保证了红军的供给，使革命战争获得了一个又一个的胜利。

---

① 吴朝祥：《巴山妇女在战斗中成长》，载《巴山烽火》，四川人民出版社，1981年6月。

四、留下的红军在大别山区的艰苦斗争

红四方面军主力撤走后，鄂豫皖根据地的斗争进入了极端艰苦的时期。

1932年10月，蒋介石继续以15个师的兵力，对鄂豫皖根据地进行了极为残暴的"清剿"。他下令：（1）"匪"区壮丁一律处决；（2）"匪"区房屋一律烧毁；（3）"匪"区粮食分给铲共义勇队，搬出"匪"区外，难运的一律烧毁。在这种法西斯政策的驱使下，当时苏区几乎村村都遭到血洗，房屋在火光中变成废墟，成百上千的老弱妇幼被集体枪杀，白色恐怖笼罩着整个大别山区。

国民党反动派反复的"围剿"，使根据地范围大大缩小。在鄂东北、黄安只剩下一块较完整的紫云区与七里区的一点边沿，麻城只剩下顺河、乘马两个不完整的区，陂孝北留下一点；陂安南、河口、黄冈等11个县全部失掉，豫东南和皖西北剩下的苏区也不多了。整个鄂豫皖苏区损失5/6以上，人口只剩70万，红军只留下1/5。

但是，根据地的军民仍然继续坚持斗争。

1932年11月，重建的中央鄂豫皖省委在黄安召开军事干部会议，决定在鄂东北根据地重建红二十五军，全军7000多人。不久，省委又将留在皖西北根据地的红军组成二十八军，约3000人。

红军重新组织起来后，反动派立即调兵遣将，发动新的围攻。1933年1月，敌十五军马鸿逵部马腾蛟旅，由新集向郭家河进攻。红二十五军两个师勇猛出击，激战3小时，全歼敌人两个团；2月中旬九龙缠顶一仗，又歼灭万耀煌十三师一个团。

红军的反击，不但长了根据地人民的志气，而且使一度被敌人摧毁的鄂东苏区，又逐渐恢复起来。到1933年4月，红二十五军发展到13000多人。

1933年5月，省委命令红二十五军围攻七里坪。七里坪是敌人安在苏区中心的一个坚固的据点。省委想用围困的办法，把敌人逼走，或调出据点歼灭之，这个意图没能实现。敌人一方面困守工事，以武力保持着与黄安、汉口的交通运输，另一方面派部队前来增援。结果，

久攻不下，红军受到很大的削弱。

部队从七里坪撤下来，还没得到休整，敌人便调集3个师的兵力，又向潢川等地发动"围剿"。红军七十四师的主力主动向棋盘石敌人一个团展开了攻势，在杀伤大量的敌军之后，转移到莲花山、李家湾一带。随即，敌又以10个师的兵力分路合围。由于无法击退优势敌人的猛烈进攻，红二十五军被迫转移到皖西北根据地进行休整。

8月中旬，敌人进攻皖西。红二十五军在皖西北的南溪等地构筑工事，顽强抗击敌人。虽多次与敌人激战，给了敌人一定的杀伤，但终于未能打破敌人的攻势，反使自己陷入被动不利的地位。当时，红二十五军只剩下3000人左右，不少根据地被敌人占领。

9月初，省委决定红二十五军返回鄂东北。10月上旬，当红二十五军返回鄂东北的途中，队伍不幸被敌人截成两段。红军2000人在省委和军长吴焕先率领下进入鄂东北地区，其余红军在副军长徐海东率领下，返回皖西北地区坚持斗争。

这个时候，经过敌人多次"围剿"的皖西苏区，只剩下一片狭小的地区，东西长不过200里，南北宽不过50里，最窄处只有十几里。鄂东北根据地的中心区已被敌人占领，红军主要活动在以鄂东北紫云寨为中心的狭小地区内。鄂东北敌人乘势向红军发动围攻。红军在紫云寨、姚家寨一带同敌人进行多次恶战，损失极大，由2000人减少到800余人。鄂东根据地的党政组织几乎全被破坏。

经过半年多的艰苦奋战，红二十八军与红二十五军于1934年初在商城东南豹子岩会合。会合后，两军合编为红二十五军，并连续打了两个漂亮仗。从此，战争形势稍有好转。

1934年11月，鄂豫皖省委根据中共中央指示，认为根据地的人力物力已遭敌人严重摧残，而当前敌我力量又过分悬殊，省委决定除留下一部分红军（红二十八军）坚持原地斗争外，红二十五军离开根据地向鄂豫陕地区进军，实行战略转移。

从1932年底到1934年底的两年时间里，坚持在大别山斗争的红军，不仅东西转战，作战频繁，而且由于根据地缩小，农村经济遭受敌人的严重摧残，财粮缺乏来源，生活极端艰苦。

据徐海东后来回忆，当时"部队集结作战，不但没有油盐菜蔬，连饭都吃不饱。粮食，要到数十里至百里以外的地方去搞。像老鹰打食一样，搞多多吃，搞少少吃，搞不着就不吃。有的部队只得吃野菜，吃树叶，吃草根"。"冬天来了，大雪纷飞，过冬的衣服问题，是我们每天谈论的中心。全军大部分人还穿着单衣。没有棉被，睡觉也是就地一歪，有时住上有人烟的村庄，弄到点稻草盖在身上，那算是很美的了。可是，被敌人多次焚过的村庄，稻草也成了罕见之物。有的同志晚上冻得不行，只好起来跑跑跳跳，用这个办法来取暖。我们的供给部，这时全部的财产只有13块钱。这几块钱，一来买不到几匹布，二来在敌人严密控制下，也无法买到布。"1933年10月，红二十五军被敌人截成两段后，"焕先同志带着一部分部队，在天台山、凌云寺、茅草尖一片狭小的山区打游击，部队没有吃的、没有穿的，经常以野菜、山果充饥。敌人不断地搜山、烧山，在路上和井里丢毒药，还大肆进行欺骗宣传，施行软化手段，推行保甲制度，企图把红军与人民分开，把红军困死、逼死、饿死"①。

红军给养不足，曾在一定程度上影响了部队的战斗力。当时唯一的解决办法，就是靠官兵的艰苦奋斗，靠人民群众的支持。

大别山区的群众，对敌人是无比仇恨的，对红军是无比热爱的。红军经过的地方，群众自己吃糠咽菜，省下粮食给红军吃。"有些受敌人摧残严重的村庄，人虽然很少了，但只要剩下一个人，他的心仍向着红军，向着共产党。在粮食最困难的时候，军民吃饭几乎不分彼此，老乡做好了米汤叫战士们去喝，战士们煮好了稀饭，请老乡一块吃。有的群众自己忍着饿，把仅有的一把米、一把菜、送给部队吃。"②"有的群众冒着生命危险穿过敌人的封锁线，给我们部队送粮食。男人牺牲了妻子送，儿子牺牲了老头送。"③ 红二十五军在鄂东北山区处境最困难时，"吴焕先同志的妻子听说部队断粮了，便背着自己从外县乞讨来的几十斤米和十几个鸡蛋送给部队，吴焕先同志让警

---

① 中共商城县委编：《大别山烽火》，河南人民出版社1981年出版，第20—29页。
② 中共商城县委编：《大别山烽火》，河南人民出版社1981年出版，第24、82页。
③ 同②。

卫员把粮和鸡蛋都送给伤病员。他的妻子走后没几天,就饿死了。听到这个消息,部队同志们都流了泪!"①

民爱军,军拥民。为了减轻群众负担,红军尽量少给群众添麻烦。他们没有吃的就挖野菜,没有住的就钻山洞。十冬腊月,他们穿着单衣、草鞋,脚指甲冻掉了,也毫不在乎。冬夜,寒风刺骨,战士们睡觉缩成一团,还风趣地说:"白天我们是战士,晚上都成'团长'(缩成一团)喽!"

除了群众的支援外,还有一种办法就是"打粮"。在残酷的战争环境里,向财主打粮打钱的机会很少,而且不容易打到手。但是,偶尔打到一次,倒能解决很大的问题。徐海东的回忆录里,曾记述了1933年10月去商城一次打土豪解决冬衣困难的情况。他写道:

"这天,我们打听到段集吴桥有个布行,是土豪开的。于是便来了个'黄鹰抓小鸡'的战术,一下搞到600多匹布和几百斤棉花。战士们情绪高极了,纷纷说:'现在该不愁穿了。'

"愁还是愁。有了布,棉花还太少。再能搞到些棉花多好啊!说来凑巧,赤城县委书记吴德烽同志来了。他说:'叶集有棉行,也是土豪开的。'

"这个情报,真是'雪里送炭'。

"叶集,是霍邱县西面的一个镇子,原驻守着反动派宋时科的部队,不久以前因被我们消灭了一个团,残部都调到霍邱整训去了。这时,镇上只有400多民团防守。我军连夜奔袭赶到,歼灭了民团,搞了1000多斤棉花。又在市面上买了一部分,合计了一下,每人能摊到1斤多棉花。一套衣服怎么絮呢?经过大家研究,决定棉袄絮上薄薄的一层,棉裤腿和裤裆不絮棉花。布有多余的,每人再发一副裹腿。

"全军人人动手,你帮我,我帮你,几天工夫,棉衣全做成了。虽然长长短短,缝得不太美观,不过,像这样全军大换装,人人穿上新衣,打上新裹腿,还是头一次呢!"②

徐海东写的这段小故事,既反映了当时解决部队给养困难的实况,

---

① 《回忆红二十五军政治委员吴焕先同志》,《人民日报》,1981年1月16日。
② 中共商城县委编:《大别山烽火》,河南人民出版社1981年出版,第24—25页。

又反映了红军自力更生、艰苦奋斗的精神。坚持在大别山区斗争的红军，就是依靠这种精神，战胜了无数困难，度过了极为艰难的岁月。

红二十五军长征后，鄂豫皖苏区更加缩小，留下的红二十八军处境更加困难。但是，他们终于坚持了极其艰苦的三年游击战争，于1937年10月开赴皖中抗日前线。

第五节 闽浙赣、湘赣根据地的农民负担

一、闽浙赣根据地的土地税制度和农民负担

（一）闽浙赣根据地的建立和发展

闽浙赣革命根据地，是在赣东北弋阳、横峰农民大起义和闽北崇安上梅农民武装暴动的基础上，逐步建立和发展起来的。

1927年12月底，方志敏、邵式平等组织领导了弋、横农民大起义。起义后不久，敌人开来一个团，专门对付起义的农民。敌人步步紧逼，游击队被迫退缩，游击地区缩小到只剩下以磨盘山为中心的方圆50里的地方。

在极端困难条件下，方志敏在方胜峰召开了弋阳、横峰两县干部会议，确定了建立根据地，坚持游击战争，反对逃跑主义的正确方针。1928年6月26日，横峰金鸡山一战，游击队消灭由弋阳出来的敌军数千，迫使敌人全部撤出了根据地。接着，游击队又在8月、12月和1929年6月粉碎了敌人三次围攻。从此，打开了赣东北的局面。1929年9月，横峰、弋阳、贵溪、德兴四个县的苏维埃政府召集联席会议，成立了信江苏维埃政府筹备委员会。10月，信江苏维埃政府正式建立。此时，根据地扩大到40余万人口的地区，红军也扩大到近千人。

在赣东北根据地初建时，1928年冬闽北崇安举行了武装起义，开始创建闽北革命根据地。1929年4月，组成了闽北红军独立团。此时，闽北根据地与赣东北根据地还是连不成一片。

赣东北红军在1930年春,利用蒋、冯、阎军阀混战的有利形势,采取避实就虚、声东击西的作战方针,实行战略进攻。5月,奔袭景德镇,缴获了400多支枪和大量物资,部队扩大到4000多人,扩充为红军独立师;根据地扩大到乐平、浮梁、鄱阳、婺源和浙江的开化一带,纵横500余里,人口100余万。7月,闽北独立团到赣东北集中,与赣东北红军合编为红军第十军(3万多人),闽北根据地与赣东北根据地合并,成立赣东北省。1931年3月,召开了赣东北工农兵代表大会,成立了赣东北工农民主政府。

赣东北根据地曾经比较顺利地打破了敌人的第一、二次"围剿"。但在第三次反"围剿"斗争中,由于受王明"左"倾路线的干扰,革命力量遭到了较大的损失。经过这次反"围剿",根据地只剩下一个横峰县城和弋阳、贵溪、上饶、德兴、乐平等县纵横不过二三百里的狭小乡村地区。

1932年9月,赣东北红军为扩大根据地,打通赣东北与闽北的联系,并使进攻赣东北的敌人扑空,以便最后粉碎敌人的"围剿",中共中央决定派方志敏率领红十军第二次进军闽北。

这次,红十军进军闽北,扩大了崇安、浦城两县的红色区域;筹款50余万元,黄金千余两,并采购了大批物资;歼灭敌人近六个团,缴获大批枪支,有力地打击了敌人,粉碎了敌人的围攻,支援了中央根据地的斗争。1932年底,赣东北改为闽浙赣根据地,所辖范围扩大到52个县。不久,赣东北根据地和中央根据地连成一片。

1933年6月,中央政府决定将以建宁为中心的根据地,以资溪为中心的根据地,闽北分区以及信江、抚河一带的信抚根据地合在一起,建立闽赣省。

1934年,中央决定以方志敏为首组织中国工农红军北上抗日先遣队。由于敌我力量悬殊,1935年1月底,方志敏率领零散部队被敌人包围在赣浙皖边境的陇首山上,方志敏被捕,根据地全部丧失。

闽浙赣根据地是在土地革命战争时期创建较早、坚持时间最长的一块较大的红色区域。根据地丧失以后,当地党组织仍在坚持游击战争。

(二) 红军的财粮供给与农民的负担

闽浙赣根据地在 8 年的斗争过程中，财粮供给上的矛盾不算突出，除了根据地开创时期和第五次反"围剿"时较困难外，其余几年基本上都能保障革命战争的需要。这里有两方面的因素：一是客观方面的因素，就是根据地的农村经济条件稍好。闽浙赣三省边界，是个兼有局部平原、部分丘陵的山区，面积较大，土地较多，人口较稀，物产比较丰富。当时苏区的粮食自给有余，还可部分出口。在一段时间里，东西也较便宜，一元苏币，可买稻谷 30 多斤，或买猪肉 8 斤，或买菜油 5 斤。因此，养活红军不成多大问题。另一方面，就是主观的因素，经济工作做得较好。红色政权成立后，苏区政府就开展了土地革命，抓了根据地的经济建设。1930 年，蒋桂冯阎之间爆发军阀混战，敌人放松了对根据地的"围剿"，各级工农政府利用这个机会，全力领导农民发展生产，取得了相当的成效。这不仅有利于改善民生，而且为解决红军的给养打下了比较坚实的基础。毛泽东曾表扬说："从发展国民经济来增加我们财政的收入，是我们财政政策的基本方针，明显的效验已在闽浙赣边区表现出来……"[①]

财粮供应的来源，主要是三项：一为打土豪筹款，二为向农民征税，三为向商人征收关税和营业税。

1928 年 12 月信江苏维埃政府成立以前的一年多的时间里，打土豪筹款是解决军需的唯一来源。之后，为了减轻农民的负担，继续采取这种筹款办法。打土豪是红军的一项任务。赣东北发动的几次大的军事战斗，例如贵溪的周坊之战，乐平的秧板之战，两次打景德镇，两次进军闽北，红军结合打仗，都打了土豪，筹了款子，收获很大。特别是红十军第一次进军闽北作战时，在赤石街的一次打土豪，收获最大。

向农民征收土地税，是从分田以后开始的。1928 年底，根据地政权建立以后即开始分田。农民得到土地，生产积极性很高，生活也有了改善，于是政府在 1929 年开始征收土地税。信江苏维埃政府规定的

---

① 毛泽东：《我们的经济政策》（1934 年 1 月 23 日），载《毛泽东选集》第一卷，人民出版社 1966 年 7 月横排版，第 120 页。

土地税税率为：上田每亩征收干谷1斗，中田8升，下田5升。闽北的一些地方采取按阶级成分定税率的征收法。例如，浦城县规定，分田的第一年贫农中农征5%，富农征10%；第二年贫农中农征7%，富农征15%；第三年贫农中农征10%，富农征20%。崇安县的东西乡不分成分一律交纳10%；北乡，富农交15%，其他成分交10%，红军本人免征。头两年，土地税征收数量不多，农民的负担很轻。1931年由于红军扩大到3万人，供给量猛增，加之在第三次反"围剿"时根据地面积缩小，土地税征收数有所增加。1932年，农业生产得到较大发展，粮食产量比上年增加20%，征收总额又有所增加（因根据地扩大），但税率则有所降低。这一年，赣东北省共有上中下田80余万亩，收到的土地税谷约有17万石谷（约合2040万斤）①，每亩田平均负担25.5斤稻谷。当时中等田每亩可收谷36斗（约合432斤谷）②，照此计算，负担占实际产量的比例为5.9%，仍然是较低的。1933年以后，随着红军不断发展，军粮需要量越来越多（1932年红军每月吃米1万石，1933年每月吃米1万多石到2万石），农民负担又有所增加，但是负担仍然较轻，从有关材料分析，实际负担比例也不超过10%。

用土地税征收的粮食，是军粮和地方干部食粮的主要来源。那时，苏区政府没有粮库，向农民征收土地税，只是开个条子（征粮数量），粮食仍就地保存在农民家里（采取秘密的办法）。苏区政府也在山上储存一部分，供应部队特需。无论是部队还是机关到了什么地方，需要支取粮食，就向村上开个条子领取，部队经连长打条子就可领取。有时遇到部队集中，需粮很多，事先就通知附近村庄，将群众分散保管的粮食送到指定地点，开给收条，支用了多少粮食，年终一次结算③。无论军队还是地方干部，吃饭都是用粮票的。军队的供应，每人每月是米3斗3升（约合56.5斤），地方工作干部每人每月是米2斗8升（约合48斤）。伙食费标准，工作干部每人每天7分，部队9分，因为机关和部队都搞生产，伙食吃得非常好，每月可打四次牙祭

---

① 1932年8月10日赣东北省苏维埃政府对土地税征收法的解释。
② 同①。
③ 财政科学研究所：财政史档案资料《回忆录》第三册，第0019号。

(生产搞得差的打一次)。此外，每月每人还可发给3元到5元的伙食尾子①。

向商人征收关税和营业税，也是红军经费的一项来源。闽浙赣根据地的贸易工作开展得较好，不仅打破了敌人的经济封锁，解决了军需民用的物资，而且增加了财政收入。1930年，赣东北设立了物资检查处，开征了进出口税，税率是1%—5%，粮食买卖则不征税。当时，收入不少，三个船舶检查处，每天的收入就有几千光洋，最多的达7000—8000元至1万元，一般的是3000元；对外贸易处一天也要收好几千元②。除关税外，还有营业税，对私营工商业征收，临时性商贩一般不收税。此外，在闽北苏区还征屠宰税，每头猪征收5角钱③。这些税种的开征，不仅增加了财政收入，而且减轻了农民的负担。

(三) 1932年和1933年的土地税制度

闽浙赣根据地在征收土地税的过程中，根据自己的特点和需要，逐步形成了一套正规的税收制度。这里着重介绍一下1932年和1933年的土地税征收办法。

1932年8月10日赣东北省苏维埃政府公布的《土地税征收法》，是在1931年土地税法的基础上制定的。其主要内容是：

1. 关于纳税人。税法规定，凡赣东北苏区的农民种有土地的，均须缴纳土地税。这个规定，是从分田以后的实际情况出发的。赣东北的分田做法同闽西、赣南的做法差不多，也是没收地主的土地，征收富农出租的土地，地主富农和其他农民一样分得一份土地（后来才受到王明"左"倾路线的干扰）。分田以后，农民占有的土地虽有多少差别，但都有土地可种，所以政府也就相应规定所有种地的农民都要纳税交粮，如果负担只集中在少数农户身上，军粮供应就会失去保障。

2. 关于计税的依据。土地税分旱田税和水田税两类，分别计征。旱田税按土地好坏分为上地、中地、下地三等，分别按亩计征。上地、

---

① 财政科学研究所：财政史档案资料《回忆录》第十册，第00110号。
② 谢文清回忆。
③ 财政科学研究所：财政史档案资料《回忆录》第十八册，第00284号。

中地、下地的划分，按照分田登记的情况确定。水田税按照水田的等级和产量计征。水田也分上、中、下三等，也是以分田登记的数字为准。各等田的产量（即收谷量），税法上统一规定为：上等田每亩收谷为4.2石（约合504斤稻谷），中等田每亩收谷3.5石（约合420斤稻谷），下等田每亩收谷2.5石（约合300斤稻谷）。某家全年所种上、中、下田若干亩，每亩收谷若干石，总加起来即为全年的收谷总数，依此收谷总数征税。这里需要说明的是，政府规定的上、中、下三等田每亩的收谷数，不是当年的实际收获量，而是根据生产情况大体确定的数字，同当年的实际数字是有些出入的。

3. 关于税率。税率也是按旱田、水田分别确定的。

旱田税率，按照土地等级分别确定差别比例税率，也可以说是按土地等级分别确定征收的定额。税法规定，上地每亩征收税金大洋0.25元，中地每亩征收税金大洋0.15元，下地每亩征收税金大洋0.05元。

水田税率，按照各个农户总收谷数多少，累进征收，采用全额累进税率。具体税率如表1-15所示。

表1-15

税　　级	全家全年收谷数	征收土地税（稻谷）
甲	5石以下	免　税
乙	5石以上至10石	每石收谷5升
丙	10石以上至20石	每石收谷7升
丁	20石以上至30石	每石收谷9升
戊	30石以上至40石	每石收谷1斗1升
己	40石以上至50石	每石收谷1斗3升
庚	50石以上至60石	每石收谷1斗5升
辛	60石以上至70石	每石收谷1斗7升
壬	70石以上至150石	每石收谷1斗8升

注：每石稻谷约重120斤。

赣东北政府1932年的土地税，虽然采取累进法，但累进率还是比较缓和的，最低税率和最高税率的差距也不算大。这是适应农村分田以后的实际情况的。因为分田以后，消灭了地主经济（当然有不彻底的），征收了富农的出租土地，限制了富农的发展，农村各阶级的经济差别已经大大缩小，不需要再采用过高的累进税率了。

4. 关于优待和减免。在1932年土地税征收法中，赣东北政府规定了许多有利于发展农业生产、调动农民积极性的减税免税优待办法，为后来的税收制度发展打下了基础。这些规定，大体上可以归纳为三类：

一是对贫苦农民和红军家属的优待。例如，凡属贫农，应纳税额减收5%，即1石谷减收5升。凡属中农，应纳税额减收2%，即1石谷减收2升。凡属红军医院驻扎地附近各村组织的救护队员，免纳其本人应纳税额。红军、游击队的指挥员、战斗员及红军中其他各工作人员，均免其家庭应纳税额。工人、雇农免其本人应纳税额。赤少队的积极分子应纳的税额，经赣东北赤少队总部审定，报经省苏维埃批准后，也可以免纳。

二是灾害损失减免。这里包括天灾和敌祸两个方面。税法规定：凡因水旱灾，致使收成减少或完全无收者，经县苏财委会调查报告，省苏财委会核准，得减税或免税；凡被白军扰乱，以至田地荒废或田禾受残害者，均得请求县苏财委会调查确实报告省苏财委核准，酌量情形准予免税或减税。这些规定虽然比较原则，但充分体现了政府对农业生产、农民的关心和照顾。

三是开荒优待照顾。赣东北的荒地很多，为了发展农业生产，鼓励开荒，税法中明确规定当年垦出的荒田免税。

5. 关于征收。土地税分两期征收。早田税在9月以前征完，晚田税在11月以前征完。旱地税随晚田税一次收清。水田税征谷，旱地税征大洋，由各县苏财委会指定的土地税征地委员，协同各苏区政府征收。土地税征收的粮食中，提出2/10，以区为单位按照需要分给各村作为斗争经费；其余8/10，仍保存于各村，为省苏财委会的存谷。

1933年7月1日，闽浙赣省苏维埃政府颁布了《闽浙赣省苏维埃政府土地税征收法》。这个征收法是在赣东北省土地税征收法的基础上修订的。修订的主要点有：

1. 提高了税率，每石产量增收半升谷。这是为满足红军吃粮的需要增加的。当时,敌人已发动第四次"围剿",经费需要增加,红军发展到 5 万人,吃米一天天增多,苏区政府不得不多征一点。但是同 1931 年比较,税率仍然没有提高。为了便于了解,这里把修订后的税率同前两年的税率进行比较(见表 1-16)。

表 1-16

税级	农户全年收谷数	1931 年征收数	1932 年征收数	1933 年征收数
甲	5 石以下	免 税	免 税	免 税
乙	5 石以上至 10 石	每石收谷 6 升	每石收谷 5 升	每石收谷 5 升半
丙	11 石以上至 20 石	每石收谷 8 升	每石收谷 7 升	每石收谷 7 升半
丁	21 石以上至 30 石	每石收谷 1 斗	每石收谷 9 升	每石收谷 9 升半
戊	31 石以上至 40 石	每石收谷 1 斗 2 升	每石收谷 1 斗 1 升	每石收谷 1 斗 1 升半
己	41 石以上至 50 石	每石收谷 1 斗 4 升	每石收谷 1 斗 3 升	每石收谷 1 斗 3 升半
庚	51 石以上至 60 石	每石收谷 1 斗 6 升	每石收谷 1 斗 5 升	每石收谷 1 斗 5 升半
辛	61 石以上至 70 石	每石收谷 1 斗 8 升	每石收谷 1 斗 7 升	每石收谷 1 斗 7 升半
壬	71 石以上至 150 石	每石收谷 2 斗	每石收谷 1 斗 8 升	每石收谷 1 斗 9 升半

注:每石谷重为 120 斤。

2. 村斗争经费改为财政拨款。1932 年土地税法规定:从土地税中抽 2/10,以区为单位,分给各村作斗争经费;其余 8/10 存于各村,为省苏财政部存谷。1933 年取消了这一规定,不扣除斗争经费,全部归省财政部,各乡斗争经费由省苏财政部另行发给。这样,过去有些乡村浪费土地税谷的毛病就免除了,同时也不妨碍斗争。

3. 进一步扩大了优待减免。1933 年的土地税法规定,红军除本人及其父母妻子免税外,红军的无劳动力的弟妹一样免税。不但红军免税,红军医院的工作人员,也同红军一样免税。工人、雇农除本人免税外,其妻子成分是中贫农的,也按照中贫农的规定,减应纳税的 3%。1932 年规定,贫农减税 5%,中农减税 2%。为了进一步巩固贫农与中农的联盟,1933 年规定,贫农中农一样地减税谷 3%。此外,为了奖励群众开垦荒田荒地,规定雇农、贫农、中农开垦的荒田荒地,免收土地税三年,富农亦免收一年;为了鼓励群众在旱田旱地种植棉花,解决被敌抢劫和焚烧后缺乏寒衣被子的困难,规定种棉花的土地,完全免收土地税。所有这些优待减免,对于促进生产,调动农民的积极性,都起到了较好的作用。

1934年,敌人发动了第五次"围剿",闽浙赣根据地的处境很困难,红军的给养只能依靠原来的积蓄勉强维持。土地税的征收,由于敌人的进犯,也就无法进行了。

二、湘赣根据地的农民负担和税收制度

(一)湘赣根据地的形成

湘赣革命根据地,是在毛泽东等创建的井冈山根据地的基础上恢复和发展起来的。

1929年初,毛泽东、朱德率领红四军主力部队离开井冈山后,敌军就以泰山压顶之势,向留守的红五军和红四军三十二团疯狂地合围攻击。当时,敌人纠集的兵力有18个团,留守的红军约1个团①。由于敌强我弱,加以部队给养不足,彭德怀、滕代远指挥的红五军经三昼夜激战,在大量消灭敌人有生力量之后被迫突围,留下王佐的部队继续在山上游击。于是,井冈山根据地基本上被敌人占领。

红五军突围撤离井冈山以后,转战赣南,并攻克了于都城。当时,部队仅剩300余人②。1929年6月,红五军奉命转回井冈山,使陷入魔手达4个月之久的湘赣边区,重新得到了恢复。

从此,红五军活跃在北起阳新、大冶,南到广东的南雄、仁化,沿着湘鄂赣边的广大区域,同敌人进行数十次激烈的战斗。在不长的时间里,井冈山根据地迅速扩大,从罗霄山脉中段不断向南北延伸,扩展成一块红色区域,同毛委员、朱军长领导的红四军在闽西、赣南新开辟的根据地遥相呼应。通过一年多的艰苦卓绝的斗争,不仅根据地扩大了,而且红军也迅速壮大,于1930年6月成立了由五军、八军、十六军组成的红三军团③。

1931年8月,根据中共中央及苏区中央局的决定,将西路分委、湘东南分委、北路支分委和南路支分委合并组成湘赣边临时省委。10

---

① 黄克诚:《丹心照日月,刚正垂千秋》,《人民日报》,1979年1月3日。
② 同①。
③ 李寿轩:《红五军的艰难岁月》,《人民日报》,1981年6月15日。

月8日至15日，在莲花县圹村召开了第一次省党代表大会，正式成立中共湘赣省委。同年10月17日至25日，召开了第一次工农代表大会，正式成立湘赣省工农民主政府。这是湘赣根据地发展的盛期。这个时候，根据地的范围包括赣江以西，袁州冈以南，大庚以北，攸县、酃县以东地区，共计有14个县、43个区、525个乡，人口80余万，中心区为永新、莲花、宁冈等县。

以后，随着国民党军队发动的第四次、第五次"围剿"和王明路线的干扰，湘赣根据地的形势不断恶化。1932年10月，湘鄂赣边红十六军在强敌压迫下，南下转入湘赣根据地，与红八军合编为红六军团。1934年8月5日，红六军团根据中共中央和军委的决定，被迫长征。从此，湘赣根据地全部丧失，只留下少数红军游击队继续坚持游击战争。

（二）湘赣根据地的税收制度和税收负担

1931年湘赣省工农政府成立以前，根据地农民基本上没有税收负担，有些地方虽然制定了简单的土地税制度，也没有征收。主要是各地政府不了解税收在财政上的经常作用，不注意积极发展苏区经济，专门靠打土豪过日子。这种片面的做法，在较长一段时间里曾破坏了根据地的经济建设和财政建设。

1932年11月，中共湘赣省委召开第二次代表大会。大会严厉批评了"省苏党团不注意切实建立财政部工作，专靠打土豪罚款，没有计划筹措革命战争费用"的错误，指出"苏维埃必须坚决整顿税收，要以税收为国家财政的主要来源，积极征收农业税，实行征收营业税、山林税和店租"[①]。从此，税收工作才普遍开展起来。

湘赣根据地的税收，主要是土地税、营业税和关税三种。山林税、店租等只在局部地区征收。

关于土地税的征收，1932年度执行《湘赣苏区土地和商业累进税暂行征收条例》和《湘赣省苏维埃财政部土地税征收细则》[②]。条例规

---

① 《苏维埃问题决议案》（中共湘赣省第二次全体代表大会1932年11月13日通过），载《湘赣革命根据地史料选编》（下册），江西人民出版社1984年出版，第46—47页。

② 《湘赣苏区土地和商业累进税暂行征收条例》于1932年1月6日颁布，《湘赣省苏维埃财政部土地税征收细则》于1932年8月30日制定。

定，土地税向富裕的农民征收。具体来说，就是向每人平均年收获量在 600 斤以上稻谷的农户征收，对参加红军的革命战士及每人平均收获量不到 600 斤稻谷的农户，不予征收。计税的范围只限于粮食产量，计税的依据是当年的实际收获量。由乡苏维埃政府召集工农兵代表大会或群众大会，选举有威信的贫苦农民 5—7 人组成税收委员会，负责办理征收和监督调查各户自报产量的情况。如发现隐瞒不报或以多报少的，按累进税惩罚条例惩罚。除了粮食产量统一征税外，菜油、苎麻、纸张、木材、樟脑油、茶叶等大宗农产品，原则上也要征税。征税办法由各县或直属区苏维埃政府另定极轻之税则，经省批准后征收累进税。其余农副产品则一律免税。

土地累进税以户口为单位，除去一年全家食用外，将所剩余干谷按百分率累进计算。"一年全家食用量"，是按人口计算的，政府统一规定每人全年的食用标准量为 600 斤干谷。如全家为四口，则全家扣除 2400 斤稻谷的食用量后，按剩余部分的产量再征税。具体税率是按全家总剩余量的多少分级全额累进的。全家总剩余量在 100 斤以上至 200 斤以下，税率为 10%。以后依次按每增加剩余量 100 斤，增加税率 1.5%。没有最高税率的限制。具体税率如表 1-17 所示。

表 1-17

全家总剩余量（稻谷）	税　率	实收税
100 斤以上至 200 斤以下的	10%	10 斤
200 斤以上至 300 斤以下的	11.5%	23 斤
300 斤以上至 400 斤以下的	13%	39 斤
400 斤以上至 500 斤以下的	14.5%	58 斤
500 斤以上至 600 斤以下的	16%	80 斤
600 斤以上至 700 斤以下的	17.5%	105 斤
700 斤以上至 800 斤以下的	19%	133 斤
800 斤以上至 900 斤以下的	20.5%	164 斤
900 斤以上至 1000 斤以下的	22%	198 斤

1000 斤以上，每 100 斤增加 1.5% 税率，税率照推。

土地税征收以年为一期，每年秋收后，由当地政府定期号召农民自动缴纳，最迟不得超过12月份。农民交纳粮食也可，自愿折成银币交纳也可。征收的税额，七成作为红军（包括政府）食用，三成作为教育经费等地方公益事业开支。除了征收土地累进税外，不征另外的附加。

按照这套土地累进税制度征收，农民的负担怎样呢？根据有关材料分析，农民的负担面是比较窄的，负担水平是比较低的。道理很简单：一是根据地的农村经济不发达，富裕农户并不很多；二是规定的免征额（600斤稻谷）比较高，就剩余部分征税，实际负担率是不会高的。如果把免征额和剩余产量加在一起，推算实际总产量，然后同税率表中规定的实收税额比较，以三口之家为例，实际负担比例如表1-18所示。

表1-18

分 类	推算实际产量（按三口计）	实收税（斤）	收税占实际产量的比例（％）
全家剩余量100斤的户	1900	10	0.53
全家剩余量500斤的户	2300	80	3.48
全家剩余量1000斤的户	2800	235	8.39
全家剩余量1500斤的户	3300	465	14.09
全家剩余量2000斤的户	3800	770	20.26

从表1-18可以看出，当时的中农，一般的负担不会超过10%，就是比较富裕的农民，例如富农，负担率也在20%左右。

1933年度起，湘赣根据地执行中央政府修改后的暂行税则，农民的土地税负担有所增加，富农的负担增加较多。

商业累进税（即营业税）的征收，也是1932年执行湘赣区制定的税收制度，1933年以后执行中央政府修改后的统一税则。

1932年《湘赣区土地和商业累进税暂行征收条例》规定：经营茶油、食盐、洋火、药材等必需品的商店，一律免税；经营普通品或奢侈品的商店，按照资本之多少，以50元为起征点，分别定税率征收。

商业累进税，农民负担者甚少。因为农民多是做小买卖的，资本达不到起征点，得到了政府免税的照顾。

（三）湘赣根据地的其他经济负担

湘赣根据地在第四次、第五次反"围剿"过程中，财政困难逐渐增大，虽然政府转变了经济政策，加强了税款的征收，仍然不解决问题。在这种情况下，根据地政府根据中央政府的指示精神，广泛开展了临时性的经济突击动员。动员的办法有五种：

第一，在查田运动中筹款。1932年秋，省苏维埃在九县查田大会上决定全省范围内向地主罚款、富农捐款40万元。大部分县建立了筹款工作团及没收委员会。年底，全省筹得2万元。1933年12月，省苏维埃政府要求各地深入开展查田运动，在年底前完成筹款40万元的一半，1934年1月完成8/10，至2月底前全部完成。这项筹款虽然得到不少的收入，但在对待富农的政策上是有错误的。

第二，发行公债。1933年，湘赣苏区连续发行三次公债：1933年1月1日发行"革命战争公债"国币8万元，一个月即完成11万多元；7月1日，发行"第二期战争公债"国币15万元；10月22日，发行"经济建设公债"20万元。这几次公债，虽经多方动员，均未完成。第一期公债，群众除用作抵交土地税、商业税外，剩下的3万元经政府动员，又退还给政府作了红军战费。第二期、第三期公债，随着军事形势的恶化，红军被迫撤离，政府亦未还本付息。

第三，收集粮食。1933年7月，为粉碎敌人的第五次"围剿"，省苏维埃政府号召每个群众储藏20斤谷子供给红军作战费。1933年4月突击动员收集粮食的运动中，全省动员的粮食有2万担[①]。在此以前，即1932年5月，中共湘赣省委还动员群众，开展了"由群众贱卖5斤谷子给红军和每个党团员卖给红军10斤谷子的运动"[②]。

第四，慰劳红军。慰劳的形式是多种多样的，单是军鞋一项，1932年7月至9月三个月内，全省做了11万双以上的鞋子；1932年

[①]《湘赣革命根据地史料选编》（下册），江西人民出版社1984年出版，第358—359页。
[②]《湘赣革命根据地史料选编》（上册），江西人民出版社1984年出版，第420页。

12月到1933年1月,各县妇女书记联席会议上确定做布鞋4万双,草鞋6万双;省优红联席会议通过,1933年8月23日至9月11日为慰劳红军运动周,分配各县打草鞋4万双,做布鞋3万双,要求最低限度每5个男人送一双草鞋,每5个女人送一双布鞋。

第五,互济会募捐。革命互济会是根据地的革命群众组织。它的任务是:救济被难的革命战士及其家属,鼓励群众提高革命的情绪和斗争的勇气;组织广大的革命群众和同情于革命的群众,在革命斗争中互相鼓励和救济。全省参加互济会的会员,1931年11月为5万人,1932年7月为15万人,1933年1月达17万余人。各级互济会均设有救护队和募捐队。募来的款项和衣物,用来救济红军烈属和难民。湘赣全省难民,约2万人上下。这些难民的日常供给,都由各县互济会负责维持,老弱的每人每天发伙食费100文,其余有生产能力的分配各地按照其职业参加生产。1932年5、6月,募集的捐款有2500多吊,折合大洋800余元①。1933年,在敌人严厉进攻下,被白军占领的和失败区域的赤色难民增至3万人,全省群众积极募助现款、谷子、衣服、被窝予以安置。全省举行过救济茶陵难民、湘鄂赣难民及援助白区灾民等三次大的募捐运动,并举行过援助红军运动。特别是送衣运动收到了大的成绩,有几个县的群众自动做衣,全省统计,收集的衣服裤子共5540多件②。

上述五种临时动员措施,对于保障战争的供给,起了应急的作用。但是,这些措施,无论是钱、粮还是物,绝大部分是农民拿出来的,都构成农民的负担。在第四、第五次反"围剿"过程中,农民的其他经济负担是多于农民的税收负担的。

---

① 《中共湘赣省委关于三个月工作竞赛条约给中央局的总报告》(1932年7月17日),载《湘赣革命根据地史料选编》(上册),江西人民出版社1984年出版,第460页。
② 《中共湘赣省委报告》(1933年2月1日),载《湘赣革命根据地史料选编》(下册),江西人民出版社1984年出版,第288页。

第六节　湘鄂赣、湘鄂西和湘鄂川黔根据地的农民负担

一、湘鄂赣根据地的累进税和财政支持生产的一些措施

（一）湘鄂赣根据地的建立

湘鄂赣革命根据地处于湖南、湖北、江西三省边界，由湘东、赣西、鄂东南三小块红色区域组成。

著名的平江起义是湘鄂赣根据地建立的起点。在平江起义胜利的影响下，湖南的浏阳、醴陵、岳阳，湖北的通城、通山、崇阳，江西的修水、铜鼓、万载、萍乡等县的农民，纷纷起来暴动，建立了工农武装和革命政权。1929年3月，平江、浏阳、修水、铜鼓、万载五县党组织在江西修水台庄举行联席会议，正式成立湘鄂赣边区特委。会后，成立了湘鄂赣暴动委员会，不久改名湘鄂赣边区革命委员会。

1929年6月，从湘赣根据地返回平江的红五军第五纵队向北挺进，前往鄂东南地区开展武装斗争，开辟鄂东南根据地。随着鄂东南根据地的建立，湘鄂赣边区进一步扩大。到1930年上半年，三小块红色区域虽然还被敌人分割，但加在一起，已拥有18个县。1930年7月下旬，红军打开长沙，建立了湖南省工农兵苏维埃政府。

1930年秋至1934年秋，蒋介石先后发动了五次大规模的"围剿"。敌人的主要矛头是对着中央根据地的，而地处中央根据地侧翼的湘鄂赣根据地，也展开了"围剿"和反"围剿"的激烈斗争。前三次反"围剿"胜利后，湘鄂赣根据地进一步扩大，湘东、赣西基本连成一片，鄂东南苏区的分割局面已大有好转。1931年9月，中共湘鄂赣省委在浏阳成立。10月，湘鄂赣省苏维埃政府在平江成立（同时撤销湖南省苏维埃政府）。从第四次反"围剿"开始，斗争不断失利，苏区迅速缩小，主力红军亦被迫撤离。到1934年，湘鄂赣边界只留下

红十六师在坚持游击战争（1937年该师1000多人参加新四军）。

湘鄂赣根据地从建立到丧失，始终处于被敌人分割、包围、封锁的环境，整个根据地基本上属于游击区，没有巩固的中心区。因此，红军作战流动性很大，苏维埃政权也不很巩固，为保障红军给养的筹粮筹款工作也很艰巨。

（二）湘鄂赣根据地的累进税

1929年中共湘鄂赣特委就提出，解决红军物质供应上的困难，出路在于节流、辟源和通融①。当时讲的"辟源"，一是向白色区域开辟经济来源，二是在赤色区域内征税。

这一年，有些地方向农民征收了农业税。平江征收25%，铜鼓征收15%，铜三区有征40%的。浏阳秋收斗争胜利后，贫农免收，对中农抗租所得利益征收15%，对富农征收25%②。其余的地方，仍然完全靠打土豪取得收入。

湖南省工农兵苏维埃政府成立后，鉴于红军扩大和政权建设需要的经费增加，赤色区域里的豪绅资产阶级已经绝迹，苏维埃政府决定实行征收保障贫苦群众利益的统一累进税，并于1930年9月颁布了累进税征收条例。

累进税分两种：一为土地税，二为商业税。

累进税根据纳税人所获收入或拥有资本多少征收。如果纳税人的收入或财产仅够一年衣食住之需要而没有盈余，苏维埃不收税。征收标准，土地税从6担谷以上起征，商业税从50元资本以上起征。在6担谷或50元资本以下的人民，政府估量他只够衣食住之所需，政府规定不要他们尽纳税的义务。

土地税以2%至25%为征收率。每人收谷6石的（规定90斤为1石），收2%；每人收谷7石的，收3%；每人收谷8石的，收5%；每人收谷9石的，收8%；每人收谷10石的，收12%；每人收谷11石的，收16%；每人收谷12石的，收21%；每人收谷12石以上的，累进到25%为止。土地税以稻谷为计税标准，其余农业生产品，每年均

---

① 《特委通知》（第四号），1929年9月25日。
② 王首道：《中共湘鄂赣边特委工作报告》（第四号），1929年12月2日。

以一次收入，照谷价折扣计算，合并征收。

商业税以5%至25%为征收率。资本50元征收5%，100元征收7.5%，200元征收15%，300元征收20%，400元征收25%，400元以上均按25%征收。

湖南省苏维埃政府的累进税征收条例颁发后，各地都拥护，许多地方都按照条例的规定征了税。万载县在执行中，把土地税改按每人受田多少分九级累进征收，每人受田4石者起码征收，最低税率2%，最高税率25%。

1931年11月28日《中华苏维埃共和国暂行税则》颁布后，湘鄂赣根据地根据这个税则的原则精神作了具体规定。1931年12月13日鄂东南办事处制定了本地区的累进税则，对农业累进税和商业累进税分别作了规定。

农业累进税以每人分田时估计的生产数量为征收标准。富农2石、中农4石、贫农5石为起码征收的标准。分配农民之旱地，折算成水田统一计算，出产五担茹当1石谷田，出产3斛玉芦当1石谷田，出产头麻20斤当1石谷田（二麻、三麻不收税）。税率分9级，最低2%，最高25%。出租土地，一律按照税率缴纳累进税。

商业累进税仍以50元资本为征收标准，以4%至25%为征收率（分12级），每年分四季征收。

1933年，鄂东南地区的农业税，改按剩余粮食多少累进计征。就是农民把每年生产的粮食，除口粮外，余下的部分按累进税的办法交给苏维埃政府。征收办法是：每人平均扣除500斤口粮，如果农户每人平均粮食总收入只有500斤，刚够口粮，则免征；每人平均粮食总收入600斤的户，征100斤，收入800斤的征300斤，以此类推。这种办法，同苏联的余粮征集制相类似。

但是，各县并没有完全按这种办法执行。例如，大冶县1933年实行的是按田数多少分等定额征收的办法。

第一级　1—5斗田的户，每斗田征税5升；

第二级　5—10斗田的户，每斗田征税1斗；

第三级　10—15斗田的户，每斗田征税1.5斗。

这种办法，计算简单，负担也低。如按当时每斗田产谷2担计算，则最低的负担率为2.5%，最高也不过7.5%。

（三）三种公田及耕种办法

湘鄂赣根据地在土地革命过程中，把没收的土地留出一部分作为公有地。公有地分三种：一为红军公田，是分给外籍红军战士及残废战士的；二为教育公田，是用于解决学校经费的；三为公益事业公田，是用于解决乡村桥梁、道路、渡船等公共事业用费的。

三种公田的留量，各地不一。平江县的红军公田每乡留4至5亩，学校公田数有多有少。大冶县规定：红军公田，各区须留5石，大冶五、六两区除每村留1斗外，苏区应在分配剩余的土地时提留1石；文化事业田，每堂红色学校应留田1石，大冶五、六两区在分配剩余土地时，提留70石；公共事业经费公田，各区应留15石以上、20石以下，大冶五、六区在分配剩余的土地时，提留25石①。据阳新县的材料统计，该县九个区共留红军公田35石，学校公田445石，公益事业公田77石；平均计算，每个初级小学留教育经费公田1石②。万载县保留的教育公田，一区3000石，二区2000石，三区500石，四区600石，五区1200石，共7300石③。

三种公田，均由群众耕种。红军公田，一般由耕田队、割禾队代耕代种。教育公田和公益事业公田一般由农民共耕，也有出租给农民耕种的。收获的谷子，据《湘鄂赣省鄂东南苏维埃政府通知》（1932年8月6日）规定：如系群众共耕的，完全归公家所有，乡苏维埃设法收割，妥为保存；如系租给群众耕种的，照四六收租（即收谷1石公家得4斗，耕种人得6斗，但富农耕种的每石归公家得6斗）。

三种公田制度，是湘鄂赣根据地解决社会文教福利事业支出的具有特色的措施。这种措施，直接地体现了革命根据地财政的本质。当然，从负担的角度看，它是农民一种不算轻的劳力负担。

---

① 《大冶县工农兵苏维埃政府各部委员会决议案》，1932年1月6日。
② 根据《阳新县第三次全体执委会议土地问题决议》上所列数字计算，1931年12月5日。
③ 《万载县第一次执委扩大会议文化决议案》，1931年12月。

(四）财政税收支持生产发展的一些措施

湘鄂赣根据地的农村经济很落后。土地革命前期，随着"四抗"斗争的开展，农民不向地主交租，生活有部分的改善；但由于敌军骚扰，仍有田地荒芜、农民失业的现象发生。为了支持农民恢复和发展生产，苏维埃政府除了开展土地改革外，还采取了多方面的措施。财政税收工作对恢复和发展生产的各种措施，都给予积极的支持。

首先是奖励垦荒。1932年湘鄂赣省苏维埃政府决定把赤色区域内的荒地以出租的形式进行开垦（当时土地所有权属国有），并且规定：雇农、贫农、中农、红军烈属租种的，若干年内不收租，不收土地税；雇、贫、中农租不完的可租给富农耕种，看量减租或减税，减免年限比贫农中农短。鄂东南地区还进一步规定：各地的荒山、荒地及湖坪等处，苏维埃号召群众尽量开辟，谁人开辟即归谁人所有，3年内免交累进税，使苏区内无一片荒土，无一个闲人。

其次是支持农田水利建设。苏维埃政府比较注意领导农民改良水利，修筑堤岸塘堰。鄂东南各县规定，群众修理的工程过大的，苏维埃政府补助一部分材料费。阳新县规定，修堰清淤所需的经费，由群众募捐一部分，特别是富农募捐，不足部分，由政府拨给。

再次是奖励造林。这是湘鄂赣根据地支持生产最突出的措施。湖南、江西交界地带，森林资源比较丰富，一部分群众不了解保护森林资源是工农群众自己永远的利益，不分公有、私有任意砍伐，甚至把许多有用之林木析为薪柴。1932年6月，湘鄂赣省苏维埃政府制定了《培植森林暂行条例》。条例规定，各地的保安林，非经管理机关批准，不得樵采；并且规定，个人或合作社（贫雇中农）愿承领荒芜山地造林者，得免5年以上、20年以内租税，富农承领荒地造林，得免4年以上、15年以内的租税。群众承领不完的荒芜山地，也可租给豪绅地主的家属造林，并免3年以上、10年以内的租税。

此外，工农银行还在每年春季给贫农、中农贷款，帮助他们发展农业生产。

二、湘鄂西根据地的公益费和水利借券

（一）湘鄂西根据地的建立

湘鄂西革命根据地由洪湖、湘鄂边、襄枣宜边、鄂西北（房县、保康）、巴兴归（巴东、兴山、秭归）等五小块根据地组成。

1927年12月，中共中央委派贺龙、周逸群组织前敌委员会，开辟湘鄂西根据地。贺龙等于1928年1月到达洪湖，统一了地方党领导的几支游击队，组织发动了华容、石首、南县、安乡、监利等地的年关斗争。很快，部队发展到1000多人，为洪湖地区的武装斗争打下了初步基础。

为继续发展革命力量，贺龙、周逸群等决定从洪湖转移至湘鄂边开展工作。1928年3月，贺龙到达湘西桑植县洪家关，改编了部分地方武装，建立起湘鄂边前敌委员会，随即占领了桑植县城，建立了县苏维埃和县委。之后，周逸群回到宜昌、沙市一带组织中共鄂西特委，继续领导荆江两岸的革命斗争；贺龙带领少数部队转移到桑植、鹤峰边境坚持游击战争。

1929年，湘鄂边和洪湖地区的革命斗争均有很大的进展。贺龙带领的部队发展到5000余人（改编为红四军），开辟了以鹤峰（包括今巴东南部、恩施、宣恩等部分地区）为中心，包括五峰、长阳、桑植、石门在内的湘鄂边革命根据地。周逸群率领的部队与地方游击队结合组成红六军，进一步巩固和扩大了洪湖革命根据地。年底，长江、汉水之间，除沙市、监利尚有敌人盘踞外，洪湖周围广大农村均为红军所控制，沔阳、潜江、监利、石首、江陵等县还建立了县苏维埃政府。

1930年春，根据中共中央指示，湘鄂边根据地留下独立团和游击队坚持斗争，红四军东下洪湖地区与红六军会师。7月初，红四、六军在公安胜利会师，合编为红二军团（红四军改称红二军），两个军共达1万多人。红二军团组成后不久，接连解放了汉水北岸的天门、皂市、应城、京山、安陆等城镇，开辟了襄北根据地。至1930年7月底，在鄂西区、湘鄂边两大区内，原来的白点大部分拔除了，被分割成若干块的根据地，已经连成一片。这样，鄂西地（后来又称湘鄂西区）有荆门、钟

祥、潜江、京山、天门、江陵、石首、监利、沔阳、汉川、华容、南县、公安等13个县，湘鄂边有鹤峰、桑植、五峰、石门、长阳、恩施等6个县。两大块根据地共有19个县建立了苏维埃政权，红二军团发展为3万人。此外，湘鄂边、汉川各有一个独立师，各县都有游击队。

在洪湖、湘鄂边两块根据地建立的同时，1928年2月（旧历），中共鄂西党组织领导的游击队攻克巴东县城，建立了巴东县人民委员会。以后，革命斗争扩大到秭归、兴山、巴东三县，并组成了红军鄂西游击大队。1930年3月粉碎敌军"围剿"后，成立归兴巴苏维埃政府，鄂西又打了一小块红色区域（归兴巴根据地）。

鄂北的襄（阳）、枣（阳）、宜（城）、钟（祥）、随（县）五县边界地区，1929年冬也开展了武装斗争。1931年底，在中共鄂北分区特委领导下，建立了中共襄、枣县委和两个县苏维埃政府，人口约70万。

1930年8月，红二军团奉命离开洪湖根据地，攻打长沙失利后，被迫向湘鄂边老苏区鹤峰转移，并于1931年5月，经巴东北上，进入鄂西北。红军在这一带发动群众，又建立了以保康、房县、均县、谷城为中心的武当山根据地（即鄂西北根据地）。

以上五小块红色区域，除洪湖根据地比较稳固外，其余均处于游击状态。洪湖根据地自红二军团调走后，失去主要的战斗力，在敌人发动的第一、二次"围剿"时，几乎全部丧失，到1931年春，才得到恢复。1931年10月，移往鄂西北根据地的红三军（由红二军团缩编组成）重回洪湖根据地，加强了反"围剿"斗争的力量，粉碎了敌人的第三次"围剿"，苏区又有了很大的发展。至1932年1月，湘鄂西省辖的苏区，包括沔阳、监利、汉川、潜江、江陵、石首（包括华容）、汉阳、天门、京山、钟祥、荆门、当阳、应城、云梦、孝感和湘鄂边的桑植、鹤峰、五峰、长阳、石门等共20个县，苏区人口达300余万，红军正规军达3万人。

1932年6月，国民党部队向湘鄂西根据地发动了第四次"围剿"。9月，红三军被迫退出洪湖根据地。

湘鄂西根据地在建立和坚持斗争的五年中，环境很恶劣，斗争很艰苦。虽然有湘鄂西特委和湘鄂西省苏维埃政府的统一领导，但实际上各个小块根据地都是独立在战斗。红军东西南北转战,处境困难,生活也很艰苦。

(二) 湘鄂西根据地的公益费

在根据地建立初期,红军的供给主要靠打土豪,没收地主阶级和反革命分子的钱粮来解决。"部队没有自己的伙食单位,住在哪家就和哪家老乡一起吃饭,每人每顿饭给老乡6个铜元作为伙食费。部队穿的衣服都是打土豪没收来的,鞋子、草鞋是群众给我们做的。他们除了多一件武器之外,简直就和农民没有什么区别。"①

在根据地的苏维埃政权建立后,逐步建立了税收制度,到土地革命后期,税收乃成为供给的主要来源。

湘鄂西根据地的税收称公益费。意思是:大家要谋公共利益就要大家尽公共的义务,在使用公共土地的权利方面,和使用公共商场的权利方面,尽一点义务,出一点相当的费,这个费就是公益费。

1930年9月初,湘鄂西苏维埃政府颁布了《征收公益费条例》。条例规定:农民出费以收入为标准,按土地的肥瘦,分上田下田两等。上田10亩以上抽10%,25亩以上抽15%,40亩以上抽30%;下田15亩以上抽10%,30亩以上抽15%,60亩以上抽30%。每年在秋收时抽收,商人照本抽收,以100元为起码,100元至300元的抽15%,300元至600元的抽20%,600元至1000元的抽30%,1000元以上的抽40%,每年于5、8、12月分三次抽收。

公益费条例公布的当年,许多地方并没有执行,红军的给养仍靠打土豪来解决。1931年洪湖苏区遭受特大水灾,群众生活特别困难,土地税未能征收。在战争紧急、部队缺粮的情况下,除没收地主富农粮食充作军粮之外,还向农民动员拥红交粮。这个号召,得到苏区广大农民的热烈响应,仅两次拥红收入就收到粮食约5000石。另有一次提出向农民借粮3000石的计划,实际没有完成。

1932年,湘鄂西苏维埃政府规定征收三种税,即土地税、营业税和海关税②。

---

① 许光达(遗作):《洪湖红色根据地是怎样建立起来的》,《人民日报》,1978年7月14日。
② 《湘鄂西省苏维埃的工作》(1932年2月25日),《红旗周报》第10期。

土地税，按田亩的收获量与农民的阶层收税，以全年计算，分春秋两季交纳。具体征收税率如表1-19所示。

表1-19

成　分	征收起码（元）	税率
富　农	100	15%
中　农	100	5%
贫　农	100	3%或免税

营业税分行商、坐商两种。坐商以货物与流通资本为标准，征收累进税；行商以流通资本与采办货物的总价征收统一的关税，出口入口均以30元起码，征收1%。经过苏区的白区商人，资本在5000元以上者，关税须根据营业税的累进税比例征收。为使白区粮食源源运进苏区，免收粮食进口税。

1932年，财政更加困难。据1932年湘鄂西省委报告[①]，以省级计算，除红三军外，后方党团苏各机关及直属单位、军事企业等，有1万人左右吃饭，加上各项开支，每月预计要8万—10万元。每月除正常收入1万多元外，其余要靠打土豪、没收和临时摊派等办法来解决。

为了保证战争供给，苏区政府一方面采取各种办法加紧筹粮筹款，一方面紧缩开支，厉行节约。如汉川红军游击队，原来每人每月发生活费15元，后减到7元；江、监、沔、潜等县和红三军，以及伤病残废战士，只按每月6元的生活费吃饭。机关工作人员只吃饭，不另发零用钱。

（三）湘鄂西根据地的水利借券

1931年，湘鄂西根据地遭受严重的水灾。洪湖苏区、长江汉水沿岸堤防倒塌严重，加上敌人破坏、挖堤放水，被洪水冲坏的土地面积有1000多平方里[②]。鄂西各县受灾区域约200平方里，灾民约5万人[③]。

---

① 1932年12月19日《中共湘鄂西省委关于湘鄂西具体情形的报告》，湖北省档案馆材料。
② 张德回忆，1982年6月3日，湖北省财政厅研究室访问资料。
③ 《宜昌县委给中央的报告》，1931年12月10日。

沔阳被淹田亩 8/10，汉川 8/10，松滋 4/10①。

特大的水灾，使苏区经济遭受严重的打击。水灾的结果：一是带来军事上的困难；二是粮食万分困难，群众有 70% 逃荒在外，一部分群众在苏区没有饭吃；三是没有农产品运出去，盐、布、药、军用品要到白区购买，耕牛、耕具、种子损失严重，群众无力恢复生产。

水灾过后，中共湘鄂西省委和苏维埃政府为了恢复农业生产，大力领导了修堤抗灾斗争。采取的措施有：

第一，动员群众自愿修堤。政府规定，各地垸堤由群众自己修复。江堤溃口，动员广大群众自带伙食，自愿劳动来修复。党政机关人员和红军均以礼拜六的方式参加修堤。在政府号召下，四港地区每天就有一二万群众自备伙食修堤，一个月内完成几十万方土的工程，修起的新堤比老堤还宽 1/4。沔阳县，一年内完成了东荆河堤、红军坝和其他许多工程。

第二，对敌人占领区域和赤白交界的堤，苏维埃则加紧动员群众特别是白区群众反抗国民党官厅鲸吞堤款，加紧白军士兵工作，为实现修堤而斗争。对于敌人已开工的工程，则组织群众打入修堤，扩大苏维埃的影响。

第三，发行水利借券，筹集修堤经费。据湘鄂西省委估计，沿长江、襄河堤工修筑费共计需要 250 万元。由于经费不足，除动员民力外，苏维埃政府发行 30 多万元水利借券，分配给县乡摊作经费。同时，各级政府在每月全部收入中抽出 3/10 用于修堤②。

水利借券推销的主要对象是苏区、白区的商人、富农以及热心水利建设者。可以按自己的力量自愿承借。借券是无息的，可以抵交下年的土地税。借券与借据性质相同，能出售，但不能购置货物。从实质上看，水利借券是类似税收的临时负担。

党政军民经过不到一年的努力，基本上完成了修堤筑坝的任务。

---

① 《湘鄂西（中央分局给中央的综合）报告》，1931 年 7 月 26 日。
② 《湘鄂西省委（关于苏维埃工作经验中）的报告》，1932 年 2 月 25 日。

三、湘鄂川黔根据地筹集粮款的情况

湘鄂川黔革命根据地是中国革命处于极端困难的时期创建、形成与发展起来的，它包括湖南的保靖、慈利和鄂西的宣恩、咸丰等县以及鄂川边、川黔边部分地区，以永顺、大庸、龙山、桑植为中心。据不完全统计，湘鄂川黔根据地共建立过9个县革命委员会（或苏维埃政府），51个区苏维埃政府（或革命委员会），230多个乡苏维埃政府①。

这个根据地不巩固，部队被动性很大，几乎天天打仗，正如贺老总所讲的，"我们的根据地在脚板上"。这个特点，决定红军的给养、筹集粮食和款子的方式，不可能正规化、制度化。

筹集革命战争经费的主要手段是战场缴获，打土豪，向富农捐款，向商人筹款。有的地方也搞过商业累进税，按商行资本多少筹集，但没有建立正式的税收制度。当时，用这些手段取得的收入是可观的。1934年11月到1935年11月的一年里，仅大庸县城工商户上交的筹款就有3.5万多元。

粮食的取得是多方面的。起先是靠打土豪取得。1934年10月红六军团与红三军会师后，部队增多，粮食很紧张。1935年1月25日湘鄂川黔省委发出《为筹足革命战争经费收集粮食统一财政反对贪污浪费给各级党部的指示》，要求各地加紧收集粮食。方法是：一方面，在分田查阶级中，全部没收地主粮食；另一方面，发动群众在解决种子与粮食斗争中，彻底调查地主以前隐藏的或寄存的粮食。没收来的粮食，一部分给当地最贫苦的群众，一部分用于军需。此外，还要从发展游击战争中去白区运一部分粮食回来。

农民分田后收获的粮食，政府基本上没有征税。据一些老同志回忆，只有大庸、桑植等少数地方，农民交过公粮，征收办法很简单，大致是谷1石交1斗。所以，在将近两年的时间里，湘鄂川黔根据地的农民基本上没有负担，少数农民有负担也是很轻的。相反，苏维埃

---

① 《湘鄂川黔革命根据地史稿》，湖南人民出版社1985年出版，第67页。

政府领导的分田斗争,却给农民带来了实际的物质利益。据大庸县6个区71个保统计,有9.5万余人分得了151900余亩土地(约占全县田亩总面积的66%)。打土豪所得的胜利果实有:粮食92万多斤,衣服16400多件,牲畜530多头,猪油21100多斤,银子3300多两,光洋4700多块,纸币5577.4元,农具33600多件。龙山县兴隆区兴坪农民朱少清、张青云一家,原来田无一角,地无一寸,夫妻俩长年给地主蒋家做长工,受尽打骂折磨,两个孩子也因病死去。土改后他俩分到30挑谷子的田,经过精耕细作,秋后得干谷26挑。为了感谢红军,他俩送了6挑谷子慰劳红军①。

湘鄂川黔根据地虽然没有建立正规的财政税收制度,但战争的供给仍然有保证。截至1935年,根据地的财政收入除掉各项开支外,仅红二军团就结余战费215300元(银元),包括黄金130多两和其他一些物资在内。其中,四师有55100多元,五师有10900多元,六师有78400多元,军直有58300多元②。这些结余款,对红军长征提供了极大的帮助。

第七节 左右江、琼崖、陕甘根据地的农民负担

一、左右江根据地的合理负担政策及单一农业累进税制度

(一)百色、龙州起义与左右江根据地创建

左右江革命根据地于1929年12月创建,1930年10月红军主力撤离后丧失,前后只10个月。它是土地革命时期全国15块红色区域中为时最短的一块。

这块红色区域,是在邓小平、张云逸、韦拔群等领导下开辟的。1929年初,中共中央利用蒋桂军阀的矛盾和斗争,派遣了大批共产党

---

① 《湘鄂川黔革命根据地史稿》,湖南人民出版社1985年出版,第57—58页。
② 《湘鄂川黔革命根据地史稿》,湖南人民出版社1985年出版,第77页。

员进入广西政府和军队中发展党的组织。是年夏,又派邓小平为中央代表到南宁,负责广西革命的全面领导工作。9月和10月,趁蒋桂战争爆发后桂军溃败混乱之机,张云逸、邓小平把广西省原驻南宁警备队四大队和教导队一部分(均为张云逸领导的队伍),开到右江的百色县准备武装起义。11月,先缴了田东、田西两县警备队的枪械,部队扩大到四五千人。12月11日,联合当地农民武装,举行了百色起义。在百色起义的同一天,成立了红七军,并在田东县平马镇召开了由工人、农民、士兵和各界代表参加的工农兵代表会议,成立了右江苏维埃政府。在红七军和右江苏维埃政府胜利诞生的鼓舞和推动下,百色、奉议、恩隆、东兰、凤山、凌云、思林、果德、恩阳、向都、镇结等十几个县、镇,相继成立了苏维埃政权。

1930年2月1日,驻在左江地区的警备队第五大队,在俞作豫的领导下,也胜利地举行了龙州起义,建立了中国工农红军和左江革命委员会,解放了龙州县城。这时,左右江红色区域有20个县,人口100多万,成为当时全国瞩目的革命根据地之一①。

百色起义和龙州起义的革命风暴,沉重打击了国民党反动派的黑暗统治,使桂系军阀大为惊恐。敌人首先以4个团的兵力,袭击龙州。红八军由于内部尚不巩固,在敌众我寡的情况下,尽管进行了英勇抵抗,但不得不放弃龙州。后来,红八军剩下的一部分,辗转进入右江地区,编入了红七军。1930年10月,红七军主力离开右江苏维埃政府所在地田东县平马镇。红军奉命北上后,根据地即丧失。

(二)左右江根据地的筹粮筹款情况

左右江根据地的物质供应比较充裕,军政人员的吃粮和生活费用需要基本上有保障。这除了有某些特殊的财源可利用外,主要是实行了灵活多样而又有效的筹集方式。

百色起义前,起义部队就作了必要的物质准备。当时,张云逸的公开身份是广西警备第四大队长兼南宁警备司令,掌管军械库、金库等要害机关。他运用这一有利条件,把一批现金和军用物资,装上10

---

① 袁任远等:《纪念百色起义》,《人民日报》,1981年12月11日。

多条船，先行运到了右江百色。起义部队到达百色后，立即接收了旧政府的清乡督办公署，掌握了行政权，并控制了一切税收机关。张云逸以"右江督办"的名义，责令各县县长、税务局长将税款迅速全部上缴。这一招便得到银洋几万元①。

龙州起义也是如此。俞作豫以"左江龙州对汛督办"的名义，控制旧税收机关，利用旧的税种，解决了军政费用问题。

红七军、红八军和右江苏维埃政府建立以后，军队和政府都筹粮筹款，并采取了从实际出发的多种多样的筹集方式。

粮食的筹集，一是打土豪，二是征收土地税。右江根据地征收土地税较早。1929年3月，韦拔群在东兰凤山就动手分田，把土地分给愿意耕种的农民，并规定耕者要向农会缴纳一定数额的谷子作为红军的给养，和耕公田一样。1929年12月6日，行动委员会（广西共产党组织的最高临时机构）召开的会议决定：凡成立苏维埃政府地区，即行按人口分田，未成立苏维埃政府地区，实行二五减租；土地按人口分配后，由耕者于收成之后，向政府缴纳总收成15%的土地税。1930年5月1日颁布的《土地法暂行条例》正式规定：征收单一的农业累进税。5月15日《右江苏维埃政府共耕条例》也规定："分配剩余的农产品，完全归苏维埃政府贮积以备不时之需，或作苏维埃政府费及建设公共事业之用。"那时，"在右江已被控制的各县，农民已停止向地主交租，规定农民每年生产的总收获量征收5%的土地税，亦足够红军及政府机关的粮食供应而有余"②。

财政经费的筹集，有没收、征税、捐募等数种形式。

用没收方式取得的财政收入是可观的。例如，龙州起义后的1930年2月11日，左江军事革命委员会组织工农群众包围教堂，没收了潜藏在教堂里的地主豪绅反革命分子随身携带的金银财宝，其中银元一项就有15万元。百色起义后，红七军的一支部队到天等县打土豪赵员外，没收的金银财宝有20多担。1930年5月，红七军攻打贵州榕江

---

① 张云逸回忆：《漫谈广西革命斗争情况材料》，1960年1月13日至3月11日记录稿。广西壮族自治区档案馆保存资料。

② 《龚楚回忆录》，广西财政厅提供的资料。

县,获得没收款 10 多万元,大烟数万两。

右江根据地的税收有两种:一是土地税,用以筹集粮食;二是商业税,用以取得货币收入。商业税开征的税种主要是营业税和物资出入口税。营业税按资本大小征收,资本大的多征,资本小的少征,资本特别小,在 100 元以下的免收。红七军和苏维埃政府比较注意保护正当的工商业者,除有破坏活动的不法资本家外,仍然允许商人做生意。而且,在商业比较繁荣的百色县、田东县保留了旧的税务局。

捐募的方式也是有成效的。捐募的对象有商户,也有农村比较富裕的户。对商人,有时采取商议的方式,有时采取借支的方式,并写有借条。在农村,红军到哪里,就利用哪里的乡、村、甲长发动群众捐款捐粮捐猪捐菜等。有些富裕的农民也自愿捐献一些钱,一般都是捐献 200 毫或 300 毫。

右江根据地持续的时间不长,财粮的供给虽然解决得较好,但财政建设则是薄弱的,财政收支没有计划,对于经济只有破坏而没有建设,很少的一些手工业作坊停顿了,水陆交通受到阻塞,商业逐渐衰退,农村生产也呈疲沓状态[①]。

(三) 右江根据地提出的合理负担政策和办法

1930 年 5 月实行单一农业累进税之前,右江根据地曾经提出了合理负担的政策,并制定了一个《合理负担暂行办法草案》。这个暂行办法草案规定,合理负担的原则为钱多多出,钱少少出,无钱不出。

合理负担的具体做法是先评定负担等级。暂行办法草案规定:地主富农中之特别富有者为特级,一般地主富农为甲级,富裕中农为乙级,中等中农为丙级,下中农为丁级,贫农为戊级,雇农为己级,圩市工商户则按生活情况比照农村标准确定。村内各户分别属于哪个等级,由村农协召开群众评议会评定;圩市各户分别属于哪个等级,由街政机关召集街民评议会评定。除了户分等级以外,村与村、乡与乡之间也分等级。乡村均分为甲、乙、丙、丁四个等级;各村所属等级由乡农会评定,各乡所属等级,由县农协会或县民主政府评定。乡、

---

① 莫文华:《关于广西苏维埃运动与红军第七军总结的意见书》(1945 年 1 月),载《广西党与苏维埃运动简史》。

村和各户的等级评定后,即为合理负担之基础。

每次征、捐较大的军粮、公粮及公用物品,均由县评委会按等级决定各乡的负担数字,再由乡评委会按等级决定各村的负担数字。各民户应出之负担,由村按级累进确定,如戊级户负担1斤,丁级户负担2斤,丙级户负担4斤,乙级户负担8斤……

暂行办法草案还规定了减、免负担办法。例如,对军属烈属户,可按其等级折半负担或免负担;对鳏、寡、孤、独户,可减负担或免负担;对因天灾确实无力负担者或因革命战争破坏者,可酌减免其负担。减税或免税,对户由村农会决定,对村由乡或县评委会决定。

这个合理负担办法的具体规定,实际上没有执行,但合理负担的政策原则,在筹粮筹款的前后过程中是有所体现的。

(四)右江根据地的单一农业累进税制度

1930年5月1日,右江苏维埃政府颁布了《土地法暂行条例》。条例规定:取消一切军阀政府及地方衙门所颁布的捐税,取消包办税则制,取消厘金,实行单一的农业累进税。

所谓"单一的农业累进税",含义有二:一是只就农业征税,商业及其他方面均不征税;二是只就农民的"出产",即粮食产量征税,其他农产品不征税。

单一的农业累进税以户为单位计征。征收标准是:按照"各人出产"(即每人收获的粮食或分得的粮食)征5%;剩余较多的农民,除征收5%外,还要按照剩余多少另行累进征收。累进税率是:

全家有余谷50斤到100斤者征收40%;

全家有余谷100斤到300斤者征收50%;

全家有余谷300斤到500斤者征收60%;

全家有余谷500斤到1000斤者征收70%,

全家有余谷1000斤以上者即特别征收之。

这种征税办法,采取的是复合税率,一个叫基本税率,另一个叫余谷累进税率。具体到纳税人,如果家无余谷,则适用一个税率;如果家有余谷,则适用两种税率。这种办法,同中央根据地和其他根据地都有所不同,它既没有起征点,也没有免征额,是土地革命时期的又一种税收制度。虽然如此，但总的精神都贯彻了阶级的原则，富裕农民同样是征税的重点对象。

单一的农业累进税制度因为写在土地法里面，没有详细讲到余谷多少计算的方法，也未讲到"出产"（即粮食产量）多少如何计算；但是从当时的情况分析，余谷的计算应当是收获量减去每人全年食用量以后的数字（与湘赣边的办法相似），计税产量也是群众自报加评议出来的。

按照这个办法征税，所有的农户都是有负担的，负担面肯定较宽。但是，贫苦农民的负担还是比较轻的，一般不会超过实际产量的5%；至于富裕的农民，特别是富农和地主，负担率肯定是高的。这种趋势是合理的，也是符合当时土地革命的实际情况的。

二、琼崖根据地财粮供给的来源

（一）琼崖根据地的建立

地处中国南端的海南岛，是农民运动兴起较早的地区之一。1926年，这里就建立了共产党的琼崖地委，全岛组织到农会中的农民达20万人。大革命失败后，海南人民的革命斗争遭受了严重的打击。在广东省委的指导下，海南党组织又恢复了活动，并扩大了革命武装力量。

1927年9—10月，中共琼崖特委根据"八七"会议精神，组织工农讨逆军（后改为工农革命军）七八百人，领导黎、汉各族人民举行秋收起义。11月底，工农革命军和农民自卫军攻占了陵水县城。1928年1月，陵水县召开了1000多名工农兵代表参加的群众大会，正式成立海南第一个县级苏维埃政府——陵水县苏维埃政府。

随着军事上的胜利，海南党政组织也有了很大的发展。继陵水县苏维埃政府建立之后，文昌、琼东、琼山、定安、乐会、万宁和澄迈等县也先后建立了县苏维埃政府。1928年7月，在乐会四区召开了第一次全琼苏维埃代表大会，宣告琼崖苏维埃政府成立。

琼崖苏维埃政府成立不久，敌人加紧了对红军的攻击。1928年冬，红军同蔡廷锴指挥的正规军和各县反动武装，在乐会、万宁、定安等县山区硬拼，红军主力损失较大。后来红军只剩100多人，连同琼崖苏维埃政府机关干部、徒手群众也只有三四百人。在极端困难的条件下，剩下的队伍由王文明等带领，先退上马鞍岭，进入母瑞山，开荒生产，坚持斗争。从此，琼崖革命武装斗争第一次进入低潮。

经过一年多的艰苦斗争，革命形势逐渐好转。1930年4月，中共琼崖特委第四次代表大会之后，琼东、万宁、乐会、琼山、定安、文昌、澄迈、陵水、崖县等许多县的党组织和苏维埃政府相继恢复或建立，红军不断扩大，全琼崖重新掀起了土地革命的高潮。

1932年秋，国民党陈汉光旅，集中优势兵力，陆空配合，从外部围剿红军和苏区，混进革命队伍的"AB"团和托派，从内部破坏，红军遭到严重的损失，根据地受到严重的摧残。冯白驹带着100多人的特委机关、苏维埃政府和红军在母瑞山上坚持斗争。有的在战斗中牺牲，有的病饿而死，最后只剩下26名干部、战士。他们在母瑞山辗转将近一年，过着原始人生活①。这是琼崖革命斗争的第二次低潮。

又经过两年多的艰苦奋战，琼山、文昌、琼东、乐万、澄迈、临高、儋县等地的革命工作逐渐恢复起来。1936年，在琼山成立琼崖游击司令部，下辖三个支队，约60人。游击司令部成立后，一面开展游击活动，一面积蓄力量，等待时机。不久，中共琼崖特委在中共中央南方工作委员会领导下投入了抗日斗争。

（二）两次革命高潮阶段的经济来源

琼崖根据地在10年土地革命斗争过程中，出现过两次高潮和两次低潮。这两种不同的阶段，环境条件不同，经济来源也不同。

在两次革命高潮阶段（1927年至1928年秋，1930年4月至1932年秋），根据地的经济来源主要是靠借、派、捐、惩（打没）四个字。借，就是在困难时向一些大户人家（不是顽固户）借粮、借银。派，就是苏维埃政府根据各区、乡了解的具体情况，给一些大户，即财主、祖堂派粮、银，数量不一，一年两三次。捐，包括向社会上的富裕户与进步人士募捐，发动群众捐献，派人到南洋一带向华侨募捐。捐是

---

① 马白山、林克泽、吴之：《琼南顶天柱——战争年代的冯白驹同志》，《人民日报》，1980年11月27日。

自愿的,但许多开明人士,特别是海外华侨,都能慷慨解囊相助。惩,就是对那些对抗性的大商、土豪劣绅、地主实行打没。简称"作经",就是作经济工作,因为各地"作经"手段不同,不便称呼,便以"作经"一统了之。

税收也是经济来源的重要一面。革命高潮阶段,根据地范围较大,商业仍畅通,征税还有条件。当时,征税的对象,一是商人,二是农民。前者属商业税性质,后者属农业税性质。

1927年下半年,琼崖经济筹备委员会就张贴布告,征收猪、牛、椰子、槟榔等出口税(主要是出口香港)。征收办法是在公路上流动设卡征收,有时也派征收人员到各商家联系征收。税率基本上沿用国民党的规定,有些商品的税率适当降低,以表示对商人的照顾[1]。陵水县在县苏维埃政府建立前,在陵河合口设卡征过水路货运过境税。比如,木料1支收0.5元;藤100斤收2元;沉香1斤收0.5元;益智100斤收2元;鹿茸1副收4元;老鹿角1副收1.5元;鹿脚筋1副收0.2元;猕猴大的每只收2元,小的每只收1至1.5;猪仔大的每只收0.2元,小的每只收0.1元;谷子大箩(合100斤)收0.2元,小箩(合50斤)收0.1元[2]。琼崖苏维埃政府成立后,设立经济委员会,在万泉河征收过木筏税,每束0.5元。此项收入不少,每年达数千光洋[3]。

农业税没有普遍开征。琼崖苏维埃政府成立前,只在有武装活动的地区进行,按土地面积和产量多少来决定征米数量,没有米者交代金。陵水县规定:凡是官田、公田的官租,一律没收归公。陵水县的官田、公田较多。军府的公田是书院田,丰收年收七八百担租,歉收年收600多担。每到收获季节,县政府即派人下去,由他们报数,按数征缴。凡是地主奸商的租谷,按1/3征收,如收100担租谷的,即征33担。1928年,全县共征收三四千担谷。这些粮食,一部分支援

---

[1] 郭儒灏:《一九二七年琼崖财经工作片断回忆》,载海南行政区财经税收史领导小组办公室编《财经税收史料选编》(二),海南人民出版社出版,第1页。
[2] 陈蕃尧:《陵水县人民抗粮斗争和苏维埃政府财税工作的回忆》。
[3] 王植三:《我在万泉河上收木筏税的回忆》,载海南行政区财经税收史领导小组办公室编《财经税收史料选编》(二),海南人民出版社出版,第3、9页。

群众，一部分用作革命经费[①]。1928年5月，中共琼崖特委制定了一个全岛暴动计划。在这个计划里，提出"没收一切土地归苏维埃，田地分给农民士兵耕种"；"土地分配后，老弱残废概由苏维埃给养，政府得征收土地公益捐10%—15%"[②]。这个暴动计划没有实现，征收土地公益捐的规定在当时也未执行。后来，琼崖第二次土地革命高潮时，纠正了"没收一切土地"的错误做法，改变了土地分配政策，才征收农业税。据陈帮兴回忆，他曾工作过的琼东县第六区施行的征收办法是："土地分配给农民耕种后，由乡苏维埃政府安排其生活，剩余部分由各家各户自存自放，县、区政府工作人员和红军需要粮食时，由县苏政府开条子给乡苏政府，由乡苏政府组织群众碾成白米直接送给县、区机关和红军食用。"1932年，这个县的群众第一次在自己的土地上耕种，取得了好收成，除了热情交送红军公粮外，农民食用还有余。

除了上述几种经济来源之外，在根据地创建时，一些家庭比较富裕的革命同志还从家里拿钱出来支持革命工作。那时，中共特委、苏维埃政府各部门负责同志和普通工作人员，总共只有四五十人，领导机构很精干。这些领导同志、红军指战员，他们的生活（吃饭和胶鞋）由公家供给外，有家庭接济的同志，一般都不供给生活费用。他们的生活程度也很低，相当于当地人民的一般生活，为的是与群众同甘共苦，节省开支，减轻人民的负担。

（三）两次革命低潮时的艰苦斗争

1928年冬至1930年夏，1933年至1937年，琼崖革命处于低潮时期。在这两段时间里，红军被敌人围困在母瑞山上，生活非常艰苦。

母瑞山位于定安县南端，是五指山系的一个主要山脉。山里交通不便，只有三个村庄，几十户人家。红军第一次被迫上山后，与外界完全隔绝，群众不敢送粮，部队下山取粮也极为困难。起初，还可以

[①] 陈蕃尧：《陵水县人民抗粮斗争和苏维埃政府财税工作的回忆》，载海南行政区财经税收史领导小组办公室编《财经税收史料选编》（二），海南人民出版社出版，第3页。

[②] 《琼崖工作计划大纲（节录）》（1928年），载海南行政区财经税收史领导小组办公室编《财经税收史料选编》（一），海南人民出版社出版，第34页。

靠山上的群众帮助买些东西,时间长了,群众也支持不了。加上敌人三五天又扰乱一次,群众被迫外逃,留下的已寥寥无几。没有办法,红军、机关就搞生产,办农场,开展生产自救。到了青黄不接时,就发动大家砍野芭蕉心、挖野菜充饥。有时则冒着生命危险,派人深夜到几十里外的村庄去买粮。食盐更加困难,无处可买,只好到二三十里外的村庄向群众乞讨。虽然生活艰苦,但大家对革命仍然充满着信心。

1932年,红军第二次被逼上母瑞山时,生活更加艰苦。山上的农民走光了,茅屋也被烧光了,没有吃的也没有住的。在这种条件下,红军仍想尽办法同困难作斗争。先是靠逃走之前农民留下的未收获的番薯和一些食盐勉强度日,后来番薯挖光了,盐也没有了,他们又靠采摘山上的野果野菜充饥。没有固定的地方住宿,他们就流动转移,今晚在石洞里过夜,明晚在密林中露宿。有一次被敌人袭击,各人除了身上穿的外什么都丢光了,又值冬天,为了抵御高山的寒风细雨,大家只好用芭蕉叶当席和被。说也奇怪,这20多人一直到最后突围,却没有一个人病倒。

1934年下半年,农村党组织逐渐恢复,冯白驹等开始研究扩大武装力量问题,并确定了"取之于敌,武装自己"的方针。有一次,在公路旁伏击国民党一个区公所解缴税款,得光洋2000多元,洋参3斤。还有一次,围攻国民党师长韩汉英家,缴获光洋2000多元和贵重药品一批。这两次打没,共得光洋5000多元,极大地解决了生活给养的困难。

三、陕甘根据地的财粮供给与农民负担

(一)陕甘根据地的建立

陕甘根据地由陕甘、陕北两块红色区域组成。它是中国北方最先建立的一块根据地,也是土地革命战争时期保存下来的唯一根据地。

这里的革命斗争开展较早。1927年,刘志丹、高岗等就分别在陕甘、陕北建立了共产党的组织,开展了农民运动。1928年5月,刘志丹、谢子长等组织了渭华武装起义。之后,他们在陕甘地区连续举行

过大小 70 多次兵变。但是，这些斗争都失败了。最根本的原因，就是军事运动没有同农民运动结合起来，没有建立革命根据地①。

九一八事变以后，刘志丹和谢子长等组织的西北反帝同盟军，发展到 600 多人。1932 年，刘志丹、谢子长等又组织陕北、关中、陕甘三路游击队，开展游击战争，发动土地革命，建立革命政权，创造了以照金为中心的陕甘革命根据地。

1932 年冬，中共中央决定把陕甘游击队改编为中国工农红军第二十六军。改编后，红军整顿了各县游击队，加强了党的领导。于是，陕甘边根据地得到进一步发展。

1933 年，中共陕西省委错误地命令红二十六军南下渭华一带建立新的根据地。部队进到蓝田时，被敌人重兵包围，敌众我寡，弹尽粮绝，全军覆灭。秋天，刘志丹和王世泰等突围回到照金，重新组建红二十六军。为了避开敌人"围剿"，刘志丹率军北上合水、庆阳、正宁、宁县一带。1933 年冬天，红军横扫陕甘边的反动武装，建立了以南梁为中心的陕甘边根据地。

红二十六军主力和游击队配合作战，不到一年就解放了陕甘地区 10 多个县的广大农村，拔掉了敌人成百的据点，摧毁了敌人的保甲制度，建立了工农兵政权。1934 年秋，在梨园堡召开了陕甘边工农兵代表大会，正式选举成立了陕甘边苏维埃政府，建立了陕甘边革命军事委员会。

陕甘边革命政权正式建立后，刘志丹率领红二十六军挺进到陕北。在红二十六军的支持和配合下，谢子长领导的陕北游击队迅速扩大（后改编为红二十七军），陕北根据地进一步扩大，陕甘边特委和陕北特委也合并组成了以刘志丹、马明方等为核心的西北工作委员会和西北革命军事委员会。

1935 年 5 月，红二十六军、二十七军粉碎了蒋介石的第二次"围剿"，根据地扩大到 22 个县，陕甘边和陕北连成一片。这是红军和根据地大发展时期。

---

① 习仲勋：《群众领袖，民族英雄——回忆刘志丹同志》，《人民日报》，1979 年 10 月 16 日。

陕北根据地的巩固和发展，为中央红军长征提供了落脚点。毛泽东、朱德等率领的红军被迫退出中央苏区长征后，原准备在川、陕、甘开辟根据地，出了腊子口，在哈达铺获得了敌人一张报纸，知道陕北还有块根据地，聂荣臻赶快派人把报纸送给毛主席，毛主席才决定向陕北进发①。

1935年8月，徐海东、程子华等率红二十五军，由鄂豫皖苏区经陕南长征到达陕北。9月，红二十五、二十六、二十七军合编为红十五军团。当时，中央红军长征已进入甘肃，越过六盘山。蒋介石调集10万之众，向陕甘和陕北根据地发动了空前规模的第三次大"围剿"，妄图一举摧毁这最后一块红色根据地，阻止中央红军和陕北红军会师。徐海东、刘志丹亲密合作，率领红十五军团，在延安以南的劳山地区，消灭了敌人一个师又两个营，击毙了敌师长何立中，给敌人的第三次"围剿"以迎头痛击。

1935年10月19日，中共中央和毛泽东、朱德、周恩来等率领中央红军到达陕甘根据地吴起镇。红军长征胜利会师后，陕甘、陕北根据地不仅得到进一步的巩固发展，而且成为中共中央领导抗日战争的中心地区。

(二) 红军长征到达陕北之前的财粮供给情况

陕甘、陕北根据地在土地革命战争的10年中，红军的给养一直很困难，财政和粮食没有可靠的来源，筹粮筹款也没有固定的形式。

1931年以前，革命斗争尚处于游离状态。武装力量很弱，而且一经组织起来就被敌人打散，打散之后又重新组织，因此，财粮的供给也很简单，部队打到哪里就吃到哪里，没有什么具体的筹集办法。

1932年春至1935年中央红军长征到达陕北之前，陕甘根据地粮款的来源有三个：一是没收地主富农的财物充当革命经费，二是税收，三是农民群众主动的赞助。

没收地主富农及反革命的财物充当革命经费，是部队给养的主要来源。1932年陕甘、陕北苏维埃政权建立后，在10多个县开展了土

---

① 聂荣臻：《忆长征》序，《人民日报》，1982年3月16日。

地革命。当时,执行的土地政策是:没收地主及反革命的一切财产;富农的财产,除留一部分坏的土地、房屋外,其余统统没收。没收的土地、房屋、牲畜、农具、家具等,分给贫苦农民,其余的东西,包括烟土、银器、金钱、粮食、衣服等,则归政府作为财政收入,用以保证部队及工作人员的供给。粮食的来源,主要靠没收,同时用武力从反动军队手里夺取一部分。粮食到手后,即供给军队及所有工作干部吃饭。粮食是分散储藏的,军队到哪里都可领粮吃,没有储粮的地方,军队由富农供饭吃①。

税收,是财粮供给的一种补充。陕甘苏维埃政权成立后的头两年,在老区征收过一种单一的土地税和一种单一的小额营业税(税率5%—10%),在新区没有征收任何税,只是取消了反动政府的一切租税②。彻底取消一切苛杂,实行战时可能的人民负担,供给战争需要,曾是苏区政府确定的一条不成文的指导原则③。

农民群众的赞助,包括慰劳红军、献粮、献物、献柴草等多种方式。工农游击队和红军在陕甘边和陕北建立根据地后,帮助农民推翻了军阀、土豪劣绅的黑暗统治,免除了残酷、野蛮的地租、高利贷剥削,取消了占农民收入达65%的苛捐杂税(田赋及附加税占45%左右,其他捐税占20%)。广大农民对红军爱如亲人,他们看到红军生活非常艰苦,纷纷把自己的食粮和东西拿出来,支持红军作战。那时,刘志丹带领的红军不管到了哪里,半夜里去敲门,老乡们只要听说是刘志丹的队伍,就把门打开欢迎。饭有人代做,马有人代喂,白天有人来帮放哨,黑夜有人来帮带路。陕甘红军驻在清水时,清水的群众送了许多东西来慰劳红军:小米、高粱、猪肉、鸡鸭,什么都有。红军缺柴禾,清水一些老乡把枣树也砍掉送给红军④。这种群众性的热情的献助,对于解决红军生活的困难,起了很大的作用。

---

① 陕甘宁边区财政厅财政科:《陕甘宁边区财政概况》,1940年11月15日。
② 埃德加·斯诺:《西行漫记》,三联书店1979年出版,第198页。
③ 同①。
④ 《红旗飘飘》(选编本第一集),中国青年出版社1979年出版,第183页。

(三) 1936年至七七事变前的粮款来源及农民负担

中央红军长征到达陕北后,陕甘、陕北根据地虽然统一,并且得到发展,但财粮的供给却更加困难。原因之一是红军增多。1935年,刘志丹领导的红军发展到5000人①,徐海东率领的红二十五军与陕北的红二十六、二十七军合编为红十五军团时达7000多人②;中央红军到达陕北时有3万人,全部红军加在一起(包括游击队),约4万人③。红二方面军和红四方面军到达陕北后,红色区域大大扩大,西北的红军总数接近9万人④。原因之二是蒋介石对陕甘地区发动的第二、第三次"围剿",对农村经济破坏很大。许多地区农民刚分得的土地又被地主、富农索回(据绥德县估计,从1936年夏至1937年11月,地主收回的土地约占3/4),重新陷入贫困的境地。因此,财粮收入缺乏来源。

当时,财政人民委员林祖涵(即林伯渠同志)对斯诺讲,整个地区(陕甘、陕北地区)每月开支只有32万元,不论从货币还是货物的价值计算都是这样⑤。如果把这个数字折成小米,则为367.8万斤⑥,按9万名红军计算,每个红军每月只有40.9斤小米。所以,林祖涵讲,当时红军只能靠一点点粮食维持生活。

这每月的32万元从何而来呢?林祖涵对斯诺说:"有40%—50%来自没收,15%—20%为自愿捐献,包括党在白区支持者中间募得的款项。其余的收入来自贸易、经济建设、红军的土地、银行给政府的贷款。"⑦

没收,就是把地主和高利贷者的现金和物资用强制手段没收过来,作为政府的财政收入。没收收入,主要来自未土改地区及新收复地区。

---

① 埃德加·斯诺:《西行漫记》,三联书店1979年出版,第185页。
② 埃德加·斯诺:《西行漫记》,三联书店1979年出版,第185、235页。
③ 同②。
④ 徐海东:《会师陕北》,载《红旗飘飘》选编第二集,中国青年出版社1979年出版,第275页。
⑤ 埃德加·斯诺:《西行漫记》,三联书店1979年出版,第207页。
⑥ 当时,陕甘边每石小米为26元(法币),每石重300斤,每斤平均为0.087元。
⑦ 同⑤。

据中华苏维埃共和国1936年度财政收支分类统计,这一年没收款为652858元,占财政收入总额的55%①。

捐募,是一种政治动员的方式。1936年1月25日,中华苏维埃中央政府西北办事处颁布了《抗日基金筹募条例》,号召不愿做亡国奴的人们,都来为充裕抗日军费贡献自己的力量。条例规定了捐募的奖励办法:(1)资本家自动捐助1000元以上或工农群众捐助50元以上的,发给奖状及一等银质奖章,并单独登报表扬;(2)资本家捐助500元以上或工农群众捐助20元以上的,发给奖状及铜质奖章,并用大字报表扬;(3)资本家捐助100元以上或工农群众捐助5元以上者,发给三等布质奖章,并登报表扬;(4)捐助1元以上者,一律由当地政府将捐款人姓名、捐款数目张榜公布,予以表扬②。1936年8月23日,苏维埃政府与人民红军又发出《向海内外筹募抗日基金》的宣言。宣言热诚希望海外侨胞和外国朋友支持中国的革命,热诚希望国内革命同志有力出力,有钱出钱,有知识出知识,从各方面支持红军抗日③。这两次大的募捐运动,在政治上、经济上均收到了良好的效果。

税收收入极少。1935年11月,西北办事处提出要依次开征土地税、营业税、关税等,基本上未实行,只是1936年9月在三边征收过食盐产销税,且限于定边及张家畔两地。盐税的征收办法是:驴一驮(重150斤)收税洋1元,骡马牛一驮(200斤重)收税洋1.5元,骆驼一驮(重300斤)收税洋2元④。这一年共收盐税20774元,占财政收入的1.77%。

粮食供给,主要来自农民。1936年红军东征,粮食供应很困难。为了保障军需,中共陕北省委、陕北省政府连续发出《关于卖粮借粮的决定》(4月19日)、《关于紧急动员收集粮食的决定》。头一次决

---

① 西北办事处:《抗战以来的陕甘宁边区财政概况》,1948年2月。
② 《红色中华》,1936年1月26日第2版。
③ 《红色中华》,1936年8月23日第1版。
④ 《边区财政厅1937年10月至1938年11月工作报告及今后的工作意见》(1938年12月22日),载《陕甘宁革命根据地工商税收史料选编》第一册,陕西人民出版社出版,第175—176页。

定向群众购买粮食 3450 石，发动群众自愿借粮 1550 石[①]。第二次决定向群众借粮 2000 石，买粮 2500 石[②]。这两次政治动员，名义上是借粮买粮，实际是一种义务性负担（红军东征回来后没有还）。陕北的农民，一直负担较轻，1936 年的突击借粮买粮，负担增加不少。当时，开展借粮买粮运动的只有定安、延水、延长、安塞、清涧、秀廷、延川、延安、子长等县，农民拿这么多粮食来，还是有困难的。

  上述几个方面的财粮来源，都不是固定的，很难满足几万名军政人员的经常需要。至于临时的紧急需要，则困难更大。有一次，毛主席派人到红十五军团，说明现在中央需要现金 2500 元。徐海东同志立即询问供给部长，供给部长查国桢同志说还有 7000 元，徐海东同志马上要他把 5000 元上交中央。当时中央供给部长叶季壮同志高兴地说："这真是雪里送炭啊！"[③] 还有一次，就是西安事变期间的活动经费，也是把缴获的山西钞票托国际友人路易·艾黎帮助兑换成中央法币，勉强解决的[④]。从这两个事例中，我们既可以看到当时的财政困难，又可以看到党和红军是如何同心同德、克服困难、度过艰难岁月的。

[①]《红色中华》，1936 年 4 月 19 日第 2 版。
[②]《红色中华》，1936 年 5 月 26 日第 2 版。
[③] 韩先楚、刘震、陈先瑞：《一生忠勇居功不骄——忆徐海东同志》，《人民日报》，1980 年 11 月 13 日。
[④] 梅达：《老战士的光辉历程——记中国人民的老同志、老朋友路易·艾黎在中国活动五十五年》，《人民日报》，1982 年 4 月 21 日。

第二章

抗日战争时期的农民负担

第一节 综　　述

一、敌后抗日根据地的形势

鸦片战争以来，中国一直受帝国主义国家的侵略和支配。新兴的日本帝国主义为了把整个中国从几个帝国主义国家都有份的半殖民地状态改变为日本独占的殖民地状态，于1931年发动了九一八事变。三个多月的时间，日军侵占了中国整个东北近百万平方公里的土地。

日本的武装入侵，威胁到中华民族的生存，使中日民族矛盾开始上升为主要矛盾，国内阶级矛盾下降为次要矛盾。中国共产党首先主张武装抵抗日本帝国主义的侵略。1933年1月17日，中华苏维埃临时中央政府、工农红军革命军事委员会发表宣言，提出在停止进攻革命根据地、保障民众的自由权利、武装民众三个条件下，红军愿意和国民党任何部队订立共同对日作战的协定。

日本帝国主义得寸进尺，加紧侵略中国，于1935年又发动了华北事变。在民族危机进一步加深、民族资产阶级的抗日要求进一步增长的时候，中国共产党发出了建立抗日民族统一战线的号召。1935年8

月1日，中共中央发表《为抗日救国告全体同胞书》（即"八一宣言"），号召各党派、各界同胞、各军队停止内战，组织全中国统一的国防政府和全中国统一的抗日联军，一致抗日。12月，中共中央在瓦窑堡召开的政治局会议，确定建立抗日民族统一战线作为党的基本策略。会后，共产党和国民党将领张学良、杨虎城建立了联合抗日的民族统一战线。当时，以蒋介石为代表的国民党掌握着全国政权，共产党以民族存亡为重，承认这一既成事实，调整了对内政策，提出国民党和共产党走合作抗日的道路，于1936年5月5日以红军革命军事委员会名义，向国民军事委员会和各军队、各党派、各团体发出《停战议和一致抗日》通电，要求南京政府派出代表同红军磋商救国的具体办法。8月25日，中共中央发表《致中国国民党书》，再次申明中国共产党的抗日民族统一战线政策和建立第二次国共合作的诚意。随后，又和平解决了西安事变。

为了进一步实现国共合作抗战，1937年2月10日，中国共产党发表了《致国民党三中全会电》。这个电报，要求国民党向共产党保证停止内战，实行民主自由，召开国民大会，迅速准备抗日和改良人民生活等五项内容；共产党也向国民党保证取消两个政权对立，红军改变名称，在革命根据地实行新民主制度和停止没收地主的土地等四项内容。2月15日至22日，国民党五届三中全会在南京召开，宋庆龄、何香凝、冯玉祥、孙科等13人提出恢复孙中山的联俄、联共、扶助农工三大政策，呼吁国共合作。会议决议将武力"剿共"方针改为"和平统一"的方针，确定修改选举法、扩大民主、开放言论和释放政治犯等项原则，实际接受了国共合作抗日的主张。接着，国共两党的代表进行了六次谈判，形成了以国共两党合作为基础，包括工农商学兵各界各族人民、各民主党派、抗日团体、各阶层爱国人士和海外侨胞参加的抗日民族统一战线。

就在国共两党第二次合作谈判的过程中，1937年7月7日，日军发动卢沟桥事变，中国守军第二十九军冯治安部奋起抵抗，全国抗日战争从此爆发。卢沟桥事变的第二天，中共中央就向全国发出了《中国共产党为日军进攻卢沟桥通电》，号召全国人民、政府和军队团结起来，抵抗日本侵略者的新进攻。8月25日，中共中央又具体提出了抗战救国十大纲领。中国共产党提出的号召和主张，立即得到各阶层人民的响应。

当时，国民党政府的对日作战是比较努力的，日本侵略者的大举进攻和全国人民民族义愤的高涨，使得国民党政府政策的重点还放在反对日本侵略者身上。虽然战局非常不利，未能打破敌人大规模进攻华北的计划，使日军很快掠夺了中国半壁河山，但是，在上海、太原、武汉失守之前，国民党战场仍是抗击日军战略进攻的主要战场。

日本夺取华北的侵略计划和部署，是中共中央早就预料到的。为了打破敌人的进攻计划，钳制敌人向中原和西北进攻，捍卫国土，中共中央命令八路军、新四军，按照国共两党协商的军事上的分工，挺进敌后，开辟抗日的另一战场——敌后抗日战场。

1937年9月，八路军在毛泽东关于坚持独立自主的游击战争的战略方针指导下，进入华北敌后。八路军115师进入晋察冀地区，120师进入晋西北地区，129师进入晋东南地区。1938年八路军更向东进，一部进入冀鲁豫平原和冀鲁平原，一部进入冀中平原，一部更远进到冀东，配合了20万人的抗日大起义。1938年春，新四军继八路军之后开赴前线，进入华中敌后，在长江两岸发动抗日游击战争。八路军、新四军与这些地区的共产党组织结合，发动群众，组织群众，很快就把华北、华中战局恢复起来，使敌后变成了抗日战争的最前线。

八路军、新四军挺进敌后作战，开始时有些人看不起，以为抗日应当主要依靠国民党。日本军阀也是重视国民党，把主要力量用于进攻国民党战场，而对共产党领导的抗日根据地不重视，以为不过是少数共产党人在那里打些游击罢了。但是，人民战争的巨大威力，不久就使敌人感到震惊。

1938年10月，日本帝国主义者占领武汉以后，即开始改变政策：改为重视共产党，轻视国民党；改为以政治诱降为主、以军事打击为辅的政策去对付国民党，而逐渐转移其主力来对付共产党。日本侵略者一方面利用傀儡汪精卫招降，另一方面提出"经济提携"的条件：在华北退还大资产阶级资产的49%，华中、华南退还51%，以为钓饵。在军事上，敌人把作战重点从正面转移到敌后，特别转到作为它的"兵站基地"的华北地区。1939年夏，华北敌军由15个师团增为20.5个师团，人数由约30万增至近60万，以加紧敌后"扫荡"，并施以经济侵略。其"扫荡"办法是"铁壁合围、捕捉奇袭、纵横扫荡、反转电击、辗转抉剔"等。敌人所到之处，实行彻底烧杀，企图建立"无人区"，以消灭八路军的生存条件。敌人经常以10万人左右的兵力对一个地区进行反复"扫荡"，时间长达三四个月之久。每次"扫荡"之后，根据地人民均遭受极大的损失，农村经济被破坏得十分严重。

从武汉失守以后，由于战争失败和仇视共产党这种情绪的发展，国民党一些主要当权者也开始了政策上的变化，将其重点由抗日转移到反共反人民。在军事方面，他们采取了对日消极作战的政策，保存军事实力，而把作战的重担放在解放区战场上，让日军大举进攻解放区。在政治方面，他们把抗战初期人民和各抗日党派得到的某些权利，一概取消。从1939年起至1943年秋季为止，国民党政府多次制造反共摩擦，包括制造了皖南事变这样令亲者痛、仇者快的千古奇冤。此外，国民党一些主要当权者还不断指使其军队投降日本，美其名曰"曲线救国"，以配合日本侵略者进攻解放区。这就使得抗日战争时期，中国解放区不得不肩负起抗战和反投降的全部责任。

由于敌、伪的联合进攻，敌后抗日根据地的形势顿时逆转。特别是1940—1942年，华北各地连续发生灾荒，天灾敌祸搅在一起，使根据地军民处于极端困难的境地。这时，根据地亦相应缩小，人口由1940年的5300多万降到1942年的5000万以下，八路军由1940年的40万人减到30万人。但是这种困难境遇却教育和锻炼了共产党人，使他们学会了坚持与敌人顽强斗争和战胜强敌的许多本领，学会了独立自主地开展民族统一战线工作的许多本领，学会了发展生产、战胜财粮供给困难的许多本领。因为学会了这许多本领，根据地的军民虽然受了很大损失，终于站住了脚，打退了敌人的猖狂进攻，扭转了困难重重的局面。

1943年开始，日本侵略者在太平洋战场逐渐失利，美国的反攻增强了,欧洲的希特勒法西斯政权在苏联红军严重打击之下有摇摇欲坠之势。为挽救败局,日本帝国主义于1944年春举行打通平汉、粤汉两条铁路线的大进攻。国民党军队手足无措,毫无抵抗能力,几个月之内,河南、湖南、广西、广东等省大片区域沦于敌手,造成国民党统治区在抗日战争以来空前未有的危机。但是正当国民党战场无力招架的时候,解放区战场却度过了严重的困难,向敌人开展了有力的反攻。敌人向国民党战场进攻,而解放区战场则向敌人进攻,这就是当时的形势和特点。

在向敌人进行战略反攻的前后,各解放区根据中共中央的指示,普遍加强了根据地的建设:根据"坚持抗战,反对投降,坚持团结,反对分裂,坚持进步,反对倒退"和"有理、有利、有节"的原则,与国民党政府、军队展开了针锋相对的斗争;根据组织"三三制"联合政府的原则,扩大了人民内部的民主;根据"减租减息又交租交息"的政策,深入开展了减租减息运动;根据"发展经济,保障供给,集中领导,分散经营,军民兼顾,公私兼顾"的原则,开展了军民大生产运动。这一切,进一步巩固和发展了抗日民族统一战线,有力地调动了各阶层人民的抗日积极性,巩固和扩大了敌后抗日根据地。

到1944年,中国共产党领导的三大敌后战场——华北敌后战场、华中敌后战场、华南敌后战场,已拥有兵力779743人,组织民兵1685384人[1];建立了19个敌后抗日根据地,解放国土935960平方公里,拥有人口9150万[2]。其中,华北敌后战场,八路军建立了晋察冀、晋绥、冀鲁豫、太行、太岳、山东、豫西等7个抗日根据地,包括华北7省(晋、冀、察、鲁、绥、热、辽),东西长2200华里,南北长1800华里,人口5000多万人,占全华北1亿人口的51%;华中敌后战场,新四军建立了苏中、苏北、浙东、苏浙、皖江、淮南、淮北、鄂豫皖、湘鄂赣等9个抗日根据地,包括江、浙、皖、鄂、豫、湘6省地区,人口3000多万,占华中沦陷区人口的50%;华南敌后战场,华南抗日游击纵队建立了东江、琼崖两个抗日根据地,人口约

---

[1] 中央人民政府人民革命军事委员会公布抗战期间解放军五个统计材料。
[2] 同[1]。

250万人。此外,还有土地革命战争时期保留下来的唯一根据地,即中共中央所在的根据地——陕甘宁边区,人口约150万。

经过一年的反攻,敌我力量对比发生了重大变化。1945年,根据中共中央的指示,八路军、新四军和华南抗日游击纵队,相继开展了春季和夏季攻势,给敌伪以沉重的打击,扩大了解放区,创建了新根据地。1945年6月11日,毛泽东在中国共产党第七次全国代表大会上发出了"放手发动群众,壮大人民力量,在我党的领导下,打败日本侵略者,解放全国人民,建立一个新民主主义的中国"①的伟大号召,广大军民越战越勇,很快就举行了全国规模的总反攻。随着苏联、蒙古政府对日宣战和盟国协助,凶恶的日本帝国主义终于无条件投降,中国人民终于取得了100多年来反对外敌入侵的第一次完全的胜利。

抗日战争的胜利,加速了中国民主革命的历史进程,对打破帝国主义奴役和压迫,推动全世界一切殖民地和附属国争取国家独立和民族解放的斗争,具有巨大和深远的影响。但是,中国人民为了夺取抗日战争的胜利,付出的代价是巨大的。据不完全统计,中国军队在抗日战争中伤亡380余万人,中国人民伤亡达1800余万人,财产损失和战争消耗折合1000多亿美元②。中国人民对世界反法西斯战争所作出的巨大牺牲和历史贡献,是永远不可磨灭的。

二、抗日根据地的土地政策

(一) 中共中央对土地政策的调整

国共第二次合作形成后,中国共产党按照抗日民族统一战线的共同纲领③的要求,对抗日根据地的政权组织、劳动政策、土地政策、税收政策以及文化教育政策等,都作了必要的调整。

土地政策的调整,内容有三:一是对地主停止没收其土地,实行减租减息;二是对不改悔的汉奸分子,没收其土地财产;三是对富农

---

① 毛泽东:《愚公移山》(1945年6月11日),载《毛泽东选集》第三卷,人民出版社1966年7月横排版,第1001页。
② 宋时轮:《不可磨灭的历史贡献——纪念中国抗日战争和世界反法西斯战争胜利四十周年》,《人民日报》,1985年8月31日。
③ 即孙中山先生的三民主义和共产党在1937年8月25日提出的抗日救国十大纲领。

实行奖励生产与联合的政策。

停止没收地主的土地，是在中日民族矛盾上升为主要矛盾的条件下提出的，目的在于推动国民党参加抗日，减少地主对于抗日的阻力。抗战爆发，代表地主阶级、大资产阶级利益的国民党，迟迟不愿与共产党组成抗日民族统一战线，一个重要的原因就是害怕土地革命，害怕广泛发动了民众，失去他们的封建统治地位。为了打消地主阶级的顾虑，有利于联合国民党共同抗日，中国共产党在土地问题上主动作了让步，申明停止没收地主的土地。这种让步，正如毛泽东所指出的，不是没收地主土地的办法根本要不得，"而是日本帝国主义的武装侵略引起了国内阶级关系的变化，使联合全民族各阶层反对日本帝国主义成了必需，而且有了可能"[1]。

中日民族矛盾的发展，在政治上，降低了国内阶级间的矛盾和政治集团间的矛盾的地位，使它们变为次要和服从的东西。但是国内阶级间的矛盾和政治集团间的矛盾本身依然存在，并没有减少或消灭。在土地关系上，农民和地主的矛盾不但依然存在，而且比较尖锐。农民在封建地主的剥削压迫下，政治地位经济地位很低，对土地问题的要求是迫切的。为了调节这个矛盾，适应团结对敌的需要，中国共产党本着互助互让和兼顾的原则，在停止土地制度改革的前提下，采取了要求地主减租减息又规定农民部分交租交息的两重性政策。

所谓减租减息，就是在不改变地主的土地、财产所有权的情况下，要求地主按照政府的规定，降低租率和利率，减轻对农民的地租剥削和高利贷剥削。农民有依法要求地主减租减息的权利，地主有依法减租减息的义务，不得抵抗不执行。所谓交租交息，就是对封建的剥削，只是限制，不是消灭；对农民的地租和高利贷负担，只是部分减轻，不是全部取消。地主按规定减租减息以后，农民有交租交息的义务，不得抵抗不缴纳。无论是减租减息还是部分地交租交息，均受政府法律保护。政府既保障农民的人权、政权、地权、财权，也保障地主的人权、政权、地权、财权。地主对自己的土地可以出卖、出典、抵押

---

[1] 毛泽东：《国共合作成立后的迫切任务》（1937年9月29日），载《毛泽东选集》第二卷，人民出版社1966年横排版，第339页。

及作其他处置，政府还奖励地主的资财向工业方面转移。

关于减租减息的标准，1940年12月25日中共中央的指示规定："地租，一般以实行二五减租为原则；到群众要求增高时，可以实行倒四六分，或倒三七分，但不要超过此限度。利息，不要减到超过社会经济借贷关系所许可的程度。"并且指出："不要因减息而使农民借不到债，不要因清算老账而无偿收回典借的土地。"① 1942年1月28日，中共中央颁发了《关于抗日根据地土地政策的决定》及附件。在这个决定的附件中进一步明确："一切尚未进行减租的地区，其租额以减低原租额25%（二五减租）为原则，即照抗战前租额减低25%。不论公地、私地、佃租地、伙种地，也不论钱租制、物租制、活租制、定租制，均适用之。……在游击区及敌占点线附近，可比二五减租还少一点，只减二成、一成五或一成，以能相当发动农民抗日的积极性及团结各阶层抗战为目标。"减息，"应以一分半为计息标准，如付息超过原本一倍者，停利还本；超过原本二倍者，本利停付"②。

减租减息政策是根据统一战线的要求制定的，它只适用于抗日民族统一战线内部，不适用于汉奸分子。对于卖国的汉奸分子的土地财产，中共中央早就确定实行没收政策。开始，政策规定比较笼统，没有体现区别对待的原则。为了缩小打击面，1940年7月中共中央明确：这种没收，仅限于罪恶昭著的大汉奸；对一切反共顽固分子，不论其罪恶如何重大，不论其勾结日军有何证据，在他们未公开投敌当汉奸前，均不没收其土地财产，公开当了汉奸以后，也只没收其中最大者的土地财产。并且强调，没收罪大恶极的大汉奸的土地财产，须经当地政权机关正式判定，并出布告③。1942年中共中央进一步明确："只是对于绝对坚决不愿改悔的汉奸分子，才采取消灭其封建剥削的政策。"④

---

① 毛泽东：《论政策》（1940年12月25日），载《毛泽东选集》第二卷，人民出版社1966年横排版，第725页。
② 《华中抗日根据地财政经济史料选编》第一卷，档案出版社出版，第24—25页。
③ 《中共中央关于在敌后地区没收大汉奸土地财产问题的指示》（1940年7月31日）。
④ 《中央关于抗日根据地土地政策的决定》（1942年1月28日），载江苏省财政厅、档案馆编《华中抗日根据地财政经济史料选编》第一卷，档案出版社出版，第4页。

对待富农的政策，中共中央作过两次调整。1935年12月6日《中共中央改变对富农策略的决定》是第一次，第二次就是1941年1月28日《中央关于抗日根据地土地政策的决定》。经过两次调整，土地革命战争时期在富农问题上的"左"倾观点和做法，基本上得到纠正。

调整后的富农政策要点是：(1) 肯定富农和小资产阶级、民族资产阶级一样，不但有抗日要求，而且有民主要求，因此在政治上应联合富农，组织农民抗日统一战线应包括富农在内。(2) 承认资本主义生产方式是当时比较进步的生产方式，富农的生产方式是带有资本主义性质的，是抗日与生产的一个不可缺少的力量。因此，对富农生产不是削弱而是奖励，要保障富农扩大生产（如租佃土地、开辟荒地、雇用工人等）与发展工商业等的自由。(3) 富农有其一部分封建性质的剥削，为中农、贫农所不满，因此在农村实行减租减息时，富农的租息也须照减，对富农减租减息后，同时须实行交租交息，并且保障富农的人权、政权、地权和财权。

奖励富农和民族资产阶级发展资本主义生产，发展经济，当时有些干部有顾虑，怕资本主义思想泛滥。针对这个问题，毛泽东着重指出："严肃地坚决地保持共产党员的共产主义的纯洁性和保护社会经济中的有益的资本主义成分，并使其有一个适当的发展，是我们在抗日和建设民主共和国时期不可缺一的任务。在这个时期内，一部分共产党员被资产阶级所腐化，在党员中发生资本主义的思想，是可能的，我们必须和这种党内的腐化思想作斗争；但是不要把反对党内资本主义思想的斗争，错误地移到社会经济方面，去反对资本主义的经济成分。我们必须明确地分清这种界限。"① 毛泽东的这个观点，实践证明是正确的。

(二) 减租减息政策的施行

抗日战争时期，全国的19块抗日根据地中，除了陕甘宁边区部分地区（约有70万人口的地区）已平分过土地，农民分得的果实不再

---

① 毛泽东：《〈农村调查〉的序言和跋》（1941年3月、4月），载《毛泽东选集》第三卷，人民出版社1966年横排版，第751页。

退回外，其余的地区均停止实行"耕者有其田"的政策，改行减租减息政策，并从1938年开始，先后开展了减租减息运动。

减租减息的施行，大体经历三个阶段，即初步实行阶段、深入实行阶段和查减阶段。

1938—1941年为初步实行阶段。在这四年中，减租减息运动尚未普遍展开，有些地区还停留在宣传的口号上；有些地区虽已展开，但仅有部分地方彻底实行，大部分地方只是基本实行或初步实行；有的地方初步实行后又被地主的反抗阻住了。由于工作发展不平衡，不仅未减租地区尚普遍地存在高额地租与各种超经济剥削，即使在已减租地区也还程度不同地存在着明减暗不减、提高租额、违法夺佃等现象。另外，在有的地方也出现了斗争过头的现象，结果侵犯了地主、开明士绅、富农的人权、地权和财权。所以，在这一阶段，减租减息政策还不够落实。

第二阶段是1942—1944年，为减租减息深入阶段。在这个期间，各根据地都按照中共中央的指示，制定或修订了减租减息的办法，并放手发动群众，比较深入地开展了减租减息运动。对于出现的土地纠纷和工作中产生的偏向，也适当作了处理和纠正。经过三年比较深入的减租减息，在基本地区租率一般降到收获量的37.5%以内，利率一般降低到一分左右。但是，有些地方特别是工作薄弱和新开辟的地区，减租仍不彻底，比较严重的问题是减租后，地主借口夺地，使佃户有的失掉土地无以为生，有的怕夺地把减的租又退还地主，有的明知租重，也不敢要求减租。

1945年为查减阶段。在已经减过租但不彻底的地区，重新发动群众，解决存在的问题；在尚未进行减租减息的地区，迅速发动减租减息运动，使减租减息政策普遍地彻底地贯彻执行。查减工作在抗日战争胜利后继续进行。

随着减租减息政策普遍深入的贯彻执行，广大农民虽然感到不如彻底平分土地解渴，但也得到了部分的物质利益。

首先，减轻了封建剥削负担，增加了收入。据晋察冀边区北岳区第二、五专区统计，1940年减租额即达12290余石①。晋绥边区1941年10个县统计，一年内共减租1002149大石（1石等于300斤），减租佃户17812户，平均每户减租57大斗②；晋西北兴县、河曲等19个县的不完全统计，从1943年冬到1945年秋两年中，减租农民达5617户，减租50970石，每户平均减租0.91石③。华中根据地临江区1943年5个区统计，执行减租佃田325378亩，减下租稻251100余公担，受益佃户89903家，共379600余人，平均每人可增加收入6斗7升④。

减租前与减租后的租率比较，晋察冀边区一般减少1/3以上。晋东、晋中、冀西、黎城、漳北等地区，战前租率最高达收获量的72%，最低的也达40%，平均为54%；减租后最高的为37.5%，最低的为30%，平均也只有33.3%，即比战前减少了27%强⑤。华中根据地津浦路东农民1/2以上是佃农，过去一般是主六佃四分租，且还有分草、分杂粮、送礼等，实际上是主七佃三分租；1943年减租后把它倒转过来了，变成佃七主三分租⑥。这些材料说明，减租之后农民的地租负担已大大减轻。

农民所受的高利贷剥削也有所减轻。据1940年6月北岳区15个县统计，利息减少额为320600余元。1941年统计，晋西北12个县共减息8842元（银元）⑦。晋、冀、鲁三省战前利率多在3分左右，减息之后一般只有1分左右，降低了2/3。

其次，在深入减租减息中，有些根据地依据国民党政府《民法·债权编》所定的清理债务原则，又掀起了清理旧债和"抽地换约"运动，即"未死"之抵押地，得按年利一分订立新约，将土地抽回，结果使许多抗战前被高利贷者巧取豪夺的土地，部分地被农民抽回了。

---

① 方草：《中央土地政策在晋察冀边区之实施》，载《晋察冀边区财政经济史资料选编》（农业编），南开大学出版社出版，第50页。
② 续范亭：《晋西北行政公署成立三周年》，载中共吕梁地委党史资料征集办公室编《晋绥根据地资料选编》第一集，第42页。
③ 财政科学研究所编：《革命根据地的财政经济》，中国财政经济出版社出版，第143页。
④ 《解放日报》报道，1943年12月11日。
⑤ 黄韦文：《关于根据地减租减息的一些材料》，《解放日报》，1942年2月11日。
⑥ 《解放日报》报导，1943年7月6日。
⑦ 同⑤。

据晋察冀边区北岳区一、二、三、五等4个专区不完全统计，到1940年6月已抽回土地64900余亩[①]。晋西北的兴县、河曲等19个县，1943—1945年赎回土地1220484亩[②]。

最后，由于减租减息和累进税限制了封建剥削，地主经济普遍下降，地主原来占有的土地，通过各种途径（主要是卖出），部分转移到了贫农、雇农和中农手里。据北岳区、冀中区、太行区典型调查，贫雇农和中农得到的土地（主要是买进和赎回）约占战前地主占有土地数的一半以上；陕甘宁边区绥德分区减租彻底的地区，地主土地50%—80%转到了农民手中。

这一切都说明，减租减息政策不改变地主对土地的所有权，实际上是对封建土地制度的初步改革。所以，毛泽东在《论联合政府》中说："这个政策，如果没有特殊阻碍，我们准备在战后继续实行下去，首先在全国范围内实现减租减息，然后采取适当方法，有步骤地达到'耕者有其田'。"[③]

三、抗日根据地筹集粮款的方式与农民负担的构成

抗日战争是一场涉及中华民族存亡的大战，是一场持久的而又残酷的战争。因此，动员全国人民，一切为着前线，一切为着打败日本侵略者，就成为敌后抗日根据地行动的总口号、总方针。

抗日战争时期，战争的需要是多方面的，政府对人民的动员也是多方面的。其中，主要的一项是动员人民出粮出钱，保证抗日军队及党政工作人员的供给需要。这项动员，习惯上称为筹粮筹款。

敌后抗日根据地处于个体经济的被分割的游击战争的农村环境中，人力物力是分散的，部队也是分散的而且是流动的。因此，粮款的筹集和供应也是分散经营的。每个根据地都是在中共中央的统一指导下，按照当地当时所处的环境条件，自行组织财粮收入，自行安排支出，

[①] 黄韦文：《关于根据地减租减息的一些材料》，《解放日报》，1942年2月11日。
[②] 财政科学研究所编：《革命根据地的财政经济》，中国财政经济出版社出版，第143页。
[③] 毛泽东：《论联合政府》（1945年4月24日），载《毛泽东选集》第三卷，人民出版社1966年横排版，第1025页。

组织供应。各地筹集粮款的具体形式，在抗战的前期、中期和后期，在根据地与根据地之间，都不尽相同。归纳起来，大体上有以下七种：

第一种筹集形式——没收罚款。

没收罚款，就是没收日本帝国主义在华的财产，没收汉奸的财产或对他们处以罚款，充当抗日经费。这是根据中共中央 1934 年提出的"抗日救国六大纲领"[①] 和 1937 年提出的"十大救国纲领"[②] 而采取的一种筹款形式。抗战初期，陕甘宁边区、山东根据地、淮南根据地以及晋察冀边区的冀中区，都采用过这种筹款方法，但所得收入都不多，而且是逐年减少的。据陕甘宁边区财政统计，没收罚款占财政收入（钱的部分，未包括救国公粮在内）的比例，1937 年为 4.41%，1938 年为 3.95%，1939 年为 1.07%，1940 年为 1.62%[③]。

抗日战争时期采用的没收罚款这种筹款形式，除筹款对象不同外，同土地革命战争时期打土豪筹款的做法差不多，都没有具体的筹款标准。因此，中共中央反复强调要注意政策，一再指出："除了有真凭实据的汉奸之外，决不准乱没收一家商店"[④]；"严禁无组织、无计划的筹粮筹款"[⑤]；禁止对地主资本家采取捉人罚款的办法[⑥]。这样，就有效地防止了过去出现过的乱打乱罚的偏差。

第二种筹集形式——捐募。

捐募，有些地方又叫捐献、捐助、捐赠，是用号召、动员方法筹集粮款的一种形式，也是沿用土地革命战争时期行之有效的一种筹款形式。

抗日战争时期，用捐募形式筹集的抗日经费来自两个方面：一是来自根据地的内部；二是来自根据地的外部，即国民党统治区和国外。

---

① 即 1934 年 4 月 20 日中共中央提出的《中国人民对日作战的基本纲领》。
② 即 1937 年 8 月 25 日毛泽东写的《为动员一切力量争取抗战胜利而斗争》。
③ 西北财经办事处：《抗战以来的陕甘宁边区财政概况》，1948 年 2 月。
④ 毛泽东：《抗日游击战争的战略问题》（1938 年 5 月），载《毛泽东选集》第二卷，人民出版社 1966 年横排版，第 394 页。
⑤ 《中央军委、总政治部关于目前时局及八路军新四军之任务指示》（1939 年 6 月 22 日），载中共中央党史教研室编《中共党史参考资料》（四），人民出版社 1979 年出版，第 79 页。
⑥ 毛泽东：《论政策》（1940 年 12 月 25 日），载《毛泽东选集》第二卷，人民出版社 1966 年横排版，第 725 页。

根据地内部的捐募，一般是在抗日民主政权尚未建立，来不及制定正规税收制度的情况下采用的过渡形式，或者是在财政经济极端困难条件下采取的一种临时应急措施。例如，晋绥边区1940年上半年开展的"四献"运动（献金、献粮、献鞋和扩兵），山东根据地和冀中地区1938年初募集的抗日救国捐，苏中根据地1942年前募的抗日自卫捐，鄂豫边区1942年募借军粮2万石大米，都是如此。动员的对象，主要是富有者，农民自动捐献的亦不少。

在国民党统治区和海外的捐款，是由地下党组织通过友好进步人士募集的。抗日战争爆发，日本的野蛮侵略与八路军、新四军、华南游击队的英勇抵抗，引起了国内各界爱国人士、海外侨胞和国际友人的广泛同情，他们不仅从道义上支持，而且在物质上给予援助。这种援助，在抗战期间（反共摩擦以前）是不少的。据陕甘宁边区财政统计，1938年10月至1939年2月的5个月内，海外及后方捐款即达1300948元（法币），约合当时小米40654石（每石300斤）[1]。在这方面，宋庆龄、廖承志等建立了不朽的功绩，对陕甘宁边区、东江根据地、琼崖根据地解决当时的财政困难，起了巨大的作用。1940年以后，由于国民党政府的封锁、破坏，外部的捐款断绝。

第三种筹集形式——向国民政府索取军饷。

中国共产党是依靠自己的力量坚持抗战的，军需供应也是自力更生解决的。这是中国革命的一条成功经验。但是，国民政府应该发给八路军、新四军的军饷，必须索取，如有扣发，必须据理斗争。

向国民党当局索取的军饷，数量很少，很不可靠。中国工农红军1935—1936年在陕北会合时，计有官兵8万人，1937年改编为国民革命军，国民党只承认4.5万人[2]，每年只发军饷60万元（法币）。到1940年，八路军、新四军发展到50万人，国民党当局出于反共限共的需要，不但不相应地增加军饷，而且还将原来60万元减为50万元

---

[1] 西北财经办事处：《抗战以来的陕甘宁边区财政概况》，1948年2月。1938年陕甘宁边区每石小米约为32元（法币）。

[2] 叶剑英：《中央抗战一般情况的介绍——与中外记者参观团的谈话》（1944年6月22日），载中共中央党校编《中共党史参考资料》（五），人民出版社1979年出版，第236页。

（全体八路军、新四军官兵每人只合1元），并且拖延几个月不发。1940年以后，国民党当局不顾全国人民的谴责，全部停发了八路军、新四军的军饷；对按照协议每月应发给琼崖民众抗日独立队的军饷8000元，也全部停发。

第四种筹集形式——征税。

征税，是敌后抗日根据地筹集粮草和经费的主要形式。抗日战争时期，全国19个抗日根据地都征过税，并相应建立了税收制度。此外处于游击状态的东北抗日联军，也用极简单的办法征过税。

各根据地开征的税种有多有少，比较普遍的有救国公粮、田赋、统一累进税、货物税、商业商品税、盐税、田房契税和出入口税等数种。税收的具体名称和内容，不仅根据地之间不同，就是同一根据地内前后也不尽相同。

上述税种，分别征收粮食、马草、马料、柴草和货币。征收的货币，列入经费收入预算，征收的粮食、马草，列入实物收入预算，分别建立两套账。也有把实物作价统一编列财政收支预算的，例如晋绥边区就是这样做的。

第五种筹集形式——借粮。

借粮，是在特殊情况下的一种筹粮措施。借粮有两种情况：一是出于打仗的紧急需要。例如1940年八路军在华北发动的百团大战，动员的兵力多，为保证军粮的及时供应，晋冀鲁豫边区搞的一次借粮，就属于这种情况。二是解决粮食供给上的临时困难。陕甘宁边区1940年的三次借粮，晋察冀边区1940年部分地区的借粮，鄂豫边区1945年向殷实户的借粮，都是出于这种目的。借粮的处理也有两种情况：一是以后归还（实际多数没有归还），二是抵顶下半年或下年应征的公粮。后一种情况，实际上等于公粮的预征。

第六种筹集形式——发公债。

抗日战争时期，发公债的不多。据了解，陕甘宁边区1937年夏发行过200万元（法币），晋察冀边区1938年发行过300万元，鄂豫边区1945年也发行过少量的公债。公债的发行，都是为了解决当时的财政困难，是一种临时措施。

第七种筹集形式——组织公营经济收入。

1940—1942年,由于日本侵略者的反复"扫荡"和国民党制造的两次反共摩擦,敌后抗日根据地的财政经济十分困难。在这种特殊的条件下,各根据地按照中共中央的指示,自己动手建立了自己的公营经济。许多根据地建立了贸易公司,办了一些自给工业;军队进行了大规模的生产运动,发展了以自给为目标的农工商业;机关、学校人员,也发展了同样的自给经济。这些自给性的生产,特别是部队、机关、学校掀起的大生产运动,在抗战后期的一些根据地,曾解决了整个粮款需要的一部分或大部分。

组织自给性生产,自己动手解决粮食和经费的部分需要,这是一种特殊的筹集粮款形式。它在一般情况下似乎是不合理和不可理解的,但在分散的长期的人民游击战争条件下,则是进步的,具有重大历史意义的。

以上列举的七种筹粮筹款形式,就粮款的来源分析,大体上可以归结为四个方面:一是取之于敌,包括没收日本帝国主义、汉奸的财产和缴获敌人的战争物资;二是取之于友,包括各界爱国人士、国际友人和海外华侨的捐款,也包括国民政府发的军饷;三是取之于民,即各阶层人民用捐募形式、税收形式、借粮形式、公债形式出的钱和粮;四是取之于己,就是政府组织的公营经济收入和部队机关、学校的生产自给收入。这四个方面的来源中,取之于民是主要的。

取之于民,主要是取之于农民,即构成农民的财粮负担[①]。

财粮负担是农民负担的重要组成部分。它包括:根据地政府征收的救国公粮、公草、田赋、资产米、农业统一累进税、村款粮、屠宰税、契税、公盐代金,农民自动的捐献、捐助,政府的突击借粮和发行的公债。农民的财粮负担是支持抗战的基本的物质基础,农民出的粮食,一般占根据地筹粮总数的90%以上;农民出的钱,一般占根据地经费总额的50%以上。如果把粮食加在一起,据陕甘宁边区的资料计算,占财政、粮食收入总数(统一折粮)的比例是:1937—1939年

---

① 地主交纳的税收等,是地租的转化形式,实际是农民所出。这里讲的农民负担,是指广义的农民负担。

平均为55.7%，1940—1942年平均为60.65%，1943—1945年平均为35.38%。陕甘宁边区是收入渠道较多和大生产运动开展得最好的地区，上述比例要低一些，其他根据地农民财粮负担占财政、粮食预算收入总额的比例，一般在80%以上。

抗日战争时期，农民的另一类负担，叫战勤负担，就是动员农民出劳力、出牲口、出车辆为抗战所服的各种勤务。

战勤的具体内容各地不尽相同。在陕甘宁边区，主要是公粮运输、公盐运输和其他临时勤务三项；在华北各根据地，大体分为运输担架勤务、军装缝纫、送报通讯勤务三项。负担的形式也有两种：一是各户直接出人、出牲口、出车辆、做军鞋，二是力役代金。前一种形式是主要的、普遍的。

抗战勤务负担，以晋察冀、晋冀鲁豫、山东、晋绥、陕甘宁等根据地较多，特别是铁路、公路沿线的农民负担较重。在时间上，1941—1943年动员的多，1943年以后逐渐减少。

抗战勤务负担，习惯上不包括民兵的动员。民兵动员更广泛。据统计，1944年各根据地的民兵为1685884人，1945年为2687698人[①]。

除了战勤负担以外，农民还有一类负担，叫社会负担，主要是为抗日军人、抗日工作人员的家属代耕代种。这种负担，有代耕、包耕、包工、代粮制等几种形式，它既是一种义务负担，又是一种阶级友爱的帮助。

优待抗属军属，这是沿用土地革命战争时期的好经验。它对于义务兵役制的贯彻和整个战争的胜利，起了很好的促进作用。但是，随着抗日军政人员的增加，农民的代耕代种负担也是逐渐增加的。

上述财粮负担、战勤负担和社会负担，统称农民为革命战争所承担的负担。再加上农民所受的封建剥削负担（交租交息部分），就是抗日战争时期农民负担的全部内容。

---

① 中央人民政府人民革命军事委员会公布：《抗战时期解放军五个统计材料》，1951年8月3日。

四、抗日时期的农民负担政策

在抗日战争中,战争的巨大消耗同有限的农民负担能力及其基础——落后的受战争破坏的农村生产力之间存在着严重的矛盾。

如何解决这个矛盾?中共中央、各根据地政府实行的政策是:公私兼顾,军民兼顾;有钱出钱,有力出力,合理负担;发展人民经济,使人民有所失同时又有所得。八年的实践证明,这一套政策是符合实际的,是有效的、成功的。

(一)关于公私兼顾、军民兼顾的政策

敌后抗日根据地处于个体经济的、被分割的、游击战争的农村环境,处于敌人不断进攻与经济封锁的环境,战争的供给只能取之于民。但是,在如何取、取多少的问题上,必须从两方面去考虑:一方面要考虑公家(即抗日民主政府)的需要,养兵的需要,要保证军队维持一定的物质生活水平;另一方面要照顾到人民的生产能力和一定的生活水平,要考虑到农民生产上的需要,不能漫无限制地征敛。这两方面的考虑,就是"公私兼顾""军民兼顾"。

"公私兼顾""军民兼顾",是毛泽东总结根据地建设的经验,为解决财政问题提出的一条基本原则。毛泽东认为,只有这样的原则才是正确的原则。"不顾战争的需要,单纯地强调政府应施'仁政',这是错误的观点。因为抗日战争如果不胜利,所谓'仁政'不过是施在日本帝国主义身上,于人民是不相干的。""不顾人民困难,只顾政府和军队的需要,竭泽而渔,诛求无已,这是国民党的思想,我们决不能承袭。"[①]

抗日时期,敌后根据地的财政经济很困难,军民都很困难。因此,中共中央非常注意爱惜民力,要求各地在筹集粮款时,尽量增加"取之于己""取之于友""取之于敌"的部分,力求减轻"取之于民"的部分。抗战中期,由于敌伪的"扫荡"、破坏和国内形势的逆转,根据地的财政经济困难加剧,许多部队弄得几乎没有油吃,没有菜吃,

---

① 毛泽东:《抗日时期的经济问题和财政问题》(1942年12月),载《毛泽东选集》第三卷,人民出版社1966年横排版,第849页。

没有衣穿。即使在这样的条件下,毛泽东仍然强调要严格控制农民负担。他说:"虽在困难时期,我们仍要注意赋税的限度,使负担虽重而民不伤。而一经有了办法,就要减轻人民负担,借以休养民力。"①

为了正确兼顾军民双方的利益,控制农民负担,做到"负担虽重而民不伤",中共中央和根据地政府曾规定了若干具体的政策杠子,针对当时存在的问题采取了一些措施,主要有以下几项:

第一,规定负担人口与军政人员的比例。

在战争的条件下,农民负担多少决定于养兵的多少。养兵少,需要的粮款少,农民负担就轻;养兵多,需要的粮款多,农民负担就重。因此,在1940年抗日武装力量得到大的发展以后,中共中央就提出要控制养兵的数量,并作出了根据地全部脱离生产人员不能超过当地居民3%的决定。1941年11月提出精兵简政以后,中央军委又重申了这一控制比例,并指示:由于人力物力的限制及运动战的可能性减少,主力军应采取适当的精兵主义,军事建设的中心注意力,应放在地方军及人民武装的扩大与巩固上②。有些根据地按照中共中央的指示精神又进一步作了具体规定。例如,晋冀鲁豫边区在1942年规定:一切脱离生产的武装部队不能超过居民人数的2%,脱离生产的党政机关的工作人员不能超过1%;民兵不能超过5%,一律不脱离生产,不吃公粮。1944年,八路军、新四军由防御转入反攻。为了扩大解放区,彻底消灭敌人,毛泽东提出,在1945年老区域应补充原有军队的消耗数额,在新发展区域,在经济条件许可下,应该扩大军队。"不论补充军队与扩大军队,均以不加重人民财政负担为条件,这一点必须谨记。如果违背了这一点,我们就会要失败的。"③

规定负担人口与军政人员的比例,明确每100个农民最多只能供养几个"公家人",是从实际出发的具有特色的政策原则,也是兼顾

---

① 毛泽东:《抗日时期的经济问题和财政问题》(1942年12月),载《毛泽东选集》第三卷,人民出版社1966年横排版,第850页。
② 《中央军委关于抗日根据地军事建设的指示》(1941年11月7日),载中共中央党校编《中共党史参考资料》(五),人民出版社1979年出版,第12页。
③ 毛泽东:《一九四五年的任务——在陕甘宁边区参议会演说》,载中共中央党校编《中共党史参考资料》(五),人民出版社1979年出版,第291页。

政策的具体化。各地执行后，不但推动了精兵简政运动的开展，克服了"鱼大水小"的困难，增强了战斗力，而且使根据地农民负担在一度加重之后有所减轻。

第二，规定赋税的限度。

注意赋税的限度，是中国共产党的一贯政策。土地革命战争时期，中共中央就提出过这个问题。到了抗日战争时期，为了团结各阶层人民一致抗日，改善民生，中共中央更加重视这一问题，并针对一些地区出现的偏向，制定了控制税负的具体政策杠子。

抗日时期，中共中央规定的控制税负的具体政策杠子有两个：一是负担率的控制，二是负担面的控制。

所谓负担率的控制，就是以根据地为单位或以纳税人为单位，规定粮赋的征收额，最高不得超过农业产量或总收入的百分之多少。具体的比例，随着战争的需要前后有所不同。1939年，中共中央提出农业税收入以保障军粮供给为原则[①]，从当时各根据地的情况看，即公粮征收总额大体以不超过农业产量的10%为限。1940年人马大增，中共中央提出，人民负担最多不得超过其收入的30%。1941年由于财政经济的极度困难，各根据地大幅度增加了粮赋的征收额。鉴于这种情况，中共中央又电示各地，要求将公粮征收总额控制在农业总收入的20%以内，一般不要超过，同时规定纳税人的负担最高不得超过其所得收入的36%（指地主）。各地根据中共中央的指示和本地区的实际情况，也相应规定了控制负担的具体杠子。例如，晋绥边区1941年边区第三次行政会议确定，公粮比例征收之最高额，以户为单位，最高不得超过30%，总征收量不超过总产量的20%。山东根据地1941年规定，一般全年征收公粮数以不超过该地区粮食总收入的30%为原则，每户负担额不得超过其全部收入的35%；如土地出租，租率在40%以下致使负担超过总收入35%者，最高以不超过70%为限。这些规定，在实际执行中虽有些出入，但对兼顾战争和人民的需要是起了很好的作用的。

---

① 1939年12月10日陕甘宁边区第二次党代表大会《关于边区征收农业税的决议》。这个决议是根据中共中央指示精神起草的。

所谓负担面的控制，是指纳税户数不得少于农村居民总户的百分之多少。这是动员民众共同分担财政困难的一条措施，也是军民兼顾的另一种形式。抗战初期，负担面很窄，负担主要集中在地主富农身上，结果征收的粮款不能满足战争的需要，部分地主富农负担又过重，于军于民都不利。因此，1940年12月25日，中共中央规定："必须按收入多少规定纳税多少。一切有收入的人民，除对最贫苦者应该规定免征外，80%以上的居民，不论工人农民，均需负担国家赋税，不应该将负担完全放在地主资本家身上。"[①] 从1941年起，各地贯彻中共中央的指示，负担面一般达到80%以上，巩固的区域负担面达到90%以上。

负担率的控制与负担面的控制，是互相联系、相辅相成的。在拟定税收制度时，也是统一考虑的。

第三，提出公粮征收任务固定几年不变。

抗日根据地征收的公粮数目，是根据当年的供给需要和农业情况确定的，每年征收总数多少不一，这对农民发展生产有一定的影响。1942年毛泽东在西北高级干部会议上提议：从1943年起，陕甘宁边区每年征收公粮18万担，以后若干年内固定在这个数目上。由于生产发展，总产量增得再多，政策也只收这个数目，这个数目以外的一切增产概归农民，使农民好放手发展自己的生产，改善自己的生活，丰衣足食，穿暖吃饱[②]。

把公粮征收总数在若干年内固定下来，使农民交给政府的粮食税的数量占其收获量的比例随着生产发展而逐步下降，这是贯彻军民兼顾原则的极好形式。这种做法，在抗日时期虽未尽付诸实施，但它的理论意义和实践意义却是深远的。1949年全国统一的政权建立后，中国共产党和政务院对农业税实行稳定负担的政策，就是依据毛泽东的这个经济思想制定的。

第四，整顿村款负担及其他摊派。

---

① 毛泽东：《论政策》（1940年12月25日），载《毛泽东选集》第二卷，人民出版社1966年横排版，第725页。

② 毛泽东：《经济问题与财政问题》（1942年12月），东北书店出版。

村款负担，就是乡、村政府为解决某些经费向农民征收或摊派的粮款。因为它是边区政府正式规定的税收以外的负担，所以有些地方叫村粮（款）负担（救国公粮叫公粮负担），或者叫非正式负担，实际上是地方附加税。自从东汉桓帝开征田赋附加①以来，附加税和摊派成了旧中国的一大弊政，农民身上又多了一条锁链。抗日民主政权建立后，宣布废除旧中国的一切苛捐杂税，农民负担大大减轻。但是，由于根据地建立初期，税收制度尚未完善，加之各方面开支又多，1940年村款负担和摊派又开始泛滥起来。如不加以整顿，军民兼顾的原则就会受到破坏。

根据中共中央和各边区中央局的指示，1940—1941年，许多地县对村款负担进行了一次有效的整顿。采取的措施是：（1）取消一切非法开支。（2）规定村开支范围。例如，晋察冀边区1940年规定，只限于村公所经费、村教育费、优抗费、民兵作战弹药费、村建设费等五项。（3）规定村款负担的比例，严格控制。例如，陕甘宁边区规定公粮附加为正税的7%，晋察冀、晋冀鲁豫边区规定村筹粮不得超过公粮的1/7。（4）对干部进行教育，防止滥用民力。

这次整顿，收到一定的效果，特别是在1941—1942年最困难的两年，对于保护、积蓄民力起了很好的作用。

以上四项，讲的是在动员人民财力物力时如何兼顾军民双方利益的问题。除此而外，在劳力的动员上，也有个军民兼顾问题，就是既要考虑战勤的需要，同时又要考虑到农民生产的需要，二者不可偏废。

劳力（包括畜力）负担的控制，据华北各根据地和陕甘宁边区政府规定，大体有以下几点：（1）在良好的军民关系的基础上，军队不直接派差，勤务动员一律通过政策。（2）规定办法，严格管理，明确规定要差的机关、运输的种类。（3）控制服勤的天数。例如，1941年陕甘宁边区规定，全年总服役时间为：一户只有壮丁一名者，全年不得超过20天；一户有壮丁二名者，全年每名不得超过30天；一户有壮丁三名以上者，每年每名不得超过40天。畜力服役时间为：富户全

---

① 桓帝延熹八年（公元165年）每亩附加十钱；灵帝中平二年（公元185年）为了修筑宫殿，也实行了每亩征十钱的附加。中国的田赋附加，可以说是从这个时候开始的。

年不得超过 80 天，中户全年不得超过 50 天，贫户全年不得超过 20 天。晋察冀边区 1941 年规定，凡在 18 岁以上 50 岁以下的人民，每人每月服勤务一般不超过 5 天（战争时例外）；1943 年规定，每个劳动力，每月服抗战勤务以 5 个工为限，妇女做军鞋勤务每年以 4 双为限。(4) 农忙季节少动员或不动员农民服勤务，以保证农业生产的劳力需要。这些规定，深受广大农民的拥护和支持。

（二）关于合理负担的政策

合理负担，是在动员财力、人力的问题上，正确处理纳税人相互间、服役人相互间关系的一条政策原则，它同兼顾的政策是紧密联系的。

抗日时期，负担的合理体现在三个方面：一是阶级阶层之间的负担合理，二是地区之间的负担合理，三是农（业）商（业）之间的负担合理。

阶级阶层之间的负担安排，必须从抗日民族统一战线出发。"抗日战争的根本政策，是抗日民族统一战线"①，抗日根据地各项工作，"应当时时刻刻仔细注意到抗日民族统一战线的巩固与发展，确切照顾统一战线内各阶级各阶层的利益。所以在清楚顾及人民大众利益的条件下，必须使不反对抗日的地主资本家能够保有一定的利益与地位，以便适当调整各阶级的关系，以打击日寇诱引地主资本家的阴谋，打击投降派鼓煽地主资本家的活动，并巩固敌后的团结抗战"②。这就是毛泽东提倡的互助互让，调节各阶级相互关系的恰当政策③。

在这个指导思想下，中共中央对各阶级的负担安排在政策上确定了两条：一是实行"有力出力，有钱出钱"④。在税收上，就是"按收

---

① 毛泽东：《青年运动的方向》（1939 年 5 月 4 日），载《毛泽东选集》第二卷，人民出版社 1966 年横排版，第 531 页。
② 《解放》周刊社论：《论抗日根据地的各种政策》（1941 年 1 月 15 日），载中共中央党校编《中共党史参考资料》（四），人民出版社 1979 年出版，第 226 页。
③ 请参阅毛泽东：《中国共产党在民族战争中的地位》。
④ 毛泽东：《为动员一切力量争取抗战胜利而斗争》（1937 年 8 月 25 日），载《毛泽东选集》第二卷，人民出版社 1966 年横排版，第 327 页。

入多少规定纳税多少"①，收入多的多负担，收入少的少负担，最穷苦者不负担。二是对封建剥削应进行限制，对贫农中农的负担应尽可能减轻，但不能像土地革命战争时期那样，把负担完全放在富有者身上。"抗日经费除赤贫者外，一切阶级的人民均需按照累进的原则向政府交纳，不得畸轻畸重，不得抗拒不交。"②

为了调节、照顾各阶级各阶层的利益，实行适于团结抗战建国的合理税收，一些根据地还具体规定了各阶级、阶层负担的控制比例。例如，晋察冀边区1942年实行统一累进税时规定，贫农的负担最高不得超过其总收入的7%，中农不得超过15%，富农不得超过25%，地主不得超过70%，工人则一律免税。晋冀鲁豫边区在1943年实行统一累进税时确定，地主的负担控制在总收入的48%和60%之间，富农负担控制在28%左右，中农负担控制在13%左右，贫农负担控制在3%和5%之间，最多不得超过5%。1944年中共华中局提出：公粮征收率，原则上地主最高，负担不得超过其收入的35%，富农不得超过20%，中农12%，贫农8%。

由此可见，抗日时期根据地的政权是统一战线的政权，经济是统一战线的经济，财政也是统一战线的财政。所以，我们说合理负担，在阶级关系上就是合统一战线之"理"。这同土地革命战争时期的工农民主专政、彻底平分土地、负担的重担归于剥削者的做法，是不相同的。

关于地区之间的负担合理，主要是指根据地的巩固区（或叫中心区）、游击区、边缘区（或叫接敌区）的负担要大体平衡合理。在陕甘宁边区，则是指土改与未土改地区的负担要大体平衡合理。这是从地域方面正确处理纳税人相互关系的一个重要问题。

巩固区、游击区、边缘区，是就战争的情况及敌我势力控制的程度划分的。这三类地区，在政治、经济和人民生活等方面，都有很大的不同。巩固区，即完全由八路军、新四军控制的地区。这里建立了

---

① 毛泽东：《论政策》（1940年12月25日），载《毛泽东选集》第二卷，人民出版社1966年横排版，第725页。
② 《中共中央关于抗日根据地土地政策的决定》，1942年1月28日中央政治局通过。

比较巩固的抗日民主政权,普遍开展了减租减息运动,农民经济总的来说是上升的,生活亦有所改善。但是,在敌人"扫荡"频繁的时候,损失相当严重。游击区,在军事上敌我斗争激烈,经常"拉锯",乡村一般有人民政权和敌伪政权两个组织,通常叫作"两面政权"地区。游击区的人民,由于处在敌我"拉锯"地带,遭受战争的损失很大。由于敌伪经常掠夺勒索,农村经济贫困不堪,人民生活很痛苦。边缘区的情况同游击区差不多,基本上受敌伪的统治,没有建立人民政权。这三类地区的范围,随着战争的发展和敌我力量对比的变化,是不断变化的。在战争的相持阶段,游击区的范围很大,很多巩固区也变成了游击区;到了反攻阶段,根据地不断扩大,巩固区的范围也逐渐扩大。

在抗日战争的条件下,为了保证战争的供给需要,巩固区、游击区、边缘区都是征粮征税的。但是,鉴于他们所处的环境和条件不同,在负担的安排上,则让巩固区的人民多负担一些;对游击区、边缘区的人民,则从轻征税,尽量减轻负担。同时,游击队还组织和发动当地群众,开展反敌伪勒索斗争,减轻人民对敌伪的负担。这个方面,在华北各根据地做得很有成效,并积累了丰富的经验。

在陕甘宁边区,已土改和未土改地区的差别主要是在农民经济上,随着减租减息的深入开展,这种差别也相应缩小。因此,在抗战的前期和中期,在负担的安排上,主要放在边区直属的12个县,其他地区负担较少。到了抗战末期,大体上是按照各地的经济发展情况来分配公粮征收任务的。

所谓农(业)商(业)之间的负担合理,是在抗日根据地的具体条件下提出来的。抗日根据地处于偏僻落后的农村,90%以上的人口是农村居民,农业经济是根据地国民经济的主体。但是,农村中有不少人,包括地主、富农和部分中农,都经营一些商业。因此,贯彻合理负担的原则,就有一个农商安排问题。

抗日根据地对私营工商业是保护的,并奖励地主的资财向工业方面转移。因此,商业部分的负担,无论是单独征收的营业税还是统一计征的累进税,一般都比农业负担低。据陕甘宁边区调查,1944—

1945年商民负担占收益的比例,大商为5.5%—12%,中商为4.3%—11%,小商为1.6%—8.3%。同一期间各阶层农业负担占收入的比例是:贫农3%—5%,中农6%—8%,富裕中农7%—10%,富农9%—13%,地主20%—30%。这对商业的发展是有利的。

合理负担的原则,是抗日时期形成的一条深入人心的政策。它对于组织财粮收入,巩固和发展抗日民族统一战线,限制封建剥削,改善民生,都起到很好的作用。

应当着重指出,抗日民主政府实行的合理负担原则,同阎锡山在抗战初制定的"合理负担办法"是不相同的。阎锡山的办法,本身对农民是有利的。但由于他本人及其手下的军阀官僚都是大富户,所谓"钱多多出,钱少少出,财产3000元以上的户另行加派"的规定,结果只能变成一张空头支票,变成骗人的假话。所以,只有中国共产党领导的抗日政策,才能真正贯彻合理负担的原则。

(三)关于发展人民经济,培养民力的政策

1942年,正当根据地的财政经济处在严重困难的时候,毛泽东在西北高干会上作了《经济问题和财政问题》的报告,提出"发展经济、保障供给,是我们的经济工作和财政工作的总方针"。这是毛泽东总结10多年来根据地建设的经验而形成的理财思想,它解决了摸索几年的、聚讼纷纭的许多财经问题上的原则问题、实际问题,具有极大的理论意义和实践意义。

发展经济,包括发展民营、公营两方面的经济。民营经济,就是一切私人的农工商业。公营经济,就是政府、军队与机关学校所经营的农工商业。发展这两方面的经济,目的都是一个,即培养民力,减轻人民负担,战胜困难,支持长期抗战。毛泽东说:"如果我们的党与政府不注意动员人民并帮助人民发展农工商业,则人民生活既不能改善,抗战需要亦不能供给,其结果就是军民交困。军心民心如不能巩固,一切也就无从说起了。""但是单靠人民交纳租税,还是不能解决抗战建国的需要;特别是在边区地广人稀的条件下,人民的租税与政府的支出之间,长期地存在着一个大矛盾。所以,我们又必须用极大注意力去经营公营经济。……公营经济愈发展,则人民负担就可愈减少,这又是培养民力的一个方法。"①

毛泽东根据陕甘宁边区的实践还指出,无论民营经济还是公营经济,都要把发展农业放在第一位,特别要尽量使农民发展农业生产。其目的究竟何在呢?"第一个目的,是使农民富裕起来,改善他们的生活;第二个目的,是使农民有力支付粮食税,帮助抗战的需要;还有第三个目的,是使农民在取得减租利益之后,发展农业生产,能够以一部分交给地主作地租,因而便于团结地主和我们一同抗战。要达到这三个目的,只是做一件事,就是用尽力量使农民发展农业生产。农业生产愈发展,农民每年收获农产品及其副产品的数量愈增多,则其交给政府的粮食税的数量在其收获总量上说来就可愈减少。"②

为了发展农民经营的农业,各根据地按照中央的指示,普遍抓了两件大事:一是减租,二是把群众组织起来。

减租,是调动农民生产积极性,提高农业生产的基本条件。普遍地彻底地实行减租减息,是使农民在有所失(交纳赋税)的同时又有所得的适当办法。

抗日时期实行的土地政策,是抗日民族统一战线的土地政策,也就是一方面减租减息一方面交租交息的土地政策。这一政策,在1942年前,许多根据地内还没有普遍地认真地彻底地实行,农民得利不多,1943年中央的指示下达后,农民才普遍得到了实际的物质利益。减租之前,各抗日根据地的租率一般在50%以上;减租深入后,租率一般降到25%左右。据估计,由于租率降低,各根据地农民增加的收入,总计至少在20亿斤细粮以上。同时,由于减租政策、税收政策对封建剥削的限制,地主的大部分土地逐步分散到了农民手里。这就为农民经济的发展创造了极有利的条件。

把群众力量组织起来,开展大生产运动,这是另一种方针。毛泽东说:"县区党政工作人员在财政经济问题上,应以90%的精力帮助农民增加生产,然后以10%的精力从农民取得税收。""不注重发展经济,只片面地在开支问题上打算盘的保守的单纯的财政观点,是错误

---

① 毛泽东:《经济问题与财政问题》(1942年12月),载《毛泽东选集》,东北书店出版。
② 同①。

的。不注重组织党政军群众和人民群众的广大劳动力,以开展群众生产运动,只片面地注意少数政府人员忙于收粮收税弄钱弄饭的观点,是错误的。不知用全力帮助群众发展生产,只知向群众要粮要款的观点（国民党观点）,是错误的。"①

从1943年开始,各地贯彻中共中央的指示,纷纷把农村劳力组织起来,普遍开展了大生产运动。在生产运动中,党政干部发动群众,组织了许多劳动互助的农民合作社,和群众一起开荒、修渠打井、植树造林,并发放了农业贷款,帮助农民解决生产中的困难。这一切,使农民大大增加了生产热忱,提高了农业劳动生产率。到1944年,抗日根据地的农村经济普遍发生显著的变化：粮食产量增加,农民收入提高,生活改善,许多地方实现了中农化。与此同时,政府的财粮供给也由被动转为主动,大生产运动搞得最好的陕甘宁边区已经走向了军民丰衣足食的大道。

毛泽东说："抗日的财源十分困难,动员了民众,则财政也不成问题。"② 又说："财政困难,只有从切切实实的有效的经济发展上才能解决。"③ 这就是抗日时期在财经问题上的一条基本经验。

五、抗日时期的税收制度及农民负担情况

（一）抗日时期税收制度的建立与发展

税收制度是负担政策的法制形式。

抗日时期的税收制度,是根据抗日民族统一战线的总政策和根据地的经济情况逐步建立起来的。它吸取了土地革命战争时期苏区的有益经验,也利用了旧税制中的某些合理形式。

抗日根据地税收制度的建设,贯彻执行了"统一领导,分散经营"的原则。各抗日根据地的税收制度,都是从本地区的政权建设情

---

① 毛泽东：《开展根据地的减租、生产和拥政爱民运动》（1943年10月1日）。《毛泽东选集》第三卷,人民出版社1966年横排版,第866—867页。
② 毛泽东：《论持久战》（1938年5月）。《毛泽东选集》第二卷,人民出版社1966年横排版,第479页。
③ 毛泽东：《抗日时期的经济问题和财政问题》（1942年12月）。《毛泽东选集》第三卷,人民出版社1966年横排版,第847页。

况和所处的环境、条件出发自行制定的。抗日民主政权建立较早而且比较巩固的根据地，税收制度的建设也早一些，正规一些；政权建设较晚又不大稳定的根据地，税收制度的建设就迟一些，简单一些。然而，就整个过程来说，税收制度的建立、发展，大体上可以分为三个阶段。

第一阶段为1937—1940年。这个阶段的特点是：根据地政权刚建，一切均无善法可依，军需供应紧迫，来不及也没有条件制定正规的税收制度，只能采取一些临时性的应急措施，或利用旧税制中一些比较合理的形式。所以，这个阶段在税制建设中可以说是过渡性的阶段。

在这个阶段，已经成立抗日政府的地区，旧的苛杂制度全部废除，新建立的税收制度或利用、改良的旧税收制度有四种：（1）以农业收入为课税对象的救国公粮征收制度。这是抗日时期新建的第一个税收制度。1937年10月陕甘宁边区政府首先公布了《救国公粮征收条例》，随后，晋察冀边区于1938年、晋绥边区于1940年相继制定了《抗日救国公粮条例》。另外，冀南实行的《公平负担法》，也属于这种类型。（2）以土地为课税对象的田赋和土地税制度。晋察冀、晋冀鲁豫和晋绥边区都保留了按亩计征的旧田赋形式，并清除了积弊。冀中地区一度实行的"土地累进法"，山东根据地在1940年按亩或按赋元摊派的土地税，也是土地财产税性质。（3）以全部资产和收入（包括土地和工商业）为课税对象的合理负担办法，包括：1938年晋察冀边区制定的村合理负担办法，冀东丰润、遵化等局部地方1940年实行的合理负担办法，晋冀鲁豫边区1938—1939年沿用二战区的"战时村合理负担办法"、1940年边区制定的"合理负担摊派办法"等。（4）以商品流转额为课税对象的工商业税收制度。这主要是晋察冀边区1938年恢复的各种旧税，包括烟酒税、烟酒牌照税、卷烟特税、外货入境税、印花税等。除上述四种主要税收制度外，晋察冀边区和山东根据地还利用了旧的屠宰税、牲畜税、营业税制度，但实行的地方很少。

第二阶段为1941—1943年，叫税制正规化阶段。所谓"正规化"，体现在三个方面：一是原来建立的税收制度根据执行中出现的问题进行了修订、改革，对旧的税收形式进行了改造，并普遍建立了出入口税制度；二是各项税收制度都有正式的立法手续，并且统一由边区一级参议会或政府委员会立法；三是对纳税人征税，强调按税法办事，反对按任务摊派。

这个阶段的税制建设又分为两种情况。

一是税制大改革，实行统一累进税。所谓"统一"，按照晋察冀边区的做法，包括三层意思：把对农村和城镇同时征收的几种资产税与收入税，合并统一于一种税中；将各级政府征收的权力完全统一于边区一级政府；在征收方面，以粮、秣、钱三种形式统一缴纳。在这个阶段，晋察冀边区、晋冀鲁豫边区、晋绥边区、陕甘宁边区都制定和公布了统一累进税制度，但都没有在整个边区范围内执行；陕甘宁边区只在5个县试行；晋察冀、晋冀鲁豫和晋绥的游击区或条件不具备的地方，仍然执行原来的征税制度（作了一些修改）。

二是公粮、田赋（或土地税）、工商业税分别建立制度，分别征收。这是山东根据地和华中根据地执行的情况。这些地区，统一的政权组织都是1940年以后建立的，基层工作基础较弱，财政经济上的困难程度较小，因此没有条件也没有必要实行统一的累进税。但是，各个根据地的税制都不断修订，也有一些小的改革。

第三阶段叫税收制度的完善阶段。这个阶段只有两年，即1944—1945年。从1944年开始，无论是实行统一累进税的地区，还是实行多种税的地区，都在总结经验的基础上对原税制作了进一步修订，使之能有力地贯彻中共中央提出的土地政策、工商业政策，有效地组织财粮收入，保障战争的供给。特别是1942年毛泽东提出"依一定土地量按质分等计算税率"的办法后，各地普遍采用常年产量作为计算土地资产与收入的标准，大大调动了农民的生产积极性，使税收制度更趋于完善。此外，到1945年，不但长江以北的各根据地普遍建立了适合当地情况的税收制度，长江以南的浙东区、东江根据地和琼崖根据地，也随着政权的建立相应制定了公粮、田赋和营业税等征收制度。

抗日时期的税收制度，较之土地革命战争时期大大前进了一步。它在指导思想上、形式上、方法上，为新民主主义的财政建设打下了良好的基础。

（二）粮赋制度的主要内容

公粮、田赋征收制度，是敌后抗日根据地的主要税收制度。这种制度，在根据地之间互不相同，同一根据地内前后变化也很大。因此，这里只能就税收构成的要素，粗略地作些介绍。

1. 关于纳税人。抗日根据地征收的救国公粮，基本上属于收益税性质；征收的田赋（或土地税），属于财产税性质。二者合并成统一累进税或统一公粮，则具有收益税、财产税的二重性。因此，在根据地范围内，一切土地所有者，一切农业经营者和地租所得者，都是粮赋的纳税人；实行统一累进税的地方，土地以外的财产所有者和工商业收入所得者，也是粮赋的纳税人。

在个体经济的基础上，农业的经营以一家一户为单位，所以粮赋也是以户为单位征收的。

2. 关于计税的标准。各根据地规定的计税标准，概括起来有三种：一是当年的实际产量或实际收入，二是常年产量，三是土地面积。

在抗战的前期和中期，华北各根据地和陕甘宁边区都以实际产量或实际收入作为计税的标准，每年秋收前发动群众评议一次。这种办法实行几年后，各地感到有很大缺点：第一，不能更好地鼓励农民积极增加生产。由于勤劳耕作而提高产量的农民怕增加负担，思想上产生顾虑。第二，每年调查评议工作量很大。特别在战争环境中，每年调查评议更为困难。因此，从1943年起，上述地区先后改为以常年产量作为计税标准。

常年产量，是依土地的一定质与量评定的产量，也就是平常年景的产量。常年产量一次评定后，在几年内一般不予变动。这样，农民就能按照自己耕地的量与质计算交税数目。农民有了这个计算，就可计算他全年全家收支的比例，就可放手进行生产，提高生产积极性，保证粮食的增产。同时，政府人员也可腾出时间去帮助农民发展生产。所以，改按常年产量计税，是粮赋制度上的一项重大改革，是中国税收史上的一个创举。

当时,常年产量在不同地区有不同的名称。陕甘宁边区叫常年产量,晋绥边区叫"通常产量",晋冀鲁豫边区叫"常年应产量",晋察冀边区叫"登记产量"。山东根据地叫"中中亩""标准亩"[①]。名称不同,其揆一也。

按土地面积作为计税标准,是华中各根据地普遍采用的办法。其他根据地单独计征的田赋,也多采用这一办法。

按亩计征,是旧中国田赋制度的老办法。华中等地区在沿用这一老办法时,一般都进行了改进。有的对原册籍作了整理,清除了积弊;有的发动群众,重新陈报土地,重新划分了土地的类别和等级。例如,盐阜区在1942年普遍开展了一次土地清查工作,将田地统一分为水田、稻麦田、旱田、棉田、洼田、草滩、柴滩、花碱、荒地等九类,原来的田地等则一概废除。

华中各根据地的公粮、田赋(土地税),除苏中区实行合并计征外,其他地区都是分别计征的。计征的标准,都是统一评定的土地等级。

3. 关于税制、税率。抗日战争时期,各根据地都采用累进税制。这是因为,在不取消地主的土地所有权,又鼓励资本主义(农村即富农)发展的条件下,采用累进税制有利于调节各阶级、阶层的利益,贯彻合理负担的政策。

累进税制又分两种:一种叫有起征点的累进税制,就是按人均产量(收入)或占有的土地面积规定一个最低的标准,达不到这个最低标准的,不予征税;另一种叫扣除免税点的累进税制,就是按产量(或收入)规定一个免征额,先从纳税户的计税产量(收入)中扣除(每人扣除一份,有几人扣除几份),然后再计算税额。这两种办法,是从照顾贫苦农民的利益出发的。起征点和免征点的具体标准,都是根据当时的财政经济情况确定的,总的原则是要考虑到农民的最低生

[①] 山东根据地1941年将土地分成上、中、下三等,每等又分为上、中、下三级。中等中级每亩定产150斤,叫"标准亩",因为以中等中级的产量作标准,所以又叫"中中亩",实际上都是计算常年产量的单位。

活需要。

税率也分三种：一叫分数制，二叫百分比制，三叫实物定额制。

什么叫"分数制"？就是按每人平均产量（收入或富力）分成若干税级，每级的税率定为若干"分数"，"分数"依税级由低到高，贯彻累进的原则。"分数"是个抽象的税率，每"分"应征多少粮食，由政府根据各年的情况另行规定。例如，某户应征的税率为100"分"，今年政府规定每"分"征粮10斤，则应纳税额为1000斤，明年政府规定每"分"征粮15斤，则应纳税额为1500斤，这同旧田赋的"银两制"在形式上相似。优点是比较灵活，有利于政府在战争环境下组织财粮收入。如果"分数"固定，烦琐的手续亦可避免。"分数制"是晋察冀边区在1938年首先采用的，后来晋冀鲁豫边区、晋绥边区制定统一累进税时也运用了这种做法。

百分比制，就是按照收入的百分比规定税率，每人平均收入多的百分比高（税率高），每人平均收入低的百分比低（税率低）。百分比乘计税收入，即为纳税人应征的税额。华北各根据地制定的《救国公粮条例》，陕甘宁边区制定的《救国公粮征收条例》和《农业统一累进税条例》，都是采用百分比税率。

实物定额制，就是按亩规定征收实物的绝对额。例如，甲等地每亩规定征粮30斤，丁等地每亩规定征粮5斤；或者是每人平均土地3亩的每亩征粮5斤，每人平均土地100亩的每亩征粮50斤。这种办法，形式上是定额，实际上包含着一定的比例，同样是累进的。定额制是华中各根据地普遍采用的累进税率。1943年，淮海区还制定了一种按每人平均田亩多少和按地亩等级相结合的征收率，计算很复杂，但能较好地体现合理负担政策。

上述三种税率，在累进的方法上又有超额累进和全额累进之分。采用"分数制"的，一般都采用超额累进税率；采用百分比制和实物定额制的，都采用全额累进税率。

4. 关于优待减免。各根据地的粮赋征收办法中都有优待减免的规定。归纳起来，可分为三类：

一是奖励生产的规定。例如，陕甘宁边区1943年规定，移难民所得收入三年内免税，新植棉花三年内不计收入。晋冀鲁豫边区从1940年开始就规定对农村副业不征税。山东根据地1941年规定，开荒三年内不计负担，打井增加的产量永不增加负担。晋绥边区规定，开垦生荒免征公粮三年，开熟荒免征一年，种棉花和种蓝靛的收入征税时只计算一半。

二是社会照顾。各根据地都明确规定，抗日军人家属全免税，抗日政府工作人员家属给予一定的减税照顾。晋察冀边区1943年还规定，无劳力的孤儿寡妇人家，免税点扣除的标准可以提高。

三是受灾减免。例如，苏中区1942年规定，因自然灾害或战争歉收者，五成以上一律免征公粮，三成至五成者减等（降低一个土地等级）征收。

5. 关于征收。抗日时期，各根据地都征收粮食，同时征草，也有征柴征钱的。公粮是农民对政府的主要贡献。毛泽东讲，我们靠小米加步枪打败了日本帝国主义者。这个小米，主要是农民交纳的公粮。当然还有军队、机关、学校自己生产的粮食和购粮。当时，购粮的数量不多，最多的时候也只占军需的百分之几，1941年后则基本上没有购粮了。

农民交纳的公粮，一般就地储存，有些环境恶劣的地方，就存放在农民家里。所以，储粮护粮的斗争，曾是对敌斗争的一个重要方面。不少党员、干部、农民在这场斗争中，光荣地献出了自己宝贵的生命。

（三）抗日时期的农民负担状况

抗日战争时期，政府的财政很困难，军政人员的生活很艰苦，农民的负担也相当重。

负担最重的是1941年。以陕甘宁边区为例，这一年全边区的负担情况是：

人力负担，每劳动力平均100—115天；

畜力负担，每畜平均65—75天；

正式财粮负担，每人平均54斤小米，占总收入的15.31%；

非正式财粮负担，每人平均81斤，占总收入的23.14%。

军政人员占边区人口比例，为6.56%。

这一年,边区农民的负担能力如何呢?按人口平均的农副总收入为 350 斤细粮,只能维持简单的再生产和最低的生活需要,负担能力是很弱的。在这样的条件下,要拿出 1/3 以上的收入交给各级政府,确实是十分困难的。我们说负担很重,也就是从农民的经济基础相对而言的。

然而,就抗日战争的整个过程来说,农民的负担则是逐渐减轻的。这是因为:第一,农民经过减租减息运动,地租负担大大减少,高利贷剥削和商业剥削基本上免除,由此增加了收入;第二,政府大力支持农民发展生产,使农民经济不断得到补充和增长;第三,政府严格控制了税收以外的各项负担;第四,公营经济的发展和精兵简政的实施,使政府逐步减少了税收的任务数。上述四条,前两条是增加农民收入的因素,后两条是减少负担的因素。所以,到了抗日后期,农民负担占农民收入的比例显著下降,军政人员占农村人口的比例也迅速降低。以晋察冀边区为例,1941 年全边区脱离生产人员占总人口的比例为 5.9%,1945 年降到 1.5%;1941 年统一累进税占总收入的比例为 15%,1945 年降到 9%。晋绥边区是最穷而负担又重的一个边区,1941 年公粮负担占总收入的比例为 24.6%,1942 年为 17.4%,1943 年为 19.6%,1944 年为 19.4%,1945 年为 21.0%,总的趋势也是下降的。

各阶层的负担,总的来说是体现了合理负担原则的(当然也出现过畸轻畸重的不合理现象),收入多的负担多,收入少的负担少。在减租减息运动普遍深入开展以前,地主、富农的收入与贫农的收入相差较大,在负担上的差别本应大一些;减租减息深入开展以后,地租的租率一般降到 25% 左右,贫农中农的收入水平提高,地主同农民的负担差距有所缩小,特别是同中农的负担差距明显缩小。但是,各根据地具体情况不同,也不能一概而论。

从各阶层出粮出钱的绝对数看,在抗战初期,有相当一部分是地主、富农和工商业者拿的。到了中期特别是末期,随着地权的分散和农村经济的发展,中农经济成了农村经济的主要成分,抗日经费主要直接取之于农民,中农就成为主要的负担者。至于劳力负担,则从头到尾是由农民承担的。

毛泽东在《新民主主义论》一文中指出："中国的革命实质上是农民革命，现在的抗日，实质上是农民的抗日。……抗日的一切，生活的一切，实质上都是农民所给。"① 这段话，可以作为我们研究抗日时期农民负担问题的小结。

第二节 陕甘宁边区的农民负担

一、边区政府成立初期的休养民力政策及救国公粮制度

（一）陕甘宁边区政府的建立

位于中国黄土高原中北部的陕甘宁边区，是土地革命战争时期保存下来的唯一根据地。1935年10、11月中央红军长征到达这里后，粉碎了国民党军队的围攻，根据地得到了进一步巩固和发展。

陕甘宁边区原设有陕甘边（包括关中）、陕北（包括神府）两个苏维埃政权组织。1935年11月，中共中央决定成立中华苏维埃中央政府西北办事处，统一领导西北的苏维埃政权工作，并调整了行政管理区划。调整之后，设有陕北省、陕甘省、陕甘宁省、关中特区、神府特区等五个行政区。

国共第二次合作形成后，西北办事处重新通过了边区选举法，选举了各级代表和议员，组织了乡级的代表会和区县级的参议会，由代表会及参议会选举了各级行政长官。1937年9月6日，根据国共合作宣言，中国共产党将苏维埃西北办事处正式改为陕甘宁边区政府，归国民政府领导，成为它的一个组成部分。

边区政府成立时，共辖26个县，包括：陕西的绥德、米脂、葭县（今佳县）、吴堡、清涧、神府（神木、府谷各一部分）、延川、延长、

---

① 毛泽东：《新民主主义论》（1940年1月），载《毛泽东选集》第二卷，人民出版社1966年横排版，第652—653页。

肤施、甘泉、富县、旬邑、淳化、靖边、定边、安定、安塞、保安（今志丹），甘肃的庆阳、合水、镇原、宁县、正宁、环县，宁夏的盐池、预旺。总面积129608平方公里，人口为200万。

为了进一步发展边区的民主运动，1939年1月，陕甘宁边区参议会宣告成立。边区第一届参议会通过了《陕甘宁边区抗战时期施政纲领》，并选举林伯渠、高自立为边区正副主席。至此，适应抗日需要的民主政权在中国首先建立起来了。

（二）休养民力政策的提出与实施

1937—1939年为边区建立和发展的初期。这个时期的财政政策是休养民力，就是在财力、物力的动员上，尽量减轻人民负担，让农民休养生息。

这个政策的提出和实施，是从当时的环境、条件出发的。

陕甘宁边区是个经济落后而社会环境又很复杂的地区。土地革命前，土地牧畜集中在地主手里，苛捐杂税达80多种，放债利息高达每元每月一角五分。军阀的蹂躏，封建势力的剥削压榨，加上连年的灾荒，使农村经济萎缩不堪，生产水平很低。据典型调查，革命前每亩耕地平均的粮食产量，固临县更乐区康家村为27斤（1934年）[1]，安塞县四区各乡为29斤（1935年前）[2]，绥西县景家沟村为37斤（1934年）[3]，清涧县解家沟为40斤（1935年）[4]，华池县温台区四乡城壕村为69斤（1934年）[5]。广大农民终年劳动，收入的70%—80%落入封建地主、军阀官僚和高利贷者的腰包。当时，陕北流行这样的谚语："地富囤粮如山堆，穷人斗无三升粮。"据绥西县景家沟村调查，1934年该村41户贫农，每人平均农业收入（折细粮）只有122.3斤；中农

---

[1] 华子扬：《大生产运动与边区人民经济生活》，1944年3月19日。
[2] 马宁：《陕甘宁边区的人民生活》，《新华日报》，1940年3月14日。
[3] 姚鹤亭：《从景家沟调查来看谁为广大人民谋利益》，《解放日报》，1943年12月28日。
[4] 清涧县：《东河畔经济发展之一斑》，1942年5月。
[5] 《张振财和模范的城壕村》，《解放日报》，1944年1月3日。
以上均转引自陕甘宁边区财政经济史编写组、陕西省档案馆编：《抗日战争时期陕甘宁边区财政经济史料摘编》第九编，陕西人民出版社出版，第38、65、96、105页。原材料计算单位为垧、石，引用时均按每垧折3亩，每石折300斤计算。

13户,每人平均农业收入也只有334.8斤。另据安定县(今子长县)玉家湾村调查,1934年该村28户贫雇农(全村共47户)每人平均收入为179.4斤(粗粮),其中10户雇农每人平均收入只有88.7斤粗粮①。农民除了这点微不足道的收入外,别的东西几乎没有。一家人住在一个窑洞里,睡在一个炕上,全部家具财产用两个毛驴就可以载完。

1934—1935年,陕甘宁边区有半数人口的区域进行了土地改革,比较彻底地平分了土地。土地改革以后,帝国主义、军阀、封建势力一串儿被赶跑了,租、债、捐、税一律取消了,农民的生活得到一定的改善。但是,由于内战不停,土匪未肃清,加上经济政策上存在"左"的错误②,农业生产并没有得到发展,相反却继续衰落、下降。首先,荒地增多,耕地面积减少。土地革命前,边区范围内约有可耕地4000余万亩,实际耕种的为900余万亩,不及1/4。1936年,全边区耕地面积只有843.1万亩,比革命前减少约1/10,当时的延安、安塞、保安、甘泉、华池以及东三县等,均有许多荒地③。其次,粮食产量下降。原来边区的粮食产量就很低,据有关典型调查,每亩平均产量估计为1.3—1.4斗(即39—42斤),总产量估算为120余万石。1936年统计,全边区的粮食总产量只有103.4万余石④,按843.1万亩耕地平均,每亩只有1斗2升(即36斤),下降了10%。棉花则完全停止了种植。再次,畜牧业破坏很严重。据刘景范所作《1938年边区经济建设工作的报告》中提到的数字推算,内战以前全边区有牛12.2万头,养羊78.1万只;到1936年,牛只有5万头,驴只有4万头,羊只有40万只。牲畜是边区最重要的富源,贫中富农的分界不决定于土地多少而决定于有无牲畜。据说以前羊多的户达一两千只,

---

① 根据《对玉家湾村在苏维埃时期土地斗争的调查》材料计算。原材料计算单位为石,引用时按每石折合300斤计算,转引自《抗日战争时期陕甘宁边区财政经济史料摘编》第九编,第6—10页。
② 毛泽东:《经济问题与财政问题》,载《毛泽东选集》,东北书店,第752、754页。"左"的错误,主要是指不准土地买卖、雇工和借贷,不敢放手发展生产。
③ 同②。
④ 《解放》(周刊)第119期,1940年11月16日。

1936年时多的几百只,很多农民没有羊。最后,纺织、驮盐等副业,同样遭受破坏,纺织几乎完全停顿。因此,农民虽然分得了土地,摆脱了剥削,但仍然很穷,负担能力很弱。他们"还穿着破单裤,没有毯子,居民把所有供献给军队,也不过是几升小米苞谷,或者是剩下的几头羊子。如果跑到农民家一看,一间破窑,缸里什么没有,炕就是一堆土,靠煤火过夜"①。

鉴于农村经济原来就很落后,又受到战争等因素的影响和破坏,边区政府认为,在抗战爆发时,内战才停止不久,极需休养民力,培养民力,发展生产,恢复农村经济。否则,农民的生活得不到改善,抗战也难以长期支持。这就是当时边区政府提出和实施休养民力政策的基本出发点。

休养民力的政策不仅很有必要,而且当时的环境也容许边区这样做。抗战爆发时,内战已经停止,抗日民族统一战线也初步形成。随后,中央红军又改编为八路军、新四军开赴抗日前线作战,并不断取得胜利。这不仅使共产党在国内外影响大增,而且引起了国内外人士的同情,获得了巨大的外部援助。当时,许多爱国人士、华侨、外国朋友,不断给边区捐募、捐助钱和物,并通过各种渠道送到了边区,国民党政府也按月发给八路军军饷60万元(按1937年粮价计算约合23万石小米)。同时,抗战初期边区人马较少,需粮需款亦有限。1937年八路军115师、120师、129师东渡黄河奔赴华北战场后,留在边区的警备7个团、120师385旅及所属770团,共计只有1.8万人,加上党政机关人员,总计脱离生产人员最多不超过3万人。如按最低标准供给(每人每天食粮1.5斤,5分钱菜金),一年只需粮6万余石。粮食来源也还不困难,只要有钱,在西安、洛川等地都能买到粮。这说明实施休养民力的政策,减轻农民的负担是有条件的,是可能的。

为了贯彻休养民力的政策,在1937—1939年的三年里,边区政府除了向人民征收救国公粮,在三边地区(定边、靖边、盐池)征收盐

---

① 林伯渠:《陕甘宁边区政府工作报告——在边区第一届边区政府会议上》(1939—1941年),1941年4月,载《抗日战争时期陕甘宁边区财政经济史料摘编》(第九编),第5—6页。

税和少量货物税以外,没有征收其他任何税捐,也没有征收任何附加。救国公粮征收的数量也不多,1937年、1938年只有1万多石,1939年增加一点也只有5万多石。

这个时期,边区军政人员的财粮供给,有相当一部分来自外界的支援,取之于民的救国公粮占的比例也不算大。据统计,全边区1937—1939年平均财粮总收入(统一折合小米计算)为49138石,其中公粮为27360石,占55.7%。分年度看,1937年占40.6%,1938年占36.0%,1939年占75.8%[①]。

休养民力的政策在三年当中取得了显著的成效,确实达到了医治内战创伤,积蓄力量,支持长期抗战的目的。这个效果,可以从农村经济的恢复发展以及农民的收入负担水平看得出来。

第一是耕地面积迅速扩大。1936年全边区耕地面积为8431006亩,1937年为8626006亩,1938年为8994487亩,1939年为10040319亩[②]。如以1936年的耕地面积为100,则1937年为102,1938年为106.6,1939年为119.1。这就是说,仅三年时间,耕地面积就增加近20%。个别地区耕地增加更为迅速,例如安定县的五个区三年内增加44.6%。

第二是粮食产量大幅度增加。这三年边区的年成都不错,1938年、1939年的雨水都较均匀。因此,全边区的粮食产量,无论是总产量还是单位面积产量都增长较快。据统计,1939年的总产量为137万石,比1936年增加32.46%;每亩平均产量为40.9斤,比1936年增加13.6%[③]。

第三是牲畜迅速得到恢复和发展。到1939年,主要牲畜均恢复和

---

① 边区的财政收支(钱的部分)和粮食收支是分别编列预决算的,救国公粮征收数反映在粮食收支里面。为了便于比较和分析,这里把二者合并在一起,并将钱的收入折合成小米计算。各年小米的折算价格是:1937年每石小米为26元(法币),1938年每石小米为31元(法币),1939年每石小米为39.4元(法币)。资料来源:西北财经办事处:《抗战以来的陕甘宁边区财政概况》(附表),1948年2月18日。

② 南汉宸:《陕甘宁边区的财经工作》,1947年。其中1939年的数字与林伯渠《陕甘宁边区政府工作报告》中的数字不一致,后者为10076000亩。

③ 根据南汉宸《陕甘宁边区的财经工作》(1947年)中所列举的数字计算。

超过了内战前的水平。如果同1936年比较，牛、骡均增长两倍以上，羊也增加将近两倍①。

第四是农民的收入增加，生活改善。这里列举两个典型调查材料，一个是安塞县四区的石岇、东营、西营等三个村，另一个是延安县的裴庄乡，都是经过土地分配的老区。这两个地方，内战时期生产都未得到发展。自1937年特别是1938年以来，人民安居乐业，致力于发展经济，收入显著增加，生活迅速得到改善。石岇等三个村，1939年同1937年比较，粮食产量增加107.3%，每人平均收入增加83.3%。裴庄乡1939年的粮食产量比1938年增加35.5%；副业收入增加6.7%；每人平均收入（农副合计）由621.9斤增加到738斤，增长18.7%；每人平均粮食消费增加11.5%；每人平均布匹的消费增长4.7%②。

第五是负担较轻。这三年，边区人民除公粮和少量工商税收负担外，没有别的负担（战勤负担很少）。由于公粮征收数量不多，加上农业生产迅速得到恢复发展，所以公粮的负担也显得较轻。全边区实征公粮占实际产量的比例，1937年为1.27%，1938年为1.25%，1939年为3.8%。每亩平均负担细粮，1937年为3.9斤，1938年为4.2斤，1939年为4.1斤③。

这个负担水平，同华北各抗日根据地同期比较是轻的，如果同边区土地革命前比较，那就减轻很多了。以新正县为例（原属旬邑县，老区），革命前（1934年）全县的负担为34550元，革命后（1937年7月至1938年10月统计）全县的负担为14575.3元，较革命前减轻60%④。该县约有3万余人，革命前每人平均负担1元多，革命后每人

---

① 边府建设厅农牧科：《1939年农业生产总结报告》。
② 根据边府建设厅农牧科《1939年农业生产总结报告》（1940年）中所列《安塞县四区石岇等村三十八家人口耕地及收获量三年比较表》，及华子扬《边区人民生活之介绍》（1944年7月26日）中的调查材料整理。原材料中的产量计算为石，整理时按每石300斤折合计算。
③ 根据陕甘宁边区政府财政厅《老区农业负担总结报告》（1949年）中的产量数字整理。此数字与南汉宸1947年的财经报告数字一致，均为细粮数。实际负担比例与其他有关资料中的数字略有出入，主要是计算的口径不一致。这里系按公粮负担计算口径计算的。
④ 根据高自立《边区政府对边区第一届参议会报告》（草案）（1939年1月18日）中讲的例子计算，载《抗日战争时期陕甘宁边区财政经济史料摘编》（第一编），第95页。

平均只负担4角。所以,边区政府的政策得到人民热烈的拥护。1937年、1938年政府号召征收公粮1万石,1939年号召征收5万石,结果都超额完成了任务。尤其是延安、延长、固林、延川、甘泉等县,许多区域实际只有三五天便完成了任务。本来对于抗日军人家属和贫农照例应当免税,但他们自动把粮食捐给政府,还有许多农民自动超过标准缴纳公粮。

综上所述,可见休养民力的政策是合乎实际的,是深得民心的。它不仅使广大农民真正得到了喘息的机会,促进了农村经济的恢复发展,而且为后来克服财政经济上的严重困难,保证财粮供给,支持持久抗战,打下了良好的基础。

(三)救国公粮征收制度及执行情况

救国公粮是为了保证抗日救国的需要向人民征收的一种税收,因为它以征收粮食为主,所以叫救国公粮。1937—1947年(土改前),陕甘宁边区都采用了这种税收形式。

1937年8月1日,陕甘宁边区党委根据晋绥危急、边区财政经济困难的情况,作出了《关于征收救国公粮的决定》,确定在边区人民中进行抗战动员,征收1.5万石(后改为1万石)救国公粮。据此,陕甘宁边区政府于10月制定和公布了第一个《救国公粮征收条例》,并制发了《征收救国公粮附则》。之后,边区政府每年都专门发布征收救国公粮的文件,1938年发布了《关于征收救国公粮的决定》,1939年12月26日发布了《征收五万担救国公粮训令》。这些条例、文件的主要内容是:

第一,关于纳税人。条例规定:"凡边区人民,除抗日军人家属及因灾荒经政府查明豁免者外,均须交纳救国公粮。"这就是说不论是已土改地区的人民还是未经过土改地区的人民,不论是地主、富农、商人还是中农、贫农,只要在边区政府管辖范围内的,都要按条例规定交纳救国公粮。边区管辖的人民有多少呢?边区政府成立时,经国民政府行政院例会正式通过,指定受边区政府管辖并为八路军募补的区域,共26县200万人。但自八路军主力开赴华北前线抗战后,国民党当局未履行诺言,陆续侵占了约50万人口的地区。所以到1938年、

1939年，边区实际控制的地区只有150万人，其中农村人口约占90%，即130万人。这就是救国公粮征收的范围。

第二，纳税单位和计征标准。救国公粮以家（即户）为单位计算，以全家实际收获量为计征标准。各家的实际收获量由各家自报，经"区征收救国公粮委员会"和乡政府审核后，据以征税。隐瞒不报者，加倍征收；呈报不实、以多报少者，其少报部分，加倍补征。

第三，税率规定。救国公粮实行有起征点的全额累进税率。当时，边区农村存在两类不同的地区，一类是经过土地分配的地区，另一类是未经过土地革命的地区。这两类地区，各阶层人民的生产和收入水平都有一定的差别。因此，1938年的条例规定，每人全年收粮在350斤以下者免征，350斤以上者，最低税率1%，最高税率7%。

第四，关于租佃地负担。1937年条例规定：凡出租土地依靠收租生活的地主，其每人所收租粮不满300斤者征1%，300斤以上的按税率表加倍征收；佃户则按税率表减半征收。1938年规定：凡出租土地全部依靠收租生活之地主，按税率表规定加一倍征收；因孤寡稚弱残废缺乏劳动力，或脱离生产参加各抗日机关团体工作，对其土地出租者不予加倍；对自己无土地或只有很少土地，主要靠租种别人土地为生之佃农，照税率表规定减半征收。

第五，征收办法。救国公粮由区组织征收，每年秋收后征收一次。以征收粮食为主，也就是不收"折色"（钱）收本色（粮）。为什么不收"折色"收本色呢？"因为我们在打仗，打仗要吃饭，打仗又被日寇顽固分子限制在交通不便的地区，如果要照以前'千里舟车、飞刍挽粟'①的办法，那我们只有饿死。公粮是以区为单位储存，军队打到哪里吃到哪里，粮藏在民间，不易损失。如果收折色又要向人民换成本色，粮价有起落，不免影响军食。"② 征收的粮食统一规定为小米、黄米、麦子三种，由纳税人在规定期限内，自动送到指定地点。

---

① 师古曰："运载刍藁，令其疾至，故曰飞刍也。挽谓引车船也，音晚。"见汉书卷六十四上《严朱吾丘主父徐严终王贾传第三十四上》，中华书局出版，第2800页。
② 林伯渠：《陕甘宁边区政府工作报告》（1939—1941年），1941年4月，载《抗日战争时期陕甘宁边区财政经济史料摘编》第一编，第122页。

遇天灾或有其他特别情形无力交粮的，经乡政府转报区政府查实后，转报县政府批准后发给免税证。

以上所述，都是条例或文件上的规定。实际执行，主要靠政治动员，自动缴纳，条例只是一个标准①。在征收方法上，各地大都采取"欢迎"②"宣传估定"③等民主摊派办法，并未按照条例执行。结果，救国公粮成了征募形式的"抗日救国捐"，负担偏重在少数富有者身上。据统计，1939年征税户占总户数的比例，延安县为27.1%，安定县为26.4%，安塞县为34.1%，盐池县为15.6%，华池县为31.1%④。负担的面都是很窄的。

为什么未能按照条例执行呢？主要原因有三条：

一是征收任务的分配与条例脱节，并过分强调了任务的完成。"到了征收时，一般都把条例放在脑后，比如边府估计各县情形，分派各县一个相当数目。各县把数目向各区一摊，区又向各乡一摊。照条例就不能摊，能收多少是多少，摊就一般不能按条例，只是求完成或超过数目。因此，在乡村征收，像有条例又像没有条例，农民只估计各家的现状，根本不知条例为何，不知道缴多少及了格，再缴多少是超过了格为光荣。"⑤

二是过"左"的税收政策影响。土地革命后期，中央根据地和其他一些根据地对地主富农曾实行过火的税收政策，这种过"左"的政策，在一些干部中影响较深，群众也容易接受。因此，在征收救国公粮的过程中，很自然地出现"抓大头、瞅目标"，单纯地把任务往地主富农身上摊的现象。1937年、1938年征收数量少，一摊就可完成任务，当然用不着什么条例。1939年征收任务多一点，按条例对富有者

---

① 林伯渠：《陕甘宁边区政府工作报告》（1939—1941年），1941年4月，载《抗日战争时期陕甘宁边区财政经济史料摘编》第一编，第122页。
② 就是对地主、富农征募时，先经乡级干部动员，然后发动他们"欢迎"，即报负担多少。
③ 一般是乡级干部估定某人出若干，某人出若干，提出大会报告一下，就进行宣传，名字叫"宣传估定"。
④ 谢觉哉：《征收救国公粮的研究》（1940年），载西北行政委员会财政局编《陕甘宁边区农业税资料汇编》（1954年10月），第186页。
⑤ 同④。

征摊不能完成任务时，则又以民主评议的办法补救之，同样用不着什么条例。

三是条例本身还存在若干缺点。例如，按实际收获量计税，完全由各户自报，负担很难做到平衡合理，许多地主富农乘机瞒产少报，也不好对付。这样，基层干部感到很麻烦，不如民主摊派省事。

陕甘宁边区的救国公粮条例，是抗日战争时期最早形成的税收制度。这个条例当时边区虽未彻底执行，但为后来税收制度的发展作了准备，对华北、华中根据地税收制度的建立，也提供了借鉴。

二、1940年至1942年的税收制度与农民负担

（一）形势逆转带来的财粮供给困难及克服的措施

1939年，国民党一些主要当权者开始改变政策，把枪口对内，到处挑拨事端，制造反共摩擦。5月，国民党军队在陕甘宁边区周围强拉民夫，修筑五道由沟墙和堡垒构成的封锁线，西起宁夏，南沿泾水，东迄黄河，对边区进行包围、封锁。12月，蒋介石命令包围陕甘宁边区的嫡系部队胡宗南部，向边区进攻，侵占了淳化、栒邑、正宁、宁县、镇原五座县城。皖南事变后，国民党的包围、封锁更严，边区周围围了50万人大军，建筑了1万多个碉堡。

国内政治形势的逆转，给边区的财粮供给带来了严重的威胁，财粮供需之间矛盾很大。

首先，有两项收入的来源迅速断绝。形势逆转之前，国民党政府发给八路军的军饷和国内外友好人士的捐款，曾是边区财政收入的重要来源。据统计，这两项收入占整个财政收入（钱的部分）的比例，1937年为77.2%，1938年为51.69%，1939年为85.79%[①]。1940年9月，国民党曾一度停发每月60万元（法币）的抗日军饷；到1941年1月皖南事变后，应当发给八路军的抗日经费就完全停发了。同时，从1939年起，由于胡宗南军队的多方破坏和重重封锁，捐款收入亦逐渐减少，捐了的也不易汇进；到1941年1月，海外华侨及后方进步人

---

① 西北财经办事处：《抗战以来的陕甘宁边区财政概况》，1948年2月。

士捐款完全停止汇兑，全部断绝了。这种突然的变化，反映在财政工作上，确实令人措手莫及。

其次，许多必需品缺乏货源。边区历来是经济落后、出入口不平衡的地区。形势逆转以前，这块地方的生产亦不够自给，每年入超很大。不过，这只是造成财政赤字增加，必需的物资还可通过"三宝"（食盐、皮毛、甘草）出口得到解决。形势逆转以后，国民党一面禁止必需品如棉花、铧、铁、布匹、粮食等入口，一面扣留边区的商人，提高税率，不许边区土产向外推销。这样，经济上完全被封锁，供应的压力很大。由于物资缺乏，1941年边区各主要市场，金融和物价发生了极大的波动，法币兑边币的黑市到了3元[①]。同期，三边分区边境地带每斗小米的价格被国民党抬高到70元，白米每斗抬高到80元。边区军政人员的食粮，原来吃公粮不够，有一部分是从国民党区域买来的（1937年买粮占18%，1938年占51%，1939年占31.8%），经济被封锁后粮食很难买到，即便买到，由于粮价抬高吃亏也大。

最后，人马不断增多，开支不断加大。边区脱离生产的人员，1937年为32200人；1938年为34200人；1939年因大后方学生大批涌进边区增为49686人；1940年由于八路军总部将359旅从华北敌后调回边区保卫中共中央，增为61144人；1941年又增为73117人；1942年精兵简政开始，人员略有减少，仍有72454人。马匹也是增加的，1939年为4428匹，1940年为4974匹，1941年为8120匹，1942年为7469匹。人马合计（一马抵二人计算），如果以1937年为100，则1938年为106.2，1939年为181.8，1940年为220.8，1941年为277.5，1942年为271.4[②]。这就是说，如果供给的标准不变，粮款供应的数量在1940—1942年需要增加一倍到两倍。在落后的农村经济刚

[①] 西北财经办事处主任贺龙：发给各分区财经分会的"密电"，载《抗日战争时期陕甘宁边区财政经济史料摘编》第九编，第43页。

[②] 西北财经办事处：《抗战以来的陕甘宁边区财政概况》，1948年2月。原材料1937年、1938年的人数，未包括八路军留守处部队18200人（当时归中央军委开支，未列入边区财政开支内，1939年后改为边区财政支出），引用时为便于比较已把这部人数加入。人马合计的指数，是按包括八路军留守处及359旅人数在内计算的。

刚得到恢复的条件下，压力是大的。

因此，1940—1942年，边区的财政经济很困难，特别是1940年的8—9月到1941年的3—4月最困难。那时，边区仓无余粮，出现了粮荒[①]。几乎没有衣穿，没有油吃，没有纸，没有菜，战士没有鞋袜，工作人员在冬天没有被盖[②]。因为买不到棉花曾穿过一年羊毛装的衣服，盖羊毛被子，所谓"白天一身毛，晚上一嘴毛"，气味很臭[③]。

为了克服财粮供给上的严重困难，边区政府连续进行了几次大的动员工作，采取了许多措施，其中最主要的是两项：一是响应毛泽东关于"亲自动手"的号召，发动各机关部队进行生产，发展公营经济，实行自给；二是动员边区人民踊跃出粮、出钱、出力，支持持久抗战，支持政府克服财政困难，即增加人民负担。关于发展生产、自力更生的问题，我们拟在后面专门叙述，这里着重介绍一下增加人民负担的问题。

增加人民负担，主要是增加农民的负担。这项措施，是从当时的环境条件出发，不得已而为之。因为截至1941年，公营农业中粮食生产一项，还是很微弱的，要保证军队和工作人员的食粮，只能主要依靠老百姓。同时，发展公营经济要投一些资，也需要农民从财力上人力上给予帮助，人民负担增加的具体内容，这三年中大体有下列几点：

第一，增加救国公粮的征收数量。1940年边区政府计划征收救国公粮9万石，实收97354石。由于对军需的严重性估计不足（当时人粮马料非14万石不能渡过难关），指导思想上存在着不正确的量入为出的财政观点和仁政观点，征粮数量过少（距实际需要差1/3），到了1941年3月间，部分地区即无粮吃，4月间各地普遍发生粮荒。为了

[①]《边区情况概述——粮食工作部分》，1948年。
[②] 毛泽东：《抗日时期的经济问题和财政问题》（1942年12月），载《毛泽东选集》第三卷，人民出版社1966年横排版，第847页。
[③] 南汉宸：《陕甘宁边区的财经工作》（1947年），载《抗日战争时期陕甘宁边区财政经济史料摘编》第九编，第42页。

渡过这个难关，边区政府曾被迫下令，向人民搞了一次征购①、两次借粮（个别地区如延安、鄜县，借粮有达八九次的），并派了大批干部下去做动员工作。共计购粮18751石，借粮49705石（第一次借粮32705石，第二次借粮16000石）。频繁的动员，曾形成严重的扰民现象，但粮食供给仍不能保证，有的部队曾两天没有吃上饭。

1941年秋收时，边区政府根据军政人员吃粮的最低需要，经过慎重的考虑，确定征收救国公粮20万石。并向群众宣布，过去借粮一律归还，来年不再借，再不官价买粮。这一年征粮任务很大，人民负担也很重。为了完成这一艰巨的任务，边区政府批判了错误的仁政观点，同时动员中共中央党校和各机关大批干部组织工作团，到各县协助工作。边府对工作团严格命令"粒米根草入仓入站才算完成任务，否则不准回延安"。经过7个多月的努力，共计入库公粮201617石，超额完成了任务，这为1942年的自给自足奠定了物质基础，并为以后的粮食工作提供了宝贵的经验。

鉴于1941年人民的负担已超过担负力之饱和点，部队机关生产亦获得伟大成果（仅粮食一项，即交公86000余石），1942年边区政府适当调减了公粮征收任务。这一年，计划征收16万石②，实际完成165369石。

这三年，救国公粮增加的幅度是很大的。按实际完成数计算，如以1939年为100，则1940年为186.32，1941年为385.87，1942年为316.50，三年平均为296.23。这就是说，征收数量平均约增加两倍③。

除了增征救国公粮以外，还征收了地方教育粮，即公粮附加。过去各县的地方教育粮、救济粮及建设乡议会等需用的粮食，都由各县自动在公粮内附加或临时向人民摊筹，手续纷乱，给人民增加很多的烦扰。政府为方便人民，并防止各县擅自附加的流弊，从1942年起，统一规定各县附加粮总数为1.2万石，包括各县地方教育粮、救济粮、

---

① 又叫官价买粮。官价，即低于市场价格带强制性的购买。当时买粮18751石，实际只付价1/3，群众由此负担150万元。

② 为了防备公粮尾欠，在征粮总数内多分配了5500石，实际对下分配任务数为165500石。

③ 西北财经办事处：《抗战以来的陕甘宁边区财政概况》附表，1948年2月18日。

地方建设粮（经建厅批准的）、党政临时训练班集会及乡议会选举等项粮食开支在内。照这个数字计算，附加粮占公粮的比例为7.5%。

第二，征收公草。1941年边区政府确定征收公草2600万斤，要求保证马草马料的实物供给。征收结果，完成2500万斤。马草本可供给全年（当时实有牲口为7100头），但地区之间不平衡，有些地方（例如延安）只能供给8个月，有些地方（例如绥德、陇东、关中、志丹）供应一年有剩余。为了解决这一问题，1942年边区政府减征公草1000万斤，并在部分地区折收代金，以免损失浪费。这一年，实收公草1600万斤。

第三，向商人开征营业税。1939年以前，边区的商人没有任何负担。1939年开始募集少量的寒衣代金，以解决前方冬衣的需要。这一年只募集10万元，1940年增为40万元。1941年边区政府明令改寒衣代金为营业税，并于10月1日公布了《陕甘宁边区营业税修正暂行条例》。营业税按纯收益累进计征，最低税率为2%，最高税率为20%。1942年又调高了税率，最低税率调到3%，最高税率调到30%。

第四，开征羊子税。向农民征收羊子税，目的是取得羊毛做衣服。羊子税的数目不大，1940年以200万头羊计，可征羊毛600万两，约38万斤，合钱约76万元；1941年征收的羊毛折款约100万元。通过税收形式掌握了实物，解决了军队冬衣的部分问题。1942年，为了减轻群众负担，促进畜牧业的发展，边区政府宣布废除羊子税。

第五，动员群众为政府运输公盐。三边花马池一带的盐产，是边区的重要财富之一。为了主动争取食盐出境换取外来物品及增加财政收入，1941年边区政府投资600万元大量开发食盐，发动群众驮运食盐出口，计划出口60万驮（每驮150斤），其中6万驮为公盐。当时，政府很困难，自己没有运输力，因而以政治动员方式，发动群众义务驮运公盐（公盐驮运指标分配到各县）。1942年计划产盐40万驮（实产27.1万驮），动员群众运公盐12万驮。这一年，为减轻人民负担，并为解决财政急需及边币回笼计，部分地采取征收公盐代金的办法（即免征人力畜力而代之以纳税的办法）。凡交纳代金者，每驮交边币

1000元；凡运交实盐者，每驮交盐105斤（每驮可运盐150斤，交公盐105斤），但须交到指定的收盐机关。运交实盐所出之盐本、盐税及一切运费均归负担公盐人自备，政府不予任何津贴（1943年以后全部改为征收公盐代金）。

运公盐是一种劳役负担，是人民对政府的一种义务劳动。其负担的数目是自上而下分配的，各乡分配数目依据各农户公粮负担及家庭经济具体情况民主分配，再经村民大会讨论调整，有些地方则完全以公粮为依据，按公粮比例分配负担数目。公盐及公盐代金每年分两期交纳，每期交纳一半，但须在每年8月底交清。用公盐或公盐代金形式取得的收入比羊子税多得多。据统计，1941年为700.9万元（边币），1942年为3555.7万元（边币），按当时粮食折合，1941年约合粮食2.22万石，1942年约合粮食2.15万石。

第六，发行救国公债。为弥补财政之急需，1941年夏初边区政府发行救国公债，原定500万元，实收618万元。救国公债规定分三年还本付息，但群众不了解公债为何物，亦不知政府要归还，大都将债券毁弃，待还本时，仅收回十之一二。所以，绝大部分公债实际上变成了群众无偿的负担。

经过党政军民大动员，采取了上述六项措施，加上机关部队的自给性生产以及1942年边区自产特产并专利代销晋绥的特产，边区终于自力更生地渡过了难关，保证了军政人员的最低需要。这三年，军政人员的生活是很艰苦的，人民特别是农民的贡献是很大的。三年平均，农民交纳的公粮占粮食供应量的93.6%，政府取之于民的各项财粮收入占总数的60.6%[①]。

（二）征粮征草办法的修订与征收工作的改进

救国公粮征收任务增加以后，为了使人民的负担公平合理，边区政府对公粮公草征收办法不断修订，对征收工作也不断改进。

1940年，边区政府对公粮征粮办法作了如下修订：第一，起征点改为1.2石（即农户全家每人收获量在1.2石以下者免征公粮）。第

---

① 概据西北财经办事处《抗战以来的陕甘宁边区财政概况》及附表计算。

二，最高累进税率改为36%，在执行中强调了三点：（1）必须做到"负担合理"，粮多的多出，粮少的少出（按累进法），贫的不出，应免征的免征；（2）除区、乡政府注意调查外，主要靠发动老百姓自己来议，反对"宣传固定"；（3）吸收各阶层人士参加，组织乡市征粮委员会，民主评议各户应负担多少，反对强迫命令和包办代替。

"这年的征粮工作，不仅实收所得，有可惊的成绩，尤为可贵的是在征收办法上有了空前的大进步。由于事先各种准备工作充分，民主精神的大力发扬，处理公平，人民虽在天灾人祸的歉收之下，对于征粮工作的热情也达到了空前的地步。"①

1940年11月22日，边区中央局《关于财政经济政策的指示》中指出：为了反对投降，力争时局好转，奠定新民主主义的经济基础，边区的财政经济政策应转到完全自力更生的自给自足的轨道上来，在财政上应以累进的原则去合理分配各阶层人民的负担，贯彻党的民族统一战线。同年12月25日，毛泽东为中共中央写的对党内的指示（即《论政策》）中指出："必须按收入多少规定纳税多少。一切有收入的人民，除对最贫苦者应该规定免征外，80%以上的居民，不论工人农民，均须负担国家赋税，不应该将负担完全放在地主资本家身上。"② 根据这些指示精神，边区政府对救国公粮征收条例进行了修订，并于1941年11月2日公布了《1941年度征收救国公粮条例》。条例公布18天后（即1941年11月20日），中共中央西北局又发出了《关于1941年征粮征草工作的指示信》，对条例的有关规定又作了补充修订。

这次修订的主要内容有以下几点：

第一，扩大了征收范围。原来，救国公粮的征收限于粮食收获量。1941年为了保证完成20万石公粮任务，规定"耕种所得之一切农产物"（佃耕收入扣除地租或牛租）、"出租土地或耕牛所得之租金或租粟""未纳其他税收之农业副产所得之纯收益"，都要计征救国公粮。

---

① 林伯渠：《陕甘宁边区政府工作报告》（1939—1941年），1941年4月，载《抗日战争时期陕甘宁边区财政经济史料摘编》第一编，第124页。
② 毛泽东：《论政策》（1940年12月25日），载《毛泽东选集》第二卷，人民出版社1966年横排版，第725页。

第二，降低了起征点。原来的起征点规定为 1.2 石，即每人平均粮食收获量在 360 斤以上的一律征收救国公粮，不到 360 斤的免征。1941 年规定起征点为 0.5 石，即每口为 150 斤（绥德、米脂等情况特殊地区还可酌情降低）；贫寒之抗日军人家属、抗日残废军人及家属，起征点为 210 斤；鳏寡孤独及失去劳动力者，起征点为 180 斤。这样修订，是为了扩大征收面，保证完成 20 万石公粮任务，纠正过去偏重富有者负担的现象。执行结果，除环县因灾荒负担面较小外（占 59%），其余各地区 80% 的人口都负担了公粮。直属县负担公粮公草人数，占总人口的 85%—96%（延安县 95%，固临县 96%），陇东分区 89%—93%，绥德分区（根据该地实际需要，起征点降为 0.3 石）78%—80%[①]。全边区平均负担面达到 86.1%[②]。

第三，修正税率。主要是调整了税级，提高了起点税率，控制了最高累进率。修订后的条例规定，最低税率为 5%，以后每增加所得一斗，累进率增加 1%，最高税率定为 30%，不再累进。这样，中农负担提高了，贫农开始有了负担，富有者的负担也有了限度。

第四，在征收方面，强调调查研究、民主评议，以弥补条例之不足。条例明确规定：纳税人的人口、土地、牲畜、产量等数量，由乡级征粮委员会进行调查登记，交乡参议会审核确定；各地乡级参议会，评定每户耕地之土地等级；估计每一等级之标准收获量时，须以耕地土质、劳动力、牲畜力为标准。

1941 年的征粮工作，虽然修订了条例，实行了普遍调查，在政策上改变了过去的劝募、摊派形式，但是大部分地区仍然没有认真实行按条例累进征收。实际执行的征收方式，大体上有三种：（1）完全民主摊派。这是普遍采用的方式。摊派的办法仍沿用老一套，按阶层或按上年的公粮数加倍征收。（2）一半按累进率征收，一半民主摊派。这是延长、固临及鄜县的一部分地方所采用的办法。（3）按累进率征收。按累进率征收的，全边区约有 1/3 的县。

---

① 《陕甘宁边区三十年度征粮征草工作总结》，《解放日报》，1942 年 10 月 25 日。三十年度即为 1941 年度。

② 同①。

1942年的救国公粮征收,是在总结1941年征粮工作经验的基础上进行的,继续采用按条例征收与民主评议相结合的办法。根据第二届参议会①《关于税收问题的决议》,边区政府对救国公粮征收条例又作了若干修订,并公布了《1942年度征收救国公粮条例》②。修改的内容主要有四点:

第一,税率变动。主要是将起征点由0.5石提高为0.6石,起征税率由5%改为6%,以减轻贫苦农民的负担。考虑到有些地区因土地较少(绥德分区)或因调查不实,按照条例征收难以完成任务的实际情况,修订条例明确规定,各县可根据具体经济情况另定单行累进税率征收,但须呈请边区政府批准。

第二,改变杂粮折合率。1941年征粮时,因为折合率定得太笼统,一部分产杂粮较多或公用牲口较少的地区征杂粮过多,致使军政人员食粮困难;一部分杂粮出产较少或公用牲口过多的地区征杂粮过少,致使马料供应困难。因此,1942年的折合率改为不同地区具体规定:杂粮出产少需料多的地区,杂粮折合率尽量降低,鼓励老百姓多交杂粮,保证马料供给;产杂粮较多同时马料需要也少的地区,折合率适当提高,以防杂粮过多,影响食粮供给。

第三,深入调查,加强民主组织。1941年各县征粮中,各级民主组织的权限职责不明确,起的作用很小。1942年条例上、细则上对加强各级民主组织的问题作了明确的具体规定,如"各行政府之评议会,由村民大会或家长会议选举产生,负责审查调查材料,评议各户应征数字,并帮助乡参议会重新调查或重新评议","评议员不称职者,村民会议得随时罢免之","乡评议会为决定分配全村每户公粮负担数字之最高权力机关","在征收数字确定后三天内,纳粮户如有充分根据认为负担不公者,得申请参议会重新调查与评议"。

---

① 陕甘宁边区第二届参议会第一次大会于1941年11月6日到21日在延安召开,林伯渠在会上作了边区政府工作报告,通过了西北中央局提出的《五一施政纲领》,通过了《1942年度概算决议》和《关于税收问题的决议》。

② 这一年,边区政府公布两个救国公粮征收条例。1942年8月13日在《解放日报》上公布了《陕甘宁边区三十一年度征收救国公粮条例》,1943年11月公布了《陕甘宁边区政府1942年度征收救国公粮条例》。二者内容不尽相同。此处指后者。

第四，实行夏征。原来，救国公粮都是秋季一次征收，从 1942 年开始，首次实行夏征。条例规定：夏产为主地区（如关中、陇东分区），公粮于夏收后一次征收；夏产占全年农业产量 30% 以上地区（如鄜县、古林、延长、延川等县），公粮于夏收后预征一部分，其余秋收后征收；秋收为主地区（占 70% 以上）于秋收后一次征收。

公草的征收始于 1941 年。这年 11 月 2 日，边区政府公布了《1941 年度征收公草办法》。征收公草，一律以谷草为标准，谷草缺乏地区，可酌量折收部分糜子草、麦草或野草，但谷草须占全部公草的 40%。征收的标准与比例，由各县根据实际情况确定。执行结果，大体有四种做法：第一种，随公粮附征；第二种，根据劳动力征收；第三种，按收获量征收；第四种，免征粮的仍可以征草。一般说来，第一种随公粮附征，是比较合理的原则。

1941 年普遍采取随粮征草的办法，从负担上说是公平合理的，但所征的草没有和供给需要联系起来，曾造成马草供需失调和大量公草霉烂损失，给农民及部队机关带来许多严重的困难。为了解决这个问题，边区政府在 1942 年对公草征收办法作了改进，规定："本年征收公草以需草地区并所征之草能供给需要者，实行征草，不需草地区或因交通困难不能供给需要者，一律折收代金。"

关于公草集中办法，也有新的规定：在需草地点周围 40 里以内的公草，由人民直接送需草机关或部队，或集中于指定之草站与运盐运粮站道；超过 40 里以外，可能转运供给地区的公草，县政府可指定适当地点集中，由领草机关自运；估计将来需草的地区，也可以征收一部分草，或集中由乡政府经营，或寄存民间。

（三）羊子税征收办法

羊是陕甘宁边区的重要资源，有农牧兼营的，有专门牧放的。革命前，军阀政府曾征收过羊税，每头羊征税 0.2 元，那时 0.2 元值 1 斤羊毛[①]。如按每头羊年产毛 2 斤计算，税率为 50%，负担是相当重的。革命后，废除了一切苛捐杂税，这种苛重的羊税也废除了。

---

① 林伯渠：《陕甘宁边区政府工作报告》（1939—1941 年），1941 年 4 月，载《抗日战争时期陕甘宁边区财政经济史料摘编》第一编，第 124 页。

1940年边区政府决定开征羊子税。目的是要解决严重的财政困难，解决部队的冬衣和毯子问题。同时也考虑到，边区的畜牧业已经得到恢复，征点羊毛也是可能的。

征收羊子税，没有制定正式的征收条例，是由边区政府、中共边区党委或边区财政厅以训令形式规定的[①]。

1. 羊子税向养有羊群的民户征收。除不能剪毛的羊羔不能征税外，其余的羊只都要征税。所以当时又称羊毛税，基本上属于收益税性质。

2. 羊子税按头定额征收。白羊1只，每年征羊毛4两；黑羊1只，每年征羊毛2两。1940年规定，尚未剪过第一次毛的羊羔免收，已剪过毛之羊羔与大羊同样征收。1941年规定，每100只除去当年生之羊羔20只，按80只，即按羊群头数的80%计算征收。羊子数目由各农户自报，乡政府加以调查，不得瞒报和混报（如白羊作黑羊、大羊作小羊等）；如有瞒报或混报的，查出除补税外，须罚税一倍，即应出税毛4两的，加罚毛4两。

3. 羊子税委托地方政府动员征收。自5月剪毛期开始，即布置征收，限于11月底完毕，每年只收一次。1940年规定，一律征收羊毛，无毛者折款，16两秤白毛以3元折算，黑毛以2元折算，以钱代毛本代购之。1941年规定，按市价作价收钱，含运毛费在内每只绵羊收0.8元，每只山羊收0.4元。

边区政府征收的羊子税，同军阀政府时期比较是轻的，但就农民的负担能力而言，还是比较重的。当时，每只绵羊年剪毛约2斤，改良种羊一只年产毛5斤以上。如按每只羊征羊毛4两计算，则负担占产量的比例，一般为25%，改良种羊为8%。特别是1941年，救国公粮成倍增加，又开征羊子税和公盐代金，群众确实有些受不了。正因为如此，1942年4月2日陕甘宁边区政府发出布告，宣布从1942年起废除羊子税。

---

① 颁发的训令有：1940年10月4日持字第349号《陕甘宁边区政府、中共陕甘宁边区党委训令》；1940年10月28日《边区财政厅训令》；1941年5月23日更字第35号《陕甘宁边区财政厅训令》。

(四) 1940—1942年农民的收入和负担状况

1940—1942年,陕甘宁边区虽然处于国民党军队的四面包围、封锁之中,但未受到战争的直接破坏,农业生产及农村经济仍然是继续发展的。这表现在:

耕地面积继续扩大。全边区三年内累计开荒244.6万亩,到1942年边区耕地面积扩大为12486937亩。如以1939年的耕地面积为100,则1940年为116.95,1941年为121.74,1942年为124.36[①]。

粮食生产继续发展。这三年,边区部分地区均遭受不同程度的自然灾害。1940年受旱、水、雹灾袭击的有21个县,受灾面积429.8万亩(占总耕地的36.6%),受灾人口达51.5万。1941年有12个县受旱、雹灾,受灾面积60.3万亩,灾民9万余人。1942年又有17个县遭水灾,受灾面积85.6万亩,受灾人口达35.3万[②]。天时虽不利,但经过军民的共同努力,仍然获得了较好收成。全边区的粮食总产量,1940年为143万石,1941年为147万石,1942年为150万石,均比大丰收的1939年增产[③]。

棉花生产开始恢复。边区东面靠近黄河各县宜种植棉花,过去曾是种棉区域,有50万亩以上耕地可供植棉。由于封建军阀种鸦片烟和外国棉花进口,棉田全遭破坏。边区政府为了自力更生解决军队穿衣问题,于1940年开始提倡植棉,收效甚大。棉田种植面积,1940年为15177亩,1941年为39987亩,1942年达到94405亩。棉花产量,1942年达到1403646斤,比1941年增加1.76倍[④]。

畜牧业发展很快,1942年同1939年比较,牛增长38.9%,驴增

---

① 南汉宸:《陕甘宁边区的财经工作》,1947年。转引自《抗日战争时期陕甘宁边区财政经济史料摘编》第二编,第85页。

② 边区政府民政厅:《陕甘宁边区社会救济事业概述》,1946年6月。边府民政厅:《陕甘宁边区四年来灾情统计表》,1944年5月。转引自《抗日战争时期陕甘宁边区财政经济史料摘编》第九编,第263—265页。

③ 南汉宸《陕甘宁边区的财经工作》,1947年。西北财经办事处《抗战以来的陕甘宁边区财政概况》附表统计的数字是:1940年1526471石,1941年1455860石,1942年1488671石。

④ 《边区农业统计表(1940—1943)》,1944年。转引自《抗日战争时期陕甘宁边区财政经济史摘编》第二编,第87页。

长36.04%，羊增长59.91%①。

在生产发展的基础上，这三年边区农民的收入也有一定的增加，但增加的幅度不大。据有关资料计算，全边区人均占有的粮食产量，1942年只比1940年增加3.81%②；就是生产发展较好的延安县裴庄乡，每人平均农副业总收入也不过增加9.4%③。边区农民的收入水平仍然很低。到1942年，边区的农村经济虽然恢复并超过了历史上的最高水平，但每个农民平均得到的收入，包括副业在内，全边区只有358斤细粮，最好的关中分区4个县不过528斤，最差的绥德分区6个县平均只有230斤，不够维持生产和生活的最低需要④。由此可见，边区农民的负担能力是很弱的。

正因为农民的负担能力很弱，所以在救国公粮等税收的征收额增加以后，农民的负担是较重的。据统计，单救国公粮一项（不包括附加），三年平均征收额为154780石（细粮），占农业生产量（三年平均数）的10.55%。若加上羊子税、公盐及盐代金、救国公债等项，三年平均征收额达189795石细粮（附加及公草尚未加入），占农副业收入的11.98%。这个负担比例，同军阀统治时期比较是很低的（那时苛捐杂税一项即占到农民总收入的20%—30%），但从农民的实际收入水平看，则是很高了。因为按边区人口平均计算，每人占有的农业实产量只有323斤细粮，交纳34斤公粮后，只剩余289斤；每人占有的农副业总收入只有349斤细粮，扣除各项负担42斤后，也只剩余307斤，即1石细粮。每人平均剩余1石细粮，要维持一年的生产和生活需要，那是相当紧张的。再从负担人口与军政人员的比例分析，也可看出负担是重的。这三年，边区范围内的人口平均为136万，而军政人员就有8.5万，占总人口的6.31%。这就是说，边区每100个老百姓，平均要养活公家人6个多。陕甘宁边区是中共中央的所在地区，边区的财政不仅要解决本身的开支，而且要保证中共中央和中央

---

① 南汉宸：《陕甘宁边区的财经工作》，1947年。
② 根据《边区各县区划人口统计表》（1941年2月20日）、《陕甘宁边区农业税资料汇编》（1954年10月）、南汉宸《陕甘宁边区的财经工作》（1947年）计算。
③ 华子扬：《边区人民生活之介绍》，1944年7月26日。
④ 《陕甘宁边区农业税资料汇编》第362页，1954年10月。

军委的供给需要。这种"收入的地方性,开支的国家性",既是边区财政的一个特点,也是农民负担重的一个主要原因。

这三年当中,以1941年的负担最重。这一年,农民负担的项目多,征收数字大,公粮征收数占农业实产量的比例达13.72%;加上羊子税等,负担占农副业总收入的15.31%。军政人员占边区人口的比例达6.56%。每人平均负担后的剩余,按农业实产量减去公粮计算为280斤,按农副业总收入减去各项负担计算为296斤,不到1石细粮[①]。

以上说的只是边区政府统一规定的各项负担,是纳入边区财粮收支预算之内的。除此以外,还有教育附加粮、优抗代耕粮等附项负担,数目很大(有些区乡代耕粮与公粮数额相等)。如果把正项负担、附项负担统加在一起,据清涧、华池、曲子三县调查,达到总收入的18.2%—40%(清涧县18.2%,华池县40.4%,曲子县32.8%),已经超过了农民负担能力的饱和点(15%—20%)[②]。鉴于1941年边区人民负担已到无以复加的程度,群众有反映,所以中共中央指示边区政府,1942年的救国公粮征收任务必须调减,否则就会走向"竭泽而渔"的死路。

说起1942年减轻负担的事,薄一波在一篇革命回忆录里,从毛泽东善于倾听群众呼声的角度也谈到过。他是这样记述的:

"我还听毛泽东同志讲过这样一件事:1942年8月,一天,边区政府正在开征粮会议,天降暴雨,雷电交加,把参加会议的延川县县长击死。街上老百姓中就有人说怪话:雷公为什么不打死毛主席?保卫部门要追查讲这个话的人。可是毛泽东同志没有让追查,而是说要想想我们做了什么错事引起反感。后来检查发现,陕北这么个不过一百三四十万人口的地方,一年就征收19万大担公粮(应是20万大担公粮——引者注)。公粮征多了,人民负担太重,他们不满。于是,毛泽东同志提出不能再这样办了,决定把公粮减为16万大担,同时开

---

① 根据南汉宸《陕甘宁边区的财经工作》(1947年)、《陕甘宁边区农业税资料汇编》(1954年10月)、西北财经办事处《抗战以来的陕甘宁边区财政概况》等资料综合整理计算。

② 西北财经办事处:《抗战以来的陕甘宁边区财政概况》,1948年2月18日。

展大生产运动,自己动手,丰衣足食,减轻了群众的负担,受到群众的拥护。"①

这个小故事对人的教育是深刻的。

1940—1942年边区人民的负担,从地域上看是不平衡的。1940年的9万石公粮,关中只征6000石,三边只征1200石救灾粮,绥德分区只征15000石,陇东之环县、直属县之靖边,都未征粮(因灾荒)。上述地区人口几乎占全边区人口总数一半以上,而公粮负担不及总数的1/4。最重的是直属九县和陇东五县,人口不超过60万,负担占总数的3/4以上②。1941年度的公粮,直属各县比分区要重得多。直属县中又以延安市(负担占收获量的35%)、延安县(占35.6%)、安塞(占33.1%)、固临(占36%)为最重③。延安县这一年的实际负担比例(负担占收获量的比例),以区为单位计算,最高的青化区为43.7%,一般的川口区为32.2%,最低的金盆区为21.4%④。1942年的公粮负担,仍然集中在已分配过土地的老区。据统计,17个已经分配过土地的县,人口占51.3%,农副业总收入占56.3%,公粮负担占62.1%,负担比例为11.19%;未土改的13个县,人口占48.7%,农副业总收入占43.7%,公粮负担占37.9%,负担比例为8.72%⑤。

地域之间负担不平衡,是由两方面的因素造成的:一是地区之间经济发展不平衡。例如,有些地方自然条件稍好,经济恢复和发展得快一点,应当多负担一些;有些地方条件较差,灾害又大,需要少负担一些。这叫合理的因素。二是工作因素造成的,就是任务分配得不合理,致使有些地方负担过重,有些地方显得较轻。这种不合理的因

---

① 薄一波:《回忆片断——记毛泽东同志二三事》,《人民日报》,1981年12月26日第二版。
② 《中央对于边区财政经济问题的意见》(1941年6月15日),载《抗日战争时期陕甘宁边区财政经济史料摘编》第六编,第51页。
③ 边区粮食局:《上半年粮食工作总结及今后粮食工作方针》(1942年7月),载《抗日战争时期陕甘宁边区财政经济史料摘编》第六编,第128页。
④ 柴树藩、于光远、彭平:《绥德、米脂土地问题初步研究》,人民出版社1979年出版,第123—125页。
⑤ 根据《陕甘宁边区农业税资料汇编》第362—371页资料整理、计算。

素，边区政府虽然注意了，但一直未能合理解决。

下面，我们再来看看各阶层的收入负担情况。

在未进行过土地分配的地区，由于减租减息尚未全面深入展开，地主经济仍占着绝对的优势。他们占有的土地多，收入水平高，负担也重。据对米脂县三户有代表性的地主调查（大、中、小地主各一户），1940年负担占总收入的16.2%，1941年占47.1%，1942年占45.3%①。另据对米脂县银城市四乡三区23户地主（大地主2户，中地主6户，小地主15户）调查，1942年每人平均收入446斤细粮，每人平均负担公粮149斤，负担占收入的33.4%②。这是地主阶级的负担情况。至于各阶层的综合情况，可以再看看景家沟的典型调查。

景家沟是在绥西县淮宁湾老君殿以北、苗家坪双湖峪以南之间的一个产粮区，原来土地集中程度不高。1936年赶走白军后，即实行减租减息。所以到1942年，各阶级的经济关系已发生一定的变化。地主富农占有的土地，原来占全村土地总数的48%，1942年下降为32.6%；中农贫农占有的土地，原来占全村土地总数的52%，1942年上升为67.4%。土地的变化和租率的下降，使各阶级的收入相应发生了变化。1942年全村每人平均收入为217斤细粮，地主567斤，富农337斤，中农277斤，贫农140斤，地主的收入水平大约比贫农高三倍。全村负担占收入的比例为13.8%，其中地主为26.5%，富农为20.2%，中农为14.4%，贫农为7.1%。按每人平均负担数计算，地主的负担相当于贫农的15倍③。这是比较合理的，也具有一定的代表性。

在已经分配过土地的地区，农村经济的主要部分是中农（户数、人口均占一半以上），同时也还存在着地主、富农。地主在经济上继续保持优势，只存在于土地分配不彻底的那些地方，数量很少。富农

---

① 根据《米脂市地主调查》综合整理，载《抗日战争时期陕甘宁边区财政经济史料摘编》第二编，第352—354页。

② 根据《银城市四乡三区地主调查统计》整理，载《抗日战争时期陕甘宁边区财政经济史料摘编》第二编，第351页。

③ 根据姚鹤亭：《从景家沟调查来看谁为广大人民谋利益》一文中的数字材料整理。原材料中计算错误之处已作了校正。这个材料原载于《解放日报》1943年12月28日。

经济，大多数是在国内和平以后发展起来的，革命以前所遗留下来的，仅占很小的一部分。边区的富农经济，与中国其他地区的富农经济不同，他们没有半封建的特征，土地经营完全采取雇佣劳动的方式，并普遍兼营商业。所以，在老区农村中，收入多的是富农和少数地主，中农次之，贫农的收入仍然较低。自然，按照合理负担的政策，无论是采取民主摊派的办法，还是采取条例与民主评议相结合的办法，富农和部分地主的负担要重一些，贫农的负担要轻一些。

1940 年的各阶层收入负担情况，据临固县觉得村调查，大体是：每人平均总收入（折合细粮计算），富农 741 斤，中农 668 斤，贫农 341 斤，富农的收入比贫农高一倍多；负担占收入的比例，富农 13.6%，中农 9.9%，贫农 4.4%，富农的负担率也比贫农高出一倍多[1]。

1941 年的各阶层收入，据边区直属各县调查统计，贫农的收入（折细粮）一般在 7 斗以下，中农的收入一般为 8 斗至 1 石 5 斗。富裕中农收入为 1 石 6 斗至 2 石，富农地主的收入为 2 石 3 斗以上[2]。按照 1941 年的救国公粮条例计征，各阶层的负担比例是：贫农 5%—7%，中农 8%—15%，富裕中农 16%—20%，富农和地主 23%—30%。

边区政府财政厅在《历年农业负担基本总结》中指出：1941 年以后，公粮征收采取自上而下分配与民主评议相结合的办法，它保证了任务的完成，同时也做到了相对公平合理。如贫农负担占收入的 5%—12%，中农负担占收入的 9%—20%，富裕中农负担占收入的 17%—20%，富农负担占收入的 21%—30%，地主负担占收入的 25%—35%（40% 以上者很少）[3]。这个估计是基本符合实际的。

三、边区军民的大生产运动

（一）大生产运动的发展过程

从发展生产入手来解决军民的供给问题，是陕甘宁边区积累的一

---

[1] 根据李卓然《从一个真凭实据的调查来看保卫边区力量的源泉》一文的数字整理计算。《解放日报》，1943 年 8 月 3 日。
[2] 常黎夫：《关于三十一年度征粮条例的几项解释》，《解放日报》，1942 年 11 月 12 日。
[3] 陕甘宁边区政府财政厅：《老区农业负担总结报告》（1949 年），载西北行政委员会财政局编《陕甘宁边区农业税资料汇编》，1954 年 10 月，第 316 页。

条重要经验。

早在1937年底，边区政府就根据中共中央公布的《抗日救国十大纲领》的精神，确定边区的经济建设任务是：发展国防生产，充实抗战力量，供给战争，改善人民生活，团结广大民众推行民主政治，参加战时生产，争取抗战的最后胜利。

根据这个要求，边区政府对农民实行了休养生息的政策，借以恢复和发展农业生产。同时，从1938年开始，注意建设公营经济，建立了小的工厂。那时，在军队方面，由于经费不足，开始了生产运动，有一部分部队试作种菜、养猪、打柴、做鞋等生产，其目的只是借以改良战士们的生活，还没有企图借以解决一般的财政供给。至于机关学校，则连种菜、养猪也还没有叫他们做。

1939年国民党颁布"限制异党活动办法"，国共间的关系紧张，边区人马增多，外间的一点经费补贴已经分配不过来，财政供给面临着严重的威胁。由于这个原因，边区不得不想到全体动员从事经济自给的运动。当时，毛泽东在生产动员大会①上曾经这样提出问题：饿死呢？解散呢？还是自己动手呢？饿死是没有一个人赞成的，解散也是没有一个人赞成的，还是自己动手！这就是我们的回答。我们在这方面的一切问题的回答就是"自己动手"四个字②。

这个时候，边区提出的任务比1938年不同了：明确生产运动包括农业、小手工业、商业、畜牧等事业，而以农业生产为中心，生产的目的不是仅仅为了改良生活，而是解决一般需要的一部分；动员的范围也不限于军队，而是所有部队、机关、学校一律进行生产。

1939年，边区出现第一次生产热潮，物质上精神上的收获都很大。"开荒歌"是这时唱出来的，"生产大合唱"也是这时产生的。但是，由于干部思想上没有认识到毛泽东提出的独立自主、自力更生的原则，1940年生产情绪又降低了。

---

① 1939年2月2日，中共中央在延安召开有党政军学校团体干部以及全体参议员同志700余人的生产动员大会，由李富春报告生产运动的意义，毛泽东等作了讲话。
② 毛泽东：《经济问题与财政问题》（1942年12月在陕甘宁边区高干会上的报告），载《抗日战争时期陕甘宁边区财政经济史料摘编》第八编，第26页。

第二章 抗日战争时期的农民负担

皖南事变到高干会议的两年，边区虽然经济极端困难，但仍然没有忘记发展生产。1941年11月9日，林伯渠在边区第二届参议会上提出：要逐渐地走上完全自给自足，需要组织与发展广大人民的生产事业。发展生产事业要以农业为主，在经营性质上以私营为主。农业生产发展的方针是增加粮食产量，发展畜牧，推广植棉。工业的发展，因为物质条件的限制，只能从小手工业着眼，制造日常用品，并提高边区土产的产量。1942年，边区政府进一步明确：用全力贯彻农业第一的发展私人经济的方针，工业生产则巩固现有公营工厂，发展农村纺织。于是，边区又掀起了第二次生产热潮。

"不过发展生产的观点，当时还有许多同志不大理解，有些同志为'打出去'的思想所麻痹，没有作长久打算，没有建设根据地的信念。在这种不正确的思想支配下，他们并没有坚决地积极地执行毛泽东关于发展生产的号召。"①

1943—1945年，由于毛泽东提出了"发展经济、保障供给"的总方针，批判了财经工作上陈旧的保守的观点和空洞的不切实际的发展计划，边区出现了新的规模更大的生产运动。这个时期的生产运动同过去比较，在认识上有显著的提高，在做法上有显著的进步。

首先，在指导思想上明确了发展生产是边区在和平环境下的中心任务，是解决一切问题的关键，解决财政问题应从发展生产着眼，不能单纯在收支上打圈子。

其次，确定发展生产的基本方法是在公私兼顾的原则下组织劳动力。发展生产的方向是农业、手工业，农业第一，工业只为自给。公营经济发展，实行集中领导、分散经营的原则。发展公营经济，最主要是发展部队的生产。

最后，明确发展生产的目的有三个：一是改善生活，二是供给抗战需要，三是交纳地租以便使农民与地主共同团结抗战。

在大生产运动发展的过程中，为了真正做到"自己动手、克服困难"，边区政府又提出了具体的奋斗目标。1943年，政府提出，农业

---

① 财经办事处：《关于财政工作总结》（1944年12月），载《抗日战争时期陕甘宁边区财政经济史料摘编》第一编，第76页。

生产要做到"耕三余一"①。1944年,政府提出,农业争取"耕三余一"两年完成,工业品要争取在两年内做到全面自给②,首先是布的自给和铁的自给。这些奋斗目标基本上都达到了。1944年,全边区生产的粮食,除去军粮民食,可节余28万石,连以前节余共达73万石。1944年,产棉300万斤,可以织150万匹布(三八布),已达到边区需要的2/3。在工业方面,生活用之毛巾、肥皂、火柴、袜子、纸张等已经全部自给或部分自给③。

综上所述,边区的生产运动是一个不断克服困难,不断探索、发现与积累经验的斗争过程。大生产运动的开展,不仅为边区积蓄力量,准备反攻,夺取抗日战争最后胜利奠定了物质的基础,而且为新民主主义经济的建立,走出了一条独立自主、自力更生的大道。

(二) 民营生产与农村经济的发展

组织广大农民发展生产,是边区经济建设的主体。西北高干会议后,为发展民营生产,边区政府进一步采取了许多新的措施。其中主要的有两项:一是深入开展减租运动;二是把农村劳力组织起来,开展互助合作运动。

1942年10月,中共西北局发出《关于彻底实行减租的指示》;12月29日,边区政府公布《陕甘宁边区土地租佃条例》。从此,在未进行过土地革命的约有70万人口的地区,真正开展了减租运动。边区的土地租佃关系,大体分为两类五种形式:一是租种类,分定租(死租、铁租)、活租、包山租三种形式;二是伙种类,分伙种、安庄稼(安伙子)两种形式。依这五种形式,政府分别规定了减租额及收租额的标准:定租(死租),依照当地减租法令或当地现行减租额给租,在未经分配土地区域,一般减租率不低于二五。活租(指地分粮)按

---

① "耕三余一"即生产三年的粮食,除供当年军民消费外,能余下一年吃的粮食。
② 所谓全面自给,就是要年产大布31万匹,纸2万令以上,铁470万斤并制成必需的机器工具和农具,火柴1500箱,染料250万两,大小瓷器6万件,以及其他文具、箆梳、筷子等日用品。
③ 林伯渠报告:《边区民主政治的新阶段》,1944年12月5日。《边区展览会开幕,各项建设大有进步》,《解放日报》,1944年12月27日。载《抗日战争时期陕甘宁边区财政经济史料摘编》第一编,第258—269页。

原租额减 25%—40%，减租之后，出租人所得，最多不得超过收获量的 30%。伙种，按原租额减 10%—20%，减租之后，出租人所得，最多不得超过收获量的 40%。安庄稼，按原租额减 10%—20%，减租之后，出租人所得，最多不得超过收获量的 45%[①]。执行结果，多数地区都按政府规定进行了减租，减得较彻底的绥德县四十里铺艾家沟，死租较原租额减少 51%，活租较原租额减少 38%，伙种较原租额减少 40%，安庄稼的较原租额减少 49%[②]。此外，绥德、陇东、关中各地除按条例减租外，还开展了退租（退出地主长算的租子）、勾账（免去过去的欠租）、换约（减租之后重新立约）、翻地（把地主收回的土地退给佃户）的斗争。根据绥德六个区、米脂三个区、子洲五个区、清涧三个半乡、葭县个别村的材料统计，共勾欠 31732 石，退租 1842 石；陇东分区实行减租的庆阳 27 个乡、合水 13 个乡，共减退、勾欠 10213 石；关中的淳耀县勾欠退租 1535 石，换约 953 户；赤水勾欠退租 1280 石[③]。

组织劳动互助，就是在一村之内或几村之间，将大家的劳力与畜力组织一起集体生产，今日帮你，明日帮我，或者以工还工，或者以钱折工，以解决劳力、畜力缺乏的困难，提高效力。这种劳动互助，边区民间原来就有习惯，如变工、扎工、搭工、合伙牛、唐将班子等，都是旧有的劳动互助组织形式。但流行不广，多限于家族、亲友间的狭小范围内。经过 1942 年冬高干会议的总结与党政的提倡，迅速发展为普遍的有计划有组织的互助行动。1943 年全边区参加劳动互助的全劳力有 81128 个，占全区劳动力的 28%；到 1944 年底，参加变工扎工的达 219928 人，占 46%（包括一些领导不好的有名无实的变扎工队在内），有些地区夏耕时达 80%。实行互助的效果一般的二人劳动可

[①]《陕甘宁边区土地租佃条例草案》（1942 年），载《抗日战争时期陕甘宁边区财政经济史料摘编》第二编，第 271—272 页。
[②] 贾拓夫：《关于边区土地政策问题的报告》，1945 年 3 月 15 日。
[③]《陕甘宁边区土地问题》，载《抗日战争时期陕甘宁边区财政经济史料摘编》第二编，第 222 页。

抵三人，个别最好的一人可抵二人①。

减租、劳动互助等项政策措施的实施，从各方面调动了边区人民特别是农民的劳动生产积极性。1943 年，边区人民的劳动热忱已经普遍发动起来，甚至连道士、瞎子、老妇人也转入生产的浪潮。淳耀县庙湾区大香山金刚庙有一道士张凤鸣，受群众开荒热潮的影响，断然剃去头发，拒绝师傅阻止，搬住莲花洞务农。庆阳三十里铺有一个 57 岁的瞎子，开荒期间不甘落后，就叫他的孙子牵到地里，终于开了 4 亩 5 分荒地。志丹县妇女劳动英雄胡老婆，秋收时鸡叫二遍就起床，跑到各家门口叫大家快起来，鸡叫三遍收拾起身，天刚亮就到了地里，使全村庄稼很快割完。像这样看来很平凡而实际上包含着巨大意义的故事，在历史上是找不着的。

民众大生产运动的开展，使边区的农村经济发生三个显著的变化：

第一个是产量增加。1943 年以后，由于开荒扩大了耕地面积，粮棉产量增加的幅度较大，畜牧业也得到了发展。1944 年是历史上的大丰收年，边区的粮食产量达到 175 万石，棉花产量达到 304 万斤，牛发展到 22.3 万头，羊发展到 195.4 万只，分别比 1942 年增加 16.6%、116.9%、6.3% 和 4.4%。1945 年虽然受灾，粮食产量仍达到 160 万石，牛则增加到 40.3 万头②。

第二个是收入增加，生活改善。全边区按人口平均占有的粮食数，1943 年为 339 斤，1944 年为 362 斤，分别比 1942 年增加 3.7%、10.7%③。

具体到各地区，无论是减租减息地区还是进行过土地革命的地区，农民的收入都是增加的，生活都有改善。减租地区的农民改善更显著。赤水县二区 15 家租户由于租额减少，每户平均增加收入 9.47 石粗粮④。绥德县刘玉厚乡第三行政村在 1940 年以前共有 102 户，其中租户有 35 户，共租地 214 垧，每年出租子 428 石。1944 年全村有 110

---

① 西北局调查研究室：《边区经济情况简述》（1948 年 2 月 19 日），载《抗日战争时期陕甘宁边区财政经济史料摘编》第二编，第 420 页。
② 根据南汉宸《陕甘宁边区的财经工作》（1947 年）、《建设厅历年统计》等资料整理。
③ 根据南汉宸《陕甘宁边区的财经工作》（1947 年）、《陕甘宁边区农业税资料汇编》等资料整理。
④ 《减租减息与交租交息》，1943 年。

户，其中租户 29 户，租地 189 垧，应出租谷 37.8 石，实行对半减租后只出了 18.9 石。该村郝常明，在 1940 年以前家有 6 口人，有劳力 2 个，没有地种，租了 20 垧地，出租 4 石，父子劳动一年，不够家需。新政权建立后，儿子走了南路种地，自己在家租地 8 垧（租子 8 斗），儿子每年能往回弄 4 石细粮，自己在家租子又轻，几年来共买地 17 垧，买了毛驴，娶了媳妇，尔个日子过得满好①。

已进行过土地革命地区的农民生活改善情况，这里打算举两个村子的例子，一个是固临县的更乐区康家村，另一个是模范的城壕村。

康家村在革命前共有居民 9 户 48 人，只有牛 2 头，驴 3 头，全村共种地 55 垯。当时捐税重重，地租奇重，全年收获粮食 52 石，而种种负担即占去 40% 以上，所余粮食尚不够吃，人民生活苦不堪言。革命后，人民生活逐渐上升。1942 年该村人口增加到 54 人，劳动力 12 个，驴 20 头，牛 8 头，羊 58 只，猪 5 头，开荒 360 垯，种麦 805 垯，种秋 1090 垯，种棉花 92 亩。共收麦 65 石，秋收 161 石，收棉花 750 斤，折细粮 34 石，全年共收细粮 179.5 石，全年人口牲畜共用 110.5 石，交公粮 15 石，除此而外尚余 54.5 石。1943 年开展生产运动，经济更向前发展，劳动力增到 13 个，驴 25 头，牛 12 头，骡 1 匹，羊 115 只，猪 4 头，开荒 380 垯，种麦 850 垯，种秋 1350 垯，种棉花 120 垯。共收麦子 74.2 石，收秋 169 石，收棉花 942 斤，收入共计折细粮 203.7 石，比 1942 年增加 24%。全年人口和牲畜共用粮 125 石，出公粮 16 石，除开支外，还余细粮 62.7 石，比 1942 年增加 15%，做到耕二余一②。

城壕村的生产和工作成绩很好。全村劳动力都参加了变工队，共种地 772 亩，收粮 251 石，按男女 18 人计算，平均每人种地 43 亩，收粮 14 石。该村 1943 年收入和支出概况如下：

收入方面。农业收获大斗粗粮 251 石，折合小米细粮 188 石。运

---

① 边区政府建设厅：《绥德县刘玉厚乡人民生活上升调查》（1945 年 8 月 8 日），载《抗日战争时期陕甘宁边区财政经济史料摘编》第九编，第 75—77 页。

② 华子扬：《大生产运动与边区人民经济生活》（1944 年 8 月 19 日），载《抗日战争时期陕甘宁边区财政经济史料摘编》第二编，第 86—87 页。

盐10驮,换回麦5石。养羊290只,获利约29石。收入共约222石。另有长脚牲口[①]7头,运盐9次,共60余驮,收入不详,未计算在内。

支出方面。吃粮每人每月以细粮1斗计,全村50人,共60石,穿衣以每人用三八布一匹半计,共75匹,每匹合细粮3斗6升,共合细粮27石。农业投资,包括农具及牲口草料等,共约28石。杂支12石,公粮10石,合作社入股4石。共计支出141石。收支相抵,全年余粮81石,够半年消费,耕二余一的标准,已经达到了[②]。

第三个是富裕户增多,中农占的比例大。由于努力发展生产,减租减息削弱了地主经济,农村的阶级关系发生了很大的变化,中农成为农村中最多的一个阶层。

(三) 机关部队的生产自给与农民负担的减轻

开展大规模的生产运动,不但要组织农民生产,而且要组织部队和机关一齐生产。"高级干部会议方针的主要点,就是把群众组织起来,把一切老百姓的力量、一切部队机关学校的力量、一切男女老少的全劳动力半劳动力,只要是可能的,就要毫无例外地动员起来,组织起来,成为一支劳动大军。"[③]

陕甘宁边区是抗日战争的总后方,部队、机关、学校的人数很多,最多时超过边区总人口的10%[④]。这么多脱离生产的人员,单吃粮一项,每年需细粮(小米)26万担(每担300斤)。如果机关部队自己不生产,则势将饿饭;如果取之于民太多,则人民负担不起,人民也势将饿饭。这个矛盾比其他抗日根据地都突出。所以,机关部队只会打仗、会做群众工作还不行,必须自己动手参加生产,才能解决问题。同时,边区处于相对和平的环境,有广大的荒地可以开发(据1939年19县调查,可垦荒地占总面积的3/4),机关部队也有条件通过生产劳动来达到丰衣足食的目的。

---

① 指经常用于拉脚的牲畜。
② 《张振财和模范的城壕村》,《解放日报》(1944年1月3日),载《抗日战争时期陕甘宁边区财政经济史料摘编》第二编,第105—106页。
③ 毛泽东:《组织起来》(1943年11月29日),载《毛泽东选集》第三卷,人民出版社1966年横排版,第882页。
④ 南汉宸:《陕甘宁边区的财经工作》,1947年。

机关部队的生产运动，就做法而言，大体可以分成三个阶段：1940年以前，是以农业为主，以集体劳动为主的生产。1940—1942年，转变为以一部分人劳动为主的生产，来解决全体人的困难。1943年以后，结合前两个阶段的优点，采取以集体劳动的农业生产为主，分别进行农工商运输及畜牧业生产，以各机关学校各伙食单位的集体劳动的生产为主，辅之以部分人员的生产（如作买卖）及私人个体的劳动生产。

边区范围内的机关、部队和学校，开始有四五万人，后来有10多万人。到1943年，这支劳动大军已全部组织起来，每人每年平均约有三四个月时间，在向荒山野岭进军的战场上，为实现中共中央提出的"自己动手、丰衣足食"的目标而战斗。当时，毛泽东、周恩来、朱德、李富春、陈云等中央领导同志以及边区政府的林伯渠等，都带头参加了大生产运动。毛主席、周副主席、朱总司令等领导同志所住的窑洞前的菜地里，各种蔬菜瓜果常常是长势喜人，南瓜又圆又大，西红柿又鲜又红。同志们感到毛主席太忙，要求给他代耕，毛主席笑着说："大生产运动是党中央的号召，我们应该和同志们一样参加生产，克服困难嘛！"周恩来还参加了中央机关和驻地群众在枣园举行的纺线比赛，被评为"纺线英雄"。朱德、林伯渠虽然年过花甲，仍和同志们一样拾粪，参加挖地，并订有个人的生产节约计划。林伯渠自题生产、节约计划的诗一首，登在墙报上。诗曰："待客开水不装烟，领得衣被用三年，淡巴菰一亩公粮缴，糖萝卜二分私费赡。施肥锄草自动手，整旧如新不花钱。发动男耕和女织，广开草莱增良田。边区子弟多精壮，变工扎工唐将班。"① "延安的大生产运动就是这样，凡是要求战士做到的，各级领导都带头，上至主席、总司令，统统如此，没有什么特殊的。在生产现场上，如果不认识，你还认不出谁是官，谁是兵呢！"②

生产成绩最好的是部队，部队中又以359旅最好。359旅是执行

---

① 《林主席李副主席以身作则，订出生产节约计划》，《解放日报》（1944年1月28日），载《抗日战争时期陕甘宁边区财政经济史料摘编》第八编，第580页。

② 赖春风：《延安生活散记》，《人民日报》，1981年6月9日。

朱总司令屯田政策的模范。1941年的春天，正当边区财政经济极端困难的时候，在旅长兼政委王震与副旅长苏进的领导下，359旅每团带了一两万元的屯田费，开进了荒凉的南泥湾。自敌后转战归来，部队是贫困的，没有一点家务，屯田费不够买工具，荒山里没有房舍，缺乏蔬菜，粮食也供应不上，油盐和一切日用杂支需要完全自给。这是一笔巨大的开支，需要自己想办法。但是，部队以自己的智慧和劳力战胜了一切困难。仅两年多时间，他们就开荒25000多亩（后来开荒达20万亩），种植了各种农作物和蔬菜，每个连队有二三十头猪，盖起了一排排新窑洞、新房子，开设了油厂、纺织厂、木工厂、纸厂、铁工厂，把荒凉的南泥湾变成了陕北的好江南。于是，南泥湾政策成了屯田政策的嘉名，南泥湾精神成为全边区和各抗日根据地艰苦奋斗的巨大鼓舞力量。

随着生产运动的发展，机关、部队、学校的自给能力大大提高。食粮方面，在1942年还全部靠政府供应，1943年自给部分占20.35%，1944年自给比例达到34.96%[①]。经费开支出方面，1944年中直系统自给部分占65.6%，政府发给占34.4%[②]；边区部队1944年自给已达全部费用的71.8%，政府发给的仅占28.2%[③]。359旅的生产自给比例更高，1944年经费部分全部自给，食粮除全部自给外，还做到耕一余一[④]。

生产运动的发展与自给能力的提高，解决了边区的两大问题：第一，解决了物资缺乏中的供给问题，并使机关、部队、学校的生活大大改善了；第二，减少了财政上的直接支出，使人民负担减轻了。

驻在陕甘宁边区的八路军留守兵团，原来官兵的生活是很差的。每人每天只有一斤半粮食，五分钱的菜金。被服方面，很少见到一个衣裳不打补丁的战士。子弹袋破烂得不能装子弹，装在挂包里。有的

---

① 西北财经办事处：《抗战以来的陕甘宁边区财政概况》，1948年2月。原材料中，1943年的自给比例误为22.4%（计算错误），引用时已订正。
② 财政厅：《延安机关部队学校生产自给简况》，1946年3月。
③ 《解放日报》，1945年1月8日。
④ 华子扬：《边区人民生活之介绍》，1944年7月3日。

夏天穿棉衣，冬天穿短裤，有的雪地打赤脚下操，有的连破烂的皮带裹脚也找不到。到1943年，吃的穿的都大大改观，基本上达到了丰衣足食的要求。据统计，留守兵团的生活水平，如以1939年为100，则1940年为88，1941年为84.2，1942年为96.3，1943年为125.5[①]。1944年和1945年，留守兵团各部队不仅做到丰衣足食，而且建立了比较富裕的革命家当。机关干部的生活也显著提高。以中直机关为例，被服的供给，如以1940年全年消耗量为100，则1941年为110，1942年为113，1943年为174；伙食供给指数如以1940年为100，则1941年1—8月为85.7，9—12月为100，1942年上半年上升到114.3，下半年则为243.3[②]，也做到了丰衣足食。

边区政府向人民征收的救国公粮，1943年以后是逐年减少的。如果以最困难的1941年征粮数字为100，则1942年为82.1，1943年为91.3，1944年为79.4，1945年为61.5。这就是说，1943年以后公粮征收数平均减少了20%。1944年是边区脱产人员最多的一年。这一年，实有脱产人员112205人，马8666匹，如按每匹马耗粮顶二人计算，合计为129537人，比1941年人数增加45%，而征收的救国公粮却比1941年减少20.6%[③]。

从救国公粮负担数占农业产值的比例看，1943年以后也是逐年下降的。1943年全边区的公粮负担率为11.51%，1944年为9.14%，1945年为7.75%，均低于1941年[④]。

由于救国公粮征收数逐年减少，边区政府的财粮收入中取之于农民的比例亦相应下降。据统计，救国公粮占财粮总收入的比例，1940—1942年平均为52.23%，1943—1945年平均为29.53%；农民缴纳的各项税收占财粮总收入的比例，1940—1942年平均为60.65%，

---

① 《国民革命军第十八集团军留守兵团陈列室各种统计》，1944年6月。这个数字，以1939年12月生活水平为基数按物价指数计算。
② 《中直展览会纪实》，《解放日报》，1943年6月12日。载《抗日战争时期陕甘宁边区财政经济史料摘编》第八编，第289—290页。
③ 根据《陕甘宁边区农业税资料汇编》（1954年10月）中有关资料整理。
④ 根据《陕甘宁边区农业税资料汇编》（1954年10月）、南汉宸《陕甘宁边区的财经工作》（1947年）中有关数字整理。

1943—1945 年平均下降为 35.38%①。这就是说，1943 年以后，由于机关部队的生产自给，政府的财政和粮食收入已经由主要取之于农民变为主要取之于自己（公营经济）了。

部队、机关、学校的生产自给运动，在陕甘宁边区取得了辉煌的成就。它不仅从根本上解决了军民争食的矛盾，而且打破了"吃粮当兵""治人者食于人"的旧传统，树立了自己动手、艰苦奋斗的新风尚。这种新风尚，就是我们常说的延安精神！

四、1943 年至 1945 年税收制度的修订与农民负担状况

（一）救国公粮征粮办法的修订

1943—1945 年，边区政府为了促进大生产运动和减租减息运动的深入开展，实行了"合理负担、削弱封建、促进生产、保证供给及简便易行"的负担政策，并相应修订、改革了救国公粮公草征收办法。从 1943 年开始，边区范围内并存两种粮草征收制度：延安、绥德、庆阳、赤水、靖边等 5 个县先后试行农业统一累进税制，其余的 29 个县执行救国公粮征收制度。

边区的救国公粮征收办法，经过 1942 年修订，有了进步。但是，有些规定还有缺陷，未能发挥削弱封建剥削、奖励生产、调节各阶层利益的作用。因此，边区政府根据新的形势和要求，于 1943 年和 1944 年对救国公粮征收制度又进一步作了修订。

1943 年 10 月 23 日，边区政府公布了《1943 年度救国公粮公草征收条例》。1944 年 11 月 8 日，边区政府颁布了《1944 年度征收救国公粮公草的命令》及《1944 年度救国公粮公草征收条例》。这两个条例同 1942 年的条例比较，有以下四点变动：

第一，缩小了农村副业的征收范围。边区的农村副业收益，在农民的收入中占有较大的比重。如三边盐池县农村副业收益占农民总收益的 40% 以上，绥德几个村子的副业收入占 30% 左右，其他地区至少也占 10% 以上。

---

① 根据西北财经办事处《抗战以来的陕甘宁边区财政概况》附表（1948 年 2 月 18 日）数字整理。

1941年和1942年，鉴于农村副业普遍发展和财政困难严重，边区政府明确地把副业收入列入救国公粮的征收范围。但是，如何计征，没有具体的标准，只是笼统地规定，凡"未纳其他税收之副业所得之纯收益"，都要征收。因此，在执行过程中，许多地方为了完成征收任务，把副业当成了调剂负担的工具。比如，公粮征收任务完不成时，就把副业收益多算一些，某一户负担重了就少算一点副业。这种做法，曾造成某些农户负担过重，影响了农村副业的发展。

为了促进农村经济的发展，增加农民收入，改善农民的生活，1943年边区政府提出对副业从轻征收，并在征粮条例中具体规定了农村副业收益征税和免税的范围。规定征税的为两个项目：(1) 小手工业，只征收其除去原料成本及生产消耗费以外之净利部分；(2) 畜牧业，只征收其繁殖及出卖皮毛收入部分（以市价六折折粮），羊繁殖10只以下者免税，10只以上者，就其超过数计征。规定免税的有五项：(1) 移难民3年以内各种农产品及其副业之收入；(2) 长脚或短脚运盐部分的收入；(3) 新种棉花3年以内的收入；(4) 纺织业之收入；(5) 农户养猪之收入。后来的实践证明，缩小农村副业征收范围，对于大生产运动的开展，对于奖励农民劳动发家致富（包括富农发家致富），均起了好的作用。

第二，分地区规定起征点，提高最高税率。1942年的条例规定："各县征收救国公粮之起征点每口以细粮6斗计，起征率为6%，以下每递增1斗，即依次累进1%，递增至3石，再不累进，最高征收率为30%。"执行后，上层下层负担较轻，中层负担较重，仍不合理。为了配合减租运动的开展，调节各阶层的利益，刺激生产，1943年起改按地区分别定起征点和起征率：绥德分区以5斗起征，起征率为3%；直属三分区及陇东、关中一部分征米地区均以6斗起征，起征率为4%；陇东、关中两分区的征麦地区，均以8斗起征，起征率为6%。同时，把最高累进率提高为35%，中间各级的税率，按照各阶层的收入情况，跳跃式地分别确定，使负担大体趋于公平合理。

第三，改进公草征收办法。自1943年起，救国公粮及公草合并征收。为避免公草损耗与浪费，规定需草地区凡所征之草能满足需要者，实行征草；不需草地区或交通困难不能供给需要者，折征代粮。

第四，强调发扬民主，合理组织征收。历年来边区征粮有两种不同的工作方法：一是按条例征收与民主评议相结合的正确方法，二是采取简单的层层摊派的错误方法。为了切实有效地纠正后一种错误的做法，边区政府在颁发的条例或指示中，再三强调征粮工作必须发扬民主，真正做到公平合理。1944年的征粮条例规定："乡政府或行政村之评议会，应由人民推选公正无私、熟悉地方情形之党政干部、劳动英雄及能照顾各阶层利益的人民代表组成。""各户公粮负担数目经评议会决定后，须经各村村民大会或乡参议会通过实行。"1944年的征粮工作指示又强调指出："应征公粮数目，根据具体情况，分配到乡为止，乡以下须经过调查研究和民主评议的方式分配……各村接到具体任务后，可召开村民会议，按调查与条例计算的结果，将各户应征数目公布，并可发动群众自报收获量和负担数目，但不做最后确定，同时向群众说明这只是初步决定，还要依据确实材料增加或减少，并给以三天到五天的时间，以启发会后的酝酿；会上并选出公正的评议员，组成评议会，……然后再开第二次村民会议，由评议会根据材料，提出各户负担的修正意见，启发群众再提意见。如有争执的问题，由大家讨论解决。"

救国公粮征收办法经过1943年、1944年两次修订后（主要是1943年修订），政策进一步落实，负担进一步合理，群众交粮热情也进一步高涨。延安市1943年普遍获得丰收，各区农户在收割后，星夜碾米赶送公粮，涌现了无数交粮、入仓的模范。西区劳动英雄田二鸿，在村民大会上自己提出交粮15石，大家说他出得太重，经评议委员再三解释要他减去3石，他不答应，一定要多交，后经区上同志再三劝说，才接受了减粮的意见。他不但自己多出，并号召全村多出公粮，他说："多出公粮是为了保卫边区，保卫自己的家乡！"在他的影响下，全村人民争先恐后地提出了自己的出粮数目[1]。关中各县、富县、甘泉1943年麦子歉收，但夏征未受任何影响，反而比任何一年都交得

---

[1] 延安市通讯：《群众热爱边区，星夜碾米赶送公粮，田二鸿自动要多出》，《解放日报》，1943年12月17日。

快,完成得好。富、甘两县征粮4100石,15天内全部入仓。关中五县夏征8000余石,10天内全部入仓。同宜耀县全县1200石公粮,8天内全数完成,该县边境区当天布置当天入仓。赤水第三区250石公粮,3天内全部入仓。在交粮送粮中,群众的情绪异常热烈,群众说:"只要军队打胜仗,挡住顽固军队,出点公粮算什么?!"①

这就是老革命根据地人民留给后人的优良传统。

(二) 五个县试行的农业统一累进税

1943年起试行的农业统一累进税,是边区税收制度的一次重大改革。

边区过去采用征收救国公粮这一形式,是一种不完善的征收办法,条例本身及制度上均存在一些基本缺点:

第一,每年征收自上而下地分配任务,是一种分配性质的税收,而不是定率性质的税收。征收任务的分配是估计的,不尽符合各地情况,造成任务与条例脱节,地区与地区间负担不公平。

第二,征收标准是按实物收获量,而不是按地亩多寡累进。这种办法在平衡负担上是合理的,但对促进农业投资则有妨碍。因为同样的土地,收成多要多出,收成少可少出,甚至不出,影响农民在土地上投资的积极性。

第三,只对收益课税,并且对不同性质的收入按同一标准征收(如对地主不劳而获的地租收入与对农民的劳动所获同样看待),使农民与地主的负担不合理,不能充分发挥税收的调节作用。

因此,边区党和政府早就指出,救国公粮是一种动员性质的带临时性的税收,必须实行对公有利对民无损的最公道最进步的办法——统一累进税。毛泽东在西北高干会议的报告中,更明确地讲到税制改革的问题:"提议政府于1943年进行人民土地的调查与登记,依此制定一种简明的农业累进税制,依一定土地量按质分等计算税率,使农民能够按照自己耕地的量与质计算交税数目。"②

---

① 边区民政厅长刘景范:《边区民众自卫动员总结》(人民缴纳公粮的热潮),《解放日报》,1943年9月29日。

② 毛泽东:《经济问题与财政问题》,东北书店1942年12月出版。

依照毛泽东的指示精神，边区政府于1943年6月公布了《陕甘宁边区土地登记条例（草案）》①，于1943年9月11日制定颁发了《陕甘宁边区统一累进税暂行办法》及《陕甘宁边区农业统一累进税暂行办法施行细则》，并确定在绥德、延安、庆阳三县试行。试行一年后，边区政府按照财政厅提出的修正试行草案，于1944年又公布了《陕甘宁边区农业统一累进税试行条例》，命令在延安、绥德、庆阳、赤水、靖边等五县试行。1945年继续在上述五县试行，条例也未作修改（只是提出了修改意见）。

"农业统一累进税是从征收救国公粮演进而来的，是带临时性的救国公粮的发展和提高，同时又是一个新的伟大的创造，是一个正规的税制。"② 这个税制同原来的税制比较（1944年的农业统一累进税试行条例同1943年修订的救国公粮公草条例比较③），其改革的主要内容有以下几点：

第一，增征土地财产税。救国公粮只就农业收益课税，农业统一累进税改为：对土地所有者不仅征收农业收益税，还要增征土地财产税。增征土地财产税的目的，是要把农民的所得与地主所获的地租区别对待，以逐渐削弱封建剥削，促使食租地主转化为经营地主或转化为工商业资本家，调动农民（包括富农）的劳动生产积极性。

土地财产税以人为对象征收，以土地常年产量为计税标准。凡出租土地依边区租佃条例执行减租者，其定租、活租、伙种地、安庄稼等土地，财产税本为常年产量的15%，定租、活租土地税本之计算最高不超过租额的50%。自耕地以其常年产量15%为土地税本。

为什么规定计算定租、活租土地税时最高不得超过租额的50%？这是因为当时边区各地的租率差别悬殊。定租、活租的租率，未分配过土地的地区，一般为40%—50%，有的高于50%；已分配过土地的地区则普遍较低，例如警备区一般租率为21%—26%，直属县在10%

---

① 在此以前，边区政府于1938年颁布过《陕甘宁边区土地所有权证条例》。
② 南汉宸：《关于农业统累税的试行》，《解放日报》，1943年10月10日。
③ 边区政府1944年公布的《农业统一累进税试行条例》是总结试点经验，根据边区的实际情况制定的。1943年制定的《统一累进税暂行办法》，同1942年《晋察冀边区统一累进税制》差不多，请参阅本书第二章第六节。

左右，延安县有的租率在5%以下①。1942年12月29日公布的《陕甘宁边区土地租佃条例草案》规定，减租后定租、活租的租率最高不得超过30%。当租率为30%时，15%的土地税本恰为租额的一半；如租率低于30%，15%的土地税本将超过租额的一半；租率特低的可能出现全部租额尚不足以缴纳土地财产税的情况。为了使地主与地主之间出租地的土地税本一致，有利于团结各阶层抗日救国，所以在计算土地税本时规定最高幅度。

伙种、安庄稼这两种租佃形式则有所不同。根据绥德和延安的调查材料，伙种地在经过土地革命区域为中农与中农或中农与贫农之间的租佃关系，在未经过土地革命区域则为小地主与农民之间的租佃关系。伙种出租土地者多为无劳动力的农户或抗、工属及小地主。安庄稼与伙种地的区别不大，因为它有另外的附带条件。对这两种出租形式，在减租运动中都有所照顾，政府明确规定：伙种按原租额减10%—20%，减租后出租人所得最多不超过收获量的40%；安庄稼按原租额减10%—20%，减租后出租人所得最多不得超过收获量45%。由于伙种、安庄稼原租率较高（一般是对半），减租后的租率仍较定租、活租制的租率高，所以在计算土地税本时不需要另行照顾。

为什么自耕地的土地税本也规定按常年产量的15%计算？这是从政策平衡的角度考虑的。因为自耕农既是土地所有者，又是土地经营者。土地财产税是对土地所有者征收的，在计算税本时自耕地与出租地应当保持一致。但这只是表面上的平衡一致，实际上自耕农加上15%的土地税本，同时又减去15%的生产消耗，等于不出土地税。

第二，改变了计税标准。救国公粮课征的各项收入——地租及畜租、耕种土地所获的农产品、农村副业收益，均以当年实际所得数作为计税标准。试行农业统一累进税的，计税标准改为：土地财产税及土地收益税均按土地常年产量计税；农业收益部分，自耕地按常年产量的15%扣除生产消耗，佃耕地除扣除生产消耗外，并扣除缴纳的地租后计税；地租收入按减租后实得租额计税，农村副业及运输业以纯

---

① 农累税研究组：《农业统一累进税总结》（1945年10月），载西北行政委员会财政局编《陕甘宁边区农业税资料汇编》，1954年10月。

利八折、牧畜业以市价六折折粮计税。

这样改变,解决了三个问题:一是解决了努力生产的勤苦农民所得与不劳而获的地租等量齐观的不合理问题;二是解决了每年征收多少不一,影响农民增产积极性的问题;三是解决了按实产量计税年年评议带来的手续烦琐问题。

以土地的常年产量作为土地财产税和土地收益税的计税标准,是税制上的一项主要改革。做好这项改革,关键在于土地登记是否确实,常年产量评定是否恰当。

土地登记由户主申请陈报。登记时,在已经实行过土地登记的区域,须缴验边区政府1937年以后颁发的土地所有权证及登记后合法转移的契约;在经过分配土地而未经土地登记的区域,须缴验1937年以前土地改革时期的分地证及分地后合法转移之契约;在未经土地分配的区域,须缴验合法取得土地之营业证。登记的土地,按常年应产量划分为20级。

土地登记的具体办法,从各地执行情况看,大致有三种:一是由人民自报其土地的垧数与等级,然后评议会(由行政村村民大会选举5—7人组成)依据其自报材料及政府规定的土地面积标准,评定每块地的面积与等级。自报不实者,由评议会确定其土地面积与等级。绥德县基本上都采用这种办法。二是以上山评议为主,以丈量土地为辅。每个自然村组织评议委员会,协同丈地人员与各农户上山看地,由户主自报土地面积与等级,由评议员当场评议或丈量。延安的大部分乡采用这种办法。三是抽丈山地,弓丈塬地。庆阳县除桐川区因山地多采用抽丈的办法外,其他区都采取了这种做法。

土地登记后,数量普遍增多。据统计,绥德11个区土地增加16.5%,庆阳县增加11.4%,延安县两个区的5个乡增加13.4%[①]。

在进行土地登记的同时,评定土地的常年产量。评定产量的标准,边区政府统一规定:(1)山、川、塬、水之土地种类;(2)土地登记时之土地等级;(3)一般生产条件(劳动力、耕畜、粪土、工具)。

---

① 边区财政厅:《边区农业统一累进税试行简况》(1944年4月),载《抗日战争时期陕甘宁边区财政经济史料摘编》第六编,第161页。

评定的具体做法大体有：(1) 就地定等级、定产量，在农村先进行各农户的调查，丈地时由评议员先评定等级，再参考生产条件，评定产量；(2) 就地评产量，然后按产量分别定等级；(3) 就地评等级，回家定产量；(4) 土地登记时，由各农户自报其每段土地的等级与产量，评议会根据每段地之土质与农户生产条件，评出土地等级及产量。

按照上述标准评定的常年产量，一般都比实际产量低，富裕中农以上各农户，因为生产条件较好，低得更多。

第三，调整了累进税率。农业统一累进税率采取分计合累的税制，就是把收益税与土地财产税分别算出税本之后，合并累进征收。起征点、累进率与最高率的规定，基本上与救国公粮征收条例的规定相同，只是对级距和分级税率作了一些调整。

综上所述可以看出，这次税制改革贯彻了以下基本原则：(1) 由公粮的临时分配税，提高为正规的定率税，克服分配税的毛病；(2) 由公粮按实际收获量征收，改为以土地的常年产量作征收标准，克服按实产征收不能刺激农民生产的缺点；(3) 由单纯的收益税，改为既征收益税，又征土地财产税，同时，对农民的农业生产收入，扣除一定的生产消耗；(4) 降低下层税率，提高上层税率，使各阶层负担更合理。

农业统一累进税的试行，曾获得广大人民的拥护。但因干部文化水平较低，以及税则本身尚欠简便，未能普遍实行，以致1943年后主要仍以公粮形式征收。

(三) 1944年营业税制的修订

1941年以来，边区的商业有较大的发展，政府征收的营业税也不断增加，但是剔除物价上涨的因素，商人的负担不但未增加，反而相对地减轻了。这样，反映在人民负担上商轻农重的现象非常严重（商人负担一般不及农民负担的1/3）。为了便民利商，使税收负担更加合理，边区政府于1944年7月对营业税条例作了进一步的修订。

这次修订的要点有：(1) 根据物价上涨情况重新调整了起征点和累进级距，起征点由原来的2500元调高到5000元。(2) 提高了累进税率。为了合理解决农商负担合理问题,最高累进率由30%提高为35%,与农业累进税率持平。(3)改变了临时营业税征收办法。"为了从各方面配合、争取必需物资之入口,将临时营业税税率大为降低,同时根据过去累进率经验,商人化整为零,所以由累进税率改为固定税率,由原来最高税率30‰改为必需品8‰,非必需品10‰,边产边销者8‰。"①

农商负担合理问题,是陕甘宁边区提出的一个实际问题,但究竟如何求得平衡合理,两者之间如何比较,一直有不同的看法,争论较大。

(四)1943—1945年各阶层的负担情况

1943—1945年,由于大生产运动的开展,农民收入增加,粮草征收任务调减,边区农民的负担是逐渐下降的。同时,由于救国公粮征收办法的修订和农业统一累进税的试行,各阶层的负担也进一步公平合理。

1943年,无论是征收救国公粮还是征收农业统一累进税的地区,无论是已经分配过土地还是未分配过土地的地区,在收入上均是地主富农较高,中农次之,贫农雇农较低;负担后的剩余仍是地主富农较多,中农次之,贫农雇农较少。这说明过去负担上轻下重或上下轻中间重的不合理现象已经纠正,修订或改革后的税制进一步发挥了调节各阶层收入的作用。

1943年各阶层的负担比例(负担占收入的百分比),同1942年比较,除部分地主增加外,其他阶层大部分降低或维持原状。据绥德县的材料统计,占地200—700垧的地主负担比例由19.7%增为43.1%,占地100—200垧的地主负担比例由38.6%降为36.6%,占地100垧以下的地主负担比例由41.6%降为33.8%;富农的负担比例没有什么变化;中农贫农的负担比例则普遍降低,贫农中有51%的户不负担,雇农中有95%的户不负担②。

1944年边区农业大丰收。随着生产的发展和减租运动的深入,各

---

① 边区税务总局《1945年工作总结》,1946年1月16日。
② 赵艺文:《农业统一累进税试行在绥德》,《解放日报》,1944年3月5日。

阶层的经济地位变化较大：地主经济普遍下降，富农经济得到发展，中农经济比重较大，部分贫农上升为中农，同时，这一年边区政府的征收任务又减少。因此，各阶层的负担比例一般都下降，特别是富农的负担比例下降的多，负担后的剩余也多。

1945年边区遭受严重的旱灾，农业减产较多，各阶层的负担能力减弱。由于边区政府及时调减了征收任务，帮助农民抗旱抢种，减轻灾害损失，负担比例比1944年又有所降低。各阶层间的负担情况与1944年的趋势基本相同。

总起来说，1943—1945年各阶层的负担是逐渐减轻的。具体的负担比例大体是：贫农3%—5%，中农6%—8%，富裕中农7%—10%，富农9%—13%，地主20%—30%。至于雇农和移难民，则基本上没有负担。这说明，边区政府确定的削弱封建、奖励生产、公平合理、保障供给的负担政策已得到落实。

五、边区农民的动员负担

（一）边区的抗勤人力动员

边区抗战勤务的人力动员有三种：一是公粮的运输。交公粮时自己送，不算负担，只是转运时才算负担。二是公盐运输。即动员农民为公家运盐，每驮150斤，实际交公盐105斤，余下的45斤当运输费。1941年以后，大部分地区改交公盐代金，由政府组织运输合作社运盐。三是临时动员，包括担架、运伤兵、修路、帮助军队建设等，名目较多。

抗战初期，抗勤的动员没有具体的章程。1941年，边区政府制定了《战时动员壮丁牲口条例》。条例规定，凡年18岁至45岁之男子为壮丁，都有服战勤的义务。全年总服役时间为：一户只有壮丁一名者，全年不得超过20天；一户有壮丁二名者，全年每名不得超过30天；一户有壮丁三名以上者，全年每名不得超过40天。壮丁被征用服役时，政府给予必要的伙食津贴。

抗勤动员的人力，以1941年前后较多，1943年后逐渐减少。从地区上看，交通沿线的村庄动员的人力较多，偏僻地区较少。

据边区政府调查，1941年全边区有劳力29万—30万个，每个劳动力全年平均服战勤为100—110天。其中，运盐55天，担架、运输、零星修筑15—20天，自卫军训练、开会、放哨30—35天①。按每天折3元（边币）计算，折款为300—330元，折细粮为283—312斤②。

另据延安、延长、固临、志丹四县统计，1941年、1943年、1945年的抗勤人力负担如表2-1所示③。

表2-1

项 目	延 安	延 长	固 临	志 丹
全县人口	35799	31708	19804	34260
全县劳动力（个）	7000	7000	4000	7000
1941年：负担天数	615000	546000	312000	378000
每劳力平均天数	87	78	78	54
1943年：负担天数	5401	17415	—	—
每劳力平均天数	0.8	2.5		
1945年：负担天数	65669	缺资料	缺资料	229818
每劳力平均天数	9.4	—	—	33

（二）边区抗勤的畜力动员

按照《陕甘宁边区战时动员壮丁牲口条例》（1941年）规定，动员征用牲口，不问住户牲口之有无或多寡，而以现时财富为标准。分富户、中户、贫户，每户出牲口一头。其全年总服役时间是：富户全年不得超过80日，中户全年不得超过50日，贫户全年不得超过20日。被征用之户如无牲口者，由该户自行雇用之，此项雇用费用，由雇户负担，征用部队或机关只照政府规定发给草料费、饲养人伙食费。

---

① 根据1941年《全边区人民各项负担统计表》计算。原表中包括有"优待代耕担水砍柴"一项，该项属社会性负担，为便于分析，引用时已剔除。《抗日战争时期陕甘宁边区财政经济史料摘编》第九编，第486页。

② 1941年边区每石细粮约为317元（边币）。

③ 根据《抗日战争时期陕甘宁边区财政经济史料摘编》第九编，第478、479、491页统计表有关数字整理。代耕用工均不包括在内。

畜力动员，1941年全边区每畜平均负担65—75天①。各县的负担也不平衡。据延安、延长、固临、志丹四县统计，1941年的畜力负担如表2-2所示②。

表2-2

项　别	每个能驮畜力负担（天）			
	延安县	延长县	固临县	志丹县
四个月的	13	53	19	3
全年的	60	117	60	27

（三）为抗属、工属义务代耕的动员

动员农民为抗日军人和抗日工作人员家属代耕，是对抗属、工属的一种物质优待，也是阶级友爱精神的一种体现。

陕甘宁边区脱离生产直接参加前后方抗战工作的约有两万户，其中多数在抗战部队中充当指挥员，部分参加其他抗战工作。他们一般耕有土地，且是比较贫苦的农民，有的缺少耕具种子，不少户完全没有耕具。为了使他们的土地不致荒芜而减少生产，使他们不致因家庭生活困难而影响抗战情绪，政府便发动农民组织代耕队代替抗属耕种。抗战初期，边区政府就颁布了义务耕田队的组织条例，明文规定边区农民均须加入，无报酬地耕种抗属土地。1942年6月6日《陕甘宁边区政府指示信》中又具体指出：凡居住边区境内人民，年在45岁以下16岁以上的壮年男子，除脱离生产为抗战服务者外，一切人民，均须按政府的规定，担负代耕任务。

义务为抗、工属耕种的具体做法，大体有四种：

第一，代耕。一般以行政村为单位，在政府规定应代耕的范围，对抗、工属指定应种地段，分给一定的义务队员耕种。并规定每垧地最低要收到粮食产量数，若有不足，由代耕的义务队添补。这种方式，多用于完全受代耕的当地的抗、工属，也是较普遍采用的一种方式。

第二，包耕。这种方式，多半用于半受代耕之抗、工属。因为他

---

① 《抗日战争时期陕甘宁边区财政经济史料摘编》第九编，第480、486页。

② 同①。

们自身有些劳动力，为减少麻烦，实行"包耕"。还有一些外来的抗、工属，自己没有土地，也没有肥料，种子亦常不备，又恐失农时，老让义务队来种地，义务队也怕往返花费时间，所以也实行"包耕"。关中分区为了保证抗、工属土地收获量达到一定的标准，还颁布了优抗包耕办法。

第三，包工。这种方式的采用，多半是对个别劳动力不足的抗、工属。在耕地时间派出义务队帮助，均以"工"为标准，辅助劳力的不足，不管收获多少。

第四，代粮制。用出优抗粮的办法代替出劳力，这是绥德分区1945年较普遍实行的一种方式。优抗粮的负担，清涧以乡为单位，由劳动力负担；佳县以区为单位，也由劳动力负担；米脂以区为单位，一半按财富一半按劳动力负担。其他的分区，还有按公粮数目分摊的。

农民的义务代耕负担，各地不平衡。抗、工属多的地方负担重一点，抗、工属少的地方负担轻一些。

实行代耕、包耕、包工方式的，主要是劳力负担。据安定南区部分乡调查，1938年有抗属土地1455垧（一垧等于三亩），由425个农民代耕，平均每个农民须耕种三垧半，每垧地平均需要投人工9个、牛工4个。按此计算，每个农民全年至少须有一个月的义务劳动时间去做优抗工作，而且还要自带耕牛及耕具①。1941年边区政府调查，全边区全年的优待代耕、担水砍柴的劳动日，每个劳动力平均负担15—20天②。1942年延川、清涧两县近4万垧的抗、工属的土地上，有17258个代耕队员在劳动，每个队员平均耕种义务地23垧③。

实行代粮制的，主要是粮食负担。据调查，志丹县1943年全县计优待粮219石，优待柴542140斤④。按全县7000个劳动力计算，每个劳动力平均负担优待粮3.1斗（约合93斤），负担优待柴74.8斤。另据安塞、子长、固临、子州、葭县、清涧、定边、新正、华池、曲子

---

① 林伯渠：《陕甘宁边区政府对边区第一届参议会的工作报告》，1939年1月15日。
② 1941年《全边区人民各项负担统计表》，载《抗日战争时期陕甘宁边区财政经济史料摘编》第九编，第486页。
③ 《延川、清涧人民优待抗属代耕土地四万垧》，《解放日报》，1942年7月20日。
④ 志丹通讯：《抗属地位很高，处处受尊敬》，《解放日报》，1943年10月26日。

等 11 县调查统计，1945 年共出优抗粮 19444.48 石①，占当年粮食产量的 4.3%，每人平均负担 9 斤。

第三节　晋察冀边区的农民负担

一、根据地开辟时的"县合理负担"

（一）晋察冀边区抗日根据地的建立

1937 年 8 月 25 日，改编为国民革命军第八路军的前中国工农红军 3 万余人，在朱德和彭德怀的指挥下，由陕西渭河北岸一带集中地出发，东渡黄河，开赴抗日战争的前线，配合国民党军，为保卫山西收复失地而斗争。

八路军出发时，就准备派一部兵力挺进燕山山脉，深入敌后，建立根据地。但刚一出动，南口就失守了。随着接到军委会命令，前往蔚县阻敌，途中蔚县又丢了。二战区又命赶到飞狐口（涞源与蔚县间）阻敌，但师至太原，飞狐口又丢了。这时，敌人已全面逼近山西北部的国防工事，正拟突破平型关、雁门关。于是，八路军 115 师就迂回敌后，阻止南下敌人。9 月 25 日在平型关打了第一个大胜仗。平型关大捷后，八路军 115 师主力一部分调晋西南地区，一部分在聂荣臻领导下，于 10 月 23 日留守五台地区活动，开展游击战争。

为了统一五台地区的军事政治领导，1937 年 11 月 7 日，以聂荣臻为首成立了晋察冀军区司令部，并在军区之下划分为三个军分区。军区成立后，一面组织和发展武装部队，一面积极进行统一战线的民主政权的改造与建设。

两个月后，各分区的武装组织均有相当大的发展，许多决心要在敌后作战的国民党部队、抗日的军官，经过八路军组织、教育、训练

---

① 《陕甘宁边区 11 县 1945 年负担调查统计表》，载《抗日战争时期陕甘宁边区财政经济史料摘编》第六编，第 438 页。

和整顿，逐步变成了正规化的抗日部队，各县的民众也普遍建立了动员委员会、自卫会、救国会等半政权性质的机关。到1937年底，八路军已基本上控制了晋察冀三省边陲地带数十县的局势。

在县境克复、地方秩序略为安定之后，边区各界人士于1938年1月10日在阜平召开了军政民代表大会，通过大会选举，产生了晋察冀边区抗日民族统一战线的临时政权——晋察冀边区临时行政委员会。

晋察冀边区统一的政权组织建立后，辖53个县，人口1000余万。全边区设冀西、冀中、晋东北三个政治主任公署，代表边委会行使职权。1938年秋季反扫荡后，鉴于环境恶化领导困难，分建专署，冀西、晋东北主任公署同时撤销，冀中主任公署随即改为行署。专署下边，设有县、区、村各级政权组织。

八路军115师进驻五台山，只用一年的时间，就完成了开辟游击区，缔造晋察冀边区抗日根据地的任务。

（二）边区政府成立前的"县合理负担"

八路军115师留守部队在开辟游击区的过程中，曾遇到许多极其严重的困难。军需供应的困难，是其中最突出的一个。

太原失守后，留在五台山地区的八路军115师部队，不但和国家的总后方脱离了关系，而且就在晋察冀三省边界的范围内，由于太原的失守，而陷于极端混乱的状态。各县的政权机关实际上已全部瓦解，庞大的区域中，简直找不出一个地方上原有负责的政府工作人员。一切都是无秩序、破坏和崩溃。"那时，正值严冬季候，五台山上积着很厚的雪，那种寒冷的气候，连过惯山地生活的居民都要感到极度困难。但是，那时我们部队，大多数还没有棉衣穿，赤裸的足，套着一双草鞋，在冰雪里蹒跚地走着。如果不是鼓着一股杀敌的勇气、救国的热情，恐怕谁也不愿意跟队。至于部队的给养，更是不堪言状，虽然我们和老百姓一开始就建立了良好的关系，始终是公买公卖，得到百姓热烈的帮助，但是没有可靠的供给来源，顾得今天顾不得明天。而且又加上少数商人乘机居奇，使我们在困难中，更添了许多不必要的痛苦。那时物质动员的工作，几乎到了山穷水尽的地步。""眼睁睁地看着山岭的白雪、地上的严冰，把我们的手足冻裂，全身在风雪中战栗，还要忍着饥饿，鼓起勇气，挺着胸膛，拥着枪杆，和那温暖健实的敌人作战。"

"那时由于战局的紧张，敌人正在到处建立伪政权，组织汉奸队伍，企图消灭游击队，巩固他的后方，因此，我们便无日不在战斗中。每次战斗，总免不了有伤亡，而这些受伤的战士，当时既没有后方医院，又没有充分的医药，甚至连棉花绷带都感到缺乏。许多伤员，往往几个星期都不能换药。加之饮食不足而且营养不良，吃的尽是些干涩而缺乏滋养的小米、山药，同时躺在民房土屋中，天气寒冷，身上衣薄，且血迹斑污，还不能换洗，被褥亦难得补充，辗转床上，痛苦呻吟。他们为了国家民族，含辛茹苦，没有丝毫怨难；伤势稍好时，每天还不肯放弃政治学习，不懈地讨论着战争的形势。可是，想到这些中华民族优秀的热血男儿，为了国家，为了民族，拼着血肉，忍受着创伤，真叫人感动得流出泪来。"①

因此，如何解决部队的给养问题，是当时晋察冀军区面临的最紧迫的首要任务。这个问题不解决，打仗、发展武装、建立抗日根据地，统统要落空。

鉴于八路军总部无力也无法接济，边区政府未成立，未报经二战区司令长官阎锡山批准，也领不到国民政府的军饷，军区只好采取就地动员的办法，动员人民出钱出粮来支应抗日部队，克服供给上的困难。于是，各地临时建立起来的"动员委员会""救国会""自卫会"等群众组织便积极热情地承担了这一任务。

在八路军发动下建立起来的县、区、村抗日组织，是一种半政权性质的组织，在许多方面实际上起了政权组织的作用。这些组织机构一成立，就废除了军阀、官僚、地主强加在人民头上的30余种苛捐杂税，田赋也废除了，使中国共产党一贯提出的减轻人民负担的主张在晋察冀边区初步得到实现。同时，立即开展了为革命筹粮筹款的工作，实行了县合理负担。

所谓县合理负担，就是粮饷由各县自筹，办法各县自定，没有统

---

① 《晋察冀边区是怎样创造起来的》，《八路军军政杂志》第一卷上册创刊号。

一的财政计划,也没有正规的统一的税收制度。因为当时的战地动员委员会也好,救国会也好,自卫会也好,最高机关都是到县一级为止,所以各县的抗日群众组织就成了筹粮筹款的最高权力机关。

各县实行的合理负担办法,虽然也体现了有钱出钱、有力出力的精神,但执行较粗,而且很乱。在工作条件较差的县,仍沿用旧的摊派办法;在工作条件较好的县,一般实行动员性质的"合理负担"或"救国捐",冀中还一度临时实行过"富户捐"。

筹集的对象主要是汉奸、土豪和资本家,农民出钱出粮的户较少,贫苦农民基本上不出负担。负担面不到30%,一般只占总户数20%左右。部队的粮食供给是到哪里吃哪里,就地筹集,就地供应。部队多的县筹的多,部队少的县筹的少,部队来了就筹,没有什么计划。粮食来源为逃亡的大粮商、老财,每村亦多不超过三五户[①]。

动员性质的县合理负担虽然是一种临时的过渡办法,但解决了部队的吃饭问题,缓和了供给上的矛盾。同时,由于取消了苛捐杂税,筹粮筹款又集中在"富有者"头上,对于贫苦的农民来说,也喘了一口气,大大提高了他们的抗日积极性。

但是,由于各自为政,财政不统一,筹粮筹款缺乏正确的标准,任何机关都可以筹款,都可以要草或乱打汉奸,曾引起了当时社会很大的不安。收入虽然不多,但影响民生,影响统一战线,影响抗日民主的社会秩序,有部分地主因负担过重而跑到敌占区。特别是冀中,各地驻军异常复杂,指挥既不统一,饷粮一概就地筹拨,流弊横出,民众负担过重。同时,所有的开支,都靠临时的合理负担,即靠派款解决,并且是随筹随支,因而出现了严重的浪费和个别贪污现象。边委会成立以前,各地动委会、救国会一个区一般都有20—30人每日用大锅开公饭,村里边吃便宜饭的人也不少[②]。八路军外的各种杂牌队伍,有的同敌伪勾结,成为专门鱼肉乡民群众的"抗日者"。

---

① 南汉宸:《晋察冀边区的财经概况》,第8页。
② 《晋察冀边区行政委员会工作报告》,第82页。

二、财粮统筹的几项措施

从 1938 年边区政权统一到 1940 年底,是晋察冀边区根据地发展壮大的时期,也是财政从混乱走向健康发展的阶段。在此期间,八路军和游击队对敌作战达 1600 次以上,其中大的战斗战役有大龙华战斗和百团大战。战争的加剧、军政人员的增加以及自然灾害的袭击,对财政的压力很大。为了支持长期抗战,有计划地解决战争供给问题,边区军政民代表大会决定对财政粮食实行统筹统支,并且采取相应的措施,逐步建立了正规的财政制度和粮食征管制度。

(一)试办村合理负担

1938 年 3 月 6 日,晋察冀边区第二次行政委员会通过了《关于合理负担及粮银的决议》。决议指出:"各县合理负担办法未善,流弊滋多,限文到廿日内将尚未进行之县区合理负担用最温合、合理之法,迅速结束。以后合理负担,可暂由村完全试办,以为县区合理负担实行之基础。"自此,各地均停止了县合理负担,试行了村合理负担。

从动员性质的县合理负担改为村合理负担,一方面是为了增加财政收入,解决供给上的困难;另一方面则是为了使"有钱出钱,有粮出粮"的负担政策能够制度化、正规化,纠正那种乱摊乱派的不合理现象。所以,试行村合理负担办法,是边区税收制度的第一次改革,后来的统一累进税就是在这个基础上发展起来的。

村合理负担同县合理负担,统称合理负担。村合理负担是以旧村为单位,评议出纳税户的应纳税分数,然后按照各村分数多少分配征收任务,并把任务数按各户应纳税分数落实到各户,这是同动员性质的县合理负担的主要区别。由于边区各地的环境、条件、工作基础不完全相同,试行村合理负担的具体办法也就不一致。大体上有四种类型:

冀西各地,一般实行边区政府规定的《晋察冀边区村合理负担实施办法》。这个负担办法是以户为单位,根据各户的财产、收入和消费多少计算,每年计算一次。资产部分不累进,每人平均不到 50 元者不计,在 50 元以上者,每 50 元算作 1 厘,每 500 元作 1 分,以此类推（零数不到30元者不计，30—80元者按50元计，80元以上者以百元计）。实际就是10%的税率（税率为分）。收入部分按照"合理负担累进分数表"计算。每年每人平均收入不到30元者免征。30元以上者每5元作一厘，每50元作一分。50元和500元之间每50元作一级。500元至1000元，每100元为一级。每级以1.3为累进率计算分数。每户应征之数最高不得超过全户收入的35%。人口的计算是12岁以上者按一口计，12岁以下者算半口。在资产方面，征税范围包括土地、房屋、林木、畜养、工商业、存款等几项。在收入方面，征税范围包括地租、自营土地产量、房屋的租价、林木、畜养、工商及人力（包括智力活动）的年收入、存款存粮的年入息等几项。资产分数是用人口数除资产净值（减去负债后的数字）的商数。收入的分数是用人口除净收入（减去支出后的数字）的商数。比如一家有6口，其中12岁以下者2人，按人的计算方面，全家为5口。假如此家共有资产2900元，每人平均财产为580元，每人应得分数，把零数80元算作100元就等于600元，除得商数为1分2厘，全家5口就是6分。又如此家每年共收入535元，每人平均收入107元，按合理负担累进分数表105元计算是2分5厘，全家5口为12分5厘。然后把此分数与财产所得分数相加，则此家合理负担为18分5厘。

  计算合理负担的程序和时间，先由县政府印发"居户合理负担比例分数调查表""填表说明"及"合理负担累进分数表"。经各村村公所翻印后发到各家，据实填写比例分数调查表交村公所，经过村合理负担评议会的检查后，再填造两张，一张汇报县政府备案。备案之后，村中一切负担皆按分数分派，未得分数者概不负担。每年进行两次征收，财产、收入如有变动者则重新填表计算。

  进行合理负担工作，评议会是一个重要组织。政府规定有评议会简章，凡是7间以下的村庄，每间推代表2人，7间以上的村庄，每间推代表1人，村中的农救会、工救会和商救会各推代表1人与村长共同组织之。在进行评议中间如发现所填表格有不符实际情形者，即予纠正。在不服评议会评议的时候，时常召集村民大会，大家共同评议表决。一家一家应出的分数，经过评议会民主决定无异议后，便到县政府备案,各家应负担的分数就算确定了。

这个办法体现了"钱多多出,有钱出钱"的原则。主要缺点是:对各种资产收入同样看待,与改善民生和奖励生产的原则不符;完全采取"属人主义"①,使多数或完全为佃户的穷苦村庄,村款无法摊派;将工、商户和农户合并计算,因工商户不易调查易逃负担,而使农民吃亏;在免税点上就全部资产收入计分负担,以致有时靠近免征点的户,纳税后所余的财产或收入,反而比不纳税的一些人少,这是很不公平的②。

冀中另实行"土地累进法",其主要内容是:免税点每人除1亩半(抗日军人除3亩),其超过亩数按累进法计算;负担税等5亩为1级,共分6级,6级以上的土地均按6级计算;税率按2分累进,最高累进率为2亩;出租土地由地主负担,典当地由承典人负担。为了使负担更加合理,1940年1月,又颁布了土地分等与动产合理负担两种办法:土地分上、中、下三等(年收两季每亩产量20斗以上者为上等地,只收一季产量,12斗至20斗者为中等地,12斗以下者为下等地),上等地每亩折合中等地1.5亩,下等地1.5亩折合中等地1亩。实际执行结果,在群众工作有基础的地区,上述办法成为中贫农向地主富农斗争的武器,负担的绝大部分在上层;在地主富农掌握政权的村庄,则仍采取按地亩平均摊派的办法,中农以下的负担就较重。

晋东北各县实行第二战区(即阎锡山)的"抗战时期村合理负担办法",即按财产情况把村分为12等,户分为19级,按等定分,然后评议负担。这种办法虽带有累进性质,但由于"不凭调查,只凭估计"分等定分,不是以人为单位计分,而是以户为单位分等定分,且计算征收概取"属地主义"③,负担的不合理性很大,而且容易为地主富农从中捣乱。

---

① 纳税户的资产和收入只要在本县的范围内,均在纳税户所在村评议和计算分数,叫作属人计算和征收。
② 刘澜涛:《财政建设的新阶段——统一累进税》,《战线》第56期,第3页。
③ 地在哪个村,就在哪个村计算征收,如果地分散在数村,则一房同时在数村计算征收,叫作属地征收。

冀东地区，开始执行按亩均摊的旧办法，从1940年春季起，在丰润小岭乡、遵化东南一带、丰滦遵南部、丰玉遵西南部、蓟县盘山前、丰玉宁北部等地试行合理负担办法。办法规定，每收入200斤红粮折合为一标准亩，按每人平均占有标准亩多少分4级累进计征。3亩以下为1级，3亩以上7亩以下为2级，7亩以上10亩以下为3级，10亩以上为4级。4级的累进税率分别为1分、2分、4分、8分。凡试行地区各村，首先由群众选出评议委员，组织评议，然后开大会动员，评议地亩，划分土地等级。试行以后，由于累进率较高，级距过大，不仅小地主、富农负担不起，有些富裕中农也感到负担过重。同时，由于办法过于简单，许多复杂的情况，如困难户、烈工属照顾、工商业、副业收入等，均未考虑进去，贫农、中农也有意见。

1940年秋，冀东党委对四级累进负担办法作了修订，制定了12级合理负担条例。这个条例在东部地区一公布，立即引起强烈的反应。首先是计算方法复杂，许多基层干部弄不懂，反映行不通。其次是累进率仍然太高，超过了大地主的负担能力。据此，东部地委立即召开紧急会议，收回成令，停止了12级累进条例的贯彻。

1940年12月，冀东区党委经盘山会议反复研究，制定了新的13级合理负担条例，降低了累进率。会后普遍推行。13级合理负担条例规定：凡土地、林业、矿山、果园、工商业等一切收入，均按市价折合标准亩计算征收。由每人平均1亩至100亩以上划分为13个等级，每人平均收入不足100斤红粮的不计算征收，超过100斤红粮的（折合0.5个标准亩）累进征收。最低一级每标准亩征1分，最高一级每标准亩征3.6分，各级累进率从0.1增到0.4。同时，规定了租佃土地之负担，按租额多寡决定：租率在总收入50%以上者，全部由地主负担；租率为25%—50%的，地主佃户各分一半；租率在25%以下的由佃户负担。对债权人，以其利息收入，按市价折合，足1标准亩的按1.5亩计算负担，足5亩以上者每亩按2亩负担。对债务人，则在其全部收入中，扣除应纳利息后计算负担。对军工烈属，按评定等级扣除一亩免于征收。13级合理负担的负担面，一般地区为90%以上，特别贫瘠地区在80%以上。由于新的负担办法较为全面地照顾了贫雇农的生活和其他抗日阶层的利益,所以条例一经公布,就得到了群众的热烈拥护。

13级合理负担办法虽然比较好,但在一些工作基础较差或环境恶劣的地区仍然没有全部执行。这类地区,有的实行等级摊派的办法,按土地肥瘠、收入多少划分等级,按等摊派(如平密兴地区一区规定:甲等地每亩摊2.5斤米,款6角;乙等地每亩摊米2斤2两,款5角;丙等地每亩摊米1斤12两,款4角;丁等地每亩摊米1斤2两,款3角);有的以三年平均产量算出标准亩,按地亩平均负担;有的仍按旧习惯负担。

上述四种类型的合理负担办法,除冀东外,冀西、冀中和晋东北的办法在1938年执行一年后,随着救国公粮的开征,到1939年、1940年就成为单纯筹集村款开支的办法。

(二)田赋的恢复与征收

1938年3月6日,晋察冀边区第二次行政委员会决定,已经停征的田赋继续恢复征收。其征收办法要点是:

(1)自3月15日起开始征收廿七年(1938年)上忙粮银,限4月15日以前解交70%,其余限5月底以前全数解交。

(2)粮银折合银元仍各照例计算。

(3)征收纸币以边区银行钞票为准,法币限河北各地可通用,晋钞加一成征收。

(4)粮银凭证遗失者,由村长查实征收。

(5)赔粮(即有粮无地者)一律免征。

(6)余粮(即有地无粮者)由财粮员检查再由地主缴纳。

(7)因受敌人蹂躏或其他原因,经县政府查实无力交纳者,一律免征。

(8)县附加按粮银附加5厘,由县统一开支,不得自行筹集,但应指定项目,编造预算报边委会备案。县不得超过上年之县附加数。

为什么已经宣布废除了的田赋又要恢复征收呢?这是因为:第一,边区当时财政收入很紧,恢复田赋马上可以增加收入,而且比开征新的税收都方便。第二,田赋虽有很大的缺点,例如税率不是按土地产量来规定，没有累进也没有免征点，没有正确的地亩（钱粮）册子，有所谓"黑地""白地"及地亩与田赋间各种惊人的偏差。但是，在统一累进税没有实行以前，它在旧税制中还比较合理、可靠，宣布废除不够恰当。第三，几千年来，田赋形成了人民和地方政府的一个差不多唯一定型的关系。交纳田赋对于人民就像是依赖政府维护他的土地所有权一样，容易接受。

田赋恢复以后，各地又征收了三年，到1941年才取消，而并入统一累进税。在这三年中，田赋收入不少，1938年仅冀中区上下忙田赋就征收了60万元，占全区财政收入（钱的部分）的20%。

（三）整理工商税收

边区政府成立后，普遍建立了税务机构，恢复了已经取消的烟酒税、烟酒牌照税、印花税、营业税等旧税中比较合理的税种，并且新征了出入口税。1939年初，为了活跃土地买卖，保障土地所有权，又恢复了田房契税。

在这个阶段，入口税为主要税收。边区政府开征入口税，目的是控制边区对外贸易，扶植边区生产，防止沦陷区货物大量倾销边区市场，吸收边区货币，增加边区的财政收入。入口的货物在税收上实行区别对待，对必需品如背心、袜子、扣子、钉子等，从轻征税；对非必需品如钟表、手电等，分别按30%—50%的税率征收；对特种消费品如烟酒、首饰、化妆品等，则课以重税。

工商税收的恢复和开征，对于解决军费开支起了较好的作用。北岳区恢复征税后，每月收入达30万—50万元。冀中区从1938年5月到1939年6月，共计收税2000余万元。

（四）征收救国公粮

1938年3月，边区政府尚未实行统筹收支的办法之前，部队的给养是就地筹划。从4月份起，边区的财经工作上了轨道，军费由边区政府逐月发给军区各部队，军粮的解决采取县合理负担办法。但是，由于各地驻军多寡不同，各县负担因而发生了不平衡的现象。1938年7月（主要在北岳区，冀中晚一些）军粮采取购买办法，款由边委会统一发给部队，由各县军用代办所代购。这个办法在1938年秋反扫荡中，证明仍然行不通：第一，敌后战争频繁的环境，粮食难以买到，现金供给制度要使部队挨饿。第二，现金大量购粮，一来使农民吃亏——农民卖粮纳税，卖出时粮价低，纳税额就得高；二来容易使奸商操纵市场；三来增加通货，易导致通货膨胀、物价高涨。第三，边区处于农村山地，交通工具落后，运输很不方便，购粮多的部队感到困难很大。

因此，为了有利于"取之合理"，便利于人民、便利于军队，也就是便利于抗战，从1938年11月开始（冀中在1939年6月开始）边区政府决定改变办法，征收救国公粮，并将军用代办所改为粮食局，用征收公粮的办法，辅之以购粮，来满足部队食粮的需要。1940年起，边区政府又决定政府工作人员也吃公粮（原来吃购粮）。自此，边区的供给渠道变为：军政人员吃粮靠征收救国公粮，军政经费开支靠征收田赋和税收，村款开支用村合理负担办法解决。救国公粮、田赋、村合理负担同时并存，均由人民来负担的局面，一直持续到统一累进税的全面推行。

救国公粮制度，一实行就为人民与军队所拥护。人民有粮出粮，便于交纳；村村都是兵站，便于军需供给，减少了运输和麻烦；村村都是粮库，便于保管。正因为这是一项比较合理的制度，所以在晋察冀的村庄，到处可以看到街头上贴着的花花绿绿的纸条上写着：

缴公粮。

打鬼子。

保家乡。

……

1938年11月，晋察冀边区政府用布告形式公布了《征收救国公粮条例》。布告的全文是：

1. 理由。边区以农为主，本年农产丰富，兹为坚持持久战，扩大巩固边区，充实抗战物资计，决定征收救国公粮。

2. 数量。此项救国公粮由晋东北各县冀西各县统筹小米16万石。

3. 用途。此项救国公粮用以供给军食，救济灾荒，有余作为政府收入之一部。

4. 此项救国公粮以小米为原则,但得酌量地方物产,折收杂粮、棉花、小麦或现款,杂粮限定25%,棉花、小麦各不超过10%。

5. 征法。

(1) 各家全部收入,折米计算,以其人口平均,每人平均小米1.4石以下者不收,1.5石至2石者收3%,2.1石至3石者收5%,以上每加1石递增1%,增至20%为止。

(2) 各家长年雇佣(劳动力),准除工资工食,不得计入其家人口之内。

(3) 有固定职业经年在外者,不得计入其家人口之内。

(4) 5岁以内之儿童一人以半人计算。

(5) 经营工业、商业或以利息度日者,按其收入折米平均计算,在规定以内,任缴何种实物或现款。

6. 存储。此项救国公粮,分在各村保管,非有政府命令或军用粮票不得动用。

7. 杂折。山货、水果、菜蔬、棉花、烟叶、药材种种栽培之收入及20只以上之羊群,统以当地标准价格折合小米计算。

8. 斗秤。斗以27斤计算,秤以16两计算。

这个征收办法,开始时免征点定得高,所以负担面比较小,一般为40%—50%。1939—1940年,降低了免征点,负担面扩大到60%[①]。

边区征收救国公粮以后,对于解决战争频繁条件下的军需,起了显著的效果。但是,从粮食收入的计划完成情况看,还不够理想,每年都未全部完成计划。据统计,1938年完成计划的68%,1939年完成计划的65.6%,1940年完成计划的85.5%[②]。这主要是分配任务有些主观主义,政治动员工作也做得不够深入。

军粮改由政府统一供应以后,边区政府印制了统一的军用粮票,按各部队人数、马匹、驮骡应给养花料数目分发,各部队凭票向村中领用救国公粮。军用粮票分5斤票、20斤票、100斤票、500斤票、

---

① 《晋察冀边区行政委员会工作报告》(1938—1942年),第80页。
② 晋察冀边区《战线》,第80期,第16页。

1000斤票五种。领用粮食分小米、玉米面、小麦、花料四种。

救国公粮储存保管办法,是以分存各该村为原则。出公粮1石者,仍由该户存储;不足1石者,数户集中一户,或放公共地点存储。所存公粮须负责保管,随时缴出,不得私自动用。

关于公草,按有草出草的原则,按累进率征收,与公粮征收同时进行。

(五)救国公债的募集与献金运动

边区政府在恢复田赋、整顿税收的同时,还发行了救国公债。1938年7月,边区政府颁布了救国公债募集办法,以政治动员的方式号召人民群众认购,粮食、布匹、棉花等物品均可折价购买。开始在北岳区发行,发行额为200万元,年利4厘,从1942年起还本付息,分30年还清。随后又在冀中区发行公债100万元,实际完成154万元。购买公债者多为富户、商人,农民购买者亦不少,有些贫苦农民也购买了一部分。

1939年5月和9月,边区政府还先后发动了救国献金及赈灾献金运动。边区广大军民热烈地响应政府号召,节衣缩食,踊跃献金,慷慨捐助,掀起了狂热的高潮。许多干部把自己一个月或几个月的零用费全部献了出来;许多工人、雇工把自己用血汗挣来的工资拿了出来;许多妇女把自己心爱的首饰,如手镯、耳环、银簪等,也拿出来献给国家;敌占区大城市的人民,也秘密地送来了巨款。在短短的几个月内,边区政府共计收到救国献金408万元,赈灾捐款62万余元。其中,冀中区完成救国献金102万余元,超过原分配数50万元的一倍多,占1939年财政收入总额的50%以上[①]。

(六)1938—1940年的农民负担情况

边区政府恢复田赋,试行村合理负担,开征救国公粮之后,负担面逐渐扩大。1938年负担人口占总人口的比例一般为40%—50%,1939—1940年扩大到60%。动员委员会时期把负担集中在剥削者头上的做法,有了改变。这对于发展抗日民族统一战线,贯彻兼顾各阶层

[①] 《冀中五年来财政工作总结》(1943年4月25日),载《晋察冀边区财政经济史资料选编》(总论编),第688页。

利益的原则，起了促进的作用。

这三年人民的负担额也是逐年增加的。据北岳区统计，1938年征粮104450大石米，1939年征粮117156大石米，1940年征粮180478大石米。冀中区统计，1938年征收4950万斤，1939年征收2647万斤，1940年征收99100万斤。负担占登记产量的比例，以北岳区巩固区为例，1938年为6.27%，1939年为7.12%，1940年为9.71%[①]。另据南汉宸《晋察冀边区的财经概况》及宋劭文《边区行政委员会工作报告》中有关人民负担材料推算，全边区每人平均负担大约是：1938年为17.8斤米，1939年为12斤米，1940年为36斤米。

粮赋负担逐年增加，边区人民反映不算重，重的是村款负担。由于村款开支没有纳入统筹收支之内，而是由地方自筹，原来存在的乱摊乱派现象继续严重起来。1940年7月以前村财政开支项目繁多，没有控制，如支差费、优抗费、招待费、小学经费、赔偿费、赔价、开会费、村干部旅费、放哨费、应酬敌伪费、村长津贴费、民兵饭食弹药费、民校经费、标语费、新战士路费、自卫费、锄奸组织费、村公所经费等，平均每村每月开支400元，全边区合计每年约8000万元[②]。

为了解决村款负担过重，使用很不合理的问题，边区政府于1940年3月开始对村款开支进行比较彻底的整顿，决定取消支差费，优抗粮逐渐由县统筹，取缔赔偿及一切非法开支，规定村公所学校经费开支办法，使村开支只限于以下五个项目：

（1）村公所经费与临时费，包括村公所及其各部门的办公费、旅费，将村分为五等，最高每月开支40元（连临时费在内，以后物价高涨略有增加）。

（2）村教育费，包括小学民校开支，须按边委会规定村代表会批准开支。

（3）优抗费，由县统筹者经边委会批准，由村区统筹者经县批准。

[①] 李成瑞著：《中华人民共和国农业税史稿》，中国财政经济出版社出版，第92页。
[②] 《晋察冀边区行政委员会工作报告》，第84页。

（4）民兵作战弹药费，规定将村分为五等，最多不超过每月15元，一般都在10元以下（1942年11月停止了，改由边区统筹）。

（5）村建设费，村兴修水利、建造学校等费，须经村代表会批准进行。

经过严格的整顿，村款开支大大减少，村款负担大大减轻。整顿后每人平均负担小米6斤，仅占边区粮款负担的1/7。这次整顿，不仅减轻了人民的负担，而且为1941年实行统一累进税创造了必要的条件。

三、减租减息政策的实施与土地关系的变化

（一）战前边区的土地关系与封建剥削

晋察冀边区是以山岳地带为中心兼有平原的一个根据地。在经济上农业占支配地位。农业人口占总人口的98%，工商业人口只占1%。

农村经济的发展很不平衡。冀东平原地带，生产条件较好，商品经济比较发达。北岳山区地带，自然条件差，地瘠民贫，基本上处于自然经济状态。

战前，无论是山区还是平原区，封建经济均占优势。冀中平原地带有70%—80%的土地种植棉花，为日本帝国主义者掠夺的原料基地。因此，农民同封建主义、帝国主义和商业买办的矛盾，在晋察冀边区很尖锐。

抗战以前，边区农村各阶级占有土地及其他生产资料的情况是极不合理的。在冀东平原，封建地主、经营地主和富农掌握了60%的土地，而其人口总数不过10%左右；85%的农民（中贫农）占有不过一半的土地。冀中平原也差不多。据安平、晋县、宁晋、束鹿、藁城等5个县6个村调查，占人口总数17.8%的地主富农，占有全部土地的44.63%；相反，雇农、贫农和中农，人口占78.13%，只占有土地的54.54%[①]。

---

① 《冀中五个县六个村经济情况与人民负担能力考察报告》，1947年3月冀中区统累税调查研究组考察。

山区的土地集中程度还要高一些。据唐县、盂县、灵寿、繁峙、灵邱、阜平、曲阳、完县、张北、平山、浑源、获鹿、行唐等13个县20个村调查,地主富农的人口占10.46%,土地占38.96%;雇农、贫农、中农人口占85.07%,只占有土地59.16%。按人口平均,地主每人平均占有土地17.62亩,为贫农每人占有土地的15倍[1]。

又据北岳区28个县88个村庄(其中平原地带43个村,山岳丘陵区45个村)调查,1937年占总人口43.04%的贫雇农,每人平均只占有土地1.52亩;占总人口2.6%的地主,每人平均占有土地达14.56亩,相当于贫雇农占有土地数的10倍[2]。

在畜力分配方面,地主富农也占同样优势。上述北岳区28个县88个村庄的调查,地主富农占有全部骡马的49.93%,牛20.35%,驴20.18%;工人、雇农、贫农、中农占有骡马的48.09%,牛78.93%,驴78.12%[3]。

土地及主要耕畜集中在地主富农手里,迫使广大无地或土地不足的贫苦农民不得不租种地主及富农的土地,忍受极端残酷的地租、高利贷和其他各种封建剥削。

地租剥削形式,除实物地租以外,部分地方还存在着最落后的力役地租的残余,如佃户给地主无偿捎种一部分土地、抽零工"帮忙"及服杂役等。平汉线附近及大河沿岸则有货币地租形式。这种货币地租都是"上打租"(头年秋季交租),种一年讲一年,不断长租子,属于地租、商业投机和高利贷互相结合的剥削形式。无论哪种地租形式,实质上都是封建地租,其租额一般占收获量的50%—70%(涿鹿县租额最高者达90%)。除正租之外,还有各种各样的榨取。如"背租"(一斗租子加一升豆或一捆草)、"杂租"(除正租之外,地主额外要的菜、水果、草料等)、"小租"(如"租草""租料""租鸡""租鸡蛋"等)及收租时所谓的"加一租斗""加二租斗"等。所以,地主的剥削实际上远远超过了农民的剩余生产物。

---

[1] 根据《冀晋区土地改革初步总结》附表资料整理、计算。
[2] 根据《北岳区农村经济关系和阶级关系的调查》资料综合整理。
[3] 同[2]。

和尚喇嘛地主是最大的地主（五台山喇嘛院每年收正杂租在 8000 石以上），佃户给他们送租子，走进寺院时还要数步一磕头，焚纸烧香献上。当他们来庄上收租子时，往来盘费、接待费等都要佃户负担。某些地区喇嘛地主对农民的妻子，还享有"住夜权"！

高利贷剥削基本上有两种：一为地主土豪商号及部分富农所放，年利率在 1 分 7 至 3 分、5 分，利大利小要看"人值不值"（有无房产），贫农借钱，利钱特别大。在年关或急用时，常以月利 4 分到 5 分借钱，并须以土地作抵押，一般的约期都很短，到期还不上钱，土地即为债主所有。此外，还有所谓的"现扣利"（在当钱时先扣下第一个月的利息）、"出门利"（借钱出门之后，不管半天一天都算一个月）、"臭虫利""利滚利"等黑暗的高利贷剥削。二为商业买办及一部分中国银行的放款，年利虽在 1 分左右，但这种放款，以农产品为交换条件，价格很低，实际是买青，而且大部分放款变成地主富农转手投机或放高利贷的资本。

捐税剥削是对农民的一种额外剥削，税负相当重。以察哈尔省为例，战前 1 斗米的市价是 0.3 元，而 1 亩地一年正税（即田赋）要纳 0.227 元，附加税平均纳 1.4 元，再加上柴草税等，好地半年产粮 9 斗，纳税要占收获量的半数以上。收成差时，雇车买夫种坏地的贫民，简直连负担都不够①。

除了田赋、附加税及各种名目的摊派以外，农民还要负担官方征收的货物税、交易税、牙税等，税率都是很高的。例如，猪税税率为 30%，牲畜税税率为 30%—50%，果木税税率为 30%—50%，割头税税率为 30%。

封建主义、军阀官僚和帝国主义势力的剥削压榨，使农村两极分化严重，贫富差距悬殊，农民的生活极端贫困。那时，边区山岳地带的贫苦农民，基本上处于糠菜半年粮的饥饿状态。据北岳区 35 个村庄（29 个村庄位于山地，6 个村位于大河流域或丘陵地带）调查，1937 年各阶层每人平均总收入是：贫农 1.85 石谷，中农 4.14 石谷，富农

---

① 《察哈尔人民解放经过》，《解放日报》，1945 年 11 月 8 日。

9.18 石谷,地主 25.60 石谷。地主与贫农的收入相差近 13 倍[①]。

这种状况,严重地束缚了农业生产力的发展。北伐战争以来,由于消灭了军阀混战局面,停滞的农业生产有一些恢复和发展,但生产水平仍是很低的。据华北农林部 1948 年调查,1937 年晋察冀边区所辖农村的几种主要农作物的单位面积产量(每亩平均产量)如表 2-3 所示。

表 2-3

主要作物名称	冀中平原地区 5 个县 9 个村调查	北岳山区 4 个县 12 个村调查
谷 子	1.8 石	0.9 石
小 麦	1.1 石	0.7 石
玉 米	1.3 石	1.1 石
高 粱	1.2 石	0.8 石
棉花(皮棉)	54.8 斤	26.6 斤
花生(果)	175.0 斤	282.5 斤

因此,八路军进入五台山以后,为了建立巩固的华北抗日根据地,始终把恢复和发展农村经济,作为战时经济建设的首要任务。其中采取的措施,主要是贯彻中共中央的土地政策,调节农村的生产关系。

(二)减租减息与交租交息政策的执行

抗日战争时期的土地政策,是要求地主减租减息、农民部分地交租交息的两重性政策。这个政策,在晋察冀边区执行了 8 年。

1938 年 2 月,遵照军政民代表大会的决议,边区政府公布了《减租减息单行条例》,规定:"地主之收入,不论租佃、伴种,一律照原租额减收 25%。""钱主之利息收入,不论新债旧欠,年利率一律不得超过一分。"同年春,又公布了《避难人家财产代管办法》,禁止超经济剥削,如杂租、小租、送工、太粮、庄头剥削、剥削地等;禁止高利贷,如出门利、臭虫利、驴打滚、加三灌仓、加五灌仓、扛子米等;禁止非法霸占,如"死契活口"(大头翁)等。这些法令规定,到 1939 年底,中心地区大部分实现了(边缘地区实现得晚)。

---

① 《北岳区的农村调查》第 14 页。每石谷约为 100 斤。

1940年2月,边区政府又修正公布了《减租减息条例》。条例明确提出:(1)土地最高租额不得超过正产物375‰;(2)耕地副产物一律归承租人所有;(3)典权未定期限者,出典人得随时以原典价回赎典物,但自出典后经过30年不回赎者,典权人即取得典物所有权。条例实行以后,曾出现许多纠纷,最严重者为典地回赎,不交租,不交息,扩大副产物。

边委会根据执行情况和问题,于1941年3月第二次修正公布《减租减息条例》,规定:(1)减租减息以后必须交租交息;(2)死契一律不能回赎;(3)副产物不能超过耕地正产物1/10,超过部分以正产物论;(4)钱租地改为半实物或实物租,并发出布告,重申"保障财产所有权,土地使用权,确定产业买卖自由权"。随后,又对土地纠纷作了一次彻底的清理。

1943年2月4日,边区行政委员会公布了《晋察冀边区租佃债息条例》和《晋察冀边区租佃债息条例施行条例》。条例总结前几年执行减租减息政策的经验,规定:(1)出租出佃之土地,不论其地租为实物还是现金,一律按照原租额减收25%。(2)减租后之租额或新订约之租额,最高不得超过耕地正产物收获总额的375‰,超过者应减至375‰以下。佃耕伴种地,出佃人供给农具种子者,在扣还供给物资后,出佃人所得最高不得超过375‰,超过部分要降下来。(3)副产物分配依双方约定为之,超过正产物1/10者,其超过部分按正产物论。(4)租佃关系存续中,出佃人出卖其土地时,承佃人有承买的优先权。(5)现扣利、出门利、印子谷等高利贷一律禁止。(6)旧债之清理,其利率在一分以上者,一律按年利一分计算,债务人已付利息超过原本一倍者,停利还本。

从此,边区的减租减息运动又深入了一步。北岳、冀中除游击区和边缘地区外,都较普遍地开展了这一运动。冀东地区从1940年开始,敌我斗争特别残酷,减租运动基本上停止,直到日本投降后,才广泛地开展减租清算和控诉复仇运动。

减租减息又交租交息政策的执行,一方面保障了土地所有权,使地主能活下去;另一方面使边区广大农民从战前的贫困中解脱出来,提高了农民的抗战积极性与生产积极性。

第一，由于边区大部分地区普遍实行了二五减租，并以年利一分为标准清算了过去的债务关系，取消了一切杂租和额外附加，使农民得到了看得见的物质利益。据1940年6月晋察冀边区农救会关于北岳区一、二、五专区的五台、灵邱、浑源、繁峙、广灵、唐县、完县、阜平、曲阳、望都、定县、平山、行唐、新乐、正定、井陉等县不完全统计，已减的利息有3206万余元，已减的租额有12290余担，有1480余顷土地减了租①。到1943年，地租一般减低了1/3，多的减了一半；原利率至少约减少60%。1943年以后，纠正了那种对伴种地不减租或减租后租额仍超过375‰的现象，农民得到的利益又多了一分。

第二，在深入的减租减息中，依据国民政府法权编所定的清理债务原则，又掀起了清理旧债和"抽地换约"运动（即"未死"之抵押地，得按年利一分订立新约，将土地赎回），结果使许多抗战前被高利贷者巧取豪夺的土地（农民称之为"割去的心头肉"）部分地被农民抽回来了。据第一、二、三、五等四个专区不完全统计，到1940年6月已抽回土地有64900余亩。仅行唐一县，就抽回了28428亩土地②。这个运动虽然在执行中出现了一些问题，如典当地、抵押地混淆不分，死契地抽赎算，但对打击高利贷者，贯彻一分行息的政策是起了好的作用的。

第三，适当保障佃户的土地使用权，这对贯彻减租保证交租，使地主能够活下去，提高农民的生产热情都有很大的作用。因为地主常以夺回佃地来报复实行减租的农民，或者假借各种名义，如假典、假卖、收回"自耕"、改定租为伴种等，以达到明减暗不减，造成农民对减租和生产信心的降低。特别是1943年以来许多地主强调未定契约或契约期满（大部分是1940年所订的3—5年的租佃契约），不顾佃户生活，曲解政府法令，大量收回土地，甚至用收地的威胁来强迫加租，或转移负担到佃户身上，引起群众严重不满，影响农民群众抗战的积极性。为了适当地保障佃权，1943年边区参议会通过的租佃条例规

---

① 黄韦文：《关于根据地减租减息的一些材料》，《解放日报》，1942年2月11日第三版。
② 方草：《中共土地政策在晋察冀边区之实施》，《解放日报》，1944年12月23日。

定，尊重业佃双方契约，但在抗战期间出租人收回土地致承租人无法生活时，应减收一部或暂时不收，并鼓励订立较长期的租约。

第四，经过民主动员，说服地主调剂一部分土地（多余的自种地或无力耕种的土地），租给了无地或土地不足的农民。

对于地主方面，中国共产党的政策是保障土地所有权，即在减租减息之后，保证交租交息。开始，有部分农民愤于过去地主的压榨，不交租不还息，对这一政策表示不满，称之为"党的右倾"。但经过耐心地说服解释之后，群众中的这一倾向也得到了纠正。中国共产党的政策保证了地主生活，在许多方面给以照顾，也得到多数地主的拥护。

（三）减租减息后农村土地关系的变化

减租减息政策在边区实施以后，农民对于土地的要求和对于扩大再生产的愿望大大提高了，他们也就有了兴趣，并且有能力不断购买、典进或回赎土地，这使农村经济关系，特别是土地关系，有了若干非常明显的变化。减租减息政策实施以前，即抗战以前，农村的土地占有由分散走向集中；减租减息政策实施以后，这种土地关系向相反的方向发展，土地由集中走向分散。

据北岳区28个县88个村统计，1942年地主富农占有土地比1937年减少26.5%，贫农中农及其他阶层占有土地比1937年增加9.8%。另据冀中区5个县6个村调查，地主富农所有的土地占总土地的比例，1937年为44.6%，1946年土改前夕为16.4%；相反地，贫农中农及其他阶层占有土地的比例，则由1937年的55.4%上升到83.6%。

地主富农占有土地由集中走向分散，是从三个方面变化的：（1）通过土地买卖的转移；（2）通过典当关系及赎回土地的转移；（3）在1940年的"抽地换约"运动中，土地被农民抽回。

据北岳区调查的55个村统计（巩固区24个村，游击区31个村），1937—1942年，地主富农共卖出土地5146.79亩，买入土地797.54亩，相抵净卖出土地4349.25亩；共当出土地3919.18亩，当入土地322.7亩，相抵净当出土地3496.48亩。贫农中农则净买入土地2061.23亩，净当入土地2940.12亩。

地主富农大量出卖或出当土地,原因是多方面的。主要是:(1)减少目标,卖地交负担(对敌的或对我的)。特别是游击区,由于敌人压榨过重,大多数地主贱价当地,或者搞"拖粮地""认粮种地"(种地者代地主拿对敌我之负担,不出当价),有的甚至"白送地""倒贴钱"。定县庞白村一家富农,1942年对敌负担占其总收入的201.34%;平山西回舍一家地主,1942年对敌负担占其收入的399.4%。冀中有许多村庄1942年八九百元钱一亩的地,由于对敌负担重,1943年七八元钱一亩没有人要。(2)由于粮价上涨,实行钱租制的地主,减租后收租无几,因而放弃土地。1942年北岳区大多数租地是10—15元佃钱,二五减租后,差不多不到一升粮食的价格就够了(1943年每大石谷600元)。(3)少数富农因工资过高"雇不起人",卖一部分,自种一部分。(4)卖出土地,转移资本,改变经营方式。

土地占有由集中逐渐分散以后,各阶级的经济地位相应发生较大变化。雇农、贫农、中农的经济地位普遍上升,地主阶级的经济地位普遍下降。富农、工人及大小工商业者有的上升,有的停滞,有的则下降。

先说地主阶级。实行减租减息之后,地主阶级的经济地位有较大的削弱,不仅占有土地量减少,户数人口也同样减少。

据北岳区35个村统计,原有的地主到1942年仍保持其阶级地位者占76.38%,转化为富农者占11.02%,下降为中农者占4.71%,降为贫农或其他成分者占6.88%。由于减租减息,地主阶级的封建剥削被削弱,地主阶级感觉到坐吃地租已比不上转业或直接参加其他生产过程更为有利。因此一部分地主自动转化为富农经营,或者自己雇工经营一部分土地,成为经营地主(例如,北岳区大部分中小地主都开始参加劳动);也有的地主将其土地变卖,放弃其封建剥削而转向别业(如西平一部分地主,由于羊子税的减免,大量卖地买羊,转向畜牧方面发展)。

富农。边区的富农,一般都自耕一部分土地,出租一部分土地,极少数富农还经营租入地。多数富农自己参加劳动,少数的不参加劳动,全部雇人耕种。富农都兼放高利贷,部分富农有商业投资或副业生产。因此，富农经济的变化同地主经济的变化有所不同。1941年以前，富农经济下降比较显著；1942年以后，由于允许土地买卖，自由雇工，自由借贷，富农经济（巩固地区）又有所回升。但是，总的来说，还是不如战前，而且是下降的。

中农经济则得到畅快的发展。由于取消了各种超经济剥削，实行了减租减息，许多中农有钱购买土地，有些贫农在得到土地后迅速上升，因此，中农在农村逐渐变为占优势的一个阶层。据北岳区28个县88个村统计，1942年同1937年比较，中农户数增加26.29%，人口增加8.4%，占有土地增加13.2%。到1942年，中农在农村经济所占的比重，户数占41.75%，人口占44.31%，土地占47.84%。有些地区（如巩固区），中农发展得更快一些，土地占到全部土地的一半以上，畜力也占到一半以上。

贫农雇农经济迅速上升。从贫农、雇农整个阶层来看，总的变化不大，人口略有减少，占有土地略有增加。如果从抗战前的贫雇农来看，则变化较大，相当一部分是上升的。据北岳区35个村统计，原来的贫农上升为中农者，占原有贫农总数的18.66%，上升为富农者占0.24%，下降或转变为其他阶层者不过3.54%；其余的贫农虽仍保持原来的经济地位，但因负担减少、土地增加（当入、买入、调剂、租入或开荒），经济生活也大大提高，接近中农水平者不少。

四、税收制度的改革

1941年起，边区政府按照"双十纲领"的要求，在经济方面采取了两大措施：一是普遍地深入地开展了减租减息运动；二是对原来的合理负担办法进行了改革，实行了统一累进税。这两项措施是互相联系互相配合的。

（一）税制改革的主要内容及其意义

1938年边区政府成立后，对税收制度进行了一次改革，实行了村合理负担，整顿了田赋，同时开征了救国公粮。这次改革，是对旧税收制度的一次初步改革。1941年实行的统一累进税，是对税收制度的第二次改革，可以说是对旧税制的一次比较彻底的改革。这次改革的主要内容,概括起来说就是"三统一"。

首先,把对农村同时征收的几种资产税与收入税,合并统一于一种税中。1940年时,边区征收的税种有田赋、村合理负担、救国公粮、工商营业税、烟酒税、烟酒牌照税、印花税等几种。改革后,将田赋、村合理负担、救国公粮、工商营业税合并为统一累进税,同时取消烟酒税、烟酒牌照税和印花税。从1941年到1945年,边区只保留三种税收,即统一累进税、田房契税和出入口税。此外,村款开支仍按原村合理负担基数摊派。

其次,将各级政府征收的权力完全统一于边区政府。改革前,边区的财政还不是完全统一的,1941年开始实行彻底的统收统支,除村款开支仍由村自筹外,县区以上军政开支全部由边区统筹,食粮发粮,马发马草,经费由边区财政按计划供给。这样,在税收管理上,也就相应改变了原来救国公粮作边区收入,田赋及其他税收作地方收入的办法。

最后,在征收方面以粮、秣、钱三种形式统一缴纳。原来,救国公粮征粮,附征马草、马料;田赋主要征钱,村合理负担既征粮也征钱,其他税收则全部征钱。改革后,统一累进税既征粮,又征钱和草,由边区政府按照需要和可能分别下达任务,统一组织征收,有粮出粮,有钱出钱,有草出草,还可交军鞋抵顶公粮。

除了上述"三统一"以外,在税率、收入计算、免征点等方面也都有所改革,但仍然保留超额累进的税制,贯彻收入多的多负担、收入少的少负担的合理负担原则。

为什么要这样改革呢?这是从多方面考虑的。

战时的财政政策是取之合理,用之得当。所谓"取之合理",包含两方面的意思。从边区政府同农民的关系上讲,既要保证战争供给最低需要,又要考虑人民的负担能力,照顾到各阶层人民的利益;从各阶层人民相互之间的关系上讲,税收制度要体现"有钱出钱,有粮出粮,钱多多出,钱少少出"的原则,同时要从农村阶级关系的实际情况出发,既要配合减租减息政策,削弱封建势力,又要防止负担过分集中在剥削者头上,使地主阶级能够活下去。这两方面的"理"都要"合"乎实际。

边区的财政从一开始就是困难的,到1941年时战争越来越激烈,财政需要越来越多,困难也就越来越大。1938—1940年,边区政府增加人民负担,主要是用救国公粮的形式增加的。救国公粮的形式比较简便,但是原来的办法是一种按收入计征的税,难以满足战时财政迅速增长的需要。同时,几种税同时征收,也不便考核纳税户的综合负担能力。因此,边区政府想用一种比较灵活而具体的形式来解决增加收入的问题。实行统一累进税,继续采用村合理负担办法的分数累进税制,就是边区政府采用的一种灵活的办法。纳税户的分数可以每年评定,每分应纳税额可以每年根据实际情况具体规定,需要增加收入时每分征收额可以定得高一点,需要减轻民负时每分可以少征一些税额。这就是几种税合并时,以原村合理负担办法为基础的主要原因之一。

从农村的阶级关系方面看,战前土地比较集中,抗战期间随着减租减息运动的开展,土地开始由集中走向分散。在原来土地比较集中的情况下,税收负担集中在富有者头上是对的,在土地开始分散的情况下,如果不改变原来的税收制度,则征收数要下降,不能保证财政的需要,而且负担面会越来越窄,也不合理。边区政府考虑到农村土地关系的实际情况,并预料到地主阶级经济地位继续下降、中农比重逐渐增加的趋势,也需要在税收制度上采取一种适应性较强的灵活形式,以便随时可以调剂农村的阶级关系,保障财政供给的需要。

合理负担的基础是土地、收入的计算是否符合纳税户的实际情况,是否真实反映纳税户的负担能力。原来的税收制度虽然作过许多改进,但还存在一些问题,特别是田赋征收的基础基本上还是从旧的粮簿演变来的,弊端尚未根除。实行统一累进税正是出于这方面的需要,弥补过去旧税中的缺陷,建立一种完全新型的税收制度。也就是说,想把各户纳税的基础能比较彻底地改造一下,把各户应纳的分数自下而上统计上来,按分数分配征收任务,按分数进行征收和减免。这样,就可以解决地区之间、各阶层之间负担不合理的问题。

还有,就是考虑到财政统一的需要。边区财政从1941年彻底实行统筹收支以后，也要求税收制度相应统一，权力集中在边区，否则，就不能有效地解决财政困难。这个方面，统一累进税是很有成效的。只是村款开支尚未统筹进去，后来还是出了一些问题。

统一累进税办法公布后，边区各级政府在头一两年曾作为中心任务，结合减租减息运动进行贯彻落实。北岳区、冀中区，1941 年先在条件较好的地区执行，1942 年以后逐渐扩大。基本区都按统一累进税组织征收；游击区、边沿区条件不具备，仍然执行改革前的各种办法。冀东区从 1941 年开始，环境不断恶化，仍然执行 1940 年 12 月公布的 13 级累进合理负担办法，没有执行统一累进税办法。1943 年 8 月条件转好，冀热边行署颁布了《冀热边村合理负担暂行办法修正草案》，仍然没有全部执行边区制定的统一累进税办法。

统一累进税在晋察冀大部分地区前后执行了 7 年，到 1947 年土改结束后才停止。7 年中，经过几次修改，税收制度逐渐完善。虽然这一套税收制度比较复杂，但在边区的财政建设方面发挥了积极的作用，同时也为后来的税政建设提供了有益的经验。

（二）1941 年统一累进税的基本内容

1941 年 3 月 22 日边区修正公布的《晋察冀边区统一累进税办法》，是正式执行的头一个办法（1940 年 11 月 10 日公布的办法实际上未执行）。

这个办法，是根据边区人民经济状况，融合财产税、所得税、营业税的基本精神制定的，也是在总结村合理负担办法经验的基础上产生的。从内容上讲，它保留了原来征收田赋、救国公粮、村合理负担、营业税等税种的内容；在税收制度上，则进行了合并和改革，变成单一的、完全的直接税，并且实行统一累进征收。它的基本内容是：

1. 纳税人。条例规定："边区之经常费、临时费悉依本办法向财产所有人、收入所得人统一累进直接征收之。"这就是说，边区范围内的所有单位和个人，包括地主、富农、工商业者、中农、贫农及公营经济组织，只要有财产（征收范围内的）和经营收入，都是统一累进税的纳税人，都要按照边区税法纳税。这样规定，有利于扩大负担面，适应抗日经费增加和加强抗日民族统一战线的需要。当时，农村经过初步减租减息,贫农、中农经济上升,中农占有的土地和获得的收入约占全村的一半左右,所以统一累进税的纳税人多数是农民。

另外,按照办法规定,纳税人只负担边区的经常费或临时费,即通常所说的"边款(粮)负担"。村款的花费,不在边款(粮)负担之内,另征收村款,即通常所说的"村款(粮)负担"(即后来的农业税附加)。村款负担仍按村合理负担办法按评议的分数分摊。

2. 征收范围。统一累进税的征税范围,是按资产和收入分别规定的,并明确列举了具体的项目。

列举资产的征税项目有土地、商业投资、存款、公私合营之贸易局投资、证券、存粮、存货及银珠宝。

列举征税的收入项目有:

(1) 土地、林木、羊群及家庭副业之收入;
(2) 房租及存款、证券、存粮之利息;
(3) 公司、商店、行栈、工厂、合作社及个人经营事业之收入;
(4) 公司合办事业之收入;
(5) 属于临时经营事业之收入;
(6) 自由职业及从事各业者薪给报酬之收入。

3. 计算单位。统一累进税征的范围很广,既包括农业,又包括工业和商业,既包括资产部分,又包括收入部分,因此,必须要有一个统一的计算单位,才能算出统一的计税收入。为了体现政策,适应各行各业不同的具体情况,办法规定了两个统一的计算单位:计算土地的单位——标准亩,计算其他资产和收入的单位——元。各种资产、收入的统一计算单位是"富力"。

土地既是农业生产的生产资料,又是劳动对象。由于土地具有这种二重性,所以它既是征税的资产,又是课税的收入。也正是由于有这种二重性,所以边区政府规定合并计算。

边区处于农村,90%以上的人口都经营农业,同土地有密切的联系,因此,征收统一累进税对于土地的处理也至关重要。起初,曾想把土地分等定价,按地价作计税标准,但土地差别极大,分等分级很难。从这个实际情况出发,后来才确定按"标准亩"计税。"标准亩"

是个抽象的计算单位，它不是土地面积的计算单位，而是土地的质量与数量的综合折算单位。这种综合折算单位，包含了土地的价格与生产经营好坏两个方面的因素，是资产与收入的综合反映。各种不同质量和不同生产量的土地，其实际收获量在不同户之间是有高有低的。为了鼓励农民的生产热情，防止怕多纳税而出现懒惰现象，边区政府在计税时作了统一的规定，即以每亩能生产6大斗谷（每斗约合25斤，即150斤）为统一标准亩。这种计算方法，就是后来的"常年产量"的雏形。

除土地这个特殊的资产、收入项目以外，其余的资产和收入项目，均按其实际的产品、产量和价格，统一以"元"来计算。

"标准亩"解决了土地的计算问题，其他资产收入均以"元"来计算，但是这二者还必须有一个统一的计算单位，才能综合计算征收。据此，规定了"富力"作为统一的计算单位。"富力"不是使用价值或价值的计算单位，而是计税收入的统一折算单位。各种资产、收入折合"富力"的标准是不同的。土地折合"富力"的标准规定为：

自营土地以每一标准亩为一富力；

出租土地以每一亩半标准亩为一富力；

佃耕土地以每二标准亩为一富力。

为什么要这样规定呢？这主要是从当时农村经济的实际情况出发，从"民生与军需（财政收入）的兼顾"方面考虑的。1941年，边区的农村经济经过减租减息运动和合理负担累进征收，已经发生若干明显的变化，自耕农的比重上升，出租户和佃耕户的比重下降，而且租额下降也很多。据边区政府财政厅统一累进税调查组典型调查，自耕农约占总户的50%，出租户约占20%，佃耕户约占30%；自耕农户中，除了中农、贫农以外还有一些富农和改变经营方式的地主；出租户中，除地主富农以外，还有一些缺乏劳力的孤独者。因此，自耕土地折合标准亩的"富力"定得过低，就要影响财政收入；出租地折合"富力"的标准定得过高，地主的地租收入交税后就剩余很少或者不够交税，也要影响统一战线的发展。这样考虑，佃耕农的负担是照顾了，但自耕农的负担要重一些，对中农的积极性是有影响的。

土地以外其他各种资产和收入折合"富力"的标准是：资产，以200元为一富力；收入，以40元为一富力。

这个标准是比照土地来定的。自营土地每一标准亩算一富力。每标准亩估计100元，是每值100元的土地，再加上1石2斗谷的收入作一富力。因为其他资产是和收入分开算的，所以应以2倍于100元的数，即200元作一富力，其他收入依理也应2倍于1石2斗谷价作一富力。但因为土地收入未扣除消耗，其他收入或无消耗（如利息、房租），或实际已经除去大部分消耗（如工商收入），所以不再加倍，即以1石2斗谷在边区各地的平均价40元作一富力。

各纳税户折算出来的"富力"总数，就是本年纳税的计税收入。

4. 税率。统一累进税采取有免征点的超额累进税制，税率则采取分数制。

什么叫"分数制"？就是把纳税人应纳税的税率规定为若干"分数"，再按照政府所规定的每分应纳粮食数或钱数，计算纳税人的应纳税额。"分"是应纳税额的虚标准，但实际上起税率作用。因为战争时期环境动荡，征收额很难固定，几乎要年年变更；采取"分"的办法，征税就比较灵活，每分应纳税额可以由政府按照财政需要和人民负担能力情况逐年具体规定。从这方面讲，"分数制"比"百分制"税率优越。但是，手续烦琐、难懂难算，则是"分数制"税率的缺陷。

边区1941年的统一累进税征收办法，把"富力"分为12等，按等累进，1等到7等以点一为累进率，7等到12等以点二为累进率。征税单位定名为"分"，按"富力"定"分"。最高计分到12等即停止累进。

5. 分数的计算与征收。统一累进税的计算与征收，是结合进行的。从工作顺序上看，大体可以分为调查评议、分数与税额计算和组织征收等三个步骤。

每年开征之前，先要对各纳税户的资产、收入进行调查评议。边区政府制定有统一的累进税调查表，发给各户自填自报。村公所就各户所填资产收入加以审查，折算富力，计算分数后，一张表存村，一张表报区，一张表报县，县区政府分别统计县区村之总分数。县、区、村各级均设有统一累进税审查委员会，就各户富力折合分数之计算加以审查。村审查委员会审查户，区审查委员会审查村，县审查委员会审查区。

调查和计算分数时，按照以下规定办理。

工商业部分。凡独立经营之工商业，不论其为合资还是独资，均就该业所在地单独计分征收。每一工商业均以一户论。凡兼营工商业之户，其工商业资本收入合计不足6个富力者，均与其他资产收入合并计分，按户征收。其工商业资本收入合计在6个富力以上者，均与其他资产收入分别计分，按户征收。家庭副业之工商业未雇工伙者，以兼营之工商业论。

农业部分。凡资产收入在本县以内者，属人计算，属地（财产收入所在之村庄）征收。凡人在边区、资产在边区以外者，征收完全采取"属人主义"，户籍在边区者，即以人在边区论。凡资产收入在边区、人在边区以外者，征收完全采取"属地主义"。

资产、收入调查、评议、审查之后，按照规定的人口计算，每人扣除一个免税点。免税点一年规定一次，1941年规定为1.5个富力。各项资产、收入合计按人口平均，不足1.5富力者免征，超过1.5富力者，只就其超过部分征税。但以行政村为单位，纳税者与农村人口之比例不得少于70%，不得大于90%。这就是说，在负担面不同的情况下，免征点的扣除数有一定的伸缩性。当时确定，如负担人口在70%以下的村庄，可将免征点下降，但最低不得低于1.2富力；在90%以上者，免征点可以提高，但最低以降到90%为度，不得再行降低。

为什么采取这样有伸缩性的规定呢？这是由于各地财力严重不平衡，土地产量差别悬殊。如平山当时水地每亩年产谷4石，而灵寿等县好地只能年产谷2.5石，雁北各地好地只能年产谷1.3—1.4石。再以旱地而论，好地每年产谷1石，坏地只产1—2斗，甚至只几升。

最后一个工作步骤，就是组织征收。统一累进税每年征收一次。征收前，由边区政府公布每分应交纳的粮食或现款数。各纳税户按照政府的规定，以现款、粮食和草料三种形式缴纳。

（三）1941年执行情况

1941年4月到6月，北岳、冀中、平西等地区开展了调查、评议土地产量及资产收入的工作。冀中地区当时辖35个县、6689个村，完全以统一累进税办法进行调查的达4027个村，占62.8%；未调查财产、只调查土地产量的占8.3%；只调查土地亩数的占5.2%；不能调查单凭估计的占2.3%。全边区调查分数共1680万分（冀中1000万分，北岳660万分），每分负担小米1.35斗（北岳区）到1.4斗（冀中区），约合老秤18.9斤[①]。

统一累进税实施后，负担面有所扩大。冀中负担人口达到总人口的92%；北岳区平均74.4%，有的县超过80%，最低的60%；冀中的纳税富力占总富力的62.8%。

统一累进税修正了过去负担面过于狭小的缺点，实现了中共中央所规定的使全人口80%缴纳国税的原则，同时规定了适当的免税点，保障了极贫苦人民的最低限度的生活，修正了过去的累进率，减轻了地主富农的负担，保证了一切人民的财权与地权，因而获得了全边区人民的热烈拥护。统一累进税的实行，不仅在巩固与扩大边区统一战线上发挥了极大的作用，而且对保证战争供给，克服财政困难，起了决定性的作用。1941年边区财政上的矛盾能够得到缓和，统一累进税是立了功的。

（四）1942年的修订

根据1941年执行的经验和问题，边区政府对统一累进税办法进行了修订，并于1942年5月2日公布了修订后的《晋察冀边区统一累进税则》。

修订的出发点，是为了进一步贯彻中共中央统一战线的财政政策，调整各阶层人民的负担，继续巩固与扩大边区的统一战线；并在敌人长期实行的经济封锁下，大量发展工商业与家庭副业，以求经济上的自给自足。修订的要点是：

[①] 孙元范：《关于统一累进税在晋察冀的实施》，《解放日报》，1942年8月10日。

1. 改变标准亩的计算标准，取消免税点的升降办法。1941年规定，平均年产谷1石2斗（即6大斗）之土地为一标准亩，1942年改为1石谷为一标准亩。1941年规定每人扣除一个免税点，免税点定为1.5富力，以村为单位将负担面控制在80%的范围内自行升降免税点；1942年改为在全边区范围内控制负担面（不超过80%），免税点的扣除根据各地不同情况分别规定，北岳区扣除1.5富力，冀中区扣除1.8富力。

为什么要这样修改呢？按照1941年实施的结果，冀中负担人口刚达到总人口的80%，北岳区负担人口达到总人口的74%。能够达到这样大的负担面，有两个原因：原来虽然规定以村为单位升降免税点，但在实际上提高免税点的少，降低免税点的多。因此，实际的免税点，如果就全区平均计算起来，并不是1.5富力，而是少于1.5富力。这样，负担面就扩大了。这个原因是主要的。在工作布置上，由于强调实现中共中央的规定，严格反对本位主义与资本主义思想，因而个别的县与某些区村，在调查评议时，出现了故意提高产量的偏向（这种偏向，虽然在实施过程中已纠正，但纠正得还不够彻底）。

标准亩与免税点改变后，不再要求每个村负担人口达到全村人口的80%，而是要求各村依照法令，正确地进行调查与统计，能达到百分之几十就达到百分之几十。这样，在负担上，原来把免税点降到1.2富力的地区（大部是山岳地带相当贫瘠的地区。如阜平、灵邱等县一部分地区），负担面缩小，原来免税点到达1.5富力的地区（即不升降免税点，占全边区的大多数地区），负担面扩大；山岳地区负担较前适当减轻，平原地区负担较前加重，负担重点进一步移到平原。

2. 资产税与所得税分开计算。1941年的办法，农业部分即土地的资产与收入是合并计算的，出租土地以1.5标准亩折合一富力，自营地以一亩折合一富力，佃耕地以两亩折合一富力。这种土地折合办法，都是根据于一个假定，即地租为375‰。但是实际的租佃情况，则不完全适合于这个假定。在边区，凡是经过减租减息，基本群众已经发动起来了的地区，地租均在375‰以下，而且一般在275‰上下。在这些地区中，如果假定地租是375‰，则地主的实际收入与假定地租相差过远，地主的负担因而过重。1941年在统一累进税实施过程中，少数地主由于负担过高，地租收入过少，收入不敷负担而出卖土地的现象，在某些地方还是有的。而在尚未执行政府减租减息法令的地区，地租一般都在375‰以上（一般为400‰—500‰）。因此，在这些地方，统一累进税假定的地租，少于实际地租，致使地主的负担太轻。在上述第一种情况之下，佃农的负担较轻，在第二种情况之下，佃农的负担则较重。

为了解决这个问题，1942年把财产税与所得税分开计算，合并征收。地主与自耕农都有财产（土地），因此都要缴纳财产税；佃农没有财产（土地），因此不缴纳财产税；但他们都有收入，因此，都要交纳收益税。财产税部分（土地）以每四标准亩算一富力；收益税部分规定地租及农业收入均以每10斗谷算一富力，由于佃农与自耕农都有经营费（牛料、种子消耗），因此自营地按总生产物扣除1/4的消耗，佃耕地按总生产物扣除1/4消耗并扣除地租，地主没有经营费，就不扣除消耗。这样修改，易为群众了解，也比较公平合理。

3. 在最初几个富力层，缩短等距，降低累进率。修改的具体情况如表2-4所示。

表2-4

	1941年办法			1942年修订办法	
税等	扣除免征点后每人平均富力	每个富力折分	税等	扣除免征点后每人平均富力	每个富力折分
1	1	1	1	0.5	0.8
2	2—3	1.1	2	1	0.85
3	4—6	1.2	3	1.5	0.9
4	7—10	1.3	4	2	0.95
5	11—15	1.4	5	2.5	1
6	16—20	1.5	6	3	1.1
7	21—30	1.6	7	4	1.2
8	31—40	1.8	8	5	1.3
9	41—55	2	9	6	1.4

续表

1941年办法			1942年修订办法		
税等	扣除免征点后每人平均富力	每个富力折分	税等	扣除免征点后每人平均富力	每个富力折分
10	56—75	2.2	10	7	1.5
11	76—115	2.4	11	8	1.6
12	116以上	2.6	12	9	1.7
			13	16	1.8
			14	31	1.9
			15	51	2
			16	81以上	2.1

缩短等距，降低累进率以后，贫农的负担减轻，中农的负担比较合理，地主的负担也不至于过重而影响生活。

4. 对工商业家庭副业征税的修改。1941年的办法中，对工商业与家庭副业方面的规定存在一些缺点，主要是：（1）对工商业征税过高，免征点过少，没有估计工商业与农业消耗的不同情形。工业获利过小，负担较重；商业虽然获利较厚，但财产税与所得税合并征收，负担亦重。因此，在征收过程中，曾发生个别商店因亏累停业的现象。由于敌人不断封锁与破坏，边区的工商业发展，本已受到很大的阻碍，在统一累进税方面，必须力求鼓励工商业之发展。因此，原来的办法需要加以改变。（2）根据1941年统一累进税调查材料，在边区工商业中，专营者少，兼营者多。兼营者多采取家庭副业形式，特别是在战争环境中，专营的工商业，易于遭受战争损失，因此有许多商人，由专营改为兼营。这些调查材料，证明了边区的工商业，系以家庭副业为其基础。要发展工商业，必须首先发展家庭副业。1941年的征税办法，对于发展家庭副业的鼓励是不够的。（3）原来的征税办法，对于存粮存款，一律征税是不妥当的。当时敌人掠夺根据地的粮食，如能保存一石粮食，即多保存根据地一分资财，应当鼓励群众存粮，而不是用税收来限制其存粮。至于存款，为了鼓励资金流到工商业方面，不仅转到商业方面的资金不应征税，而且放债资金与存入银行的存款也不应征税。因此，在这些方面也有修改的必要。

1942年修订的税则，对上述问题均作了纠正。工商业资产税已经取消，家庭副业与遵照政府法令组织的合作社，一律不征税。存粮与放债资本和银行存款，一律不征资产税。资产以400元折合一富力，总收入以60元折合一富力，纯收入以40元折合一富力。工商所得征税时，按总收入扣除一定消耗为标准（工商业消费以每一经营人员每年平均300元计），公营企业按纯收入征税。由于取消工商业资产税，免税点实际提高，累进率也缓慢，因而工商业的负担比上年大大减轻。

5. 根据1941年的经验，对各阶层的负担水平明确了最高限度：贫农负担最高不超过其总收入的7%，中农15%，富农25%，地主70%（富力特高的个别地主不在内），雇佣工人收入继续免税。

6. 为减轻敌占区与接敌区人民负担，凡确实无法进行调查工作的村庄，由边区行政委员会另颁发新税则，其累进率低于巩固区，按照估计数字，从轻征收。

修订的统一累进税则公布以后，为了使土地产量接近实际，边区政府决定在进行调查之前，先进行土地勘察。边区政府并派出干部12人，会同专区干部开展了这一工作。这就是后来清丈土地、产量联评的最初形式。

（五）1943年的修订

1942年的统一累进税则，经过改进，比较切合实际，但仍存在一些缺点：（1）租额在耕地正产物15%以下之土地，税额过重；逃亡户地、钱租地、公地等，有的税额占到租额的80%以上，负担亦过重。（2）工商业收入的富力折算，及经营人员消耗的扣除，因年度内物价经常变更，调查时粮价与征收时粮价相差悬殊，致使工商业的负担仍稍重。（3）家中无劳动力之孤寡人家与一般人家同样扣除免税点不合理；在统一累进税调查后返回边区的逃亡户，按一人扣除免税点，造成负担过重。（4）出典（即一般所说的当）地的所有权未变，由土地所有人纳土地税在理论上是妥当的，但与习惯不合，易滋纠纷。（5）依土地的常年产量计税虽较为方便，但天灾敌祸常影响生产，致使某些纳税产量与实际收入脱节。

边区政府根据1942年执行的经验,又进一步作了修订,并于1943年2月4日公布了修订后的《晋察冀边区统一累进税则》。这次修订的主要点是:

1. 低租地租额在耕地总收获物20%以下者,其财产税以收租每8斗谷之土地计一富力,以减轻低租地的负担(20%租额者,与一般耕地计富力相同,10%租额者比按一般耕地计富力减少一半)。

2. 工商业收入及其他收入均以10斗谷之价计一富力,纯收入均以7.5斗谷之价计一富力,实物以市价折元。工商业消费以每一经营人员每年平均50斗谷计,谷以县政府宣布之市价折元计。工商业收入的富力计算与消费扣除均通过谷,使工商业的负担基本上可以不受物价变动的影响。

3. 对无劳动力之孤儿寡妇人家,每人扣除2个富力的免税点。对逃亡户,凡在统一累进税调查后征收前返回边区者,免税点的扣除按实际人口计算。这样,无劳动力之孤寡人家负担可适当减轻,逃亡户返回边区者,亦可较好地生活。

4. 出典地的财产税由承典人负担,另有约定者,依约定。如约定由双方负担者,由双方负担;约定由出典人负担者,由出典人负担。

5. 土地产量依估计或根据耕地的当年产量确定。以耕地种植芋叶、蓝靛、棉花、药材或兼种果木,及主要以出卖为目的之蔬菜、麻等农作物,或其他纯商品性的农作物,均按其实际收入计算。这样,可以避免征税与实际收入脱节的毛病。

经过1943年的修订,边区的统一累进税逐渐趋于完善。

五、坚持、反攻阶段的人民负担

(一)坚持阶段的人民负担

1941—1943年,是边区对敌斗争最残酷最严重的阶段。在这个阶段里,由于敌人疯狂地"扫荡""清剿""蚕食",边区大部被分割,军事作战频繁,经济战犬牙交错,农村经济破坏严重,财政困难加剧。财政的困难表现在:

第一,战争供给的需要迅速增加。1941年边区脱离生产的军政人员占总人口的5.9%①,约为59万人,如果按照最低的供给标准——每人每年5石小米匡算,全边区需要的军政费用即达295万大石米(约合7.9亿斤)。而边区1940年的公粮收入,据推算只有160万大石②,相差46%。

第二,随着农村经济的破坏,人民负担能力下降。边区农村经济很落后,农民的负担能力本来就很弱,经过战争毁灭性的摧残,这种有限的民力下降很多。全北岳区每人每年平均收入:1937年为4.26石谷,1941年为3.81石谷,1942年为3.06石谷,1942年比1937年下降了28.17%。边区的财政收入主要取之于民,在人民负担能力大大下降的情况下,组织财政收入的矛盾更加突出。

第三,在敌人频繁的进攻下,根据地缩小,财源减少。1940年以前,边区处于发展壮大阶段,那时财政收入虽然困难,但随着地盘的扩大,收入也就可以相应增加。1941年下半年开始,边区人口由原来的1200万缩小到800万—900万(冀中基本上变成游击区)。1943年初边区面积增大一些,但管辖的百十个县,除阜平一城数年苦战仍在八路军手外,其余县城均为敌所占。这种情况,对征收公粮影响很大,对组织其他税收收入也影响很大。工商税收本来不多,县城减少后就更少了。

为了克服财政上的困难,1941年,边区政府不得已继续增加了人民的负担。边区政府向各地分配的征收任务,推算为244万大石(约合6.6亿斤)③,比1940年实征数约增加53.7%。从1942年起,边区的公粮征收任务没有再增加,但也没有减少,仍然强调克服困难,完成任务,并且从上到下加强了组织领导和政治动员工作。

这三年,边区的征收计划虽然都没有完成,但人民的负担却是增加的。据有关资料推算,1941年边区每人平均负担正税1.6大斗

---

① 李成瑞:《中华人民共和国农业税史稿》,中国财政经济出版社出版,第50页。
② 按照1940年每人平均负担36斤米和1200万人口推算,每大石米按270斤计算。
③ 南汉宸:《晋察冀边区的财经概况》中提到1941年边区每人平均负担1.6大斗(即43.2斤),按1000万人口计算,即为160万石。又据邵式平《几年来粮食工作之经验教训与今年度的工作布置》一文中提到,"1941年征粮只完成计划的65.5%"。据此,推得计划数为244万大石(160万石÷65.5%)。

米（折合43.2斤），比1940年的36斤米增加20%；每人平均负担村款开支（即附加）6斤，每人平均负担正税及附加合计为49.4斤。1942年统一累进税和村款负担加在一起，每人平均负担约为45斤。1943年约为40斤。另据北岳区（巩固区）统计，各年负担（正税）占登记产量的比例是：1941年14.98%，1942年13.62%，1943年10.7%[1]。

这三年，各阶层的收入和负担都发生了较大的变化。据北岳区（巩固区）的农村调查情况如表2-5所示[2]。

表2-5

阶 层	每人平均收入（石谷）		每人负担（石谷）		负担占收入的比重（%）	
	1941年	1942年	1941年	1942年	1941年	1942年
雇 农	1.23	1.07	0.03	0.04	2.43	3.74
贫 农	2.66	2.18	0.23	0.16	8.64	7.34
中 农	3.68	3.17	0.47	0.51	12.77	16.08
富 农	6.85	5.68	1.82	2.10	26.57	36.97
地 主	12.59	8.93	6.70	5.75	53.21	64.38

从表2-5可以看出，1941年和1942年，各阶层的负担都是较重的。贫农雇农负担比例虽然较低，但从每人收入水平上看，所得尚不足以维持最低生活需要，根本没有什么负担能力，就是出几斤谷子也是很困难的。中农的负担是增加的趋势，负担比例也较高。富农、地主收入水平较高，可以多负担，但是从负担比例上看，也是过了头的。特别是1942年，各阶层收入普遍下降，而交税反而增加，因此不能不承认负担是重的。当然，这只是北岳区（巩固区）的情况（游击区负担要轻一些），不能完全反映边区的面貌；但是从负担重、各阶层一起承担边区财政困难这一点看，是足以反映边区的实际情况的。

---

[1] 李成瑞：《中华人民共和国农业税史稿》，中国财政经济出版社出版，第92页。
[2] 北岳区的农村调查，1943年。原材料"负担占收入%"计算有误之处已订正。

(二) 反攻阶段的人民负担

1943年底反扫荡战一结束，边区政府根据毛泽东关于"组织起来""自己动手克服困难"的指示，进一步加紧了农村经济的建设。1944年1月，边区政府召开了经济工作会议，认真贯彻了"发展经济，保障供给"的方针，要求各地在1944年度内做到"不荒一亩地，不低于上年生产水平"。不久，冀晋、冀察区就掀起了大规模的生产运动。冀中、冀热辽区的干部，开始对游击区能不能发展生产有些怀疑，在北岳区开展大生产运动的影响下，也逐步自觉地领导群众开展了这一运动。1945年3月，边区召开了第二次群英会，总结了1944年的生产成绩，提出了1945年的新任务，自此大生产运动的热潮又推进了一步。

为了生息民力，坚持抗战，促进和支持农村经济的恢复和农业生产的发展，1944年5月6日边区政府发出了减轻公粮征收的布告，确定北岳区1944年度统一累进税每分负担量最高不超过8.5升；冀中、平北及冀热边各地区，除加强对敌战斗减轻敌伪勒索外，亦厉行精简政策，适当减轻征收数量。与此同时，政府发放了2000万元的牲畜贷款和16000小石的贷粮，900大石的赈粮，用于恢复灾民、贫民的生产力。

边区政府的这些措施，有力地调动了广大农民群众的积极性，使被敌破坏不堪的农村经济在1943年的基础上，继续回升。

据冀晋、冀察区统计，1944年度农业生产条件有显著的改变。在这一年里，一专区和十一专区就扩大耕地面积53万亩，旱地变水田11万余亩。由于耕地面积扩大，水田的增加，总计可增产谷25万大石。耕畜在敌人"扫荡"时损失很大，贷款发下后，加上发动的私资，共补充了耕畜22000余头，超过了1943年损失的6700余头。肥料也比1943年、1942年增加10%以上，有的增加50%。劳动互助组织也成了比较普遍的群众运动。据1944年一、二、三、四个专区26个县不完全的统计，组织起来的人数占总人口的8.11%，占劳动力总数的18.1%，牲口也已组织起来。

1944年是边区收成较好的一年，1945年收成也不错。农业生产的改善，不仅支持了边区的对敌反攻，而且增加了农民的收入，改善了农民的生活。据晋冀区巩固区7个村的调查，1943年每人平均总收入（折米）为639斤，1944年为658斤，1945年为759斤，1945年比1943年增加18.8%。其中，农业收入增加22.4%，工商业和副业收入增加5.1%。

在农村经济恢复过程中，以中农经济和工商业者恢复最快。到1945年，中农不仅在人数上、占有土地上超过了总数的一半，而且成为农村中收入水平较高的一个阶层，工商业者的收入也大大超过了地主、富农的收入水平，成为最高的收入者。

中农和工商业者经济的迅速上升，体现了减租减息运动的深入，也反映了1942年以后边区对工商业和家庭副业在税收上实行优待政策收到了较好的效果。这对于发展边区的国民经济，解决财政困难，起了很好的作用。

随着农村经济的恢复和财政政策的实施，边区人民的负担也有较大的变化：一是负担比例下降；二是各阶级之间的负担进一步合理；三是从绝对数看，中农成为出粮出钱最多的一个阶层。

反攻以前，边区处于对敌斗争尖锐复杂而财政又最困难的阶段。这个阶段人民的负担，无论从哪个方面分析，都是比较重的。进入反攻以后，随着军事形势和农村经济的变化，负担有所减轻。据有关材料推算，1945年全边区（不包括冀东区）征收的统一累进税为115万大石米，加上村款负担，每人平均总负担为36.2斤米，比1941年的49.4斤减少27%；负担占收入的比例由15%左右下降为9%；军政人员占总人口的比例由5.9%下降为1.5%。

应当说明的是，1945年由于对日反攻作战的需要，边区军队人数增加较多，加之部队忙于作战，强夺县城，参加大生产的时间减少，自给的比例下降，边区政府在这一年征收的税额又有所增加。上面谈到的数字，是在征收额稍有增加情况下的数字。从1944年征收额减少的情况看，负担比例下降的幅度还要大一些。为了便于比较，下面把这几年负担的几个主要数字列成一张表（见表2-6）。这张表虽是根据有关材料推算出来的，不一定准确，但是从年度之间的变化趋势看，还是可以看出一个大体的轮廓来的。

表 2 – 6

年　度	征收统一累进税 （万大石米）	每人平均负担正税及附加 （斤米）	每分负担统一累进税 （斤米）
1941	124.5	49.4	20.25
1942	103.7	45.0	16.87
1943	74.7	40.0	12.15
1944	70.6	37.4	11.47
1945	115.0	36.2	18.63

各阶层之间的负担，原来由于负担面较小，负担的大部分集中在地主富农身上，1941年前后，北岳区的地主负担，平均占总收入60%以上，个别的甚至超过了总收入。1942年边区修改统一累进税办法时，提出了控制的杠子，规定了各阶层的负担比例最高限度，明确地主最高负担不得超过收入的70%，自此负担过分集中的问题逐步得到改变。到了反攻阶段，地主富农经济均下降，地主经济下降更厉害，负担比例也相应下降；相反，贫农、中农随着经济收入的增加和负担面的扩大，负担比例虽低，但较之前略有增加，有些贫农原来没有负担的后来也多少负担了一点。总之，各阶层之间的负担比以前合理了。

前面已经讲到，在农村经济恢复过程中，中农经济恢复较快，收入增加幅度也大。这个特点，在负担上也能反映出来。在晋察冀边区，中农一直是一个人数不少的阶层，但是在抗战前期，中农交纳的粮食和钱占的比重还不大，一般只占征收总额的20%左右。随着减租减息运动的深入，地主富农的土地逐渐分散到中农手里，中农逐渐成为农村的主要经济成分，负担量也就相应集中到了中农身上，使中农成为既出力又出粮的主要阶层。据北岳区巩固区调查，中农交纳税款占征收总额的比例，1942年为40.39%，1943年为47.79%，1944年为53.54%，1945年为51.78%。1945年由于工商业发展，负担了一部税款，使中农交款的比重有所下降；在工商业恢复较慢的地区，中农交纳的税款估计有60%左右。

六、游击区人民的对敌负担及反敌伪勒索的斗争

在抗日战争时期,处于犬牙交错的晋察冀边区,就敌我势力和政权组织情况看,大体上可以划分为两类地区:一为巩固区,即完全由八路军控制,建立了比较巩固的人民政权的地区;二为游击区,在军事上敌我斗争激烈,经常"拉锯",乡村一般有人民政权和敌伪政权两个组织,通常叫作两面政权地区。游击区的范围,在不同阶段是不同的。以北岳区为例,1941年以前游击区的面积较小,1942年日军大扫荡时,游击区面积占80%以上,转入反攻以后又缩小到一半左右。日本投降前,北岳区共有村庄6349个,人口366万,其中,共183万人口的2898个村庄为游击根据地和从日军统治下新解放的地区。

游击区的人民,由于处在敌我"拉锯"地带,遭受战争的损失大,敌伪掠夺勒索重,受剥削压榨的苦深。敌伪对游击区人民人力财力的掠夺,不仅使农村贫困不堪,而且减少了边区财政收入的来源,加剧了边区经济上的困难。因此,开展反对敌伪勒索的斗争,减轻对敌负担,就成为边区政府减轻人民负担的一个重要内容。

(一)对敌的劳役负担

劳役是敌占区、游击区人民感觉最痛苦的一种负担。其中以修路、挖沟、筑堡等为主,随军"扫荡"支差最苦。其他如盖房子、烧木炭、站岗放哨、伪村公所帮工、替据点敌人做饭等,任何小事,敌人都要强迫征夫。

表2-7是晋察冀六个村1942年为敌服劳役的统计(全工数即所有劳动力全年的工数),其中小西涨、庞白土是老"爱护村",西回舍是敌据点。

表2-7

县村名称	全村人口	劳动力数(个)	对敌负担占全工数的比重(%)	一个月内平均为敌服劳役天数(天)
定唐小西涨	1395	553	48.44	12.11

续表

县村名称	全村人口	劳动力数（个）	对敌负担占全工数的比重（%）	一个月内平均为敌服劳役天数（天）
定唐庞白土	918	285	51.03	12.75
完县五里岗	1237	381	42.63	10.56
行唐南张吾	626	120	22.93	5.75
曲阳木台北	593	149	12.84	3.22
平山西回舍	1163	465	90.32	22.55

这个统计是不完全的，有的村庄只计了出夫数，未计伪村公所"办公摊"上的人数，这个"办公摊"有的每天要四五十人才行；敌强迫去受训的，亦未计入。从这个材料可大略看出，对敌劳役负担有最重、一般和最轻三种情况。这种差别是由对敌斗争的强弱，以及据点的大小和周围据点的多少决定的。

冀中在1942年夏季反扫荡后，人民每月服劳役有达30天者，不仅穷苦同胞的全部时间都消耗在牛马般的苦役中，就是有钱的人因为负担劳役费，倾家荡产者亦不计其数。冀西、平北、冀东沿铁路线的人民，同样受着诉说不完的残酷折磨。

牲畜应差，是对敌劳役负担的另一种形式。所谓"牲畜应差"，就是勒令服役的人，带着牲口和车辆，去为敌修路、挖沟、筑堡、拉脚。这方面的负担同样是很重的（见表2-8）。

表2-8

村　名	1941年		1942年	
	全村畜力（头）	对敌出车数（次）	全村畜力（头）	对敌出车数（次）
定唐小西涨	58.5	1440	67.4	2880
定唐庞白土	104.5	2160	87.0	1800
曲阳西抵			153.3	3833
定唐白沙	99.5	1440	91.0	870
行唐南张吾	71.0	1057		

敌人除了强迫人民服苦役以外，还无休止地抓捕壮丁。据新华社山东分社估计，到1942年6月，5年中华北被敌抓捕的壮丁为600万人以上。伪"华北劳工协会"发表数据，1943年12月华北输出劳工112174人，1944年初敌伪在北平举行一年一度的"外出劳工输送会议"，决定1944年度输送数目为1943年之2倍。山东分社的估计未及来源，或过高一些，但从上述几个数字看，8年来敌人从华北强夺的壮丁，包括运往伪满、内蒙古等地的，编充伪军的，以及强迫在华北各矿山、工厂中劳役的，总数是极为惊人的！

敌人实行过度不停的劳役，以及大批抓壮丁，使敌占区、游击区人力枯竭，牲畜锐减，田园荒芜，农业生产急剧下降。为了便于了解当时农村破产的惨象，这里把北岳区农村调查中关于南伏流村的调查抄录一段如下：

"行唐南伏流村位于平汉路西的平原地带，抗战以前是一个颇为富庶的村庄。1938年开始秘密支敌，1941年秋季反扫荡前后敌设立据点。抗战以前全村有34顷余耕地（每顷约100亩）。几年来由于敌伪之残酷压榨，卖出外村250余亩，敌修路挖沟占去482亩，1941年荒地132亩，1942年荒地及被占土地合计769亩，耕地面积大大地缩小了，1941年减少25.41%，1942年减少29.97%。不但土地减少，而且敌人挖沟，把水源隔断，致使大量水地变成了旱田。由于敌人抢夺征调，畜力数量减少，质量也大大减弱，过去是82头强牲口，现在只有72头小牛小驴了。而且敌人不断要夫，见地里有做活的就开枪射击，遂使秋地未翻，秋麦不能上水，棉花掉在地里不能收拾，因而生产大减：1941年全村农业收入折谷8975.56石，1942年只收入4817.98石；1941年全村工商业、副业收入1212元，1942年完全停顿。"

这只是游击区农村的一个缩影。从这个村的惨象中，我们可以想象到，游击区人民是处在何等的水深火热之中！据估计，在边区各地敌人挖沟筑墙的耗费，远远超过秦始皇30年所筑的长城，边区哭"封锁沟"的孟姜女真有千千万万！

(二) 对敌的财物负担

游击区人民对敌物资负担的苛重与复杂，也是使人很难想象的。负担对象包括敌、伪、政（地方伪政权）、村（本村一切开支）、教（带有特务性的战斗）等几个方面，任何敌伪人员都可以任何名义，向老百姓敲榨钱财。敌伪苛捐杂税有百余种之多。负担项目有以下几种：（1）县款，包括田赋派款等；（2）村公费，包括伪干部薪金及村公所费用；（3）村杂支；（4）修筑碉堡用费；（5）伪军粮秣军需；（6）伪区公所不定期征收的粮款等。负担方式以勒索为主，一般占负担总额一半左右。勒索方式因地区而异：在敌占优势地区，主要通过特务和伪人员，勒索以小费为主；在八路军能控制之游击区，多由敌人直接出动，以敲诈为主。

游击区人民的对敌财物负担是逐年增加的。特别在1942年以后，敌人已完全走向赤裸裸的公开抢掠、绑票行为。

晋察冀边区政府工作报告中讲到：1941年北岳区（接敌区）被敌勒索在3万元以上；1942年冀中反扫荡后3个月，平均每人负担240元，使得群众连糠秕都吃不上。

又据北岳区的农村调查[①]，几年来敌人掠夺的数字很惊人（见表2-9）。

表 2-9

年度	调查村数（个）	掠夺现款（元）	折谷（石）
1938	7	43368	4517.78
1939	15	72182	5121.11
1940	18	180912	7149.70
1941	21	772760	23252.93
1942	31	2993631	25465.12

1941年和1942年是游击区人民对敌财物负担最重的阶段。对敌负担占收入的比例，据几个村调查如表2-10所示。

---

① 1942年的折谷数，原材料计算有误，已校正。

表 2-10

村名	1941年对敌负担占总收入的比重（%）	1942年对敌负担占总收入的比重（%）
庞白土（定唐）	149.93	257.42
白沙（完县）	191.50	52.83
东于家庄（完县）		116.02
东五里岗（广灵）	65.62	88.79
温子东堡（应县）		103.39
白旷北堡（平定）		78.51
迥城寺（平定）		107.53

这个统计中的 1942 年对敌负担只计算到 10 月为止。10 月以后，由于敌疯狂抢粮，负担更重。事实上 1942 年的负担大大超过 1941 年。庞白土、白沙、东于家庄等村，对敌负担都超过了国民的总收入。这些村庄当然破产了。

对敌负担的畸重，确实达到非"崩"不可的地步。晋察冀日报 1942 年 12 月 31 日第四版曾发表了这样一篇通讯，介绍了一个从平山县回舍村逃出来的老乡谈全村对敌负担的情况：

"东回舍是个 300 多户人家的村庄，它的负担除了正税每年每两银子出警备捐 54 元，保管粮 476 斤（小米），收买粮 27 斤，给警备队的干柴 5000 斤和每月每两银子的地亩捐 12 元、白面 4.5 斤以外，炮楼上临时的勒索，简直就数不清。

"东回舍一个村支应着 10 个炮楼（当然这些炮楼不单是向东回舍要），其中以西回舍炮楼要的多，也最勤，而且伪保安队要了什么，伪公安局也一定要什么，给这个不给那个就是事，真是层出不穷，名目繁多，特别是自日军实施'五次治运'后，更是变本加厉，据不完全统计，仅 11 月份就有：

1. 吃的：白面 4000 斤，大米 17 石，香油 70 斤，白菜 500 斤，豆芽 1500 斤，粉条 100—200 斤，大葱 200 斤，白萝卜 100 斤，山药 100 斤，猪肉 90 斤又猪三口，鸡蛋 400 个，到村公所吃饭合洋 400 元，瓜子 150 斤；

2. 穿的：鞋子 150 双（四层布底），袜子 150 双，洋布 300 元；
3. 抽的和用的：纸烟 46 大匣（每匣 15 元），洋蜡 100 包；
4. 其他：敲诈洋 1200 元，此外还有花姑娘费（不给用钱赎的），打酒等。

"回舍村有 47 个行政村，在封锁沟里即敌人称为'治安区'的有 37 个村庄，而炮楼就有 24 个，这 24 个炮楼自然是负责维持这 37 个村的'治安'的，所以每天轮番下乡，'治'老百姓，'治'得老百姓的耕地倒贴钱也没有人要，壮年不用说，孩子娘们都得当夫，而且说不定那时抓了去，说是'红匪'，就是打，不然就……"

敌人的负担政策，在一定程度上曾照顾地主富农利益，但在其苛索日急、饥不择食的情况下，这种有限的阶级差别就必然模糊，以至于根本不顾，刀锋自然转向富有者，向地主富农身上加负担。所以实际上，敌人统治的地区，不论贫富，都同样负担畸重。定唐县庞白土村一家富农，1942 年对敌负担占其收入的 201.34%，平山西回舍一家地主，1942 年对敌负担占其收入的 399.40%。

为了更清楚了解敌人统治下各阶层人民破产的实情，我们再找出北岳庞白土、小西涨、文德（曲阳）、贾庄、东孙家楼（灵县）、西回舍（平山）、柏家庄（应县）6 个村庄，从贫农 10 户、中农 10 户、小地主 4 户、富农 6 户调查的负担与收入的平均数，可以看到结果如表 2-11 所示。

表 2-11

阶层	每人平均收入（石）		每人平均对敌负担（石）		对敌负担占收入的比重（%）	
	1941 年	1942 年	1941 年	1942 年	1941 年	1942 年
贫农	1.727	1.384	0.520	0.535	25.81	38.67
中农	4.117	2.183	2.649	2.057	61.47	95.09
富农	7.556	6.420	10.595	5.185	140.22	80.76
地主	4.950	3.581	4.646	4.170	93.86	116.45

这些数字告诉我们，贫农一年收入不及一石，中农以上阶层，每人是入不敷出的。据其他材料证实，1942年前后地主对敌负担一般均超过其总收入之一半，而等于或超过其总收入者，并非个别例子。

（三）对敌我负担比较

游击区人民有两方面的负担，除了对敌负担之外，对边区政府也有一部分负担，但负担办法比较简单，负担水平一般都比巩固区人民负担低。

对敌负担与对我负担比较，从北岳区的部分材料看，1942年一般10倍于我，低者（对敌斗争好的）三四倍，高者（对敌斗争较差的）竟达十六七倍。

1943年以后，敌人的侵略阴谋逐渐被八路军击破，碉堡、据点亦遭摧毁，群众的武装力量也大大加强，敌人的勒索不能像以前那样为所欲为，游击区人民的对敌负担相对减少。据冀晋区（即北岳区）在1946年土改前夕对八个村的调查，这三年中对敌、对边区负担情况如表2-12所示。

表2-12

项目	1943年	1944年	1945年
对边区负担占总收入（%）	14.33	10.24	16.91
对敌负担占总收入（%）	19.94	16.91	58.53

（四）反敌伪勒索斗争

反对敌伪的勒索，减轻游击区人民的对敌负担，是边区财政工作的一项重要任务。北岳区与冀中区从1940年冬季反扫荡以来就把这项工作提到重要的地位，平北与冀东始终坚持不懈地进行这方面的斗争。

边区反对敌伪的勒索，主要是靠游击战争，靠武力斗争。边区的口号是"深入敌后之敌后开展游击战争"，在敌后之敌后有着敌人的秩序，只有靠游击战争打破敌人的秩序，才能解除人民的痛苦，减轻人民的对敌负担。1941年以后，边区的游击战越来越普遍，游击队到处扰敌打敌，出其不意地攻敌碉堡和据点，使得敌人不敢随意出动，不敢任意掠夺压榨。许多材料证明,凡是八路军之力量能控制的村庄或游击队活动开展得好的地区,敌伪的勒索就少一些。

边区反对敌伪的勒索,还要加强村政权的建设。敌人的掠夺勒索,大部分是通过伪政权组织进行的。这些汉奸走狗,不仅"助纣为虐",而且自己从中取利,大捞油水。打击敌伪组织,反对汉奸敲诈,主要靠游击队,靠边区之村干部。边区政府自1939年改造区村政权之后,基层组织比较稳固,因此在反扫荡战过程中,一些村庄虽然变成了游击区,但八路军的力量仍然较强,能组织和发动群众,同敌伪政权展开斗争。群众一条心对付日军,反对粮仓制度,反对挖沟筑堡,反对敲诈勒索,就使敌伪处于狼狈不堪的地步。

此外,还有政治宣传,使游击区人民相信边区的政策,团结一致与敌伪作斗争。

七、边区农民的战勤负担

战勤负担,是农民的一项力役负担,也是整个农民负担的重要内容。这种负担,是在战争条件下,边区政府动员民力的一种方式,也是边区农民支持革命的另一种形式。

边区政府解决战争勤务问题,自始至终本着以下方针:(1)在良好的军民关系的基础上,军队不派差,勤务动员一律通过政府;(2)制定支差办法,严格管理,明确规定要差的机关、运输的种类;(3)加强抗战勤务的组织性、计划性,调剂干线的支差任务,以免影响生产;(4)服抗战勤务是人民的神圣义务,以减少支差费用至取消支差费用。

抗日战争开始,战争动员就是当时一个突出问题。由于战争动员频繁,区一级一般设有支差机关,组织庞大,消耗至钜。边区行政委员会成立后,遵照军政民代表大会决定,区设区长1人,助理员2—4人,重要的区设军用代办助理,取消了支差机关。

1938年初边区成立政府,公布了代雇车骡办法,征用人畜依制度,禁止鸡毛传信,建立了军用代办所管理勤务,基本上消除了支差的混乱现象。1939年冬季反扫荡后,由于巩固地区缩小,后方机关相对集中，调剂勤务工作注意不够，造成支差的严重浪费现象，影响了几道山沟的秋收。为了解决这一严重问题，1940年春边区政府又公布了《临时支差办法》，对动员人畜力机关及运输物品作了具体的规定，于是严重浪费现象随之消除，农民负担相应减轻。但对抗战勤务之调剂，雇佣制之取消，当时尚未注意到，致交通大道上的某些交叉点勤务仍繁，有多至每人每月支差20天者。

1941年4月边区政府公布的《抗战勤务动员办法》，将前颁办法加以彻底修正。确定：（1）凡在18岁以上50岁以下之人民每人每月服勤务一般不超过5天（战争时例外）；（2）统一运输、担架、缝军衣、做鞋、送报勤务；（3）停止支差费用之发给，教育群众，使群众了解服战勤是大众的神圣义务；（4）广设交通站加强管理，政府购买一部驮骡大车组织运输队，平衡与调剂过忙之点线。至此，抗战勤务得到比较妥善的解决。

在解决支差混乱的同时，边区政府还先后公布了《优待抗属暂行办法》《抗战军人伤亡抚恤办法》。当时优抗的某些混乱现象停止了。随着抗战的持久，抗日军人、抗战伤亡军人加多，实物优待过多，影响人民负担；村统筹优抗粮，影响村款负担；残废军人悉以供给制抚恤，增加办理事务之烦。因此，边区政府在1941年实施统一累进税后，又修正了优待抗属办法，规定抗日军人的实物补助以达免税点为度，由县统筹。1942年确定，凡轻伤之荣誉军人，发给一次抚恤金600元，帮助其从事生产或做小买卖。1942年冬，对抗属享受的优待改为按抗属人数发给。这一年全边区用于抗属优待的粮食约4万石。荣誉军人在改变抚恤办法后，享受供给制者由3000人减到400余人（只北岳区），其中回了家，买了地，做了买卖，办理运输的人很多。

1943年2月4日，晋察冀边区行政委员会公布了《晋察冀边区抗战勤务条例》。条例的主要内容是：

（1）凡年在15岁至55岁之男子，18岁至55岁之妇女及人民有运输力之牲畜车辆，均需服抗战勤务。

（2）抗战勤务规定为三类：运输担架勤务由18岁至55岁之男子

及牲畜车辆负担，军装缝纫勤务由 18 岁至 55 岁之妇女负担，送报通讯勤务由 15 岁至 17 岁之男子负担。

（3）服勤务按劳动力分担。每个劳动力，每月服抗战勤务以 5 个工为限，妇女服军鞋勤务每年以 4 双为限。

（4）各项勤务，均以 160 分计一个工。运输担架勤务以每 10 里斤计 1 分，每付担架均以 150 分计。做军鞋一双工计 800 分，料计 800 分，做鞋底一双，工计 320 分。做单军装一套，工计 408 分，棉军装一套，工计 400 分，棉大衣一件，工计 320 分，棉背心一件，工计 160 分，拆洗缝旧棉军装一套，工计 400 分，棉大衣一件，工计 320 分，棉背心一件，工计 80 分，棉军帽一顶，工计 40 分。送报通讯勤务每里计 3 分，往返里数均计。

这个条例执行一年，在人力负担上是比以前合理了，但由于计算方法过于复杂，广大群众一时不易了解，以致大部地区尚未执行。为根除劳力浪费，保证大生产运动的蓬勃开展，晋察冀边区行政委员会于 1944 年 2 月 27 日关于抗战勤务办法的决定中，将计算办法加以简化。简化以后的内容是：

（1）抗战勤务的计算单位定名为"工"。

（2）以全年 12 月平均计算。15 岁到 17 岁之男子、51 岁到 55 岁的男子每人每月各服 2 个工，18 岁到 50 岁的男子、女子每人每月各服 4 个工。

（3）以全年 12 月平均计算，驴马每月各服 6 个工，骡子 10 个工。单套车服 18 个工，双套车服 26 个工，三套车服 30 个工，四套车服 34 个工。骆驼船只应服工数，由当地县政府按载重比例定之。个别地区，牛有驮用习惯的，与驴马同。

（4）凡缺乏劳力之贫苦抗属得由村公所按每月所需代耕土地之多寡，指定一定人畜分户包耕，按本地一般经营情况抵顶工数向抗勤委员会及交通站报工，但代耕以不超过维持抗属最低生活及该抗属因其子弟参军所减少之劳动力为限。贫困而无力的脱离生产政民干部家属报经县政府批准后，亦可准代耕。坚壁公粮公物（包括挖坚壁洞）及翻晒公粮一日顶工一个，故意怠工者，按实做工折计。

(5) 运输担架勤务按里斤算工：运输物品重量一斤，算一个里斤，2000 里斤算一个工。人力抬送伤病员，每村担架按平路 200 斤算，过于崎岖难走的山路按 240 斤算，牲口驮送伤病员，每个伤病员按 100 斤算，棺木按 400 斤算。养牲口之户无法定服勤务之人或者有人不愿意赶牲口，愿照规定另服勤务或不在服勤务年龄内之人赶牲口或求人代赶牲口者，空行按背 40 斤计工，赶牲口之人背东西，以里斤算工，代人赶牲畜者背东西，则以所背斤数加 40 斤，按里算工。担架运输的四脚负重载重的按里斤算工，空行的不算，服务人畜所在村离站 5 里以内的，由家到站、由站到家的空行路程不算工。

(6) 缝纫拆洗勤务，按件计工：纳鞋底一双算一个半工，个别地区军鞋须由人民代做的，做鞋一双顶四个工，鞋料由军队发布或发价。做单军装一套算两个工，棉军装一套算两个半工，棉大衣一件算一个半工，棉背心一件算八分工。拆洗旧棉军装一套算两个工，棉大衣一件算一个半工，棉背心一件算八分工，棉军帽五顶算一个工。

(7) 通讯送报勤务，按里计工，每行三里算一分工，往返均计，由 15—17 岁之男子担负。若因在此年限之人数太少，可增派 51—55 岁的男子共同担负，但不得派 18—50 岁之男子担负此项勤务。

战勤条例经过这次修改，简化了手续，执行就比较方便了，也比较合理了。这对于保证抗日战争的人力需要，曾起了很大的作用。这个条例一直执行到抗日战争胜利。

抗日战争时期的战勤负担，由于边区政府不断调整和控制，总的来说还不是很重的。据南汉宸在《晋察冀边区的财经概况》的报告中讲，大进军前在交通路线作战区域，每 1 人畜力每月约服工 4 个，1945 年每月每 1 人畜力服 4—16 个工，平均约 6.5 个工。

负担战争勤务的，主要是农民。这不仅因为农民人数多，而且因为农民的抗战热情高，他们为了保家卫国，勇于承担义务，勇于牺牲。所以，在边区各地，青壮年参军，少年老年出人出力，都是积极的、自愿的。可惜这方面的资料缺乏，难以具体表达出来。

第四节　晋冀鲁豫边区的农民负担

一、边区草创阶段的筹粮筹款办法与人民负担

（一）晋东南、冀南、冀鲁豫抗日民主政权的建立

晋冀鲁豫边区是抗日战争时期最大的一个根据地，它是八路军129师、115师一部与当地游击队结合创建的。

从1937年12月八路军129师和115师一部进入太行山区到1940年春，是晋冀鲁豫边区的草创时期。这个时期边区的中心任务是发动民众开展游击战争，建立及巩固当地的抗日政权。

关于建立抗日根据地的政权，毛泽东在《抗日游击战争的战略问题》中指出："原来有中国政权未被敌人破坏的，则在广大民众拥护的基础之上去改造它和巩固它；原来的中国政权已被敌人破坏了的，则在广大民众努力的基础之上去恢复它。"① 晋冀鲁豫边区抗日民主政权的建立，就是按照这个精神做的。

晋东南原为山西省第三、第五两专区，专员是戎伍胜和薄一波。1938年5月，八路军粉碎了敌人的九路围攻后，晋东南根据地已逐渐形成。三、五两专署就在当地八路军的支持与协助下，自上而下着手改造各县政权工作，各县都成立了行政会议，发展了民众团体组织。在专署以上，则以军队为主，成立"军政委员会"，作为临时性的高级政权机构。1939年阎锡山发动"十二月政变"，这股反共逆流被击退后，各县牺盟会取消，旧政权得到比较彻底的改造。

冀南平原上的旧政权，在日本侵略军初次进攻时，即土崩瓦解，逃之夭夭。八路军东进每克一地，当地各阶层民众便共同组织"战地民族革命战争抗日动员委员会"，协助军队抗战，领导抗日工作，解

---

① 毛泽东：《抗日游击战争的战略问题》（1938年5月），载《毛泽东选集》第二卷，人民出版社1966年横排版，第393页。

决民众要求。接着，各种群众救亡团体相继建立，各县抗日人民，在各救亡团体的组织发动下，在人民武装的积极扶持下，选出了抗日的县长，建立起县以下的各级抗日民主政府。1938年2月，召集了第一次军政民代表大会，产生了冀南军政委员会。8月委员会取消，改为冀南行政主任公署，公推杨秀峰为主任，统一各县政府及群众动员工作的领导。1939年春，敌人第二次大举进攻冀南时，河北省政府便离开了河北平原。虽然当敌人进攻之际，鹿钟麟以莫须有的罪名取消了冀南主任公署，但在广大民众拥护之下，仍坚持了冀南抗战，开展了工作。1939年夏，陆续成立各县参议会，重新改选了各级政府。1939年9月18日成立了冀南区参议会，以民主方式产生了冀南行政委员会及正副主任，使冀南抗日民主政权的建设进入了新的阶段。1940年初，讨伐石友三战争胜利后，冀南民主政权进入了初步巩固的阶段。

冀鲁豫边区的抗日政权，也是这样由分散到统一的。在抗战初期，是中共地方党组织与国民党政府专员丁树本联合抗战的局面，政权形式无大变动。1938年鹿钟麟进入河北以后，丁树本在国民党最高当局的操纵指使下，联合敌后国民党军的反动将领，阴谋反共，制造摩擦，从内部破坏边区的抗战事业。1939年2月，八路军115师344旅一部进入冀鲁豫边区，4月与当地武装合编为冀鲁豫支队，巩固和发展了冀鲁豫边区抗日根据地。1940年2月，国民党军石友三部进攻冀南的军事阴谋遭到打击，丁树本与石友三部一起逃出边区。当地八路军在建立军区的同时，也建立了边区的抗日政权——冀鲁豫区行政公署。1940年4月，与泰西、鲁西北两个行政委员会合并，成立鲁西区统一的抗日政权——鲁西行政主任公署。1941年8月，冀鲁豫、鲁西（包括水东地区，即新黄河以东）、湖西（微山湖以西）三个地区党政军机构合并，仍称冀鲁豫边区行政公署、军区、中共冀鲁豫区党委会。

在根据地草创时期，边区还没有建立统一的政权机构，各地先后建立的地方抗日政权，基本上处于分区而治的状态。这种情况，同陕甘宁边区、晋察冀边区是有所不同的。

（二）筹粮筹款办法与人民负担

这时期边区财经工作的中心，侧重于筹粮筹款，以保证军队的供给。进入晋冀鲁豫边区的八路军129师,开始时为1万人,到1940年发展到10万人,增加9倍[①](115师1939年初进入冀鲁豫区的人数也是增加的),要解决军事上急迫的需要,财政上的困难是很大的。虽然当时有部分法币收入(国民党政府发的军饷),但粮食供给只能取之于民,就地取给。

处于山东、河北、河南、山西四省交界地带的晋冀鲁豫边区,自然条件和农村经济条件虽然比晋绥、陕甘宁等边区要好一些,但在战前军阀、地主和帝国主义统治下,农业生产水平和收入水平都是低的。据华北综合调查研究所《华北农村每年生产量》统计,河北、山东、山西三省1931—1936年主要农作物的每亩平均产量,小麦为109.4斤,高粱为157.2斤,谷子为165.2斤,玉米为153.5斤;1936年每人平均占有的食粮,包括薯类为579.8斤,不包括薯类为471.6斤[②]。这是三省综合的平均数字,边区境内有相当一部分处于山西山地,生产和收入水平肯定要低于这个数字。八路军开辟根据地后,1938年普遍丰收,1939年除冀南有大水灾以外,收成也不错。但由于国民党军的溃退,敌人的南下,再加上土匪和地方团队趁火打劫,差役负担繁重,民力消耗很大。民力财力的减弱,同抗日战争不断增长的需要一开始就存在着矛盾。

为了保证军政人员供给的需要,各地抗日政权都建立了财政和税收机构,在部分地区开征出入口税,同时着手调整和减轻人民的负担。采取的措施,一是宣布取消苛捐杂税,二是实行新的税收制度。

晋冀鲁豫四省,战前分属几个军阀统治,军阀、官僚和地主勾结,强加在农民身上的苛捐杂税真是名目繁多。据抗战初期的调查,华北地区田赋附加有多至670余种的,附加超过正税十几倍的情况极为普遍。1933年山西水地每亩全年负担银洋8元,旱地4元,山地及坡地为2—3元,其他临时摊派之苛捐杂税犹不在内[③]。如按有关典型调查,每亩好地产粮0.9斗小米(243斤),每斤小米0.103元推算,那

---

① 齐武编著:《一个革命根据地的成长》,人民出版社1957年出版,第47页。
② 引自1949年6月华北政府农林部编印《华北农业生产统计资料》。
③ 1933年4月《中国经济》第一卷第一期。

时山西水地的负担占产量的比例要达到31.9%。这还不算,还有最流行的"按亩摊派"的转嫁负担。就是地主只出田赋正税,其他附加税,即所谓"地亩钱"和差务,一律按亩摊派。谁种地谁出,叫作"插耧应差",把大部负担压到广大中、贫农身上。在太行区流行有一种"带粮银",即佃户租地以承担粮银负担为条件。还有一部分地主和高利贷者或专业的"粮头",专代农民完粮纳税,从中取利,即所谓"代完粮"或"粮头制"。战前的武乡,一两粮银,官府实收3.3元,经过别人代纳的农民却出到10元①。凡此种种,结果都喂肥了军阀、官僚和地主,农民则日益贫困破产。

各地抗日民主政权建立以后,对于上述种种苛捐杂税和陋规,均先后宣布取消。太行区的苛捐杂税,从1937年冬季到1938年6月,已先后完全废除,存在的只有田赋、契税、烟酒营业税、牲畜税(太北已取消)等几种。冀南取消的苛杂计有土布、木、烧炭、花粉、油饼、山药、油、麻、菜蔬、柴草、估衣、芦草、麻席、白货等17种牙税和车行税②。冀鲁豫区从抗日民主县政府成立之日起,即分别宣布废除苛捐杂税。这些苛杂的废除,不仅减轻了农民的负担,同时也减轻了工商业者的负担。

在宣布取消苛捐杂税的同时,各抗日政权机构根据战争供给的需要,相应规定了一些筹款的办法。由于各地政权不统一,环境和条件不同,部队就地供给,打到哪吃到哪,因此征收任务和征收办法都是各自为政,执行情况很不一致。

晋东南各县,大部分采用了二战区的《战时村合理负担办法》。其要点,就是废除过去的摊派制度,按财产情况把村分为12等,户分为19级,按等定分,然后由村民公议,钱多多出,钱少少出,凡可以负担者均要负担,特等户则另按其财产情形由县摊派。这是一个临时的征款办法,不是一个税则。阎锡山规定这个临时征款办法,虽本意是为了保证庞大的军费支出和弥补战争的损失,但对农民来说是有利的。由于是按累进率摊派,阎锡山及其手下的军阀官僚本身都是财产

---

① 齐武编著:《一个革命根据地的成长》,人民出版社1957年出版,第108页。
② 陆诒:《冀南在进步中》,《新华日报》,1940年3月15日。

3000元以上的富户，向他们摊派高额负担，无异与虎谋皮，只能变成一张空头支票。当时三、五专署已建立抗日民主政权，已宣布把苛捐杂税废除，但又感到保留的几种税收入不多，解决不了财政上的需要，较大的一宗收入——田赋，又不合理，于是就不得不施行（或仿行）二战区颁布的战时村合理负担办法了。

这个办法太笼统。所谓按村依户分等，在财富上没有一定的标准，负担面也没有具体规定，而且在做法上只凭估计，不凭调查，这样并不能真正地将财富的多寡区别表现出来，因此贫富之负担，仍然是极不公平的。特别是没有照顾到人口因素，不是以人为计算单位，而以户为计算单位，因此形成"富户捐"。正因为办法本身和做法上都存在某些缺点，所以在执行中造成了举拳头决定谁负担，谁就负担多少的偏向（老百姓叫"拳头负担"）。然而，无论如何，这个办法是按田赋、地亩、人口摊派好，是分开了"等"的，也有累进的意义。

冀南则采用"公平负担"办法。这个办法同冀中实行的公平负担办法又有些不同。主要内容是：将各户土地按好坏折合成标准亩，然后按人计算扣除基本地①1亩，再按应负担亩累进征收。同时还要扣除牲畜消耗，并规定家庭手工副业免税。标准地的计算是：一般旱地1亩折标准地1亩，砂碱地1亩折0.24标准亩，水田1亩折标准亩0.68亩②。这种折合标准与实际情况不相符合，基本群众吃亏过大（因基本群众占有坏地比例较大）。同时，由于只征土地税，工商收入均不征税，农商之间负担亦不合理。1939年冀南开始大屯粮，一部分为商会摊派，一部分为乡村摊派，还搞了一部分富户捐。

冀鲁豫的合理负担办法，也是根据人均占有土地数量，除去1亩的免税亩后，为"负担亩"，按"负担亩"累进计算征收。每人平均一个"负担亩"的不累进，仍按一个"负担亩"征收；每人平均超过一个"负担亩"的，则累进征收。累进办法是，每超过一亩，多征收

---

① 基本地即维持基本吃粮需要的土地，同免税点相似。基本地仍按标准亩扣除，不是按自然亩扣除。

② 水田1亩折标准亩0.68亩的规定不够妥当。这是当时的规定，后来作了修改。

1.1 亩，如负担亩 2 亩按 2.1 亩征收，负担亩 3 亩按 3.31 亩征收，负担亩 4 亩按 4.64 亩征收，以此类推。征收公粮的同时征收公柴，规定一米三柴。这是部分县的做法。有些工作尚未开展的地方，筹粮筹款仍是按亩摊派。

至于田赋的征收，基本上仍沿用国民党的田赋征收基础，即按银两征钱。田赋征收，在晋冀鲁豫边区是较轻的。每两正银征收的大洋数字，各地不一致。1939 年冀南每亩地收田赋 0.2 元，另加收建设费 0.3—0.5 元。漳北、太北、太南、太岳每两银子（上、下忙）1939 年征收 3—4 元。另据辽县①西周村调查，1936 年每两征 4 元；1937 年每两征省款 2 元，地方款征 5 角，再以每两以上加征 6 角，两半以上加征 1.2 元，二两以上加征 3 元，以累进征收；1938 年每两征 5 元；1939 年每两征 5 元；1940 年每两征 2.5 元。

上述各种筹粮筹款办法虽然很不一致，但是在多数地区仍然贯彻了"合理负担即实行'有钱者出钱'，但农民亦须供给一定限度的粮食与游击队"的精神的②。据赞皇县黄北坪村调查，1939 年 147 户，共负担大洋 2777.7 元（折小米 16339 斤），每人平均负担小米 27.9 斤。各阶层负担占全村负担总数的比例是：富农占 54.9%，富裕中农占 17.9%，中农占 19.8%，贫农占 8.1%，商人小贩没有负担③。同时，由于废除了苛捐杂税，初步实行了合理负担，基本农民群众的负担比战前大有减轻④。根据长治县的统计，人民负担 1937 年每人平均 3.34 元，1938 年每人平均 0.85 元，1939 年约为 0.857 元。另据阳城县的统计，1937 年度（敌人未入境时），平均每人年负担 1.732 元，1938 年度（敌人已入境）因切实执行合理负担，每人负担降为 1.182 元，1939 年度则锐减为 0.629 元。

由于各地分区而治，财政上各自为政，没有明确的负担办法，随征随用，这个时期的筹粮筹款产生了许多的偏向和问题。

---

① 晋冀鲁豫《边区政报》，第 40 期。原调查材料未写明县名，辽县是编者判断的。
② 毛泽东《抗日游击战争的战略问题》（1938 年 5 月），载《毛泽东选集》第二卷，人民出版社 1966 年横排版，第 394 页。
③ 1942 年晋冀鲁豫边区农村社会调查。
④ 《战地的合理负担》，《新华日报》，1940 年 1 月 27 日华北版。

首先，就地取给的粮食政策，使各地人民负担苦乐不均。驻的部队多，筹粮筹款就多，人民负担就重一些；反之，部队少的地方，筹粮筹款就少，人民负担就轻一些。由于部队打仗经常流动，在年度之间各地的负担就出现时轻时重的现象。特别是1939年开始突击屯粮，为反"扫荡"作准备，这种现象就更加突出一些。

其次，面向"大户"捐粮捐款的办法，负担面太窄，使地主富农负担过重。负担的重担放在剥削者头上，这是土地革命时期的政策，在抗日战争时期这个政策的基本精神还是适用的，这对削弱封建势力，减轻基本群众的负担是有利的，确实也调动了部分群众的积极性。但负担过分集中在剥削阶级身上，甚至使地主难以维持正常的生活，对统一战线的巩固和发展影响很严重。中农以下的阶层，也受到影响，在经济上不愿上升。因此，在这一时期，有些地主、富农和商人，为了逃避负担，纷纷逃往敌占区或城市。特别是1939年大屯粮"举拳头"负担，给地主富农打击很大。

最后，在一些工作未开展的地区，或者是乡村政权操纵在地主富农手里的地方，仍然执行弊病最严重的按亩摊派的办法，乱摊乱派的现象很普遍，因而地主富农从中搞鬼，负担照旧落在广大农民头上。

总之，这个时期财政上很混乱，经济上缺乏明确的政策。有时只顾克服目前的财政困难，而忽略了长远的经济利益。1939年发生的单纯需索（筹粮筹款）而不进行细致工作的偏向，给抗日军队和抗日政府的政治声誉带来相当不良的影响。尤其是未能及时抓住发展农业生产这一基本环节，对整个经济工作的影响，更为显著。因此，当1939年敌人回师华北，"扫荡"与反"扫荡"作战剧烈展开，在敌人破坏烧杀下，根据地经济遭到重大损失，各地较富足的绅商，纷纷逃往蒋管区或敌占区。基本群众的负担虽大为减轻，然而生产情绪并没有提高，农业生产急剧下降。根据地一度出现了民生凋敝、供应极度困难的局面[①]。

[①] 齐武编著：《一个革命根据地的成长》，人民出版社1957年出版，第150页。

二、边区政权统一前后的财政困难及克服困难的措施

(一) 边区的统一与财粮供应的困难

1939年9月,日本军部换上多田为华北方面侵略军总司令,实施所谓的"囚笼政策"。在这一阴险的策略之下,晋冀鲁豫边区周围敌兵增至10万以上,津浦路、陇海路、平汉路、正太路和同蒲路等分向两侧,向各根据地逐步修筑公路、据点、封锁沟墙。因此,进入1940年以后,边区战争形势突变,敌我斗争空前尖锐。

根据战争发展的形势,1940年4月,中共中央北方局在太行区黎城召开了高级干部会议(通称黎城会议)。黎城会议确定了"建党、建政、建军"三大建设任务,初步规定了自力更生的财政经济工作方针,提出了统一边区抗日民主政权的主张。

根据黎城会议的决定,经冀南主任公署与晋东南二、五两专署协议,1940年8月建立了"冀南太行太岳行政联合办事处"(简称联办),以杨秀峰为主任,作为过渡性质的全区统一政权组织。联办从成立到结束,只有11个月,时间虽然短促,但具有非常重要的意义:贯彻实行民主政治,巩固与加强统一战线和各阶层的团结;统一财政经济建设,克服各自为政的现象,节约民力,保证供给;特别是统一战略意志,加强全面对敌斗争,以达到巩固根据地的目的。这是边区建设从分散走向集中统一的决定性一步。

1941年3月16日,联办举行第二次行政会议。会上,邓小平代表中共北方局,提议成立晋冀豫边区临时参议会。经过短期的筹备,1941年7月7日,正式成立晋冀鲁豫边区临时参议会和晋冀鲁豫边区政府(因鲁西33县合并划入本区,乃改称晋冀鲁豫),并选举杨秀峰为边区政府主席,薄一波、戎伍胜为副主席。自此边区完全归于统一。

边区政府成立时,共辖有21个专员公署,2个主任公署,149个县(冀南主任公署辖49县,冀鲁豫主任公署辖49县,太行区辖37县,太岳区辖14县),其中建立的县政权有130个,区政权有659个,

村政权有 25361 个。统辖的面积约 7.2 万平方公里,人口约 1285 万[①]。

边区政权统一前后,即 1940—1942 年,财粮供给非常紧张,矛盾增多,困难加大。

第一,为了粉碎敌人的逐步升级的侵略计划,边区根据黎城会议的精神,加强了军区建设,增加了兵力。如以野战军的人数为 100,则包括游击队在内的地方军的增加比例分别是:1940 年为 50,1941 年为 77,1942 年约为 200[②]。另据 1941 年统计,太行区地方武装发展到 134120 人,太岳区民兵有 28098 人,冀南民兵自卫队有 102647 人[③]。当时,增加兵力 1 人,连一切经费在内,一年需要增加小米 7 石(约合 1890 斤,这是最低需要),这就增加了边区财政的压力,也增加了人民负担的压力。

第二,边区根据地缩小,财粮的供给来源也相应缩小。1941 年中,边区根据地缩小了 1/6,根据地人口由 1500 万(1939 年底数)缩小到 1285 万。1942 年 5 月以前,退缩局面还未停止,根据地已大致被分割,在冀南平原上,敌人构成了封锁严密的格子网(1942 年全区平均每 14 个村庄就有敌人一个碉堡,最严重的宁南等县,平均每三个村一个碉堡);太行区沿平汉线的一、六分区,都变成了游击根据地(全太行区 1940 年面积 100662 平方里,1942 年 5 月缩小至 81290 平方里);太岳区形势最严重的时候,全区无一完整县,已建立的 12 个县政府,都被迫赶到沁源一起工作,后来沁源县城也被敌人占领,全区没有一个县城[④];冀鲁豫区虽仍拥有 3 个县(范县、观城、濮县),但根据地也缩小了 2/5。这就增加了财粮征收上的许多困难。

第三,晋西事变以后,阎锡山停发了国民政府的军饷。原来,这笔钱是构成边区财政不小的一部分收入,1941 年以后一个铜板也没有了。这样,就不能不增加人民的负担。

为了解决上述矛盾,克服上述困难,边区政府根据黎城会议提出

---

① 冷水:《介绍晋冀鲁豫边区》,《解放日报》,1942 年 3 月 23 日。
② 齐武编著:《一个革命根据地的成长》,人民出版社 1957 年出版,第 75 页。
③ 同①。
④ 齐武编著:《一个革命根据地的成长》,人民出版社 1957 年出版,第 62、74 页。

自力更生的财经方针,在解决战争供给的问题上,先后实施了以下三个方面的主要措施:为保证军政人员吃粮的紧急需要,突击囤积公粮;整理、利用旧的田赋,增加财政收入;适应屯粮任务增加的需要,改进负担办法,使人民负担逐渐合理。

(二) 突击囤积公粮

囤积军粮,边区在1939年就开始搞了,1940—1942年,由于战争紧迫,军需量大,就成了边区财经工作的中心任务。当时,全边区的粮食收入约占国民总收入的85%,粮食之征收,亦占边区岁入的3/4[①]。所以,粮食是战时供给最主要的一项,有了它,就能生存,掌握了它,就能胜利。新华日报说,"完成了屯粮工作即等于完成财政工作2/3",这是完全对的[②]。

每年屯粮的任务,从联办成立以后,均是根据供给的需要,结合各区的人民负担能力以及上年度征收存在的问题,自上而下进行分配。黎城会议提出了量入为出、收支平衡的财政方针。但在实际工作中是量入为出与量出为入相结合的,因此对下分配的任务都比较重,而且搞的次数也多。1940年内派了三次借粮:第一次为百团大战的借粮,群众叫百团大借粮;第二次为秋季公粮,群众叫大屯粮;第三次为12月派的地方粮,群众叫二次粮。1941年也是两次借粮,其中一次是5月以后借的,群众统称借粮。1942年提出"不再增加人民负担"的口号,分配的任务数比上年有所减轻(鲁西区,包括水东地区,当时归中共山东分局领导,未进行突击屯粮工作)。

在此期间,屯粮的负担政策也进行了调整。根据黎城会议精神,联办确定负担面要扩大到80%,人民负担不超过收入的30%,军政民脱离生产的人员不超过根据地人口的3%。由于根据地工农商业的萎缩,特别是1941年的旱灾,太行收入减少,负担加重(漳北夏季屯粮有达到个人产量50%的,太北太南有到35%—45%的)。为了纠正上述偏向,克服屯粮工作中的困难,联办决定由各地区根据各自的实际

---

① 1942年晋冀鲁豫边区政府:《进一步加强财经建设开展对敌经济斗争》。
② 冀太联办第一次专员县长会议特刊:《戎子和同志在冀太联办第一次专员县长会议上的总结报告》。

情况，规定合理的累进办法，起征点一律减至小米一石，只要维持到80%户口负担，必要时特等富户也可超过30%，但不能超过40%[①]。实际执行，这些政策规定没有全部得到落实。

从负担面看，是扩大了。但是，人民负担占收入的比例，不仅地主、富农超过了规定的政策杠子，中农、贫农也有超过的。据榆社县东清秀村调查，1941年（歉收年）各阶层收入负担情况如表2-13所示[②]。

表2-13

阶层	人口	每人平均农业收入（元）	每人平均负担（元）	负担占收入的比重（%）
小地主	20	533.12	296.79	55.67
富农	108	303.26	96.60	31.85
富裕中农	41	156.67	41.29	26.35
中农	283	167.55	28.95	17.27
贫农	257	93.41	10.43	11.16
佃农	54	76.81	27.46	35.75
雇农	17	55.15	8.57	15.54
羊工	2	63.36	—	—
手工业者	5	28.47	—	—
商人	13	124.66	18.21	14.61
其他	7	175.91	90.66	51.54
总计	807	160.43	38.95	24.28

以上是典型调查材料。全边区的数字，缺乏资料。根据有关材料推算，太行区1941年的屯粮数约为67.8万石米，1942年约为58.8万石米；太岳区屯粮数1941年约为31万石米，1942年约为11.2万石

---

① 冀太联办第一次专员县长会议特刊：《戎子和同志在冀太联办第一次专员县长会议上的总结报告》。

② 晋冀鲁豫《边区政报》第14期（1942年10月15日），《榆社东清秀村社会经济及人民负担调查》。每人平均负担数字中未包括田赋负担。1941年每60元折小米1石。

米。按照1941年晋东南根据地340万人口计算,1941年每人平均负担小米0.29石(约合78.3斤),1942年每人平均负担小米0.21石(约合56.7斤)①。从这个数字看,比晋察冀边区同时期的负担还要重一些。

在敌我斗争尖锐的环境里屯粮,是件非常艰巨的工作。根据地缩小、游击区扩大以后,更增加了这种艰巨性。以太行区来说,当时算是边区环境较好的地区,1941年的屯粮任务,根据地占70%,游击区占30%。在冀南则大部分要去游击区征收。因此,1940年、1941年两年中,边区都是一再突击屯粮。为什么要突击呢?一是军需紧迫,二是环境恶化,粮食收获后不突击征收入库,就可能被敌人抢去。所以,那时不仅是财政粮食干部,就是党政机关的干部也是一齐动手,去动员群众,组织粮食征收。

边区的农民群众,虽然在敌伪的"扫荡"和压榨下,生活下降,边区政府派粮任务又较重,但是为了抗日胜利,都是踊跃交纳的。太行的农民,在干部的发动下,提出"不拖欠一粒公粮,拖欠公粮不是好公民"的口号。他们按照布置,定出屯粮日,以区为单位,在3—5天内,突击送粮。晋中二专署在1941年基本上游击化了。敌人沿山挖筑封锁沟,基本上与根据地失去联系,广大农民在干部的发动下,仍然建立必收必交的观念,做到粮款专一征收,不暴露,并向抗拒交粮的地主、汉奸、伪村长进行斗争,迫使大户交纳。该区1941年底到1942年,军分区的粮食和经费,差不多全部是自己供给的。冀南区民众,在游击队的宣传与推动下,彻底执行国民公约,他们拒用伪钞,不给敌人当差、纳粮、完税,而对边区政府的粮款,则尽力交纳。广

---

① 推算根据如下。

1944年8月17日解放日报刊登《129师与晋冀鲁豫边区》(三续)中提到,太行区的屯粮1942年较之1941年减去9万石,1944年屯粮额与1941年相较,则几乎减去近一半。根据太行区1944年国民经济调查,1944年每人负担为0.434石谷,1944年人口为170万,则推算为73.7万石谷。把谷折成米,则1941年太行区屯粮数为67.8万石米,1942年为58.8万石米。

根据上述同一资料提到太岳区1943年比1942年少收公粮4万多石,减少1/3推算,1942年太岳区屯粮为11.2万石米。又据解放日报1943年6月3日《太岳区的环境和工作概况》一文中提到,1941年全区负担为18690900元,当时60元折一石米,折算为31万石米。

大农民不仅交粮,而且要替边区政府藏粮、护粮。1941年以前,边区曾实行过粮户认缴自存办法,因不便于供给,后来改为"集中缴粮分户保管"。广大农民为了使敌不易发觉毁坏,采取埋藏分散的防御办法,并掀起爱护公粮的运动。民兵打游击也以保卫公粮、打击向敌人告密和引导敌人搜索藏粮之汉奸为任务之一。

边区的广大干部,特别是财粮干部,在突击屯粮过程中,付出了大量的劳动。他们不仅要贯彻落实中国共产党的负担政策,改进负担办法(后面要详细介绍),使人民负担逐渐合理,而且要深入群众,发动群众到游击区和敌占区去组织征收。晋中二专署某区一个干部,1941年深入敌占区征收四次,都遇敌迫回,但未气馁,第五次再下去,终于取得了成绩。由于战争环境恶劣,为了突击完成屯粮任务,边区干部在工作中表现了前仆后继的大无畏精神。晋中二专署在1941年的屯粮中牺牲了一些干部,其中以财粮干部为最多。太行区平西、太谷县的粮食局长,一专署井陉窦张的局长、榆次物政科长和几十个科员助理员同志,都在粮食斗争中光荣牺牲了①。太行一区辽县后柴城村的财政委员吕振芳,敌以开水将他全身烫烂,但他仍守口如瓶,始终不肯供出公粮存放的地方,最后被敌砸死。大林日村的农会代表李福全、民事主任李培嬗、财政主任赵光礼,因伤被俘,在敌人严刑拷打之下,始终未说出半句有利于敌人的话②。

在农民群众的支持与干部的艰苦奋斗下,边区经过突击屯粮,基本上保证了战争的供给,财政亦做到了收支平衡,没有像晋察冀边区那样大量发行货币。在支出上也贯彻了黎城会议提出"军二政一"的原则。例如,太行区1941年的粮食支出中,军粮占66%,政粮占21%,脱损占4.3%,荣誉退伍军人供给占3.3%,杂项占5.4%③。这样,就有力地粉碎了日本侵略者和国民党顽固派的进攻。

在突击屯粮中也还存在一些问题,主要是:对于只有发展经济才能根本上保证供给的原则,还不明确,向人民要的时候多,帮助人民

---

① 晋冀鲁豫边区政报第73期:《太行区粮食会议总结》,1942年。
② 彭德怀:《我们怎样坚持了华北六年的抗战》,《解放日报》,1943年7月3日。
③ 同①。

去发展经济的时候少,因而农业生产继续下降,农民生活没有得到改善。同时,由于1940年、1941年屯粮任务大,有些地区政策执行不好,不少地主富农的负担仍然过重,对统一战线的发展不利(1942年有明显改进)。还有,在批判了对敌占区"抓一把"的思想后,虽然纠正了向敌占区"预收预征"的错误,有些地区却又放弃向敌占区的征收工作,1940年与1941年派到游击区、敌占区的粮款,大部分没有征起来,给供给上带来很大困难[①]。

(三)整理田赋及征收

晋东南、冀南、冀鲁豫各地抗日政权建立以后,均陆续地取消了旧社会强加在人民头上的苛捐杂税,但仍保留和征收了田赋。1940—1942年,在贯彻黎城会议和冀太联办施政纲领的过程中,在突击屯粮的同时,多数地区都整理了田赋,进一步加强了田赋的征收。

为什么要整理与加强田赋的征收呢?这是从两个方面考虑的:

一是从组织财政收入保证战争供给的需要出发。当时,田赋还是晋冀鲁豫边区的一项重要财政收入,虽然是征钱,但数字还不少。1940年太行区的财政收入任务(款的部分),总数为622936元,其中田赋466486元,罚款收入141500元,公产收入6250元,杂项收入8700元[②]。田赋收入占收入总数的74.9%。冀南区1941年的田赋征收任务总计有150万元[③]。这项收入,边区政府考虑要逐步取消,并入统一累进税之内,但是取消之前,加强征收,还是能解决不少困难。

二是考虑到田赋本身不合理,沿用国民党时期旧办法积弊甚多,需要加以整理与改进。国民党时期的田赋办法,基本上沿用清末制度,即按土地征税,原征货币部分称为地丁,原征粮食部分称为漕粮(或称粮米、米豆),国有土地则征收租课。旧山西省的田赋征收办法,也是地丁、米豆、租课三项,其中地丁占绝大比重,租课数量极少。田亩册籍很少整顿,脱离实际。粮簿系按"里甲"或"都"编制,不

---

① 1942年晋冀鲁豫边区:《进一步加强财经建设开展对敌经济斗争》。
② 薄一波:《为完成财政收支统一的指示信》,1941年4月11日。
③ 晋冀鲁豫边区《民国三十年财政工作计划》,1941年10月9日。

按村分立，粮名又多数不以户为单位。有的一家分立数户，有的几户伙一个粮名，有的沿用祖先名字，有的故立重税。征收时，本人粮名、所在里甲，须向操纵和把持的老吏询问，否则无法交纳。这种做法，叫作里甲都社制（社即是社账），弊病很多。整理田赋的目的，就是要"改正一向有粮无地、有地无粮的积弊，剔除书吏中饱，改革征收办法，使之简单"①。

整理田赋的工作以晋东南第三专署（即太行区）抓得早，抓得细。1940年4月19日第三专署专员薄一波、副专员李一清就发表了《为整理田赋给各县的指示信》，并制定了《整理田赋及征收暂行办法》和《县区村整理田赋委员会简章》，要求各县从调查研究入手，发动群众进行整顿。其主要内容和做法是：

第一，以村为单位取消里甲都社制及代完代收的剥削制，建立以户为单位的红簿。原来一家数个粮名的合并为一个粮名，原来由数户联为一个粮名的据实分开，做到统一粮户，一家不得分立粮名或另定粮号。方法上，按照统一制发的红簿格式，由有粮花户先自行填报，然后进行复核，统一编制红簿。各县红簿一律取消石斗升折两计算法，一律以元为单位。已经逃亡的粮户，有粮无地之空粮，由农会村长证明，经整委会审查，呈请县政府核准取消。逃亡粮户之土地经整理后，发觉被人偷种匿不纳粮时，除责成偷种者代纳外，将土地归为公有，过拨粮名。整理以后，粮户过拨，规定于每年3月以前办好手续。

第二，核实土地亩数。各户土地多少、土地优劣、每亩生产量及各种地每亩纳田赋，由各户按照统一格式先自行填报，然后与各村的社账进行核对，并发动群众互相监督，检举揭发，设立告密柜，并根据告密情况彻底抽查，以打击狡猾取巧的不良分子。经过群众核实，整委会查明后的地多粮少或粮少地多情况，呈报县政府核准分别增加或减少。民户少报土地或黑地，在土地清丈日期公布后仍隐匿不报，经发觉后按隐匿部分处以全年收入2—10倍的罚金。并且明确规定，开垦荒地5年以内不征田赋，河水冲坏土地酌情减免，以鼓励发展农

---

① 冀南太行太岳行政联合办事处：《抗日政权各种基本政策》（1941年），第34页。

业生产。

第三，县区村三级均建立整理田赋委员会的临时组织，以加强领导和开展工作。县级委员会5—7人，由县长、财政建设、粮食各科科长组成；区级委员会7—9人，由区长、区财政助理员等人组成；村级委员会9—11人，由村长及各群众团体组织负责人组成。上述均是义务职。各级整理田赋委员会从调查开始，到编制全县分区分村红簿一式三份结束，前后大体工作了半年左右的时间。这一套红簿清册，后来就成为征收统一累进税的基础。土地清丈工作，也是在这个时候开始的。

第四，规定各县田赋每年仍按上忙、下忙两期征收；省附加、省县亩捐、县附征田赋征收费等一律自1940年下忙起取消，取消以后不得再征收任何附加；各县附征之米折、豆折等杂名，自1940年下忙起一律停征；1938年以前田赋历史积欠，一律豁免。

这次整理田赋是成功的。过去整理田赋，单纯为了增加赋税，所以在整理过程中一有减少原额情事，即行停止整理。边区政府这次整理之所以成功，就是不单纯为了增加财政收入，在整理过程中做到该减的减，该增的增，做到了地多粮多，地少粮少，有地有粮，无地无粮，好地粮重，坏地粮轻，纠正了以往的积弊。

田赋经过整理，在边区继续征收了2—3年，冀南于1942年取消，晋东南于1943年并入统一累进税收。征收田赋的标准，太行区1940年规定每两征收3元。1941年边区政府规定：冀南每亩另加收建设费0.3元，共计征收0.5元；冀西的地不如冀南，酌量减征；漳北、太北、太南、太岳每两银子（上下忙）按4—5元征收，比1940年增加1—2元[①]。

（四）修订和改进合理负担办法

合理负担办法是边区囤积军粮的主要征收制度。1940—1942年，边区各地根据黎城会议精神，适应屯粮任务增加的需要，陆续修订和改进了原来的负担办法。其中以太行区修订的次数较多，改进也比较

[①] 1941年戎子和同志在冀太联办第一次专员县长会议上的总结报告，载《冀太联办第一次专员县长会议特刊》，第50页。

明显。

1940年4月,三专署专员薄一波根据当时金融混乱、财政困难的情况,增加了各县合理负担的任务数,并发了一个《合理负担摊款的指示》,依照晋察冀边区村合理负担摊款办法,制定了《合理负担摊款办法实施条令》。这个实施条令的内容有五点:

第一,资产与收入负担分开,并规定何者负担,何者不负担。原来的办法,虽然按财产情况、按村按户分等定分,但是,哪些财产、收入征税,没有一定的标准。实施条令明确规定:征税的资产部分,包括土地(分开地段和好坏分别作出价钱)、房屋、存款、存粮、工商业之资本;征税的收入部分,包括土地产量(减去肥料、种子及雇工等成本)、林木收入、畜养收入、工商业利润、人力收入等。

第二,资产部分按比例征税,收入部分按超额累进税率计算。均按照调查评议的分数计征,纠正了过去只凭估计的弊病。

第三,有了起征点的规定。资产每人平均不足50元者不计,收入每年每人平均不满30元者不计,扩大了负担面。

第四,资产应得分数,在起征点以上(50元以上)者,每50元作1厘,500元作1分,1万元作20分,以此类推。收入应得分数,起征点以下者不计;起征点以上者,超过30元至50元的部分,每5元作1厘;超过50元至500元的部分,以50元为一级,按1.3累进;超过500元至1000元的部分,以100元为一级,每级也以1.3累进计算分数;每人收入在1000元以上的部分不再累进。明确规定负担不得超过本人收入的30%。

第五,建立了一套征收评议制度。评议会由农工商会推出的代表与村长共同组成,评议出来的分数,就是政府每年分配征收任务的基础,增加或减少任务,均按各区、村评议的分数进行分配和调整。

这个实施条令在制度上作了许多改进,但也存在一些缺点。同年9月间,边区政府又颁布了《修正合理负担征收款项办法实施条令》。其重要修正补充的地方,有这样七点:(1)林木。无收益之树木,无论大小及数量多寡,一律暂不列入负担,如出售,则在第二年作收入负担。有收益之树木,如水果、花椒等树,按其果实收获量,除供自己零星食用外，其余按照时价计算，列入负担，树木本身不作资产负担。(2) 存款、存粮如系当年收入所余者，不负担。(3) 凡属农村副业，为了奖励其发展，一律暂不计任何负担。(4) 新开荒地、滩地，如是旱地，5年以内不负担，水地3年以内不负担。(5) 明确规定每人免税点为小米1石，杂粮1.5石。(6) 详细规定了收入部分的累进率。(7) 确定了评议委员会的人员成分。

1941年7月1日，边区政府在总结经验的基础上，研究了晋察冀边区的统一累进税则，制定和颁布了新的合理负担试行草案。从1941年冬季开始，到1943年夏季止，太行、太岳大多数县都执行了这个草案。

新的合理负担草案，比过去的办法更为合理。(1) 资产与收入的征税范围更加明确了。资产仍按比例征税，比收入税轻了许多；征税项目也缩到相当小的限度，1942年将资产免征点由50元提高到100元。(2) 家庭副业负担一律免除。(3) 脱离生产的抗日工作人员所得的生活费免除负担，并在其家庭内计算人口，雇工工人、一般劳动者的工资免除负担。(4) 宣布了负担面以80%为标准，但可以低至70%，高至90%。(5) 降低了累进率，累进率按各阶层负担能力规定，比原办法缓慢一些，收入负担的免征点也改为小米7斗。

新的合理负担办法在执行中也检验出不少缺点。(1) 不同性质的收入区别对待的问题，虽然注意了，但未得到彻底的解决。奖励富农生产是对的，但与中农、贫农、佃农比较起来，优待过多，如雇工工资食粮全部扣除，富农的负担比地主和中农都轻。(2) 存粮存款很难调查，要认真执行难免有刨墙挖洞之事，加之当时大多数下级干部仍有"富户捐"思想，总想把负担放在富裕户身上，多搞点收入，因而积蓄力量、发展生产的一面往往被忽视。(3) 计算单位通过货币折元，由于物价、币值变动很快，计算时很难掌握。(4) 按人口计算负担，对贫苦鳏寡孤独及无劳动能力的抗属，仍然照顾不够。

为了解决以上几个问题，太行区又作了修正：雇工消耗每年只扣除1石或2石；在租佃地上为了照顾佃农负担，对佃方的收入，只按八成计算负担。对鳏寡等的负担照顾问题，也介绍了太岳、赞皇的办法，让全区仿效。

在太行区修订改进合理负担办法的同时，冀南区在1941年也修正了公平负担办法，以0.6累进，仍按土地亩数多寡累进。这样，负担较之前公平一些了，但偏重农业放弃工商业的缺点（工商业收入不征税）还未纠正。冀鲁豫区也于1942年7月13日颁布了《新合理负担暂行办法》，将土地分为12级，以6级地产量1石2斗至1石4斗为标准亩，其他土地按此折合为负担亩，以1.5为累进率，每人平均70亩以上不再累进（这个办法对工商业动产部分没有执行）。

三、边区战胜天灾敌祸，恢复农村经济与减轻人民负担的斗争

从1943年到1945年8月抗战胜利，是晋冀鲁豫边区由恢复到再发展的阶段。在这个阶段里，边区在加强军事斗争的同时，从1942年下半年开始，总结过去对发展经济认识不足的经验教训，进一步加强了根据地的经济建设工作，并把恢复和发展农业生产放在根据地经济建设的首位，切实加强了农村经济的建设。

边区在恢复农村经济的过程中，根据中共中央和中共北方局的指示，采取了许多措施，主要有：1943年开始，深入开展减租减息运动，进一步调动农民的抗日积极性；从生产救灾入手，开展群众性的大生产运动，减免公粮征收额，减轻人民负担；总结合理负担经验，推行统一累进税，使人民负担进一步公平合理；加强游击区、接敌区的对敌经济斗争，发动群众反敌伪勒索，减轻对敌负担。所有这些措施，后来的实践证明，不仅有力地促进了抗日群众运动的高涨，而且有效地解决了战争供给与农民负担能力薄弱的矛盾。

（一）残破的农村经济状况

自1939年以来，边区一直处于战争频繁、灾荒不断的境地。

先说战争。根据不完全的统计（主要是太行区的统计，冀南、太岳因报告不全，未能全部统计，冀鲁豫则未列入统计内），自1937年129师进入边区，到1942年6月底为止的5年中，共对敌作战10012次，平均每年约2000次。而1942年7月至年底的半年中，大小战斗次数为 3103 次。到 1943 年抗战的第六年，作战次数累计已达 19777 次①。边区境内频繁的战斗，敌人反复的"扫荡"，残酷的"三光"政策与"清剿"方法，在其他抗日根据地是少见的。日本法西斯侵略者对边区的灭绝人性的摧残，给边区人民带来无比的灾难和痛苦。仅 1941—1942 年，太行区直接为敌人杀害和捕去的群众，约有 35 万人②。另据晋冀鲁豫边区农会统计，在 1940 年 8 月"报复扫荡"中，单晋中 6 县就杀了 1600 余人，烧了 3 万余间房子。有人在平定、昔阳、寿阳 3 县待了 40 余天，遇到的老百姓，没有一个不是家散人亡，没有一个村庄不遭敌人烧杀。例如，200 余户的寿阳韩增村，经过敌人烧杀后，荒草长得比人还高，全村不见人影，原来的 800 名居民，在这一年的扫荡中，被敌人惨杀之后，剩下的 64 人，因受伤而不敢再去那居住③。这是中国人民永远忘不了的血泪仇。

再说灾荒。根据地建立以来，几乎有一半时间处在严重灾荒中，有水、旱、蝗、雹、疫五种灾，最严重的是 1939 年的大水灾，1942—1943 年的旱灾与 1944 年的蝗灾。1939 年的大水灾，20 几个县尽成泽国，有的地方平地水深一丈四尺，田苗被淹，房屋冲倒，300 万灾民流离失所。1942—1943 年旱灾遍及全边区各地。1943 年全区灾民 35 万人以上。在冀鲁豫，重灾村有 1050 个，轻灾村有 580 个。在冀南区，884 万亩田成了一片赤地，谷、棉、果的收成，平均没有超过 50%；1943 年 8 月后，又天雨连绵，126 万亩地变成一片泽国；秋收时敌人散布霍乱病菌，在敌占区以及接敌区，死亡的占 46%，加上因饥饿逃亡，人口减少 75%，荒芜土地 50%。在太行区，1942 年林北、安阳、磁武、武安、平顺、临城、赞皇、邢台的大部分农村，秋收仅有二成年景，灾民达 36 万人；1944 年蝗灾受灾村庄达 879 个。在太岳区，1944 年部分地区亦遭蝗灾。国民党军队对人民的抢劫和负担的增

---

① 齐武编著：《一个革命根据地的成长》，人民出版社出版，第 67、99 页。
② 同①。
③ 黄醒：《晋冀鲁豫的生产建设》，《群众》第 9 卷第 3、4 期，第 123 页。

加，是造成灾荒的一个主要原因①。

战争的摧残，以及由此引起或加剧了的灾荒，使本来就很落后的农村经济更加萎缩不堪。

在根据地的中心地区，农村积蓄迅速枯竭，劳动生产力大大削弱，人民经济生活极度恶化。据当时的冀太联办专员县长会议所提供的材料，1940年12月冀西内丘、赞皇、临城的5个区又18个村，壮丁平均减少了8.8%；冀西6县的牲畜，平均减少了39%。太行区战前每个劳动力，平均耕地20亩，1942年要耕30—40亩。冀南战前每40亩地有耕牛一头，到1943年，平均每百亩才有一头。与此相应，粮食以及其他作物生产量的普遍降低，平均降低1/4—1/3②。根据左权县寺坪村典型调查，战后6年来总的人口死亡率为16%，其中壮丁几乎占死亡数的一半；加上战后参军参政人员的增加，减少的人力占1943年人口数的23%。该村的牲口，战前159头，1943年81头，减少了50%。土地质量也普遍降低，战后的产量一般比战前要降低15%—20%。不仅牲口减少了，羊群也同样减少了，1943年全村有900多只羊，比战前6000多只减少85%。随着生产力的降低，农民的生活也相应下降。战前全村110户中，除了20户地主富农有余粮以外，中农也有30多家有余粮，每年不够吃的户很少，全村不超过20家。1943年全村198户中仅11家有余粮（6家地主富农，5家中农）。经济关系也处于停滞状态，借贷关系没有了，典当买卖土地的在1942年深入减租减息工作前也很少，农村商业歇业（战前全村7个铺子2个作坊，战后都歇业，仅余几家饭铺），副业生产减少，山货价值跌落（战前每万核桃卖30元，可换6石小米，1943年则顶多可换8斗谷）。1940年全村荒地达5顷上下③，生活上的贫困则是普遍的。太岳区的沁源，大部分房屋被敌人烧光，人们只能到山沟里边，穴居野处。冀南曲周张潮一带的村庄，不仅房子全被烧毁，财物全被抢光，连日常用的各种家具也被破坏无余。脸盆打碎了，人们只能用瓦片盛一点水洗脸；

---

① 《晋鲁豫与冀鲁豫救灾概况》，《解放日报》，1945年6月19日。
② 齐武编著：《一个革命根据地的成长》，人民出版社出版，第162—163页。
③ 《晋冀鲁豫边区政报》第33期，1943年12月1日，第9—10页。

饭锅只余下几口,大家只好轮流煮饭;许多人家晚上才吃早饭,每天只能吃一餐。

在游击区情况更为严重。据太谷、平顺一带调查,1942年水地每亩产量比1940年降低60%,比战前降低80%;旱地降低数则分别为30%与60%。生产下降,引起人民生活极度的恶化。据对几个农家的典型调查,磁县的中农户1941年的收入指数比1939年降低42.2%,生活指数降低70%;和西的中农户1942年的收入指数比1939年降低28.6%,生活指数降低30.3%[①]。1943年春季旱灾严重时,冀南的游击区如大名、成安、魏县一带,人民普遍以糠菜树叶为粮,除松柏以外,所有树木的叶子、树皮全被采光。人们的劳动能力已全部丧失,不仅田间操作无法进行,就是运碾推磨、担物取水,也不能胜任。每当日出时,饥饿的人群相依斜倚仰卧,在街巷间晒太阳,很多人就在这种昏睡状态中死去。在这一期间,全冀南区人口死亡20万—30万,逃亡100万[②]。

农村经济的残破,反映了当时边区经济面临的严重困难,反映了人民负担能力的脆弱,反映了战争需要与落后的农村经济之间的矛盾更加突出和激化。这就是边区政府从1943年开始,重点加强农村经济建设的基本出发点。

(二)减轻人民负担采取的措施

减轻人民负担,是边区政府为恢复农村经济采取的一项重要政策。前面已经讲到,1940—1942年边区人民的负担是比较重的。1942年的征收额虽然调减了一些,但在农村经济越来越衰退的情况下,负担重的问题仍然没有得到解决,相反显得更为突出。因此,从1943年开始,边区政府决定进一步减轻人民负担。这次减轻负担,不是单纯从减少征收额一个方面考虑,而是从多方面综合进行的,包括培养民力、调减民力、节约民力等诸种措施。

第一项措施就是从生产救灾入手,支持和帮助群众开展生产运动,培养民力。

---

① 李候森:《敌寇统治地区农村破产实况》,《群众》第10卷第11、12期,第402页。
② 齐武编著:《一个革命根据地的成长》,人民出版社出版,第163—164页。

"生产救灾"运动，是边区第一次的群众生产运动。1943年7月，中共中央北方局和边区政府连续发出了关于救灾工作的指示，号召全区军民紧急动员，战胜灾荒。从1943年后半年至1944年的春、夏两季，生产救灾成了边区党和政府的最中心工作。

救灾工作，一方面是组织群众"生产自救"，利用各种可能，增加社会财富；另一方面是以工代赈，疏河筑堤，兴修水利，改善生产条件。各级党委和政府工作人员，在生产救灾过程中，都深入农村，深入群众，发动群众，领导农民开渠、打井、开荒、灭荒、灭虫、抢种、保苗，扩大种植面积，力求不荒一亩地，不空一陇苗。1944年太行区与蝗灾斗争，边区主席、司令员、专员、军队、士绅，甚至素来信神的巫婆都来参加，集合25万人的力量，共刨出虫卵、幼虫和捕飞蛾1835万斤，把蝗虫灭了[①]。为了支持和帮助群众发展生产，边区政府在财政极端困难的情况下，仍尽最大努力从财力物力上进行支援。据统计，1943—1944年全边区共发出赈济粮1908石，糠9639石，麦麸2000斤；共贷粮11833石，糠640万斤，麦种200万斤；共发放贷款27618866元[②]。

边区政府继1943年提出"每亩地增产三升细粮"的号召之后，又提出了"深耕细作""耕三锄三"等口号，作为1944年农业生产的努力方向。太行区更提出了"耕三余一"的增产目标。在这个总的方针下，政府自春至冬不断进行生产组织工作。组织劳动互助的巨大作用，在"生产自救"运动中已经充分地表现出来。1944年及其以后，边区各地更进一步加强了这一工作。1944年太行区武乡、偏城等24个县的统计，长期的与临时的互助组、队有23266个，参加人数达到全部人口的20%。冀南区80%以上的青壮年参加了互助组，用人拉犁耕种，解决了畜力严重缺乏的困难。

由于军政民共同努力奋斗，边区农业生产条件得到大大改善。1944年中，太行区6个分区（共8个分区）共计扩大耕地面积340084亩，如果把党政机关和部队开的荒地加在一起，约相当于6个分区原

[①] 《太行解放区》，《解放日报》，1946年2月15日。
[②] 《晋冀豫与冀鲁豫救灾概况》，《解放日报》，1945年6月19日。

有耕地面积的 13%。水利条件也得到改善。冀南区在反动派统治时，是个十年九淹的地方，战前冀南群众曾流行这样一首民歌①。

  大水浪滔天，
  十年倒有九年淹。
  卖掉儿郎换把米，
  卖掉妮子好上捐。
  饿死黄牛打死狗，
  背着包袱走天边。

根据地建立以后，冀南人民在当地党委和政府的领导下，不管敌人的破坏如何猖獗，坚持连年堵筑河堤决口，培修残缺堤岸，疏浚新旧河道和开渠，1940—1943 年挖掘的土方，达 505.3 万立方米，用工 2591720 个。这些工程，有效地预防了敌人企图水淹冀南可能带来的灾害，还使鸡泽、永年、南和、任县、衡水、武邑、清河、曲周等 10 多个县，增加了水田 3 万顷②。所有这些，都为培养民力、坚持持久抗战打下了坚实的基础。

第二项措施是减少公粮征收任务，直接减少取之于民的部分，调减民力。

鉴于边区农村经济枯竭，人民负担能力减弱，边区政府在 1943 年决定减轻人民的公粮负担、劳动负担，后来灾害严重，又对受灾地区进一步减免了公粮。据报载，太行区 1943 年的公粮，年初任务数就比上年度减少 16%，后不少地方又遭水灾。边府除了动员全区力量进行恢复生产以外，又决定太行区公粮总数再减去 3500 石，总计 1943 年比 1942 年减少将近 1/5③。另据 1945 年 3 月 8 日戎伍胜在晋冀鲁豫边区第一届参议会太行区会上的报告，太行区在 1943—1944 年中，政府因灾减免的公粮共有 14.05 万石，由边区公粮拨出赈济低贷者，有 2.1 万石。冀南区 1942 年的负担，比 1941 年减少 2/3，太岳区 1943 年比

---

① 《129 师与晋冀鲁豫边区（三续）》，《解放日报》，1944 年 8 月 17 日。
② 齐武编著：《一个革命根据地的成长》，人民出版社出版，第 169 页。
③ 新华社电讯报道，《解放日报》，1943 年 10 月 24 日第一版。

1942年减征公粮4万多石，减少1/3①，战争勤务的动员，同样也减轻了许多。为了照顾与爱护劳力，发展生产，太行区还规定，春耕、秋收季节停止支差。1944年为了平衡支差负担，全边区有将近1000万个支差工，改征了统一累进税款。1944年，边区政府根据中共中央北方局《关于1944年的方针的指示》精神，修改了根据地的负担政策，规定"存粮存款不负担""雇工工资一半不负担""羊群不负担""负担照抗战后平年产量计算，多收产量归人民自得"等办法，以促进大生产运动的开展；并扶持贫苦农民生产，奖励劳动模范和适当鼓励富农经济的发展。太岳区第二专署为发展生产、减轻人民负担，宣布十不负担：（1）由于勤劳耕作，多锄多上粪，以致产量超过应产量，超过的部分不出负担。（2）开渠、打井、造水车，使旱地变成水田，增产粮食不加负担，5年内按旱地负担。（3）雇长工种地，在雇主收入内给扣除免征点，并扣除一半工资，如果雇主是贫苦的鳏寡孤独缺乏劳动力，则扣除全部工资。（4）新种棉田，一年不出负担；如果土地合适种棉，种地也下了功夫，经过村公所登记，每亩收入净花不到15斤，不如种别的庄稼利大的，政府就按平常年景种谷的产量给予补足。（5）养羊不负担。（6）蚕丝桑皮不负担。（7）纺织（纺棉、纺毛、织布、织绸等）、造纸、熬盐运输不负担。（8）合作性的手工业（如油房、粉房、磨房、醋房、染坊、芋坊、皮坊等），经政府登记认可的不负担。不是合作性的作坊按一户一人以纯收入计算负担，但不超过其收入的25％。（9）煤窑、冶铁不负担。（10）果木园按收成减少2/10的负担②。这些规定，不仅对发展农业有利，对家庭副业和手工业的恢复也是很有利的。

第三项措施是军民同甘共苦，生产自给，节省民力。

在中国共产党哺育下成长的八路军和党政工作干部，一直是与人民同甘共苦的。他们的供给标准和生活水平一向较低。1939年，部队的生活就相当艰苦，吃糠、菜，缺油无盐的情形很普遍。政府机关也很俭朴，当一个县长，在山西第五专署是40元（约合小米905斤），

---

① 《129师与晋冀鲁豫边区（三续）》，《解放日报》，1944年8月17日。
② 《新华日报》（太岳版），1944年5月7日。

第三专署为20元（约合小米459斤），冀西只有5元（约合小米112斤）[①]。在敌祸天灾双管齐下的严重情况下，他们进一步发扬中国共产党和中国工农红军的优良传统，更加自觉地与老百姓同呼吸、共患难。他们节衣缩食，把生活水平压到最低限度；实行精兵简政，减少开支；积极进行以农业、手工业及运输业为主的生产活动，解决自己的部分物质需要，以减轻人民负担。

从1942年初到1943年，边区实行了三次精兵简政（冀南区在灾荒期间更陆续实行了多次精简）。在军队方面，确定和实行新编制，核实人数，缩小上层，加强下层，减少后方人员，充实战斗部队。在政府和党群机关方面，严格注意裁汰骈枝机关，减少脱离生产的人员，并规定政府和党群机关脱离生产的工作人员，不得超过全区人民的1%。人员的缩减，仅太行区就达6万人，1942年中冀南区减少的军政人员达总数的1/2。以政府系统论，三次简政共减少人员51%。越是上层简得越多，边区政府由原来的548人的编制，减到只余100人[②]。机构的紧缩和人员的减少，一方面提高了工作效率；另一方面（这是最主要的）使边区的财政支出大为降低，人民的负担大为减轻，社会的积蓄大为增加。1941年，边区每百人养活脱离生产人员4—5个，1942年精兵简政减到4个，1943年为3个，1944年为2.5个，1945年为2个[③]。

在精兵简政的同时，部队和机关团体，从总司令部到连队，从边区政府到县、区政府，都投入了大生产运动。开荒、种地以及各种手工业生产，占去了部队中每个成员的战斗和学习以外的全部时间。而且正如在火线上一样，在生产方面，战士们也是奋不顾身的，克服了无数困难，付出了大量的血汗。这一运动，收到了非常圆满的效果。1944年，太行部队生产和节约两项合计，共折合粮食10万石以上（每石140斤）；太岳部队开荒产粮25409石，菜403万斤。1945年，虽然因为反攻而战斗增多，仍然开荒30945亩，产粮15472石。从

---

① 克寒：《坚持华北抗战枢纽的晋冀豫抗日根据地》，《群众》第3卷第2期。
② 齐武编著：《一个革命根据地的成长》，人民出版社出版，第98页。
③ 《晋冀鲁豫的财政经济工作》，第57页。

1943年起，边区的许多部队，已经做到全年蔬菜和3个月粮食的自给，食用油盐、肉类，日常的办公、杂支等费用，大部分由生产所得来解决。连常年衣不解带日夜处于战斗状态的冀南部队，1944年也平均每人种小麦2亩。冀鲁豫的部队，也完成了自己供给2个月的粮食任务①。

在救灾度荒当中，部队机关普遍节衣缩食，救济灾难，帮助群众恢复生产。1942年各部队机关团体纷纷响应"一把米"的号召，每日每人节省小米一两捐助灾民。1943年春，彭德怀亲令各部队厉行食粮节约急救各地灾民，1943年夏季以来总部作战科、机要科同志，都自动以夜餐费捐助灾民，并号召华北全体机要作战技术部门都以夜餐费助赈②。朱总司令和刘伯承师长，捐助了所有的津贴和稿费，自己和大家一样吃树叶、野菜。边区政府主席也和老百姓一样吃杂菜，共甘苦。灾荒严重时，部队和政府人员都降低了吃粮标准，战士每日吃的粮食减到1斤，地方人员降到了13两（16两老秤）。为了把口腹的所需腾挪出来，部队机关大批采食野菜和树叶，野菜吃到100多种，仅太行部队1943年秋季采食的野菜，就在100万斤以上。太岳部队从1943年后半年到1944年春季，用野菜、树叶作为食品，节约下来的救灾小米，就有106797斤。当时，太行的部队每日平均作战15次，太岳部队要作战7—8次，在如此频繁的战斗情况下，生活这样苦，部队从上到下要忍受多么大的牺牲和痛苦！虽然如此，谁也没有别的说法，只有战胜敌人克服灾荒一个念头。

一方面付出生命、鲜血，保卫着生产和人民的安全；另一方面用忘我劳动，开辟着新的财源，减轻人民对战争的财政负担。边区部队就是这样进一步加强了和人民的团结，共同度过了最艰苦、最困难的岁月，因而被边区人民亲切地呼为"子弟兵"。

（三）农村经济的恢复和人民负担的减轻

上述措施实施以后，残破的农村经济逐渐得到恢复。生产条件有所改善，耕地面积逐步扩大，边区政府提出每亩地增产3升粮食的要

---

① 齐武编著：《一个革命根据地的成长》，人民出版社出版，第188页。
② 黄醒：《晋冀鲁豫的生产建设》，《群众》第9卷第3、4期。

求,许多村庄和农户也做到了。1944年全边区大丰收。据榆社县有关调查材料比较,1942年一般村每亩地产粮约0.79石谷,1944年全县平均亩产达到1.11石谷,增产40.5%。家庭副业和手工业也得到恢复,太行区经过政府的提倡和帮助,据1944年统计,全区有纺织妇女22.7万人,造纸业有429个池子。

随着生产的恢复,人民的收入也相应增加,生活得到改善。据太行一分区(包括晋东和冀西)和(顺)东、昔(阳)东、平(定)东、内丘、临城、赞皇、井陉等7个县7个典型村4415户的调查:1942年总收入折米38832.82石,每人平均收入2.21石;1943年为47325.33石,每人平均2.9石;1944年为56344.28石,每人平均3.37石(每石约合110斤)。1944年同1941年比较,每人平均收入增加52.5%[1]。从各阶层的消费情况,也可以判明这种变化。据太行区14个县15个典型村的统计,1944年中,农村各阶层每人平均消耗的棉花与棉布是:地主花1.19斤,布24.7尺;富农花1.39斤,布40.6尺;中农花1.16斤,布42.5尺;贫农花1.02斤,布39尺。这个统计缺少历年的比较,不过它至少指明了这样一个事实:绝大多数的劳动农民,已经能够有余钱来解决衣着问题了。

农民的生产和收入有增加,负担则大大下降。据戎伍胜在晋冀鲁豫边区第一届参议会太行区会上的报告,1942年度,每人平均总收入1.71石,每人平均负担2.9斗,占其平均总收入的16.96%;1943年度,每人土地2.81亩,每人平均总收入1.5石,每人平均负担1.63斗,负担占其总收入的10.5%;1944年度,每人平均土地29亩,每人平均收入细粮2石,每人平均负担2.57斗,负担占收入的12.75%(以上均为大石,每石约合270斤)。1944年同1942年比较,每人平均收入增长16.9%,每人平均负担降低38%。

由于农村经济得到恢复,人民负担减轻,农民生活有所改善,财政经济困难的状况也逐渐改变。1943年是边区最困难艰苦的一年,但这一年的日子反而过得不错,既保障了最低需要的供给,又发展了经

---

[1] 晋冀鲁豫边区政府调查研究室编印:《太行区1944年国民经济调查初步研究》,韬奋书店发行。

济；后来，经过救灾生产运动，人民时光好转，征收就更好办了。1943年后，凡是生产好的县、区、村庄、民户，不只按期缴齐公粮，还有额外献粮献款的。有的群众缴粮后，还剩下三升五升，说"今年收成好，算啦，多缴几颗吧"，就倒在仓库里了。由此可见，只要老百姓富了，财源就会兴旺起来的。

四、税收制度建设

（一）统一累进税的推行

边区政府在总结三年来执行合理负担经验的基础上，于1943年4月25日正式公布《统一累进税暂行税则》。这个税则的基本精神与内容，同晋察冀边区的办法和原来的合理负担办法是大体一致的。但是有些政策规定则跳出了晋察冀边区办法的圈子，具有因地制宜的特色。

第一，关于各阶层负担能力的估计与政策控制。

晋冀鲁豫边区各阶层的财富，一般比晋察冀边区低一些，特别是贫农、中农比较低。据边区政府典型调查，1942年每人平均收谷：贫农一般不到1石（约合125斤），最高的3石（约合375斤）；中农为3—6石（约合375—750斤）；富农为6—10石（约合750—1250斤）；经营地主为10—25石（约合1250—3125斤）；地主在25石以上（约合3125斤以上）。边区政府根据各阶层不同的负担能力（预计到农村经济恢复以后各阶层负担能力的变化）与保证抗战财粮供给的需要，确定各阶层的负担比例（负担占总收入的比例）为：地主48%—60%，富农28%，中农13%，贫农3%—5%（贫农负担率3%，系负担占整个阶层总收入的比例，5%是贫农中负担户占其总收入的比例）。这个负担比例是解决当时战争需要与人民负担能力之间存在的矛盾的具体政策杠子，也是制定统一累进税则的基本出发点。

这个负担比例杠子，同原来执行合理负担时的规定比较，又进一步具体化了。原来规定，最高负担比例可以超过30%，但没有明确最高限度，因而在执行中出现了地主负担过重的偏向，影响统一战线的开展。这次把负担比例控制在60%以内，并以此来设计税率，既有利于纠正某些偏向,又比较切合实际。

第二,关于负担面的控制。

晋冀鲁豫边区统一累进税施行细则第52条规定:统一累进税之负担面,系以县为单位,负担人口应以80%为标准,但个别县区可以超过80%,或者降到70%。如超过90%,或降至70%以下,由专署核准报边区政府备案;村之负担面可超过90%,亦可降至70%以下。这是一个重要的改进。晋察冀边区1941年推行统一累进税时,对负担面的规定不具体,结果为争取全边区纳税人口达到全人口的80%,不得不采用以行政村为单位升降免征点的办法——由争取每个行政村纳税人口占全村人口80%而达到全边区纳税人口占总人口的80%,造成村与村负担的不合理。晋冀鲁豫边区吸取了这一经验教训,避免了走弯路。

第三,关于征免范围的确定。

晋冀鲁豫边区的统一累进税办法同晋察冀边区的办法比较,征税范围较窄,免税面较宽。在资产方面,只就耕地一项征税,其他各种资产一律免税。原来存粮存款一直是征资产税的,这次也免除了。在收入方面,征免范围同晋察冀边区的办法差不多,不同的是家庭副业及畜养(包括羊群)的收入不征税。

为什么对耕地要征资产税?这是从以下几点考虑的:(1)边区处于农村环境,小农经济比重很大,如只征土地的收入税,不征土地的资产税,要减少财政收入10%左右。这对于克服财政经济困难、支持长期抗战有影响。(2)各阶层占有土地的好坏不同,按土地的肥沃程度征收土地税,能刺激生产。对地主来说,又征土地税又减租,使土地负担比工商业重,可刺激地主投资工商业。这对根据地的经济发展有利。(3)征收土地的资产税,不是缩小土地所有者的资产,而是减少其剩余或积蓄。减租运动开展后,有些地区的土地仍相当集中。通过土地税的征收,有利于逐渐减轻封建剥削,提高人民抗战情绪与生产积极性。

为什么对存粮存款不再征资产税呢?因为存粮存款存货,在税源上比重很小,实行合理负担几年来的经验证明,调查困难,很容易发生偏向。在战争环境里，粮货不易保存，币价不稳，民户不愿存款，如果对存粮存款征税，可能导致一些人挥霍浪费。相反，对存粮存款不征税，不仅在执行上可以避免一些不必要的纠纷，而且可奖励积蓄，准备反攻力量，在政治上经济上均有很大的意义。

第四，关于土地和各种收入的计算折合与扣除。

晋冀鲁豫边区的统一累进税，也是以"富力"为计算单位，以"分数"为计算征收单位的。土地与各种收入折合富力的办法不同，农业收入与工商业收入折合富力和扣除消耗的办法也不同。

（1）土地以每产60斗谷（约合750斤）计一富力。这个土地产量，系指战后平常年景（即八成年景）评定的应产量。

（2）农业收入以亩收入10斗谷（约合125斤）计一富力，但以收入性质不同，又依下列规定分别折合，扣除消耗：自营地先按土地总亩数，每亩扣除1斗谷，再从总产量中扣除1/10的消耗后计算；佃耕地除先以总亩数，每亩扣除1斗谷，再按总产量扣除1/10的消耗外，并须扣除其应交之地租后计算；出租地不扣除消耗，按其实得之地租计算。上述农业收入，系指战后平常年景评定之应产量，凡因勤劳耕作，致土地生产量增加而超过应产量或战前水平者，超过部分免税（即不按实产量评定征税）。上述"扣除消耗"系指经营土地之农具、肥料、种子及部分之劳力消耗。其扣除办法，系依据不同之土地、经营投资之大小和生产量之多少而定。

（3）农业以外的各种收入，均按纯收入计算。工业性质之纯收入，按当地时价折谷，每15斗谷（约合187.5斤）折一富力。商业及其他纯收入，按当地实价折谷，每10斗谷（约合125斤）折一富力，其收入为实物者，实物以市价折谷计算。

上述折合富力与扣除消耗的规定，有三个明显的特点：一是土地和农业收入，均按照平常年景的应产量评定和计算富力，有利于鼓励农民发展生产，增加产量，迅速恢复残破的农村经济；二是土地以每产60斗谷折一富力，对中小地主的土地税负担有减轻，有利于团结各阶层一致抗战，稳定农村的社会局面；三是工业收入在折合上、消耗扣除上均有较多的照顾，使工业的负担占纯收入的比例控制在25%以内，有利于奖励和促进工业的大发展，促进农村经济的恢复。

在资产和收入的计算方面，同晋察冀边区1941年的办法比较，也有四点不同：（1）计算方法不同。晋察冀边区对土地征税，是资产税与收入税合并计算的，先按土地好坏折成标准亩，然后按不同情况再折合成富力；晋冀鲁豫边区的办法，是土地的资产税与收入税分别计算，不通过标准亩折算，直接按产量折成富力。（2）计算的标准不同。晋察冀边区的办法是按当年实产量评议计算，晋冀鲁豫边区的计算标准是评定平常年景的应产量。（3）扣除消耗不同。晋察冀边区的办法一律不扣除消耗，晋冀鲁豫边区的办法是自耕地、佃耕地均扣除1/10的消耗。（4）工商业收入的计算标准不同。晋察冀边区的办法是按实际的产品、产量和价格折算成"元"，然后折合成富力；晋冀鲁豫边区的办法是按纯收入折合成富力。这些不同之点，说明晋冀鲁豫边区在制定税则时，是从本地区的实际情况出发的。

第五，关于税率与累进率的设计。

晋冀鲁豫边区累进税率的设计，是按照边区的财政需要与人民的负担能力，即各阶层负担比例的控制数，结合征免范围、富力的计算、免征点扣除等各方面的因素，综合确定的。当时估算，每人平均土地和各种收入的总富力是：最高户为64.5富力，地主一般为31.5富力，富农一般为13富力，中农一般为5.3富力，贫农一般为1.1富力。据此，边区政府具体划分了税等，确定了税率的高低以及各税等的具体累进率。农业与工商业的税率，是分别规定的。农业部分是把土地和农业收入折合富力，合并累进征税。农业税共分7等，税率起码数为3厘，最高税率为2分5厘。工业税等，共分为4等，税率起码数为2厘，最高税率为2分8厘。

第六，关于免税点的规定。

晋冀鲁豫边区颁布的税则规定，免税点为1.2富力至1.5富力（晋察冀边区办法规定为1.5富力），由专署按照人民实际生活情况，以县为单位统一规定。其扣除之办法：一户一口者，扣1.3免税点；一户二口者，扣2.2免税点；一户三口者，扣3.1免税点；一户四口及以上者，每口扣除1个免税点。鳏寡孤独或贫民、抗属确无劳动力者，扣 1.5 免税点。每人平均富力不足 1 个免税点，概行免税；超过一个免征点者，只就超过部分征税。这样，既照顾了人口少的负担（多扣免税点），又不使人口多的太吃亏，二者兼顾，比较合理。

(二) 统一累进税则的修订

边区颁布的统一累进税，执行两年，效果很好。它既保证了财政收入任务的完成，又配合减租减息交租交息政策，削弱了封建地主经济，促进了土地的进一步分散，调动了广大农民的抗日积极性。特别是存粮存款不征税，家庭副业和羊群不征税，按平常年景评定产量征收，开荒地定期免税，工业收入从轻征税等政策规定的执行，有力地调动了农民的生产积极性，促进了农村经济的恢复、人民积蓄的增加与生活的改善。因此，从 1944 年以后，边区的生产面貌大为改观，财政困难也大大减少。征收的粮食，除了满足军需以外，还可以拿出一部分作"资本"，到敌占区去做生意，换取边区缺乏的物资。

1945 年，根据统一累进税执行的经验和战争环境的变化，边区政府对原来的统一累进税暂行税则又作了若干修订，并于 1945 年 7 月颁布了修订后的统一累进税暂行税则。其重要修订之处，共有四点：

第一，土地不再征收资产税。原来规定，各种资产只就耕地一项征资产税。由于减租减息深入贯彻后，土地进一步分散，中农贫农成为土地的主要占有者，继续将土地分别计算资产税和收入税，已失去实际意义，而且分别计算，手续也麻烦，所以修订税则规定：各种资产（土地资产包括在内）均一律不征税。

第二，减少了税等，提高了起码税率和最高税率。这主要是从财政需要方面考虑的。1943—1944 年，由于农村经济下降，边区政府曾大幅度减免了公粮征收任务，部队的供给压到了最低标准。战胜灾荒以后，农村经济有所恢复，农民生活有所改善。为了恢复部队原来的供给标准，边区政府在 1945 年适当调增了公粮征收任务，并相应提高了税率。同时，随着减租减息的深入，农村中农比重越来越大，公粮负担主要靠中农来承担，这也需要相应调整原来的税等和累进率。

第三，适当降低了免税点。1943 年规定免税点为 1.2—1.5 富力。修订后规定为 1—1.5 富力，由各专署按照当地人民实际生活情况，以县为单位统一规定。其扣除办法是：(1) 一户一口者，扣二个免税点；一户二口者，扣二个半免税点；一户三口及以上者，每口扣除一个免税点。(2) 每人平均不足一个免税点者，概行免税；超过一个免税点者，只就超过部分累进征税。(3) 为优待抗战军人及政民工作人员家属，凡抗战在伍军人及脱离生产之政民工作人员、教职员（小学教员在内）、杂务人员、医务人员，均在其家庭内扣除一个免税点。(4) 凡参加军队之在伍军人，因家无劳力耕作不得不雇用长工者，满9个月时在其家庭内扣除一个免税点，4个月以上者扣除半个免税点。(5) 雇工在外佣工4个月以下者扣一个免征点，7个月以下者扣半个免征点。

第四，为奖励种棉种蓝（蓝靛），其土地收入均按土地应产量计算，如植棉因天灾每亩收不到15斤棉花，不出负担（估计收不到15斤棉花的地，不提倡种棉）。

经过1945年的修订，晋冀鲁豫边区的统一累进税则进一步完善了，手续也较之前简化了一点。但是，这个办法还是复杂，不易执行。还有一个大缺点，即每分征收的税额，不能统一固定。

(三) 游击区接敌区的财粮累进负担办法

1942年9月21日边区政府公布的《游击区接敌区财粮累进负担暂行办法》，是适应游击区接敌区环境特点制定的。在本节里已经谈到，边区从1940年开始，基本区逐渐缩小，游击区不断增大。游击区的环境很艰苦，干部力量也很弱，特别在冀南，村村处于资敌状况，环境更为恶劣。因此，在游击区接敌区组织财粮征收，既要负担合理，又要手续简化。这就是边区制定游击区财粮累进负担办法的基本出发点。

这个办法只就收入征税，各种资产一律不征税。收入的计算，以土地产粮为基准。民户每人平均全年收入不达2石（13.5斤为1斗）谷者免征，超过者按超过部分多寡，划为7等计分征收。

第一等，超过免征点5斗以下者，每斗以3毫计算；

第二等，超过免征点1石以下者，每斗以5毫计算；

第三等，超过免征点2石以下者，每斗以8毫计算；

第四等，超过免征点4石以下者，每斗以1厘2毫计算；

第五等，超过免征点8石以下者，每斗以1厘8毫计算；

第六等，超过免征点15石以下者，每斗以2厘6毫计算；

第七等，超过免征点30石以下者，每斗以3厘6毫计算。

35石以上不再累进，每斗一律按3厘6毫计算。

土地收入中，自耕、佃耕均系毛收入性质，一律按实收数八折计算（等于扣除1/5消耗）；佃耕者扣除实缴地租，然后计分征收。

工商业、副业、利息、房租、其他临时收入，凡非粮食类者，均按实价折合，同样按7等计分征收。工商业收入均按扣除消耗后的纯利计算。

各户应征的分数也是民主评定的。评定以后，按照上级分配的粮款任务，按分数分摊到户，同时起征。

（四）统一新解放区负担办法

1945年上半年，对日转入全面反攻，边区的面积不断扩大，原来的游击区已部分收复，部分敌占区被八路军攻克后变成了新解放区。为了使这些地区的人民对边区的负担政策有正确的了解，弥补过去游击区负担办法花样过多的缺陷，边区政府颁布了统一的《新解放区暂行统累税简易办法》。

这个简易办法，同1945年修订的统一累进税暂行税则的基本精神是一致的。但对各阶层的负担比例控制，除贫农中农与老区的负担比例相当以外，富农地主的负担比例有所提高。办法规定：一般富农的负担比例应在25%以上，地主在40%以上，独立之工商业应不超过25%，比较规模大的工矿业，1945年秋暂不负担，另订专门负担办法后施行。此外，还规定城市中之自由职业者、出卖劳力为生的工人、各种苦力等，均不负担。

简易办法也是将农业税和工商业税分别计算征收的。

农业税以标准亩为征收之计算单位，根据土地平年产量将土地分为3等，其折合办法：下地2亩折标准亩1亩，中地1亩折标准地1亩，标准地2亩折上地1亩，以每户每人平均标准地之多寡，计算"分数"。

标准亩的折合，中等地每亩每年平均产量不得低于1石6斗，不得高于 2 石（以谷计算，16 两秤，13.5 斤为 1 斗）。农业税，凡在家内计算人口者，每人均扣除 1 亩标准地的免税点以后再计算分数；不足 1 亩标准地的概行免税；超过 1 亩标准地者，只就超过部分计算征税。税率如表 2 - 14 所示。

表 2 - 14

税等	扣除免税点后每人平均标准亩	每一分地应计分数
1	0—2 亩	1 厘
2	2.1—5 亩	1 厘 2 毫
3	5.1—10 亩	1 厘 8 毫
4	10.1—15 亩	2 厘 5 毫
5	15 亩以上	3 厘 5 毫
6	20 亩以上	3 厘 5 毫

工商业税按资本之多少征税。工商业户的资本不足 1 万元冀钞者，概行免税；超过 1 万元者，只就超过部分征税。

工商业税共分 6 等，各等计算的标准如表 2 - 15 所示。

表 2 - 15

税等	扣除资本 1 万元后的资本（冀钞）	每 100 元应计分数
1	0—5 万元	2 毫
2	5.01 万—10 万元	5 毫
3	10.01 万—15 万元	1 厘 2 毫
4	15.01 万—20 万元	2 厘 5 毫
5	20.01 万—30 万元	4 厘
6	30 万元以上	4 厘

农村中半农半商之农户，其商业部分合并于农业中征收。农户之商业部分只就其纯利征税。其征收办法是，先将该村标准亩相当之产量（谷石）按当时市价折款，然后把商业纯利折算成标准亩，据以计算其负担。

五、边区人民的对敌负担与边区军民的反抢粮斗争

（一）边区人民对敌的劳役负担

自 1939 年 9 月侵华日军头目多田提出所谓的"囚笼政策"，1941

年7月冈村宁次提出所谓的"治安强化运动"以后,敌人变本加厉地对边区人民进行残酷的屠杀与强盗式的经济掠夺。劳役征发是边区人民,特别是游击区敌占区人民感觉最痛苦的一种负担。

冈村宁次的参谋长安蓬二十三在幻想交通战取胜时,曾夸耀华北有11100余公里之封锁沟,有如万里长城的6倍,或地球外周的1/4那样长(是按长宽各一米折算的——编者注)。这种得意忘形的夸耀,虽然没有任何价值,但是,封锁沟是掠夺华北人民的血汗挖筑的,从这方面看,安蓬的话倒是如实地记录了自己欠下的一笔血泪账。

以冀南为例算一算这笔账。

截至1943年,冀南区共有敌碉堡据点1103个,按密度说,平均15平方公里左右即有一个。以一个据点占地15亩计,共占地16545亩。敌人修筑的公路及封锁沟墙,共13170里,平均宽3丈,每里占地9亩,共占地118530亩。连上述据点占地总计为135075亩。以2亩地养活1个人计算,单是这一项,便剥削了67537人的衣食权利。从劳动力方面看,按平常劳动力平均50个工可修公路1里;路沟墙平均阔3尺,深1丈5尺,每日每人可挖5立方米,那么,每里即需1620个工;每个碉堡按30个左右的人力1个月修成计,约需1000个工。把三方面综合计算,据当时的估计,冀南人民,单是为敌人修路、挖沟、修据点,即需出工763.6万个工[①]。

经常性的劳动力榨取,其规模也是骇人听闻的。掠夺方式,一种是上述修路、挖沟、筑碉堡等军事工程的强制劳役,再就是据点附近的村庄负担的日常劳役。有些地区,敌人公然规定,不论有事无事,据点附近的村庄每月都要派出一定数目的民夫、牲口,到据点"支差"。对于民力的浪费,这是一个不少于前述大规模劳役的消耗。比如太行邢台土岑据点,"经常要5匹牲口支差(5个人,3天一换),专往城里运给养、买东西。另外,每天还要80个民夫担水、打柴,25个民夫劈柴烧火"[②]。

劳役负担消耗农村生产时间的严重程度,从下述几个村的统计中

---

① 齐武编著:《一个革命根据地的成长》,人民出版社出版,第63—64页。
② 1946年华北新华书店版《控诉敌寇暴行》,第45页。

可以窥见一斑。根据当时中共冀南区党委所提供的材料，冀南钜鹿大韩寨共500户，1943年3月出夫1389个，每户平均2.7个；冀县北冯村全村190户，同年7月出夫766个，每户平均出夫4个；新河西千庄160户，同年6月出夫756个，每户平均出夫4.7个；钜鹿大吕寨情况最为严重，全村300户，同年5月共出夫15383个，每户平均出夫51个。如将上述代表几种情况的4村合计，共1150户，一个月出夫18294个，每户每月平均出夫6个，也就是一个主要劳力平均1/5的时间要为敌人做苦工。当时冀南全区人口为5478599，资敌人口近500万，按同一比例计算，每年应为3.6亿个工。太行区邢台大板沟，1940年2月至1941年11月（390天），共被敌征服劳役12237个工。崔家庄等共35户116人，同时期内共出6238个工。沙河西赵村130户523人，1942年3月12日至7月13日，共出2230个工。纸坊210户980人，同时期内出16740个工。这四个村每天都有1/8的人口给敌人做苦工，如果18岁以上50岁以下的人口（敌人规定的支差年龄）占全人口的3/10，那么，每个在这个年龄内的男人，平均每个月就有15天为敌人付出了无代价的劳役[①]。

有一些劳役，实际上就是变相的虐杀。

1941年冬季，冀南敌人强征滏阳河两岸的老百姓挖河，因怕工作不力，就命令人们脱掉棉衣，赤膊干活，并且每天把最后到来的那个民夫当众处死，以警告大家不得迟到。

1942年5月，敌人进"剿"沙河。从邢台、永年、沙河三县强征壮丁1.3万余人"随军服役"，"先后40多天，打死累死饿死及被乱杀死的共1200余人"[②]。

1942年，太行二分区昔（阳）西敌人修城时，征发了全区8—60岁的全部男丁，每天每人给米6两，不许回家，不少人因困饿而倒毙，尸体被埋到城壕里边。

敌人掠夺以至毁灭边区人力，削弱农村劳力的另一毒辣手段，是胁迫青壮年参加伪军。这种情况，以豫北、冀南为最严重。冀南全区

---

① 1946年华北新华书店版《控诉敌寇暴行》，第44—45页。
② 1946年华北新华书店版《控诉敌寇暴行》，第45页。

伪军最多时数近4万人。据1946年土地改革中统计，永智（原清平县）全县人口17万，伪军家属就有4万人。豫北无全面统计，但从局部地区的调查中，可以看出伪军及土匪武装所吸收的劳动人口，如果不超过至少也不少于冀南。根据中共太行区党委1946年的调查，沁阳西向村，参加伪军及土匪武装的占全村人口的7.4%；修武五个区的统计，占全部人口的10%，占全部青壮年的70%—80%[①]。

因敌人扩大伪军及土匪武装而给予人民的损害，不能仅以被征去的壮丁数目来表示。因为这种做法，既使生产劳动力转变成以破坏为职业的力量，又实现了敌人"用中国人打中国人"的阴谋，给日本侵略者增加了羽翼和爪牙。

（二）敌伪的粮食掠夺与军政民一元化的反抢粮斗争

粮食掠夺是敌人财物掠夺的最主要目标。敌人的"三光"政策，使农村经济破产，壮丁逃亡，耕地减少，田园荒芜，粮食的出产远远供应不了华北百万以上敌伪军和伪政权人员的需要；同时，敌人要断绝八路军军民生路，也是以抢毁边区粮食为作战主要目的。因此，敌人集中了最大的力量，并不惜支付最大代价来掠夺粮食。1942年，敌人打算在华北抢粮2000万石。当年夏季，太行区驻敌在太谷、榆次、祁县、沁县、武乡、襄垣、潞城等县，均提出了抢粮目标：多则3万石，少则7000—8000石，秋季更增至每县8万—9万石。1942年敌第四、五两次"治安强化运动"的重点，就是掠夺粮食。1943年3月，山西敌伪拟在4、5、6月，抢粮58万石。10月，伪山西省省政府又专门开会讨论冬抢计划，并订出严格的惩赏办法，规定一定要各伪县知县负责，如数抢到规定数量的粮食，如有只交纳原指定数20%者，处死刑，交50%者，处无期徒刑，交70%者撤职，交90%者记大过一次，伪县、区、村长，都得"按照执行"。抢粮期间，敌伪一律停止办公，全力抢粮。1944年敌人抢粮计划比上年增加一倍以上，2月就开始调查各地产麦数量，建立抢掠组织，在太岳区每个县的"抢粮队"，配有日军一个小队和伪军两个中队。

---

① 齐武编著：《一个革命根据地的成长》，人民出版社出版，第70页。

敌人抢粮，有武装抢劫、强制征收、威胁勒索和低价强迫收买等各种方式。麦收或秋收前，敌人就在边区周围构筑临时据点，向边区腹地推进堡垒战，为抢粮作准备。到麦收、秋收时，"抢粮队""强力收集队"便蜂拥进村，集中力量抢粮。打人、杀人、灌凉水、洋狗咬、扣村长、威胁妇女小孩、扭箱撒柜、刨墙挖洞，各种暴力用尽。不仅如此，敌伪还规定多交的村子减粮，不交或少交的村子增粮，贫穷户出不起粮的，以红契作抵押，让有粮户代交，采取利诱欺骗手段，来达到掠夺粮食的目的。

为了打击敌伪的粮食掠夺，边区进行了军政民一元化的反抢粮斗争，帮助人民采取武装的以及各式各样的方法打击敌人的抢粮计划，减轻人民对敌负担，保护人民的利益。

首先，针对敌人以暴力抢粮为主的特点，边区军民展开了以武装斗争为主，以游击战争为骨干的游击战术，打击敌人的抢粮武装和抢粮阴谋。敌人在游击区边沿区清剿蚕食时，八路军和游击队就和他们在一定地区对起阵来，阻止其前进。同时，吸引敌人的兵力，来争取敌占区群众收割、打藏及耕作的空隙。适当时期，组织得力的便衣武装，深入敌后，展开巧妙的恐怖战术，吸引敌人向后看，来争取游击区边沿区群众收割、打藏及耕作运输。在敌人集结兵力抢粮时，就根据情报，组织力量，给他一个当头一棒的出门打击。在这方面的斗争是很激烈的。太岳区在1944年麦季的反抢粮斗争，仅6月份的统计，八路军反对敌伪抢粮战斗达207次之多，生俘伪军192人，毙骡马13头，缴获337头，缴获步马枪337支、小枪24支、自动步枪18支、轻机枪32挺、掷弹筒14个①。榆社县在1943年保卫夏粮斗争时，有一次，他们面向据点，开展谣言攻势、"狗咬战术""大锅战略"，封锁消息，抗日戒严，并派武装侦察。敌区群众一方面故意暴露，一方面故意保守秘密。第二天八路军武装深入某据点附近，开展地雷战，一连4天，炸伤炸死敌伪军5个，炮台敌人只顾乱放枪，不敢出动，警备队说："地雷埋满了！"过了几天，敌抽7个据点兵力200余人，

---

① 《太岳区反抢粮斗争概况》，《解放日报》，1944年9月7日。

驻扎边沿地某村,企图抢粮,并阻止八路军运粮。为了使敌很快转回,八路军即向敌人发动了全面的出击与攻势,不但正面组织袭击,还组织敌后扰乱,乘空隙割电线,打特务,垮维持(即伪维持会),捉村长。榆城敌得讯,急打电话:"治安区秩序不稳,八路捣乱,接电快快返回。"

其次,发动群众,组织群众,保卫粮食。除组织家与家,村与村一致对敌外,还组织抗联组织、各村抗粮小组,面向要粮抢粮的据点,实行抗粮。一方面利用合法斗争形式,采取软磨的办法;另一方面利用非法斗争形式,实行硬抗。例如,由妇孺出面向催收粮食的伪组织人员诉苦,请愿或告状,偶尔也送点贿赂,不得已时,就主动给敌人稍微送点粮去;而最后一天晚上,武工队把维持村的村长统统抓走,斩断敌人的手足,或者八路军就干脆"抢走"集中待运的粮食,让它重新回到农民的暗窑里。1942年敌预定在某县征粮6万石,老百姓联合起来,坚持不给,连抢带买,却只得到2000—3000石。

最后,打击敌人低价收买粮食。边区从1943年开始,进一步加强了对敌的经济斗争,实行外贸和粮食统制的政策。在根据地,严格禁止商人吸收和收买粮食。敌之吸收机构,"以货吸粮",系由伪合作社经营,因此,边区各级政府有计划地打毁几处合作社,逮捕其人员,使其吸粮机构失效。同时,对未打或既打以后的合作社人员,进行内线工作,在政治上说服教育,并通过群众广泛的社会关系,建立各种欺骗敌人的办法,如部分的私卖必需品,对敌人说"八路军把货搞走了",掩饰合作人员。对为敌购粮的奸商,首先予以警告教育,说明"粮食卖给敌人,就是帮助敌人,饿死自己"。更重要的是调整边区购粮价格,采取外低内高办法。外低是指在游击区购粮价要低些,内高是指根据地购粮价要稍高些,以打击敌人低价购买,使敌占区、游击区粮食内流,防止根据地粮食外流。此外,还发行了以冀南钞票为边区的地方本位币,禁止伪币流入根据地,限制法币的出口。这种政策实行的结果是,打击了敌人利用法币的阴谋,缩小了伪币的市场,强化了对敌经济斗争的阵容,给了根据地经济以有力的保障。

军政民一元化的反抢粮斗争,取得了很大的胜利。1942年冬,敌人在敌占区、游击区征粮,也被边区军民破坏,群众纷纷把粮食送到根据地来。1944年敌人的抢粮阴谋破产。据太岳区灵石、赵城等县调查,敌人抢去的粮食还不到原计划的5%。敌在灵石计划抢粮28500吨,结果只抢走700余石;在赵城计划抢粮7600吨,仅抢去300余石[1]。这样,就有力地保卫了人民的财产,减轻了边区人民的对敌负担。

(三) 敌占区、游击区人民对敌的捐税负担及敌伪征收办法

日本帝国主义者强加在中国人民头上的苛捐杂税,比北洋军阀政府和国民党政府还要凶狠。田赋和附加的征收,各种名目的摊派勒索,真是达到了敲骨吸髓的地步。

在敌占区,人民的负担超过了全部收入的2—3倍,金钱没有了,还不得不以家具折价缴纳负担[2]。

在游击区也很严重。冀南区于1942年变为游击根据地,90%以上的地区直接遭受敌人的榨取,人民的负担很快就超过了生产力所允许的极限。各种花样翻新的捐税,如"户口税""牲畜税""门牌捐""居住证捐""电杆费""护路费""照相费"……名目多到不能计算,几乎衣食住行,无一无捐。

对敌伪军和伪组织的日常供应,数目也至为惊人。下面是冀南广宗县件只镇伪镇办公处1942年11月一个月的开支清单[3]。

"洗衣费:支联银券(伪钞)57.3元,又冀钞250元

买皮鞋:支联银券54元

日本兵长:支联银券60元

杂货:支冀钞18064.7元

菜:支联银券260.8元,又冀钞2640.5元

梨:支冀钞1009.7元,又联银券20元

西瓜:支冀钞224.45元,又联银券60元

日本长:支联银券20元

---

[1] 《太岳区反抢粮斗争概况》,《解放日报》,1944年9月7日。
[2] 邓小平:《太行区的经济建设》,《解放日报》,1943年7月22日。
[3] 齐武编著:《一个革命根据地的成长》,人民出版社出版,第72—73页。

部队长：支联银券40元

买生熟肉：支冀钞2457.8元

花姑娘：吃肉1斤，糖1斤

日本狗：吃肉45斤，花生3斤半

请王太太（伪军队长老婆）：饼3斤，肥皂5块，肉3斤"

总计全月，共开支"冀钞57060元""伪钞4321.65元"。另外，附近各村被迫送交伪办公处的东西还有"纸烟3000盒，酒300斤，点心1322斤，鸡29只，鸡蛋1347个，西瓜268斤，梨101斤，菜6216斤，豆腐715斤"。

这类供应，敌人称之为"征发"。它的项目，可以多至无限。因为就敌伪人员来说，对于这些只有牛马资格的中国人民，是无所用其爱惜的。他们可以予取予求，不论什么，只要伸手去拿就是了。

冀南一分区广（平）大（名）公路沿线，1942年4—8月，每亩的负担即达冀钞百元（当时小米2元一斤）；二分区南宫1942年全年每亩对敌负担达250元。如以当时粮价折合，则农民一年中栉风沐雨辛勤劳动的收获，尚不敷资敌。邢（台）济（南）路北的威县董家村，1942年中，对敌负担111250元，全村一年收成全部抵上，还差44213斤谷子无着落。威县王家陵村是一个富裕的村庄，1942年全年被敌榨取的款项，共计219800元（当时该地小米5角钱一斤），致全村180户中有20户经常断炊，35户日仅一餐。六分区枣（强）南、故城、垂杨、冀县、清河、武城六县，1942年对敌负担在3亿元左右，与根据地时期相比（每年负担300万元）增加了约100倍。全分区平均每人要对敌负担328元。据一般估计，冀南全区对敌负担的地区约有耕地3000万亩，每亩以百元计（这是最低的估计），则敌人每年由冀南搜刮去的款项约达20亿元，按前述小米最高价折合，约为10亿斤。

敌伪的田赋及附加征收，沿袭了旧中国统治阶级的征税办法。这里，简单讲一讲山西的情况。

1938年夏季，伪山西省公署成立以前，早期沦陷地区的傀儡政权，即以各种摊派方式征收赋税。伪省公署成立以后，着手在抗战以前的税制基础之上，以恢复的名义，开征赋税。但敌人侵占的主要是铁路、公路沿线，除侵占极少数平川地区外，其他都是敌我交错状态。伪政权在农村征收田赋有很大的局限性，而且由于战争影响，田赋册籍大多散失不全，征收田赋缺乏依据。在这种情况下，伪政权一面采取包干摊派的办法，一面积极筹划整顿田赋。1940年伪省公署颁布了《损失征册县份，筹措1940年下忙田赋临时办法》，规定凡土地册籍散失损破，调查有困难的地区，可以筹借田赋。其筹借办法是：伪县知事向镇村长分配任务，镇村长向业主分配任务，正税与附加同时分配，一并征收。当然这只能是一种临时办法，伪省公署固然不考虑负担公平问题，但为了保证赋税收入，也不得不采取更多的措施。因此，又于1940年7月制定了田赋《整理方案》及《各县征收田赋考核暂行办法》《田赋滞纳处分暂行规则》。根据该方案，伪政权整理田赋采取治标、治本两种办法。治标办法为：有粮簿的县依据粮簿征收，粮簿遗失的县，寻找以前的都甲里书及粮头人等，按其保管的钱粮底册计算土地面积及税额总数，进行征收；如果找不见都甲里书粮头人等，根据村里按粮起款的账簿计算地亩粮额，督促征收。对于伪政权不能充分统治的地区，由近及远边整理边征收；整理一村，征收一村，整理一都，征收一都。治本办法为：制定粮银调查表进行普查，以村镇为单位制成征收总簿实行村粮制，村长负责征收，并从征收费（每两粮银一角）中抽出三成作为村长、村副奖金。同时加强县、市官吏征收赋税的责任，严定赏罚，对于欠纳田赋者，加征罚金可达15%（抗战前最高10%），并可逮捕拘留。

根据日本特务机关及伪山西省公署的文件资料，伪政府征收田赋的税率，起初与抗战前出入不大。地丁正银一两征收正税2元，省附加2角，县附加2角，征收费1角；米、豆，甲等每石米征收正税4元，黑豆征2元4角，附加征收费2角，乙等每石米征收正税3元，黑豆1元8角，附加征收费1角5分；租课每两征收正税1元。1942年提高税率，地丁、省附加由每两2角提为每两2元，后又下令省附加并入正税，即地丁银一两征收正税4元，另外每两征收临时治安费1元。这样省款收入即为每两5元，比调查前的2.2元增加2.8元，即增加1.27倍。1943年取消了临时治安费，另行开征临时建设补助费4元，这样省款收入即为每两8元，又比1942年增加60%，比1941年以前增加2.64倍。不过，由于共产党领导下的军民积极抗日，敌伪政权动荡不安，而且伪政权机关充满了旧社会的渣滓，贪污中饱，层层截留，所以伪政权征收的田赋并不能全部入库。例如1941年只入库田赋概算数的73%，1942年1—6月只入库概算数的72%。

伪国民政府规定从1944年下忙起田赋改征实物，事实上山西省敌占区从1942年起即逐渐推行"收集食粮及轻工业原料"政策。其主要内容是从上到下逐级分配任务限期完成：对于敌人统治地区，由伪政权下达命令配以警察武装力量，强迫农民运到指定地点；对于游击区，则出动军警直接掠夺。除掠夺粮食、棉花等农产品以外，还掠夺木材、皮毛等林畜产品。1943年以后日本侵略者日暮途穷，后勤补给日益困难，强调所谓"现地自活体制"，一切取于占领地区，因而掠夺政策变本加厉，成为日伪政权的中心任务。这种竭泽而渔的办法，对人民往往搜刮一空，还要追逼不已。其野蛮的行径，彻底暴露了日伪及汉奸的狰狞面目，使边区、敌占区、游击区广大人民越来越陷入水深火热之中。

六、边区的战勤、代耕制度与农民的劳力负担

（一）军事支差制度

晋冀鲁豫边区的军事支差分两种：一为战时支差，二为平时支差。战时支差又称民夫参战，支差的项目包括：战时运输军需品及胜利品，战时抬运伤病员及平时转运伤病员，战时带路送信，破坏敌人交通及封锁线、军用工事，为八路军修筑军用工事或交通。平时支差即军事机关的支差，包括帮助军事机关转移，平时为军事机关运送军需品或公用物品等项。

边区政府规定，凡年在16岁以上、50岁以下之男子，及一对牙以上之驴、骡、马、牛、骆驼，除特殊情况外，均需服军事差役。1945年规定，对公营或私营工厂、商店、作坊之工人、商人，可以派征差款，免服力差。差款按工商业税累进办法征收。

对支差的人畜，政府酌量发给一定的粮食或草料补助。1941年规定：战时支差，凡跟随部队行动者，一天以内自带给养，由县政府从地方粮内统筹开支，第四天起伙食由部队供给；平时支差，由用差机关部队按人畜往返里程计日发给食宿草料，每日每人小米1斤6两或杂粮2斤，又菜金2角。驴每日每头干草8斤、料1斤，牛每日每头干草10斤，料1斤，骡马每日每头干草10斤、料1.5斤，骆驼每日每头干草12斤，料2斤。1945年规定，战时支差按人畜往返里程计日发钱（按一般供给标准和单价计算），平时支差改为雇脚办法，脚价由双方商定。

军事支差一律由地方政府动员，军队凭批准之用差证向县政府直接要差。为了照顾群众生产，边区政府明确规定，农忙时原则上停止支差。

（二）义运军粮制度

1942年2月15日，边区政府颁布了《义运军粮办法》及《义运军粮办法实施细则》。办法规定，凡年满18岁以上、50岁以下之男子及能运输之畜力，除按规定免勤务者外，均需义运军粮。

义运之标准，按重量和里程计算。在规定范围内之男子，每人每年须义运军粮100斤，义运里程为60里。符合规定之牲畜，牛驴每头每年须服150斤之义运勤务，骡马每头每年须服200斤之义运勤务，义运里程均为60里。

每年1月至3月半及夏收后1个月与11月至12月底，为义运时间。农忙时期，一律停止义运。

义运军粮人力畜力之组织，以自然村为单位，编列成队，指定或推选正副队长各一人。队长负责管理民夫及与粮站站长、村长接头。各队民夫牲口，由队长率领到起运地装粮后，持发单义运赴收粮地交粮后，取得收据，由队长持归起运粮站核对；如有错误，由队长负责追究。

（三）代耕制度

边区政府成立前，各地对无劳动力之抗属、工属，均建立了代耕制度。代耕的具体做法，各地不尽相同。冀南区的规定是：

1. 凡全家有地15亩（标准地）以下之贫苦抗属工属，且无15岁以上、55岁以下之壮年男子者，经区公所批准，享有被代耕之权利。全家10亩地以下者，全部代耕；10—15亩者，代耕一半。如地质过坏，全年收入不能抵偿代耕劳动力之消耗者，不予代耕。

2. 代耕由村长、自卫队长负责督导，也可以组织代耕委员会。代耕委员会为义务职务，不得向被代耕户要求任何待遇。

3. 全村被代耕土地，由自卫队各班轮流代耕。全村之牲口，斟酌本主使用之余暇，供代耕时轮流借用。借用牲口时，由被代耕户供给草一部，骡、马、牛每头每日供给草8斤，驴6斤。借用半日者，减半供给。数家合用一日或半日者，数家公平摊凑，如当时实在无草者，待秋收后补偿。

4. 村长、自卫队长应经常征询被代耕户意见，检查代耕情况，对工作积极之代耕员予以表扬，对工作消极者予以批评。凡对人力、畜力分配使用不公，或未经区批准而徇情舞弊乱用人力、畜力者，村长、自卫队长应受批评或行政处分。

（四）边区农民的劳力负担

边区政府正式成立前，农民的劳力负担是比较重的。原因之一是战争需要。例如，1940年秋百团大战中，仅太行区就有3.1万余人参战；破坏武（安）涉（县）大路，就动用了31.8万个民工[①]。原因之二是动用民力没有控制，许多地方除了军勤动员外，随意派差、拉人服务，特别是轮流在村公所听差的太多。据和顺横岭一村统计，1940—1941年，农民每人每月平均服役达8天[②]。

1941年开展精兵简政运动后，边区政府对动用民力进行了严格的控制，采取的措施有：（1）制定了统一的军事支差条令。明确规定，除参战外，凡党政军民机关团体及公营企业、合作社采购处等（军队经营在内），一律不得用差。（2）规定民力负担，每人每月不得超过3天。（3）整顿村公所轮流派人听差的做法，严厉禁止无事听差、拉人服务。（4）减少开会，在巩固地区取消站岗放哨，以节省民力。

---

① 齐武编著：《一个革命根据地的成长》，人民出版社1957年出版，第51页。
② 李一清：《太行太岳区简政工作的初步总结报告》，1942年9月。

(5) 规定民兵不得超过当地居民5%,民兵服务时间,每月不得超过2天,农暇时每月不得超过4天;民兵训练时间全年不得超过1个月。
(6) 加强军粮运输的调配和组织工作。

经过严格的整顿和控制,从1942年开始,农民的劳力、畜力负担大大减轻。据统计,太行区由边区政府拨出之牲口,1941年3—9月为66933头,平均每月为8366头,1942年同期由边区政府拨出之牲口为1293头,平均每月为206头,减少了8/10[①]。林北县11个村统计,1944年12月,每男子平均支差的工数,一般为3—4个,每女子平均支差的工数(按每双鞋折4个工计算),一般为4—5个,每头牲口平均支差的工数,一般为3—5个,均比精兵简政前减轻很多[②]。

人力、畜力负担的减轻,有效地支持了农业生产的发展,支持了持久的战争。

第五节 晋绥边区的农民负担

一、新政权建立前的供给来源

(一) 晋绥边区抗日根据地的开创

卢沟桥事变后,沿平绥线西进的日本侵略军,凭借其军事上的优势,狼奔豕突,在不到3个月的时间里,就连陷南口、归绥(今呼和浩特)、大同,突破了长城线。在友军南撤、危急万分的情况下,由贺龙、关向应率领的八路军120师,遵照毛泽东关于开赴管涔山脉,展开于大同、太原的翼侧,向绥远、大同发展的指示,于1937年9月下旬进入晋西北地区。

八路军120师赶到晋西北后,先在神池、宁武、朔县一带阻击敌

---
① 李一清:《太行太岳区简政工作的初步总结报告》,1942年9月。
② 《林北县政府抗勤工作总结》,1944年。

人，接着派出雁北支队，挺进雁门关以北地区，收复了平鲁、右玉，摧毁了伪政权，开展了雁北地区的游击战争。与此同时，八路军又组织若干挺进支队和工作团，分赴岢岚、五寨、岚县等10余个县，协同当地共产党组织发动群众，开展游击战争，改造或建立政权，建立群众组织和自卫队。到年底，部队发展壮大，根据地基本形成。

1938年2月，蒋介石计划反攻太原、石家庄。反攻部队分成东西两路，朱德、彭德怀负责指挥东路军（包括八路军和国民党中央军及川军各一部），西路军由阎锡山、卫立煌指挥。

为了配合这次反攻，在晋西北的八路军120师，于2月中出击同蒲铁路北段。在10余天的战斗中，先后克复了平社、高村、原平等车站，破坏铁路120华里，毁铁路桥梁多座。担任切断正太路、阻敌增援任务的129师，则进击阳平关，攻入井陉。

国民党的西路军于2月末不战而弃守临汾，纷纷渡河西去。跟踪而进的日军，直追风陵渡，与潼关隔河对峙。蒋介石的反攻成了一幕滑稽剧。

此时，驻大同的敌军26师团1万余人，接连攻陷了宁武、神池、五寨、岢岚、偏关、河曲、保德等7座城市，占领了黄河的重要军渡，有渡河西侵的危险。正在同蒲沿线袭击敌人的120师，迅速挥师西向，阻敌渡河。120师先以强攻收复岢岚、五寨，然后以两旅的兵力，在五寨县的虎北村给敌军主力以打击。继即尾追敌人直抵大同、朔县附近，乘胜收复了为敌攻占的7座县城，使河防转危为安。

五六月间，国民党35军反攻绥远，120师派兵配合作战。后35军败退。当时敌人大肆吹牛说，"中国军队不能再到绥远"，"谁到绥远就消灭谁"，而八路军120师就在8月间派遣了李（井泉）支队配合动员委员会深入大青山地区，发动了绥中、绥西、绥南以及察哈尔的游击战争，开辟了大青山抗日根据地。

1938年秋，敌回师华北"扫荡"，120师奉朱、彭总、副司令命令，主力东进，协同吕正操领导之三纵队，保卫冀中大平原。留在晋西北的358旅、警六团、雁北支队，虽屡为晋绥军以饥饿相逼，仍坚持保卫了晋西北根据地。

(二) 根据地初创阶段的供给来源

从 1937 年 9 月八路军 120 师进入以吕梁山为中心的晋西北,到 1939 年晋西事变平复,是晋绥边区根据地的初创阶段。在这个阶段里,新政权尚未建立,八路军和新军的财粮供给,主要靠统一战线组织——"动委会"设法解决。

"动委会"全称为"第二战区战地总动员委员会",成立于 1937 年 9 月 20 日,系由共产党,八路军及晋、绥、察三省政府,各军队,各群众团体的代表组成。"动委会"的主要任务是动员群众出粮、出钱、参军,支援抗日战争。这种统一战线的组织,1938 年在晋西北的 29 个县已普遍成立。

动委会筹集粮款的方式,主要是推动山西省政府经过各县发出布告,废除苛捐杂税,借用阎锡山提出的"有钱出钱、有力出力"的口号,实行合理负担。在大青山根据地,动委会首先发动群众,抵抗土匪与汉奸伪政权的敲诈勒索,然后按地亩累进征收与集中救国公粮。

为了稳定物价,保证供给,沟通城乡物资,调动各方面抗日救亡的积极性,中共晋西北党委决定,由动委会刘少白出面,于 1937 年 12 月创办了一个由共产党直接领导的银行——兴县农民银行,先后印刷了三批纸币。第一批 2 万元,第二批 5 万元,第三批 10 万元。这些钞票,大部分作了八路军的军需支出。当时,只要有 120 师副师长萧克的批条,每次可提款 2000—3000 元,最多的一次提款 1 万元[①]。

此外,还有群众自动的捐助。这种捐助,无论是汉族聚集的地方还是蒙古族聚居的地方,都是经常的。有些敌伪统治区的群众,给八路军援助物资,遭到敌人的严刑拷打,他们毫不屈服,顽强地坚持斗争。

上述几种筹粮筹款方式,筹得的粮款是有限的,而且是不稳定的。因此,在根据地初创阶段,部队的物质生活很艰苦,每人每天的菜金

---

① 《兴县革命史》,山西人民出版社 1985 年出版,第 62—63 页。

只发 3 分钱。特别感到困难的是粮食，部队经常处在行军作战的环境，吃不上饭，吃黑豆也有限度，有几个月只能每天每人吃 4 两粮（16 两秤），伤病员不过 7 两。由于没有一定的营养，害夜盲眼及肠胃病者数目很大。那时，有钱都不易买到粮食，阎锡山要"饿死八路军，困死八路军"，禁止群众卖粮给八路军，谁卖谁受处罚。为了求生存，部队在经济上不得不与反动派作激烈的斗争。当时的条件，搞农工业生产很困难，只有从经营贸易得到一些盈利，通过商人换一点粮食，以勉强地活下去。供应的极度困难，特别是粮食供应不足，对战争的影响很大，有一段时间曾出现过违犯群众纪律及大批减员的现象。但是，具有革命光荣传统的八路军 120 师，并没有被困难吓倒，他们在最低生活都难以维持的条件下，仍然坚持战斗在吕梁山上。

二、四大动员与第二次征粮

（一）四大动员

晋西事变平复后，国民党反共的嚣张气焰被打下去，抗日民族统一战线得到巩固，晋西北的革命形势出现了新的局面。

1940 年初，八路军 120 师和山西新军、各地的战地动员委员会及牺牲救国同盟会等群众团体，共同商量，决定建立新的政权。2 月 1 日，召开了第一次行政会议，正式成立晋西北行政公署，并制定和颁布了晋西北六大施政纲领。与此同时，八路军和山西新军还共同组成晋西北军区，统一领导和指挥全区的部队作战。

新政权一成立，最急迫的任务就是解决部队的供给问题。前两年，日军的进攻，阎锡山的经济压迫，弄得部队的最低生活需要都维持不了，这种状况必须立即改变。同时，120 师主力返回晋西北后，部队人马增多，军队达到 64000 人，加上党政机关人员，达到 83500 人，还有 5000 匹马[①]。没有相当数量的粮草供应，仗就没法打，根据地也有丧失的危险。

当时经济十分困难。晋西北本来就比较贫穷，七七事变、太原失

---

① 晋绥财政处：《晋绥过去九年财政工作概要检查报告（草稿）》，1949 年 5 月。

守后,许多中小城市相继沦陷,交通闭塞,加上阎锡山长期的剥削压榨和滥发纸票,农业商业萎缩,金融混乱,群众的负担能力锐减。晋西事变时,由于叛军的故意破坏,经济损失奇重,仅赵承绶搜刮民财带走的法币即达 500 万元(约合小米 7 万余大石)[①]。晋西北原为产粮区,1939 年大旱,沿黄河一带基本无收,灾民甚多,粮食很紧张。食粮匮乏,影响所及,商业停滞,通货膨胀更加严重。当时晋西北的通货多到十七八种,膨胀到 3500 余万元,以全晋西北 300 余万人计,平均每人将近 12 元之多[②]。

财政工作亦毫无基础。原来,粮款主要是利用旧政权筹集的。晋西事变后,旧的机关被破坏(有逃的、叛变的),新的机关尚未成立,出现了财政经济工作停滞和无人管理的现象。正因为这样,个别的甚至部分的"浑水摸鱼""各自为政"的现象丛生,有人则以观望的态度静待。

在这种新旧交替、困难重重的形势下,为了保证战争的迫切需要,行署于 1940 年 2 月发动了全区的四大动员,即献金、献粮、献鞋和扩兵。同时,行署予 2 月 19 日公布了《献金办法》,于 2 月 26 日公布了《征收抗日公粮条例》。

献金,包括现金、现银、银币、金币、法币、省钞等数种,由各级政府及群众团体、士绅代表组成的献金运动委员会负责办理。动员的对象主要是地主、富农、士绅及工商界人士。动员的方式主要是政治号召,没有规定具体的标准或政策。

献粮的办法:以现存粮为对象,按户计算,每人平均扣除口粮 1 石,余粮 1 石以下者征 10%,2 石以下者征 15%,依次每增 1 石,增加 5%,直到 9 石征 50%。如每户每人平均余粮超过 9 石者,超过部分全部充作抗日公粮。

献金、献粮运动开始,由于政策规定不具体,各地急于把粮款抓到手,加之有些干部作风生硬,工作方式简单,曾较普遍地出现了强迫命令等过"左"的偏向。有些地区机械地按上级分配的任务数强行

[①] 汤平:《晋西北财政经济建设报告提纲》,1940 年 10 月。
[②] 同①。

指派；有些地区专揪大头，把负担任务统统放在地主富农身上；有些地方为了把地主的存粮及金银财宝全部"献"上来，采取了刨窖、吊打、处罚等方式。地主老财则到处喊叫，不安于生产，有的逃跑，有的恐惧自杀。据统计，当时全边区因四项动员不当逃到敌占区和阎锡山统治区的富户有 900 户，岚、临两县自杀的有 21 人①。

6 月间，边区召开党的地区书记会议，专门纠正四项动员中的过左偏向，指出对地主、富农打击过猛，不利于抗日民族统一战线的巩固，不利于持久抗日，要求各地切实端正政策。之后，各地退还了没收的财产（包括负担超过存粮 50% 的部分），地主才逐渐稳定下来。

四献运动从 2 月开始，原计划搞两个月。执行结果，除献粮外，其余三项动员均提前超额完成了任务。其中，献金，分配任务数为 68433 元，完成 1810625 元（银洋、当时银元与西农币比值为 1:4——编者注）；献鞋，分配任务数为 87000 双，完成 118441 双；征兵，分配任务数为 6280 名，完成 15885 名；献粮，分配任务数为 107100 石，完成 89917 石，占计划数的 89.9%②。

由于献粮没有完成计划，不够部队吃（党政机关人员 19500 人当时买粮吃，不吃公粮），边区政府于 6 月、8 月和 10 月，又在兴县、临县、临南、岢岚、岚县、神府等 6 个县进行了三次代购和一次预借，共购到粮食 9432 石，后又从晋中平川地区调粮 8000 石。这样，虽然凑凑合合地维持了军队人吃马喂的最低需要，但接二连三向人民要粮，人民感到没有底，又产生了厌烦情绪和顾虑。

经过四大动员后，边区初步摆脱了粮食的困境，当年冬季军政人员的服装以及经费供给问题也解决了，并且建立了银行，设立了两个商店，为后来的财政工作打下了基础。"虽然在动员中产生了强迫命令等过"左"的偏向，使人民受了些不应有的损失，但是实践证明，这一运动的发起还是非常必要的。不这样做就不能解决问题（自然在执行中

---

① 晋绥行署：《晋绥边区历年公粮工作总结》，1948 年 3 月。
② 《晋西政权史》，1941 年 12 月。其中献粮完成数按《晋绥边区历年公粮工作总结》中的数字计列。

的偏向还是不应该的),而且其他任何办法都是来不及采用的。"①

(二)第二次征粮

1940年7月7日,中共中央下达了《关于目前形势与党的政策的决定》。根据这个文件的精神和6月间地区书记会议上关于端正政策的要求,边区政府总结了前一段负担政策的执行情况。为了克服随征随要的缺点,消除群众的顾虑,边区政府公布了一年征收一次的《抗日救国公粮条例(草案)》。

条例规定:以全家全年全部收入折米计算(经营农业的各项农业收入均折合成小米,工人以及其他职业为生者的非谷物收入按各地小米市价折合成小米计算),每人平均5斗以下者免征,满5斗者征1%,满6斗者征2%,一直到1石,每增1斗,增比例率1%;1石以上到1石5斗以下者征8%,直到5石,每增加5斗,增比例率2%;5石以上6石以下者,征24%,直到10石,每增加1石5斗,增比例率2%;10石以上征30%,不再累进。

1940年10月,边区开始第二次征粮。这次征粮,各地没有再按上级分配的任务指标指派,而是按照《条例》规定的税率征收。执行结果,据8个县9个村的调查,负担面达到75%,较第一次献粮的负担面扩大了。负担占总收入的比例,平均为9.5%,地主为22%,富农为12%,中农为8%,贫农为1%,各阶层的负担都比较轻。但是,由于制定条例时缺乏调查研究,设计的税率与安排的征收任务脱节,结果收上来的粮食仅够需要量的一半,问题很大。于是,边区政府又提出以政治动员补救比例征收不足的方针。

用政治动员补救的方法,后来虽然如数把粮食拿上来了,但由于缺乏具体的政策标准,许多地方又重复出现了上半年的错误。有的地方为了完成任务,乱摊乱派;有的地方把未完成任务的部分,全部加在地主富农身上,再次过猛地打击了地主富农。

问题出现后,边区政府立即进行了纠正,决定对地主富农的负担,凡是超过总收入50%以上者,超过部分给予减免。据兴县、临县、河

---

① 陈希云:《晋绥财经工作报告》,1947年。

曲3个县统计，当时按规定减免地主富农的公粮共有4998石①。

这次征粮，到1941年春基本结束。征粮的县24个（其中完整县5个），共完成212757石，基本上满足了1941年粮食年度军粮的需要。

三、负担政策的调整与粮赋制度的改进

四大战役②胜利结束后，边区于1941年3月召开第一次高干会议，于8月召开第二次高干会议，于9月召开第三次行政会议，反复研究了经济建设和财政建设问题。根据这三次会议确定的原则，边区政府在1941年和1942年，对财政、公粮、税收、金融等项工作，从政策上进行了调整，从制度上作了改进。

（一）负担政策的调整

1940年，边区人民的负担是比较重的。据典型调查，单是公粮负担一项，第一次献粮占收入的比例为17.52%，第二次征粮占收入的比例为22.24%。如果加上田赋、营业税和村款摊派等（献金除外），人民总负担占国民经济收入的比例可能接近30%。

负担重的原因有二。一是在敌人连续不断的烧杀、抢掠、破坏下，群众情绪低落，经济萎缩。到1940年，全区农业劳动力比战前减少1/3，牛减少6/10，骡驴减少8/10—9/10，羊减少6/10，猪减少8/10以上；耕地面积仅相当于战前的84%，山地粮食产量降低1/3以上；棉花总产量只有战前的3%，民间纺织业完全停顿，洋布占入口货总值的60%③。二是对赋税限度控制不严。1940年财政比较混乱，收支无计划，有些地方层层加码，随意摊派，对财政需要考虑较多，对人民的生产、生活和负担能力考虑较少。

为了减轻人民的负担，恢复和发展农业生产，积蓄民力，支持持久的抗战，边区政府根据兼顾生产、军需和民生的原则，调整了财政政策和负担政策。

---

① 晋绥行署：《晋绥边区历年公粮工作总结》，1948年3月。
② 即1940年春、夏、冬三次反"扫荡"战和百团大战。
③ 林枫：《坚持敌后抗战的晋西北根据地》，《解放日报》，1943年7月8日。

第一，实行财政统筹统支。确定公粮、田赋、营业税、契税，没收汉奸财产，公营事业盈余等为政府收入，由政府统收；军队及各级政府所需的粮食和经费，由财政统一供给。对村款开支，也实行统一计划。财政收支，坚持量入为出，适当地量出为入。经费的不足，主要靠各单位自力更生解决（开展节约和生产自给运动），尽量少发钞票。

第二，规定了赋税的限度。根据晋西北当时的经济状况和军政人员的需要，确定公粮的总征收量不得超过总产量的20%。负担的安排，贯彻"有钱出钱、收入多的多出、收入少的少出"的原则，兼顾各阶层人民的利益。规定公粮负担的比例，以户为单位，最高不得超过其总收入的30%，负担面不得少于80%。

第三，减轻敌占区人民的负担。过去开展敌占区工作的目的，偏重于动员物资，结果严重地脱离群众。1942年中共晋西区党委明确规定，在敌占区不得任意动用物资，在游击区、近敌区征收公粮，负担要比内地减轻。对敌占区要坚决执行隐蔽政策，帮助群众解决困难，帮助群众对付敌人。

第四，控制脱离生产的人员。晋西北根据地号称300万人口，实际上1941年八路军控制地区（包括根据地和游击区）只有157万人，而当时脱离生产的军政人员有6.8万余人（预算数为83700人），占根据地总人口的4.85%[①]。这是造成人民负担重的重要因素。为了减轻人民的负担，1942年边区政府规定，扩兵人数与居民的比例为1%，不得增加；并且规定了军政费用的开支比例为7∶3，即军费占全部支出的7/10，政费占全部支出的3/10。

上述政策的施行，有效地促进了经济的恢复与发展，克服了财粮供给的困难。1941年大部冬衣都自力更生得到解决；1942年虽是敌我斗争最残酷的一年，食粮仍基本上满足了晋西北人民与军队的需要。与此同时，银行透支也相应减少。

（二）公粮征收制度的改进

1941年10月，边区开始第三次征粮。开征之前，边区政府公布

---

① 中共晋西区党委：《经济建设材料汇集——财政》，1941年12月。

了修订后的《征收抗日救国公粮条例》。修订后的条例规定：全家人口每人全年收入折合小米计算，未满4斗者（26斤斗）免征；每人全年收入平均满4斗者征1%；4斗以上到6.75斗者，每增加0.25斗，增征比例率0.5%；6.75斗以上到9.25斗者，每增加0.25斗，增征比例率0.8%；9.25斗以上到1.3石者，每增1斗，增征比例率1%；1.3石以上，每增加1斗，增征比例率0.5%；2石以上征30%，不再累进。

与此同时，边区政府还公布了《公草征收保管支付办法》，规定每石公粮附征150斤公草，其中谷草占80%，杂草占20%（公粮收款之地区不征公草）。

这次征粮，完成207604石小米，比1940年的第二次征粮数减少2.5%。由于起征点降低，负担面扩大到90%。各阶层的负担，据9个县10个行政村、28个自然村统计，负担占收入的比例：地主27.5%，富农27.6%，中农22%，贫农13.8%，雇农8%，平均21%。这样，地主、富农的负担是减轻了，中农、贫农的负担却加重了。

中贫农负担加重的原因：（1）对各阶层的收入情况仍然缺乏调查研究。当时，估计中贫农的每人收入多在1石以下，1石以上大半是地主富农。实际情况则正相反，中农的收入水平一般都在9斗和1.3石之间。因此，在这个级距内规定过快的累进率，没有累到地主富农，恰恰累到了中农和部分贫农。（2）1940年两次征粮中出现了"左"的偏向，有意对地主富农放松一些，让中农多分担一部分。同时由于中农经济在生产恢复过程中逐渐上升，怕税率规定低了，完不成任务。

为了照顾贫苦农民的负担困难，边区政府又发出补充指示，规定一般工人雇工在征收公粮时，全部收入折半计算，本人还在家庭计算人口。贫苦农民在征收公粮时，将租牛的牛租、借入的种子、夏收以前借入的口粮等三项，在全部收入中减除。肩挑小贩，凡资本额在500元以下者，以其全年盈余数的一半计算征收。这些补充规定下达后，贫苦农民的负担多数减免了一半。

1942年9月，边区政府颁布了1942年度《修正征收救国公粮条例》，并随即进行了第四次征粮。这次征粮，边区政府总结了前两年的经验教训，对条例作了较多的修改。

第一，为了配合减租减息政策，限制封建剥削，在征收公粮计算收入时，对剥削收入和劳动收入规定了不同的折合率：(1) 自种地产粮按六成五折米；(2) 租出地收租与移出地收益，均按七成五折米，佃户偿还的借粮借种，扣除不算收入，收租或分益在一石以下者同自种；(3) 租入地与夥入地产粮，除交租（地租、牛租、房租）外，均按五成五折米。

第二，为了避免产杂粮过多的地区负担太重，在收入折合率的规定上作了照顾。规定小麦占全户总产量1/5以上者，小麦部分先以一倍半折成粗粮，再按上述办法折米征收；黑豆、黄豆、荞麦、大麦、高粱合计占全户总产量1/3以上者，先以八成折成粗粮，再依上述办法折米征收。

第三，适当扩大了征收范围，具体规定了非农业收益的折算比例。(1) 工资及薪俸以四成五折算；(2) 除纺织业不计收入外，其他工矿事业之纯收益以八成折算；(3) 经营商业（公私合办的也在内）之纯收益，以九成五折算，肩挑小贩资本额（本币）在3000元以下者，其纯收益以四成五折算；(4) 出贷现金、现粮所得之利息，按半数折算；(5) 经行署审定备案之公营商业（指部队旅级分区以上，行政专署以上之商业），不征公粮，其他部队机关之商业与一般商业均征公粮；(6) 公营之煤窑、粉坊、酒坊、油坊、铁匠炉均征公粮，计算收入与民商相同。

第四，规定副业不超过正产1/10，或副业（纺织业不在此限）不超过正业2/10以上者，不征收公粮，超过者只征收其超过之部分，以促进农村副业的恢复与发展，增加农民收入。

第五，为了解决上年一些贫苦农民负担过重的问题，提高了起征点，改进了税率的规定，使之能公平合理地适应各阶层的负担能力。修订后的税率规定：每人平均收入小米未满5斗者免征，5斗为起征点，征收5%；5斗以上，每增收1斗加征1%，每增收1升加征1‰，递增至3石，征30%，3石以上不再累进。具体累进比率如表2-16所示。

表 2-16

每人平均米数	征收比率	每人平均米数	征收比率
5 斗	5%	1 石 8 斗	18%
6 斗	6%	1 石 9 斗	19%
7 斗	7%	2 石	20%
8 斗	8%	2 石 1 斗	21%
9 斗	9%	2 石 2 斗	22%
1 石	10%	2 石 3 斗	23%
1 石 1 斗	11%	2 石 4 斗	24%
1 石 2 斗	12%	2 石 5 斗	25%
1 石 3 斗	13%	2 石 6 斗	26%
1 石 4 斗	14%	2 石 7 斗	27%
1 石 5 斗	15%	2 石 8 斗	28%
1 石 6 斗	16%	2 石 9 斗	29%
1 石 7 斗	17%	3 石至 3 石以上	30%

注：（1）5 斗至 3 石之间每递增 1 升即加征比率 0.1%，如 5 斗 1 升比率为 5.1%，2 石 2 斗 5 升为 22.5%。

（2）平均收入米数以升为单位，四舍五入。

（3）应征米数以合为单位，四舍五入。

第四次征粮是在残酷的战争中进行的。当时，边区管辖的 23 个县，绝大部分变成游击区，完整县仅有 6 个。环境虽然恶劣，但征粮任务仍然胜利完成。这是党政军民共同努力奋斗的结果，也是财政上实行"恢复生产"的方针，充分发挥了政策威力的结果。

这次征粮，实际完成 161587 石小米（正税），比 1941 年实征数减少 22.2%，基本上达到边区政府提出减轻民负 1/4 的要求。其中，直属的兴县完成 20700 石，岚县完成 3652 石，神府县完成 4500 石；二分区完成 47196 石；三分区完成 58615 石；六分区完成 17768 石；八分区完成 9154 石。

各阶层的负担比例均有降低。据几个县的典型调查，1942 年负担（包括公粮和村款负担）占总收入的比例，地主为 26.9%，富农为 24.9%，中农为 18.8%，贫农为 10.9%，平均为 17.4%[1]。虽然如此，群众的负担仍然是相当重的。因为当时一般的农民全年平均收入只有 300 多斤小米，本来只能勉强维持生产和生活，交了 60 多斤公粮以后，

---

[1] 陈希云：《晋绥财经工作报告》，第 8—9 页。

只剩下 200 来斤小米，最低需要也就难以维持了。

（三）整理田赋

田赋是新政权建立后保留的一个旧税种。鉴于旧田赋征收基础不合理，1940 年 8 月行署第二次行政会议决定重新加以整理。整理的办法是：将所有土地分为水地、平地、旱地三种，以每种土地的地价分为上、中、下三级，共分三等九级。在各县旧赋额总数不变的前提下，按土地等级分别确定应征的分数，作为征收的依据。由于这种整理办法太费事，实际上未执行。这一年，各地仍按旧田赋基础征收，每 1 两银征银洋 2.5 元，与 1939 年相同，全年共计征收 39 万元（法币，折粮 5500 石小米）。

1941 年，为了减轻人民负担，边区政府豁免了上、下忙全部田赋。

1942 年继续征收田赋，并再次规定了整理田赋的办法。其主要内容是：在有粮册的地区，有粮无地者免征，有地无粮者增派；在遗失粮册的地区，调查登记地亩，按旧标准重派新粮；对旧粮制中的各种中间剥削，一概取消。整理之后，仍按旧粮银征收，每两银征银洋 1.8 元，按银行牌价折收西农钞（即西北农民银行发行的纸币）。这一年，共收田赋 406 万元（西农钞），占全部财政收入的 19.7%。

（四）整顿村摊款负担

村摊款是群众的一项沉重的负担。阎锡山、赵承绶统治的晋西北农村，群众的村摊派款负担是不断加重的。据典型调查，民户平均负担的村摊款占收入的比例，1936 年为 9.9%，1937 年为 64.6%，1938 年为 41.5%，1939 年为 30.9%[①]。

1940 年 9 月行署第二次行政会议决定对乱摊乱支的村款进行整顿。整顿的办法是：（1）所有村款开支，概由县统筹。村摊派以行政村为单位，按照人民的财产及收入计算征收，每年一次。收入缴县，支出向县领报。（2）村民的村款负担，按照资产总值及全年收入，统一折成分数，按"分"摊派。资产价值，每 50 元作 1 厘；收入价值，

---

① 中共晋西区党委：《经济建设材料汇集——税收、田赋、村摊款》，1941 年 12 月。

每50元作1分，每人平均收入在1000元以上者，每100元计80分。（3）每人负担之村款，最高不得超过其收入的35%。（4）敌占区及新政权力量薄弱地区，仍沿用旧的厘股摊派办法。

这个办法是比较合理的，由于当时村政权尚未改造，财产与收入的计算复杂，实际执行困难较多。于是，行署又作了调整，改行民主评议的办法。就是民户的村款负担，根据实有财产的多寡及人口数，本着累进的原则，由全体村民民主决定。

执行结果，各地的做法不一。1941—1942年，全边区约有四种做法：

一是等级摊派。就是将全村负担户分成20等，按等级摊派。

二是厘股摊派。做法是：以最低负担户为一分，以该户做标准，然后根据财产收入情况，分别确定各户应负担的分数，按分摊派。

三是合理负担。根据财产收入价值，按累进原则确定分数，分数多的多负担，分数少的少负担。

四是按公粮摊派。每石公粮附征的比例，由村民主确定。

各地执行的办法虽然不一致，但经过初步的整顿之后，乱摊乱支的现象基本上得以纠正，人民的村款负担有所减轻，负担也比较合理了。据边区政府典型调查，1940年每户平均负担经常款49元，占收入的2.58%，临时款310元，占收入的16.3%，合计负担359元，占收入的18.8%。1941年各阶层负担村款占收入的比例，贫农一般为10%左右，中农一般为20%左右，富农地主一般为35%左右[①]。但是，有些地方也出现中农负担过重的情况。

四、减租减息与统一救国公粮的实施

（一）减租减息政策的实施

晋绥边区大部处于黄土高原地带，是个地广人稀的地区。战前耕地面积为2314.82万余亩，战后逐年减少，到1940年新政权成立时，减为战前的84.5%。其中，山地约占90%，平地约占9%，水地仅占1%。

---

① 中共晋西北党委：《经济建设材料汇集——税收、田赋、村摊款》，1941年12月。

按人口平均，每人占有耕地10.24亩。土地数量虽多，但生产水平相当低。战前，这里基本上没有十足收成的丰收年，一般都是六七成年景。按这种普通的年成计算，每亩平均产粮（水地、山地、平地平均）8升左右，约合20.8斤小米；平均每人每年可收小米8斗左右，约合208斤小米①。同华北各抗日根据地比较，晋绥根据地是最穷的地区。

这个地区虽然贫瘠，但地权集中的程度却较高。据边区政府两次典型调查，晋西事变前，占农村户数14%左右的地主富农，占有55%—60%的土地；80%以上的贫农和中农户，只占有总土地的40%左右。按人口平均，地主每人占有的土地数，为富农的3倍多，为中农的6—7倍，为贫农的15—20倍②。

土地分配不均，一方面使占地多的地主，可以不参加任何劳动，靠出租土地、剥削他人过活；另一方面使缺乏土地的农民，特别是贫农，不得不租种土地，以维持其生活。根据河曲六家寨、何家堰两个行政村及兴县石岭子村、宁武新屯堡两个自然村的调查（1941年12月），在出租土地方面，地主户数占100%，富农占57.7%，中农占19%，贫农只占6.8%。在租入土地方面，地主没有，富农占16.6%，中农占37.4%，贫农占55%，雇农占31.8%。这就是说，地主没有租入土地，只有出租土地；富农出租土地户数多于租入土地户数3倍多；中农租入土地户数比出租土地户数多1倍；贫农出租土地户数只及租入土地户数的1/5。又根据10个行政村及2个自然村的统计，地主出租地的亩数，占其全部土地的66.1%，富农占19.9%，中农占2.3%，贫农只占1.6%；富农租入土地只占其土地总数的1.2%，中农占11.8%，贫农则占25.6%，雇农占64%，其他占25%。

至于租率，高的占产量的60%—70%，最低的占30%，一般为40%—50%。

除了地租之外，还有所谓牛租。战前晋西北的牧畜较缺，每头耕畜平均负担耕地在200亩以上，而且各阶层占有牲畜的情况很不平衡，

---

① 韦文：《晋西北的土地问题》，《解放日报》，1942年4月20日。
② 根据1944年3月晋绥边区对兴县、临县五个村的调查，1946年8月中共晋绥分局调研室编《农村土地及阶级变化材料》中的数字整理计算。

地主富农占有较多，贫农每四户才勉强有一头牲畜。因此，牲畜不足的贫苦农民，不得不用高价向地主富农租牲畜使用。这种情况，在晋西北是相当普遍的。每头牛每年的租谷从一石到数石不等，并且由于牲畜的日益缺乏，牛租不但不能像地租一样的降低，且有增高之势。这也是晋绥边区的特色之一。

晋绥边区的农民，虽然占有的土地较其他地区的农民多一些，但由于封建的剥削统治，加之土地贫瘠，生活非常之苦，一年辛苦到头所得无几。据有关材料计算，一个贫农户，每年种子、肥料、农具、耕畜的消耗约占总收获量的20%，地租约占收获量的30%—70%，再加上牛租及各种苛捐杂税，所得纯收入是极其可怜的，甚至还要赔本。熟悉晋西北的人估算，贫农每人每年消费小米为6斗（约合156斤米），就是这为数很少的6斗小米，贫农也是很难挣到手的，许多贫苦农民不得不逃到塞外。在地广人稀的地区，一方面是劳动力不足，另一方面又出现劳动力过剩向外逃亡，这就是旧中国统治下晋西北农村阶级关系对立的必然结果。

晋绥边区土地集中的趋势，在抗战前是日益发展的。战争爆发，由于兵荒马乱，富者逃之夭夭，无暇顾及集聚土地，一时土地无人过问，地价大跌，土地关系处于停滞状态。

1940年新政权成立，为了恢复社会秩序，发展农业生产，政府调剂了土地，使耕者有其田，所有耕地不荒芜；同时开始实行减租减息、交租交息的政策，减轻了农村中高额的封建剥削。1940—1942年，虽然减租运动还开展得不普遍不深入，但也得到相当成绩。实行减租的地区，租率一般降到30%以下。据1941年统计，17个县（静乐、忻州、交城、汾阳、偏关、神朔、临县、临南、离石、离东、方山、宁武、岢岚、兴县、保德、河曲、岚县）共计有20987户佃户减了租，20县（加上静宁、崞县、阳曲）共计减了17716石，平均每户减了8斗多。单是兴县、临县两县就减了1200余石，过总数2/3[①]。

1942年10月召开的晋西北临参会上，通过了《巩固和建设晋西

---

① 黄韦文：《关于根据地减租减息的一些材料》（1942年2月11日），《延安解放日报》第三版。

北施政纲领》和《减租交租条例》。施政纲领第六条规定："坚决执行中共中央的土地政策，保证地主的土地所有权、地主的债权。彻底实行减租减息，保证交租交息，政府对人民的租佃关系、债务关系，应予合理的调整。"自此，1943—1945年，边区开展了普遍的比较彻底的减租运动，进一步改变了边区农村的土地关系。

根据兴县、临县、河曲、保德、偏关、岢岚等16个县和部分区统计，在37700多佃户中，减租59960石，退租（地主强迫多收下的）27000石。清债方面，11个县不完全的统计，10892家债户，清出粮食20.5万石，银洋15万元，农币（晋西北农民银行货币）1800万元。1943—1944年两年中，总计参加减租减息运动的，全边区农民在10万户以上[①]。

减租减息运动的逐步深入，加上财政、税收、金融政策的配合，农村各阶级的经济地位发生了显著的变化。据边区政府1944年在兴县、临县5个村子调查，从1940年晋西事变平复到1944年的五年间，地主阶级几乎全数是向下的，成分下降者一半，经济状况下降者一半，只有个别地主能够维持原状；富农大部分是向下的，维持原状者1/3，向下低落者2/3；中农的1/3以上得到发展（上升的少），向下低落者少，较多部分维持原来状况；贫农大部分是发展的，1/3已经上升，1/3得到发展，1/3维持原状；雇农工人是上升的，2/3上升了，其余大部分得到发展，小部分维持原状。据边区政府1946年对9个县20个村调查，从1939年到1945年七年间的变化情况是：地主阶级全数向下低落者占9/10，维持原状和稍有发展者占1/10；中农的1/3以上得到发展（但上升的少），1/3略多维持原状，1/4略弱向下低落；贫农绝大部分向上发展，很少部分维持原状，只有个别贫农向下低落；雇农全部是向上的；工人商人十分之八九得到发展，只有十分之一二维持原状。上述20个村7年来经济上升者占58.2%，维持原状者占18.7%，二者合计占76.9%，而向下低落者只有23.1%。这说明7年来的根据地建设中，尽管有敌人的烧杀破坏，有战争给予社会经济的

---

① 穆欣：《晋绥解放区鸟瞰》，山西人民出版社1984年出版，第67页。

广泛影响,但是人民的绝大多数获得了实际利益。

(二) 统一救国公粮制度的建立

1940—1942年,晋绥边区除了征收公粮、田赋、村款粮、公草以外,还开征了营业税、出入境税、烟酒牌照税等。营业税是向工商业者征收的。当时,向工商业者除按规定征公粮外,还另按"行业"征收营业税。1940—1941年,按资本额计征的税率为0.1%,按营业额计征的税率为0.2%—0.5%。1942年边区政府取消营业税,改为征收公粮。

1942年10月边区临参会公布的施政纲领第八条规定:"实行合理的财政税收制度,统筹收支,确立一般预决算,非经参议会通过,政府不能任意增加人民负担。居民中80%以上的人民,按土地财产所得之多寡,负担抗日经费,切实整理村摊款,准备实行统一累进税。"为了贯彻这一精神,配合减租减息运动的深入开展,削弱封建势力,边区政府决定停止田赋、村款、村粮、营业税的征收,把人民负担统一到公粮里面来(还保留出入境税),并把抗日救国公粮改名为统一救国公粮。

1943年秋,边区政府制定和公布了《晋绥边区统一救国公粮征收条例》。这个条例,对1942年的征收办法作了如下几点修订或改进:

第一,增收了财产税。规定:土地林木计征财产税,存粮、存款、投资、放债、证券、畜养、矿山、住宅、铺房、用具、肥料,均不计财产税。土地财产计征时不依其财产之价值,而依其生产量计。财产以5斗米为1富力。为照顾贫苦农民,规定自种地的产量每人平均在1石米以下者,免征财产税。

第二,修订了农业收入折米的折合率。规定:租入地与夥入地产粮除交租(地租牛租)外,按粗粮四成折米计算;自种地产粮以粗粮五成折米计算;租出地收租与夥出地分益,均按粗粮六成折米计算。为了照顾贫苦农民,规定贫苦抗属、家无劳动力之贫苦孤儿寡妇之收租与分益,按自种地的折合率计算,不按出租地的折合率计算;收租与分益在1石米以下者、每人平均总收入亦在1石米以下者,也不按出租地的折合率计算,而按自种地的折合率计算。

第三,调整了非农业收益的征免范围和计算标准,非农业收益按规定折算后，再按当地市价折米征收。具体规定是：（1）工资收入以二成折算，但打短工工资、月工、季工、半工工资，及纺织、铁矿、炼铁、熬硝、挖硫黄、制火药等业工人之工资均不计入。薪俸以三折计算。小学教员之生活费免征。（2）农村之纺织、铁矿、炼铁、熬硝、挖硫黄、制火药各业不征公粮，其他矿业、工业之纯收益以七成计征。（3）摊挑小贩资本额折米在 1.5 石米以下者，以五成计算，超过 3 石米以上者同商业。资本额在 4 石米以下者不计收入；资本额在 2.01 石米以上，4 石以下者，其纯收益以五成计收入；资本额在 4.01 石以上，6 石以下者其纯收益以七成计收入；6 石米以上者，依营业税计征。（4）畜租收入在 3 石米以下者，房租铺房租收入在 1 石米以下者均免征，超过部分作为收入征收。（5）畜养免征，其他副业不超过 1 石米者免征，超过者按其超过部分七折计征。（6）不正当之收入如迷信欺骗之类，按原收入计征。（7）出贷现款、现粮之利息以五成计算。（8）农村中之合作社，经县以上政府批准，取得证明文件者免征公粮。（9）经政府发给的奖金、偿金、抚恤金、退职金均不计征公粮，但其中有非上述资本者，只征非奖金、非抚恤金等部分，其折扣亦依上述性质而定。（10）林木收入以八成计算。

第四，增加了扶持中农贫农经济发展的规定：（1）贫苦农民春耕前所借口粮及种子，为生产而借贷所付的利息、地租，计征时一律扣除。（2）全家只有一口者，以二口计，贫苦无依的老幼寄居户，作寄居户之人口计算。

第五，修订了税率。统一救国公粮的税率，同晋察冀边区、晋冀鲁豫边区实行的统一累进税率差不多，也是以"富力"作为计征的标准，以"分数"作为税率。规定收入以 1 斗米为 1 富力，财产以 5 斗米为 1 富力。全家收入富力与财产富力合计为该户之总富力，总富力以该户人口数分除，得出该户每人平均富力，作为征收比例之计算标准。每人平均富力未满 5 个者免征，5 个富力为起征点，5 个富力以上未满 6 个富力者，征收比例为 1%；5 个至 7 个富力中间，每增加 1 富力，加征 1%；7 个至 11 个富力中间，每增加 1 富力，加征 2%；11 个富力以上每增加 1 富力，即增加比例 1%，递增至 35 个富力征收

35%，35个富力以上不再累进。每户应征公粮分数，以该户总富力乘应征比例得出，每分应征粮，按全行政村或自然村应征公粮数和应征总分数平均分摊。

这个条例贯彻执行后，地主富农的负担较前两年加重，地主加得多；中贫农的负担均有所减轻，贫农减得多，基本上贯彻了"削弱封建经济、扶持生产、照顾贫苦农民利益"的政策要求。

（三）统一救国公粮制度的修订

1944年，边区政府根据形势的发展和农村阶级关系的变化，对统一救国公粮条例又进行了若干修订，并公布了修订后的条例。修订的要点是：

首先，为照顾各阶层利益，在条例第四章中增补了以下条文，即"自1943年秋以来，为扩大生产而买入之土地，其财产税暂予免征"。在条例第三章中又增补了以下一段："1943年秋以来，新买地之贫苦农民其全部自种地产粮每人平均在一石米以下者，其新买地收入，暂以四成折算。"

同时，对荒地财产税的征税范围也大大缩小。原条例规定："生荒以同等土地谷物产量的1/4至1/6计征，熟荒以一般同等土地谷物产量的1/3至1/5计征，故意荒芜的以1/2计征。但因情形特殊，而不得已荒芜者免征……"新条例修正为："无论生荒熟荒，凡地质太坏不能生产，或能生产而本户及一般民众力所不及者，或因情形特殊而不得已荒芜者，均不计财产。"

其次，为奖励农工业生产及农村副业发展，提高了免征点。如对摊挑小贩及作坊，原条例规定："摊挑小贩资本额折米1石5斗米以下者，其纯收益以四成计算，在3石米以下者，以五成计算，超过3石米以上者同商业。""作坊之纯收益，以七成计算。"新条例修正为："农村之摊挑小贩、作坊，无论单营与兼营，……其计算办法如下：(1) 其资本额在2石米以下者不计收入；(2) 2石1升至4石以下者，其纯收益以五成计收入；(3) 4石1升以上6石以下者以七成计收入；(4) 6石米以上者依营业税计征。"对农村副业，原条例规定："畜养免征，其他副业不超过1石米者免征，超过者其超过部分以七折计征。"新条例修正为："畜养、蚕蜂免征，其余副业收入全家在1石米以下者免征，超过者依下列折合征收其超过部分：1石1升至2石以下者以五折计，2石1升以上者以七折计。"此外，还把奖励劳动英雄明文列出："行政村以上之劳动英雄所种地之产量，按同等土地一般产量计算。"

1943年取消营业税改为统一征收公粮后，商人负担大大增加。如兴县一个中商1942年出公粮12石多，到1943年增加到25石多。因此，商人纷纷转业。为了刺激商业发展，1944年又改为单独征收营业税，以纯利的七成计征（营业税限于城镇工商户，农村兼营工商户仍按统一征公粮）。

最后，为了组织军火供应，打击敌人，规定凡属一切炼铁、熬硝、挖硫黄、制造火药诸企业及其工人之所得均免征公粮。

1944年修订的条例，执行了一年，到1945年10月26日，边区政府根据前两年执行的经验和问题，公布了《晋绥边区修正公粮征收条例》。这次公布的条例，又有三点大的修订：

第一，农业收入改按土地通常产量计征。1943—1944年的统一救国公粮办法，农业收入都是按照实产计征的，各户的实产是通过调查评议确定的。这种办法，在执行中有冒产、抓大头等偏向，不利于生产发展，限制了劳动积极性。因此，从1945年开始，规定农业收入以所种土地通常产量计征。通常产量依土地质量、照顾道路远近、亩数大小等条件，并参照5年来一般产量确定。通常产量确定后，依产量多少划分等级，按等计征。其因生产劳动之努力不同，实际产量超过或不足者，仍依一般标准计算。但贫苦抗属、孤寡、老弱、残疾、无劳动力或劳动力不足之贫苦农民，因生活逼迫未能按时在自己的地内耕作，致使产量特低者，酌予减等。

第二，计征资产米。资产米是对地主富有者隐蔽的资财，增征的一种财产税。1943年深入贯彻减租减息政策和实行统一累进税，农村的经济关系变化很大。有些富有之家，为了减少负担，纷纷取消或缩小生产规模，负担很轻。有些贫苦农民由于买进土地，有了收入和财产，负担相对增加，生活仍然困难。两下比较，显然不公。为了解决这个问题，边区政府确定另征资产米。资产米按照地主富有者匿积的资财，估计折米征收，通过民主评议的方式确定。征收资产米，对地主富有者"转移财产逃避负担,是一个打击,对他们发掘资财投资生产是一个刺激,对各阶层负担也有调剂作用。这种办法虽然科学合理,但执行起来很易发生毛病。由于调查困难,边区在执行中曾发生过冒犯等偏向"①。

第三,按产余粮计征。原来的征收办法,是按全户的富力总数计算,规定一个起征点,不够起征点的免征,在起征点以上的户全部富力均要按比例计征。修订后改为:全户总粮数内(小米)应扣除其全户必要消费粮。此项消费粮不论长幼每口5斗。这样,就变成了有免征额的累进税。

全户总粮数扣除必要消费外无余粮者免征。有余粮者依不同比例征收。具体税率如表2-17所示。

表2-17

余 粮	一般地区	新解放区	余 粮	一般地区	新解放区
5石米以下	15%	10%	12石5斗以上未满13石	31%	26%
5石米以上未满5石5斗	16%	11%	13石以上未满13石5斗	32%	27%
5石5斗以上未满6石	17%	12%	13石5斗以上未满14石	33%	28%
6石以上未满6石5斗	18%	13%	14石以上未满14石5斗	34%	29%
6石5斗以上未满7石	19%	14%	14石5斗以上未满15石	35%	30%
7石以上未满7石5斗	20%	15%	15石以上未满15石5斗	36%	31%
7石5斗以上未满8石	21%	16%	15石5斗以上未满16石	37%	32%
8石以上未满8石5斗	22%	17%	16石以上未满16石5斗	38%	33%
8石5斗以上未满9石	23%	18%	16石5斗以上未满17石	39%	34%
9石以上未满9石5斗	24%	19%	17石以上未满17石5斗	40%	35%
9石5斗以上未满10石	25%	20%	17石5斗以上未满18石		36%
10石以上未满10石5斗	26%	21%	18石以上未满18石5斗		37%
10石5斗以上未满11石	27%	22%	18石5斗以上未满19石		38%
11石以上未满11石5斗	28%	23%	19石以上未满19石5斗		39%
11石5斗以上未满12石	29%	24%	19石5斗米以上		40%
12石以上未满12石5斗	30%	25%			

注:每户应征公粮分数,以该户余粮乘应征比例得出之。每分应征公粮数,以全行政村或自然村应征公粮数,按该村应征总分数平均分摊之。

① 陈希云:《晋绥财经工作报告》,第6—7页。

第四,村款粮恢复单独征收。1945年11月1日起,村款粮由县单独征收,按公粮总数附征5%—10%。实际执行,一般都超过了这个标准。

(四) 1943—1945年的三次征粮

1943—1945年的三次征粮(即边区政府通常所说的第五次、第六次和第七次征粮),是在农村经济逐渐恢复和财政状况稍有改善的情况下进行的。

前面已经讲过,自从新政权成立以后,晋绥边区就把恢复农业生产放在根据地建设的首位。虽然战斗频繁,环境恶劣,这项工作也没有中断。因此,到1944年边区的农村经济恢复很快。据有关材料记录,1940年边区政府管辖的地区,共有耕地面积11742082亩,1944年耕地面积达到13387213亩,增加14%;粮食总产量,1940年估算为93.9万大石,1944年达到184万大石,增加95.9%[1]。棉花种植面积,1940年为5万亩,1944年扩展到18万亩(机关部队所种未计在内),增加2.6倍;棉花产量由1940年的25万斤增加到1944年的130万斤(可能是籽棉数——编者注),增加4.2倍。牧畜业也恢复得不错。新政权建立前,由于日本侵略者和国民党军队的枪杀,牲畜比战前减少40%以上。1941—1943年,仅兴县、临县、河曲、保德4县的牲畜头数,即比新政权建立前增加50%以上[2]。农村经济的恢复和发展,使边区的农产品到1944年达到了全部自给,粮食还有较多的剩余。

财政收支状况的改善,主要反映在两个方面:一是银行透支数减少。银行透支占预算支出的比例,1940年为30.7%,1941年为20%,1942年为5.7%,1943年没有透支,1944年为7.1%,1945年为14.7%[3]。二是部队生活水平有所提高。这可以从生活费规定中看出(见表2-18)[4]。

---

[1] 《边区政府一年工作总结》,1944年。其中1940年的粮食总产量是按耕地面积和每亩平均产八升估算的。

[2] 《晋绥边区的战斗生产与建设》,《解放日报》,1944年12月28日。

[3] 根据晋绥边区移交西北财政收支决算资料计算。

[4] 晋绥财政处:《晋绥过去九年财政工作概要检查报告》(1949年5月),载晋绥军区《供给工作报告》(1937—1944年)。

表 2-18

品　名	1940 年	1941 年	1942 年	1943 年	1944 年
粮食	1.5 斤	1.5 斤	1.5 斤	1.5 斤	1.5 斤
油	2 钱	2 钱	2 钱	3 钱	5 小两
盐	2 钱	3 钱	3 钱	3 钱	5 小两
菜	12 小两	12 小两	1 斤	1.5 斤	1.5 斤
炭	1 斤	1 斤	1 斤	1.5 斤	1.5 斤
肉	—	—	—	1 斤	2 斤
调料	—	—	—	—	农币 5 角
单衣	1 套	农币 4 元	2 套	1 套	2 套
棉衣	1 套	伪币 7 元	1 套	1 套	1 套

应当特别指出的是，边区财政状况的改善，并不是增加农民负担的结果，而是靠开源节流，增加收入、节约支出的结果。在收入方面，边区自 1943 年后工商税收和药品的收入增加很多。据统计，上述收入占财政收入的比例，1940 年为 23.2%，1941 年为 32.1%，1942 年为 26.5%，1943 年为 85.3%，1944 年为 79.7%，1945 年为 48.7%[①]。在支出方面，主要是开展了大生产运动，部队和机关自己解决了一部分经费，也就是靠"取之于己"。这个方面，成效是显著的，边区政府提出争取自给两个月的经费的要求，各单位一般都做到了，有的还超过了这个要求。据晋绥边区财政统计，1943—1945 年军队和行署自给经费的比例如表 2-19 所示[②]。

表 2-19　　　　　　　　　　　　　　　　　　　　　　　　　　单位:%

项　　目		1943 年	1944 年	1945 年
军队:	统筹占全部经费的比重	86	49	57.2
	自给占全部经费的比重	14	51	42.8
行署:	统筹占全部经费的比重	64	29	3
	自给占全部经费的比重	36	71	97

---

① 根据晋绥边区移交西北财政收支决算资料计算。
② 晋绥财政处:《晋绥过去九年财政工作概要检查报告》，1949 年 5 月。

1943—1945年的三次征粮，边区政府考虑到农村经济刚开始恢复，农民收入和生活水平很低，原来的负担较重，在安排统一救国公粮的任务时基本上没有增加，尽可能让农民在战争中能够得到休养。1943年的第五次征粮，正税征收任务同1942年差不多。1944年的生产虽然大大增加了，人民的生活也有相当的改善，但是政府根据减轻人民负担，大量发展生产，扶持广大贫苦农民经济上升的方针，对1944年的公粮任务不但未增加，反而减少了1.4万大石[①]。1944年8月，由于战争由防御转入全面反攻，军政人员迅速增加（由原来的5万人增到69000人，到日本投降前又增到12万人左右），财政收支困难加大，因此在1945年的第七次征粮中，不得已又增加了征收任务。

第五次征粮执行结果，完成220856石米，第六次征粮完成215313石米，第七次征粮完成358483石米。第七次征粮的县共42个，其中完整县22个。绥蒙区过去没有征收公粮，1945年系头一次征收，交纳公粮的有托克托、和林、清水河、丰镇、集宁、隆盛庄、卓资山、凉城、陶林等9个县（旗），共计完成71600石米，征收量是很少的。

这三次征粮，从绝对数来讲，比前几次征粮还多一些，这主要是地区有扩大，同时各种税收统一于公粮征收，数字也相应增大。但是，从负担占收入的比例看，则是下降的。就是1945年的第七次征粮，负担增加后，负担比例也比1941年以前降低。各年征收的具体数字如表2-20所示[②]。

表2-20

年　　度	实征粮数（米，大石）	负担占总收入的比重（%）
1941	207604	24.6
1942	161587	17.4
1943	220856	19.6
1944	215313	19.4
1945	358483	21.0

---

① 《抗战日报》1944年8月1日第一版。
② 陈希云：《晋绥财经工作报告》《晋绥边区1940—1948年公粮收支总结表》。负担占收入的比例为典型调查材料。每大石为260斤。

1943年开始实行统一救国公粮后,各阶层的负担也有不少的变化。主要表现是地主富农的负担比例提高,中农的负担比例略有下降,贫农的负担比例原来较低,变化不大。地主富农的负担比例增大,一方面是由于减租减息深入贯彻以后,经济收入减少;另一方面则是由于累进税率执行以后,负担增加,特别是1945年又增征资产米,对地主打击较大。

据兴县33个村、保德13个村、临县4个自然村统计,1943年各阶层负担占收入比例如表2-21所示。

表2-21 单位:%

阶 层	兴县33个村统计	保德13个村统计	临县4个村统计	合 计
地 主	52.5	37.5	62.8	48.6
富 农	38.3	30.1	45.2	33.9
中 农	23.9	19.3	24.2	20.2
贫 农	7.9	7.9	9.1	8.0
其 他	15.6	14.6	—	14.8
合 计	28.1	16.9	27.3	19.6

1944年各阶层负担,根据8个县不完全统计,地主负担占收入的39.3%,富农占32.7%,中农占20.3%,贫农占7.47%,其他阶层占6.67%,平均为19.35%。同上年比较,地主的比例下降了,中贫农则没有多大变化。

1945年各阶层负担,据兴、临、五、静、宁、神等县18个自然村调查统计,负担占实际收入的比例,地主为40%,富农为33.2%,中农为18.2%,贫农为10.66%,其他阶层为3.44%,平均为21%。从这个材料看,各阶层负担大体平衡。但由于按通常产量计征没有贯彻,以及乱计资产米,实际上负担还是不平衡的,出现了一些偏差。特别是计征资产米,不仅打击地主过头,而且还伤害了某些中农和贫农的利益。

总之,这三次征粮执行情况是较好的,不仅保证了军事上的粮食供给需要,而且政策观点比较明确,执行了中共中央的土地政策,削弱了封建经济,鼓励了资本主义经营,扶持了中贫农经济的向上发展,征收制度也逐步趋于正规化。

五、边区的战勤制度与农民的劳力负担

(一) 边区的抗战勤务动员制度

1940年的四大战役,边区的人力、物力消耗很大。为了调节抗战勤务,平衡人力、物力负担,行署于1941年11月1日制定和公布了《抗战勤务动员条例》。

条例规定,凡根据地内男女居民,年龄在18岁以上55岁以下者(残废、病疾者除外),以及有运输力之牲畜车辆,均须服抗战勤务。抗战勤务分运输、担架、缝纫三种。男子服务于较笨重的工作,如运输军需品、公粮、伤员等;女子服务于轻便工作,如缝纫、洗衣、做鞋等。抗战勤务贯彻执行有力出力的原则,一律不付报酬。

人力、畜力的战勤负担,均按工计算。运输勤务,里程为20里至30里,人力背挑负重40斤至50斤往返一次计1个工;驴牛骡等牲畜驮重80斤至100斤往返一次计2个工,每加50斤加1个工;单套车载重400斤至500斤往返一次计10个工,单套双套三套四套每加50斤加计1个工。

每人每月以服抗战勤务5个工为限。驴牛骆驼每月服4个工为限。骡马每月服5个工为限。单套车每月15个工为限,双套车每月服27个工为限,三套车每月服40个工为限,四套车每月服52个工为限。运输担架勤务之驴骡车马,每驮或每辆所跟之人,均计1个工。

边区政府在根据地的重要交通线建立运输站,分甲、乙、丙三等,来调剂人力与畜力。各交通站设在村公所所在地者,交通站与村公所经费合并,甲等站每月津贴办公费8元,乙等站5元,丙等站3元;交通站不在村公所所在村设立者,甲等站每月办公费12元,乙等站8元,丙等站5元。交通站各种经费,均由村摊款、县统筹。

运输担架勤务稀少之偏僻地区,其应服勤务不能调度他处者,以缝纫勤务替顶。运输担架勤务繁忙之地区,男子应服之勤务超过5个工者,每超过1个工,可以折合缝纫勤务2个工,以代替家中妇女服勤。

1942年，敌人推行"蚕食"政策，大小"扫荡"不停，晋西北根据地与游击区缩小29%，人口减少28%，人力物力的动员很困难。为了贯彻毛泽东关于"把敌人挤出去"的指示，打击敌人，边区政府对战争勤务的动员作了调整，并于1942年12月15日公布了修订后的《晋绥边区抗战勤务动员条例》。

这次修订，主要内容有三点：（1）扩大了服勤的范围。规定年龄在16岁至18岁的男子、51岁至60岁的女子，也要服较轻的勤务，如带路、送信、赶牲口等。（2）取消了勤务负担的控制。原来规定，每人每月服勤以5工为限，由于作战频繁，劳力减少，为了满足军事斗争的需要，行署决定取消了服勤工数的控制。（3）对用差进行了限制。修订条例规定，凡距本机关30里至40里之公粮运输，均由机关或部队自行背运，不得支差。这样，就把有限的人力集中用在最急需的地方。

修订后的战勤条例，一直沿用到抗日战争胜利。

（二）替抗属代耕的形式

在晋绥边区，对烈属、军属、干部家属中无劳力或缺乏劳力的户，帮助代耕、代种、代收，并且从其他方面给以优待照顾。代耕或优待的形式，主要有以下几种：

第一，突击性的代耕。一般是在春耕、秋收季节，由当地乡村政府组织群众一齐动手，帮助抗属耕种或收割。在大生产运动中，党政机关也帮助烈军属代耕、代种、代收。1943年边区政府还明文规定，党政机关的人力畜力，每年要帮助抗属耕作3—5个工。

第二，组织代耕队。这是一种劳动互助的形式，也是较普遍采用的形式。以兴县为例，1941—1942年，运用这种形式代抗属耕种的土地就有15063亩。

第三，变工队。变工队是一种劳武结合的形式，以民兵为主体组成。民兵在保卫春耕方面帮助农民，农民在生产方面帮助民兵，并且打破村的界线。一个民兵一般要领导两三个劳动互助组。变工队既是对敌斗争的战斗组织，又是拥军工作的主要组织。他们经常为烈军属排忧解难，帮助他们解决生产上的困难。边区在大生产运动中，参加变工队的有5.1万名民兵和51万名自卫队员。

第四，政府在经济上的优待照顾。主要是对特别困难的抗属，发给一定的粮食补助。这种补助每年都有。据统计，优抗粮和救灾粮加在一起，1940年全边区为1200大石（每石260斤）小米，1941年为800大石，1942年为2500大石，1943年为2466大石，1944年为3312大石，1945年为4793大石①。

（三）边区农民的劳力负担状况

边区农民的劳力负担包括参战、战勤和代耕三项。边区政府动员农民的人力和畜力，总的贯彻了兼顾的原则，就是既考虑到战争的需要，也注意到农民的生产需要。并且，经常注意节约与调剂劳力。政府规定，每年春耕季节，一般停止派抗战勤务，免误农时。1942年对敌斗争很激烈，为了开展大生产运动，也一度停止了支差。各级政府都比较重视战勤工作，注意解决村与村、人与人之间的战勤负担合理问题。

边区农民的劳力负担，1940年较重，以后逐渐有所减轻。据典型调查，临县姚家崖村1940年1月差务多至每人平均20天，1941年每人每月平均只有3天。临县安业村1940年1月共支差723个工，每人平均12天，1941年每人每月减为3天②。全边区的抗战勤务，1942年内地县份每月平均8780个工，比1941年减少一半；游击区1942年每月平均6338个工，比1941年减轻更多③。

边区的农民对政府的战争勤务动员是拥护的、积极的，他们特别爱护伤员。每逢战斗，民兵自卫队便在火线上抢救伤员，帮助运送伤员。1943年反"扫荡"中，兴县动员了3.8万多个民工，连夜输送弹药粮草；动员了1616付担架抢运伤员，许多村子还在大路两旁摆着西瓜等候伤兵。该县临南堡子峪妇女30多人，曾在晚上一人提一个灯笼照路送伤兵，一夜护送82人。在王寨丈子战斗中，7个重伤员到

---

① 晋绥边区1940年至1948年公粮草收支总结表，1949年6月10日。
② 武新宇：《关于领导上的几个问题——在第三次行政会议上的报告提纲》，1941年10月1日。
③ 牛荫冠：《晋西北行政公署工作报告》，1942年11月11日。

保德窑洼村时，一个伤员嘴上负伤，不能吃饭，妇女英雄陈引儿立刻号召全村的乳妇们挤奶，怕不够吃，又派人到五里地外的村庄去找奶①。

这就是军民共同筑起的铜墙铁壁！

第六节 山东根据地的农民负担

一、根据地建立初期的筹粮筹款办法

（一）山东根据地的建立

山东抗日根据地，是在共产党地方组织领导下的武装力量和1939年进入山东的八路军115师，共同协力创立与发展起来的。

抗战爆发，中共中央在洛川会议上，根据毛泽东的提议，通过了《抗日救国十大纲领》，决定在敌人后方放手发动群众，开展独立自主的游击战争，建立抗日根据地。中共北方局还号召地下党员"脱下长衫，到游击队去"。中共山东党组织根据这些决定和指示，在各地组织和发展了"民族解放先锋队""抗日救国会""抗敌后援会"等抗日团体，在各阶层中间广泛进行救亡活动，为抗日武装起义作了思想上组织上的准备。

1937年10月，日本侵略者侵入山东，当地军阀韩复榘闻风而逃。在这风雨飘摇、一片混乱的情况下，从地下和牢狱中走出来的共产党员，从延安派来的红军干部，挺身而出，带领群众毅然举起了抗日救亡的大旗。当时真是登高一呼，群山响应。抗日的烽火立即在泰山、沂蒙山、昆嵛山，在黄河两岸，在微山湖边和渤海之滨，熊熊燃烧起来。

从1937年底起，不到一年的时间内，气势磅礴的抗日武装起义就

---

① 穆欣：《晋绥解放区鸟瞰》，山西人民出版社1984年出版，第73页。

遍及全省。主要有冀鲁边区的盐山、乐陵等地的起义，文登县的天福山和蓬莱、黄县、掖县的起义，长山县的黑铁山及其临近地区的起义，昌邑、潍县起义，寿光县牛头镇的起义，中共山东省委直接领导的徂徕山和附近地区的起义，泰（山）西的夏张镇、汶上地区的起义，沂水、莒县、临沂的起义，沛县、峄县、滕县的起义，苏鲁豫边境的沛县、肖县、丰县、金乡、永城的起义，以及鲁西北的冠县、馆陶、濮县的起义等。

各地起义的抗日游击队，经过一年的对敌斗争，取得了辉煌的战果。到1938年底，据7个抗日支队的统计，共击毙敌松井大将、山村中将及敌伪军3300余人，俘获敌伪军180余人，击落敌机3架，毁敌汽车18辆，毁火车头17台。游击队一度攻入济南，四次攻入烟台，两次攻入威海，恢复县城10余座，并在胶东的蓬莱、黄县、掖县等地，建立了抗日民主政权，开辟了山东最早的抗日民主根据地。

1938年12月27日，中共中央决定成立"八路军山东纵队"，以统一山东地区各支队的领导，并随即进行了整编，编成10个支队、3个团，共24500人，所属地方独立营团1600人。到1939年底，这些部队共作战2000余次，毙伤日伪军4.1万余名，克复县城和重要市镇20座。山东纵队的创立和发展，对于创建山东根据地和坚持山东长期抗战，起了重要作用。

敌人侵占武汉、广州之后，回师北上将其主要力量转向华北敌后战场，在这样的形势下，中共中央决定派八路军115师主力挺进山东。115师343旅一部，在肖华领导下于1938年9月27日进入冀鲁边和微山湖西等地区。第二年春，罗荣桓又率师部和主力一部进入山东。6月间，徐向前、朱瑞率部从冀南到达鲁中地区。115师入鲁以后，发挥了战斗骨干作用，在鲁西、泰西、冀鲁边、湖西、鲁南等地连续给侵略者以有力打击。

由于115师和山东纵队的英勇战斗，山东抗日根据地和人民武装迅速扩大。到1940年底，115师1个旅发展到了7个旅，共6万余人，白手起家的山东纵队也编为5个旅、2个支队，共5万余人，山东全省共建立了10个专员公署和79个县的民主政权①。已取得政权的地区约占山东全省的60%，掌握人口约占50%，即1350万左右。

(二) 根据地草创阶段的筹粮筹款形式

1937年冬到1940年秋，是山东根据地的草创阶段。这个阶段的特点是：在军事上，山东纵队处于敌顽夹攻的形势下，战斗频繁，军民遭受严重的损失；在政权建设上，进展较慢，1938年只有3个县的政权，1939年只有11个县的政权，1940年虽然发展到79个县，但大部分基层政权仍未建立，县政权之上，也未成立统一的民主政府；在财粮供给上，各自为政，既没有正规的筹粮筹款办法，也没有统一的给养制度。

在草创阶段，根据地的财粮供应基本上取之于民（没收汉奸财产充当抗日经费的数字不多）。筹集粮食和款项的方法有两种：一是捐募，二是摊派。

捐募是用号召的方式，动员各阶层人民出钱出粮支持抗战。有的地方叫募救国捐，有的地方叫募救国公债。当时，群众支持抗战的热情很高，当那些揭竿而起的抗日队伍赤手空拳起来斗争时，人民大力捐献经费和枪支（山东民间存枪30万支以上），装备自己的子弟兵。许多妇女拿出金银首饰和多年积攒的体己钱，交给游击队，购买抗日武器②。1938年端午节，胶东敌占区的民众把千余元救国捐，包藏在食品干粮内带出城来送给游击队，回去时带进了政府的法令、布告和报纸；还有把钱藏在粪箕子内带出来交给抗日政府的③。捐募是抗日民主政府成立以前的主要筹款形式（胶东区捐款占总收入的比例，1938年为71.39%，1939年为66.13%，1940年为37.02%；清河区1940年捐款占总收入的21.8%）。捐募虽出于群众自觉自愿，但也体现有钱出钱、钱多多出的原则。这个原则，有些地方执行较好，有些地方出现了乱募的现象。

---

① 肖华：《英勇抗战的山东军民》，载魏宏运主编《中国现代史资料选编》(4)，黑龙江人民出版社出版，第567页。

② 肖华：《英勇抗战的山东军民》，载魏宏运主编《中国现代史资料选编》(4)，黑龙江人民出版社出版，第566页。

③ 东辛：《胶东抗日根据地》，《解放日报》，1941年10月19日。

摊派救国公粮,是抗日政权建立后采用的主要筹粮、筹款形式。1938年8月21日,中共山东省委为了保证抗日战争经费的供给,曾经提出在敌后抗日根据地征收累进税,并明确:累进税的征收,贯彻钱多多出、钱少少出的原则,贫农中农不超过所得的5%,富农不超过10%,地主不超过20%,大地主不超过35%,工商业者依其财产多寡,也按照农村各阶层的累进率收税。但是,由于中共山东省委忙于武装斗争,加之对政权建设重视不够,只是规定了征收的原则,一直没有制定出具体的征收办法,因此,各地在筹集救国公粮时,都采取了简单的做法——摊派。

摊派的方法,大体有三种:一是按旧田赋的银两摊派,二是按地亩摊派,三是按户摊派熟食。据原清河区(1944年与冀鲁边合并为渤海区)粮食局长王兴国回忆,1938年春节前后,铁山起义的三支队和牛头镇起义的八支队,"就是走在哪里吃在哪里,住在哪里吃在哪里,部队中也没有炊事员。每顿饭都是根据需要的数量,由村、保长向各户敛收熟食——窝头、饼子、煎饼,样样都有。一般是高粱做的,小米做的就是好的。开饭时事务长好坏搭配,分给各班。"按户摊派熟食的做法,在抗日武装起义前后是比较普遍的。

摊派的办法是很不合理的。无论是按银两摊派、按地亩摊派还是按户摊派,都不能体现钱多多出、钱少少出的原则。一些有钱有势的地主、豪绅往往依恃他们原来的社会地位,逃避负担,把抗战负担多加在中下层贫苦人民身上。1939年5月,中共山东省委批评了这种做法,要求取消摊派制度,动员民众自觉地应募救国公粮,有计划地合理地解决部队的给养。但是,仍未制定出具体的征收制度,各地继续沿用了这种不合理的做法。

用捐募和摊派形式筹集的粮食款项,主要供部队食用,一部分用于政权机关支出。当时的供应也没有什么标准和制度,就地筹集,就地供应,需要多少就筹集多少。由于部队数量不多,实际消耗的水平也低,所以筹粮筹款的数字不大,农民负担较轻。

据有关资料推算,山东根据地用上述两种方式筹集的粮款,1938

年约为 2349 万斤，1939 年约为 3969 万斤，1940 年约为 13500 万斤①。1940 年山东根据地的人口为 1350 万，照此计算，每人平均负担约为 10 斤。又据国民党政府主计处统计局调查，山东省抗战初期每人平均耕地为 3.19 亩，1940 年每亩平均粮食产量约为 150 斤。照此推算，1940 年每人平均占有粮食产量约为 478 斤。

从上述两个推算材料估计，1940 年山东根据地农民负担占农业产量的比例仅为 2%，比同期华北各抗日根据地的负担比例低得多。当然，这只是农民对根据地负担情况，除对根据地负担外，还有对敌负担（包括国民党反共军队和敌伪的苛捐杂税）；而且，对根据地负担也只是一个总的趋势，在地区之间、各阶层之间是很不平衡的，畸轻畸重的不合理现象比较突出。

二、财粮统筹与粮赋制度的建立

八路军山东纵队与 115 师斗争的胜利（尽管夹攻的形势没有改变），使山东抗战的面貌焕然一新。为了适应形势发展的需要，建设统一的巩固的山东抗日根据地，1940 年 8 月 1 日，"联合大会"② 选举了山东最高政权机关——山东战时工作推行委员会（1943 年 9 月 10 日改为山东战时行政委员会，1945 年 8 月 10 日改为山东省政府）。

山东战时工作推行委员会成立后，确定 1941 年的任务是：克服时局危机，开拓抗战新局面。在根据地建设方面，确定贯彻民主制度，实行公平负担，统一财粮筹支，建立金库，整顿田赋税收。根据这个安排，"战工会"先后制定和颁发了数十种关于财粮方面的条例和法令，使财粮工作逐步走上了正轨。

---

① 这些数字是按各年军政人员数字和每人每天食用消耗 2.5 斤粮推算的。1938 年底，山东纵队为 24500 人，独立营团 1600 人，合计为 26100 人（当时基本上没有脱离生产的政府人员），每人全年耗粮 900 斤，推算出全部粮款为 2349 万斤。1939 年山东纵队为 26100 人，八路军 115 师一个旅为 8000 人，估计政府人员为 1 万人，合计为 44100 人，推得数字为 3969 万斤。1940 年底山东纵队为 5 万人，八路军 7 个旅为 6 万人，估计政府人员为 4 万人，合计为 15 万人，推得数字为 13500 万斤。

② 即山东省国大代表复选大会，山东省总动员委员会成立大会，山东省参议会成立大会，山东省工、农、青、妇文化界代表大会，山东各界救国联合总会成立大会的联合大会。

(一) 统一粮食筹支

统一粮食筹支,是当时财经工作中最急切的一项。实行这项措施的目的有三:一是在歉收的情况下(1940年山东根据地只有七成收,鲁南水旱灾交替,夏秋均歉收),有计划地解决军需民食,战胜粮荒;二是消除原来筹粮工作中存在的多头要粮、平均摊派、随吃随筹等混乱现象;三是向敌人的粮食统制、劫夺政策作斗争,粉碎敌人"以战养战"的阴谋。

统一筹划粮食,包括统一征收救国公粮,建立粮票制、统一支付给养,在地区之间调剂粮食余缺等三个方面的内容。

救国公粮于1941年夏季开征。4月27日省战工会《关于征收救国公粮的决定》及5月6日省粮食会议《关于粮食与征收救国公粮的决议》规定:救国公粮以行政主任区为单位,按照全区各抗日主力军、地方武装、政府机关、抗日政党、群众团体之领导机关应脱离生产吃公粮之人数及牲口头数编造预算,确定应征救国公粮的数目。人的吃粮标准,每人每日按2.5斤编列;牲口的饲料标准,以每头每天6斤编列。除按该地区党政军民各方面实有人数计算外,另加30%的预备粮食。某些山区部队多,人民负担过重,某些平原地区部队少,人民负担较轻,在确定征收救国公粮任务时,各主任区应相应进行调剂。属于主任区与主任区之间的调剂,由省粮食委员会进行。

各主任区征收救国公粮的总额确定以后,按照各县的生产、土地、人口情况分配征收任务。对根据地与游击区、敌占区的分配比例以85%与15%为原则。

征收粮食的种类,以小麦、高粱、小米、谷子、豆子为主。除征收粮食外,还征收5%的棉麻,以解决穿衣和穿鞋问题。

在公粮之外,每亩地多征1斤粮,作为优待抗属及救济灾民之用。此粮统一征收后,拨归政府优救委员会保管,专充优救基金,组织生产,以解决灾民及抗属生活问题。为了消除地方供给烧柴马草的不平均与混乱现象,烧柴与马草亦按地亩统一征收,不发官价。鲁中区各地每亩平均征收烧柴30斤,马草每亩3斤。烧柴一般的以高粱杆折干木柴70斤,湿木柴130斤,石炭(煤)50斤;马草以谷草为标准。

征收救国公粮的办法，按照山东省战时工作委员会颁发的甲、乙、丙三种公平负担暂行办法执行（详细内容下面再具体介绍）。一般在新开辟地区，因各种工作都无基础，可实行最简便的甲种办法；在较有基础的地区，进一步使用乙种办法；乙种办法行有成效后，逐渐实行丙种办法。省战工会要求各地起码要推行甲种办法，尽可能推行乙种办法，坚决反对按银两地亩摊派的不合理做法。

省战工会规定：无论执行哪种征收办法，都要在有粮出粮的原则下，使人民得到真正的公平负担。一般全年征收公粮数以不超过该地区粮食总收入30%为原则。秋季公粮征收，一般以不超过人民实际秋收粮食30%为原则，个别大地主因累进关系，需要超过此原则者，亦不得超过其实际收入的70%。为调剂阶级利益，加强社会统战，在征收公粮时要求负担面一般达到80%以上，对贫佃农也应给以适当的负担，以免富有者负担过重。对于遥远偏僻地区或靠近公路敌人据点的地方，因筹办及运输的困难，必要时可收取给养代金，作为需粮较多的中心地区购买粮食之用。这样彼此调剂，可以使人民负担更加公平①。

粮食支出也按计划统一管理。党政军的食粮，均须编造预算，按照党政军民各部分最高领导机关核准之确实预算，发给粮票或支票。军队以旅为单位，地方武装及政府群众团体、地方工作机关以专员区为单位，经收粮票支票，向各该地粮食机关领粮，无粮票者，一律不发粮食。各领粮单位，均须按规定报送决算。

为了推行民主政治，切实实行公平负担，整理田赋，使各级政府能确切了解所辖区域内之土地、人口，使一切行政工作有所依据起见，1941年10月20日，山东省战工会拟定了《山东省清查土地登记人口暂行办法草案》，同时，还规定了粮食保管、储藏和粮票使用等制度。

（二）统一财政收支

山东根据地的财粮收支是分别统筹的，粮食由粮食部门统筹，经费由财政部门统筹。

---

① 艾楚南：《怎样征收救国公粮》，《大众日报》，1941年4月28日。

1940年以前，财政收入的筹集主要靠捐款、罚款，只有胶东等少数地方采用了税收形式，征收办法基本上是沿用旧的税制。财政支出也比较混乱，一些地方自收自用，没有计划。这种状况，既不利于贯彻政策，又不利于保障供给。

1940年9月，战工会召开行政会议，研究了如何执行正规的财政经济政策问题。11月，战工会作出了《关于统一财政之决定》。1941年3月6日，战工会颁发了《山东省税收暂行条例》。7月1日，中共山东分局下达了《紧急动员起来为建设巩固的山东民主抗日根据地而斗争》的指示。7月4日，中共山东分局又提出《抗战第五年的山东十项建设运动》。在这一系列的文件中，对统一财政问题作了比较具体的规定。其要点是：

第一，提出财政建设的原则是自力更生，自给自足。一切有关财经事业，均应作长期打算，财政供给应主要依靠正当的税收、田赋及生产贸易收入，纠正在财经政策中抓一把的游击主义或"殖民地"政策。

第二，统一规定征收的税种为救国公粮、田赋、盐税、矿务税、田契税、货物税、烟酒税、牲畜屠宰税、营业牌照印花税等9种。除这9种外，不得另立名目征收。各种税收以自办为原则，不准出包，不准预征。田赋税收，要有计划地整理。一切军需品，各种棉花、粮食、土布等必需品一律不准出境，入境免税；凡出入境货物只收一道税，不准重征。

第三，一切税收、田赋等项财政收入，要解交政府金库。任何政府以外之机关、部队、团体，不能私自收取；停止民主政权区域内政府财政机关以外之任何部门、单位捐款、罚款或截留粮款。

第四，财政收入要有计划地分配与使用，切实保证军队、政府及教育等方面的需要。军费的比例，不得少于总支出的1/3。一切支出均应编预算，经过一定机关批准后，方能向财政机关领款，不做预算不付款，不做决算不付款。

实行财政收支统一管理后，混乱现象开始扭转。1941年度，捐款比重迅速下降，田赋税收比重大大上升；收支执行情况都比较好，除鲁中区外都能自给自足,其中胶东区、鲁南区还有较多的结余。各地区都初步建立了预决算、审计、会计等多种制度。

(三)田赋整理与征收

田赋是山东根据地财政收入的主要项目。各地开始建立民主政府时,就征收田赋,并着手对旧田赋基础进行整理或改造。

最早整理田赋的是胶东区。1938年北海专署成立时,专署就拟定土地登记法,准备登记土地,整理田赋,但未及执行部队就退出了县城,1939年掖县自动进行过土地整理。其办法是:根据旧地亩册籍(把匿藏的面积查出加以登记),按产量略加分等后,将原银两数按地亩摊收。这种办法虽还不够合理,但比旧银两制好一些,而且收入略有增加。该县原有地亩80万亩,整理后为75.2万亩(有两个区尚未整理)。1940年掖县废除旧银两制,直接按地亩征收。

1941年9月,省战工会颁发了《整理及征收田赋暂行办法》,要求各地尽量搜集旧粮册,访问旧粮政人员,切实把粮银数搞清楚,以增加财政收入。如实在找不到旧粮册,由各村村长、农救会主任等,会同各花户将全村钱粮地亩数另行整理,订立粮册;必要时,政府组织力量清丈地亩,重新规定粮银数目。暂行办法还规定:对有粮无地者,发动花户自行报告,根据钱粮追查地亩所在,追问出无粮之地亩,即将钱粮过拨到有地无粮之花户;同时,发动民众互相举发,政府根据报告情形,审慎调查确实后,有地者纳粮,无地者豁免。

由于田赋整理工作的进度与深度不同,这一年各地征收田赋并存着三种做法:一是按旧银两征收;二是按银两计征,按地亩摊收;三是在清查地亩的基础上,按亩征收。各地征收的具体做法虽然不同,但是旧田赋制度中的积弊以及征收过程中的中间剥削,均已割除干净,田赋附加大于正税的现象也基本扭转。

田赋征收的标准,是按农民负担能力、粮价物价的增长情形及抗日经费的需要确定的。在地区之间、年度之间,具体的征收标准是有变化的。

胶东区:1938年每亩平均收0.3元,合每两银子6元。1939年每亩平均收0.4元,合每两银子8元。1940年每亩平均收1.8元,合每两银子36元。1941年每亩平均收1元,合每两银子20元。1942年每亩平均收2.6元,合每两银子52元。

清河区:1941年每亩平均收1.2元,合每两银子14.5元。1942年每亩平均收2.7元,合每两银子58元。

滨海区:1940年每亩平均收0.2元,合每两银子7.5元。1941年每亩平均收1元,合每两银子55元。1942年每亩平均收5.2元,合每两银子234元。

鲁中区:1941年每亩平均收1.15元,合每两银子36.8元。1942年每亩平均收5.3元,合每两银子159.6元。

鲁南区:1942年每亩平均收6元,合每两银子240元。

照上述标准征收结果,1940年全省田赋收入占财政收入的32.48%,1941年占54.51%,1942年占51.71%[①]。

(四)征收救国公粮的三种公平负担办法

在实行财粮统筹、统一征收救国公粮之前,即1940年11月,战工会公布了甲、乙、丙三种公平负担暂行办法。这三种办法虽然都体现了公平合理的原则,但具体做法则有较大的差异。

甲种公平负担办法,是一种自上而下逐级分配任务、评议征收的办法。它适用于新开辟的地区或工作基础较差的地区。

这种办法的内容和实施,归纳起来有以下几点:

第一,逐级分配救国公粮的征收任务。县政府决定征收救国公粮或救国公捐的总数后(县征收总数根据主任专员区分配数确定),由县政府召集区长及各抗日群众团体的县级代表参加联席会议,按照各区的负担能力、贫富程度,分配各区的负担数。区公所再召集各乡长及区级各抗日群众团体代表联席会议,依各乡的负担能力,确定各乡的负担数。乡公所再召集乡政委员及村长联席会议,依各村之负担能力,将全乡各村分为十等,确定各等的负担比例,按照比例算出各村应当负担的数字。

第二,各村分别确定各纳税户的负担分数,算出应征的公粮数。

[①] 《山东省第二次行政会议财政组总结报告》(1944年12月),载《山东革命根据地财政史料选编》第二辑,第106—109页。

公平负担以户为负担单位,以村为实行单位。各村除特别穷户不负担、特别富户应有特别捐助以外,其余的户,按照农田、园地、商业、工业、利息等总收入的多寡、有无负债、人口多寡等情况分为十等。各等户的负担,按分数计算,称为"负担分":一等户负担15分,二等户负担12分,三等户负担9.5分,四等户负担7.5分,五等户负担6分,六等户负担4.5分,七等户负担3分,八等户负担2分,九等户负担1分,十等户负担0.6分。

各纳税户的等级和负担分数确定之后,按照乡分配的公粮征收任务和全村的负担总分数,求出每分应负担的公粮数,并据此算出各户应征的公粮数。负担分数是负担的基础,一切负担(包括救国公粮、给养经费,村公益费)均按各户负担分数分摊。祠堂、寺庙也评议负担分数,按分数负担。

凡村中之特别穷户,及全户总收入折合麦子不满200斤者,不列入负担户。凡特别富户,另行捐助抗战经费。捐助数目,由区、乡公所与各抗日群众团体代表及其本人商量决定,由区公所募集或委托村公所代为征集。

第三,减免优待。凡贫寒之抗日军人家属,依照优待抗日军人家属条例之规定,经县政府批准发有免税证者,免其负担。凡负担办法实施后开垦的荒地,一律免负担3年,以示优待。

甲种公平负担办法,较之原来的摊派制度是公平一些了,但是,仍有许多缺点。主要是各户的总收入是凭估计的,出入很大,而且评定的等级很难准确合理。在群众组织无基础的地区,估等时则豪强者上下其手,加重中农负担;群众组织有基础的地区又出现特户负担过重,影响抗日民族统一战线发展的现象。

省战工会1940年11月颁布的乙种公平负担办法,在1941年内又作了两次修订,一次是4月4日,另一次是10月2日。1941年度实际执行的是10月2日修订的办法。

乙种公平负担办法适用于一般工作有基础的抗日民主政权区域。这种负担办法,以户为纳税单位,以土地为课税对象,按每人平均土地多少划分等级,累进计征。从性质上看,属于土地收益税。其主要内容如下：

第一，关于土地的计算标准。

抗日民主政权区域内的耕地，除规定免税的以外，都是课税的对象。负担按当时土地的实际支配权划分：自耕土地由耕者负担，租佃土地由租佃双方分别负担，典当土地由承典人负担。这同田赋的纳税人是不同的，田赋的纳税人是地主，是由土地所有者交纳的。

计税的土地，不按官亩计算，也不按自然亩计算，而按清丈土地折合之标准亩计算。"标准亩"是以官亩（即营造尺5尺为弓之240弓）为基础，按不同质量的土地收获量多寡并按统一标准折算的，实际上是一种产量面积。具体做法是：把全部土地划分为上、中、下三等，每等又划分为上、中、下三级，共三等九级（同明代编造"鱼鳞册"划分的三等九则类似）。并按照普通收获年成，分别确定各个等级土地（每官亩）的产量，然后以中等中级土地（每官亩）的产量为标准折合。折算出来的产量面积，即为"标准亩"。由于折算是以中等中级土地的产量为标准的，所以"标准亩"又称"中中亩"。

为了使地主、自耕农、佃农之间的负担公平合理，在计算地亩时还规定：出租土地以折合的"中中亩"，一亩半当一亩地负担；自耕土地以折合的"中中亩"，一亩当一亩地负担；佃耕土地，以折合的"中中亩"，三亩当一亩地负担。从这个规定可以看出，租佃土地的负担比例大体是7:3，即出租者负担70%，佃耕者负担30%。这个安排，是根据当时的租率和租佃收入的性质确定的。1941年，山东根据地尚未普遍开展减租减息运动，农村的土地关系变化不大，租率一般仍占收获量的40%—50%，而且，出租收入是纯收入（不包括农本），佃耕收入是毛收入（包括农本），因此，地主要多负担一些，佃农要少负担一些。那么，出租土地计算地亩时为什么又要打个折呢？这是因为地主除了按税法负担收益税外，还要缴纳田赋——资产税，这两种税都是累进计征的。如果出租地计算时不打折扣，则地主的负担会过重，不利于团结他们一道抗日。

第二，免税亩的扣除与人口的计算。

纳税人的土地统一折合成标准亩并按照出租、自耕、佃耕三种不同情况计算以后,扣除一定的免税亩,扣除免税亩以后的标准地,即为各户课税的依据。

免税亩的扣除,按人口计算。年满 50 岁以上的男女,现役抗日军人,按照规定脱离生产之政府、群众团体工作人员、行政村长及农救会主任,满 7 岁到未满 16 岁之在学儿童,抗日小学教员,不能劳动之残废人员,每人扣除标准地 1 亩。7—16 岁之不上学儿童,16—50 岁之妇女,每人扣除标准地半亩。16—50 岁之不脱离生产之壮丁,一律不扣除免税亩。

为了使全县 80% 以上的户口、土地均负担抗战军需(以土地为主),在扣除免税亩过多的地区,经县公平负担实施委员会决议,可以适当减少扣除的标准,如扣除 1 亩者可减为 0.6—0.8 亩(但不得少于 0.6 亩),扣除 0.5 亩者可减为 0.3—0.4 亩(但不得少于 0.3 亩)。

第三,负担亩与税额的计算。

纳税人的土地扣除免税亩以后,以户为单位按人口平均,按每人平均土地(标准亩)多少累进计征。累进计征的标准,不是"负担分",而是"负担亩"。"负担亩"即是税率。"负担亩"是超额累进的,共分 11 级累进。具体累进率如表 2-22 所示。

表 2-22

等级	扣除免征地亩后每人平均标准亩	每一标准亩应计负担亩	累计应计负担亩
1 级	2 亩以下	1 亩	2 亩
2 级	2.1—4 亩	1.1 亩	2.1—4.2 亩
3 级	4.1—6 亩	1.2 亩	4.3—6.7 亩
4 级	6.1—8 亩	1.3 亩	6.9—9.3 亩
5 级	8.1—10 亩	1.4 亩	9.5—12.1 亩
6 级	10.1—12 亩	1.5 亩	12.3—15.1 亩
7 级	12.1—14 亩	1.6 亩	15.3—18.3 亩
8 级	14.1—16 亩	1.7 亩	18.5—21.7 亩
9 级	16.1—18 亩	1.8 亩	21.9—25.3 亩
10 级	18.1—20 亩	1.9 亩	25.5—29.1 亩
11 级	20.1—22 亩	2 亩	29.3—33.1 亩
11 级以上	22 亩以上	2 亩	33.1 亩

纳税人应纳的税额，按照全家应计"负担亩"和每负担亩应征的粮食数计算。每负担亩应征的粮食数，以村为单位，按照上级分配的征粮总数和全村总负担亩计算。例如，区公所分配征粮任务为1.4万斤，该村总负担亩为500亩，则每亩平均应负担公粮为2.8斤。

按照上述办法计算负担时，规定每户的负担额不得超过其全部收入的35%，如土地出租，租率在40%以下致使负担额超过总收入35%者，亦以最高不得超过70%为限。

第四，免税优待。

乙种公平负担办法规定：开垦荒地、旷地，其耕种期限在3年以上者，按实际收入折合标准亩计算，耕种不到3年者免其负担，新垦荒地3年以后再计负担。为奖励农民开渠、筑堤、兴办水利增加生产起见，凡因开渠筑堤增加之收获量，一律优待3年不增加负担，因打井而增加收获量者永不增加负担。为奖励家庭副业发展，凡有小块之菜园，不以营利为目的者，按普通地计算负担；大块经营以营利为目的者，按其邻近土地的等级增加二级计算负担。

第五，关于征收。

乙种公平负担概属人征收。如人在甲地，地在甲、乙、丙三地，应向甲地缴纳。如人在抗日民主政府区域以外居住者，则向土地所在地之民主政府缴纳。某地主在甲地，佃户在乙地，则佃户亦不随地主向甲地缴纳负担，而向乙地缴纳负担。

每年征收两次，以征收粮食为主。柴草、田赋均按标准亩计算负担。田赋概由地主负担。柴草根据分配情况定，谁分得了柴草由谁出柴草。

丙种公平负担办法适应于民主政权比较巩固的地区。这种办法，与晋察冀边区1939年实行的村合理负担办法基本相同。

课税对象包括资产和收入两部分：资产部分，包括土地、房屋、工场、商店及其他财产；收入部分，包括地租收入、农作物产量（减去肥料、种子和佃工工资计算）、林木收入、畜养收入、工商业纯收入、租赁收入、工资报酬、利息收入等。各种资产和收入，由户主按照政府印发的负担调查表自行填写上报，经村公平负担评议会审查确定。所有资产和收入,均按货币计算。然后以户为单位,按全家人口平均,按每人平均收入多少查公平负担累进分数表,计算全户应负担的分数。各户应负担的分数由区报县备案后,即作为负担的基础,村中一切负担皆按分数分摊,未得分数者,概不负担。

分数的计算,规定:每人每年平均收入不满 30 元者免征;在 30 元以上者,每 5 元作 1 厘,50 元作 1 分;从 50 元到 500 元,以 50 元为一级,从 500 元到 1000 元,以 100 元为一级,每级以 1.3 为累进率计算分数;每人每年平均收入在 1000 元以上者,超过 1000 元的部分,每百元按 80 分计算,不足 10 元之零数一律不计。每人应征之数,最高不能超过本人收入的 35%。

由于丙种负担办法是资产税和收入税合并征收的,所以不再单独征收田赋。

(五)三种公平负担办法执行情况及 1941 年农民的粮赋负担

省战工会颁发的甲、乙、丙三种公平负担办法,1941 年实际推行的只是甲、乙两种(胶东区实行甲种办法的村庄占 71%),丙种负担办法完全没有实行。有些地方仍继续执行按银两摊派的制度。

清河区、鲁中区、滨海区推行乙种公平负担均取得了一定的经验。鲁中区半数左右村庄实行了乙种办法,人民负担公平合理,阶级团结也得以加强。滨海区这一年已将乙种公平负担办法推行到 281 个村庄,并试办了土地清丈工作,消除了地多粮少和地少粮多的现象。1941 年,各阶层的交粮热情比过去大大提高,在征收中也涌现出不少的征粮英雄。这些同志不畏艰难险阻,与敌伪进行了英勇顽强的斗争,有的同志还光荣地献出了自己的生命![1]

由于各地工作深度不同,甲、乙种负担办法本身都存在着一些缺陷,在执行中还普遍地出现了两个问题:在工作基础较好的地区,由于乙种负担办法累进率太高,大地主的负担达到收入的 70% 以上,甚至超过了百分之百,打击过猛,背离了党的政策;工作基础比较差地区实行甲种负担办法后,由于按村按户分等缺乏具体的划分

---

[1] 大众日报特载:《省战工会关于鲁中区秋季粮食会议的决议》,《大众日报》,1941 年 10 月 4 日。

标准，加之地主豪绅在暗中操纵捣鬼，使中农和部分贫农的负担往往太重①。

据有关资料估计，1941年山东根据地征收的救国公粮和田赋折粮，共约1.96亿斤②。这一年由于敌人的"扫荡"和国民党反共军公开投敌事件增多，根据地开始缩小，估计只有1000万人口。照此计算，每人平均负担为19.6斤。这一年农业年景还算不错（只是秋季有些干旱），每亩平均粮食产量可以达到150斤（标准地产量）。如按每人平均耕地3亩计算，则每人平均实产量为450斤，负担占实产量的比例为4.4%。

另从军政人员占总人口的比例看，1941年军政人员仍在15万人左右，占根据地1000万人口的1.5%。

从以上两个估算数字分析，山东根据地1941年的农民负担虽比上年增加较多，但是负担水平同华北其他根据地比较，还是低的。

具体到各阶层，负担主要还是集中在地主富农身上（负担面只有70%左右）。地主的负担比例，一般在50%左右；富农的负担比例，一般在35%左右；中农的负担比例，一般在18%左右；贫雇农则大部分没有负担。

三、形势逆转带来的经济困难，救国公粮办法的改进与统一

（一）1942—1943年形势的逆转与经济困难

抗战初期，毛泽东在《抗日游击战争的战略问题》一文中就指出："在游击战争已经起来并有相当的发展之后，特别是在敌人停止了对我全国的战略进攻、采取保守其占领地的方针的时候，敌人向游击战争根据地的进攻是必然的。"③ 1939年开始，日本侵略者一方面加

---

① 山东省战工会：《改进征粮办法，减轻人民负担，照顾各阶层人士利益》，1942年8月6日。
② 根据山东省财政厅收集的资料估算。田赋折粮按公粮的4%估计为5600万斤。公粮按1941年征收统计数为1.4亿斤（鲁南区夏征数是估计补入的）。其中，鲁中区为3150万斤，清河区为1711万斤，鲁南区为1324万斤，滨海区为3232万斤，胶东区估计为4163万斤。
③ 毛泽东：《抗日战争的战略问题》（1938年5月），载《毛泽东选集》第二卷，人民出版社1966年横排版，第397页。

强了对国民党的政治诱降，另一方面则集中大量兵力，对解放区进行疯狂的"扫荡"与"蚕食"。

1942年以来，敌伪在山东根据地周围的据点增至3700处（1940年底为1100多处），挖封锁墙沟8400多里，控制公路7000公里（1940年底为5000公里）。敌人增加了3个独立旅团的兵力，伪军由1941年的12.2万人增加到18.8万人，到1942年底1943年初，敌伪对付山东根据地的总兵力达22.5万人（其中日本侵略军为3.7万人）。此外，还有国民党顽军9万人。敌人抽出1万人以上的兵力经常机动地使用着，并且增强炮火，增加兵种，对山东各战略分区实行了前所未有的频繁的"扫荡"。据统计，山东根据地1942年度大"扫荡"有19次，小"扫荡"79次。1943年度千人以上兵力的"扫荡"50次，其中包括9月下旬开始的2.5万人兵力的3个月轮回"扫荡"（敌人自称为对华六大战役之一）。

敌伪连续的"扫荡"和国民党军队的夹击，使山东根据地的形势迅速逆转：基本区缩小了，敌人占去成千的村庄；战略区被割成几块；军队和干部遭受了相当大的损失，许多群众组织遭受严重的摧残。

在鲁南，敌人"蚕食"了苍山、码头和临沂、郯城、邳县广大地区，基本区被压缩成"南北十余里，东西一线连"。在冀鲁边区，各县、区、乡都被分割成若干碎块，原来的根据地，完全变成了抗日游击区。鲁中、胶东、清河、滨海、湖西地区，同样被敌人"蚕食"了大片地区，遭到严重的分割和封锁。1942年山东根据地面积缩小1/3，部队减员1/4①。

形势的逆转，给根据地经济带来了许多困难。

首先，农村经济遭受很大的破坏与损失。纵横不过50公里的南沂蒙地区，在一次"扫荡"中，群众就被杀害3000多人，牲畜被抢去万余头，粮食被掠夺160余万斤，民房被毁5000余间，人民生活极端困苦，不少地区群众断炊。鲁中区的泰山区和鲁南山区军民不得不以米糠、地瓜蔓、草籽、树叶充饥。冀鲁边几乎没有一个村子不被迫向

---

① 肖华：《英勇抗战的山东军民》，载魏宏运主编《中国现代史资料选编》(4)，黑龙江人民出版社1981年出版，第574页。

敌人缴粮、纳税，负担极重。

其次，财粮供给困难。前面已经讲到，山东根据地的财粮供应原来不算困难，在军民的节约下，粮食收支和财政收支都能维持平衡，而且还有些节余。形势逆转后，根据地范围缩小，农村经济遭到破坏，财粮收入来源萎缩，军政的需要与农民的负担能力之间的矛盾相应突出。据山东分局在四年工作总结中谈到，1942年4月，山东根据地的军队人员为10万人（其中山东纵队6万人，八路军115师4万人），加上各级政府人员，合计吃公粮人数在17万以上。当时根据地人口为800万（以后还有所减少），吃公粮人数占到总人口的2%以上。

最后，大量物资被敌伪掠夺。太平洋战争爆发以后，日本帝国主义从上海等地攫取到几十亿元法币（当时法币1元约合现在人民币1角），并把这些法币送到国民党大后方和敌后抗日根据地，用来攫取大量的物资。同时大量发行伪币来代替法币，以弥补他们的财政赤字。1942年从四周流入山东根据地的法币有几亿元，与此同时就有相应数量的物资流出境外，被敌伪掠夺。这比几次大"扫荡"所造成的损失还要大①。

经济上财政上的这些困难，虽然不如当时陕甘宁边区、晋察冀边区、晋冀鲁豫边区大，但也是很严重的。

（二）克服经济困难的若干措施

1941年底，中共中央书记处、中央军委针对山东根据地变化的形势，对中共北方局、山东分局、山东军政委员会下达指示，明确1942年山东根据地的中心任务是"积蓄力量，恢复元气，加强团结，巩固内部"。

1942年4月，正当山东战场处于最艰苦最困难的关头，刘少奇代表中共中央到了山东，帮助中共山东分局，总结了山东抗战四年来的斗争经验，提出了以后的斗争方针和任务，并且对山东的军事、政治斗争，群众工作，统一战线工作，党的工作和根据地建设等各项政策，作了深刻系统的指示。这些指示，对于加强山东的工作，胜利地渡过

---

① 薛暮桥：《山东解放区的经济工作》，人民出版社1979年出版，第81页。

抗战最艰苦的阶段和以后的发展，具有深远的意义。

山东根据地的经济建设，原来注意不够，收效甚微。刘少奇到山东帮助工作后，中共山东分局在总结经验的基础上，加强了对经济工作的领导，调整了政策，有针对性地采取了相应的措施，不久就收到明显的效果。当时采取的措施主要有：深入开展减租减息运动，调动群众对敌斗争的积极性；开展以农业为主的大生产运动，恢复和发展生产；改进救国公粮征收办法，照顾各阶层的利益，使负担进一步公平合理；开展货币斗争，反对敌伪掠夺根据地内的物资。

山东农村受帝国主义势力的侵略较早（主要是胶东），商品经济比较发达，土地比较分散（地主富农占有土地约占总数的30%），但剥削却很残酷，封建的经济剥削花样很多。就地租剥削来说，据1934年19个县调查，实物地租的租率，水田平均为45.9%，旱地平均为46.4%；货币地租的租率，也在30%和50%之间。高利贷剥削的名目繁多，盛行的有典当、借粮两种，典当利息最高的达5分，借粮利息最高有至10分的。这种租佃、借贷关系，在根据地建立以后有所变化，但变化不大。如果不放手发动群众起来减租减息，进行反封建斗争，就不能把农民的积极性真正调动起来，克服经济困难也就会变成一句空话。

山东根据地的减租减息，在1941年以前还是一个宣传口号，有些地区虽实行过二五减租，但收获不大，后来环境恶化，就连这样所得的一点小收获也大多消失了。1942年5月15日，省战工会重新颁布了减租减息的法令，明确规定：公私租佃土地，均须实行二五减租（减租25%），减租后按约交租，不得预收地租或收取押租；救国公粮由业佃双方负担，田赋由土地所有人负担；租约须规定5年以上的租期，至少不得少于3年；抗战前借款，年利率超过15%者，减为15%，低于15%者，照原约；债务人付息还本1倍者，停息还本，付息达原本2倍以上者，债务消除；抗战后借款，年息已减为15%者，按约交息还本。法令公布后，减租减息工作空前活跃起来，但仍然减得不普遍，不彻底，明减暗不减的现象相当严重。从1943年冬开始，在中共山东分局的号召鼓励下，减租减息再度活跃起来，某些地区乡村中的封建统治开始动摇。

据滨海区 4 个县统计,从 1942 年 5 月到 1944 年 7 月,获得增资者达 50390 人,减租者 2147 户。减息最好的莒南县,据 14 个村统计,就有 125 户之多①。渤海区统计,3 年来(1942 年 5 月到 1944 年底)共有 3988 户佃农减租,减去租粮 1425.5 石,减去小租 5361 元,有 526 户贫农减了息,共减息金 1286 元,息粮 81.82 石,并为大批佃农留地立了约②。

由于减租减息政策的实施,封建剥削程度降低,农民经济得到了发展。据渤海垦区 30 个村统计,1942 年全垦区有中农 487 户,贫农 557 户,佃农 348 户;1943 年中农增加到 652 户,贫农减为 271 户,佃农减为 336 户。1942 年 30 个村中没有富农,1943 年贫佃农和中农中有 129 户上升为富农③。与此相反,地主的经济地位则显然降落,旧式富农也有部分下降。

在深入开展减租减息运动的同时,各地还开展了以农业生产为主的军民大生产运动。主要做法是:开垦荒地,打井防旱,组织变工,发展合作社,武装保卫秋收,军政人员参加生产,等等。除开展农业生产外,还开展了盐业、纺织业的生产。山东根据地的大生产运动虽不如陕甘宁边区、晋冀鲁豫边区搞得好,但也取得了一定的成绩。以渤海垦区为例,从 1942 年到 1944 年 7 月 1 日的两年时间内,共开荒 567285.47 亩,使耕地面积增大 4 倍④。如按每亩收获粮食 100 斤计算,即可增加粮食产量 5000 余万斤。胶东区在 1942 年一年中,由于修河、修堤、打井、植树、除害等措施的实施,共增加耕地面积 3965304 亩,增加牛 1552 头,猪 51052 头,鸡 149316 只⑤。滨海区的盐业、纺织业都发展得不错,仅部队开的盐田就达 4000 多亩(1944 年 7 月底统计),1944 年出布 15 万匹以上,达到衣料全部自给⑥。这

---

① 滨海区专员谢辉:《山东滨海区的民主建设》,《解放日报》,1944 年 8 月 4 日。
② 《渤海垦区的今昔》,《解放日报》,1944 年 12 月 18 日。
③ 同②。
④ 同②。
⑤ 《去年胶东的经济建设》,《解放日报》,1943 年 4 月 8 日。
⑥ 谢辉:《山东滨海区的民主建设》,《解放日报》,1944 年 8 月 4 日。

不仅恢复和发展了经济,而且减轻了农民的负担。

政府在制定减租减息增资条例后,制发了新的征粮办法。新的征粮办法,一方面照顾到人民的生活,减轻了人民的负担;另一方面又考虑到保证抗战胜利,坚持最后两年对敌艰苦斗争的军粮需要。鉴于减租减息后农村经济的新变化,省战工会明确规定了对各阶层征粮的最高额:(1)地主已实行减租者征粮不得超过收入的40%,未实行减租者不得超过50%;(2)富农不得超过30%;(3)中农不得超过20%,小佃户与贫农不得超过10%,未减租者免征。这样,既照顾了贫农中农在减租减息中得到的利益,又使地主富农在减租减息增资后,负担有所减轻,生活上能够得到保障。为了战胜经济上财政上的困难,减轻人民的负担,政府又精简了机构,减少了财政支出,同时通过组织公营盐业生产,增加了财政收入。

根据地经济的恢复和发展,有力地保证了对敌经济斗争的胜利。山东根据地的对敌货币斗争,1942年在胶东部分地区开始取得胜利,1943年在全省大部分地区取得了胜利。几亿元法币被排挤出根据地市场,换回大量的物资,不但有力地支援了抗日战争,而且有力地支持了本币(北海银行纸币),基本上保持了币值和物价的稳定。1943年夏季,山东在全省范围内开始排挤法币时候,本币的币值同法币相等。到这一年冬天,本币同法币的比价就变为1:6①。对敌货币斗争的胜利,使抗币威信大大提高,法币、伪币价值大大降低。例如1943年粮价,本币落47%,伪币涨264%;必需品价格,本币落92%,伪币涨287%;土产品价格,本币落52%,伪币涨238%;各物平均价格,本币落56%,伪币涨253%。如以1943年本币、伪币、法币购买物品物价与战前物价涨落比较,粮食上涨额——本币40倍,伪币50倍,法币160倍;必需品上涨额——本币70倍,伪币70倍,法币340倍;土产品上涨额——本币70倍,伪币66倍,法币550倍;平均上涨额——本币60倍,伪币62倍,法币340倍②。这是工商管理方面的成绩,也是根据地经济建设(如纺织、盐业的开展)的结果。

---

① 薛暮桥:《山东解放区的经济工作》,人民出版社1979年出版,第82页。
② 谢辉:《山东滨海区的民主建设》,《解放日报》,1944年8月4日。

上述种种措施,为山东军民克服困难,渡过难关,粉碎敌人的"扫荡"和"蚕食",恢复和扩大抗日根据地,打下了坚实的基础。

(三) 救国公粮制度的改进

1942年8月25日,山东省战工会发出了《关于修正征粮办法的决定》。《决定》指出,从本年秋征开始,改按产量征收救国公粮(田赋仍单独征收,由地主负担),废除甲、乙两种公平负担办法,并绝对禁止按地亩摊派。这是救国公粮征收制度又一次大的改进。

改进后的救国公粮办法,以户为单位,按各户全年的收获量计算征收。收获量由户主登记,村评议会审核确定。莲池、苇塘、果园、菜园、竹园面积较大,有一定收益者,按实收入折成粮食计算(折合时考虑到劳力及投资的多寡)。

按产量征收的标准,以户为单位,按人口计算(不论大小口皆按1口计算,雇工在雇主家按1人计算),每人平均全年产量不足100斤者不负担,每人平均全年产量在101斤以上的,全额累进计征。累进率规定如表2-23所示。

表2-23

税　级	每人平均全年产量(斤)	税　率
	100以下	免征
1	101—150	1%
2	151—200	2%
3	201—250	3%
4	251—300	5%
5	301—350	7%
6	351—400	9%
7	401—450	11%
8	451—500	13%
9	501—550	15%
10	551—600	18%
11	601—650	21%

续表

税　级	每人平均全年产量（斤）	税　率
12	651—700	24%
13	701—750	27%
14	751—800	31%
15	801—1000	35%
16	1001 以上	35%

如果军粮困难，或者富裕地主负担能力特强时，征得户主同意并经战略区政府批准，累进可以适当提高，每人平均产量1001—1500斤的，征收40%，1501斤以上者征45%，但最高不得超过45%。游击区、敌占区按累进税率的1/3（至多1/2）计算征收。

公草公柴的征收，按公粮比例计算，一般以交纳一斤公粮交二斤公草、公柴为原则。

改进后的征粮办法，简化了手续，负担也较以前公平多了，主流是好的，但也还存在一些严重的缺点。主要是：大部分地区没有进行土地、人口登记，产量评议很难符合实际，结果是工作好的地区征的多，工作差的地区匿报征的少，老实人吃亏，狡猾者占便宜；地租收入和自耕收入同样计算产量，造成地主负担比富农负担还轻。

针对这些问题，1943年省战工会对按产量征收的办法又作了改进：为奖励生产，对自耕农的产量，一律扣除20%的农本费计算；确定了各阶层的负担比例；逐块评定产量改为划地段评定产量。各地根据这些原则，对原征粮办法分别作了修正。由于理解和认识不一，修正后的办法很不一致。

关于累进分级的标准。胶东区以每人平均收入多少为累进分级标准。鲁南区以每人平均地亩多少为累进分级标准。滨海区分级办法与胶东区大致相同，但每季都估计产量。清河区按产量与阶级两个标准分级累进，如每人平均产量300斤，若为贫农征3%，若为中农征13%，若为富农征21%，若为地主征30%；而且，以生产方式、生活资料获得方式来划分阶级，有一牛一马者划为富农。

关于出租地及租种地的计算方法。滨海区规定：凡自耕或雇工经营土地,从产量中扣除生产成本20%后计算公粮;佃农按同样方法扣除生产成本后,再扣除地租计算公粮;出租地按地租收入征收,不扣除生产成本。鲁南规定,出租地及租种地二亩折一亩计算负担,自种地一亩算一亩负担。胶东区的办法与滨海区近似,但在计算公粮以后再打八折,而不是先扣除20%的农本。鲁中区规定,出租地三亩折二亩计算,租种地三亩折一亩计算。

关于累进率的高低。鲁中区大部分地方没有采用累进的原则,采用的,累进差额亦较小。胶东区规定:每人平均产量150斤者征1%,200斤者征2%,250斤者征3%,300斤者征4%,350斤者征6%,400斤者征8%,450斤者征10%,500斤者征12%,550斤者征14%,600斤者征17%,650斤者征20%,700斤者征23%,750斤者征26%,800斤者征29%,850斤者征32%,900斤以上者征35%。清河区分四等(四个阶层)分别规定累进率。

所以,1942—1943年,山东根据地的救国公粮征收办法仍然只是大体的统一,许多方面还是分散经营的。

(四) 1942—1943年农民的粮赋负担

1942—1943年,是山东根据地最困难最艰苦的两年。但是,由于党政军民齐心协力,加强了对敌斗争,开展了根据地的经济建设,这两年的财粮收入仍然完成得很好,保证了战争供给的最低需要,人民的负担还相对地有所减轻。

据有关资料统计,山东根据地征收的救国公粮和田赋折粮两项,1942年为16375.9万斤,1943年为20955.5万斤。其中,救国公粮占70%左右,田赋折粮占30%左右。具体征收数字,列表如表2-24所示。

表2-24　　山东根据地1942—1943年公粮、田赋征收统计　　单位:万斤

地　区	1942年			1943年		
	救国公粮	田赋折粮	合　计	救国公粮	田赋折粮	合　计
渤海区	1407.6	422.2	1829.8	2010.8	603.2	2614.0
鲁南区	748.4	296.8	1044.2	989.4	296.8	1286.2
滨海区	2997.8	899.3	3897.1	3600.0	1080.0	4880.0

续表

地 区	1942 年			1943 年		
	救国公粮	田赋折粮	合 计	救国公粮	田赋折粮	合 计
胶东区	5112.5	2180.1	7292.6	6915.2	2458.7	9373.9
鲁中区	1777.97	533.3	2311.27	2308.8	692.6	3001.4
合计	12044.2	4331.7	16375.9	15824.2	5131.3	20955.5

注：（1）表列救国公粮数，除滨海区1943年为估计数外，其余均为统计数。
（2）各年田赋数，除胶东区为统计数外，其余均为推算数（按公粮数的30%推算）。
资料来源：根据山东省财政厅从省档案馆抄录的资料整理。

按照当时根据地人口800万计算，则每人平均负担，1942年为20.5斤，1943年为26.2斤。从每人平均负担的绝对数来看，比1941年度是增加了，但人民的负担则进一步公平了。这主要反映在两个方面：

第一，负担面扩大了。1941年的负担面一般在70%左右，有些地方还不到70%。1942—1943年，负担面一般扩大到80%左右。这样，广大人民（包括贫农的多数）都有粮赋负担，中农、富农和地主的负担也有所降低。

第二，各阶层的实际负担比例也比较公平合理了。以滨海区为例，1943年秋各阶层的负担情况是：地主平均负担占收获量的30%（不及原规定的35%），富农19%，中农10%，贫农3%，总平均（即总负担占总产量的百分比）为11%[①]。负担的进一步公平合理，大大调动了各阶层的抗日积极性。

在这艰苦奋斗的两年里，广大群众的抗日热情是很高的，特别是广大农民，他们节衣缩食，把自己的劳动成果，热情地献给了自己的政府，献给了自己的子弟兵。沂南一个模范村，征收公粮田赋时，在动员的第二天，3万斤公粮和2700元田赋就完成了[②]。滨海区1944年春，人民自愿参加八路军主力和地方武装部队的达6343人，超过计划

[①] 谢辉：《山东滨海区的民主建设》，《解放日报》，1944年8月4日。
[②] 《山东抗日军民根据地的缩影——沂蒙区沂南一个村的调查材料》，《解放日报》，1943年4月30日。

的 333%①。

广大群众除了踊跃出粮出钱外,还出生入死地为政府贮藏和保卫公粮。在整个抗日战争年代里,粮食是没有保管员和保管机构的,如果说有粮食保管员的话,那就是广大的农民群众。群众为了保护公粮,坚持持久抗日,创造了许多好的巧妙的办法。广北、垦利、沾化一带,地广人稀,有条件小型集中储藏,村干部就带领民兵,把公粮秘密挖坑埋藏在村外地下,在坑的周围垫以杂草,上面用土覆盖摊平,种上小麦。1943年11月,敌人3万人对上述地区的大"扫荡",持续一个月,一粒粮食也未捞到,埋在地下的粮完好无缺。许多地区的群众,在敌人"清剿抉剔"的时候,严刑拷打群众,要他们供出谁是共产党员,谁是干部,何处埋藏着粮食,群众宁肯慷慨就义,也坚决不吐露。这种气壮山河、可歌可泣的事迹,表现了山东群众崇高的民族气节和无比的英雄气概,是后人永远不会忘记的!

四、进入新时期的农民负担

(一)新时期山东根据地的形势

经过两年的艰苦奋斗,山东八路军终于在1943年秋季,将军事主动权夺取过来,由战略防御转入战略反攻。从此,根据地进入新的时期。

1944年,毛泽东发出"扩大解放区,缩小沦陷区"的号召,要求敌后军民把一切敌人守备薄弱和有条件攻克的沦陷区,全部化为解放区,迫使敌人处于极端狭窄的城市和交通要道之中。山东军民热烈响应毛泽东的号召,浩浩荡荡地向敌人展开了多次攻势作战。鲁中歼灭了山东伪军主力吴化文的大部,完全控制了沂鲁山区,使鲁中根据地连成一片。鲁南经过打死刘桂棠、刘国桢,击溃荣子恒等战役,将敌人从根据地中心区完全驱走,收复了滕峄边,并打开了邹东、滕东、郯西边联区,收复了岢口山区。滨海攻克了赣榆城,活捉李亚藩,完全粉碎了敌人沿沭河的封锁线,南部保持了原来形势,北部有了新的

---

① 谢辉:《山东滨海区的民主建设》,《解放日报》,1944年8月4日。

开展。渤海恢复了小清河以南地区，摧毁了利（津）博（兴）边封锁线，改善了冀鲁边一、二分区残酷的斗争局面。胶东一般保持原状，南海方面略有进展。在滨海、胶东、渤海三区，八路军控制的海岸线有700多里，其中某些小港口可停船舶。

反攻的胜利，使山东的根据地形势大为改观，大部恢复了1940年的状况，并有新的发展。到1944年秋统计，抗日政权共辖有17个专署96个县，人口1350万（全省总人口2900万）。

1945年春，山东根据地的日军虽然大量增加（日本侵略军增至10万人），但山东军区仍坚决执行了5、6、7月作战计划。胶济路东段两侧地区和临（沂）费（县）地区，随着大股伪军被歼，有的地方已连成一片。1945年7月7日，山东军区公布了一年来局部反攻的战绩：共与敌伪进行大小战斗4549次，攻克县城15座，据点1043个，光复国土14万平方里，解放人口349.8万。整个山东解放区的人口达到2200万。

苏联对日宣战后，毛泽东指出："对日战争已处在最后阶段，最后地战胜日本侵略者及其一切走狗的时间已经到来了。在这种情况下，中国人民的一切抗日力量应举行全国规模的反攻，密切而有效力地配合苏联及其他同盟国作战。"① 据此，山东八路军立即编成9个师、12个警备旅和4个独立旅投入大反攻。山东党、政、军、民领导机关号召解放区青年、妇女、各人民团体，分别担任各种战时勤务；号召工人举行武装起义，里应外合收复城市。同时以20万民兵组成子弟兵团，支援前线和维持新解放区治安。分成五路的反攻大军，踏着秋禾灿然的原野，以排山倒海之势，向胶济、津浦、陇海沿线各大小城市猛进，前锋直逼济南、徐州、青岛等城市。八路军所到之处，广大青年配合八路军报仇雪耻，父老妇孺箪食壶浆，欢迎子弟兵。这时日本侵略者虽然已经宣布投降，但是国民党反动派和日伪合流，控制了大城市，阻止八路军受降。山东部队立即把反攻矛头转向敌占的中小城市。在一个多月的大反攻作战当中，八路军收复临沂、曲阜等县城46

---

① 毛泽东：《对日寇的最后一战》（1945年8月9日），载《毛泽东选集》第三卷，人民出版社1966年横排版，第1066页。

座,烟台、威海卫等海口、商埠6处,歼灭日伪军6万余人。到战争胜利结束的时候,山东除几个重要城市外,已经全部获得解放;八路军发展到27万人,民兵发展到50万人。

进入新时期后,根据地的建设也不断取得胜利,社会秩序空前良好,政治上一片光明,经济上日益繁荣。

1944年山东根据地继续开展了群众性的大生产运动。由于根据地普遍实行减租减息,农民的生产积极性大大提高,农业生产连年丰收,粮食、棉花、油料等都能够自给,有些地区还有多余可以输出。一般估计,渤海区每年可以输出粮食5000万—1亿斤,鲁南沂河区和运河区的粮食亦有大量余剩[1]。全省每年产花生油约有8000万斤,输出5000万斤(胶东、滨海、鲁中各1500万斤,鲁南500万斤),约值300万元。花生油除销本省敌占城市以外,还能运销华中、鲁西邻区,南至上海,北至天津[2]。渤海区是主要产棉区,每年产棉估计有2000万斤,除自用600万斤外,可以输出1400万斤。1945年除渤海区外亦提倡植棉,植棉面积增加一倍以上,除滨海、胶东外,各地棉花均可自给[3]。

工业生产的发展更快。1943年明确提出"扶助群众生产,建立自由市场,争取自给"的方针后,由政府动员号召,通过合作社(山东全部合作社中,纺织合作社占70%以上)来组织发展群众的纺织生产,收效很大。如胶东、滨海、鲁中、鲁南大部分地区,原来纺织生产都不发达,经过组织领导后,很快就普遍发展起来了。到敌人投降时,全省已有纺车100万辆,织机16万架,以当时所占之地区计算,所产土布大体上可以自足自给[4]。食盐生产,1944年滨海区(拓汪附近)达95万担;1945年渤海区达80万担;胶东产盐数更大,1945年估计全省可输出食盐300万担,约值3亿元[5]。

经济的发展,开辟了新的财源,增加了新的财政收入。1944年各

---

[1] 薛暮桥:《山东解放区的经济工作》,人民出版社出版,第122、124、125页。
[2] 同[1]。
[3] 同[1]。
[4] 薛暮桥:《山东解放区的经济工作》,人民出版社出版,第7、121页。
[5] 同[4]。

地税收总额（工商税收）超过 1.5 亿元，比 1943 年增加了一倍半（主要由于地区扩大）。其中，鲁中、渤海、胶东区的税收均在 3000 万元以上，滨海区超过 4000 万元，鲁南区较差，不到 1000 万元。除正式的税收外，1944 年各地贸易盈利超过 6000 万元，其中大部分是专卖利润①。由于增加这一新的收入，虽然 1945 年财政开支大大增加，但未加重人民负担。

山东根据地的财粮供给，原来主要靠取之于民，随着大生产运动的开展，开辟了新的财源，取之于民的比重逐渐下降。以胶东区为例，公粮、田赋占财粮总收入的比例，1938 年为 94.77%，1939 年为 77.9%，1940 年为 88.52%，1941 年为 88.54%，1942 年为 89.08%，1943 年为 85.17%，1944 年为 83.09%，1945 年下降为 73.52%②。这是自力更生建设根据地的胜利，也是山东根据地经济形势好转的重要标志。

（二）1944 年救国公粮及田赋征收办法的修订

为了适应军事斗争和农村经济发展的需要，保障大反攻阶段粮草的供给，1944 年各行政区根据省战时行政委员会的指示精神，对救国公粮和田赋的征收办法又作了修订补充，并且豁免了 1941 年 12 月以前民间积欠的全部田赋、公粮数。渤海区和胶东区在修订过程中，还对基本区、游击区、敌占区、新解放区分别拟定了不同的征收办法。

第一，关于修订的原则。

修订救国公粮征收办法的原则，1944 年 3 月 26 日《山东省战时行政委员会对各行政区征粮办法指示》中提了三条：既要保证军队及政民工作人员的食粮供给，又要尽可能地减轻人民负担；既须减轻贫苦农民的负担，又要照顾地主负担勿使过重；既须奖励农民深耕细作，多施肥料，又须促使农民多种田地，不妨碍富农经济的自由发展。鉴于 1943 年各地修正后的征粮办法参差不齐，存在一些问题，省战政会根据上述三条原则，又提出了一些具体的改进意见：（1）累进分级可以地亩多少为标准，也可以收入多少为标准。以地亩多少为标准时，

---

① 薛暮桥：《山东解放区的经济工作》，人民出版社出版，第 129 页。
② 根据山东省财政厅收集的资料计算。

应按照土地的不同情况分别定产量,并折合成标准亩(中中亩)来计算负担。以收入多少为标准时,应按各级土地的平均产量来计算收入,勤劳者多产不多计,懒惰者少产不减计,以奖励农民增加生产。并明确指出,清河区把人民分成四等,按产量和按阶级两个标准计征的办法不公平,应即废止。(2)出租地及租种地的计算方法应当区别对待。不劳而获的收租地主负担应当稍重,勤劳生产的农民及经营地主的负担应当稍轻,佃农收入较少、生产成本较大,其负担应比自耕农更轻。(3)累进率的确定,要照顾贫苦农民的负担能力,不使富农负担太重。(4)雇工参加生产,其工资超过政府规定之最低标准者,可作雇主家人口计算(特殊情况下雇工工资低于规定的最低标准者,可作半口计算);寡居、老弱等人家及贫苦抗属,可酌减若干负担亩或负担粮。

第二,关于田赋征收办法的改进。

1943年以前,山东根据地征收的田赋,都是按亩(官亩)或按银两计算的(由于土地清丈工作未能展开,原规定按标准亩累进计征的办法实际未能执行)。1944年渤海区和胶东区均作了改进。

渤海区原规定每亩(240号,官亩)征收田赋正税20元,1944年改为按每亩产量多少分四等征收:一等地征20元,二等地征16元,三等地征12元,四等地征8元。

胶东区1944年规定:田赋与公粮分别计算,同时征收。田赋按粮食计算后,再一律按当地市价折征北钞(北海银行发行的纸币)。敌占区及八路军占劣势的游击区,仍按习惯办法征收(包括一、二、三等地的办法,按旧地亩或按银两的办法)。行政区及八路军占优势的游击区,上期田赋一律按各级地平均产量的1%征收,下期田赋按产量的3%征收。但是,行政区及八路军占优势的游击区中对生活贫苦的山区人民,每人平均不满5分地的,免征田赋;敌占区及八路军占劣势的游击区中生活贫苦的山区人民,每人平均不满5分地的,免征其田赋及公粮。

第三,对基本区征收救国公粮办法的改进。

对基本区(包括新解放地区)征收救国公粮,各地继续执行1943

年省战工会颁布的按产量累进的办法。只有渤海区和胶东区根据上年执行情况和省行委会提出的改进原则作了若干修订。

渤海区废除了按阶级分等计征的办法，改按产量累进征收。产量计算，按土地等级评定。鉴于出租地租额不高，为照顾地主生活起见，减租与未减租之地主，均按实收租额计算负担；佃户负担也按实际收入（扣除交纳地租和农本）计算。起征点定为120斤。凡每人平均产量在120斤以下的户，免征救国公粮，每人平均产量在120斤以上的户，累进计征，最低税率2%，最高税率40%。新解放区纳税户按统一办法计征后，减征1/3。

胶东区主要是增加了对水浇地、棉田、稻田负担的优待规定。明确：1944年用打井或其他方法能经常用水浇地的，浇地一亩者减该户总产量50斤计算公粮；浇地二亩以上者，减该户总产量100斤计算公粮。新植棉田一亩者，减该棉田平均产量50斤计算公粮；种棉一亩产棉百斤以上者，减该棉田平均产量75斤计算公粮。1944年的水稻田，降低一个土地等级计算产量，开荒种水稻者，三年内免征公粮。这些优待规定，都是从鼓励群众发展生产出发的。

第四，对游击区征收救国公粮办法的改进。

渤海区对游击区单独规定了征粮办法（桓台、临淄、寿光等地适用）。办法规定，救国公粮以户为单位，按每人平均秋收面积多少，分别确定每亩负担分数，按全村每负担分应摊公粮任务数算出各户的公粮负担数。这是一种按地亩累进征收的办法。

胶东区对游击区的减征照顾进一步作了具体的规定：八路军占优势的游击区，最多可以减征税额的30%（实征70%）；八路军占劣势的游击区，可以减征税额的30%—60%。并且规定：八路军占劣势的游击区，凡按一、二、三等地征收者，减征后公粮田赋合计，一等地每官亩实征1.5斤到1斤12两（16两秤），二等地每官亩实征2斤到2斤5两，三等地每官亩实征2.5斤到2斤15两；按旧地亩征收者，减征后公粮田赋合计每官亩实征2斤到2斤5两；按银两征收者，减征后公粮田赋合计每两银子实征85—100斤。

第五，对敌占区救国公粮征收办法的改进。

对敌占区的征收更宽一些。渤海区规定,敌占区的救国公粮可以按习惯亩征收,也可以按游击区办法征收。无论采用哪种征收办法,按标准计算后,均减轻 1/2。胶东区规定:敌占区(包括在敌占区的小块游击区)的减征,可以从 30% 逐步减到 60%;敌占区的公粮田赋,如用一、二,三等地的办法征收者,减征后公粮田赋合计,一等地每官亩实收 1 斤,二等地每官亩实收 2 斤,三等地每官亩实收 2.5 斤;按旧地亩征收者,减征后公粮田赋合计,每官亩实收 2 斤;按银两征收者,减征后公粮田赋合计每两银子实征 85 斤。

(三)1945 年的田赋、救国公粮征收办法

为了保障财粮供给,迎接大反攻的胜利,山东省行政委员会在 1945 年内连续颁发了几个征粮的文件。1945 年 4 月 21 日公布了《山东省征收公粮条例》,8 月 20 日下达了《关于秋季征收公粮的决定》,8 月 30 日下达了《关于夏忙田赋的征收指示》,11 月 3 日又发了《关于目前财粮工作的指示》。这些文件,对 1945 年度田赋、救国公粮、地方粮以及柴草的征收作了原则规定,并在原基础上作了一些改进。

第一,关于田赋的征收。

1945 年的田赋,除敌占区实行与救国公粮合并计征外,其余地区仍然单独计算。征收办法由各行政区自行规定,大体上有三种情况:(1)滨海、鲁中、鲁南三个地区按中中亩征收,根据省里指示,夏忙田赋征收每中中亩最多不超过 6 元。(2)渤海区规定,敌占区、游击区按地亩征收(每人平均一亩地不征收),其余地区按等级地征收:一级地(每亩产量 300 斤以上)每亩征 40 元,二级地(每亩产量 201—250 斤)征 35 元,三级地(每亩产量 151—200 斤)征 30 元,四级地(每亩产量 101—150 斤)征 25 元,五级地(每亩产量 50—100 斤)征 20 元,六级地(每亩产量 50 斤以下)征 12 元。(3)胶东区规定,使用新办法(按平均产量累进计征办法)征收公粮的地区,田赋按平均产量每斤征收北海银行币 1 角;1944 年与 1945 年上半年解放的地区,每亩征收币 10 元;1945 年下半年新解放的地区,每亩征收币 7 元;1944 年秋与 1945 年新解放的地区,山地贫苦农民有地半亩以下者,免征田赋。

第二，关于救国公粮的征收。

省行政委员会规定，1945年的救国公粮可以按标准亩计算，也可以按产量计算，但是都要贯彻累进的原则。最高负担比例，农民不得超过其土地收入的30%，地主不得超过其土地收入的35%，赤贫户免征公粮的户数最多不得超过总户数的20%。

税率按各户每人平均产量多少（按标准亩计算的也折成产量）分成5等确定：每人平均产量1000—1500斤的为一等户，最多征收35%；每人平均产量600—1000斤的为二等户，最多征收30%；每人平均产量300—600斤的为三等户，最多征收20%；每人平均产量100—300斤的为四等户，最多征收10%；每人平均产量100斤以下的为五等户，免征（免征户超过20%的地区可酌量征收，但最多征收5%）。这个税率规定，有些地区未全部执行。例如，渤海区规定了36个等级的累进税率，胶东区仍执行1943年的分16个等级的累进税率。

随同救国公粮征收的地方粮，统一规定为不超过公粮总数的10%。过去，地方粮由县规定，没有统一的标准，征收较滥，增加了人民的负担。1945年统一作了规定，对于控制民负是很有好处的；但是，实际执行仍有很多超过，胶东区1945年下半年附征的优救、教育、村长等用粮，达到公粮总数的30%—35%。

第三，关于柴草的征收。

省政府对柴草征收未作统一规定，各地执行情况也不一致。渤海区规定，1945年纳一斤粮交二斤草（马草应占柴草的1/10）。为解决柴草运输调剂的困难，平均征收1/2的柴草变价款，或折为粮食。胶东区规定，公粮一斤带征木柴一斤半（附加部分不征木柴），缺柴地区可按高粱秸一斤半折木柴一斤，征收松柴、柞柴等120斤折木柴100斤征收。

第四，关于粮食管理。

原来征收的公粮，基本上分散在村里和农民家里保管。为了适应大兵团正规战的需要，及时供应粮草，支援前线，1945年对粮食管理作了改进：(1) 改变过去过度分散的办法，设立固定粮库，适当地于粮库附近交通方便的村庄设立固定的粮仓，使粮食脱离民户。这样，不仅可减少群众收交贮存之麻烦，还可减少粮食的损耗，保证及时迅速运输供应。（2）县以上的行政、武装、优救、教育等用粮，按预算数在各县粮食总数中扣除，留存在县作为"地方粮"，其余均为"常备粮"，适当集中于粮库管理，以作机动部队及专署级以上的机关部队供给用。（3）每一作战地，由部队于前线设统一的供给机关。各线运去的粮柴交该供给机关，并由他们办理统一的收支手续。各作战部队，直接向供给机关领取粮柴。（4）为供应及时，按当地条件，实行贸易粮的转换或调剂，以减少运输时间。

（四）反攻阶段的农民负担分析

反攻阶段的农民负担，主要有救国公粮、田赋、地方粮、柴草等四项。

救国公粮，据有关资料统计加上估计，1944年为32896万斤，按1350万人口计算，每人平均负担24.4斤；1945年为59441万斤，按2200万人口计算，每人平均负担2.7斤。分地区数字如表2-25所示。

表 2-25

地　区	1944年征收救国公粮数（万斤）	1945年征收救国公粮数（万斤）
胶东区	9574	15530
渤海区	2798	15094
鲁中区	7524	10817
鲁南区	5000*	8000*
滨海区	8000*	10000*
合计	32896	59441

注：*为估计数，其余为统计数（山东省财政厅从省档案馆抄录）。

田赋征收数（折粮数），据有关资料推算，1944年为12500万斤，1945年为18350万斤。按当时根据地人口平均，1944年每人负担9.2斤，1945年每人负担8.3斤。

地方粮征收数，1944年按公粮征收的20%推算为6660万斤，每人平均负担 4.9 斤；1945 年控制后有所减少，胶东区按公粮征收数的 30% 推算，其他地区按 10% 推算，共为 8900 万斤，每人平均负担 4 斤。

柴草征收数，按一斤公粮二斤柴草推算，1944 年征收数为 6.4 亿斤，1945 年为 11 亿斤。

把上述救国公粮、田赋、地方粮加在一起，则 1944 年农民的总负担数为 52056 万斤，每人平均负担为 38.5 斤（按负担人口计算为 48 斤）；1945 年总负担数为 86691 万斤，每人平均负担 39.3 斤（按负担人口计算为 49.2 斤）。同 1943 年比较，每人平均负担增加 47%—50%。

负担的增加，主要原因有二：一是随着反攻的需要，军队人数增多。到 1945 年日本投降时八路军发展到 27 万人，比 1942 年的 10 万人增加一倍多，如按养兵一人需粮 2000 斤匡算，就需增加粮食供应 2 亿斤。当时，粮食的来源主要依靠农民，这就不能不相应增加救国公粮的征收数。二是由游击战逐步转为大兵团正规作战后，财政开支加大。随着经济建设的发展，财政收入虽有增加，但 1945 年税收收入也只有 1.5 亿元，加上贸易盈利 0.6 亿元，也只 2.1 亿元，而这一年的财政开支（包括粮食开支）估计在 8 亿元以上。因此，农民的负担也需要相应增加一些。

农民负担虽然增加了，但负担比例仍然不算高。据有关调查材料估计，1944—1945 年每人平均农业实产量约为 500 斤，照此计算，则 1944 年的负担率为 7.7%，1945 年的负担率为 7.9%（如按负担人口计算，则 1944 年为 9.6%，1945 年为 9.8%）。如果按军民的人口比例计算，1945 年军政人员占总人口的比例约为 1.59%，也不算太高。

从地区之间的负担情况看，基本区负担较重，游击区负担很轻。基本区的农民负担，据胶东区昆嵛县小英村调查，1944 年全村平均负担占中亩产量的 20.3%；据滨海区日照县巨峰区李家土山调查，1944 年负担占中亩产量的 21.57%；据渤海区 15 个县 19 个村典型调查，1945 年负担占中亩产量的 27.48%。因此，基本区的农民群众在支持反攻的斗争中,承担了较大的任务。

在反攻阶段,各阶层的负担也进一步公平合理了。下面我们把当时的几个调查材料综合成一张表来具体看看各阶层的负担情况(见表2-26)。这些材料的代表性不一定很强,但至少可以看到基本区内各阶层负担的大体趋势。

表2-26

调查地区	年度	阶层	各项负担占中亩产量的比重(%)
鲁中南莒沂县箕山区、拐庄区与起山区的几个典型户	1944	地主 富农 中农 贫农	21.52 32.32 19.73 14.62
胶东区昆嵛县小英村	1944	全村平均 富农 中农 贫农	20.30 36.15 21.43 3.50
滨海区日照县巨峰区李家土山	1944	全村平均 地主 富农 中农 贫农	21.57 41.48 32.94 15.91 11.10
渤海区15个县19个村	1945	平均 地主 富农 中农 贫农	27.48 42.36 36.32 25.75 19.94
鲁中南区沂东县城子区河北沟头	1945	全村平均 地主 富农 中农 贫农	37.62 46.92 33.66 33.64 23.06

续表

调查地区	年度	阶层	各项负担占中亩产量的比重（%）
胶东区昌北县齐西村与掖南临眴河村	1945	富农 中农 贫农	39.56 23.89 6.34

注：（1）各项负担包括救国公粮、田赋、地方粮等。
（2）中亩产量系按土地等级评定的产量，不是当年实际产量。
（3）上述地区均属于根据地的基本地区。
资料来源：山东省财政厅从省档案馆案卷内抄录。

在对日大反攻阶段，基本区的农民负担虽然较重，但与敌占区人民对敌负担相比，则要轻得多。抗战前，山东省农民的田赋正税负担约占农民实收入的8.3%，附加和苛杂约为正税的四五倍，总计农民负担约占农民实收入的40%左右。抗战时的敌伪统治区，据对邹县大黄庄二户自耕农负担调查，1941年负担占实产量的25.25%，1942年负担占实产量的45.05%，1943年负担占实产量的79.49%，三年平均为49.93%。另据兰陵县徙沟庄调查，1944年该村先后纳税纳粮11次，每亩地平均负担61.5斤，占农民实收入的34.16%。所以，根据地的人民，为了驱逐侵略者，都愿意承受暂时的牺牲，为抗日战争的彻底胜利贡献自己的力量。

五、村款负担

（一）村款负担的内容

省战工会自1941年实行财粮统筹后，预算内收支管理基本上做到了计划化、制度化，但村款乱筹乱支问题一直没有很好解决，人民的村款负担有增无减。

村款开支的项目有拥军费、武装费、教育费、文娱费、救济费、村政费、送礼费等数种。若把每种费用都细算起来，共有33种之多①。这名目繁多的开支中，有些是必需开支而花得过多，有些是不需要花的，有的则是浪费、营私舞弊。

在根据地内，村款开支以村政费最大，其次为武装费、拥军费、教育费。在边沿区，因军事斗争剧烈，则以武装费开支最大（武装费一般超过村政费数倍），拥军和教育费则很少。在群众没有发动起来、村政权没有改造的村庄，乱筹乱支的现象比较严重，贪污舞弊的情况也多。在群众已经发动、村政权比较巩固的村庄，开支大半是有政治意义的，不合理支出也逐步减少。

各项村款开支，概由村民负担，有些系县或区统筹，有些系村政府自筹。筹集的方式主要有五种：（1）捐募。多半偏重上层人士，地主富农捐得多，中农也有捐的。（2）按银两摊派。例如胶东区1942年的村武装费，一般每两银摊30元，有的摊35元，最多的摊50元。（3）按地亩摊派。规定几亩地以上摊多少，地多的多摊。（4）按公粮数附征。例如，教育费按公粮的20%附征。（5）村公产收入，多半是从群众斗争中得到的罚款或没收的财产。

群众的村款负担较重。胶东区的很多村，村款负担超过正式负担，有的超过数倍。滨海的张夏庄1943年全年负担田赋17702元，额外负担81581元，超过田赋4.6倍，其他村庄额外负担亦超过田赋一二倍不等。据1943年滨海区24个村子调查，一般每亩地（中中亩）平均负担14.2元多，按全区350万亩地计算，共计49385000元。鲁中李家庄子共有地390亩，1943年麦季负担2300斤，全年额外负担6536元，合每亩16.5元，额外负担超过麦粮950斤②。村款负担过重，铸成群众痛苦，产生怨言③。

（二）村财政的整顿

对村财政的乱筹乱支问题，根据地政府从减轻人民负担出发，曾

---

① 《山东省第二次行政会议财政组总结报告》（1944年12月），载《山东革命根据地财政史料选编》第二辑，第117页。
② 《山东省第二次行政会议财政组总结报告》（1944年12月），载《山东革命根据地财政史料选编》第二辑，第118页。
③ 黎玉报告：《大反攻前夜的经济工作（草案）》（1945年7月17日），载《山东革命根据地财政史料选编》第二辑，第356页。

先后进行过三次整顿：

第一次整顿是在1941年。这年7月，省战工会决定停止临时性的捐募实行财粮收支统筹时，就把统一的财政收入分为国家收入和地方收入两大类，规定：地方政府完全由地方税，如屠宰税、牲畜税、田房税、田赋附加及生产贸易之收入来解决；村、乡行政费与县以下教育费，由县政府通过田赋附加与公产、逆产、教育款产等统一征收、统一分配来解决。并且，对村公所的行政费开支标准作了具体规定：凡行政村，100户以上者每月5元，200户以上者每月6元，300户以上者每月8元；别村，20—40户者每月3元，40—90户者每月4元。这些制度，实际上均未执行。

第二次整顿是在1942年。这年的5月30日，省战工会作了《关于统一村镇财政及人民负担的决定》。同日，又颁发了《关于配合减租减息整理村镇财政工作的指示》。7月1日，中共山东分局也作出了《关于整理村镇财政的决定》。这三个文件对消除过去村财政积弊和减轻民众负担，提出了五点基本要求：（1）村镇经费开支，行政村每月为15—20元，镇为20—30元。在此限内，按需用数每半年由区概算，按级呈报批准后，在田赋附加中统一征收，按月领发。（2）行政村长以大部分时间作村政工作者，镇公所脱离生产人员（按工作繁简设3—5人），按其经济状况每人月贴食粮不得超过60斤，由各村编造粮食预算，在公粮中统一征收。（3）各村之教育建设等公益事业用费必须开支时，由村民大会通过，报上级批准后筹集，不准任何私行摊派。（4）人民一切负担除专署或直辖专署有权给人民摊派，并应将摊派数目事先布告周知外，下级政府无权摊派，更不得随意增加。其他任何机关、部队、团体均无权给人民摊派，亦不得向人民索取财物。（5）行政村和县直属镇设立财政委员会，执行本村镇财政工作征收、保管、解交、结算等项工作。这次整顿虽然逐级作了传达布置，有的也成立了村财委会，但仍未普遍进行实际整理工作。

第三次整顿是在1943年。冀鲁边区战时行政委员会于1943年7月1日发出《关于统一村财政及减轻人民负担的决定》。这个决定，除了重申上年有关整理的要求外,对村款村粮的开支标准又进一步作了详细的规定。这次整顿,依旧收效甚微。

为什么前后进行三次整顿都无大的成绩呢?原因之一是没有充分发动群众起来揭发那些浪费、贪污、舞弊行为,无法达到取消额外负担的目的。原因之二是领导不知下情,不知道村中究竟开支些什么,不替群众解决具体困难,因而有些开支的项目取消不了,不合理的开支也取消不了。原因之三是一面强调要办这事办那事,一面减轻人民负担,政策要求本身有矛盾。特别是一些公益建设事业,例如教育计划等,要求过高,超过了政府财力和人民承受的能力,结果减轻人民负担只能变成一个口号。

因此,1944年第二次行政会议上财政组在总结过去几年的财政工作时指出:"我们对整理村财政的方针,应按地区的不同及村政改造与群众发动的程度,规定不同的要求,不能一律看待,尤其不能过高地要求,并要真正替人民解决困难,才能起其积极作用,才能使工作不至落空。"[①] "领导干部应该随时留心,每办一件事,要首先估计群众是否摊派花项,到村里应看看账,问问人民,并耐心说服大家,教育支部与村政委员会掌握。"[②] 这就是山东根据地从实践中得到的启示。

六、优抗与支前负担

(一) 优抗粮款的筹集与使用

山东根据地优待抗属(抗日军人家属,1943年起还包括党政工作人员家属)的工作抓得较好。1941年,按照省战工会的指示,许多地方就成立了优抗委员会。到1943年,随着优抗组织的普遍建立,拥军优属已变成群众性的运动。

优待抗属的形式大体上有四种:一是政治奖励,包括颁发光荣牌、奖状、奖章等;二是劳力帮助,即对无劳动力或劳动力不足的贫苦抗

---

① 《山东省第二次行政会议财政组总结报告》,1944年12月。
② 黎玉:《大反攻前夜的经济工作(草案)》(1945年7月17日),载《山东革命根据地财政史料选编》第二辑,第118、356页。

属，由抗委会设法经常予以实际辅助（如代耕、助耕、代收、助收等）；三是物质上的帮助，由政府给予一定的粮款接济；四是组织抗属生产，例如筹设各种小规模工厂，政府具体帮助解决生产工具和生产资金问题。省战工会明确，优抗的根本方针是引导和具体帮助抗属从事生产，但实际执行，优抗粮款接济成了最主要的形式。根据不完全统计，1943—1944年，各地总共发粮25759356斤，接济抗属96675户[①]。

优抗粮款按照量出为入的原则，根据省战工会规定的等级、标准统筹。有些地区抗属过多，筹集的粮款不能满足需要时，以行政区为单位进行调剂。粮食来源，主要在公粮中附加。1941年规定，每亩地多征1斤作优抗粮，1945年改按公粮数附加10%。款的来源，通过抗属会向群众募集（绝对禁止摊派），也可以从当地没收大汉奸的财产中，抽出30%充作优待基金。筹集的粮款，基本上是由群众负担的。

优抗粮主要接济贫苦的抗属户。县以上部队之抗属，每户每年接济粮食最少150斤，最多不过250斤；区以下武装之抗属，每户每年接济粮食最少120斤，最多不过200斤。人口众多、生活艰难的抗属户，再根据实际情况多发一些。对干属的接济标准稍低，对无土地而又缺乏生产能力，或土地太少不足维持生活，或遭受敌患天灾致不能维持生活者，每户每年接济粮食120—200斤。

优抗款则大部分作为优抗基金，组织生产事业，组织贫苦抗属参加生产。优抗生产基金除了自筹以外，预算内也酌情补充一部分。

（二）支差制度

山东根据地的战勤动员，前后执行过两种制度：一为支差制，即义务负担；二为雇差制，即工资制。支差制执行的时间长，面也广；雇差制从1944年起试行，试行地区主要是胶东区。

1941年1月18日省战工会颁布的《山东省支差办法》，是全省统一的支差办法。不论长差、短差、平时差、战时差，均按这个办法

[①] 《山东省第二次行政会议拥军组总结报告（草案）》，1944年12月。

执行。

支差包括人、畜、车三种。所称人，谓年在18岁以上、50岁以下之男子；所称畜，谓一对牙以上之驴骡牛马等；所称车，谓大车、小车及二人车。

支差统由县政府制定支差票，由部队团以上政治机关或相等之机关颁发各部队使用。各部队机关要差10人以下者，即持支差票向就近村公所要差；如要差在10人以上不满100人者，须经由乡公所统筹拨派；要差在100人以上者，须经由区公所统筹拨派。

派差根据有力出力的原则，按照各区、乡、村人口、牲畜、车辆分布实况，由县区政权机关合理确定。各村庄应支差的农民，每人每月不得超过3日；全村每次出差人数，最多不得超过应行出差人民之半数。春耕、秋收及农忙时期，除战斗运输及特殊情形外，一般停止支差。

支差的人、畜、车辆，一律不给差价，只发少量伙食补助费。去时一般按日供给饭食草料；回时每人每日发食宿费0.5元，牲畜每头每日发草料费0.5元。

这个统一的支差办法，只适应一般地区的情况，在战争频繁的地区，需要劳力的量大，很难执行，农民的劳力负担仍然很重。为了满足军事上的需要，节省根据地的劳力，减轻人民负担，胶东行署于1944年改进了支差办法。

胶东区把战时的勤务动员分为支差和雇差两类。除部队、机关团体在战斗区或通过敌伪封锁线时，经团级或专署级机关批准在平时搬家、送弹药、抬送伤病员、运军工器材及做军事建筑时，可以支差以外，其余均不准支差，如要用差，均采取雇差形式。人民应交之公粮，只能义务运送到指定地点。

不论支差、雇差，均须持有支差证或雇差证，无证者村政府不准给差。支差证和雇差证由行政公署统一印发。

机关、部队、团体，不论在何地支差、雇差，除按人畜数目付给支差证外，还要按规定标准付给差价。

支差的差价标准规定如表2-27所示。

表 2-27

差　别	平时支差价（元）	农忙时渔汛期支差价（元）	夜间支差价（元）	说　明
人一名	6	8	7.5	不分挑抬空行只要出差就算
畜一头	8	10	10	跟畜的人另按人给价
车一辆	6	8	7.5	赶车或推车的人另按人给价
船一只	15	20		驶船的人另按人给价

雇差差价，一般标准定为每斤每里本币（北海银行纸币）3厘，概不管饭。雇差系搬送人的，每人照150斤定差价。

山东省第二次行政会议总结财粮供应工作时，充分肯定了胶东区的改进办法。为了推行这种做法，省行政委员会还明确：雇差费由粮食代金内拨支，各地粮食部门要根据各单位的人数多寡，按月发给雇差证和雇差费。

关于劳役制度，省行政委员会还推行了鲁中区李家庄子的做法，即全庄将服劳役人员分为三等：一等为18—45岁，走远路，负重担；二等为14—17岁，走近路，输送粮草；三等为45—52岁，送信，布置会场及下通知等。并且规定，村内免除劳役的人数，最多不得超过5人。

（三）农民的劳力负担情况

山东省农民的劳力负担（包括战勤和代耕），大体上可分成三个阶段：1941年前后负担较重，1943—1944年有所减轻，1945年负担又加重。

1941年前后，敌人"扫荡"频繁，加之支差混乱，有些地方不执行统一的支差制度，各地动员的劳力较多，特别是作战区和交通沿线农民的劳力负担重。清河区长白山1940年每壮丁每月出夫达6天。胶东区1941年为了保证反投降的胜利，动员了9万多个劳力，从200里以外，把800万斤公粮搬到了前线。1942年10%的公粮约600万斤，在敌人"扫荡"空隙与农闲时搬向各个供给区。群众用人背驴驮，夜行昼宿，以各种不同方式，时刻在搬运中。总计1938—1942年，全胶东区约有1640万斤公粮经常在运动调剂与准备供给中，以每人背50

斤，一人一驴驮100斤，平均每程50里，须费人力16万个，牲畜16万头，时间3日。此外，为了空舍清野与掩藏公粮，仅大泽山区1940年就挖了360个石洞，艾固山区人民把70%以上公粮约300万斤存在山洞里、地瓜井里①。

1943—1944年，各地均建立了比较正规的支差制度，并且严格控制了支差项目，改进了支差办法，农民的劳力负担基本上没有超过政府规定的限度。以清河区为例，博兴县每丁每月出夫日数，1940年为5天，1941年为3.7天，1942年为2.5天，1943年减为1.3天②。同前一阶段比较，负担大大减轻。

自1944年进入反攻以后，主力部队由农村转向大城市及交通要道进军，作战区域扩大，运输任务很重。既要把前方的伤病员及收缴的战利品送到后方，又要把粮食和一切供应品从后方及时送到前方。因此，山东省政府先后三次发出紧急动员令，要求各地集中一切人力、物力支援前线。这一年，除了荣誉军人、妇女、村长、病人及55岁以上无劳动力之老者或16岁以下无劳动力之儿童以外，其余劳力都担负了运输、担架、监视战俘等项战勤工作，所有畜力及运输工具也都上了前线。在这种形势下，山东农民的战勤负担猛增。这年的8、9月，每个劳力服勤的日数，估计有20—30天。

第七节 华中各抗日根据地的农民负担

一、华中各抗日根据地建立和发展的概况

中国工农红军主力于1934年被迫长征后，留下的部队坚持了三年

---

① 胶东区行政主任公署：《胶东区1938—1942年五年来财政经济建设工作总结》（1943年2月），载《山东革命根据地财政史料选编》第一辑，第254—255页。
② 《清河区负担政策的检查》（1944年6月），载《山东革命根据地财政史料选编》第四辑，第147—148页。

艰苦的游击战争。

1937年10月2日，中国共产党同国民党谈判达成协议，将湘、赣、闽、粤、浙、鄂、豫、皖等8省边界13个地区的红色游击队（广东琼崖红军游击队除外），改编为国民革命军陆军新编第四军。1938年1月6日，新四军军部在南昌正式成立，叶挺为军长，项英为政治委员兼副军长，张云逸为参谋长，周子昆为副参谋长，袁国平为政治部主任，邓子恢为副主任。下辖四个支队：陈毅为一支队司令，张鼎丞为二支队司令，张云逸为三支队司令，高敬亭为四支队司令。全军共10300人[①]。

新四军成立后，第四支队分别从七里坪（黄安县）、竹沟（确山县）出发，到达安徽霍山以西地区集中；第一、二、三支队先后到达皖南岩寺（歙县）集中。1938年5月，中共中央指示新四军立即深入敌后，创建根据地，然后继续向东、向北发展。根据这一指示，新四军江南部队在陈毅率领下，于6月进入南京郊区、镇江、丹阳、句容、金坛、武进、溧水、高淳、芜湖一带，建立了以茅山为中心的苏南根据地；江北部队5月东进到舒城、桐城、庐江、无为地区。正当敌进攻合肥企图由巢湖西进时，新四军首次与敌人在巢湖以南展开激战，击溃全部敌人，解放了淮南路两侧和津浦线南段两侧地区。

1939年，华中新四军先后完成了向敌后实行战略展开的任务。5月初，叶挺过江组织江北指挥部，张云逸为指挥，徐海东、罗炳辉为副指挥。同时，成立江北指挥部前委，张云逸为书记。前委对第四支队及江北部队进行了整编，由徐海东兼任第四支队司令员；以原第四支队第八团为基础组成了第五支队，罗炳辉为司令员。经过两个月的连续作战和发动群众，初步打开了皖东敌后抗战的局面。第四支队开辟了以定远东南藕塘为中心的津浦路西游击根据地。江北游击纵队仍坚持巢县、无为地区的抗战，一部进至和县、含山地区开展游击活动。11月，第一、二支队领导机关合并，成立新四军江南指挥部，陈毅为指挥，粟裕为副指挥。江南指挥部成立后，一方面向长江三角洲发展

[①] 中共中央党史研究室编：《中共党史大事年表》，第53页，人民出版社出版。另据1944年6月22日叶剑英与中外记者参观团谈话，提到新四军成立时的人数为1.2万人。

游击战争，一方面组织苏皖支队，向江北的仪征、天长、六合地区挺进，创造了向北发展的有利条件。

徐州失守后不久，彭雪枫从河南确山竹沟镇组织东进游击队，进入豫东，与吴芝圃领导的地方游击队汇合。1939年春进入永城、亳州、涡阳一带，建立起抗日民主政权。同年夏，向淮上进军，在蚌埠、凤台、怀远、蒙城地区开展游击战争。与此同时，张爱萍率领一个团进入皖东北的泗县、五河、灵璧、睢宁一带。是年8月和冬天，永县、萧县的抗日武装先后参加新四军。这些游击队正式组成了新四军第六支队（彭雪枫为司令员），建立了永城、涡（阳）北、宿（县）西、萧县、夏邑、亳（县）北、杞太睢等7个县政权，成立了全边区的临时政权机构——豫皖苏边联防委员会，使豫皖苏边区抗日根据地具备了初步的规模。

在鄂中，武汉失守后，武汉外围各县均被敌占据。1938年11月间，陶铸、杨学诚开始以8条枪组织游击队，在游击战争中不断扩大队伍。同时，李先念在豫南信阳一带组成一支游击队，向鄂中挺进，与陶、杨游击队汇合，编成新四军鄂豫挺进支队，李先念为司令。这支队伍，在北起信阳，西至汉水，东接安徽，南临洞庭湖边的广大地区内，开展游击活动，对武汉采取包围形势。1939年夏至同年冬，连续消灭和击溃当地伪军数千人，并在京山地区粉碎了敌陆空联合的五路围攻。

到1939年冬，新四军发展到近3万人。

1940年5月4日，中共中央给中共东南局发出的《放手发展抗日力量，抵抗反共顽固派的进攻》指示中，要项英"不受国民党的限制，超越国民党所能允许的范围，不要别人委任，不要上级发饷，独立自主地放手扩大军队，坚决地建立根据地，在这种根据地上独立自主地发动群众，建立共产党领导的抗日统一战线的政权，向一切敌人占领区域发展"①。陈毅等坚决执行了中共中央的重要指示。7月，陈毅率一、二支队主力从扬中渡江，向北发展，在泰兴、六合、仪征一

---

① 谭震林、粟裕：《光明磊落，革命一生——缅怀陈毅同志》，《人民日报》，1977年7月29日。

带开展游击战争，建立抗日政权。新四军的胜利发展，壮大了敌后人民的抗日力量，但引起了国民党顽固派的嫉恨。国民党军在皖中、苏中等地不断向新四军挑衅。1940年9月，国民党顽固派韩德勤竟调集89军、独立6旅以及苏鲁皖游击队大举围攻驻黄桥的新四军。新四军执行正确的统一战线方针，联络友军和开明绅士，坚持自卫原则，予来犯者以迎头痛击，歼灭韩部顽军1.1万余人，取得黄桥战役的胜利。10月10日，新四军陈毅部与南下的八路军第五纵队会师，完成了向北发展，建立巩固的苏中、苏北抗日根据地的战略任务。这时候华中抗日政权已在淮南、苏中、苏北、苏南、豫皖苏边相继建立了。

1940年10月19日，蒋介石指使何应钦、白崇禧以国民政府军事委员会正副参谋总长的名义，向朱德、彭德怀、叶挺发出代电（即"皓电"），对共产党大肆造谣诬蔑，并强令黄河以南的八路军、新四军于一个月内开赴黄河以北。这是国民党发动的第二次反共高潮的开始。11月9日，朱、彭、叶、项电复何、白，驳斥了国民党的荒谬命令和诬蔑，同时表示，为了顾全团结抗战的大局，可以将皖南新四军移至长江以北。12月8日，何、白再次发出复朱、彭、叶、项代电（即"齐电"），进一步作反共的舆论准备。1941年1月4日，新四军军部及所属部队9000余人奉命北移，6日行至泾县茂林地区时，突遭国民党军7个师8万余人的包围袭击。新四军被迫抗击，血战7昼夜，终因弹尽粮绝，除约2000人突围外，大部壮烈牺牲，军长叶挺被俘，副军长项英遇害。17日，蒋介石竟反诬新四军"叛变"，宣布取消其番号，并声称将叶挺交军法审判。这就是震惊中外的"皖南事变"。

中国共产党对这一反动暴行进行了针锋相对的斗争。1941年1月20日，中共中央革命军事委员会发布重建新四军军部的命令，任命陈毅为代理军长，刘少奇为政治委员。1941年1月28日，新四军新的军部在苏北盐城成立，并立即根据中共中央指示着手整编部队，将全军扩编为7个师、1个独立旅：一师师长粟裕，政委刘炎；二师师长张云逸（兼），政委郑位三；三师师长兼政委黄克诚；四师师长兼政委彭雪枫；五师长兼政委李先念；六师师长兼政委谭震林；七师师长张鼎丞，政委曾希圣。全军共9万余人。一师活动于苏中，二师活动于淮南，三师活动于苏北，四师活动于淮北，五师活动于鄂豫边，六师活动于苏南，七师活动于皖中。从此，华中新四军及其根据地，开始走上新的发展和巩固的阶段。

"皖南事变"后不久，日本侵略者大规模地全面地向华中各根据地进攻。敌人首先调集两个师团和一个独立旅团，纠合伪军，针对活跃于京沪近郊与长江下游（苏南、苏中）之新四军实行空前的大"清剿"与大"扫荡"，并开始在各大市镇建立据点。1941年7月，敌伪2.5万人合击盐城，企图消灭新四军军部（军部在盐城）和苏北主力。太平洋战争爆发后，敌人对华中区采取了极端残酷的"清乡"政策。他们在华中区划出"清乡"区，先从苏南开始，逐渐扩展到苏中、皖中和武汉近郊。敌人用强大兵力占领一个地区，接着用竹篱、木栅编筑几百里的军事封锁线，使"清乡"区和其他区相隔离，然后挨村挨户搜查新四军干部和战士，摧残抗日政权和群众组织。在敌人大举进攻的同时，国民党军队则经常以30万人大军从正面与敌后不断的进攻。这时，新四军活动非常困难，苏南、苏北、苏中、鄂豫边均遭到某些损失，地区也缩小了一些，新四军也由1940年的13.5万人减少到11万人。

1942年1月20日至3月5日，中共华中局根据中共中央指示在苏北阜宁县单家港举行第一次扩大会议。会上，刘少奇作了《目前形势，我党我军在华中三年工作的基本总结及今后任务的报告》。报告提出了"继续坚持华中敌后抗战，完全巩固各根据地，加强与聚集力量，以便在适当时机反攻敌人，争取中国抗战的最后胜利与中国人民的彻底解放"的总任务。中共华中局扩大会议以后，各战略区都认真执行了精兵简政、统一领导、减租减息、发展生产等政策，使党内外人士更加团结；同时也大大节省了民力，减轻了人民的负担，提高了人民的战斗情绪，使根据地的对敌斗争有了坚固的群众基础。

1943年春，日军扩编，同时整编伪军，并向残存在敌后的国民党军队，实行军事上的压力，先击溃了李明阳的残部，继又进攻韩德勤部，韩部在新四军的掩护下，转移撤出江苏。从此，苏中、苏北的敌后抗战任务，就完全由新四军和地方武装承担了。

新四军抓住敌人调整的空隙，发动了夏季战役的攻势。这个攻势持续3个月。淮海区的成绩是最大的：从1943年5月22日的塘沟战斗开始，3个月中，在六塘河两岸攻克了51个据点，消灭敌伪5000名以上，解放人口28万。之后，新四军又从侧翼和后方袭击敌人，从日军手中解放了郎溪、广德地区，开辟了新的根据地。浙东方面，新四军浙东纵队解放了东阳宁波公路以北、浙赣铁路萧山金华段以东的广大地区，建立了四明山区抗日根据地。

1944年，华中军民进行了局部反攻。新四军一师粟裕部共毙伤敌伪军1.5万余人，攻克据点135个。3月初，苏中军民发起的车桥战役，攻克敌重要据点13处，解放了淮安、宝应以东地区，进一步沟通了苏中与苏北、淮南、淮北各根据地的联系。四师彭雪枫部从3月起在淮北发动攻势，歼灭淮海省（汪伪设立的省）主力郝鹏举部，完全控制了洪泽湖北岸地区；6月又挥戈西进，收复了大片国土。彭雪枫身先士卒，奋勇杀敌，不幸于9月反"扫荡"中在萧县壮烈殉国。五师李先念部从4月湘桂战役后南下，在豫南解放遂平、汝南等县，在湘鄂边克岳阳、华容等地，解放人口1500万。苏南新四军在苏浙边两度发动攻势，攻入长兴、谭阳等县，使分散的游击区变为大块的根据地。七师谭震林部解放人口60万。新四军推进到长江沿岸浦口等地，控制江防700里，包围了芜湖、安庆等城市。

到1944年7月，新四军已在华中敌后战场建立了8个抗日民主根据地，包括江、浙、皖、鄂、湘五省地区。在这个区域内，设有淮海区、盐阜区、苏中区、苏南区、淮北区、淮南区、皖江区、鄂豫边等8个行政公署和1个浙东军政民联合办事处，20个以上的专员公署，147个县政府；拥有3000万人民（占华中沦陷区人口的50%），60万名武装民兵和18万人以上精锐的主力军①。

抗日战争转入全面反攻后，华中各根据地又有所扩大。1945年苏北区的春季攻势，解放了阜宁及灌云以东的广大国土。淮北区，在春天解放了泗阳县，切断了敌人分割的泗（县）宿（县）蒙（城）公

---

① 《新四军和华中抗日根据地》，《解放日报》，1944年7月13日。

路。苏中区 2 月的兴、高、宝、盐战役，粉碎了敌人"水网坚城"区，巩固了苏中根据地。苏浙区部队挥师南下，开辟了浙西新解放区，解放了德清、武康等城，打通了与浙东的联系。淮南区，3 月攻占了嘉山县，4 月开辟了高邮湖以西地区。鄂豫区，自 1944 年冬深入豫南后，创立了遂（平）、确（山）、舞（阳）、（汝）南新解放区，并与水东区联系起来。皖中区，芜湖城郊的 4 月攻势，解放了皖东南 10 万人。到抗日战争胜利结束时，整个华中根据地范围扩大到 150 多个县，人口达到 4000 万。

华中抗日根据地，是中国抗战敌后第二大战场。8 年来，新四军与华中人民亲密团结，抗击了敌军 13 个师团和伪军 23 万人，进行过近 3 万次大小战斗。他们紧紧地拖着敌人西进的后腿，终于使日本侵略者全面控制华中的图谋变成了泡影。

华中敌后根据地同华北敌后根据地比较，在军事上经济上都有一些不同的特点。由于华中战场处于平原水网地带，交通便利，敌人进攻之阻力甚少，因此平原战、河川战、村落战便成为新四军共同的战斗方式。华中根据地位于中国最富饶的中部，农业比较发达，江浙一带又是中国资本主义工业集中的地区，因此在经济上掠夺与反掠夺的斗争很激烈，给养困难较小，农民负担也较轻，而且主要是财粮负担，战勤负担不多。

二、苏中区的粮赋制度和农民负担

（一）苏中抗日政权的建立

苏中抗日民主根据地是在与国民党反共势力的斗争中，与顽固派摩擦的斗争中，靠军事优势建立的，也有一部分地方是用和平的统一战线方式建立的。

1940 年 7 月，陈毅率新四军一、二支队主力渡江开展游击战争，建立了第一个抗日民主政权——泰兴抗日民主政府。10 月，黄桥决战胜利，韩德勤率残部向兴化逃窜，新四军占领海安、东台等县。10 月 13 日，陈毅、粟裕商李明扬等人在曲塘召开苏北抗战和平会议，后又在海安召开了苏北临时参议会，成立了苏北行政委员会（后改名苏中行政公署，以与淮海区建立的苏北行政公署相区别）及县区的抗日民主政权。当时，苏中行署辖4个专区（南通为第四专区，年底建立）。

根据中共华中局1941年3月19日的划定区决定，以东台、兴化以南，长江以北，运河以东为苏中区。苏中辖区计11个县，根据地统治区人口有5107850，敌占区有2706150，友军地区有360000。

1944年局部反攻后，苏中行署共辖5个分区：一分区辖兴化、高邮、宝应三县；二分区辖东台、海安二县；三分区辖泰州、泰兴、靖江、如皋四县；四分区辖南通、海门、启东三县；五分区辖扬中、江阴、武进、常熟四县。全区共有16个县，1000多万人口，耕地2000余万亩。

苏中地区全部为平原区，河道纵横成网，农业资源较丰富，许多产品自给有余，土地革命时期曾建立过工农红军第十四军，具有革命的传统。这些都是苏中根据地的优势。

（二）减租减息运动与农民的封建剥削负担减轻

苏中地区逼靠上海，紧接南京，农业生产具有明显的半殖民地半封建的色彩。抗日民主政权建立前，土地的80%集中在地主、帝国主义者操纵的农业公司和富农手里，棉花生产全部为日本帝国主义者控制，农村到处是洋货。在封建主义、官僚资本主义的层层压榨下，农民的地租、高利贷及商业资本剥削负担很重。

地租剥削以物租制（即实物地租）的分租形式最厉害。分租的比例有"五五"对分、倒"四六"分的，最高的是倒"三七"分（地主七成农民三成）。帝国主义者投资的农业公司大部采用这种分租、估租的封建剥削形式。物租制还有一种跑租形式更为出奇。这种租佃关系是流动的，今年给张三种，明年给李四种，甚至上下熟都换租户，谁出租大就租给谁种，剥削手段很毒辣。银租制（即货币地租）的租率稍低，但也是逐年上涨的。据泰东县调查，每亩农地的银租额（平均数），1937年为3.6元，1938年为3.98元，1939年为4.07元，1940年为4.37元，1941年为4.93元[①]。

---

① 《苏中区党委一年来工作总结报告》（1942年2月），载《华中抗日根据地财政经济史料选编》第一卷，档案出版社出版，第138页。

农村借贷的利息,从一分半至三四分不等,甚至有七八分者。特殊的高利贷有特殊的名称:大头利,例如借款100元,月交利12元;大二分,例如借款100元,月交息20元;九出十归,例如借款100元,债权人贷出时只付90元。10元作为提前交利,或写契扣本,在算利息及还本时仍按100元计算。

至于捐税负担,则名目繁多,无奇不有。

为了调动农民的抗日积极性,减轻农民的封建剥削负担,新四军渡江到达黄桥地区时,就发动群众开展了秋收减租减息运动。当时,参加减租减息的群众大约有13万人。

1941年5月30日中共华中局《关于组织根据地人民大多数的决定》中指出:"在夏收秋收中要切实地普遍地进行减租减息,要组织农村合作社去代替才行,要尽一切可能去保障与提高民众的生活水平。"中共苏中区党委根据中共华中局的指示,决定以大刀阔斧方式,突击中心区的群众工作,加紧减租减息,并切实纠正军办官办群众组织的工作方式。这年参加保卫夏收与卷入"二五减租"的群众计100万人,有40万名农民取得了减租利益,减息与换约赎田工作也相继得到开展。秋收工作中,由于敌人大举"扫荡",许多地方受灾,加之减租政策和斗争方式改变(银租改粮租、和平谈判方式),出现了若干问题与障碍,但减租还是普遍实行了。

1942年1月28日,中共中央《关于抗日根据地土地政策的决定》及附件下达,苏中区的夏收群众工作有明显的转变。地主、资产阶级对中共土地政策的怀疑基本上消除,农民的恐惧和畏首畏尾心理得到克服,中心地区假减租的现象也被纠正,基本区的减租运动进一步深入。1942年夏收减租中,减租户为32648户,减租田865641亩,农民实得利益达27236.4石[①]。秋收运动中,政策进一步落实,群众的热情也越来越高。

随着减租减息运动普遍深入的开展,农民承受的封建剥削负担大大减轻。到1943年,租率一般都降到375‰以下,即减轻1/4左右;随着

[①] 陈丕显:《苏中夏收运动总结》,1942年9月1日。《华中抗日根据地财政经济史料选编》第一卷,档案出版社出版,第245页。

农村借贷的萎缩,高利贷剥削基本上消除。与此同时,苏中行署于1941年底还宣布废除了苛捐杂税20余种,免税50余种。这些改善民生的措施,有力地调动了农民的抗日积极性,促进了农业生产的发展。

(三) 苏中区的粮赋制度

苏中区的财政和粮食供给,主要取之于民。筹集的方式全部是收税。开征的税种有公粮、田赋、产销税、盐税、屠宰税、牙税、契税等数种。据1945年苏中区财粮收支数字计算,粮赋收入占全部收入的73%,其他税收占27%[①]。

救国公粮于1941年开征(这年未征田赋)。12月13日,中共苏中区党委发出《关于征募救国公粮的指示》,计划征收6万石。征募救国公粮主要采取政治动员的方式,根据有钱出钱、有粮出粮、有力出力的原则,由各抗日阶级合理负担。当时,政府组织了有各阶级人士参加的征募委员会,各群众组织亦成立了调查组、宣传队、征募队、运输队,掀起了群众性的征募运动。

1942年中共华中局第一次扩大会议后,苏中区的斗争形势逐渐好转,政权建设也有所加强。为了统一筹集军粮,建立正规的制度,苏中行政公署于9月1日颁布了《三十一年度秋季征收粮赋条例》。行署要求各县在1942年秋季征收时即按条例执行,但由于环境和条件不允许,许多地方实际到1943年才正式执行。

这个条例,有这样三个特点:(1)公粮、田赋合并征收,统一征收粮食,也就是土地的资产税与收益税是合并计征的;(2)明确规定,除征粮赋以外,不征任何附加;(3)根据当时的租佃关系,分别规定了业佃双方的负担标准。下面,我们来介绍这个条例的主要内容。

1. 对自耕土地的征收标准。按照条例的规定,凡是耕种自有土地的农户,不论是富农、中农还是贫农,都要交纳公粮和田赋。对自营户,公粮和田赋合并计征。征收标准依农作物种植情况分别确定。种植粮食作物的土地,按作物和土地等级,分别规定每亩的征收额;棉

[①] 江苏省档案馆:《苏中区卅四年度收支概算总表》。按表列现金和粮食统一折成新抗币计算(每斤粮折新抗币2元),全年财政收入为53439万元(新抗币),其中公粮田赋收入为39031元(新抗币)。

田、草田（种植绿肥），分别按产量比例征收。各种作物征收的具体标准如表2-28、表2-29所示。

表2-28　　　　　　粮田每亩征收的标准　　　　　　单位：斤

土地类别	一等田（地）	二等田（地）	三等田（地）	四等田（地）
水稻田	12	9	6	4
玉米地	14	11	8	6
黄豆地	9	6	4	2
小麦地	12	9	6	4

注：稻田征稻谷，玉米地征玉米，黄豆地征黄豆，小麦地征小麦。表列每亩征收数，均为各种粮食的原粮数。

表2-29　　　　　　草田、棉田的征收标准

土地类别	计税标准	税率（%）	备注
草田	土地的实产量	8	征公草
棉田	土地的实产量	6	征公棉

按土地等级定额课征，是旧田赋惯用的办法。苏中的土地，光绪十一年按田、地分成五等十一则，1935年国民党政府举办土地陈报，经过清丈，改为三等九则，苏中行政公署当时把土地划分为四个等级，可能是利用旧田赋册籍的基础，加以改造、简并确定的。

2. 对出租地、佃耕地的征收标准。抗日民主政权建立前，苏中的土地集中程度较高。1942年苏中地区开始实行"二五减租"，但减租不彻底，租率仍较高。根据这种情况，条例专门规定了租佃双方的征收标准。

租佃土地的征收标准，公粮和田赋是分列的，田赋由出租人负担，公粮由业佃双方负担，粮赋加在一起，征收标准与自耕土地完全一样。业佃双方的征收标准，又按粮租制和银租制分别确定。

实行粮租制的，粮赋按数计征的粮食，业主负担3/4，佃户负担1/4；单是公粮部分，业主负担60%—65%，佃户负担35%—40%。具体标准如表2-30所示。

第二章 抗日战争时期的农民负担

表 2-30　实行粮租制的租佃土地征收标准

类 别	纳税人	征收标准	一等田（地）	二等田（地）	三等田（地）	四等田（地）
水稻田	业　主	田赋（每亩征粮）	4 斤稻谷	3 斤稻谷	2 斤稻谷	1 斤 4 两稻谷
	佃　户	公粮（每亩征粮）	4 斤 12 两稻谷	3 斤 12 两稻谷	2 斤半稻谷	1 斤 12 两稻谷
玉米地	业　主	公粮（每亩征粮）	3 斤 4 两稻谷	2 斤 4 两稻谷	1 斤半稻谷	1 斤稻谷
		田赋（每亩征粮）	4 斤半玉米	3 斤半玉米	2 斤半玉米	2 斤玉米
	佃　户	公粮（每亩征粮）	5 斤 12 两玉米	4 斤半玉米	3 斤 4 两玉米	2 斤半玉米
黄豆地	业　主	田赋（每亩征粮）	3 斤 12 两玉米	3 斤玉米	2 斤 4 两玉米	1 斤半玉米
		公粮（每亩征粮）	3 斤黄豆	2 斤黄豆	1 斤 4 两黄豆	半斤半黄豆
	佃　户	公粮（每亩征粮）	3 斤 12 两黄豆	2 斤半黄豆	1 斤 12 两黄豆	1 斤黄豆
			2 斤 4 两黄豆	1 斤半黄豆	1 斤黄豆	半斤黄豆
草　田	业　主	田赋		按产量的 2% 征收		
	佃　户	公草		按产量的 1% 征收		
				按产量的 5% 征收		
棉　田	业　主	田赋		按产量的 2% 征收		
	佃　户	公棉		按产量的 1% 征收		
				按产量的 3% 征收		

注：（1）表列粮食计算单位均为市制 16 两秤。（2）草田，棉田的产量，据有关资料分析为当年实际产量数。

为了贯彻合理负担的原则，使出租土地多的（大地主）和承租土地较多的（二地主或佃富农）户适当多负担一些，条例规定，对实行粮租制、出租或承租土地在100亩以上的户，除按上述标准计征外，还要就超过部分的土地，按累进率加征粮赋。加征累进率规定如表2-31所示。

表2-31

税　级	出租或承租土地亩数	累进加征公粮、田赋数
1	101—200亩	每亩加征0.5斤
2	201—300亩	每亩加征1斤
3	301—400亩	每亩加征1.5斤
4	401—500亩	每亩加征2斤
5	501亩以上	每亩加征3斤

实行银租制的，对业主按银租额征10%的公粮和田赋，其中田赋征3%，公粮征7%；对佃户按照自耕土地的公粮征收标准减一半征收。出租土地在100亩以上的户，其超过100亩的土地，还要另行按累进率加征。加征的累进率规定如表2-32所示。

表2-32

税　级	出租土地亩数	每亩加征的累进税率
1	101—200亩	每亩累进其银租的0.35%
2	201—300亩	每亩累进其银租的1%
3	301—400亩	每亩累进其银租的1.5%
4	401—500亩	每亩累进其银租的2%
5	501亩以上	每亩累进其银租的3%

如兼有银租及粮租田者，则按照其田亩总数累进征收，粮租田征粮，银租田征银。

3. 减征与免征。条例中有四种减税免税的规定：（1）因自然灾害或战争歉收者，五成以上一律免征公粮，三成至五成者减等征收，不足三成者照交。（2）光砂白田，免征公粮，田赋照交，秋季折交代金，每亩0.3元。（3）沦陷区人民，全家土地在3亩以下者，一律免征粮赋，3亩以上者按照根据地的土地等级减等征收。（4）根据地的民户,种田 3 亩以下者免征公粮,自耕田田赋照交。佃田总数不满 5 亩、生活确实困难者,免征佃户部分之公粮,业主部分的粮赋照交。对抗日军人家属,不分主力部队或地方武装部队的,凡自耕田 5 亩以下、佃耕 40 亩以下者,一律免征公粮;自耕 10 亩以下、佃耕 20 亩以下者,属于主力部队的抗属减征公粮 1/2,属于地方武装部队的抗属减征公粮 1/3。

1944 年苏中区的征收办法又作了一些改进。从一分区颁发的《夏征粮赋公草条例》看,这一年的改进主要有四点:

第一点,调整了业佃双方分担公粮的比例。原来规定,公粮负担业主占 3/5,佃户占 2/5。1944 年改为业佃各半负担。这既便于计算,又照顾了中小地主的利益。

第二点,改变了累进办法。原来的办法是,出租或承佃土地在 100 亩以上的户,另行按累进率加征。这样,佃户基本上累进不着(100 亩以上的佃户很少),中农、富农和贫农的负担率相等,也不够合理。1944 年改为,不论业主、佃户、自耕户,都要按田亩多少,另行累进加征。累进率改为 7 级,自 15 亩以上开始累进,5 亩以下的户不但不累进,而且每亩减征 3 斤。改进后的累进率如表 2-33 所示。

表 2-33

税 级	全户自耕、出租或佃耕土地	累进征收标准
	5 亩以下	每亩减征 3 斤
1	5—14 亩	照规定标准征收
2	15—29 亩	每亩增征 4 两
3	30—49 亩	每亩增征半斤
4	50—99 亩	每亩增征 1 斤
5	100—199 亩	每亩增征 1 斤半
6	200—499 亩	每亩增征 2 斤半
7	500 亩以上	每亩增征 3 斤半

第三点,改进公草征收办法。规定:租佃田随粮征草,征 1 斤公粮随征 1.5 斤公草,由佃户负担;自耕田随赋征草,征 1 斤田赋随征 1.5 斤公草,由户主负担。

第四点，减免办法的一些改进。规定：5亩以下之户，一律减征3斤，特殊贫苦的，还可减免。荒歉不足二成收者一律免征；收五成以下二成以上的，减等征收。沦陷区3亩以下户，一律免征，3亩以上的户减等征收。

1945年的夏季征收，按照行署的规定，丰收地区按上年的标准执行，灾情严重的地区照上年规定的标准减成征收。收成在三成以下者粮赋一律免征，收成在七成以上者粮赋全征。歉收在三成以上、七成以下者，好田按收获成数征收（即收几成按标准征几成）；坏田按收获成数减一成征收（例如收四成，照标准征三成，余类推）。全区夏季粮赋征收数较上年减少较多。

秋季收成较好，为确保部队的供给，弥补夏季短收，各地普遍提高了征收标准。

1945年的粮赋征收办法，行署未作统一规定，由各分区自订执行。总的原则差不多，具体征收标准仍然不同。这里着重介绍新设的第五分区颁布的条例内容。

第五分区的夏征与秋征标准，都是按田分等级规定的：夏征分三等六则确定征收标准，秋征按三等九则分别确定征收标准。具体规定如表2-34所示。

表2-34

夏季粮赋征收		秋季粮赋征收	
土地等级	每亩征收粮食数	土地等级	每亩征收粮食数
甲等一则	8斤小麦	甲等一则	35斤稻谷
甲等二则	7斤半小麦	甲等二则	30斤稻谷
乙等一则	6斤半小麦	甲等三则	28斤稻谷
乙等二则	5斤半小麦	乙等一则	25斤稻谷
丙等一则	4斤小麦	乙等二则	22斤稻谷
丙等二则	3斤小麦	乙等三则	20斤稻谷
		丙等一则	16斤稻谷
		丙等二则	13斤稻谷
		丙等三则	11斤稻谷

除按亩规定的标准征收外,还按全户田亩多少规定了累进的加征标准。夏征从100亩以上开始累进加征,秋征从50亩以上开始累进加征,具体累进率如表2-35所示。

表2-35

夏季粮赋征收		秋季粮赋征收	
全户土地亩数	累进每亩加征小麦	全户土地亩数	累进每亩加征稻谷
101—200亩	4两	50—100亩	4两
201—300亩	半斤	101—150亩	8两
301—400亩	12两	151—200亩	12两
401—500亩	1斤	201—250亩	16两
501—600亩	1斤半	251—300亩	1斤4两
601—700亩	2斤	301—350亩	1斤半
701—800亩	2斤半	351—400亩	1斤12两
800亩以上	3斤	401—450亩	2斤
		451—500亩	2斤4两
		501—550亩	2斤半
		551—600亩	2斤12两
		601—650亩	3斤
		651—700亩	3斤4两
		701—750亩	3斤半
		751—800亩	3斤12两
		801—850亩	4斤
		851—900亩	4斤4两
		901—950亩	4斤半
		951—1000亩	6斤
		1000亩以上	7斤

公草的征收,不分等级,夏季江阴县每亩征草3斤,其他各县一律每亩征草2斤;秋季一律每亩征草8斤。

土地等级按历年生产量订定,土地亩数由户主据实陈报。1945年第五分区开展了补报田亩运动,专员公署还制发了《补报田亩奖惩办法》。

(四) 苏中区人民的粮赋负担

苏中区筹集粮款的具体办法，前后有所不同，人民的负担也相应有所变化。

1942年以前，苏中区处于敌、伪、顽夹攻的境地，斗争非常激烈、尖锐。敌伪的汽艇穿梭往来于水网区，公路被截断，部队只能以营或连排活动。同时，原国民党统治的区乡政权尚未得到改造。在这种环境和条件下，部队的物质供应很困难，也不可能采取正规的筹粮筹款办法。

这三年，军政人员所需的粮食和款项，来源有三：

一是人民主动支前。苏中区人民饱尝韩德勤剥削压榨的痛苦，新四军渡江东进，他们既拥护又欢迎，主动出粮出钱支援新四军作战。黄桥决战时，镇上60多家烧饼店日夜不断地赶做烧饼支前。"黄桥烧饼黄又黄哎，黄黄的烧饼慰劳忙。烧饼要用热火烤哎，军队要靠百姓帮。"这首流传至今的"黄桥烧饼歌"，就是当时人民积极支前的生动写照[1]。由于人民积极热情的支援，所以新四军在战斗中基本上没有为吃饭发愁。

二是抗日政府劝募救国公粮。政府发出劝募救国公粮的号召后，各界人士和农民出钱出粮的热情很高。1941年冬计划征募6万担，实际完成7万担；1942年夏季原定征募杂粮31万担，实际完成23.6万余担，代金825906元，公银23785元。

三是除劝募救国公粮外，还征募了田赋、自卫捐和寒衣捐。仅寒衣捐一项，在学校和农抗会的支持下，即完成了77万元[2]。征募粮赋，负担主要落在地主和工商富户身上。

上述三种做法，虽然是不统一的、不完善的，但都体现了有粮出粮、有钱出钱的合理负担精神。它对于新四军开辟和建立敌后抗日根据地，起了非常明显的作用。

1943年苏中区普遍执行了统一的粮赋条例。执行结果，从有关资

---

[1] 《新华日报》，1980年10月4日第三版。
[2] 《苏中区党委一年来工作总结报告》(1942年2月)，载《华中抗日根据地财政经济史料选编》第一卷，档案出版社出版，第157页。

料看，农民负担是比较轻的。东台县是苏中区经济情况中等类型的县，这个县约有100万亩土地，55万人口，1943年全县征收粮赋共141393担，约合2120万斤（每担150斤）①。每人平均负担38.5斤，每亩地平均负担21.2斤。当时，东台县的粮食产量每亩一般在400斤左右，照此计算，负担占产量的比例为5.3%。

各阶级的负担都是比较轻的。据中共华中局向中共中央报告，苏中区各阶层人民的公粮、田赋负担占总收入的比例大致是：贫农3%，中农3.5%，富农4%，地主10%②。这个负担水平同军阀统治下的负担比较，是大大地减轻了。以泰兴县为例，这个县1933年农民负担的各种税捐，据国民党政府官方统计共有505683元，其中，田赋358819元，契税22400元，屠牙税7600元，杂捐116864元。按当时粮价每斤0.08元折算，合粮食6321万斤。而泰兴县1933年的粮食总产量为25148万斤，负担占粮食总产量的25.14%③。

据宝应县俞家新庄调查，1942—1943年对国民党负担、对共产党负担均为八与一之比。俞家新庄有15户，共86人，都是佃农，佃耕田347亩，自耕田3.5亩。1942年韩德勤部队盘踞时，稻田每亩抽税2斗5升麦，6斗4升3合稻谷，其中二成由佃户负担，全庄共负担6石9斗麦，42石1斗8升稻。另外，佃户还要按亩负担4升军米，麦草75斤，稻草125斤；按户负担杂费500元（合稻5石）。以上三项，共计负担稻谷21583斤，每人平均负担250.9斤，每亩平均负担61.7斤。还有，军队和合作站（韩军收费机关）下乡捉走130只鸡，拿走2张桌子、10条板凳、15把铁锹，把盐、胡萝卜、山芋、旱烟等货卖给老百姓，比市价高1—5倍，这些就无法统计了。

1943年民主政府只征公粮田赋，每亩征麦4斤半，稻19斤，而佃户仅负担1/3。全庄共征稻麦8154斤，佃户负担2742斤，每人平均负

---

① 董希白：《东台县一年来行政工作》，1944年5月30日在东台县临时参谋会上的报告。东台县财政局1980年9月报送的资料。
② 《华中局关于十个问题的答复》，1944年8月27日。原件存湖北省档案馆。
③ 根据泰兴县财政局1980年10月报送的资料计算。粮食产量中，稻谷9548万斤为国民党政府中央农业部调查数，"三麦"产量数是按1931年国民党政府立法院调查数补列的。其中，小麦产量26万石，大麦产量26万石，元麦产量52万石。每石均按150斤折算。

担 31.9 斤，每亩平均负担 7.8 斤，全庄共负担麦草 4 担，稻草 16.5 担。除此项公粮公草田赋以外，其他什么捐税都没有了①。

1943 年度苏中区的财政情况比较好。由于一部分主力部队转到地方武装部队，地方党政机关实行了精简，吃公粮的人数减少，所以粮食和现金的收支相抵，都有结余。例如，东台县 1943 年共征收粮赋 141393 担，支出 132764 担，结余 8629 担②。为了进一步改善民生，减轻民负，1944 年上半年行署确定降低夏季粮赋的征收标准。一分区夏季每亩征麦标准，乙等田由 10 斤降为 9 斤 12 两，丙等田由 8 斤降为 7.5 斤，有田五亩以下的农户每亩再减 3 斤。东台县 1944 年全年计划征粮 12 万担，比上年 14.1 万担减少 15%③。

1944 年下半年，国际反法西斯战争和中国的抗日战争发展很快，对日反攻较估计提前。为了准备好反攻所需的资财，保障战争供给，苏中行政公署于 1944 年 9 月 27 日发出训令，确定秋季粮赋征收任务增加 1/2。采取的措施是：（1）提高秋季征收标准，稻田每亩征收标准一般在上半年基础上增加 1/2，杂粮、豆田、棉田随稻田增加比例酌量提高；（2）继续清查黑田，增加田赋收入；（3）对少数游击区、边沿区、灾区、"清乡"区，根据民众负担能力和当年收成情况，另定征收标准。

因此，1944 年苏中区的农民负担普遍增加，一般增加 20%—30%（因夏征标准比上年略有降低），兴化、靖江、兴东等县原征收标准低，增加的幅度还要大一些。

为了支持新四军彻底打败侵略者，苏中人民积极响应政府号召，交粮热情很高。泰兴县人民掀起了全县增交反攻粮运动，许多农民除了完成政府规定的征收数以外，还自动多交，洋碾乡一乡就多交粮几十担，一个姓陈的农民，全家 8 口，种租田 8 亩，也自动多交粮 100

---

① 苏中报 1944 年 7 月 4 日第一版。为便于比较，引用时已将各种粮食统一折算为稻谷。折算比例是：一斤麦一斤稻；稻谷折米打七折，米折稻谷加 43%。每石稻谷按 150 斤计算。

② 董希白：《东台县一年来行政工作》，1944 年 5 月 30 日在县临时参议会上的报告。东台县财政局 1980 年 9 月报送资料。

③ 同②。

多斤①。

不仅是中心区的人民交粮的热情高,游击区"清乡"区的人民交粮热情也很高。"清乡"区的人民在这年的秋征中,冲破敌伪的残酷统治,出现了许多集体交粮的动人事迹。南通桐本区北渡乡就是一个例子。据《江海报》1944年12月1日报道,这个乡第一保"在10月28日夜里,距离据点很近的地方,开了一个群众大会,到会的有100多人,民兵基干队放哨。会上先讲了今年加征粮赋的道理,以后便讨论了新的交粮方法。讨论的结果是,明天大家集体交粮,以后再分散保管。第二天上午8点钟的时候,征粮小组的同志个个精神抖擞地出去开始征收,民兵基干队四面放哨警戒。集体征粮时,把一个保分成两部分,各个交粮户都背了袋子,担了箩担,向指定的地区集中。他们交粮时很开心,说:'我们要交好粮。'并且提出,看谁坐飞机(即看谁交得快——编者注)。在交粮中他们还选出一个交粮模范叫王金生"。这一段报道,充分反映了苏中人民的抗日救国热情。

1945年全面转入对日反攻,苏中区部队人数增加较多,财粮需要量大,而许多地区夏季受灾严重(边沿区最重),"三麦"减产,人民负担能力减弱,加之大量伪钞流入根据地市场,抢掠物资,财政经济上出现了一些矛盾和困难。为了解决这些矛盾,苏中行署采取了三条重要措施:一是大力开展对敌经济斗争,严格管理输出输入的主要物资,按照一定比率交换,缩小敌我区间物资交换的剪刀差额;查禁伪币,实行抗币(苏中江淮银行发行)标价,确定抗币本位。二是组织群众发展农业生产,克服灾荒。三是按照军民兼顾的原则,确定1945年度的粮赋征收任务。

据苏中区1945年度粮草收支概算总表所列数字,这一年粮赋征收任务为19516万斤大米,折合稻谷为27908万斤,其中,公粮占2/3,田赋占1/3。当时,苏中根据地人口为1000万,按负担人口800万计算,每人平均负担公粮、田赋34.9斤稻谷。在粮食支出中,供给军政人员的粮食为7123万斤大米,按每人每天供给大米1.5斤计算,全年

---

① 泰兴县财政局1980年10月报送的历史资料。

每人供给大米548斤。推算全区吃公粮人数为13万,占根据地总人口的1.3%。从这个比例看,1945年苏中的农民负担仍是比较轻的。

三、盐阜区的救国公粮公草及土地税征收制度

(一)财粮的供给来源与农民负担

抗日战争时期,苏北根据地在军事上为统一的战略区,属于新四军三师活动的范围,在政权建设上分别设立两个行政公署,一为淮海区行政公署,二为盐阜区行政公署。

盐阜区行政公署成立于1941年8月,当时辖7个县。1942年上半年起,辖阜东、阜宁、滨海、涟东、淮安、建阳、射阳、盐东、盐城9个县。共有人口300余万,粮田600万亩,其中旱田约400万亩,水田约200万亩。

财粮的供给来源,基本上是税收。抗日政权建立后,行政公署就宣布废除国民党政府和军阀的一切苛捐杂税,逐步开征了救国公粮、公草、土地税、进出口货物税、牙税、营业税、屠宰税、契税等税种。此外,在鱼汛期间,沿海各县还征收了鱼税。救国公粮和土地税均收粮食,公草征收麦秸稻草。这两项税收,是财粮供应的主要来源,也是农民的主要负担。

盐阜区的农业生产条件较差,产量也较低。在正常年景下每亩粮田的收获量:旱田在160斤左右,水田在250斤左右[①]。照此计算,全区的粮食总产量约为11.4亿斤。按照1944年公粮、土地税的征收标准计算(旱田每亩征16斤,水田每亩征25.7斤),应征公粮、土地税总额为11540万斤。扣除在起征点以下的免征额、优待抗日军人家属的减免额等,实征额按应征额的70%计算约为8000万斤,占粮食总产量的8%。全区人口300万,负担人口按80%计算,约240万,每人平均负担33斤。

从负担人口与军政人员的比例看,根据盐阜区规定的供给标准和

---

① 骆耕漠:《关于征收粮税的新办法》,1944年。江苏省档案馆资料。

食粮数字推算，1944年全区军政人员约为3.24万人①，占全区总人口的1.08%。

从上述负担比例和军民比例看，均比苏中区略低，但盐阜区的农民收入水平低（每人全年平均收获量不足150斤的约占全区人口的20%），生活较差，实际上负担要比苏中区重一些。

各阶层的负担情况，据中共华中局向中共中央报告，1943年各阶层交纳公粮、土地税占总收入的比例大致是：贫农4%，中农6%，富农8%，小地主8%—10%，中地主15%，大地主20%②。

1944—1945年，军事上从局部反攻转入全面反攻，根据地迅速恢复扩大，华中新四军总人数比1943年增加1倍，地方武装和党政机关人数亦相应增加。为了积蓄资财，保证军事斗争的需要，从1944年秋季开始，行署提高了公粮、土地税的征收标准，各阶层人民的负担也显著增加了。据有关资料计算，1944年各阶层负担占产量的比例，贫农为5.5%，中农为7%，富农为16.1%，地主为24%（最低者18%，最高者30%）③。

盐阜区在组织财政收入和筹集粮草的过程中，逐步建立了一套比较完备的征收制度和土地管理办法。这些制度和办法，对于保障供给，配合土地政策的实施，调节各阶级的收入，都起了良好的作用。

（二）1941年阜宁县公布的征粮办法

阜宁县是盐阜区建立抗日政权最早的一个县。这个县的抗日民主政府在1941年6月就公布了一个以户为单位，按各户田亩多少，分6级累进的简易征粮办法。其要点是：

1. 9亩以下无力负担者，不交公粮。10—30亩每亩交公粮2.5斤，31—50亩每亩交公粮3斤，51—100亩每亩交公粮4斤，101—

---

① 推算依据是：征收粮食总数中，按苏中区食粮占37%的比例推算，军政人员食用数为2960万斤。1943年盐阜区规定各机关部队领公粮的标准，平均每人每天约为2.5斤原粮。一年则需912.5斤粮。用食用粮总数除以每人全年供给标准数，则推得军政人员约为3.24万人。

② 《华中区关于十个问题的答复》，1944年8月27日。湖北省档案馆档案资料。

③ 根据骆耕漠《关于征收粮税的新办法》（1944年）一文中关于各阶层占有产量的情况和二种征收条例的税率计算。

300 亩每亩交公粮 4.5 斤，301—1000 亩每亩交公粮 5 斤，1001 亩以上每亩交公粮 6 斤。

2. 佃户每亩分担地主公粮 1.5 斤，径交政府，在地主应交公粮数额内扣除。敌伪区内佃户分担地主应交公粮，由地主代收并交公粮。

3. 实行货币地租形式的，佃户仍然分担地主应交公粮 1.5 斤，地主依照如下之比例，以货币折交公粮：10—30 亩每 100 元交公粮 2.5 元；31—50 亩每 100 元交公粮 3 元；51—100 亩每 100 元交公粮 6.25 元；101—300 亩每 100 元交公粮 7.5 元；301—1000 亩每 100 元交公粮 8.75 元；1001 亩以上每 100 元交公粮 10.25 元。

4. 柳田柴田每 2 亩折 1 亩交公粮，草田每 4 亩折 1 亩交公粮，碱田、半垦田按实收数量交公粮 3%。

5. 远离业主之田亩，无代管人员负责交公粮者，其所有产业归政府。

这个征粮办法虽然贯彻了累进的原则，但由于征收标准很低，各阶级的负担都是很轻的。

（三）1942 年颁布的清查田亩办法和征粮制度

1942 年，日伪"清乡""扫荡"的高潮已经过去，局势转趋稳定。为了确定人民产权及便于征收田赋、公粮、公草，使人民负担合理起见，行署公布了《盐阜区清查田亩暂行办法》。

清查田亩，以乡（镇）为单位，采用土地陈报办法。规定 60 方丈为 1 亩，由业主实地丈量，计算面积，分块填写陈报书，据实向乡（镇）清查田亩委员会陈报。乡镇清查田亩委员会根据各业主陈报的土地，编制乡田亩清册，在本乡镇之自然村内公布，并限期准由各业主自动申请更正或补报其田亩数，逾限即奖励人民自动检举。在乡镇田亩清册造成后，区清查田亩委员会随时派遣清查组到各乡镇抽查清丈各业主陈报之田亩，或清丈经检举有争执之田亩。

业主陈报土地经检举或清丈发现确有隐报情况，除追缴其历次隐瞒田亩之田赋公粮外，水田及稻麦田每隐报 1 亩罚米 40 斤，旱田每隐报 1 亩罚小麦 30 斤，棉田每隐报 1 亩罚皮棉 5 斤，草田每隐报 1 亩罚草 1 担，柴滩田每隐报 1 亩罚芦柴 5 担，荒田每隐报 1 亩罚国币 1 元。

盐阜区清查田亩工作是从 1942 年 2 月开始的，要求在 4 月 30 日结束。在此期间，各地普遍开展了这项工作。土地清查结果，全区增加了田亩 200 多万亩①，阜宁县一区增加土地 43.9%，二区增加土地 32.6%②。这就扩大了负担面积，增加了财粮收入，同时又相对地减轻了人民负担，为进一步实行合理负担奠定了基础。

在普遍清查土地的基础上，行署接着颁布了《土地税征收章程》和《公粮公草征收条例》。

《土地税征收章程》规定：各县田赋以及临时带征一律废除，统称土地税。土地税一律由业主缴纳，按清查田亩结果分水田、稻麦田、旱田、棉田、洼田、草滩、柴滩、花碱、荒地九类征收，各县原有之田地等则一概废除。土地税率每年由行政公署分别田亩种类统一规定，分上忙、下忙二期征收。这样，就比较彻底地改造了旧的田赋制度。

救国公粮按照土地类别征收，夏季征收稻麦田、旱田两类，秋季征收水田、稻麦田、旱田三类。夏季征收小麦，其他粮食按市价折合。秋季，对水田、稻麦田征收大米，如交稻谷，每 100 斤稻谷折大米 60 斤；对旱地征收玉米 70%，黄豆 30%，各县可按实际情形酌量增减。

征收标准，以户为单位，按照各类田地的多少划分等级，再按照累进的原则，分类分级规定每亩的征收额（见表 2-36—表 2-38）。

表 2-36　　　　　　　　　旱田的征收标准

夏 季			秋 季		
累进分级	每户田亩数	每亩征收额	累进分级	每户田亩数	每亩征收额
1	不足 3 亩者	免征	1	5 亩以下	免征
2	3 亩以上不足 10 亩	5 斤	2	5 亩以上不足 10 亩	3 斤
3	10 亩以上不足 25 亩	6 斤半	3	10 亩以上不足 25 亩	4 斤

---

① 曹荻秋：《两年来财经工作总结及今后工作方针》，1943 年。盐城地区财政局、阜宁县财政局 1980 年 1 月 25 日报送资料。
② 《盐阜报》1942 年 4 月 11 日报导。原材料为绝对数，百分比是根据绝对数计算的。

续表

夏　季			秋　季		
累进分级	每户田亩数	每亩征收额	累进分级	每户田亩数	每亩征收额
4	25 亩以上不足 60 亩	7 斤	4	25 亩以上不足 40 亩	5 斤
5	60 亩以上不足 150 亩	8 斤	5	40 亩以上不足 70 亩	6 斤
6	150 亩以上不足 500 亩	10 斤	6	70 亩以上不足 150 亩	7 斤
7	500 亩以上	12 斤	7	150 亩以上不足 500 亩	8 斤
8			8	500 亩以上	10 斤

注：计算累进级数时按实有田亩总数计算。

表 2-37　　　　　稻麦田的征收标准

夏　季			秋　季		
累进分级	每户田亩数	每亩征收额	累进分级	每户田亩数	每亩征收额
1	不足 3 亩者	免征	1	不足 3 亩者	免征
2	3 亩以上不足 10 亩	5 斤	2	3 亩以上不足 10 亩	4 斤半
3	10 亩以上不足 25 亩	6 斤半	3	10 亩以上不足 20 亩	5 斤
4	25 亩以上不足 60 亩	7 斤	4	20 亩以上不足 30 亩	5 斤半
5	60 亩以上不足 150 亩	8 斤	5	30 亩以上不足 60 亩	6 斤半
6	150 亩以上不足 500 亩	10 斤	6	60 亩以上不足 150 亩	7 斤
7	500 亩以上	12 斤	7	150 亩以上	8 斤

注：计算累进级数时按照实有田亩总数计算。

表 2-38　　　　　水田的征收标准

累进分级	每户田亩数	每亩征收标准	
		大　米	折稻谷
1	有田 3 亩者	免征	免征
2	3 亩以上不足 10 亩	9 斤	15 斤
3	10 亩以上不足 20 亩	11 斤	18 斤 5 两
4	20 亩以上不足 30 亩	11 斤半	19 斤 3 两
5	30 亩以上不足 60 亩	12 斤半	20 斤 13 两
6	60 亩以上不足 150 亩	13 斤半	22 斤 8 两
7	150 亩以上	15 斤	25 斤

注：(1) 计算累进级数时按照实有田亩总数计算。
（2）稻谷 100 斤折米 60 斤，按 16 两老秤计算。

租佃土地，由业佃双方分担。夏季，佃农每亩负担3斤，其余由地主负担。秋季，佃农交纳公粮为：旱田每亩2斤，稻麦田每亩2斤，水田每亩4斤（大米）。

公草按田亩征收。夏季，每亩征收公草8斤，自耕农自行缴纳，业主与佃户如不分火草者，公草概由佃户负责缴纳；如系三七分草，则由业佃共同分担，业主出三成，佃户出七成。秋季，旱田每亩征收5斤，稻麦田每亩征收6斤，水田每亩征收13斤。

对垦荒者和抗属都有减税或免税照顾。垦荒条例规定，开垦公荒自领垦之日起5年内免除赋税，开垦生荒3年内承垦人不纳租税。优待抗属办法是：参加主力部队之军人家属有田不足3亩者免征，在3亩以上不足60亩者减征1/2，在60亩以上者仍按级征收；参加地方部队之军人家属有田在2亩以下者不征，在3亩以上不足60亩者减征1/4，在60亩以上者仍按级征收。但优待照顾以出征军人为限，不脱离生产之武装与公务人员及群众团体不在此列。

以上征收制度，适用于根据地。游击区依照这些原则及游击区的实际情况酌量执行。

（四）1943年公粮及土地税征收办法的修订

1943年盐阜区处于大规模反"扫荡"战斗中，财经部门实行了精简和一元化领导，公粮公草和土地税的征收，基本上沿用1942年的办法，只是对征收标准和租佃双方分担比例作了修订。

关于征收标准的修订，主要是降低了起点的税率，提高了稻麦田的最高税率。例如，旱田的税率，1942年以5斤为起点，1943年改为以3.5斤为起点；水田的税率，1942年以9斤为起点，1943年改为以7斤为起点。这样，土地少的贫农、中农负担稍有降低，大中地主的负担则略有提高。1943年修订后的公粮、土地税的征收标准如表2-39—表2-45所示。

表2-39　　　　　　　　夏季救国公粮征收标准

累进分级	全户有田亩数	每亩征收标准（小麦，斤）
1	不足3亩	免征
2	3亩以上不足10亩	3斤半

续表

累进分级	全户有田亩数	每亩征收标准（小麦，斤）
3	10亩以上不足25亩	4斤半
4	25亩以上不足40亩	5斤半
5	40亩以上不足70亩	6斤半
6	70亩以上不足150亩	7斤半
7	150亩以上不足500亩	9斤
8	500亩以上	11斤

注：夏季每亩征收公草（麦草）5斤。

表 2-40　　　　　　　　上忙土地税税率

水田、稻麦田、柴滩	每亩抗币2元
旱田	每亩抗币1.5元
棉田	每亩抗币1元
洼田、花碱田	每亩抗币0.5元
草滩	每亩抗币0.3元
荒废田	每亩抗币0.1元

注：抗币为盐阜银行发行的货币。

表 2-41　　　　　　　　上期屯田田租租额

	田 租	公 粮	合 计	公 草
屯 田	10斤	2斤半	12斤半	5斤
滩 田	10斤	2斤半	12斤半	5斤
溢 田	4斤	1斤	5斤	2斤

注：盐阜区境内旧黄河两岸之土地为公产，租给农民耕种，要向政府交租、交公粮。据盐阜区屯田登记办法规定，屯田分为三类：自堤顶向河伸延之田为滩田，滩田以外至河心之田为溢田，自堤顶背河方向伸延之田为屯田。

表 2-42　　　　　秋季旱田、稻麦田、棉田征收公粮的标准

累进分级	全户有田亩数	每亩征收标准		
		旱田稖头	稻麦田（大米）	棉田（皮花）
1	不足3亩	免征	免征	免征
2	不足10亩	3斤半	4斤	8两
3	不足25亩	4斤半	5斤	10两

续表

累进分级	全户有田亩数	每亩征收标准		
		旱田稻头	稻麦田（大米）	棉田（皮花）
4	不足 40 亩	5 斤半	6 斤	12 两
5	不足 70 亩	6 斤半	7 斤	14 两
6	不足 150 亩	7 斤半	8 斤	16 两
7	不足 500 亩	9 斤	9 斤	18 两
8	500 亩以上	11 斤	10 斤	20 两

注：旱田、稻麦田每亩缴公草 8 斤，棉田每亩缴公草 5 斤。

表 2-43　　　　　　　秋季水田征收公粮的标准

累进分级	全户有田亩数	每亩征收公粮标准	
		大　米	折稻谷
1	不足 3 亩	免征	免征
2	不足 8 亩	7 斤	11 斤 11 两
3	不足 15 亩	8 斤	13 斤 5 两
4	不足 25 亩	9 斤	15 斤
5	不足 40 亩	10 斤半	17 斤 8 两
6	不足 70 亩	11 斤半	19 斤 3 两
7	不足 100 亩	12 斤半	20 斤 13 两
8	不足 150 亩	13 斤半	22 斤 8 两
9	150 亩以上	14 斤半	24 斤 3 两

注：水田每亩缴公草 10 斤。

表 2-44　　　　　　　下忙土地税税率

水田、稻麦田、柴滩	每亩抗币 2 元
旱田	每亩抗币 1 元 5 角
棉田	每亩抗币 1 元
洼田、花碱田	每亩抗币 5 角
草滩	每亩抗币 3 角
荒废田	每亩抗币 1 角

表 2-45　　　　　　　　　　　　下期屯田田租租额

	田　租	公　粮	合　计	公　草
屯　田	10斤	2斤半	12斤半	8斤
滩　田	10斤	2斤半	12斤半	8斤
溢　田	4斤	1斤	5斤	4斤

注：租粮概以缴纳稽头为限。

关于租佃土地负担的修订，主要是适当降低佃农分担的比例。夏季公粮负担，1942年规定佃户每亩出3斤，1943年改为每亩分担2斤半。秋季公粮负担，1942年规定佃户每亩出2—4斤，1943年按分租田、包租田分别作了规定。对分租田之公粮，佃户应分担之数额规定为：承佃之田如为旱田，其公粮累进等级属于不足10亩或不足25亩者，由主佃双方各半负担；属于25亩以上各级者，佃户分担每亩稽头2斤半。承佃之田如为稻麦田，其公粮累进等级属于不足10亩或25亩者，由主佃双方各半负担；属于25亩以上各级者，佃户每亩分担大米2斤。承佃之田如为水田，不分等级，佃户每亩分担大米3斤半。承佃之田如为棉田，不分等级，佃户每亩分担皮花4两。这样修订，对于扶持贫农经济的发展是有利的。

（五）1944年土地复查、户口登记与新的负担办法

盐阜区土地税和公粮公草的征收，自1942年春季全区土地实行清查以后，虽然合理多了，但当时因受各种主观条件的限制，人民粮税的负担仍然不够合理。主要表现在：土地只有简单的分类，没有分等，以致面积相同的田地，不论其肥瘠如何、产量如何，其粮税负担一样；同时没有考虑到人口多少的因素，起征点又低（3亩即起征），所以贫农的负担较重，少数小地主因二五减租与公粮累进的关系，负担也较重。为了使人民的粮税负担更合理起见，1944年初行署又颁发了《盐阜区土地复查暨户口登记暂行办法》，普遍开展了土地的复查与人口登记。

土地复查的做法与1942年大体相同，也是采用人民自动陈报办法，辅之以必要的实地清丈、抽查。不同的主要有两点：（1）过去清查各户的土地，只清查自田（即户主自己所有的土地），这次则连租

进之田和典进之田也要清查，同时"自田"租给他人和典给他人的也要加以注明，不能只作为"自田"陈报。(2) 户主陈报土地，依照土地之全年平均收获量（不是熟年也不是荒年，即普通年成）为标准，分类分等陈报。土地的全年平均收获量，由县政府领导各乡复查暨户口登记委员会民主评定，按产量多少确定土地等级。水田每24斤进一等，旱田每20斤进一等，各种土地全年平均收获量之最低最高额，统一规定如表2-46所示。

表2-46

种类	产物	最低（斤）	最高（斤）
水田	稻	37	566
稻麦田	稻	20	360
稻麦田	小麦	20	180
旱田	小麦	30	410
棉田（一）	籽子花	20	100
棉田（二）	籽子花	20	100
	大麦	50	80
柴滩	柴	80	600
草滩	草	100	800

户口登记，也由户主陈报。凡在盐阜区居住的户，在土地陈报同时填写户口陈报书，陈报其户口。户口陈报书同土地陈报书政府都制定了统一的格式。填报时，凡抗日军人家属持有优抗证者，该抗日军人仍作在家人口，以示优待。

土地复查及户口登记工作，从1944年初开始，要求各区在1944年4月20日以前结束，各县在4月底以前结束，并分乡、分区、分县编造土地户口统计表，作为征收粮税的依据。

1944年夏，行署制定了甲、乙两种夏季粮税征收办法。甲种征收办法仍按每户所负担田亩总数计征，基本上是老办法，适用于土地未复查的乡。乙种征收办法，改按每人全年平均收获量多少累进征收，是个新办法，适用于已复查田亩之乡。由于当时各县土地尚未完全复查好，新办法变动较大，需要慎重对待，所以这一年夏秋两季的粮税征收，大多数地区仍然执行老办法（甲种办法），新办法（乙种办法）只是在各县选择七八个乡试行。

甲种征收办法虽说是老办法，但也不是与上年的办法完全一致。其不同之处，主要有四点：（1）提高了起征点。夏季公粮起征由3亩改为4亩。（2）增加了累进级数，调整了累进级距。夏季公粮由8级改为12级，最高级由400亩改为500亩；秋季旱田、稻麦田、棉田征收由8级累进改为12级累进，累进最高级由500亩改为400亩；秋季水田征收公粮由9级累进改为12级累进，累进最高级由150亩改为400亩。（3）提高了每亩的征收额。夏季：最高级每亩征收公粮数由11斤增为12斤；有田15亩以上的业主，公粮负担增加1/10，公草每亩增加2斤，土地税增加不到1/10。秋季：水田最高级征收公粮数由每亩14.5斤增至15.5斤，棉田最高级征收公粮数由每亩20两增至22两（皮花）；公草征收由每亩5—10斤增加到8—30斤（草滩田每亩征草可达50斤）。（4）土地税由征收抗币一律改为征收实物（粮、棉、草）。所有这些变动，一方面是为了准备对日反攻，增加财粮收入；另一方面是为了平衡负担，使各阶级之间的负担更加公平合理。

乙种公粮征收办法，是按每人全年平均收获量多少累进计征的。共分113个累进等级，每人平均产量在150斤以下的免征，最低税率4%，最高税率30%。累进税率分为两种，凡全乡旱田稻麦田占全乡负担公粮土地50%以上者按第一种标准计征公粮，不及50%者按第二种标准计征公粮。这两种标准，在同一级距内全年税率基本相同，只是夏季和秋季的税率不同。例如，每人全年平均收获量800斤的户，全年税率均为7.8%。但夏季适用税率，第一种标准为3.9%，第二种标准为1.9%；秋季适用税率，第一种标准为3.9%，第二种标准为5.8%。这样，就适应了不同地区夏粮秋粮比重不同的实际情况。

税率的设计，是按各阶层占有产量的情况确定的。当时，盐阜区约有20%的农户人平均收获量在150斤以下，所以起征点定为150斤，150斤以下的一律免征，以照顾赤贫户。贫农每人平均收获量为150—450斤，税率定为4%；中农每人平均收获量为450—800斤，税率定为4%—7.8%；富农每人平均收获量为800—1200斤，税率定为

7.8%—17%；地主每人平均收获量一般为1200—2300斤，税率定为17%—30%，2300斤以上者不再累进。这样，在负担上就体现了收入多的多负担、收入少的少负担的原则，不仅有利于增加财粮收入，保障战争的需要，而且也保障了地主的合法利益，有利于统一战线的巩固。

公草和土地税的征收，乙种征收办法与甲种征收办法基本相同。公粮部分的租佃双方分担办法，也与甲种征收办法相同。

乙种征收办法是盐阜区征粮制度的一次重大改进。这种办法，同晋察冀、晋冀鲁豫边区按土地产量部分的计征办法有相同之处。由于这种办法建立在土地复查与户口登记的基础上，所以各阶层的负担比原来的办法更加合理，比甲种征收办法也要合理一些。

（六）1945年的粮税征收办法

1945年，盐阜区仍然执行甲、乙两种征收办法。已进行土地复查的乡继续执行乙种征收办法，新解放的地区和未复查的老区，仍然按甲种办法征收。但是，由于军政人员增多，开支加大，对原来规定的甲种征收办法又进行了若干修订，主要是增加了累进级数，适当提高了每亩的征收标准。修订后的夏季公粮征收标准如表2-47所示。

表2-47

累进分级	每户田亩数	每亩征收公粮数（小麦）	
		旱田	稻麦田
1	不足4亩	免征	免征
2	不足9亩	3斤半	3斤半
3	不足15亩	4斤	4斤半
4	不足24亩	5斤	5斤半
5	不足39亩	6斤	6斤半
6	不足68亩	7斤	8斤
7	不足105亩	8斤	9斤
8	不足140亩	8斤半	9斤半
9	不足205亩	9斤半	10斤半
10	不足250亩	10斤	12斤

续表

累进分级	每户田亩数	每亩征收公粮数（小麦）	
		旱田	稻麦田
11	不足 300 亩	11 斤	13 斤半
12	不足 350 亩	12 斤	15 斤
13	不足 400 亩	13 斤	16 斤半
14	400 亩以上	15 斤	18 斤

夏季公草，一律照田亩征收，每亩征收麦稻草 7 斤（不足 4 亩地者免征）。

上忙土地税，仍按田亩征收，全由业主负担，一律征收小麦。征率如表 2-48 所示。

表 2-48

水田、稻麦田、柴滩田	每亩征麦 4 斤	花碱田	每亩征麦 1 斤
旱田	每亩征麦 3 斤	草滩	每亩征麦半斤
棉田	每亩征麦 2 斤	荒废田	每亩征麦 3 两

此外，还继续规定了抗属公粮公草的减免优待。主力部队军人家属有田 10 亩以下者免征，10 亩以上至 24 亩者减 1/3；地方部队军人家属有田 7 亩以下者免征，7 亩以上至 24 亩者减 1/4。

四、淮海区的粮赋征收办法与农民负担

（一）淮海区抗日政权的建立

为打破蒋介石要中共撤出华中、退至黄河以北的企图，八路军一部于 1940 年 5 月下旬奉命分两个梯队由冀鲁豫南下，与新四军合编为八路军第 4、第 5 纵队。第 5 纵队辖第 1、第 2、第 3 支队，由黄克诚任司令员，执行东进任务。8 月初，第 1 支队东渡运河，进至沭阳、淮阴地区。接着，纵队部率第 2 支队第 4 团、第 3 支队于 9 月进到淮海地区。八路军与地方党组织配合，经过 5 个月的斗争，建立了 8 个县的政权，初步开辟了淮海抗日根据地。

1941 年 8 月，淮海区行政公署正式成立。当时，全区人口约 200 万。1942 年 11 月，敌 5000 余人合击淮海区，将淮海区分割成若干块，根据地范围缩小。1943年新四军发动了夏季攻势，淮海区战绩很大，消灭了大量的敌人，解放人口28万。抗日战争胜利时，淮海区辖淮阴、涟水、灌云、东海、宿迁、泗阳、沭阳、宿北、潼阳9县。

淮海区是华中、华北两个战略基地（山东及苏北）的联络点，在巩固山东、苏北联系上有着重要意义。这里地瘠民贫，农业生产力很低。以涟水县为例，每亩地平均产麦2斗（高沟斗33斤），苞米每亩产2斗，花生每亩产20斗（好田），山芋亩产15笆斗（每笆斗66斤，共990斤）。这个地区是反共顽固派的"模范地区"，敌伪的统治有根深蒂固的基础（淮阴一个区就有400多个特工）。共产党过去在这里进行过土地革命，部分地主对八路军、新四军有怀疑，而一般群众则念念不忘打土豪、分田地。所有这些，都增加了建立根据地的困难。

（二）借粮斗争

淮海地区经常有灾，1942年春，粮荒更为普遍严重。据泗沭一个保的材料，断炊的有56户，共236人，占全保人口的1/3；较富裕的仅16户，共67人，占全保人口的1/10。苞米每斗涨到25—30元，高粱每斗涨到24—25元。讨饭的人数极多[①]。为了解决贫困农民度荒问题，政府组织群众向地主富农开展了借粮运动。

借粮斗争和退租斗争同是1942年夏收前的中心工作，但两者的具体做法不同。借粮是以救济春荒为由，以群众组织名义向地主提出的。一般以乡为单位、以农救会为中心成立一个春荒救济委员会这一类的组织，来负责借粮工作。借粮无固定对象与数目，只是在需要借粮同时又有粮可借的地方才开展这种斗争。

借粮的方式大体有两种：一是由代表领着群众到地主家向地主交涉；二是先派代表去问地主借不借，再向政府请愿，但最后都是经过政府调处的。

借粮斗争有一定收获，它不仅解决了春荒问题，而且使群众的政治觉悟和斗争情绪大大提高了。农民深刻地认识到，农救会是自己的

[①] 光裕峰：《泗沭借粮的初步经验》（1942年5月5日），载《华中抗日根据地财政经济史料选编》第一卷，档案出版社出版，第464页。

团体，团结起来就有力量。但是在斗争过程中，也出现了"左"的偏差。

(三) 淮海区的田赋制度

1941年，淮海区很多地方就实行合理负担，征收盐税、田赋、公粮，解决了部队的粮食、军需，援助了主力的南下。

1942年，由于敌人的进攻和封锁，货物流通阻滞，主要的税收——盐税几乎没有了。为了保障抗日经费的需要，淮海行署决定加强田赋征收，并改征粮食。6月7日，行署颁布了《淮海区田赋改征粮食暂行条例》。

田赋改征粮食，赋率仍按土地等级分别确定。每亩全年收获在120斤以上者为一等田，每年每亩征收小麦2斤；每亩全年收获在80斤以上不足120斤者为二等田，依一等田八折征收；每亩全年收获在50斤以上不足80斤者为三等田，依一等田六折征收；全年收获在20斤以上不足50斤者为四等田，依一等田四折征收；全年收获在20斤以下者为五等田，依一等田二折征收。

田赋由土地所有权人负担，于每年麦、秋收后分二次缴纳，每次交一半，并与公粮同时征收。

(四) 公粮公草征收制度与农民负担

公粮是淮海区军政人员财粮供给的主要来源。救国公粮征收办法前后有过几次变化。1941年虽然公布了《淮海区三十年度征收救国公粮办法》，但各县实际上没有执行。1942年6月7日，行署颁发了《淮海区救国公粮公草征集条例》。1943年又颁发了《重订征收救国公粮公草暂行条例》，并制发了《田亩等级厘定细则》。1944—1945年基本上沿用1943年的办法。

1942年的条例规定，救国公粮公草由淮海区粮食主管机关统筹，任何部队机关不得向人民另筹粮草。救国公粮公草的征集，以地亩多少划分征粮等级，以收获量大小决定土地等级，公平分配，合理负担。500亩以上之户为一等户，每季每亩征公粮12斤，全年24斤；250亩以上不足500亩之户为二等户，每季每亩征公粮10斤，全年20斤；100亩以上不足250亩之户为三等户，每季每亩征公粮8斤，全年16

斤;50亩以上不足100亩之户为四等户,每季每亩征公粮6斤,全年12斤;20亩以上不足50亩之户为五等户,每季每亩征公粮4斤,全年8斤;5亩以上不足20亩之户为六等户,每季每亩征公粮2斤,全年4斤;5亩以下为贫户,免征粮草。公草依公粮征收等级加倍征收(即公粮1斤征公草2斤)。1942年全区预计征收公粮5000万斤。由于敌人拼命收买粮食,奸商偷运粮食出口,加之土匪大肆活动,公粮征收受到相当大的影响。所以这一年,淮海区吃饭穿衣都很困难,部队的生活很差,人民的生活水准也大大降低。

1943年颁发的公粮公草征收条例,适用于根据地的中心区(中心区与游击区的划分由各县自定)。其主要内容如下:

1. 纳税人与课税对象。按照条例规定,凡是有收益的土地,不论自耕、出租、承佃、典出、典入,其业主、承佃者和承典者均要按照规定交纳公粮公草。无私人收益之河道、河堤、道路,业主宅基地(每间屋按5厘地剔除),临时占用之交通沟等,均免征公粮公草。从这个规定看,救国公粮属于土地收益税。

2. 土地等级的划分与人口计算。应征救国公粮户之田亩,按照土质及生产量厘定等级,以亩为计算单位。淮海区大都是旱地,土质比较复杂,为便于各地工作,行署把全区土地统一划为壤土、黄土、黏土、砾土、劣土、碱土等六类。各类土地的产量均以1943年的收获量为主确定(两年三季者以三季收获量平均计算)。各类土地的每亩收获量,以小麦为计算单位,规定不得低于表列数目(见表2-49)。

表2-49

分类	土质	每亩全年收获量(小麦,斤)
1	壤土(包括潼阳、东海一带之黄土及上等黑土)	261以上
2	黄土(包括砂淤混合土、新淤土)	201—260
3	黏土(黑淤土、青砂红油土、白砂土)	101—160
4	砾土(湿土、砂土、砾土)	61—100
5	劣土(黑风土、花碱土)	41—60
6	碱土飞砂	20—40

各户的田亩数量、土质和收获量，均由户主按照上述要求自报，由区、乡田亩等级审查委员会审定。区、乡审定以后，即作为征收公粮公草的依据。

在办理土地、产量陈报的同时，进行人口登记。人口的计算，统一规定如下：（1）儿童作成人计算，有寄居者计入该户人口之内。（2）凡业主雇有半年以上之雇工，包括在业户人口之内计算，但不从事农业生产之乳母、女佣及杂役等概不得作为雇工计入。（3）凡业主之人口常年在外有固定生产职业者，不得计入征粮人口之内，但从事雇工及抗日工作人员计入人口之内。（4）土地在淮海区境内、居住在外区的户，一律以五口计算，并由其佃户或代理人交税。

3. 计算标准与征收率。救国公粮的征收，以户为单位，按每人平均田亩多少计算，根据户主占有或经营土地的不同情况分别确定。自耕田计算时先将田亩打九折而后以人口平均之。出租田按田亩数打四折后以人口平均之。佃耕田按田亩数打六折后再打九折，然后以人口平均之。这样规定，是从当时的租率情况和平衡负担的需要出发的。1943年淮海区虽已开展了二五减租，但减租还不彻底，减租后的租率一般仍在40%左右，所以租佃地的负担确定按业四佃六分担，即出租田打四折计算，佃耕田打六折计算。由于出租田的收入是纯收入，不包括农本，自耕田、佃耕田的收入为毛收入，包括农本在内，所以确定出租田1亩按1亩计算，自耕佃耕田1亩按9分计算（即打九折，佃耕田打六折后再打九折），以平衡各阶级的负担。按照上述规定计算之后，再按每人平均田亩多少分成16组，全户每人平均田亩在1亩以下者为第一组，100亩以上者为第十六组。

田亩等级按照每亩全年的收获量划分为16级。每级产量相差20斤。每亩全年收获量在20斤以下者为第一级，301斤以上者为第十六级。

征收率按照每人平均田亩多少（16组）和田亩等级（16级）分别确定，贯彻累进的原则。每人平均田亩多，每亩收获量高的，征收率（每亩征收粮食数）高一些，反之，征收率低一些，或者免征。具体规定如表2-50所示。

第二章 抗日战争时期的农民负担

表2-50 每人平均田亩分组和各组各级的累进征收额(斤)

田亩等级	每亩(收获量,斤)	一组 1亩以下	二组 1.1—2亩	三组 2.1—4亩	四组 4.1—6亩	五组 6.1—8亩	六组 8.1—10亩	七组 10.1—15亩	八组 15.1—20亩	九组 20.1—25亩	十组 25.1—30亩	十一组 30.1—40亩	十二组 40.1—50亩	十三组 50.1—60亩	十四组 60.1—80亩	十五组 80.1—100亩	十六组 100亩以上
1	20以下	免征	免征	免征	免征	免征	免征	免征	免征	免征	免征	免征	免征	免征	免征	免征	免征
2	20—40	免征	1	2	2	2	2	3	3	4	4	4	5	5	5	6	7
3	41—60	免征	2	3	3	4	5	5	6	7	8	9	9	10	11	12	13
4	61—80	免征	2	4	5	6	7	8	10	11	12	13	14	16	17	18	19
5	81—100	免征	3	5	7	8	10	11	13	14	16	18	19	21	23	24	25
6	101—120	免征	4	6	8	10	12	14	16	18	20	22	24	26	28	30	31
7	121—140	1	5	7	10	12	14	17	19	22	24	26	29	31	34	36	37
8	141—160	1	5	8	11	14	17	20	22	25	28	31	34	36	39	42	43
9	161—180	2	6	9	13	16	19	23	25	29	32	35	38	42	45	48	49
10	181—200	2	7	10	14	18	22	26	29	32	36	40	43	47	50	54	55
11	201—220	2	8	12	16	20	24	28	32	36	40	44	48	52	56	60	61
12	221—240	2	9	13	18	22	26	31	35	40	44	48	52	57	62	66	67
13	241—260	3	9	14	19	24	29	34	38	43	48	53	58	62	67	72	73
14	261—280	3	10	15	21	26	31	37	42	47	52	57	63	68	73	78	79
15	281—300	3	11	16	23	28	34	40	45	50	56	62	67	73	78	84	85
16	300以上	4	12	18	24	30	36	42	48	54	60	66	72	78	84	90	93

4. 公草征收。公草依每户应交公粮数的2倍征收,即交1斤公粮带征2斤公草(包租田业主免交公草)。

5. 减免。条例规定,有下列情况之一者,由业主陈报经县政府查明属实者,免征当季公粮:(1)因水旱灾害而使收获量降至20斤以下者;(2)鳏、寡、孤、独有田2亩以下而缺乏生产能力者;(3)因人口死亡无人耕种而招致荒芜者;(4)土地被政府、部队临时占用,致未能播种者。

此外,房屋因受敌伪"扫荡"而致全部焚毁者,收获粮食受敌伪"扫荡"而致全部损失者,耕牛因受敌人"扫荡"而致损失者,抗日军人家属、烈士遗族、抗日荣誉军人家属等,经县批准后,可以减征或缓征当季公粮。

6. 征收。救国公粮公草分麦秋两季征收,如系一季麦田,则于麦季一次收清。麦季征收小麦,秋季征玉米。除征收公粮公草外,经行署批准还可附征自治经费(即附加)。此外,任何机关、部队均不得向人民另筹粮草。

以上所述,是对根据地中心区征收公粮公草条例的主要内容。那么,按照这个条例执行,农民的负担如何呢?回答这个问题,只能作一些推算。

从有关资料看,1943年淮海区每亩平均收获量约为140斤,各阶层每亩平均收获量大体是:贫农60斤左右,中农150斤左右,富农210斤左右,地主300斤左右。每人平均田亩数全区平均约为4.5亩,其中贫农2亩左右,中农5亩左右,富农10亩左右,地主40亩左右。如果贫农、中农、富农均按自耕计算,地主按出租计算,其负担情况大体如表2-51所示。

表2-51

阶 层	每亩平均收获量(小麦,斤)	每亩征收公粮数(小麦,斤)	公粮负担占收获量的比重(%)
贫 农	60	2	3.0
中 农	150	11	7.3
富 农	210	24	11.4

续表

阶 层	每亩平均收获量 （小麦，斤）	每亩征收公粮数 （小麦，斤）	公粮负担占 收获量的比重（%）
地 主	300	60	20.0
平 均	140	10	7.1

注：表列收获量和公粮负担数，均为全年数字。

这个负担水平，同盐阜区差不多，总的来说是比较轻的，各阶层之间的负担也是比较合理的。

另据泗沭县对典型户调查，该县王集附近之腰庄有一农民叫杨继成，全家七口人，抗日政权成立前三代都是佃农。抗日政权建立后，由于开展了二五减租，经济地位迅速上升。1943 年他家买田 17.5 亩，加上原有 5 亩，共计有田 22.5 亩。另外，他还佃田 58 亩。这一年他家除缴田租外，共收麦 17 石，玉蜀黍 3 石 4 斗，秋豆 1 石 1 斗，稻子 1 石 2 斗 5 升，芝麻 7 斗 5 升，高粱 5 斗，豇豆 5 斗，巴豆 2 斗 5 升，山芋 12800 斤，金针菜 200 斤，山芋叶 1200 斤。如果全部折成小麦计算，共计约为 25 石。而负担的田赋公粮仅 1 石 3 斗[①]，占实际收获量的 5.2%。除此之外，没有任何负担。

这个典型户的调查材料，可以反映当时贫农经济发展和粮赋的负担情况。

五、苏南区筹集粮款的形式与农民负担

（一）苏南区抗日政权建设的过程

苏南抗日政权建设可分四个时期：第一个时期，1938 年 6 月至 1940 年 5 月；第二个时期，1940 年 5 月至 1941 年 5 月；第三个时期，1941 年 5 月至 1943 年底；第四个时期，1944 年至抗战胜利。

第一个时期：1938 年 6 月中旬新四军进入苏南，一度攻入句容县城，建立了以句容茅山为中心的苏南敌后根据地。主力活动地区，向东发展到镇江、丹阳、金坛、武进、溧阳、溧水等地与皖南的当涂、

---

① 《华中人民生活改善的状况》，《解放日报》，1944 年 8 月 26 日。

宣城和芜湖一带，人口约一百四五十万。1939年冬新四军江南指挥部成立后，把苏南划分为四个游击区。

第二个时期：1940年7月陈毅率主力部队渡江北上后，苏南敌后留下的地方武装约有3000人。地方部队活动的地区，除退出溧武路南之外，仍拥有皖南的当涂、宣城，苏南的句容、溧水、金坛、镇江、丹阳、宜兴、溧阳等县的广大乡村与集镇，人口在200万左右。皖南事变后，重建新四军，江南指挥部所属部队编为第六师。同时成立江南行政委员会，将江南划分为6个行政区，各县市的办事处绝大部分改组为正式政权机关。

第三个时期：1941年5月，新四军主力又回到茅山地区。5月15日，在这个地区内成立两个行政专员公署：一为第五行政专员区，辖句容、镇江、江宁三县与丹南办事处；二为第六行政专员区，辖武南、金坛、溧阳、溧水四县和宜武锡三县行政委员会。10月，两专员区合并，成立苏南行政专员公署。1943年春，王必成率新四军一部从苏北南下，增强了苏南抗日斗争的力量。3月18日，苏南专署召开各县县长会议，接受了中共苏皖区党委所提出的苏南施政纲领15条，作为苏南的施政方针。此时，根据地内共有775360人（指向新四军纳粮人口，太湖在外）。

第四时期：经过1943年、1944年反"清剿""扫荡""清乡"斗争后，苏南根据地有所扩大。到1945年抗战胜利时，苏南行政公署辖2个专区、14个县、1个太湖办事处，总面积108000平方里，人口近400万。

苏南八年的抗日斗争，总的说是艰苦险恶、紧张复杂、尖锐残酷的。新四军要与日本侵略军、汪伪、顽军三方面进行斗争，孤悬江南，单独作战，所依靠的是广大群众，尤其是农村的贫雇农和中农。

（二）筹集粮款的方式与农民负担

苏南为鱼米之乡，照理说，解决部队的给养是不成问题的。但是，由于根据地处于敌伪的心腹地带，斗争复杂，环境恶劣，粮款的筹集仍然相当困难。

1941年起，日军为着强化汪伪政府的统治，确保长江下游的"治安"，集中敌伪兵力在沪宁西路进行"清剿""扫荡"。在经济方面，伪中央储备银行大量发行"储备券"，强迫城乡各界使用。在"清乡"区，用储备券收买粮食、猪只和禽蛋，大肆进行经济掠夺。1942年春季起，敌伪又在沪宁西路的新四军中心地区搞"清乡"，在经济上实行封锁，掠夺民财。当时茅山"清乡"区内，敌伪收的捐税不下二三十种，田赋补征，每亩5斗，平均每亩田负担伪储备券200元以上（当时一石大米约合伪储备券200元），占农民收获量的50%以上。各种税收要限期交纳，违者加倍处罚，致使广大农民纷纷破产。1943—1944年，敌伪又对东路"清乡"区的老百姓加紧粮财掠夺，"忠义救国军"那批匪徒的给养也全部向农民勒索，农民双重负担，苦不堪言。这两年，沪宁东路许多农村十分萧条，农民连山芋、芋艿都不容易吃到。

这就是苏南区筹粮筹款的主要困难。为了战胜和克服这些困难，行署在经济上采取了这样一些措施：

第一，领导人民进行了反伪化斗争，反抢粮斗争和抗粮抗捐运动。例如，无锡县于1941年就颁发了"处置食粮走私暂行办法"，规定：私运米粮在5斗以上、5石以内者，作营利论，全部充公。米粮在5石以上之大量走私，初犯者，食粮全部没收；再犯者，除食粮没收外，走私用之工具同时没收；三犯者，除食粮及船舶没收外，走私人送军事法庭审理，以资敌论罪。这就严厉地打击了不法分子和汉奸分子，保护了人民的利益。据统计，由于发动群众进行武装的和经济的斗争，仅1944年一年就从敌人手里夺回稻谷麦子1750余万斤，抗掉了苛捐杂税共7968万元[①]。

第二，发动群众开展了减租减息运动。苏南农村土地集中程度较高，抗战前，半数农户负债，利息相当高。新四军来后，实行二五减租，租率下降，借债户减少，高利贷也受到限制。随着减租减息政策的实行，农民负担大大减轻，生活有一定的改善。1943年底，据金坛、句容、江宁三县不完全的统计，共减租763686斤稻谷，得益农户

[①] 《苏南、浙西解放区》，《解放日报》，1945年11月23日。

6223户。1944年一年全区共减租1540万斤。

第三，发动了生产建设运动。1942年茅山地区发动群众种棉花，解决了部队的冬衣（过去茅山地区不种棉花）。在句容，还组织群众开河筑坝，改善了水利条件。为了支持群众生产，1944年政府给农民发放了146万元的贷款和144.7万多斤的借粮①。

上述这些措施，既调动了广大农民的抗日积极性，加强了军民团结，又为筹集粮款解决抗日经费困难创造了必要的条件。

在八年抗战中，苏南根据地筹集粮款的方式主要有三种：

一是收税，包括征收工商税和田赋。茅山地区从1939年就开始征税。管文蔚组织的丹阳游击队在1939年也利用国民党江苏省政府的办法征过营业税和田亩捐。田亩捐规定在5亩以上的业主每亩抽0.15元，一年收一季②。抗日民主政权建立后，税收和田赋是军政人员经费的主要来源。工商税方面，主要是征货物税、营业税。货物税是反对敌伪封锁、统治斗争的一个工具，进口的货物，除部分日用品和烟酒糖征税外，必需品和军用品均免税；出口或过境的货物则一律征税。

二是征公粮。茅山地区从1939年开始征收，当时叫合理负担。公粮是根据各个不同地区的情况，规定合理的比例征收。居民中除极贫苦者免税外，大多数人都要负担。并且规定，禁止乡保私行派款。

三是群众捐募与慰劳。捐募主要依靠群众团体进行，应募者主要是工商业者或社会上上层爱国人士；慰劳则是群众性的，是农民对新四军自动的物质支持。

苏南区农民的粮赋负担是比较轻的。1943年茅山地区平均每人负担41元，路南地区平均每人负担11元③。当然，这只是对革命根据地负担的部分。在"清乡"地区，加上敌伪的负担；则是很重的。

---

① 《苏南、浙西解放区》，《解放日报》，1945年11月23日。
② 石西民：《地方游击队是怎样产生的——记一个丹阳游击队》（1939年4月3日），载《新四军和华中抗日根据地史料选》第二辑，上海人民出版社出版，第442页。
③ 樊玉琳：《苏南敌后抗日民主政权的建设》（1943年3月18日），载《新四军和华中抗日根据地史料选》第七辑，上海人民出版社出版，第133页。

六、鄂豫边区克服财经困难与减轻人民负担的斗争

（一）鄂豫边区政权的建立

鄂豫边区是日本侵略军到达鄂中时，由五战区明令划给新四军活动的一个游击区。1938年，在共产党人和各界抗日人士的协作下，曾建立了鄂豫边区抗敌委员会，但不久就被国民党当局取消了。鉴于时局开始逆转，1939年6月中共鄂中党领导决定把共产党创建的地方武装收回归队，并与正规部队合编为新四军游击支队（组成四个团队），继续坚持敌后游击战争。

各地武装合编后，即布置与敌人进行大规模的战斗，仅仅半年，就消灭了敌人辛辛苦苦组织起来的伪军3万人的一半以上，摧毁了应城、天门、云梦、汉川、安陆、孝感、京山、应山、信阳等县的除县城外所有的伪政权，建立了应城、汉川、云梦等县的抗日政权。

1940年2月，根据中共中原局的决定，鄂中、鄂东、豫南的武装合编为鄂豫挺进纵队，成立统一指挥机关。与此同时，中共鄂豫边区党委根据抗日民族统一战线的原则，开始民选运动，着手筹组边区的抗日民主政权。3月，成立了宪政促进会，推动各县民主政权的建立。9月1日，召开了边区第一次军政大会，经过选举，建立了统一的政权组织——鄂豫边区军政联合办事处。

皖南事变后，鄂豫挺进队改为新四军第五师，继续坚持在鄂豫边区战斗。此时，敌人向边区的进攻，一天比一天严重；反共派的破坏，一天比一天来得凶；坚持边区抗战的斗争，也一天比一天艰苦。就在这种形势下，边区于1941年4月召开了第二次军政代表大会，正式成立了鄂豫边区行政公署。

1942年春，新四军第五师为广泛发展敌后抗日游击战争，一部挺进鄂南，收复阳新、大冶、鄂城、武昌、咸宁等县大部分土地，建立了鄂南抗日民主政权。1943年7月，新四军五师配合湘鄂西正面作战，一部进入襄南和洪湖地区。这一年从东到西、向南都有很大发展。一年以后，新四军五师进入淮北，开辟了河南根据地。

1945年1月，八路军三五九旅组成的南下支队到达大悟山区与新

四军五师会师后，渡过长江南下，开辟了许多新游击区。到抗日战争胜利时，鄂豫边区拥有1300万人口，建立了7个专区和39个县的抗日民主政权，边区的主力部队发展到5万多人。

鄂豫边抗日根据地一建立，就孤悬敌后，处于敌、伪、顽的夹击之中。敌我交错，战斗频繁，地区变化大，游击区多，干部少，工作基础薄弱，是鄂豫边区的显著特点。这些特点，给边区的财粮供应带来许多困难：一是缺乏可靠的收入来源，二是难以建立正规的制度，三是征收工作很艰巨。在整个抗日战争时期，鄂豫边区始终未能摆脱这些困难。

（二）财粮供应困难及克服困难的诸种措施

鄂豫边区的财政和粮食供应状况，就困难程度而言，大体上可以分成三个阶段：军政联合办事处成立前的两年多为第一阶段，军政联合办事处成立至边区首届临参会之前为第二阶段，对日反攻到抗战胜利为第三阶段。

第一阶段，即1938年至1940年秋。边区的环境比较稳定，摩擦还不十分严重，敌人尚未"清乡"，群众抗日情绪很高，财粮的供应虽也困难，但困难不大。在这个阶段里，筹粮筹款的方式主要是没收汉奸财产和没收资敌物资，利用统一战线组织就地筹集，向大户、祠堂发动乐捐或借粮。此外，各地还搞些零星的税收，如天门河是天门、汉川通往汉口的通道，在那里就设卡征收工商税。

第二阶段，即1940年秋至1944年春。在这个阶段里，大规模的反共高潮和敌伪清乡同时到来，自然灾害连续不断，环境严重变化，使边区的财粮供给十分困难。

困难之一是粮食恐慌。边区自沦陷以来年年歉收。1940年大旱，全边区除湖区外仅有少数地方获到十分之四五的收成，其余收成都是十分之二三，甚至有颗粒无收者。1941年又大旱，收成不佳。连年的灾害，使边区军民的粮食供应极度紧张。1941年，全区受灾待救人民在百万人以上；1942年春，部队几濒饥饿状态。

困难之二是农村经济破坏严重。1942年是边区空前紧张动荡的一年。敌伪在这一年里，一再"清乡""扫荡"，历行"蚕食"政策。天汉、鄂中等地区在敌伪的烧杀抢掠下,群众的财产损失很大,工商户停业,人民生产情绪低落,有些人害怕敌顽烧抢、苛索,全家逃亡,田园荒芜。

困难之三是物价高涨,日用品缺乏。在敌伪的掠夺下,边区尚感不足的农产品,如谷米、杂粮、棉花、牲畜、植物油等源源不绝地向敌区流出;而边区急需的工业品,如肥皂、糖及各种日用品、军需品等,在敌人的封锁下,不但价格高,而且很难买进来。

困难之四是根据地缩小,军政人员增多,财粮供需矛盾很尖锐,这方面的困难在1942年最为突出。这年4月开始,敌顽夹击,边区损失5县,基本区人口减到216万,使筹粮筹款的范围相应缩小。相反地,军政人员则大大增加。1939年底,边区武装部队为1.8万人,1942年达到5万人(包括政府人员在内)。如按每人每天吃粮1.5斤米计算,一年需要筹粮2735万斤大米,需要筹集油盐菜金300万元(法币)。这在当时的环境条件下是非常艰巨的。

在敌祸天灾严重威胁的局面下,边区党政军民坚持了三年艰苦的斗争。时局开始逆转时,边区财政经济会议就提了"提倡发展生产增辟财源"的正确方针;行署正式成立后,又提出"为打破边区财政困难加紧经济建设切实救济灾荒而斗争"的口号;1942年3月边区第一次代表大会又通过了解决财经困难的若干具体措施。所有这些,都是为了保障战争的给养、巩固根据地,可以说取得了卓越的成效。

这三年内,边区为克服财粮供给困难所采取的措施很多,其中主要的有六项:

第一,组织救灾。军政联合办事处成立之后,边区即组织救济总会,并通令各县组织救济分会,募集救灾基金。1941年和1942年,边区把生产和救济结合起来,开展了群众性的生产救灾运动。对灾区,政府一面减征或豁免公粮田赋,一面发放救济费,以工赈、小本借贷及组织合作社的方式,大部或全部用于经济建设事业。对丰收区,政府除加强粮赋征收外,还发动群众募集灾区建设费,调剂耕牛、种子,收容和安置逃荒的灾民。边区政府还在灾区内部普遍发动了借粮、借种和督促穷人出力、富人出钱的生产建设运动;对灾情严重的区域,还有计划地领导灾民逃荒。这种救灾工作的开展，曾使灾区的民众既得到生活上的帮助，又得到了生产上的保证，更大大地促进了各地区和各阶层之间的互助和团结。

第二，开展大生产运动。从1942年起，边区结合救灾，掀起了群众性的大生产运动。重点是抓好粮食生产和水利建设。这一年，边区政府组织山区人民挖塘、修堤、筑坝，领导湖区人民筑堤修闸，疏通河道，为战胜水旱灾害创造了条件。同时，边区政府决定发行第二期建设公债500万元，全部用于春耕及农业建设。另外，行署还要求各县政府以收入的10%投资于农业建设，举行生产借贷，使农民得到了财政上的实际帮助，解决了不少困难。1943年1月20日，行署又颁发了《1943年春耕生产紧急动员条例草案》，对农业生产政策和管理作了进一步的规定，并且明确提出，凡农业生产成绩卓著者，经县呈准行政公署予以特别奖励。这一年，军民的生产热情很高，据鄂中8县统计，增加灌溉水田479854亩，机关部队开荒2万多亩，种菜7000亩，做到柴炭菜全部自给，粮食部分自给。

第三，实行粮食、贸易统制。边区军区办事处成立以前，各县即注意检查仇货。由于办法不一致，曾限制了商业的合理发展，恰恰中了敌人"以战养战"和经济封锁的毒计。军政办事处成立后，本着"不伤民、不资敌"的原则，颁布了《边区贸易统制暂行条例》《边区粮食统制暂行条例》，并成立了贸易统制局（1941年6月改称税务局，1942年改称物资统制局）和粮食统制局。贸易统制的政策是：凡敌占区运来的军用品、食盐、医药品以及对抗战有利的物品，概不收税；一切消费品、化妆品及一切对抗战不利的物品一概禁止，或抽高税。粮食统制，目的是有组织地封锁敌人。统治食粮的实施办法，各地不尽相同。应城县的做法是：在每一保里，清查户口，由政府发给粮食证给各花户，各花户有粮食证，可以到粮食集销处去买，只要不是运到敌占区，可以在根据地范围内通行；同时，取消粮行，防止投机商人操纵市场。

第四，整理税收。边区各县的税收工作，开始较乱，捐税名称不同，收税办法不一致，收入亦不多。正常的抗日月捐，每月每保征收低的 30 元，高的 200 元，平均 100 元。军政办事处成立之后，按照政权机关筹款、军事机关用钱的原则，取消各地仇货检查所，设立边区贸易统制局，并督促各县接收和整理一切税收机关，颁发了边区各项税捐暂行条例。1941 年七八月，边区成立税务总局，加强了税收工作的统一领导和管理；鄂东、鄂中、襄南、豫南等地亦成立了税务分局。经过整理，废除了抗日月捐，统一征收的税种有关税、棉花税、坐商税（营业税）、屠宰税、卷烟税、田契税等数种。其中，关税为边区的主要税源，1943 年关税收入每月可得 20 万元（银元）[①]。

第五，整理公粮、田赋。1940 年 8 月，边区财政经济会议即决定征收田赋、公粮，因地方工作观点不正确，实际上未全部做到，做到者亦抵作地方经费。因此，主力部队的供应没有保证。行署成立后，决定调查田亩，提高田赋征收标准（每亩增为 1 元），同时征收公粮。但是，1941 年得到的收入仍然不多。为了突破财政经济困难关，1942 年边区政府决定紧急动员，借募军粮 2 万石大米。由党、政、军、士绅组成借粮委员会，向有余粮的户（主要是地主富农）借粮。借粮可以抵顶本年田赋，部分作为补征上年的田赋和救国公粮。同时确定，田赋改征实物，公粮田赋均征实物累进税，全区全年征收 50 万石稻谷（不产稻米的地方以杂粮代米）。这一年，边区政府还提出了深征广征和整理地方捐税的号召，进一步贯彻了负担公平合理的政策，增加了财政收入。黄冈县下忙开征后，因工作深入，田赋公粮比上忙增加 20 万亩，地方捐税亦增加 3—5 倍。

第六，发行公债。1941—1943 年，边区为解决财经困难，发行了两次公债。第一次是 1941 年为创办边区银行筹集资本，发行救国建设公债 50 万元（以应城膏盐救国捐作担保），年息 6 厘，分 10 年偿还。第二次是 1942 年 4 月，发行额为 500 万元，第一期发行 100 万元。第二期建设公债，全部用于农业投资。此外，为解决财政困难，还发行边币 100 万元，救国公债 20 万元。

边区政府实施以上六项措施以后，财经状况有所好转。特别是财

[①] 李健：《鄂豫边区的关税建立和发展》，载《华中抗日根据地和解放区工商税收史料选编》（上），安徽人民出版社出版，第 47 页。

政从主要依靠工商税收转到主要依靠田赋公粮以后,收入大大增加。1944年,全区财政收入总额(包括地方税、关税在内,统一折成粮食计算)为105万石,其中田赋公粮为65万石,占61.9%[①]。

第三阶段,即1944—1945年。财粮收入仍然入不敷出。1944年边区财政(包括生产自给粮食和蔬菜在内)赤字3亿元(法币),其中边区一级赤字1.5亿元,边区以下赤字1.5亿元[②]。1944年底到1945年初,边区脱离生产的军政人员为8万人,每人每年吃饭穿衣要花8—15石谷,共计需要64万—120万石谷。从当时收入情况看,约差6个月的给养。

1944年边区部队作战次数减少,环境也有好转,为什么财政困难仍然这么大呢?据郑位三向中共中央并中共华中局的报告,"主要原因是田赋公粮收得太少。实收公粮分为三种地区,第一种地区一个乡收的粮食等于第二种地区5个乡,等于第三种地区10个乡。但第一种地区,即中心区只有80个乡,第二种地区约200个乡,第三种地区约300个乡。粮食收的少,实际是政府工作没有做好,群众工作做得更差。群众工作有400个空白乡,政府工作有100多个空白乡。另一方面,民众有三种负担(敌伪、顽军和我)"[③]。

为了解决1945年的供给困难,迎接反攻的胜利,边区又采取了如下措施:(1)以劝募的方式发行《鄂豫边区行政公署建国公债》5亿至10亿元;(2)向殷实户筹借军粮;(3)预征田赋公粮;(4)查清黑地,增加粮赋收入。此外,新四军军部也适当支援了一部分。就这样,勉强渡过了难关。

(三)边区的粮赋制度及人民的粮赋负担

边区的田赋制度,是在旧田赋基础上建立的。由于抗战前旧政府的地政极混乱,日军入侵后旧的户口田亩册大半散失,边区政府在1942年重新对户口田亩进行了登记,建立了新的粮赋征收基础。

田赋按田亩分等级征收。田地分为上中下三等,每亩全年实收粮

---

① 郑位三1945年3月向中共中央华中局报告:《财经问题基本情况之报告》。
② 同①。
③ 同①。

3石以上者为上等田，每亩实收粮2石至3石者为中等田，每亩实收粮在2石以下者为下等田。1942年规定，上等田每亩征收田赋谷8升，中等田每亩收6升，下等田每亩收3升。田赋一律由业主负担，分上、下忙两次征收。

救国公粮亦按田亩分上中下三等征收。每亩征收标准与田赋征收量相同。自耕地由耕者负担，租佃地由地主与佃户各半负担。公粮除按田亩征收外，还要对占有田亩较多的户另行加征。加征也分级累进，占有中等田在10亩以上的户（即交公粮在6斗以上的户）开始累进，下等田在16亩以上的户开始累进。由于各户占有的田地既有上等，又有中等和下等，为便于计算，统一规定按交纳公粮数的多少（实际是统一折合成中等田计算）累进加征。

这是边区的统一规定，各地具体的征收标准则有所差别。例如襄南县1943年规定：每亩田收谷3石（樊斗）① 以上为好田，每亩征田赋谷9升，征公粮1斗5升，合计2斗4升；收谷不到3石的为普通田，每亩征田赋谷6升，征公粮1斗，合计1斗6升②。公粮只按亩征收，不另加征。

黄冈县1943年规定：征收田赋先把田分为五等，即特上等、上等、中等、下等、特下等，各按不同税率征收。特上等田每亩收谷1.2斗，上等收9升，中等收6升，下等收3升，特下等收1升。公粮的征收标准与田赋相同。具体征收标准如表2-52所示③。

表2-52

田地等级	每亩收获量（谷，石）	每亩征收田赋谷	每亩征收公粮		
			自耕地	出租地	佃耕地
特 上	4石以上	1.2斗	1.2斗	0.5斗	0.7斗
上 等	3—4石	0.9斗	0.9斗	0.45斗	0.45斗
中 等	2—3石	0.6斗	0.6斗	0.35斗	0.25斗

① 1樊斗=1.04斗=16.2斤。
② 襄南县在秋收工作中进行田亩调查及征收田赋公粮的宣传解释工作纲要，湖北省博物馆资料。
③ 1石=10斗=156斤。收获量不满5斗者不课税。

续表

田地等级	每亩收获量（谷，石）	每亩征收田赋谷	每亩征收公粮		
			自耕地	出租地	佃耕地
下等	1—2 石	0.3 斗	0.3 斗	0.2 斗	0.1 斗
特下	0.5—1 石	0.1 斗	0.1 斗	0.07 斗	0.03 斗

公粮除按亩计征外，另按田的多少划分等级，以缴公粮多少确定累进加征数字。全户缴公粮2—3石的不加征，3—3.5石的加征6%，3.5—4.5石的加征8%，4.5—5.5石的加征14%，5—6石的加征18%，6—7石的加征22%，8—9石的加征25%，最高加征比例不超过50%[①]。

边区人民的粮赋负担一直是较轻的。边区人民负担的抗战捐税主要是田赋税，1941年每亩每年出一块钱，比敌占区人民负担少80%以上，比大后方人民少60%以上[②]。1944年，全边区征收田赋公粮65万石。当时，全区负担粮赋人口为450万人，征粮田亩500万亩，每人平均负担田赋公粮1.4斗（约合21.8斤谷），每亩平均负担1.3斗（约合20.3斤谷）。如果每亩平均实产量按3石计算，负担只占产量的4.3%。

除粮赋负担外，农民的劳力负担也是很轻的。在新四军五师活动范围内，群众担负的夫役，最多没有超过总劳动力的5‰，而且军用民夫时，一律发饭给钱。

另外，从1942年开始，边区较普遍地开展了减租减息运动，农民承受的封建地租和高利贷剥削负担也大大减轻。据信阳鄂中地区统计，1942年即减去租谷1.2万石，受惠农民达19621户。

（四）边区的优抗形式及群众的优抗负担

鄂豫边区一直很重视优抗工作。军政联合办事处成立前，中共地方党委就组织群众代抗属耕田千亩；边区行署成立后，又加强了优抗工作，各地组织了优抗会，颁布了《优待抗日军人家属条例》，帮助

---

① 武汉大学历史系编：《黄冈县革命史资料汇编》（初稿），1959年5月。
② 陈少敏：《艰苦奋斗的三周年》（1941年7月），载《新四军和华中抗日根据地史料选》第三辑，上海人民出版社出版，第396页。

抗属解决了劳动力缺乏及其他困难，使抗属得到了生活上的保障与精神上的安慰。

边区优抗的形式有三：一为荣誉优抗，二为物质优抗，三为劳力优抗。其中，以劳力优抗为主。

荣誉优抗是一种政治奖励形式。政府对现役军人、伤残战士以及已经牺牲的烈士家属，均发给优抗证或奖状。政府规定："抗属在社会上最有荣誉之地位，应受到各阶层人民之尊敬。"

物质优抗的内容有：(1) 减免税捐。赤贫抗属免除一切捐税，缺乏劳力或财力不能维持生活之抗属，减少或免除各种捐税。(2) 资金支持。各县政府除在预算内安排优抗经费外，还要从其他方面筹集资金，建立优抗基金，支持抗属发展生产。(3) 对遭受意外灾害或生活特别贫困的抗属，发给救济费，帮助他们解决生活上的困难。(4) 在公立学校，抗属子女可免费入学。在公立医院，抗属可免费治疗。(5) 抗属缺少田地耕种时，有耕种公有田地之优先权。

劳力优抗，就是在春耕、秋收以及兴修水利期间，乡保政府及群众团体组织代耕队或帮工队，为抗属义务代耕或帮工。为抗属义务代耕，贯彻合理负担的原则。其具体做法有三种：一是贫者出工优抗，富者出钱代工优抗；二是按乡统筹优抗经费，由代耕队有偿代耕；三是按保派工代耕。

边区农民的优抗负担比较轻。据应城县4区调查，每户抗属每年最多需帮工10个。1944年据边区13个县统计，全年共计优待米393126石，现款467884元，人工78785个，牛工169664个[①]，负担亦不算重。

七、淮北区的农民负担

（一）淮北区的财粮供给状况

淮北区的抗日民主政权，始建于1940年3月，最初沿用安徽第六区行政督察专员公署的名义，1941年10月正式成立淮北苏皖边区行

---

① 《鄂豫边区根据地建设概况》(1940—1945年)，载鄂豫边区革命史编辑部编《鄂豫边区抗日根据地历史资料》第七辑，第39页。

政公署。行署成立时,根据地内有17个边际县、105个行政区、1048个行政乡,人口约340万。

1944年8月,新四军四师在路西发动攻势,收复陇海路南之夏邑、涡阳等许多地方,解放了250万人,建立了8个县政权。1945年日本投降时,全区拥有土地13万平方里,人口约700万。

淮北抗日根据地初创时期,部队的给养十分困难,财政收入只靠少数税收。当时,虽实行两个补救办法(一是打汉奸,二是由富户乐捐),但所得无几,军队和政府依然过着困苦的生活。1940年5月反扫荡之后,边区政府着手整理财政,禁止乱抓乱罚,确定以税收为主要来源,部队的供应状况有所好转,但收入仍只能维持伙食,衣服还要靠发行公债和食粮出口。

行政公署成立后,财粮工作逐步正规化制度化。财粮收入的来源主要依靠公粮、田赋、货检税(即进出口税)和盐税。财政管理实行量出为入与量入为出相结合的原则,统筹统支。货检税、盐税、特税的全部及田赋、契税各50%,划归省款,主要供给主力部队与边区各机关使用;牙税、屠宰税、烟酒税全部及田赋、契税各50%作为县款,不能相互挪用。由于边区正确执行了中共中央和中共华中局的财经政策,切实加强了财政收支的管理,特别是重视根据地的经济建设,所以从1942年起,尽管敌人进攻和自然灾害袭击带来许多困难,粮草供应仍然有保证,做到了收支平衡。1943年,还有近5万石粮食与3000余万元的节余[①]。

(二)淮北区的粮赋制度与人民的粮赋负担

淮北的田赋于1941年开征。这年一次征收3个年度(1939—1941年度)的赋额。开征之前,政府对旧田亩册籍作了初步整理。征收办法有两种。淮宝地区征收实物,按照土地平均年收获量,划分等级,按等计征,平均征率为2%;其余地区征收法币,按田亩等级,每亩分别征收8分、1角、1角2分(当时每石粮价约为250元)。1943年秋,田赋与公粮分别计算,一起征收,全都征收实物。

---

① 刘瑞龙:《进一步巩固团结建设淮北根据地》(1944年12月29日),载《安徽革命根据地财经史料选》(二),安徽人民出版社出版,第276页。

征公粮是边区筹集军粮的基本形式。抗日民主政权建立前，部队的粮食供应靠派粮。1940年夏季，抗日民主政府开始征收公粮。从1940年夏征到1942年夏征，公粮征收均采取分配任务、民主评议的做法，没有固定的标准。政府只是原则规定：上等户（即有钱有地的殷实富户，包括地主、富农、商人），平均出粮占收获量的12%；中等户（即自耕农、小康之家），平均出粮占收获量的8%；下等户（即半自耕农），平均出粮占收获量的5%；赤贫户（即收粮极少或根本收不到粮食，无力缴纳公粮者），免征公粮。实际执行，每次征粮都出现过一些负担偏轻偏重的问题。

为了使人民的负担公平合理，边区政府从1942年秋季起，改行累进税。1942年秋征的累进税率分10级，每人平均收获量5斗以下的免征，每人平均收获量5斗的征3%，10斗以上者征15%。1943年夏征，邳睢铜灵联防办事处规定：每人平均收获量不满60斤者免征，60斤以上不满100斤者征5%，100斤以上不满200斤者征7%，200斤以上不满300斤者征9%，300斤以上不满400斤者征11%，400斤以上不满500斤者征13%，500斤以上征15%。

1943年11月4日，经边区参议会通过，行政公署公布了《淮北苏皖边区三十二年秋季救国公粮公草征收条例》。这个条例是在总结1942年秋征以来实行累进税的经验的基础上制定的，但作了较大的修改。

按照条例规定，除了土地收入要计征救国公粮外，商店、行坊及手工业者之营利也要合并计征救国公粮（与华北各抗日根据地的统一累进税征收范围相似）。各种收入的计算标准是：粮食作物按照调查登记的实际收获量计算；其他作物按照实际收获量和市价分别折合成粮食计算；商店、行坊及其他商业，按其半年营利之半数折合粮食计算；自力劳动之小手工业者，以其生产半年营利之1/4折合粮食计算；喂养猪羊，凡价值在边币3000元以上者，按其价值1/3折合粮食计算。各种收入折合成粮食后，以户为单位，统一按照12级累进税率全额累进计征，最低税率3%，最高税率18%（每人平均收获量在2000斤以上者），每人收获量不满100斤者免征。纳税人除按累进税率缴纳救国公粮外，秋季每征公粮1斤，征收烧草2斤半（不分草的地主及不收草的商号免征）。边缘地区仍采取按地亩分等级摊派、按乡保户口摊派或自动献粮的办法征收。

新的统一的公粮征收条例的实施，对于筹集粮食，保障供给，起了很好的作用。但是，由于征收标准系按每人实际收获量计算，在工作上、负担上也产生一些弊端，特别是负担随生产发展而增加，对人民生产积极性与边区生产发展，妨碍较大。为了消除这些障碍，行署于1944年全面开展了土地复查工作（1942年已开始田亩查登），并在土地复查的基础上，于1945年7月10日修订公布了《淮北苏皖边区民国三十四年午季救国公粮公草征收办法》。

这次修订的主要内容有四点：（1）救国公粮改按土地复查后固定的收获量计算征收，午秋产量分别固定分别计算。（2）为奖励棉业生产，凡纯粹植棉之地亩，不征公粮公草。（3）调整了累进税率。每人平均固定收获量不满80斤者免征，80斤以上者按18级累进税率计征，最低税率2%，最高税率20%（每人平均固定产量在1500斤以上者）。（4）规定了灾减办法。对因灾减收不满固定产量额数者，少一成减征一成；受灾七成以上，收获量不满三成者全部免征公粮。经过这次修订，边区的公粮征收制度比较完善了。

淮北区的粮赋征收，从绝对额看是不断增加的，特别是1944年土地复查后田赋收入增加较多；但是，随着苛捐杂税的废除和农村经济的发展，人民的粮赋负担则是减轻的。以每保民众负担和民众全部收入作比较，在旧政权时为26.6%，在抗日民主政权地区，1942年为13%，1944年为10%左右。各阶级的负担也比较合理，地主的负担最高也不过20%。

（三）边区农民租息负担的减轻

淮北区的减租减息运动，前后经历三个阶段：1941—1942年为初步实行阶段，1943—1944年为普遍实行阶段，1945年夏秋两季为查减阶段。

减租的办法，行署规定：实行分租制的，对半分改为三五、六五分（地主分35%、佃户分65%），四六分改为三七分，三七分改二五、七五分，实行包租制的，一律减二成，原包租额过高者应行降低，地主所得最高不得超过土地收获量的35％；钱租改粮租，由租佃双方商定，但不得超过三七分租原则；取消各种陋规。

关于减息，行署规定：借钱还钱，分半付息，月利1分半，每元月利1分5厘；借粮还粮，二成付息；老债还本（民国二十九年以前者），利过本者，停付利，分期还本，利倍本者，停付利，减半还本。

随着减租减息运动的深入发展，农民的地租和利息负担逐渐减轻。1941年，全区开展减租的有22区、98个乡、689个保，共减租9000余担，得利佃户9000余家。1942年，全区减租者共有39个区、196个乡、19240户，减退租粮31366石。减租后之佃户，平均每人多收得1石6斗粮食①。1943年，75％的地区普遍开展了减租退租运动，计受益佃户46332户，减租粮食40000余石，退租粮食10000余石②。1944年减租的地区普及到899个乡，减退租数达112118石③。这就切实改善了人民生活，打下了生产建设的基础，激发了人民的抗日热情。

（四）边区的水利建设与劳力负担

在抗日战争时期，淮北根据地的生产建设是有声有色的，其中最显著的成绩，是动员群众、组织群众，治理了淮北的祸水——黄河和淮河。

淮水之祸与黄水之祸，过去从未解决。历史上曾经有无数次淮水上涨的悲惨故事，不知有多少人死于灾难。1941年行署一建立，就组织水利委员会，发动群众，兴修水利，为民除害。1941—1945年，边区政府每年都把水利建设摆在经济建设的首位，依靠群众的力量，挖河修堤，取得了显著的效益。1942年第一次疏浚30里长的安河工程，

---

① 刘瑞龙：《淮北苏皖边区三年来的政府工作》（1942年10月）。
② 解放日报报道：《淮北边区减租增资胜利，各阶层生活上升》（1944年1月22日）。
③ 邓子恢：《政治形势与努力方向》（1944年12月）。
以上均引自《安徽革命根据地财经史料选》（二），安徽人民出版社出版，第103、131、264页。

投工 12 万个，受益土地达 3200 顷①。1944 年春，全边区在淮河沿岸修大小堤坝沟河 414 条，长 4226.5 里，受益地亩 37892 顷，起土 1350419 方，动员工夫 123152 人，修大小闸三座，扫工一处，共费 620 万元②。其工程之大，可想而知。

边区政府组织和动员人民兴修水利，一直坚持说服教育的原则，发给一定的工资。工资标准，每人每日除自己吃外，能以养活一人为最低限度工资，以中等劳动力及当地供求关系为规定的基础。全部工程开支的工资和费用，按照直接受益地亩与间接受益地亩合理负担。直接受益地亩与间接受益地亩负担的比例为 7:3。

水利工程负担办法，行署在 1943 年作了统一规定：（1）受益地亩对水利工程负担不能超全年收入 1/3。（2）租佃土地，地主负担八成，佃户负担二成。佃户所出负担，一年内抽回者，地主还 2/3；二年内抽回者，地主还 1/3；三年内抽回者，地主不还，但贫苦佃户不出。（3）荒地负担。公荒不出，私人荒滩按其受益多少、地质好坏，确定负担。（4）公地负担。一般是公八佃二，但佃户获有永佃权者各出一半。（5）当地负担，由双方共出。一年内赎回者，承当人出 1/3；二年内赎回者，各出一半；三年内赎回者，承当人出 2/3。（6）抗烈属负担，富裕者酌减，贫苦者豁免，残废荣誉军人家属与抗烈属同。

淮北人民对抗日民主政府兴建水利极为满意。他们常以骄傲的口吻说："古时夏禹治水，人民就千古不忘，如今淮北的夏禹真不知有多少个呢！"

八、淮南区的农民负担

（一）淮南区的财粮供给与粮税制度

淮南区地处江淮之间，是新四军在华中最早建立的一个根据地。1940 年 4 月 18 日，津浦路东各县与新四军驻军联合建立抗日民主政

---

① 刘瑞龙：《淮北苏皖边区三年来的政府工作》（1942 年 10 月），载《安徽革命根据地财经史料选》（二），安徽人民出版社出版，第 101 页。
② 邓子恢：《政治形势与努力方向》（1944 年 12 月），载《安徽革命根据地财经史料选》（二），安徽人民出版社出版，第 264 页。

权——路东联防办事处。随后，津浦路西各县亦与新四军驻军联合建立了路西联防办事处。1943年，路东路西统一成立淮南行政公署。行署成立后，全区设路东、路西两个专署，辖安徽东部、中部许多县，还管辖南京附近的六合、仪征等县。全境有300万人口。

抗日民主政权成立前，部队的供给主要靠打资敌、向富户捐募，农民基本上没有负担。抗日民主政权建立后，部队供给的主要来源为公粮、田赋、进出口货物检查税、营业税等收入。其中，公粮田赋收入约占财粮收入总数的2/3。

田赋于1940年夏季开征，基本上沿用原安徽省的征收办法。为了革除旧田赋中的种种不合理现象，1941年春，民主政府开始进行土地查登。查登以乡为单位进行，先"依户求田"，接着按田的好孬分成甲、乙、丙、丁四等，经复查修正后由政府发给田主管业执照。土地查登后，政府于1943年"改赋征粮"，分午秋两季征收。午季征收小麦（豌豆、大麦均折合小麦），秋季征收大芦秫、稻、绿豆、黄豆四种（其他杂粮均折合此四种粮食）。征收率原则上不超过其总收获量的2%，并按土地等级分别确定固定的征收额（见表2-53）。

表2-53

土地等级	上季	下季
甲等田（黄白土）	每亩征收2.4斗	每亩征收3.6斗
乙等田（黄砂土）	每亩征收1.8斗	每亩征收2.4斗
丙等田（死白土）	每亩征收1.2斗	每亩征收2.0斗
丁等田	每亩征收0.8斗	每亩征收1.4斗

救国公粮征收办法经历过几次改革。1940年午季，淮北区第一次征收救国公粮。当时征收办法有两种：一是按各户自报收获量征收3%，租佃地负担主二佃一（即地主出2/3，佃户出1/3）；二是依各户自报产量，按累进税率征收，粮多者税率高，粮少者税率低，5担以下者免收。1940年秋季起，政府统一了征收办法，一律按照实际收获量征收3%，并且把各户自报收获量的做法，改为由乡保评议委员会按户估看收获量。1942年午季公粮征收率仍为3%，对租佃地改按

"东三佃七"（即按分租的比例）负担，同时加征公草，每斤公粮征一斤公草。这年秋季，淮南区普遍受旱减产，有的户粒米不收。民主政府为照顾人民的生活，一方面对灾区减征了公粮，另一方面在收成较好的地区另行征收救灾公粮，用于灾区人民。公粮减免的办法是：凡收获量在二成以下的粮赋全免；收获量在三成以上的征"一九"（即按应征公粮数减免81%），四成以上征"二八"，五成以上征"三七"，六成以上全征。救灾公粮是一种临时性措施，征收办法与救国公粮相同，征收率为2%，另按户累进加征：总收获量为30—50石的户增加税率1%，50—80石的增加2%，80—100石的增加3%，100—300石的增加5%，300石以上的增加10%，贫农不征救灾公粮。1943年午季征粮实行"划一估租"办法，秋季废除地区划一，把田地分为四等，依等级之不同，征收3%的公粮。路西专署这年秋季公粮征收6%。

开征货物检查税，主要目的是同敌人的经济侵略作斗争，保护根据地内工商业的发展。开始，进口税从量征收，以后法币跌价，物价飞涨，改按从价征税。过境通行的货物亦须抽税。输出的货物，凡政府许可的，给予免税或减税优待，以便换取外来的工业品。抗战初期，货物检查税是边区财政收入的主要来源；敌伪扫荡加剧后，货检工作暂时停顿，收入大减。

1943年起，淮南区还普遍征收营业税、牙帖税、契税、牲畜税、屠宰税等。营业税按经营类别分别计征，例如路西专署1944年规定：京杂货摊商按资本额征2%；菜馆按营业额征0.5%；油坊，每榨月征5斤油价之税；糟坊，月征30斤酒价之税。牙帖税，每季照其收入总额征5%。契税，分卖契、当契、补卖契、补当契四类征收，卖契税率最高，1943年照契价征收12%。屠宰税，照每头价值征3%。牲畜税，牛驴照价征1.5%，骡马照价征2%，猪羊照价征3%。

（二）淮南区人民的负担情况

国民党政府统治时期，淮南区的捐税名目很多，人民的负担很重。据方毅在来安县安乐乡调查，农村的捐税可分为正税、杂税、黑税三种。正税包括钱粮、附加税、钱粮差黑税（公称手续费）等数项，是国民党省政府固定征收的。杂税、黑税是乡保征收、摊派、敲诈的，名目相当多，仅犁头捐一项，每张犁户每年就要交 12 元，合粮 2.4 石。在城镇则牙行林立。这种牙行带垄断性质，不管你买卖什么东西非经过牙行不可，行佣抽得非常之重。如买卖一头耕牛就要纳五六元甚至 10 元之牙税，一斗粮食要抽 10 个铜板，一担草除抽草外还要交 10 个铜板。这些行家大都是地方封建势力，而政府则为之保护。

抗日民主政府成立后，明令取消的苛捐杂税有 13 种，禁止一切额外勒索，革除了田赋的弊端和陋规，降低了牙税税率，人民的负担大大减轻。民主政府保留和征收的公粮、田赋、营业税等，税负一直较轻。从粮赋的负担看，各年的情况大体是：

1941 年，路东根据地产粮 350 万石，政府征收公粮田赋 18.3 万石，占粮食产量的 5.2%。另据实地调查，这一年各阶层人民负担占全部收入的比例：地主为 11.33%，富农为 5.67%，中农为 3.96%，贫农为 3.84%，平均为 6.2%。各阶层收入交纳负担后的剩余：地主每人平均 4.72 石，富农每人平均 8.87 石，中农每人平均 5.28 石，贫农每人平均 3.12 石[①]。

1942 年，据方毅在来安县安乐乡调查，各种公粮（包括 1942 年征收的救灾公粮和民兵公粮）占各阶级粮食收入的比例：地主，午季占 5%，中季与秋季占 9%。富农，午季自耕富农占 5%，午季佃富农占 3%；秋季自耕富农占 3.5%，秋季佃富农占 6.5%。中农，午季自耕中农占 5%，佃中农占 3%；秋季自耕中农占 7.5%，佃中农占 5.5%。贫农，午季自耕贫农占 5%，佃贫农占 3%；秋季自耕贫农占 5.5%，佃贫农占 3.5%[②]。

1943—1944 年，淮南区各阶层人民的公粮、田赋负担占总收入的比例大体是：贫农为 3%，中农为 5%，地主为 10%[③]。

1945 年，据安徽省来安县财政局调查，全县人口为 194008，耕地 864100 亩，粮食总产量为 22644 万斤，交纳公粮 679 万斤，公粮负担

---

① 《淮南路东根据地概况》（1942 年 8 月），载《安徽革命根据地财经史料选》（一），安徽人民出版社出版，第 207—209 页。每人平均剩余是根据 209 页的统计表计算的。

② 方毅：《安乐乡调查》（1943 年），载《安徽革命根据地财经史料选》（一），安徽人民出版社出版，第 312—313 页。

③ 《中共华中局关于十个问题的答复》，1944 年 8 月 27 日。湖北省档案馆资料。

占粮食产量的3%。每人平均负担34.9斤,每亩平均负担7.9斤①。

根据地的人力动员极不平衡,在交通要道和机关部队驻扎地区人力负担重,其他地区则轻,甚至没有。据路东5个县6个乡1941年统计,全年平均每10个服役的人,出差189天,其中盱眙县二区桂王乡达537天。畜力动员,据路东5个县8个乡统计,1941年平均每条牛出差两天半工。另据来安县安乐乡调查,人民的优抗(包括募捐、代耕等)、慰劳、做军鞋、民夫等负担,按每月消耗的劳动时间折成钱计算,1942年地主约占收入总数的0.8%,富农约占收入总数的0.8%,中农约占收入总数的1%,贫农约占收入总数的0.3%。

在租息方面,农民也得到了三七分租、分半给息,赎当田,合作社借贷,换领子等经济利益,同战前比较,负担大大减轻了。

九、皖江区的赋税制度

皖江抗日根据地建于1940年,为新四军七师活动的地区。1942年冬成立皖江行政公署,辖皖中、皖南两个专员公署,共有百万以上人口与百万亩以上农田。

皖江根据地处于皖江平原,物产丰富,交通便利,财源充足。根据地的财政收入除满足当地军政给养的需要外,尚有相当数额上交新四军军部。

皖江区的财政收入基本上是赋税收入。开征的税种有检查税、田赋、公粮、营业税、屠宰税、牙帖、契税等数种。征收制度基本上沿用国民党的办法,只是在某些方面作了改进。

征收货物检查税,是根据地初创时期组织财政收入的主要形式。检查税按货物价格征收:急需品,如洋布等,征收5%;日需品,如肥皂、洋油等,征收15%;消耗品,如烟、酒等,征收15%;奢侈品,如香水、参、燕窝等,征收20%。

田赋、公粮是筹集粮食的主要形式。皖江行署成立前,田赋、公粮用突击方式征收,即在秋收之后,党、政、军集中大批干部组成突

---

① 安徽省来安县财政局报送的历史资料,1980年7月28日。

击队下乡征粮,收到的粮食仍分散保存在农民家里。敌人大"扫荡"后,正式以行署名义征粮,并依靠区、乡政府分夏、秋两期征收。田赋和公粮征收,均利用旧政府田赋册籍。

营业税在很长一段时间内按旧税法征收。1944年1月,皖中专署颁布了《营业税征收条例》。条例规定,各种商店按照营业资本额征收营业税,各种商行按照营业总收入额征收营业税。按照营业资本额征收的商店,税率分6级,最低一级(资本额在2万元以上3万元以下)税率5‰,最高一级(资本额10万元以上)税率10‰。商行的税率分两种:牙行按4级累进税率征收,最低税率15‰,最高税率30‰;商行亦按4级累进税率征收,最低税率10‰,最高税率30‰。

皖江根据地财源虽比较充裕,但政府仍积极从物质上、政策上支援农业,改善民生。行署成立后,在减租减息、开垦荒地、发放农贷、发展合作事业等方面,都取得了可喜的成就。

十、浙东根据地的粮赋征收办法

浙东抗日根据地是新四军浙东游击队纵队与地方党组织结合,共同建立的一个基本区范围较小又不很巩固的抗日游击根据地。1944年1月15日正式成立抗日政权——浙东敌后临时行政委员会,1945年1月改称浙东行政公署,辖4个行政区(三北、四明、浦东、会稽)、14个县、44个区、372个乡、3780个保,人口有2288902,面积11506平方公里[①]。

1942年新四军一部从浦东进入浙东时,主力部队、警卫队、地方自卫队和杂务人员加在一起,只有1300多人。由于人少,民主政权尚未建立,给养问题仍采取就地筹派军粮和抗日自卫捐形式来解决。

为使人民负担军粮军费公平合理起见,1943年以第三战区三北游击司令部的名义,制定了《抗卫军粮、抗卫经费并征暂行条例》。条例规定:(1)抗卫军粮及抗卫经费之征收,以业主、农民、商民及殷

---

① 连柏生:《在浙东临代会的一年施政报告》,《新浙东报》,1945年1月26日。

富为范围。(2) 征收标准按土地性质分为田（平原水田）、旱地、山地（山间水田）三类。田每亩征谷 13 斤；旱地，甲等每亩征谷 6.5 斤，乙等每亩征谷 5 斤；山地每亩征 8 斤。非种稻之田地按当时当地市面谷价折征现款。(3) 自耕田地全部由自耕农负担。租佃土地，田及山地由业主、佃户各半负担；旱地，甲等地由业主负担 2 斤，佃户负担 4.5 斤，乙等地由业主负担 1.5 斤，佃户负担 3.5 斤。(4) 凡鳏寡孤独及贫苦人民，凡自耕或佃耕田地在 3 亩以下无力交纳者，由乡（镇）、保甲长会同农会证明，经调查属实，得予免征，但业主负担部分仍应交纳。参加主力部队之家属，减征 20%；脱离生产参加地方自卫队之家属，减征 10%；遭受灾害而歉收或无收者，按实际情况给予减免。

抗日民主政权建立前，浙江处于汪伪、国民党军队及共产党三种势力争夺的环境，征粮工作很艰巨。新四军要征粮，国民党军队、政府和汪伪军队、政府也要征粮，同时日伪还要抢粮、派粮和贱价购粮。所以，当时制定的征粮标准较低，留有余地，以免人民负担过重。在征粮工作中，采取上层谈判、下层斗争的策略，即首先应保证完成新四军部队征粮，限制国民党征粮，抵制汪伪征粮，并根据不同地区的力量对比情况，提出谈判和斗争的具体征粮数目。

1944 年 1 月浙东敌后临时行政委员会成立以后，宣布废除国民党政府所收的内河税、内河船捐、行会取缔税与应变费等 10 余种苛捐杂税，确定抗日民主政府的收入为公粮、田赋、货物税、抚卫捐，实行财政收支统一管理。一方面，军队经费划归政府统筹，并且随着各级民主政权的建立，行政、教育和民主经费的支出大大增加；另一方面，由于自卫战争的继续，日伪乘机蚕食，使财政收入锐减，造成财政上入不敷出。为了克服财政困难，行委会于 1944 年 4 月下旬召开行政工作会议研究财政开源问题，决定采取以下 10 项措施：

第一项，征收田赋。为减轻人民负担，行委会宣布民国三十二年度（1943）及以前旧欠田赋一律豁免，三十三年度的田赋，暂定每亩官田征收 75 元，民田 65 元，地 50 元，山荡 5 元。

第二项，征收各种地方税。屠宰税税额，猪每头征收 600 元，羊每头征收 100 元，菜牛以 10% 税率征收。油坊税税额，每车油征收 200 元，菜籽不收税。牙税税额，平均每月佣金收入在 15 万元以上者为甲等，每季征收 1 万元；在 10 万元以上 15 万元以下者为乙等，每季征收 5000 元；在 5 万元以上 10 万元以下者为丙等，每季征收 2000 元；在 1 万元以上 5 万元以下者为丁等，每季征收 1000 元；在 1 万元以下者为戊等，每季征收 300 元。

第三项，补报隐匿田亩，补交上年公粮。

第四项，结束上年征粮工作。不能征谷的地区，酌收代金，并开展对日伪和国民党统治地区的征粮工作。

第五项，结束酒捐（每缸 600 元）。未开征酒捐的地区，设法补收。

第六项，加强缉私工作。

第七项，控制沿海税务。开展海上税收工作，夺取敌人海运物资。

第八项，控制航运，征收船舶航运捐。

第九项，征收盐税。税率以不超过 5% 为原则，依照担数征收。

第十项，夺取敌人物资。

二次自卫战争结束后，三北和四明山的部分地区成为浙东根据地的基本区。在基本区内，共产党的军事政治力量已占优势，人民有了比较安定的生产和生活的环境，原来多面负担的状况起了变化。根据新的形势，浙东敌后行政委员会制定并公布了适用于基本区的三十三年度（1944 年）《公粮田赋合并征收办法》。

1944 年的《公粮田赋合并征收办法》与 1943 年的《抗卫军粮、抗卫经费并征暂行条例》对照，其不同点如下：

第一，公粮、田赋与抗卫经费分开征收。征收公粮、田赋以田地为对象，工商业部分酌量负担抗卫经费。

第二，划分田赋、公粮的用途。田赋部分全部拨充军事费用。公粮部分包括军事公粮，行政公粮，乡镇公粮（乡镇行政及文化教育等各种事业经费）三项。军事、行政公粮按照办法规定征收，乡镇公粮按照各县区实际情况征收。

第三，提高每亩征收额。征收公粮、田赋，按照土地性质，分为四种（见表2-54）。

表2-54

土地性质	每亩征收额（斤）			
	军事公粮	行政公粮	田赋	合计
甲田（平原水田）	16	6	4	26
乙田（山田）	10	3.5	2.5	16
甲地（上等地及田改地）	8	3	2	13
乙地（次等地）	6.5	2.5	1	10

第四，租佃土地的业佃分担数随征额调整。除田赋部分由业主负担外，公粮部分，自耕农独自全部负担；租佃之田，由业主及佃户各半负担；租佃之地，甲地由业主负担3.5斤，佃户负担7.5斤，乙地由业主负担2.5斤，佃户负担6.6斤。

第五，修订减免办法。参加新四军主力部队及其他抗日军队，每员免征其家属公粮5亩；参加本区地方军队（脱离生产者），每员免征其家属公粮3亩；参加抗日军政机关工作之连级、区级以上人员，每员免征其家属公粮3亩。因灾害荒歉，由地方评议免租之田地，免征其公粮，无故荒芜者照征。

第六，规定保管存谷、复晒蚀耗率的最高限度为5%。

1944年的征粮任务，三北地区为1200万斤，四明地区为600万斤，总计1800万斤。在秋收时，一面普遍进行减租交租，一面把征粮作为中心任务，动员党政军民突击完成，并根据不同地区，采用不同的组织交粮方法与斗争方式。在基本区，以征谷及集体交粮的方法为主，坚决拒交日伪征粮，武装保卫秋收，不让日伪抢粮；在游击区，以迅速征收抢运粮食为主，用武装骚乱破坏日伪征粮，还动员各阶层人民采取拖延、请求、交涉等办法对敌进行斗争。到了年底前后，原定的征收任务基本完成。

1944年四明地区分配抗卫捐任务2800担（280000斤），征收对象为殷商富户、山主、兼营工商业的地主。

浙东敌后军事活动地区可分为四种，即基本区、游击区、伪化区、顽化区（国民党占优势）。这四种地区的人民负担相差悬殊。"在新四军基本地区，人民一般负担每亩总共不过20多斤谷子；在敌我力量大致相等的敌我争夺地区，每亩负担约50斤；在敌占区，每亩负担约90斤；而在某些国民党军队或其领导下的游击队与敌伪共同控制的地区，每亩负担竟达一百八九十斤。"①

1945年2月浙东行署成立后，根据地日益稳定，行署及时组织动员广大农民兴修水利，发展生产，并设立了浙东银行，发行抗币，加强了对日伪的经济斗争，这些都为筹粮筹款创造了条件。

1945年7月浙东行署公布了适用于一般地区的《三十四年度公粮田赋并征办法》②。这个办法，除下列三点作了新的规定和修订外，其他内容与1944年公布的适用于基本区的公粮田赋并征办法基本相同：

第一，公粮实行累进征收。凡业佃土地在一定数量以上者，除交纳田赋大粮外，对于公粮部分累进加征。

第二，提高每亩征收额。甲等田每亩征谷32斤（内田赋5斤），乙等田每亩征谷20斤（内田赋3斤）；甲等地每亩征谷20斤（内田赋2斤），乙等地每亩征谷13斤（内田赋1斤）。

第三，实行夏收预征公粮。种稻田地一律于每年秋季收割时征收。有夏收之田地，于夏收时预征公粮一部分，秋征时在应交公粮中照数扣除。

1945年的征粮工作是在日军投降以后组织征收的，当时国民党军队已逼近杭、甬地区，准备接受日军投降，接收大城市，占领交通要道，形势紧急，随时可能发生内战。9月下旬，浙东区党委指示部队和政府，立即将三北平原地区已经征收的公粮尽快运往四明山区集中，妥为分散保存，尚未征足的公粮，抓紧在短时间内征收。月底，军政人员奉命全部撤出浙东。

---

① 浙东党委宣传部、新四军浙东纵队政治部《秋收运动讲话大纲》，载《战斗报》，1944年8月7日。

② 见《新浙东报》，1945年7月25日。

第八节 华南敌后两个抗日根据地的农民负担

一、东江根据地的经济来源与粮税制度

（一）东江根据地的建立

在华南敌后战场上，有两块抗日根据地，一是东江纵队建立的东江抗日根据地，二是琼崖纵队建立的琼崖抗日根据地。

东江纵队，活跃在广九路两侧与珠江三角洲上。

1938年10月11日，日本侵略者10余万人由大亚湾登陆。国民党军队仓促逃遁，仅10余天，东江下游各县及广州地区相继沦于敌手，人民处于水深火热之中。

当时，中共广东省委东南特委坚决执行中共中央关于"武装群众，开展敌后游击战争"的指示，在日本入侵、国民党逃跑的局面下，不失时机地在东江南岸、广九铁路两侧，组织了两支人民抗日武装，即王作尧率领的东莞模范队和曾生领导的惠宝人民游击队。这两支队伍一诞生，就投入了英勇的战斗。东莞模范队在日本侵占虎门后，于虎门外围领导群众阻击敌人，打响了华南敌后抗日的第一枪。惠宝人民游击队刚一建立，就出击淡水，消灭了伪组织，成立了东江地区第一个抗日民主政权——惠阳县淡水区人民行政委员会。年底，游击队发展到近200人，实际上控制了淡水、坪山至大鹏湾的20多万人口的地区。

1940年3月，国民党香翰屏发动"坪山事变"，两支游击队被迫向东突围。8月，遵照中共中央的指示，两支部队集中起来，返回坪山地区，并分兵一部到东莞、宝安等地。这时，部队改番号为"广东人民游击队"，原惠宝人民游击队改为第三大队，王作尧部为第五大队。从此，东江抗日星火又炽烈地燃烧起来。

对于这支新生的力量，敌人曾发动了无数次进攻，但都被打退了。

游击队在与敌伪和国民党反动派斗争中越战越强,活动地区由东江南岸扩展到东江北岸,北江流域和香港、九龙及其两侧的海面上,并与活跃在珠江三角洲的兄弟部队——珠江纵队连成一片。到 1943 年底,部队发展到六七千人[①]。根据中共中央的指示,在这个基础上成立了广东人民抗日游击队东江纵队(1943 年 12 月 3 日正式成立),以曾生、王作尧为纵队正副司令,林平为政治委员。

1944 年初开始进行政权建设工作,成立东宝路西行政督导处,辖 9 个区。1945 年根据地扩大,相继成立路东行政委员会(辖 6 个区 1 个特别区)、惠东行政督导处、博罗县政府。珠江方面,成立了第一、四、五、六区的联乡办事处。但是,直到抗战胜利,东江根据地均未建立统一的政权机关。

(二)东江根据地的经济来源

东江纵队经济给养的来源,概而言之有三项:

第一,华侨捐款及群众慰劳。华侨和国际友人的捐助,在较长时间内是部队给养的主要来源。仅 1941 年春,各地侨胞就捐献了 11 万元[②]。

东江纵队得到华侨和国际友人积极热情的赞助,有两方面的条件:一是惠宝人民游击队,是当地农民和由南洋、香港回乡抗日海员工人和华侨学生组成的。这些工人和学生有高度的抗日救国热情,他们的家庭和朋友也积极主动地在物质上进行支持和帮助。二是香港沦陷后,东江纵队出生入死地抢救沦陷区的国际友人和同胞。许多政府人员、文化界人士及华商,通过大鹏湾等地封锁线,经过东江纵队的保护,安全地到达内地。据不完全统计,沦陷在香港的国际友人经纵队护送脱险的有 60 余人。事后,这些国际友人和同胞们都写信感谢东江纵队的救护,并愿意以实际行动来报答他们[③]。

第二,征收商业税。东江地区土地肥沃,物产丰富,商业繁荣,

[①] 曾生:《东江抗日星火》,《解放军报》,1985 年 3 月 19 日。
[②] 贾华回忆:《战斗在税收战线上》,载《东江纵队抗日游击根据地财政税收史料选编》(初稿)。
[③] 张樾:《东江与琼崖抗日根据地》,《解放日报》,1944 年 8 月 1 日。

交通发达，毗邻香港，具有收税的有利条件。开征的税种主要是出入口货物税、行商税，有些地方还征固定营业税和特别税。商业税的征收，贯彻区别对待、合理负担的原则，对游击区需要的商品从宽从轻征收进口税，对敌占区需要的商品从重从严征收出口税和过境税。商业税于1940年下半年开始征收。1942—1945年，商业税收入是东江纵队经济给养的主要来源，其中1943年部队供给几乎全部依靠这项税收。

第三，向农村征收田赋和公粮。东江纵队成立前，路西区募征过公粮，募征的地区主要是宝安沿海的咸田、基围，征募的对象主要是农民；同时，还在极少数沦陷区募征公粮，征募的对象为大地主。募征公粮没有条例、办法，实际是一种半捐献、半摊派的形式。

1944年秋，随着路东、路西政权的建立，根据地内较普遍地以政府的名义开征抗日公粮，并且颁布了征收条例，设置了征收机构。1945年夏季，除了征收抗日公粮外，还征收地税（即田赋）。公粮、田赋均以征收粮食为主（路西区1944年以征货币为主）。这季粮赋征收，是在与敌伪激烈的斗争中，在保卫夏收抢割的斗争中进行的。由于党政军配合得好，把减租减息、保卫夏收、抢收公粮等工作结合得紧密，路西区曾经一连两夜动员了周围50里以上的上万名农民群众，把在最前线的2000多担公粮抢运到较安全的地区。

公粮与田赋，是东江根据地1944年至1945年财粮供给的主要来源之一，也是农村人民的主要负担。

（三）东江根据地的公粮田赋制度

东江根据地于1944年秋正式开征抗日公粮。征收之前，即这年的8月，中共广东临委、军政委员会《关于今后工作的决定》中提出了一个征收抗日公粮的标准，其主要内容是：每人平均收粮6担以下的不征税；6担以上按8级累进税率计征，最低税率为3%，最高税率为20%（每人平均收粮500担以上的）。这个标准，实际上未执行。

1944年12月，东江纵队对8月确定的征粮标准作了修订，正式公布了《东江纵队征收抗日公粮条例》。

抗日公粮征收，贯彻有钱出钱、大家出力的原则。凡东江根据地

内的民众,均须负担抗日公粮。公粮负担按照土地所有及经营情况分别确定:

1. 地主。按其实收谷数征收5%(即每收田租谷1担,征收抗日公粮5斤)①。

2. 佃农。除交田租(田利)外,本人所得部分,全户在10担以下者免征,10担以上者征1%。

3. 自耕农。按其全部自耕的总收获量计算,全户收获量在30担以下者收2%,30担以上者收3%。

4. 租赏(即祠堂公田)。按实际收谷数累进征收,由租赏代理人缴纳。累进率规定如表2-55所示。

表2-55

税级	实际收谷担数	公粮税率
1	30担以下	7%
2	31担以上到50担以下	8%
3	51担以上到100担以下	10%
4	100担以上到200担以下	15%
5	200担以上	20%

抗日公粮分两造(即两季)征收,一律征收粮食。有下列情况者,经乡政府证明,报经东江纵队政治处批准可以适当减免:(1)自由职业者或鳏寡孤独自有田无力自耕户,每造总收入不足5担者;(2)抗日军人家属之旁系亲(兄弟叔伯等),如确系贫苦,或确系帮助出征之军人者;(3)抗日有功之士;(4)遭受敌伪迫害抢掠之民众情节重者;(5)抗日军人家属其每造收成所得15担以下八折征收,15担以上、25担以下九折征收。25担以上的照样征收。

1945年,东江纵队政治部颁发了《征收抗日公粮与田赋暂行条例》。这个条例同上年的条例比较,有两点变动:一是增征了田赋;二是公粮和田赋加在一起,税率有所提高。

---

① 谷以干谷为标准,按司马秤计算,一担干谷为100斤。

按照条例规定，抗日公粮与田赋征收总额为土地出产总收获量的9%。其中，田赋征收率为5%，由地主负担；抗日公粮征收率为4%，由地主与佃农平均负担（地主与佃农系按分租比例负担）。凡属自耕农、自耕土地者，公粮与田赋统一征收，其征收额为土地出产总收获量的6%。凡接敌区，地主与农民有两面负担者，公粮与田赋减半征收。这个条例的税率规定，路东区在执行中有些变动。

从上述规定看，地主负担较轻，如地租率为37.5%，地主只负担公粮1.5%，加上5%的田赋，合计只负担6.5%；如果对半分租，地主也只负担7%的田赋与公粮。

二、琼崖根据地的发展与抗日经费来源

（一）琼崖根据地在抗日时期的发展

抗日战争开始，中共琼崖特委根据中共中央的指示，主动派代表找国民党海南当局谈判。经过一年多的努力，1938年11月琼崖抗日民族统一战线终于建立。根据谈判协议，琼崖工农红军游击队改编为"广东琼崖民众抗日自卫团独立队"，简称为琼崖独立队。1938年12月5日，琼崖独立队在琼山县云龙墟正式成立。

1939年5月，独立队扩编为独立总队，发展到1400人。

1940年，根据中共中央关于建立根据地、建立政权的指示，各地纷纷成立了抗日民主政权。最早是1940年10月文昌事变（即坚持团结抗日的詹学新县长被撤职）后，文昌人民在独立总队的帮助下，举行了数万人的大会，选举詹镛当县长，建立起县和各区乡的民主政权。1941年11月5日，琼东县抗日民主政府成立。接着，琼山、昌江也建立了县民主政权，万宁、澄迈、临高、儋县则成立了民主政权办事处。1941年11月10日，在琼山县树德乡下昌村召开琼崖东北区人民代表大会，一致通过成立琼崖东北区抗日民主政府，冯白驹被选为政府主席。这时，部队发展到4000多人。

1942年起海南抗战进入最困难的阶段，日伪与国民党军订立"防共协定"，划地分防，共同围攻独立总队和抗日根据地。为了开展反"蚕食"斗争，特委采取新的对策，取消野战军，把人员和装备分配

到各支队,除留下一部武装力量在琼文根据地配合群众进行游击战外,主力部队于1943年夏秋间撤出琼文根据地向琼西区发展,创造白沙阜龙根据地。1944年秋,中共特委领导机关、琼崖东北区抗日民主政府和总队部迁移到白沙县牙叉。不久,经中共中央批准,琼崖独立总队改为华南抗日游击队琼崖纵队,五指山根据地从此奠基。

1945年7、8月,琼崖纵队主动向敌军发起猛烈进攻,寻机打杀敌人,军事上不断取得胜利。抗日根据地也不断发展扩大。全岛除保亭、乐亭两个县外,其余各县都建立了县级的中共党组织和人民政权。日本投降时,琼崖纵队已解放了全岛2/3的土地,100多座城镇,100多万人口的广大地区①。

抗战胜利后,为了适应形势的发展,建设和平民主新琼崖,东北区民主政府于1945年9月在白沙县牙叉召开各县县长会议,决定建立琼崖民主政府。9月25日,琼崖民主政府正式宣告成立②。

(二) 琼崖根据地抗日经费的来源

琼崖纵队在抗日战争时期整整坚持了8年斗争。在这8年里,军事斗争是很艰苦的,部队的供给也是很困难的,特别是粮食来源十分困难。1943年由于国民党反动派的封锁,战斗在五指山的战士只能靠挖山薯、捡野菜、采野果、摘蘑菇、采竹笋、掏鸟窝、捕蛇充饥。那时,凡能吃的都弄来吃了。

琼崖根据地一直没有可靠的经济来源。军政人员的给养,弄到多少就供给多少。筹集的方式多种多样,前后不尽一致。归纳起来,大体上有六个方面:

第一,人民群众的赞助,主要是农民的赞助。包括捐募、捐献、支前等,都是自愿的、自发的。这方面的事例很多,也很动人。

文昌县是开展革命斗争较早的地方。1939年2月20日敌人占领文昌时,突施"三光"政策,激起不愿做亡国奴的人民自动组织起来,在共产党领导下走抗日救亡道路。公坡乡的陈家奇、王大德、符公熙三位老人,挺身而出,带头成立农民抗日救国会,影响和推动全

---
① 《琼岛星火》第3册,琼岛星火编辑部1981年出版,第77页。
② 《琼岛星火》第7册,琼岛星火编辑部1982年出版,第125页。

县人民，纷纷组织青年、妇女抗日救国会。东阁老人符合汗一次在大会上捐献 70 元光洋支持抗日，在全县影响很大，各地捐献了大批物资，源源不断送到前线支援抗日①。

1941 年 12 月，在琼山大水村击退反共高潮战斗中，激战五昼夜，到战地支前的群众达 1 万多人，人们是自发地抬着担架，挑着开水和饭菜到战地上来的②。

1941 年 10 月 5 日，琼东县抗日民主政府成立后，就在全县开展"一元一弹捐献运动"，收集了一大批钢铁、铜板、子弹壳以及一笔专款和粮食支援部队。同时，动员组织了一批支前担架队到前线去支援部队作战③。

黎族人民的支援也很大。日军占海南后，国民党的政府机关、军队和家属 5000 多人纷纷逃入五指山。这些"飞毛腿"躲在山区，过着穷奢极欲的糜烂生活，而一切供给都落在黎族人民身上，征工、征夫、拉壮丁、勒索粮款。以白沙县红毛乡为例，每月就需要负担军粮 20 石米，50 斤猪肉，80 斤牛肉，40 只鸡，500 斤菜，100 斤鱼。这群家伙不抗日，专门欺压老百姓，鱼肉人民，强奸民女，杀人放火，无恶不作。1943 年 7 月 12 日，白沙县黎族人民不堪国民党反动派的残酷剥削和压迫，爆发了一次震动全岛的英勇起义。1944 年夏秋之间，琼崖纵队进入白沙县境，帮助起义农民解放了白沙县，成立了白沙县人民政府。黎族人民非常感激，称琼崖纵队为"父母军"，称共产党为黎族人民的"救星""父母党"。黎族同胞为抗日部队筹集了大批粮食，并组织了担架队和运输队，随军打仗。白沙县根据地的建立和人民的支持，不仅迎来了抗日战争的胜利，而且成为后来解放战争时期建立五指山根据地的基地④。

---

① 王月波：《战争年代的文昌县人民》，载《琼岛星火》第 7 册，琼岛星火编辑部 1982 年出版，第 73 页。
② 马白山、林克泽、吴之：《琼南顶天柱——战争年代的冯白驹同志》，《人民日报》，1980 年 11 月 27 日。
③ 黄大仿：《琼东县抗日游击根据地的斗争》，载《琼岛星火》第 4 册，琼岛星火编辑部 1981 年出版，第 19 页。
④ 《冯白驹将军传》，载《琼岛星火》第 3 册，琼岛星火编辑部 1981 年出版，第 71—75 页。

第二，征收工商业税。工商税收于1939年冬开征。1941年夏至1943年夏，工商业税收入是部队给养的重要来源之一。各地开征的税种不一（根据当地税源确定），主要的有货物税、盐税、营业税、屠宰税、行商税、渔税等数种。

货物税开征较早。1939年冬"琼文经济委员会"成立，就对来往于北冲溪的货船征收货物税。琼山县货物税的征收办法有两种：一是按物品价值，分别征收3%—5%，如土产品征收3%，舶来品、装饰品、烟酒、盐等征收5%；二是按月派征，即按商人经营的资本大小，按月派征税款。澄迈县在九龙滩上设卡征收的货物税，税率一般为销售额的3%。为了计算方便，采用定额的办法征收。例如，木筏以段计算，每段收税0.5元；木材以支计算，每10支收9.5元；食盐，每担收0.2元。

文昌、澄迈等县均征收盐税。文昌县的盐税，开始时对盐贩征收，每担（100斤）征税1元，后来改为对产盐者征税。

商贩税、渔船税、屠宰税等，各地均采用定额征收的办法。如昌感县把商贩划为大、小两级，大户每月定额征收3元光洋，小户每月定额征收1元5角。

第三，征收公军粮。1941年11月10日琼崖东北区民主政府成立时（实际上是全岛性的抗日民主政权），曾颁布了施政纲领，并制定了救国公粮征收法。1944年琼崖西区军政委员会也有过筹募粮食的指示。公军粮征收，贯彻田地多的多征、少的少征、太贫困的农民不征的原则。由于各地所处的环境条件不同，征收的具体办法很不一致。据一些老同志回忆，大体上有五种征收办法：

一是按收获量累进计征。以文昌县水北乡为例，收获在1石谷子以下的农户免收公粮，1石以上的征收2升，2石以上的征收5升，3石以上的征收9升，4石以上的征收1.4斗，5石以上的征收2.7斗，7石以上的征收3.5斗。

二是按田地面积计征。琼山县、文昌县许多乡都采用这种办法。文昌县的第六区抢罗乡当时的做法是：按农户耕种田地多少把负担落实到户，田多的多负担，田少的少负担，并编造全乡公粮花名册。

三是摊派形式。琼山县羊山地区1942年征公军粮,采用民主摊派的方式。对民主地区(老苏区),普通群众一户一年分派公粮最多不超过5升大米(即10斤);比较富裕的户,一户一年分派公军粮最多也不超过1斗大米(即30斤)。文昌县在敌人统治区征粮,则采取硬性摊派的办法,重点是向地主、富农和资本家摊派。

四是按阶级成分征收。例如临高县南宝乡实行"富者多征、贫者少征、赤贫者不征"的政策,在深入调查的基础上,把应征对象列为贫农、中农、上中农、富裕中农、富农、大中小地主等若干等级进行征粮:贫农每户征8升,中农征1.5斗,上中农征2.5斗,富裕中农征3.5斗,富农征5斗,小地主征8斗,中地主征8斗,大地主征1石[①]。

五是群众自愿交纳的方法。据广东省海南黎族苗族自治州财政局在东方、崖县调查、访问的情况,公粮是根据部队需要粮食多少,农民有粮食多少,经过动员,以自愿的原则交纳,没有强制,没有规定,没有任务。群众一切为了支持革命战争的需要,有时宁愿自己吃杂粮,把主粮交给部队用。正常征收的公粮不多,公军粮征收较多。公军粮虽有征收任务,但也不是按田地产量比例征收的。由于老区属于游击区,经常受敌人的破坏,需要的钱粮没有固定的征收标准,不列清册,不发收据,因为怕落入敌人手中,群众被敌人摧残。有时以收钱为主,钱可以随身带,有钱可以买粮。军公粮在非老区收的更多一些[②]。

第四,海外华侨的捐赠。冯白驹等领导的海南抗日游击斗争,曾得到海外侨胞的大力支持。南洋华侨和港澳琼崖同胞响应共产党"支援祖国、保卫家乡"的号召,组织了"援冯(白驹)委员会""援八(路军)援四(新四军)委员会""华侨救济总会""工商友爱社"等团体。他们通过各种形式,募捐大批药品、物资和金钱,支持海南人

---

① 以上四种征收法中的资料,均引自《琼崖革命根据地财经税收史料选编》,海南人民出版社出版。

② 广东省海南黎族苗族自治州财政局上报的历史资料,1981年5月3日。

民抗日①。香港华侨送来毛毯、卫生衣；新加坡侨胞曾经组织"援助琼崖抗日游击队"的运动，每人每日认捐经费若干，一共捐了1万多元叻币（马来亚货币）②。除了物质上和道义上的支持外，他们还组织了"华侨回乡抗日服务团"回到海南，同家乡人民并肩战斗，共同抗击日本帝国主义③。

第五，战争缴获。这方面的所得虽然不是经常有的，但搞到一次获东西却不少。例如1945年的反顽斗争，从2月上旬到8月初，琼崖纵队进行了共15次大小战斗，打死300多人，俘虏70余人，缴获各种枪支200多支（挺），粮食200余担，牛、羊各30多头（只），军马8匹，红糖90担，军鞋300多双，茶叶300多斤，各种食品不计其数④。除向敌人缴获外，独立队缉拿日货，没收赌博赃款，也多少解决部分经济来源⑤。

第六，国民党政府拨给的军饷。这是抗战初期的一部分经济来源。1938年国共合作达成协议，红军改编为琼崖民众抗日团独立队时，国民党当局每月发给8000元的军饷⑥。1939年6月，行政专员吴道南来琼，形势逆转。他到任后，极尽媚敌反共之能事，大幅度地减少独立总队的军饷，由原每月8000元，逐月下降为1000元，同时限制游击队的发展，要独立总队的编制缩小为一个大队三四百人⑦。1940年后，微不足道的军饷即全部断绝。

从上述六个方面的来源看，主要还是农民的支援。

---

① 《琼岛星火》第3册，琼岛星火编辑部1981年出版，第51页。
② 《华南的两支游击队》，重庆新华日报特稿，1944年10月24日。
③ 《琼岛星火》第4册，琼岛星火编辑部1981年出版，第122、214页。
④ 同③。
⑤ 《琼岛星火》第3册，琼岛星火编辑部1981年出版，第48页。
⑥ 同⑤。
⑦ 《琼岛星火》第3册，琼岛星火编辑部1981年出版，第57页。

第三章

解放战争时期的农民负担

第一节 综 述

一、解放战争时期的国内形势

长达 14 年之久的抗日民族战争,是鸦片战争以来中国人民反抗帝国主义侵略斗争中最伟大的一次斗争。这次战争,使中国人民作出了重大的牺牲;但是同时,也锻炼了中国人民,壮大了人民的力量,发展了革命的形势。正如毛泽东在中共七大的报告中指出的那样,"中国人民不但已经有了比过去任何时候都高的觉悟程度,而且有了强大的中国解放区和日益高涨着的全国性的民主运动"①。

日本帝国主义被打倒以后,中国人民的任务,是要"在政治上、经济上、文化上完成新民主主义的改革,实现国家的统一和独立,由农业国变成工业国"②。简单地说,就是要建设一个独立的、自由的、

---

① 毛泽东:《论联合政府》(1945 年 4 月 24 日),载《毛泽东选集》第三卷,人民出版社 1966 年横排版,第 981 页。
② 毛泽东:《目前形势和我们的任务》(1947 年 12 月 25 日),载《毛泽东选集》第四卷,人民出版社 1986 年横排版,第 1189 页。

民主的、统一的、富强的新中国。这是中国人民的基本要求，也是中国革命发展的必然趋势。

但是，坚持独裁、内战的国民党主要领导者，则与人民的愿望相反，他们仍想把中国拖回到痛苦重重的不独立、不自由、不民主、不富强的老状态里去。他们早已打定主意，要依靠美国帝国主义的帮助，把美国帝国主义作为靠山，发动大规模的反人民的内战。美国帝国主义的方针也是老早定了的，它要帮助国民党反动派打内战，要把中国变成美国的附庸。在这种情况下，美帝国主义支持下的蒋介石国民党政府同中国人民的矛盾，就上升成为国内的主要矛盾。由此，中国新民主主义革命也就进入一个新的历史时期，进入到中国人民为最后彻底推翻帝国主义、封建主义和官僚资本主义在中国的统治而斗争的时期。

蒋介石政府发动的全国规模的内战，是在1946年6月。在此之前，他为了争取时间完成全面内战的部署，一面玩弄和平谈判的把戏，一面纠集兵力，向解放区发动频繁的武装进攻。美帝国主义则与蒋介石政府唱"双簧"，一面出面"调处"，一面出钱出枪，加紧"援华"。中国共产党对于美国帝国主义和蒋介石政府玩弄的这种两面派手法早就看透了，并针锋相对地制定了以革命的两手反对反革命两手的策略。一方面，从思想上、组织上和军事上作好充分的准备，以便粉碎国民党反动派的一切进攻；另一方面，代表要求和平民主人民的愿望，以最大的努力，为争取和平民主而斗争。从1945年8月到1946年6月，中共代表与国民党代表进行了三次大的谈判，解放区军民打退或粉碎了国民党军队的大小武装进攻4000余次（其中美军直接或协同国民党军队的进攻有30余次），在政治上军事上均取得了很大胜利，巩固和发展了解放区的形势。当时，除了按照《双十协定》主动让出的东江、浙东、苏南、皖南、皖中等解放区外，其余各解放区的面积都有所扩大，并且在北满和南满开辟了东北解放区。

1946年7月，国民党反动派已经利用时间完成了进攻的准备。于是，他们在美帝国主义支持和指挥下，公开撕毁停战协定，使用正规军193个旅（师）约160万人（占全部兵力的80%），向解放区发动了全面进攻。当时，敌人的兵力部署是：用于进攻华东解放区者，58个旅约46.3万人；用于进攻中原解放区者，25个旅约21.7万人；用于进攻晋冀鲁豫解放区者，28个旅约24.9万人；用于进攻晋察冀解放区者，18个旅约16.2万人；用于进攻东北解放区者，16个旅16.1万人；用于进攻晋绥解放区者，20个旅9.7万人；用于进攻陕甘宁解放区者，19个旅15.5万人；用于进攻广东各游击区及海南岛解放区者，9个旅7.5万人。

战争开始时，敌人的力量确实是强大的，中国人民的斗争条件是极其落后的。从军事力量看，国民党的兵力有430万人，人民解放军只有120万人，敌军的数量约等于人民解放军的3倍半。从军队的装备和人力物力的资源看，国民党军队更是远远地超过了人民解放军。他们统治着3亿以上人口的地区，有美国政府在军事上和财政上的巨大援助，有飞机大炮，有45个师完全是美式装备。而中国解放区只有1亿多一点的人口，其中大部分地区的反动封建势力还没有被肃清，土地改革还不普遍和不彻底；解放军只有小米和步枪，战争的给养只能依靠解放区人民来解决。但是，正如毛泽东所指出的："蒋介石军事力量的优势，只是暂时的现象，只是临时起作用的因素；美国帝国主义的援助，也只是临时起作用的因素；蒋介石战争的反人民的性质，人心的向背，则是经常起作用的因素；而在这方面，人民解放军则占着优势。"[①]"历史最后将证明，这小米加步枪比蒋介石的飞机加坦克还要强些。虽然在中国人民面前还存在着许多困难，中国人民在美国帝国主义和中国反动派的联合进攻之下，将要受到长时间的苦难，但是这些反动派总有一天要失败，我们总有一天要胜利。"[②]

战争的第一年（1946年7月至1947年6月），解放区军民采取了积极的防御作战方针。为着诱敌深入，然后集中绝对优势兵力各个歼灭，人民解放军曾主动放弃了一些城市和地方。当时，蒋介石、陈诚

---

① 毛泽东：《目前形势和我们的任务》（1947年12月25日），载《毛泽东选集》第四卷，人民出版社1966年横排版，第1190页。
② 毛泽东：《和美国记者安娜·路易斯·斯特朗的谈话》（1946年8月），载《毛泽东选集》第四卷，人民出版社1966年横排版，第1139页。

错误地估计了人民解放军的力量和人民解放军的作战方法，以为退却就是胆怯，放弃若干城市就是失败，妄想在3个月或6个月内解决关内问题，然后再解决东北问题。但是，经过10个月的较量，蒋介石的军队，无论在哪个战场，都打了败仗。进攻的正规军193个旅，被人民解放军歼灭的有97.5个旅78万人，平均每个月被歼灭约8个旅。此外，伪军、保安队等杂部被歼的有34万人。这样，就迫使国民党放弃其全面进攻计划，而于1947年上半年将进攻的重点限制在南线的两翼，即山东和陕北。

战争在第二年（1947年7月至1948年6月）发生了根本的变化，人民解放军已转入了全国规模的进攻，彻底破坏了蒋介石将战争继续引向解放区，企图破坏和消耗解放区的人力物力，使人民解放军不能持久的反革命战略计划。战争主要地已经不是在解放区内进行，而是在国民党统治区内进行了，人民解放军的主力已经打到国民党统治区域里去了。

反攻开始时，敌人的总兵力，由原来的430万人降为373万人。由于第一年的屡战屡败，敌军士气低落，军心动摇，整个国民党反动阵营中，充满着失败的情绪。由于国民党的经济崩溃与战争带来的灾难，蒋管区人民痛苦不堪，社会动荡，民变蜂起；各民主党派、各阶层人民反对独裁、内战的浪潮越来越高。这时，人民解放军的兵力虽然仍比敌人少，但与敌人愈战愈弱小的情形相反，发展到了195万人。部队的装备，由于第一年的巨量缴获，亦比战争开始时大为加强。部队的士气，由于不断胜利，亦异常高涨，充满着胜利的信心。解放区人民，由于土地改革继续普遍进行，更加积极拥护和支援中国人民解放战争。这样，便改变了战争开始时敌强我弱的不利形势。

全国规模的反攻，是分两条线展开的：一是外线（即南线）作战，二是内线（即北线）作战。外线作战，即以主力打到国民党区域去，在国民党区域大量歼敌。内线作战，即以一部分主力和广大地方部队继续在解放区周围或内部歼灭敌人，肃清敌军残余力量，收复失地，开展土地改革，进一步巩固后方。不论外线、内线作战，其作战原则仍和过去一样，先打分散孤立之敌，后打集中强大之敌；先取中、小城市和广大乡村，后取大城市；以歼灭敌人有生力量为主要目标，不以保守和夺取地方为主要目标。

依据上述军事原则，中国人民解放军在战争的第二年取得了很大的胜利。在外线内线各战场，共消灭敌人正规军50个整旅，连消灭整营整团的部队，共折合94个旅，连消灭敌非正规军，共计152万余人。除原来的失地全部收复外，还创立了新的江淮河汉之间的广大的中原解放区，解放了晋南和黄龙山区，肃清了晋西南的残敌。到1948年6月，解放区面积达235万平方公里，占全国面积959.7万平方公里的24.5%；解放区人口达16800万，占全国人口47500万的35.3%；拥有县城以上大中小城市586座，占全国城市2009座的29%[①]。并且，在华北4400万人口的区域建立了统一的共产党和党外民主人士合作的人民政府——华北人民政府。此外，在南方几个大区域内（闽粤边区、湘粤赣边区、粤桂边区、桂滇边区、云南南部、皖浙赣边区和浙江东部南部）还建立了游击战争根据地，使这些地区的游击部队发展到了3万余人。由于实现了土地制度的改革，大约有1亿人口的老区和半老区彻底解决了土地问题，地主阶级和旧式富农的土地大致平均地分配给了贫雇农和中农，进一步调动了农民的生产积极性。所有这些胜利，使美国帝国主义及其走狗蒋介石一伙的反革命车轮，迅速走向覆灭的道路。"这是一个历史的转折点。这是蒋介石的20年反革命统治由发展到消灭的转折点。这是100多年以来帝国主义在中国的统治由发展到消灭的转折点。"[②]

战争进入第三年后，人民解放军作战更加英勇。头四个月，人民解放军在南线发动了睢杞战役、济南战役，在北线发动了锦州、长春、辽西、沈阳等战役，歼灭了营以上部队共83个师，其中包括63个整师。这种情况，就使战争双方力量对比发生了根本的变化。国民党军队在战争的第二年底，即1948年6月，总数约计365万人，而人民解

[①] 毛泽东：《中共中央关于九月会议的通知》（1948年10月10日），载《毛泽东选集》第四卷，人民出版社1966年横排版，第1285页。

[②] 毛泽东：《目前形势和我们的任务》（1947年12月25日），载《毛泽东选集》第四卷，人民出版社1966年横排版，第1188页。

放军在1948年6月只有280万人,在数量上国民党军队仍然占着优势。经过战争第三年度的头4个月,即1948年7月1日至11月2日沈阳解放时,国民党军队丧失100万人,加上能够补充的部分,只有290万人左右;这时,人民解放军的人数则由280万人增至300余万人,在数量上占着优势,使国民党军队在数量上长期占有的优势,急速地转入了劣势。军事形势的这种转变,"是中国革命的成功和中国和平的实现已经迫近的标志"①,"原来预计,从1946年7月起,大约需要五年左右时间,便可能从根本上打倒国民党反动政府。现在看来,只需从现时起,再有一年左右的时间,就可能将国民党反动政府从根本上打倒了"②。

人民解放军乘胜前进,1948年11月7日,发动了伟大的淮海战役;1948年12月5日,发动了巨大的平津战役。淮海战役、平津战役以及9月发动的辽沈战役,是中国人民解放战争具有决定意义的三大战役,共计歼灭敌人154万余人,包括国民党正规军144个整师。

三大战役后,敌人所有精锐部队均丧失净尽,敌人的战略上的战线全部瓦解。东北的敌人已经完全被消灭,华北的敌人基本被消灭,华东、中原、西北的敌人只剩下少数。国民党的主力在长江以北被消灭,大大便利了人民解放军渡江南进。

与军事战线上的胜利同时,解放区的经济建设也取得伟大的胜利。到1948年底,全国已形成华北、西北、东北、华东、中原五大解放区,共有人口18720万,耕地68981万亩。1948年农业普遍丰收,共产粮8336亿斤,产棉5.1亿斤,每人平均占有粮食445斤,占有棉花2.7斤③。工业生产也开始恢复,商业也得到发展。整个解放区都呈现出兴旺的景象。

1949年4月1日,以张治中为首的国民党政府和平谈判代表团到达北平,和中国共产党代表团进行谈判,拟定了国内和平协定。但是,

---

① 毛泽东:《中国军事形势的重大变化》(1948年11月14日),载《毛泽东选集》第四卷,人民出版社1966年横排版,第1300—1301页。
② 同①。
③ 1949年6月中共中央财政经济部编制:《1948年冬解放区粮棉产量统计》。

南京政府拒绝签字。于是，中国人民革命军事委员会主席毛泽东和中国人民解放军总司令朱德在1949年4月21日下达了《向全国进军的命令》，举行了历史上空前的百万大军的渡江作战。这时国民党政府已丧尽人心，面临绝境，人民解放军勇猛如虎，战争势如破竹。到战争第三年底，即1949年6月，这个代表帝国主义、封建主义和官僚资本主义利益的统治集团——国民党反动政权，就被彻底摧毁了。

战争第三年，人民解放军共歼灭敌军305万人，解放国土面积60.7万平方公里，解放人口11116万人，解放特别市、省会、县城共482座。经过三年作战，中国人民的解放战争已在全国范围内取得了基本胜利。

三年解放战争的胜利，是中华民族100多年来争取独立解放的最后胜利；是中国人民几千年从黑暗落后的封建制度下，自求解放的翻天覆地的胜利。这个胜利，是中国人民和人民解放军在中国共产党领导之下，经过长期英勇奋斗的结果。这个胜利，也是解放区人民特别是广大农民，出人出力，出粮出钱，长期地、无私地支援的结果。

二、解放战争时期的财粮供给与农民负担政策

（一）财粮供给上存在的矛盾和采取的措施

解放战争是一场大规模的近代化的战争，也是一场巨大的消耗战。在战争的过程中，如何动员和组织解放区的人力、财力、物力，保障战争供给，始终是个复杂而艰难的问题。

本书第二章讲道，抗日战争时期，各抗日根据地在财粮工作上普遍存在着必须大量养兵，必须保证部队生活的一定水准，和必须照顾人民负担能力三个基本矛盾。到了解放战争时期，这三个基本矛盾不但依然存在，而且由于以游击战为主转为以运动战为主，又增加了分散的落后的小农业和小手工业生产、交通不便，与比较近代化的大兵团作战之间的矛盾。这些矛盾，在解放区是普遍存在的，在国民党重点进攻的山东解放区和陕甘宁边区，则更为突出。

如何解决这些矛盾呢？毛泽东说，抗日战争时期提出的"发展生产，保障供给，集中领导，分散经营，军民兼顾，公私兼顾，生产和

节约并重等项原则，仍是解决财经问题的适当的方针"①。根据毛泽东的指示精神，中共中央于1947年5月召开了华北财经会议，专门研究了内战全面爆发后的财粮供给问题，制定了具体的措施，并形成了正式的文件——《华北财经会议决定》（1947年10月24日中共中央批准了这个决定）。

《华北财经会议决定》，是解放战争时期在财经工作方面带纲领性的文件。《决定》对各种财经政策作出的具体规定，对解决财粮供需矛盾提出的各项措施，经后来的实践证明，都是切合实际的、有效的。下面，我们来介绍这些规定、措施的主要内容。

第一项措施，发动群众，开展大生产运动。

解放战争时期，财经工作的任务是动员一切力量，保障战争供给。要完成这个任务，关键在于发展生产，壮大解放区内部的经济力量。因为只有生产发展了，才有充分可靠的财源；只有解放区内部财富增加了，才能保障长期战争的需要。

解放区的生产，一直具有"战时的""农村的"两大特点。所谓"战时的"特点，就是生产只能在战争的环境下进行。所谓"农村的"特点，就是农业生产在各种生产中占绝对优势，工业生产很少（多属于兵工范围）。这两个特点决定了解放区发展生产，只能而且必须是发展普遍存在的占绝对优势的农业生产；如果重点去发展别的生产，例如机器工业生产或手工业生产，一是条件受限制，二是即使都发展起来了，也解决不了军民当时最基本、最大量的需要问题，即吃饭和穿衣的问题。

为了发展农业生产，提高农民的生产积极性，中共中央于1946年5月4日发出《关于清算减租及土地问题的指示》（简称五四指示），确定改变土地政策，由减租减息改为没收地主阶级的土地分配给农民。1947年9月，中共中央召集了全国土地会议，又制定了《中国土地法大纲》。于是，老区和半老区普遍地开展了土地制度的改革。

这次土地改革，前后共经历三年。至1948年冬，全国约有1亿人

---

① 毛泽东：《一九四六年解放区工作的方针》（1945年12月15日），载《毛泽东选集》第四卷，人民出版社1966年横排版，第1120页。

口的地区彻底地解决了土地问题,地主阶级和旧式富农的土地大致平均地分配给了农民,首先是贫农和雇农。广大农民得到土地后,革命和生产积极性空前高涨。这不仅为发展经济、保障供给打下了基础,而且进一步巩固了人民解放军的后方。

各解放区民主政府在领导农民开展土地斗争的同时,发动和组织群众,积极地开展了大规模的生产运动。重点是发展粮食生产,解决粮食自给问题,并奖励种棉、种蓝靛,鼓励农民纺纱织布,以解决穿衣问题。为了提高生产力,各解放区民主政府又帮助农民组织起来,生产发家;发放大量贷款,帮助贫苦农民解决生产资金的困难;调剂耕畜农具,兴修水利,逐步改善生产条件。此外,许多解放区还抓了手工业和农民家庭副业的生产,东北解放区还抓了城市的工业生产。

大生产运动的开展,使解放区的财富明显增加。1946—1947年,由于战争规模越来越大,加上自然灾害的袭击(1947年几乎各个解放区都不同程度地受灾),生产下降,粮食相当紧张。1948年情况就好转了,多数地方农业收成较好,粮棉产量增加较多。例如,山东解放区这一年粮食产量为119.8亿斤,比1946年增加18.9%;东北解放区粮食产量为1159.7万吨,比1946年增加66.4%;陕甘宁边区的粮食产量达652万大石,比1946年增加2.56倍。当然,这中间有解放区面积扩大的因素,但生产的恢复和发展无疑是占主导地位的。表3–1是1948年各解放区粮棉产量的具体数字[①]。

表3–1

解放区名称	粮食总产量(原粮,万斤)	棉花总产量(皮棉,万斤)
华北解放区	1979331	17200
山东解放区	1198000	8000
东北解放区	2374132	430
西北解放区	274000	3000
苏皖解放区	510000	11700

① 1949年6月中共中央财政经济部编印:《全国粮食及各种特产历年产量统计》。

续表

解放区名称	粮食总产量（原粮，万斤）	棉花总产量（皮棉，万斤）
中原解放区	1518375	10000
冀察热辽解放区	482909	1200
合计	8336747	51530

第二项措施，从各方面筹集粮食和收入。

解放战争时期，财粮收入的筹集仍然来自三个方面，即取之于民，取之于己，取之于敌。

取之于民仍是主要的。在取之于民中，农民负担仍占最重要的部分，其他收入（包括各种工商税和专卖统销等类收入）仅占次要甚至不很重要的地位。例如，工商业较发达的东北解放区，农民交纳的公粮占财粮总收入的40%左右（1949年为26.4%）；其他收入较多的山东解放区，农民交纳的公粮、田赋占一半以上；晋冀鲁豫解放区占3/4，其他各地均占80%上下。这是因为解放区所处的环境绝大部分仍然是农村，财粮收入的取得只能依靠农业，依靠农村，依靠农民。

从农民方面筹集粮款，主要采取税收形式（公粮、田赋），有些解放区在特殊情况下还采用了借粮形式，东北解放区还采用过统购粮食（随征带购）的形式。在战争条件下，从农民方面取得收入是最可靠的，但是也应适度。正如毛泽东所指出的："必须使自卫战争的物质需要得到满足，同时又必须使人民负担较前减轻，使我解放区人民虽然处在战争环境，而其生活仍能有所改善。"[①]

从城镇人民取得收入的形式是征收各种工商税，主要有进出口货物税、内地产销交易税、烟酒税、契税、营业税等。进出口货物税不但是一项重要收入，而且是保护生产，调节输出输入，开展对敌经济斗争的重要武器之一。解放战争初期，许多地方对城镇工商税收不大重视，有些地区把农业负担以外的税收当作"苛捐杂税"，不认真征收，华北财经会议指出这种观点是错误的，既减少了财政收入，也不利于减轻农民的负担。1948年开始，各地普遍加强税务机构和城镇税

---

① 毛泽东：《以自卫战争粉碎蒋介石的进攻》（1946年7月20日），载《毛泽东选集》第四卷，人民出版社1966年横排版，第1132页。

收的征管工作，工商税收的比重逐渐增大。

取之于己，即机关部队生产自给。解放战争时期机关部队的生产不如抗日时期开展得好。部队由于以运动战为主，流动性很大，基本上不可能从事农副业生产。机关、团体、学校的生产，也不普遍，有些单位则侧重于做买卖赚钱。为着杜绝流弊，纠正投机贸易所造成的市场混乱现象，各地对部队机关生产进行了整顿，规定部队机关生产应以农业、手工业生产及运输为主，依靠自己的劳动力来解决自己的困难，反对投机贸易。有些地方还把部队机关开设的公营商店实行统一领导，有的则取消了这些公营商店，完全交给政府贸易机关经营。

取之于敌，即以战争缴获来解决财粮供给上的部分困难。毛泽东曾把"取之于敌"列为解放战争作战的十大军事原则之一。他说，必须"以俘获敌人的全部武器和大部人员，补充自己。我军人力物力的来源，主要在前线"[1]。后来中共中央又进一步指出："大军进入国民党区域执行无后方的或半有后方的作战，一切军事需要必须全部地或大部地就地自己解决。"[2] 所以，在战争转入反攻以后，缴获的武器、弹药、粮食等是相当多的。例如1947年的晋南战役，缴获归公的粮食有3万石，食盐15万斤，棉花20万斤，子弹180万发。这对于保障供给起了相当大的作用。

第三项措施，精简节约，服从战争需要。

精简节约，目的是减少财政开支，支持战争长期的需要。自卫战争一开始，毛泽东就多次指出：一切要从长期支持着想，爱惜人力、物力，事事要作长期打算，十分注意人力物力的节约使用。他认为，只有这样，才能克服财政困难，才能取得战争的最后胜利。

华北财经会议提出：精简一方面要照顾人民负担能力，另一方面要照顾战争需要；在一般情况下，脱离生产人员不得超过总人口的2%，特殊情况下也不得超过3%。具体的做法和要求是：（1）精减地

---

[1] 毛泽东：《目前形势和我们的任务》（1947年12月25日），载《毛泽东选集》第四卷，人民出版社1966年横排版，第1192页。

[2] 毛泽东：《中共中央关于九月会议的通知》（1948年10月10日），载《毛泽东选集》第四卷，人民出版社1966年横排版，第1290页。

方人员，充实部队，服从战争需要（部队至少应占3/4，地方人员不应超过1/4）。在战争期间，全部财政开支中，军费至少应占85%，地方经费不应超过15%。（2）军队中，精减后方机关，充实前方，提高战斗力量。（3）在战争的中心地区，精减县区武装力量，充实主力（部队中间应当有一半至2/3的野战军）。（4）在地方机关中，精减勤杂人员，减少骡马，保留工作所必需的干部。（5）精简机构，可合并的合并，可裁撤的裁撤，精简业务，可不办的不办，可缓办的缓办。（6）提高干部质量，提高工作效率，补救由于减少数量所引起的困难。（7）尽量节省民力，减少民兵民夫开支。要求战斗部队明确计算，科学使用民力，做到平时不超过三兵一夫，战时不超过一兵一夫。支用民夫应有严格制度，除抬送伤病员和运输粮食弹药等战争必须者外，其他应严厉禁止。

节约方面，华北财经会议提出的要求是：提倡科学的精确的合理计算，细心审核预算决算，核实人数，消灭虚报重领等浪费现象，严格财粮制度，反对漠视制度一切机动处理的有害观点。供给标准，部队高于地方，前方高于后方，野战军高于地方军。后方应特别提倡艰苦奋斗，一切为了前线，向农民生活看齐，切戒继承地主或蹈袭资产阶级的生活。

（二）解放战争时期的农民负担政策

解放战争时期，农民负担的构成与抗日时期基本相同，仍然包括财粮负担（公粮、公草、田赋等）、战勤负担、代耕负担等三大项；动员农民出粮出钱出力，也执行抗日时期提出的政策原则，即军民兼顾、公平合理、奖励生产等项原则。但是，由于战争需要与农村经济有较大的变化，在贯彻执行这些政策原则的过程中，又增添了许多新的内容。

第一，关于军民兼顾的原则。

军民兼顾，是抗日时期解决战争给养量大与农民负担能力小的矛盾的一条成功的经验。所谓军民兼顾，就是在动员财力、人力时，既要服从战争，满足战争最低的物质需要，又要考虑农民的负担能力，使农民在战争环境下生活仍能有所改善，二者不可偏废。

在解放战争时期，如何具体贯彻军民兼顾的原则呢？1947年华北财经会议根据各解放区的调查材料，研究和提出了三个具体的控制比例：（1）人民负担能力，可能占其生产量的15%—20%；（2）养兵需要，而且可能达到人口的1%—1.5%；（3）一个兵的生活水平，每年约需小米16石左右。华北财经会议认为，这三个比例是互相制约的，如果负担水平、供给水平控制在这些比例内，战争需要可以基本得到满足，也不会挫伤农民的积极性。

根据当时的典型调查和推算，华北地区每个农民每年收入约折合小米400斤，按负担占其生产量的15%—20%计算，即60—80斤（附加在外）。农民的收入减去负担后剩余340—320斤小米，尚可勉强维持最低的生活需要。当时一个士兵一年供给16石小米，是在竭力节约的原则下确定的。其中大体包括：每天粮食1斤半到2斤，油5钱，盐5钱，菜1斤，每月1斤至2斤猪肉；每年单衣1套至两套，鞋子4双至6双，棉衣两年1套。当然，这个供给标准，比抗日时期是提高了。

按照上述负担标准和供给标准计算，60—80个农民所交的公粮可以养一个兵。也就是说，养兵数目大体可以达到总人口的1%—1.5%。按照当时解放区13000万人口计算，养兵可能达到200万人，而随着解放地区的扩大，可以增加兵员的数量。

华北财经会议提出的这三个控制比例，在实际执行过程中，有些解放区没有超过，有些解放区，例如陕甘宁边区、晋绥边区、晋察冀边区、山东解放区、东北解放区等，在1947年或1948年都超过了。

第二，关于公平合理的原则。

公平合理的原则，是在负担问题上处理纳税人相互关系的一条基本准则。在抗日战争时期，负担的安排主要是解决好剥削阶级（地主、富农）与劳动农民的关系，即"合'阶级'之理"。到解放战争时期，随着土地政策的改变，合理负担的体现也就相应有所变化。

"五四"指示发布前，解放区继续执行减租减息的政策，地主经济还存在，旧式富农的封建剥削也还存在。因此，政府在征收公粮、田赋时，仍然让地主富农多负担一些，让贫苦农民少负担一些或不负担。但是，对地主富农的负担也是有限度的，许多地区都明确规定，最高累进税率不得超过产量的35%。

"五四"指示下达，特别是《中国土地法大纲》公布以后，老区普遍地开展了土地改革运动。随着封建半封建土地制度的废除和耕者有其田制度的实行，原来地主富农交纳的公粮田赋，绝大部分也就相应转由农民来负担（由间接负担转为直接负担），负担的安排也就变成如何在劳动农民内部即中农与贫农之间进行分配的问题。

劳动农民内部也就是中农与贫农之间，负担也必须合理。贫农雇农分得了土地，一般都要出负担，不能再像过去那样不负担；中农生产条件好一些，可以多负担一些，但必须适度。这样，才有利于发展生产，有利于保障供给。1947年，有一部分地区在土地改革高潮时"左"的错误影响下，在分配公粮征收任务时，只由贫雇农小组决定，不同中农商量，曾发生了不适当地加重中农负担的偏向。中共中央对这种违背团结中农的错误做法进行了严厉的批评。毛泽东指出，土地改革"必须注意两条基本原则：第一，必须满足贫农和雇农的要求，这是土地改革的最基本的任务；第二，必须坚决地团结中农，不要损害中农的利益"。因此，"在土地税和支援战争的负担上，必须采取公平合理的原则"[①]。1948年1月任弼时在《土地改革中的几个问题》的讲话中更明确地指出："负担必须做到公平合理，例如公粮负担，支援前线以及其他种种人力、财力的动员等，绝对不能因为地主富农不能负担就通通加在中农身上去。这是中农最害怕，也是不正确的。对贫雇农在负担上适当照顾是必要的，但也不能与中农相差太远，而且一切负担的分配最后应在包括全体农民在内的农会上讨论通过。"[②]

1948年，老区在土地基本平分的基础上，普遍进行了税制改革。从此，在已土改地区，除了极少数贫苦农民和无劳动力的烈军属户以外，都负担了公粮，服了战争勤务，负担面扩大到95%以上，中农贫

---

① 毛泽东：《目前形势和我们的任务》（1947年12月25日），载《毛泽东选集》第四卷，人民出版社1966年横排版，第1195页。
② 任弼时：《土地改革中的几个问题》（1948年1月20日在西北野战军前线委员会扩大会议上的讲话），载魏宏运主编《中国现代史资料选编》（5），黑龙江人民出版社出版，第247页。

农的负担差别亦大大缩小。

对于不具备土改条件的新解放区，各地根据中共中央的指示，仍然利用抗日时期的经验，实行减租减息和酌量调剂种子口粮的社会政策和合理负担的财政政策，只逮捕国民党方面坚决反共的重要反革命分子，没收他们的财产，而不立即分浮财、分土地。在负担上，仍然使地主富农多出钱出粮。这样做，社会财富不分散，社会秩序比较稳定，既利于集中一切力量消灭国民党反动派，又利于保证战争所需的粮棉供应。

第三，关于支持和奖励生产的原则。

革命根据地的财政是战时财政，战争、生产、财政三者联系得很紧密。战争是中心，生产是基础，财政是保障。因此，在任何条件下，财税工作都必须服从战争，支持战争，支持生产，促进生产。

解放战争初期，即1946年和1947年，由于国民党军队的进攻和自然灾害的袭击，解放区的生产特别是农业生产受到很大的影响。为了组织广大群众积极恢复和发展生产，以生产来支持战争，各地在动员人力财力时，都采取了一些鼓励的措施。

在粮草征收方面，各地规定了这样一些奖励生产的办法：（1）公粮按土地的常年产量计算征收，不按实际产量或登记产量征收，不因勤劳增产而增加负担，以刺激农民努力提高单位面积产量。（2）农民家庭副业收入一般不列入公粮征收范围，支持农民勤劳发家致富。（3）为了解决军民穿衣问题，支持农民种植棉花、蓝靛，规定此项收入定期免税。（4）规定垦种熟荒地和生荒地在一定年限内免税，以刺激农民努力恢复和扩大耕种面积。（5）规定了对兴修农田水利者的优待。（6）华北和山东还对饲养牲畜的农户予以减税特殊优待。

在人力动员方面规定：（1）动用民力不得违背农时。（2）除掉运送伤病员和运输粮食弹药等战争必需者外，一般不准支用农夫。（3）战争勤务记分算账，发给工票，可与劳动互助及优抗代耕互相变工。这样，不致因支援前线妨碍家庭生产。

第四，关于控制村款负担。

村款负担，就是乡村政权为解决本身经费的需要向农民摊派的粮食和款项。这种负担是必要的,但必须严格加以控制。

抗战胜利后,普遍对村财政放松了管理,许多地区采取放任自流的态度,因此浪费现象相当严重,不适当地加重了农民的负担。1947年,华北财经会议根据抗日时期的经验,又一次提出要切实整顿村财政。会议认为,整顿村财政,节约开支,减轻农民负担应成为村干部为人民立功内容之一。整顿办法,最好由政府统一规定收支标准,由村民民主评议,经区公所核准,自筹自支,并按期结算账目,送上级审查公布。村款负担,要求做到每人每年不超过小米六斤。

经过这次整顿,各地的村款负担一般控制在公粮征收额的15%和20%之间。这对于调动农民的生产积极性,保证战争的供给起了好的促进作用;但是,少数地方仍然存在着村款负担过重的问题。

三、解放战争时期的粮赋征收制度

税收制度是负担政策的法制形式。

解放战争时期,各解放区根据中共中央提出的负担政策和本地区的农村经济实际情况,都制定了公粮征收制度;山东、苏皖、中原等解放区还公布了田赋征收办法。这些粮赋征收制度,形式多种多样,前后变化较大,是抗日根据地粮赋制度的进一步发展。

(一) 老区、半老区土地改革完成前的粮赋制度

中国解放区,依解放时间的先后,大体上可以划分为三类地区:日本投降以前解放的地区,叫作老区;日本投降至大反攻,即1945年9月至1947年8月两年内解放的地区,叫作半老区;大反攻以后新解放的地区,叫作新区。这三类地区,由于群众工作基础不同,实施土地改革的时间不同,政府在征收公粮、田赋时也分别采取了不同的征收办法。

1946年,全部解放区都属于老区和半老区。当时,有些地方根据中共中央发出的《五四指示》,开展了土地改革,有些地方开展了反奸、清算斗争,有些地方仍然执行减租减息政策。这些斗争,虽然在不同程度上打击了封建地主经济,限制了旧式富农经济,但是从农村整体上看,地主经济仍然存在,旧式富农经济仍然存在。在这种情况

下，为了有利于消灭封建剥削，保护贫雇农已得的利益，防止地主富农的负担过早地往贫农中农身上转移，各解放区在征收公粮、公草、田赋时，基本上仍采取了抗日战争末期的征收办法。新建立起来的东北解放区，也参照其他抗日根据地的经验制定了相应的征收办法。

这一年，各解放区施行的粮赋征收办法，归纳起来有这样七种：（1）按资产、收入统一累进计征。执行的地区有：晋绥边区，晋察冀边区的冀晋、冀中地区，晋冀鲁豫边区的太行、太岳地区，陕甘宁边区的延安、庆阳、赤水、绥德四县及靖边县的部分区乡。（2）按土地产量（有的折成标准亩）累进计征。执行的地区有山东解放区和东北根据地的合江省。（3）按田亩等级定额征收。执行地区有苏皖边区的苏中、苏北地区，东北根据地的松江省。（4）按照农业实际收入（或产量）累进征收。这是东北根据地辽宁省、安东省、吉林省采用的办法。（5）按农副业收入累进计算与民主评议相结合的办法。这是陕甘宁边区除延安、庆阳等县执行统一累进税以外地区适用的办法。（6）按农业所得额（扣除生产成本）累进征收。这是东北根据地旅大地区的办法。（7）按地亩累进征收。这是晋冀鲁豫边区的冀南、冀鲁豫地区，冀东部分地区以及绥蒙地区实行的办法。上述七种办法，形式和内容不同，但一般都贯彻了累进的原则。

1947年，老区和半老区普遍开展了土地改革运动。但是，由于战争的影响和工作上的原因，各地土改的进度和深度很不平衡。有些地区，土地已经平分，封建制度已不存在，农民各阶层占有土地的平均数相差不多。一些地区，土地平分尚不彻底，封建制度尚有残余，农民各阶层占有土地的平均数相差较大。还有一些地区，土地尚未平分，封建制度依然存在，土地关系及阶级情况仅有若干变动，地主、旧富农仍占有大量的土地财产，贫雇农仍然是人多地少。根据这种情况及当时的环境、条件，有的解放区对原征税办法作了一些修改，有些解放区采取了若干临时过渡措施，有的解放区仍沿用上年的征税办法。

1947年度各地施行的粮赋征收办法，归纳起来大体上有以下五种：

第一，逐级分配任务，民主评议征收。这种办法，一般适用于土地改革比较彻底，土地已经大体平分的地区，是一种临时的过渡办法。它的特点是不按原来的条例征收，也不按累进的原则负担，而是由农会或乡村征粮评议会领导农民群众，通过民主评议的方式来确定各户应交的税额。这种办法简便易行，有利于保证财粮收入的完成，但是工作上掌握不好，也容易发生侵犯中农利益的偏差。这一年，按照民主评议或参照富力评议征收的有：陕甘宁边区，晋察冀的大部分地区，东北根据地的松江、嫩江、黑龙江、吉林等省。

第二，调整累进税率，继续按累进税制征收。这是山东解放区、绥蒙解放区以及东北根据地辽宁省部分地区的做法。山东省在1947年普遍提高了累进率，原来每人平均标准亩在4亩以上的，税率为23%—35%，但由于土改后土地分散，为了保证收入，1947年改为一律按35%税率征收。辽宁省原来规定的累进税率，最低为1%，最高为25%，1947年对已分配土地区域改为：旱地，每人平均占有在2亩以上者起征，税率为16%（按实产量），最高18%；水田，1亩以上起征，税率为17%—20%。内蒙古解放区1947年刚开始土改，自治区政府确定仍然采用累进征收办法，并颁发了适应本区情况的税收条例。

第三，改行有免征额的累进税。晋冀鲁豫边区的太行、太岳区根据土改后土地关系的变化，对原来的统一累进税进行了较大的修改，改为扣除免征额的较为缓和的累进税制。免征额的扣除，太行区规定每人扣除一个"免税点"（5斗至1石谷）；太岳区规定，一般每人扣除谷1石至1石5斗，一户一口或一户两口者还要增加扣除数。由于计税产量扣除一定的免税额后再累进征收，这就照顾了刚分得土地的雇农和贫农的利益，而且也有利于保障供给。

第四，晋绥边区的特殊办法。1947年晋绥边区受灾很重，财粮供给需要量很大（要支援陕甘宁边区作战），因此，这一年边区政府采取了按照灾后实际产量或收入，按阶级定税率的办法。具体做法是：不分配征收任务，由下而上按照农户的实际收入直接征收。一般农民，每人平均收粮4斗起征，最低税率6%，最高税率40%；富农最低税率40%，地主最低税率50%。这一年，晋绥边区在土改中出现了"左"的偏差，在负担上也受了"左"的影响。但是，这种办法对于保障战争的供给，还是起了作用的。

第五，基本上沿用上年的征收办法。这种办法，一般适用于半老区、收复区。因为这类地区，尚未开始土改或只开展清算减租斗争。苏皖边区以及其他类似的地区，都是这种情况。但是，各地对上年的征收办法都作了一些修改，晋冀鲁豫边区的冀南行署和冀鲁豫行署还制定了比较完善的公平负担办法。

（二）土改完成后老区、半老区的税制改革

1948年，老区、半老区的土地改革基本完成。土地改革彻底实现后，农村的土地关系发生了这样一些变化：（1）地主阶级从经济上被彻底消灭了，原来的地主分子每人平均占有的土地数量都不超过中农水平。（2）富农阶级的多余土地被征收了。原来的富农每人平均占有的土地大体上与当时的中农差不多。（3）中农的利益受到保护。中农的每人平均土地，较之原地主、原富农和贫农要稍微多一些。（4）贫农雇农的土地显著增加。一部分贫农已基本上达到中农水平；有些贫农的土地数量虽然接近过中农，但较之中农，特别是富裕中农还有一些差额。至于雇农，有些乡村每人平均土地特高。这是因为雇农中很多人是"光棍汉"，按照《中国土地法大纲》的规定，他们可以分得两人或三人的土地，以备婚后生活的需要。

这些变化说明：在一个乡的范围内，全乡人民都获得了大体同等的土地，只是中农与贫农之间，在部分地区还有些差别。但是，在乡与乡之间，不同地区之间，每个农民平均占有的土地数量、质量仍有很大差别，而这种差别，一般并不比土地改革前缩小。因为土地平分是以乡为单位进行的，在乡与乡之间除了个别调剂少量土地之外，并没有也不可能把土地平均分配。

为了适应土地大体平分后农村新的经济情况，促进农业生产的恢复和发展，合理地动员农民的财力物力，保障战争的供给，各解放区于1948年普遍进行了税收制度的改革（苏皖边区部分县虽进行了土地改革，但未进行税制改革）。

这是新民主主义革命时期革命根据地的第二次税制改革。这次税制改革的主要内容是：（1）废除按资产、收入合并计算征收的统一累进税,对原来课征的工商业收入另征营业税,农业部分改征农业税(公粮)。(2)农业税(有些地区仍叫公粮)一般只就土地收入征税,不再另征资产税(只有山东解放区仍继续征收田赋)。(3)土地收入改按常年产量(通常产量)计算,不再按实际产量或收入计算。(4)废除累进税率,改行比例税率。(5)在同一解放区内,将原来并存的多种多样征税办法统一为一种征税办法(指已土改的老区、半老区)。

税制改革后,老区、半老区(包括未进行税制改革的苏皖边区)的粮赋征收,实行三种不同的税制:有免征额的比例税制,按纳税人的土地常产直接计征的比例税制,按土地等级计征的定额税制。

第一,实行有免征额比例税制的地区有华北解放区(即原晋察冀和晋冀鲁豫边区)、山东解放区和陕甘宁边区。

什么是"有免征额的比例税制"?就是每一农户计算税额时,先按人口扣除一定数量的收入(免征额),所余部分按同样的税率征收。这种办法在形式上是比例税率(例如各纳税人都按20%的税率征收),但实际税率却带有一定的累进性质,对不同地区的农民,在中农与贫农之间,税收仍然起一定的调节作用。

免征额的扣除有三种:(1)所有纳税户的人口,不分男女老幼均按同一数额扣除。例如,华北解放区规定:每人均扣除一个标准亩(常年产量10斗谷),每头牲口也扣除一定的消耗。(2)按地区分别规定免税额。例如,陕甘宁边区规定:绥德、延安、三边分区每人扣除收入3斗,关中、陇东分区每人扣除收入4斗。(3)按每人平均产量(中亩,每150斤产量为一中亩)多少分别定扣除标准。例如,山东解放区1948年规定:每人平均中亩在2亩以下者,扣除0.7亩;每人平均2.1—3亩者,扣除0.5亩;每人平均3.1亩以上者,不扣除。

税率则是根据当年的供给需要与农民的负担能力制定的,一年一定。例如1948年各解放区规定的税率是:华北解放区每负担亩征收小米25斤,地方粮5斤;陕甘宁边区为23%—25%,由县确定报边府批准;山东解放区每一中亩征收公粮20斤(田赋另征)。

第二,东北解放区、晋绥边区及内蒙古解放区,均按纳税人的土地常产和税率直接计征。因为不扣除免税额,习惯上称为纯比例税制。

实行纯比例税制的地区,税率的规定也不一致。例如在1948年,晋绥边区规定,每通产粗粮1石,一律征收小米7升5合,即15%;内蒙古解放区规定,每亩地一律按产量征收20%;东北解放区则执行地区差别税率(税率是由各省规定的),松江、合江、黑龙江省均为20%,辽宁、辽北、安东、吉林、热河各省,地区之间的税率则有高有低。1949年,各解放区的税率均有所调整,晋绥、内蒙古解放区也改为扣除免征额的比例税制。

第三,苏皖边区的苏北、苏中、淮海等分区,在1946年国民党进攻、新四军北撤后,许多地方变成游击区,因此在1947年未能普遍进行土地改革。由于土改区和未土改区是相互交错的,粮赋制度也未作全面改革,仍然执行按田亩等级定额征收的办法,但对新分得土地的农民,在负担上有所照顾。这种按田亩等级定额征收的办法,形式上是定额税,实际上具有累进性质,有调节各阶层收入的作用。

上述三种税制,除了苏皖边区的定额税制后来变动较大外,其余两种税制,即有免征额的比例税制和纯比例税制,一直执行到中华人民共和国成立后的第八年,即1958年。

(三)新解放区的粮赋征收制度

解放战争时期,随着战争的胜利和根据地的不断扩大,每个解放区都有老区、半老区和新区这样三种不同类型的地区。前面已经讲了,所谓新区,就是1947年大反攻后到1949年大军渡江前解放的地区。

新区一经解放,就征收了公粮,有些地方还另征了田赋。在1947年,新区的粮赋征收,基本上与老区、半老区执行同一办法。1948年,各解放区政府在对老区、半老区进行税制改革的同时,对新区也另行制定了单独的征收办法——新解放区粮赋征收办法。

新区的农村经济情况与老区土改前后的情况均不同,土地集中程度较高,租率也较高,封建势力一般没有受到打击。有的地方,例如鄂豫皖地区,虽然在土地革命时期平分过土地,在抗日战争时期搞过减租减息,但被敌人占领后,地主富农又把农民斗争的果实夺回去了。因此,这些地区解放或重新解放后,没有进行土地改革(中原解放区于1948年停止土改),仍然实行减租减息和合理负担的政策。

对新解放区,各地一般都实行累进税制,而且累进税率较高。例如,1949年2月13日中原临时人民政府颁布的《中原区1949年公粮合理负担暂行办法》、1949年6月27日陕甘宁边区公布的《陕甘宁边区新区征收公粮暂行办法》都规定,最高税率为40%。其目的就是配合减租减息政策,削弱封建经济,限制富农经济,让农民得到实际的物质利益,为土地改革作准备。

新区的税收制度,"分散经营"性更大,形式更加多种多样。这同老区的税收制度逐步统一的情况是相反的。

四、解放战争时期的农民负担情况

前面已经讲到,解放区农民的负担大体上分为两大类:一是农民为公家直接支出的财力和物力,叫作财粮负担;二是农民为公家直接支出的劳力,叫作战勤负担。在三年多的解放战争中,农民直接支出的财力、物力和劳力,前后有些变化,从负担水平上看,大体上可以分成三个阶段:1946年为第一阶段,1947—1948年为第二阶段,1949年为第三阶段。

(一)第一阶段——1946年的农民负担

日本投降后,解放区的任务,是动员一切力量站在自卫立场上,粉碎国民党的进攻,保卫解放区,争取和平局面的出现。在前方,就是针锋相对地进行军事斗争;在后方,就是要抓好减租和生产两件大事,以帮助人民克服长期战争带来的经济困难。

为着有利于农民发展生产,毛泽东为中共中央起草的指示中指出:"为着应付最近时期的紧张工作而增重了的财政负担,在1946年中,必须有计划有步骤地转到正常状态。人民负担太重者必须酌量减轻。各地脱离生产人员,必须不超过当地财力负担所许可的限制,以利持久。"[①]"现在一面要为战争动员民力,一面又要尽可能地不违农时,应当研究调节的办法。在不妨碍战争、工作和学习的条件下,部队、

[①] 毛泽东:《一九四六年解放区工作的方针》(1945年12月25日),载《毛泽东选集》第四卷,人民出版社1966年横排版,第1120页。

机关、学校仍要适当地参加生产,才能改善生活,减轻人民的负担。"①

根据中共中央的指示精神,有些解放区调减了公粮征收任务,有些解放区减少了支差项目,所以,在1946年,农民的财粮负担和战勤负担,总的来说比抗日时期有所减轻。这一年,农民的公粮负担占农业收入的比例,除东北和热河达到20%外,其他地区一般是在9%和16%之间。华北财经会议估计农民的负担能力,最高可达15%—20%,这样看来1946年的农民负担还不算重。各解放区1946年的公粮负担如表3-2所示②。

表3-2

解放区名称	每人平均负担公粮(斗)	占每人农业收入的比重(%)
山 东	3.0	16.0
晋冀鲁豫	4.2	12.3
晋察冀	3.7	10—15
晋 绥	2.5	12.75
陕甘宁	2.5	8.9
东 北	(每顷)6.0	20.0
热 河	3.3	20.0

抗战时期,根据地人民遭受了极大的苦难,迫切需要休养生息。抗战胜利后的第一年,利用短暂的和平间歇机会,适当减轻一点负担,让农民喘口气,这对于医治战争创伤,恢复和发展农业生产,积蓄力量,都是有好处的。但是,在内战全面爆发后,军需大增,许多解放区感到困难、被动。

(二) 第二阶段——1947年和1948年的农民负担

1947年和1948年是战争最激烈的阶段。在这两年里,特别是在1947年,根据地面积缩小,战争破坏惨重,加上自然灾害的袭击,根

---

① 毛泽东:《减租和生产是保卫解放区的两件大事》(1945年11月7日),载《毛泽东选集》第四卷,人民出版社1966年横排版,第1117页。
② 董必武:《土地改革后农村生产与负担问题》,1947年8月27日在全国土地会议上的报告。山西省档案馆资料。

第三章 解放战争时期的农民负担

据地的财政经济十分困难。当时,在"一切服从战争需要""一切为了前线"的思想指导下,各解放区不得已普遍地增加了农民的负担。所以,这个阶段,既是财粮供应最紧张最困难的阶段,也是农民负担最重的阶段。

这两年,公粮田赋征收额占农民收入的比例,一般在15%和25%之间,大军云集,战争激烈的地区还要高一些。例如在1947年,山东解放区全区的粮赋负担比例为20%,陕甘宁边区为27.33%,东北解放区平均为23.98%(其中吉林省达33.55%),均超过华北财经会议提出的负担控制比例。解放区人口与脱产人员的比例,也大大超过了华北财经会议提出的控制比例。例如在1948年,晋察冀边区的脱产人员占全边区人口的比例为2.54%,山东解放区为2.78%,西北解放区为6.7%。

除了公粮田赋负担外,村款负担更重。据晋冀鲁豫、晋察冀和山东各地报告,村财政负担在中心区或老解放区约占公粮的50%,在边沿区或新解放区约占公粮的一倍以上,甚至有达两三倍的[1]。这虽然是一种不正常的情况,而且在华北财经会议后各地经过整顿也有所好转,但在1947年,确实是加重农民财粮负担的一个重要因素。

在战勤负担方面,这两年也显著增加。据各地调查,1947年有些壮年男子每月要服勤务10天左右;在战区,在交通沿线和在机关驻地,支差负担更重,有每月达20天甚至28天的。如果按最低工资每天3斤小米计算,服役的负担已远超过公粮的负担。这是平时的情况,在紧张的战争中,在大的会战中,劳力负担还更多。据辽沈、淮海、平津三大战役统计,动员的民工有549万人,使用挑子42400副、担架10700副、小车430900辆、大车389820辆[2]。

所以,把财粮负担(包括村款负担)和战勤负担结合起来考察,可以看出,在1947年和1948年,解放区的农民负担是相当重的,是

---

[1] 董必武:《土地改革后农村生产与负担问题》,1947年8月27日在全国土地会议上的报告。山西省档案馆资料。
[2] 魏宏运主编:《中国现代史资料选编》(5),黑龙江人民出版社出版,第488页。引用时,已将三大战役动用民力的数字相加。

超过了当时农民的负担能力的。但是，正如董必武所说的："这是蒋介石逼着我们这样干的，并不是我们愿意这样干。"① 而农民为了打倒蒋介石，建设新中国，为了保田保家保命，也是愿意承担的。这充分体现了国家利益与农民利益的根本一致性。

（三）第三阶段——1949年的农民负担

1949年，中国人民的革命战争获得了基本胜利，广大国土绝大部分已经解放，人民政权普遍建立，这就为保障战争的供给创造了有利的条件。原来，战争的财粮供给基本上是依靠老解放区，依靠农村，依靠农民；随着新区的不断扩大，特别是大中城市和工矿区解放后，财源增加，国家可以从工商业方面取得一部分收入。这样，就有可能让老解放区的农民稍为喘息一下，适当地减轻一点负担。

但是，战争还在进行，国家在财政经济方面还面临着许多严重的困难。新解放地区广大农民在国民党反动派压榨下濒于破产，那里的土地改革还没有来得及进行，在负担上还必须加以照顾。城市和工矿区的工业生产，在战争时期遭受严重破坏，加以交通阻塞，城市税收为数尚不大。同时，经济恢复在即，财政开支浩大，接管了几百万国民党军政人员，需要"包下来"给以饭吃。因此，减轻老解放区的农民负担仍然是有限的，只能适当减轻那些负担最重地区的征收额，而不可能大量地普遍地减轻。

1949年的粮赋负担比例，大体在16%和18%之间，比1947年和1948年略有下降。至于战勤负担，则减轻较多。大军渡江作战后，老解放区农民的战勤负担逐步减少，有些地区基本上没有战勤负担了，剩下来的只有为烈军属的代耕负担。

1949年的农民负担，这里只是简单地提一下，详细情况将在本书第四卷叙述。

---

① 董必武：《土地改革后农村生产与负担问题》，1947年8月27日在全国土地会议上的报告。山西省档案馆资料。

第二节 华北解放区的农民负担

一、华北解放区的形成

华北解放区是在解放战争过程中，随着军事斗争的胜利和形势的发展，由晋察冀解放区和晋冀鲁豫解放区合并组成。

伟大的解放战争，是中国人民推翻以蒋介石为代表的国民党政府的统治的一场大内战。这场内战是由蒋介石发动的，战争的序幕，同抗日战争一样，也首先在华北拉开。

1945年9月上旬，即国共两党在重庆进行和平谈判的头几天，蒋介石就密令阎锡山集中三个师两个纵队共两万多兵力，侵入上党地区，打响了抗日战争后反共内战的第一枪。

接着，9月12日阎军第七集团军副司令彭毓斌，又率领8个师2万多人，由太原、榆次出发，配合已侵入上党的阎军，对太行、太岳根据地进行"扫荡"。胡宗南、孙连仲等部8个军，也同时纷纷由豫北郑海一带，沿平汉、道清两线，大举进攻冀南、太行结合地带。

国民党军分路向解放区进犯，目的是抢夺人民抗战的胜利果实，用他们自己的话说，就是"要华北的土地"。华北的土地，铁路沿线的"一批中小桃子"是解放区人民流血流汗灌溉起来的，蒋介石要来夺取，当然不行。晋冀鲁豫和晋察冀边区的军民，遵照毛泽东提出的"寸步不让，寸土必争"的方针，进行了有力的还击。1945年10月2日至6日，经过五天四夜的激战，被晋冀鲁豫部队包围在屯留西北磨盘垴、老爷山一带的阎军彭毓斌部，除2000人逃至沁县外，其余全部被解除武装。10日，侵入上党的阎伪军亦被击溃。平汉线的战斗，于1945年10月23日起，在磁县东北马头镇附近地区爆发。战役前后持续10个日夜。10月30日，高树勋率领新八军部万余人，举行反内战起义。11月2日，三十军、四十军除2000人逃窜外，全部放下武器。铁路两端的进犯军，也同时被击退。

上党战役和平汉战役的胜利，沉重地打击了蒋介石集团对华北解放区的首次进犯，巩固和发展了华北解放区的大好形势。蒋介石没有摘到"桃子"，晋冀鲁豫和晋察冀边区反而扩大了自己的地盘。据统计，到1946年3月，晋冀鲁豫边区辖有190个县（完整县124个，不完整县66个），人口2800万；晋察冀边区1946年7月辖有163个县、7个市、27个旗，共有人口3000余万。

蒋介石集团在玩弄一段和平花招之后，经过周密的布置，于1946年6月末发动了对解放区的全面进攻。华北解放区是他们重点进攻的地区之一。当时，蒋介石的兵力用于进攻晋冀鲁豫边区的，最初有28个旅约24.9万人，以后续增至50多个旅约计50多万人，占其全部出动兵力的28%；用于进攻晋察冀边区的，有18个旅约16.2万人。

从1946年7月到1947年2月的8个月中，蒋介石对晋冀鲁豫边区策划了四次大规模战争，对晋察冀边区策划了二次较大的战争。晋察冀和晋冀鲁豫解放军，为了反击敌人的疯狂进攻，配合兄弟解放区作战，并大力歼灭敌人的有生力量，在察南、察北发动了3次大的战役；在冀鲁豫和豫北，共发动了9次大的战役；在晋南，共发动了6次大的战役。这些战役共约歼敌13万人以上，结束了华北战场解放战争的第一年，也结束了蒋介石对华北解放区的进攻。

在这8个月的战斗中，根据中共中央确定的战略方针，晋察冀和晋冀鲁豫解放军曾主动撤出了一些城市，解放区的面积由此而有所缩小。到1947年4月止，晋冀鲁豫边区放弃的县城有46座，占全区120座县城的1/3，边区人口减少六七百万人以上，5个地区（包括豫皖苏区）全部被卷入战争。晋察冀边区于1946年10月前后，撤出张家口和承德市，面积也略有减少，除冀东、热河、冀热察三个行政区因战争需要划归东北领导外，边区辖的冀晋、冀中、察哈尔三个行政区，共计只有92个县（市）（其中冀晋区28个县，察哈尔省17个县，冀中区47个县）。

第三章 解放战争时期的农民负担

1947年3月，蒋介石集团被迫放弃全面进攻，改为重点进攻。当蒋介石在山东、陕北实行重点进攻时，晋察冀、晋冀鲁豫解放军同兄弟部队一道，发动了内线反攻。

1947年4月8日至5月8日，晋察冀解放军向石家庄外围及正太线出击，歼敌保安五师全部，第三军、第三十三军各一部，共计35400人，孤立了石家庄，割断了国民党军太原与石家庄的联系。6月12日解放军向津浦线北段出击，歼敌9500余人，解放了青县、沧县。6月25—28日解放军又出击保定以北的平汉线，歼敌7200余人。在晋西南，晋冀鲁豫解放军太岳部队，于1947年5月起向敌出击，至5月4日止，歼敌14700余人，解放和收复18座县城；以后又向吕梁区出击，歼阎锡山部3000余人，解放乡宁、汾城、蒲县、大宁等县城及其广大地区，开辟了晋西南广大的新解放区。晋冀鲁豫解放军于1947年3月23日至5月1日，攻击平汉路东黄河以北地区之敌，全歼敌第二快速纵队、暂编第三纵队孙毅英部等，共4.1万余人，解放封邱、延津、原武、阳武、濮阳、淇县、浚县、汤阴等9座县城及广大地区。

1947年7月至9月，人民解放军开始了全国规模的向国民党统治区的进攻阶段。根据中共中央的部署，华北的解放军大部由内线进攻转入外线进攻，一部仍坚持内线作战。

向外线进攻的刘邓野战军，首于1947年7月渡黄河，向鲁西南的菏泽、郓城、金乡、巨野、定陶、曹县等地之敌发动进攻，一个月中歼灭敌9个半旅5.6万余人，俘敌近4万人。8月11日，刘邓野战军胜利越过陇海线，于8月27日到达大别山地区，开辟新解放区。1947年8月23日，晋冀鲁豫野战军陈谢兵团，由晋南渡过黄河，挺进豫西，向敌人进攻，一个多月内歼敌3.1万人，解放了广大地区。晋察冀野战部队，于9月2—24日，向大清河北霸县、雄县地区发动攻势，歼敌5200余人。10月11—26日，复向平汉线保定南北攻击，将石家庄之敌第三军军部及第七师，吸引向北增援，当其进至望都、定县间的清风店地区，骤然围歼之，是役共毙伤敌第三军军部第七师全部及其他部队共1.7万人，生俘1.1万余人。11月6—12日，晋察冀部队攻克石家庄，使晋察冀与晋冀鲁豫两解放区完全连成一片。

在内线作战的部队,亦猛烈进攻敌人。1948年3月21日至4月28日,杨得志、罗瑞卿兵团发动了察南、绥东攻势,歼敌暂编第四军等部1.84万余人,收复察南广大失地。7月15—20日,杨成武兵团向保定以北,徐水、定兴地区攻击,歼敌1万余人,解放了涞水、定兴、徐水、新城等四座县城。徐向前、周士第兵团于1948年5月17日,攻克了晋南重镇临汾,歼敌2.5万人,晋南完全解放,吕梁与太岳两解放区连成一片。6月17—21日,复向晋中平川太原灵石地区发动强大攻势,连续歼敌阎锡山部之赵承绶集团4个军、8个师另2个团及地方部队共10万余人,生俘8万余人,解放了晋中14座县城,完全孤立并包围了太原城。

反攻的节节胜利,完全改变了国共两党力量的对比,使中国革命进入了一个历史的转折点。就在这个转折关头,为了适应广大人民政治、经济上的要求,进一步加强华北解放区的建设,为了继续克服困难,取得新的更大的胜利,以彻底消灭反动势力,解放全中国,在进一步统一和巩固革命根据地的原则下,晋冀鲁豫和晋察冀两个边区,根据中共中央的建议,于1948年5月20日宣告合并。中共晋察冀中央局和晋冀鲁豫中央局,合并后成立中共中央华北局。晋察冀人民解放军与晋冀鲁豫人民解放军合并为华北人民解放军,两解放区的野战军合并为华北人民解放军的一个野战兵团。两个边区政府于1948年8月19日组成华北人民政府。

华北解放区正式建立以后,华北解放军进一步肃清了内线的残敌。1948年9月14日至10月31日,杨罗兵团和杨成武、李井泉兵团发动了绥察战役,于10月23日解放绥东广大地区后,在察北先后解放了崇礼、尚义、沽源、商都4座县城及广大地区。1948年12月5日,第四野战军及华北两个兵团,发动了巨大的平津张战役,23—24日攻克张家口,1949年1月14日解放天津,1月31日北平宣告和平解放。在1949年4月21日百万雄师渡江作战的同时,华北解放军亦于4月24日、5月1日、5月6日、5月7日先后肃清了太原、大同、安阳、新乡等敌人残余据点,歼敌太原"绥靖公署"及安、新守军共21个师16.89万人,最后解放华北全境。

从1945年9月阎锡山进攻上党地区到1949年5月剿了阎锡山的老巢——太原市，前后共经历了将近4年的时间，这就是华北解放区形成的全部过程。在这个过程中，华北的内战一直没有停止过，不是小打，就是大打。战争持续的时间虽然比抗日战争短得多，但由于战争的性质不同，打法不一样（由游击战转为运动战），消耗的人力物力要比抗日战争大得多。这一特点，决定了华北人民的各种负担要比抗战时期重得多，财政也一直处于困难的境地。

华北解放区的形成，对中国人民解放战争的胜利起了重要的作用。它不但粉碎了蒋介石企图把战争深入到解放区内部以便破坏解放区的阴谋，而且把解放战争发展到了蒋管区，把蒋管区变成了新的解放区。在战争转入反攻阶段以后，华北解放区还成了支援各路反攻大军的供应基地。

华北解放区是当时全国较大的一个解放区。据华北人民政府农业部统计，到1949年5月，辖察哈尔省，冀中、冀东、冀南、冀鲁豫、太行、太岳等6个行政公署，太原、石家庄、天津、北平等4个直辖市，共计294个县、5966.8万人，土地20685.5万亩[①]。

二、和平间歇阶段休养民力的若干措施

1946年1月13日，国共两党下达的停战命令正式生效，国内出现了相对的和平局面。这个局面虽然是短暂的、极不稳定的，但对饱经风霜的华北人民来说，倒是一个喘息的好机会。

全面抗战8年，内战又打了4个多月，华北民力消耗很大，农业生产和农民生活水平较之战前下降很多，对日反攻以后虽有一定的恢复，但所得仍补不上所失，整个农村经济仍然是"疮痍满目"，特别是新解放区敌灾最深（当时晋冀鲁豫边区新解放区人口约占一半），元气损伤更重。因此，如何利用短暂的和平间歇时间，利用一切可能条件，发展农村经济，以弥平创伤、休养民力，就成为华北解放区当时的重要任务。

---

① 华北政府农业部：《华北农业生产统计资料》，1949年6月。

1946年1月下旬，晋冀鲁豫边区召开行政委员会，确定休养生息，巩固和平，发展经济，减轻人民负担为边区当时的基本任务。晋察冀边区在1月财经会议上也提出：为了进一步贯彻发展经济，保障供给的总方针，必须努力发展公私生产，树立长期过日子的思想，积极开辟财源，健全与坚持正常的财政制度，以争取收支平衡，减轻人民负担。

从休养生息培养民力中，打下建设和准备反攻的基础，这是个合乎实际、顺应民心的方针。但是，从当时的财政状况看，实施这一方针确有不少的困难。对日反攻以来，军政人员增加较多，供给标准也有所提高，加上十七师与高树勋将军起义，以及大批放下武器之中央军、晋绥军统统需要供给，财政开支很大，收入增加有限，人民负担又不能增加，因此矛盾很突出。同时，反攻以来大部分干部有要求生活"好一点"的思想，存在浪费现象，生产观念普遍比以前淡薄了。这都是严重问题，也是具体困难。

虽然如此，晋冀鲁豫和晋察冀边区还是坚决地贯彻和实施了这个方针。他们从各自的实际情况出发，研究和采取许多具体措施，主要有：

第一，发放贷款，支持农民开展大生产运动。两个边区都把发展农业生产放在开展公私生产运动的首位，并向各地提出争取做到"耕三余一"。为了支持农民发展生产，晋察冀边区确定1946年度发放农贷23.8亿元，贷粮10万石（据1946年8月统计，共贷出20亿元）[①]；晋冀鲁豫边区1946年发放农贷15亿元，比1945年的3亿元增加9亿元[②]。晋冀鲁豫边区为保证农贷政策的正确执行，还明确指出：发放贷款着重扶植农民生产，着重贫瘠地区，不要平均分配；要适合农民需要，解决农民困难，不要呆板的限制用途；发放要及时，不得迟过2月底；偿还期限要适合农村环境，不可太短太紧，估计物价变动的影响，不使农民吃亏而不敢再借；还要纠正某些人一借就打算永远不

---

① 南汉宸：《晋察冀边区的财经概况》，第21页。
② 杨秀峰：《在晋冀鲁豫边区参议会一届二次大会上的工作报告》。晋冀鲁豫边区政报第53期，第13页。

还及浪费贷款大吃大喝等徇私利己的思想和行为。

第二,减少支差,减轻农民的战勤负担。自反攻以来,由于战事频繁,人民差役负担较重。晋察冀边区交通路线作战区域,1945年每月每一人畜力服勤4—16个工,平均达6.5个工。晋冀鲁豫边区某些地区的差役负担超过粮款总负担的70%—80%,某些地区出现了为逃避支差而出卖牲畜的现象①。针对这种情况,两个边区对战勤负担都认真地进行了整顿。晋冀鲁豫军区和边区政府联合发出布告,要求各地支差时必须"不违农时",照顾民力,缩小范围,并提高了支差的补助标准,规定对出差者每人每日发小米30两(老秤),每头驴发7斤料,牛、骡、马、大车依此类推折合。补贴是谁用差由谁发。荣誉伤病军人不能行走者,由所经各村义务抬送,不在支差范围之内。军队需要的食,凡粮,送至驻地60里附近者,仍由政府组织民运,发价与否由各行署自定。所有在差年龄及合于支差之人员、牲畜,村中除村长、在职小学教员外,均须按规定轮流支差(村武委会主任,可以免一半差),不得借故推托。

晋察冀边区行政委员会于1946年3月28日决定取消抗战勤务,并对取消抗战勤务后有关问题作了六项具体规定:(1)运输勤务动员取消后,军需运输原则上由部队辎重队解决,在辎重队未组成前,军队运输依《军运临时办法》执行(1946年3月28日公布),即军运物品限于粮草、装备材料与成品、弹药及兵工器材、电讯交通器材等四项。军运系义务性质,但需发给运费。运费以足够人畜食用为度。运费按百里百斤计算,分别人畜车辆折算发给。各地集中公粮,由出粮户自送,不发运费,但路程以往返3日为限,超过者发给运费补助。(2)军政服装之缝纫拆洗,原则上由被服厂解决,不准动员群众。实在必要时,按市价发给工资,由群众代办。(3)送报通信勤务取消后,一切书报信件公文,交邮政局邮寄。未建立农村邮政代办所的,依旧规定传送。(4)代耕勤务取消后,抗属代耕事宜统依《晋察冀边区代耕暂行办法》办理。(5)禁止村公所滥用民夫,一切杂役诸如铡

---

① 戎伍胜:《关于民国三十五年经济和财政的发言》,晋冀鲁豫边区政报第49期。

草、劈柴、遛马、修房、盘炕、背行李、搭棚、做饭、担水、私人传信等，一律不许派夫。(6)边缘地区情况特殊，运输送信仍依旧规定办理。

第三，整顿村财政，减轻农民的村款负担。晋察冀和晋冀鲁豫边区在抗日战争时期实行统一累进税后，都保留了村款的单独征收（即后来的附加）。晋察冀边区各地的征收办法，是按原村合理负担办法评议的分数分摊；未实行统一累进税的专、县，有的采取民主评议的办法分摊，有的仍按土地分摊。1939年、1940年边区政府对村开支进行了大力整顿和控制，当时村款负担一般约占统累税的1/7。晋冀鲁豫边区从1942年起实行财政分治的体制，村款征收也由各地自行确定，有的实行县统筹，有的由村自行征收。当时的村款负担，山地规定不超过统累税的10%—15%，平原规定每一标准亩不超过7斤。对日大反攻后地区扩大，村财政很紊乱。据晋冀鲁豫边区对武安等6个县7个区9个村调查，村负担平均占边区负担的40%—60%，村开支项目有20余种①。晋察冀边区的村款负担量，一般与统累税相等，甚至有数倍于统累税者。征收办法没统一规定，开支内容有动员新兵、村干薪金、募集慰劳、赔价、文化娱乐、村剧团、修地道、民兵弹药、办公、教育等项，浪费很大②。这不仅加重了农民负担，影响生产，而且也影响政策实施和村干部作风。1946年，各地根据边区政府的决定，都进行了整顿。

太行区规定：(1)村负担最高数额由县政府分别各村情况具体规定，由村长保证执行，不得超过，必须超过时应经县政府批准，但每亩最高不得超过5斤（柴在内）；(2)各村村负担办法及收支项目，要经过村民大多数同意，村中一切收支都要有账目并定期公布；(3)区对村负担应指定专人检查督促；(4)非经县政府批准，任何部门均不准在村增派负担。

冀东区提出了三条整顿办法：(1)村款由县统筹，严格收支项目和数量；(2)发动群众监督，按月或按季公布账目向村民报告；

---

① 《晋冀鲁豫的财政经济工作》，第54页。
② 南汉宸：《晋察冀边区的财经概况》，第2—3页。

(3) 有共产党的组织者由党支部检查村款收支。

察哈尔省根据边区提出的要求，规定老解放区全年每分负担村款不超过1.6斤，即每人不超过4斤，新解放区每人不超过7斤。同时，要求各地发动群众，改选村政权，发扬民主，监督财政。

第四，加强机关部队生产，减少取之于民的比例。毛泽东在1945年1月10日陕甘宁边区劳动英雄大会上对机关部队生产提出三个标准：一是全部自给，二是自给50%，三是自给15%—25%。1945年12月15日毛泽东在《1946年解放区工作的方针》一文中，又提出"务使1946年我全解放区的公私生产超过以前任何一年的规模和成绩"的要求。根据毛泽东的这些指示，晋冀鲁豫边区规定，1946年不论机关部队，除特殊情况如野战军减免外，每个人至少要生产1—2个月的粮食，300斤菜蔬，补给一部分办公杂支伙食费，解决个人手巾、牙粉、旱烟等需用，争取达到毛泽东提出的第二个标准。边区政府当时算了一个账，如能每人自给25%，即野战军在外，每年也可减轻人民负担120万石，每个老百姓即可减少5升小米。

第五，平衡农工商业的负担。抗战时期，晋察冀和晋冀鲁豫边区的税收基本上是农业税，所以，抗战经费基本上是由农民负担的。晋察冀边区的财政收入，8年中工商业税不及2%，农民缴纳的税款占98%。晋冀鲁豫边区在1941年前农业税占财政总收入的90%—95%，间接收入（出入境税、烟税、契税、公营事业收入、公产收益等）占5%—7%；1942年实行纸烟专卖，税收大增，也只占10%；1944年酒专卖，间接收入达到15%，农业税收入仍占85%。这是由敌占城市、我占乡村的条件和环境决定的。反攻以来，边区扩大，晋察冀边区已有200余城镇（较大的），晋冀鲁豫边区也有160座县城。在这种情况下，解决财政困难，增加税收，应当提高工商业税的比重，使农工商业的负担平衡合理。基于这个想法，晋察冀边区于1946年在城镇开征了工商业营业税和工商业所得税，下半年冀晋、冀中、冀东等区还陆续开征了工商业税、纸烟产销税、烧酒产销税、土布交易税、牲口交易税、猪羊交易税、斗秤交易税等几种地方税收。晋冀鲁豫边区也于1946年6月制发了工商营业税、货物税、烟酒产销税等征税办法及粮食交易手续费暂行办法。从此，晋冀鲁豫边区和晋察冀边区的统一累进税只对农业征收，工商业税分出单独征收。这在税收制度上又是一次大的改变。

工商税分出单独征收，改变了边区财政收入的构成。晋察冀边区1946年财政收入约8.1亿斤小米，其中农业税收为5.7亿斤小米，占70%；工商税收和其他收入占30%。晋冀鲁豫边区1946年的财政收入中，农业税收占80%，工商税收占20%。

第六，减少公粮征收任务。晋冀鲁豫边区在停战令下达时，立即着手复员与整军，复员战士7.5万人。由于大量军队复员，地方粮款削减，以及明令规定军队和政府机关工作人员生产自给个人生活费用的5%—15%，边区政府把原定的财政预算支出款减少了340106万元（冀钞），除为了安置复员军人及建设事业追加预算7亿元外，实减了270106万元，约占全年财政预算总额的29%。随着支出预算的调减，相应减少了公粮征收任务27亿元（约合当时2.7亿斤谷子）。

上述几项措施，由于蒋介石在1946年7月发动全面内战，有的随着战争的发展有所改变（如战勤负担），有的没有全面落实（如村款整顿），但对于恢复和发展农业生产，改善农民的生活，确实起了显著的作用。晋冀鲁豫边区对和平估计过高，把原安排的预算支出调减一大块，用于减轻农民负担。虽然在工作上造成被动，吃了点亏，但对弥补战争的创伤，恢复农村元气，成效很显著，确实使农民喘了一大口气。

1946年年成不算好，但晋察冀和晋冀鲁豫边区都获得了较好的收成。晋冀鲁豫边区绝大部分地区达到了增产，结合发展副业，不少地方达到耕三余一，个别农户还有耕二余一和耕一余一的。受灾的地方（例如冀鲁豫受水灾地区占1/4，太行有水、霜、风等灾，太岳有霜灾及水、雹灾等），秋收也不错。晋察冀边区1946年向人民征收的粮食，除足够供食用外，尚有剩余。

随着生产的恢复，人民的收入有所增加，负担水平也比1945年稍有下降。

在战勤负担方面，晋冀鲁豫边区许多地区由于加强了科学计算，注意节省民力，1946年收到了减轻1/3以上的成绩。太岳、冀鲁豫区成绩都很好，除少数地区战争生产结合不好荒了地外，一般的都坚持了生产或发展了生产，开展了劳动互助运动①。战勤负担也普遍减轻。据冀南武训县（原名堂邑县，今合并为冠县）刘相林村国民经济调查，1946年全年的力役负担，贫中农负担人力68天，畜力11天；上中农负担人力86天，畜力50天；老中农负担人力170天。均比上年减轻很多。晋察冀边区在1946年上半年，由于取消了战勤负担，人力畜力基本上休养了3个多月；下半年自卫战争全面展开，战勤负担虽然增大，但毕竟是已经歇了一口气。

村款负担，在整顿得好的地区，群众负担减轻很多。据冀鲁豫区4个县5个村49个典型户调查统计，1946年村款负担占边地粮负担的30.97%，比上年减轻一大半。冀中深县磨头镇在整顿前，全年每分负担村粮米24斤，加上公粮则占群众总收入的55%；整顿后全年每分负担村粮2.2斤，减轻了90%以上，群众大为称快，该村也成为全区执行制度的模范。

在公粮负担方面，1946年晋察冀边区每人平均负担统累税小米1.5斗（冀晋）至2斗（冀中），约占每人平均农业收入（冀晋1大石，冀中1.2大石）的15%—16.5%②。晋冀鲁豫边区1946年的负担大体是：山地占总收入的12.1%，平原占总收入的11.9%③。同上半年比较，晋察冀边区略有增加，其中冀中增加较多，晋冀鲁豫边区则有明显的下降。

1946年各阶层的收入都有上升，特别是中农、富裕中农的收入较上年有较多的增加。各阶层的负担占收入的比例，据典型调查，贫农

---

① 杨主席1947年2月8日在边府第二次全体委员会上《关于一年来的工作和今年任务的报告》，晋冀鲁豫边区政报第69期。

② 南汉宸：《晋察冀边区的财经概况》第6页。这里的负担包括边粮及地方粮。董必武在全国土地会议上的报告中，讲晋察冀边区1946年每人平均负担3.7斗，占每人农业收入的10%—15%。这个数字，可能不包括地方粮负担。

③ 《晋冀鲁豫的财政经济工作》第57页。董必武在全国土地会议上的报告中讲：晋冀鲁豫边区1946年每人平均负担4.2斗，占农业收入12.3%。这两个数字接近，可能都不包括村款负担。

5%左右,中农12%左右,富裕中农20%左右,富农25%左右。负担虽然较重,但是无论山地还是平原,农民的总收入扣除生产、生活消耗和负担后,一般还多少有一些剩余。这就为后来支持自卫战争的全面反攻,准备了必要的条件。

综上所述,可以看出晋察冀和晋冀鲁豫边区在恢复和培养民力方面,是争取了时间、赢得了主动的。虽然当年财政比较紧张,日子不太好过,但仍然保障了供给,完成了任务,成效是比较显著的。

三、华北解放区的土地改革运动

1946年5月4日,中共中央发出指示,要求各地坚决支持广大农民群众从反奸、清算、减租、减息、退租、退息等斗争中,从地主手中获得土地,直接实行土地改革。从此,中国共产党的土地政策,就从减租减息政策过渡到彻底消灭封建剥削、实现"耕者有其田"的政策。

6月间,中共晋冀鲁豫边区和晋察冀边区中央局分别召开会议,传达了中共中央的《五四指示》,动员全区党组织为实现这一伟大的历史任务而努力。广大农民,在各地党委派出的土改工作队和农会的组织领导下,展开了规模空前的土地改革运动。

运动采取了政府自上而下给群众撑腰做主和群众自下而上串联酝酿相结合的方针,以启发农民反省诉苦的方式,提高农民的自觉,让农民自己起来,为解放自己而斗争。不论新区老区,农民经过了简短的发动过程,就向封建势力发起了极其猛烈的斗争。农民自己动手,组织"调查委员会""翻身委员会""评议委员会""保管委员会"等,自划阶级,自开会议,日夜进行清算斗争。农民翻身的烈火,如摧枯拉朽,无情地扫荡着残存的封建势力和封建榨取制度,使土地改革的斗争迅速达到了高潮。

运动从1946年6月开始,到1948年春季结束,前后进行了将近两年的时间。整个土地改革运动,都是在激烈的战争环境中进行的。农民一手拿枪,一手分田,发挥了高度的革命积极性。

1946年6月到1947年春,为运动的第一个阶段,即土地初步平分的阶段。在这个阶段里，晋察冀边区有近1000万亩土地重新回到了劳动农民手里①；晋冀鲁豫边区总计约有2000万人口的地区（主要是老区与半老区，约占全边区人口的2/3），地主及旧式富农经济被彻底消灭，土地实际上已经平分，全体农民所得土地，占土地总数的90%—97.3%②。据太行区老区、半老区及新区40个县、市统计，自1946年到1947年4月，从土地改革中得到利益的人口达330万（全区人口为500万），农民取得了3762636亩土地，贫农以下每人约得地2亩，中农每人约得地3—5分③。冀东地区原来基本上没有进行过减租减息，但在土地改革中，昔日汉奸恶霸的敲诈勒索，强夺霸占，过去的皇粮庄头，跑马占圈，高利盘剥，贪污资敌，黑地霸地，强摊硬派及抗日时期倚仗敌伪势力，违犯民主政策，非法夺佃，非法加重农民对敌伪人力财力的负担，破坏抗日民主秩序等反动的罪恶行为，都被农民彻底地清算了。据该区1946年10月初步总结，占总人口80%的农民每人获得土地1—6亩，全区共获得土地1776850亩④。

除土地外，农民还从清算斗争中取得了地主的牲畜、农具及其他的生产与生活资料。据太行区20个县、市的2959个村斗争果实的统计（其中包括长治市的17个街），计有：牲口（19个县）37345头，房子（19个县）641084间，粮食（18个县）966253石，衣服（13个县）891885件，农具及家具（10个县）744469件，冀钞（18个县）788957004元，银元（11个县）1064833元，银块（6个县）26482两⑤。冀中地区，据平山一个县统计，清算出粮食976石，边钞12740215元，树1969棵，房900间，银元宝16块，白洋215元⑥。

土地改革的初步胜利，迅速改变了农村的土地关系和各阶级的经济地位。这表现在：

第一，地主和旧式富农作为一个阶级，已基本上被消灭，中农成

---

① 《晋察冀日报》1947年3月21日社论。
② 《晋察冀日报》1947年5月8日报道。
③ 齐武著：《一个革命根据地的成长》，人民出版社1957年出版，第278页。
④ 戈原：《冀东解放区土地改革概述》，《晋察冀日报》，1947年1月8日。
⑤ 同③。
⑥ 《晋察冀日报》1947年7月21日第一版。

为农村占统治地位的一个阶层。在抗日战争时期，由于减租减息和累进负担政策的实施，地主富农经济有很大的削弱，土地逐渐由集中走向分散。但是，仍有部分地主富农占有数量较多质量较好的土地，他们在经济上仍然占优势，他们从农民那里剥削来的财富仍然掌握在自己手里（这种状况，在新解放区比较突出）。经过半年多的清算斗争，地主阶级的土地财产全部被没收，经济地位迅速下降。富农阶级的土地财产，按照《五四指示》精神，是基本不动的，在实际执行中旧式富农的土地财产也同地主一样被没收了，这样，富农经济的地位也有很大的变化。与此相反，农民由于分得了土地，经济地位迅速上升，赤贫基本消灭，贫农雇农大部分变为中农，整个中农经济在人口上、土地上都占了支配的地位。

据晋察冀边区的30个村又4个区调查，各阶层户数占农村总户数的比例有如下变化：地主，土改初步贯彻前占1.23%，土改初步贯彻后占0.04%；富农，土改前占3.89%，土改后占2.93%；中农，土改前占44.12%，土改后占69.01%；贫农，土改前占39.66%，土改后占27.08%；雇农与赤贫，土改前占5.98%，土改后占0.85%[①]。又据冀中5个县6个村调查，各阶层占有土地情况如表3-3所示[②]。

表3-3

阶层	各阶层人口占总人口的比重（%）		各阶层占有土地占总土地的比重（%）	
	土改初步贯彻前（1946年春）	土改初步贯彻后（1947年春）	土改初步贯彻前（1946年春）	土改初步贯彻后（1947年春）
地主	1.76	0.28	4.84	1.20
富农	5.82	2.14	11.54	5.11
中农	76.00	88.00	74.00	87.00
贫农	13.17	7.85	6.97	4.88

---

① 晋察冀边区1947年冀中统一累进税调查研究组总结材料之一。其中包括定县4个区，涿县8个村，固安4个村，永清、坝县、安次各6个村的材料。
② 晋察冀边区财经办事处编印：《晋中冀晋七县九村国民经济人民负担能力调查材料》（1947年8月）。

续表

阶层	各阶层人口占总人口的比重（％）		各阶层占有土地占总土地的比重（％）	
	土改初步贯彻前（1946年春）	土改初步贯彻后（1947年春）	土改初步贯彻前（1946年春）	土改初步贯彻后（1947年春）
雇农	1.34	0.28	0.30	0.28
其他	1.91	0.91	2.35	1.53

土改后，中农人口、土地的增加，是个普遍的现象。这是土地制度改变引起生产关系变化的必然结果。但是，各地增加的具体情况不完全相同。晋冀鲁豫边区土改比较彻底，农民分得的土地多，中农占有土地达到总数的90%左右，人口占90%以上，甚至100%，太行不少村庄人口全为中农。晋察冀边区中农所占比例稍为低一点。

第二，农村各阶级占有土地的数量，差异大大缩小。抗战以前，华北农村每人平均占有的土地亩数，地主富农一般比贫雇农多10倍以上，中农也比贫农雇农多3—5倍。抗战期间，地主富农作为一个阶级，其经济地位是下降了，占有土地的比例减少了，但是，仍保留地主富农经济地位的户，每人占有的土地仍比贫雇农多七八倍乃至10倍。土地初步平分以后，这种差异大为缩小。据冀中5个县6个村的调查材料计算，如以贫雇农每人平均占有土地亩数为100，则地主为235，富农为383，中农为158，其他阶层为270。这里虽然存在一个土改尚不彻底的问题，但是较之土改前差距确实已经缩小很多。在一些平分土地比较彻底的地区，这种差距就更小了。太行区1947年春全区每人平均土地为3.4亩，贫农以下每人平均为3.3亩，中农则在3.5亩左右。鸡泽县76个村调查，除了军属每人5亩以外，其余各阶层每人平均都是4亩多。

第三，各阶层每人平均占有的收入，虽然还存在一定的差别，但这种差别也随着土地的初步平分和经营条件的改变而缩小。这个变化，从下面的几个典型调查材料可以看得很清楚（见表3-4）。

经过第一阶段的群众运动，冀东区，冀晋，冀中，察哈尔省的老区，太行区，太岳的老区，冀南、冀鲁豫的大部地区，均已初步完成土地制度的改革，取得了很好的成绩。但是，在运动中也存在不少问

表 3-4

1946年收入水平	富农	富裕中农	一般中农	贫农	其他
冀鲁豫区4个县5个村每人平均总收入（斤米）①		942	714	618	
太行区4个县5个村每人平均总收入（斤米）②	1899	1203	997	830	
冀晋区3个山区村每人平均农业收入（斤米）③	817	635	434	291	174
冀晋区3个平原和丘陵村每人平均农业收入（斤米）④	987	716	505	344	228
冀中区5个县6个村每人平均农业收入（斤米）⑤	1057	963	539	278	352
冀中区5个县6个村每人平均副业收入（斤米）⑥	49	65	105	135	184
冀中区5个县6个村每人平均总收入（斤米）⑦	1106	1028	644	413	536

资料来源：①②华北人民政府财政部编印：《1947年华北区农村经济调查》。③④晋冀行政公署1947年4月10日编印：《冀晋土地改革后农业税负担办法研究及意见》的附表。⑤⑥⑦晋察冀边区财经办事处1947年编印：《冀中冀晋七县九村国民经济人民负担能力调查材料》。以上资料，原计算单位均为斗、石，本表按每斗折10斤米编列。

题。主要是：有些地区没有彻底走群众路线，没有使群众真正翻透心；有些地区出现了侵犯中农利益与分配不公的现象；有些地区尚未发动群众实行土地改革，那里的人民仍然忍受着蒋政权直接残酷的统治，处于严重的灾难之中。例如察哈尔一部分地区，因军事情况的变化，土地改革的果实又被反动地主夺去而未拿回来。因此，晋察冀和晋冀鲁豫边区政府在总结经验的基础上，确定继续全面彻底地贯彻土地改革，并进行复查。复查以是否真正满足了农民的土地要求，是否真正经过了翻心翻身的群众路线，广大农民是否有了主人翁思想，是否有分配不公和伤害中农利益的情况为重点。

从 1947 年夏季开始到 10 月，各地按照边区党委的要求，先后开展了土地改革的复查运动，这就是华北解放区土地改革的第二阶段，即土地改革的复查阶段。

经过几个月的复查，各地的土改运动进一步深入了。

1947 年 9 月 13 日，中共中央召开了全国土地会议，制定了《中国土地法大纲》（于当年 10 月 10 日公布），提出了按人口平均分配土地的最彻底的消灭封建制度的办法。这个土地法规定：除没收地主的一切土地财产外，征收富农多余的土地财产。没收、征收的土地财产，以乡或相当于乡的行政村为单位，按乡村全部人口，不分男女老幼，统一平均分配，在土地数量上抽多补少，质量上抽肥补瘦，使全乡村人民均获得同等的土地，并归各个农户所有。

1947 年 10 月，晋冀鲁豫和晋察冀边区传达了全国土地会议的方针，总结了前一阶段土地改革工作的成绩，严格地检查了各地在土地改革中的缺点和错误，着重批判了各级领导机关的官僚主义与"右"的动摇，并分析了这一切问题所由产生的原因。

但是，某些地区对中共中央提出的依靠贫雇农、团结中农的方针有错误的理解。他们把"相信群众"，理解为"迷信群众"，强调"贫雇农路线"，盲目鼓吹贫雇农的自发性，放弃党对运动的正确领导。因此，某些地区原来已经存在并且遭受批判的那种"左"的偏向，诸如侵犯中农利益，没收地主富农的工商业，不给地主分田等等，不仅没有得到切实纠正，甚至有了发展。如划阶级中"追三代""掂噜都"，就是把由地主家庭分出来的户口，不论时间多么久远，不论现在情况如何，一律算作地主；故意提高中农的成分，要动中农的浮财，加重中农的负担，强借中农的牲口车辆；要被斗争的地主给贫雇农作无偿劳动；等等。在整顿党的队伍的工作中，某些地区也一度发生了急躁和简单化的毛病，有的地方还搞了"搬石头"运动。

这些错误倾向，很快就得到了纠正。

1947 年 12 月 25 日，中共中央在陕北举行了会议。毛泽东在会上作了《目前形势和我们的任务》的报告。报告对当时正在进行的土地改革和整党工作给予了重要的指示。报告指出："我们的方针是依靠贫农，巩固地联合中农，消灭地主阶级和旧式富农的封建的和半封建的剥削制度。地主富农应得的土地及财产，不能超过农民群众。但是，曾经在1931年到1934年期间实行过的所谓'地主不分田，富农分坏田'的过'左'的错误的政策，也不应重复。"报告指出，满足贫雇农民的要求和巩固地联合中农，是实施土地改革中的"两条基本原则"。这一报告，十分确切地规定了土地改革的总方针与总路线，规定了土地改革的政策界限。这就迅速澄清了某些干部对党的土地政策的各种误解，有力地扭转了实际工作中的各种偏向。

1948年2月22日，中共中央下达了《关于在老区半老区进行土地改革工作与整党工作的指示》，具体规定了在不同地区进行土地改革和整党工作所采取的不同做法及步骤。

根据毛泽东的报告和中共中央的指示精神，中共晋冀鲁豫中央局详细分析了土地改革因工作发展情况不同而形成的三类地区："第一类地区，地主与旧富农已经彻底消灭，贫雇农绝大部分已经彻底翻身（占其本阶层80%以上），土地早已平分"；"第二类地区，地主旧富农大体上亦已斗彻底，土地亦大体平分过，贫雇农翻身程度稍逊于第一类地区，已经翻身者约占其本阶级的60%—70%"；只有约占全区人口1/3的"第三类地区，虽也经过群众运动，但因是零星的，不系统的，时间较短的，所以地主与旧富农未斗彻底，贫雇农大部未彻底翻身或未翻身，土地问题基本上没有解决"。因此，晋冀鲁豫边区确定只有"在第三类地区，可完全按照土地法大纲进行"，而在前两类地区中，则采取"抽多补少，抽肥补瘦，填平补齐，动少数不动多数的办法，以解决遗留下的土地问题"。

中共晋察冀中央局于1948年3月4日发出为执行中共中央指示给各级党委的指示信，信中提出的具体贯彻意见是：

（1）在一、二类地区、村庄，凡领导比较健全、工作比较深入、群众已有相当发动和组织者，应即集中力量，调剂土地，并及时确定地权。凡领导较弱或群众尚未发动和组织起来的地方，就不要勉强地、急性地平分或调剂。另外，少数地区在经过复查后，封建制度已彻底消灭，贫雇农获得的土地，已达到或超过全村平均数，就不需再调剂。

（2）凡土地改革尚未进行或进行很不彻底的地区，应实行平分，何时进行应根据具体情况定。本年春耕生产的土地，本年收获应一律归耕者所有。

（3）平分或调剂土地，一方面要尽可能满足贫雇农的要求，尤其要首先满足缺地较多的贫雇农的要求；另一方面要照顾中农的利益。片面地为了满足贫雇农要求，强制地过多地抽出中农的土地，以致调剂后，贫雇农的土地甚至多于中农，引起中农极大不满，是不妥当的。同样，片面地为了照顾中农利益，而忽视满足贫雇农要求，甚至不问中农占有土地平均数超过贫雇农土地平均数多少，也主张一律不动，不敢向中农进行说服工作，使他们自愿地拿出一部分土地，致使贫雇农不能获得应有的土地，这也是不妥当的。土地分配应求得大体平均，但也要反对绝对平均主义的错误思想。抽地补地时，不应机械地将超过平均数者一律抽出，不是平均数者一律补齐。应仔细调查研究需要抽地者和应该抽地者的情况，依据中共中央指示的调剂原则，采取自报公议办法，在群众中反复进行讨论，求得农民大多数同意，一户一户地具体解决。

从1948年3月开始，晋察冀和晋冀鲁豫边区的土地改革进入第三个阶段，即土地的彻底平分阶段。这既是土地改革的进一步深入，也是针对前一段出现的问题，合理地满足贫雇农土地要求采取的必要措施。进一步平分土地的来源，据晋察冀边区执行情况，大体有这样几个方面：（1）从农民的敌对阶级那里来。地主的土地财产，旧富农多余的土地财产无条件地拿出来分掉。（2）从农民自己的朋友那里来。比如干部（有些过去还是贫雇农），抗战中有的利用自己的政治地位，得到较多较好的土地财产，这本来是不对的，为了贫雇农翻身，要拿出一部分来；有的原来是佃户，在《五四指示》以后，使用权变所有权时，得到的土地多于全村的平均数，这种属于分配果实不公的现象，用说服的方法把多余部分调剂出来。还有劳动起家的新富农和富裕中农，从友谊帮助出发调剂出一部分土地。（3）有的干部家庭，本是地主、旧富农，利用政治地位，保持了封建尾巴，其多余的土地要退出来，不是地主富农的，贪污自肥部分也要拿出来。(4) 村里的公田或可耕荒地，或查出的黑地，都进行适当分配。

经过几个月的抽地调剂工作，到1948年秋季，老区和半老区的土地改革运动全部结束。晋冀鲁豫边区有3000万人口的地区、晋察冀边区约有2000万人口的地区，彻底消灭了封建土地制度，实现了"耕者有其田"的要求。

土地问题彻底解决以后，农村的土地关系发生了根本的变化。从每人平均占有的土地看，各阶层大体趋于一致。这从表3-5中所列的一些典型调查材料可以看得很清楚。

表3-5

调查地区	阶层	每人平均占有土地（亩）	
		土改贯彻前	土改贯彻后
定县吴家庄调查① （晋察冀边区）	地主	4.34	3.53
	富农	4.58	3.49
	中农	3.54	3.70
	贫农	3.16	3.60
饶阳县影林村调查② （晋察冀边区）	地主	7.29	4.82
	富农	6.68	4.73
	富裕中农	5.89	5.23
	老中农	5.47	5.60
	新中农	4.54	5.33
	贫农	3.75	4.62
	雇农	6.10	9.32
建屏县夹峪村调查③ （晋察冀边区）	原地主		1.92
	原富农		1.91
	中农		1.89
	贫农		1.99
	其他		1.93
	全村平均		1.90

续表

调查地区	阶层	每人平均占有土地（亩）	
		土改贯彻前	土改贯彻后
冀南区夏津县19个村④（晋冀鲁豫边区）	原地主		3.00
	原富农		4.10
	富裕中农		4.80
	中农		4.40
	贫农		3.80
太行区8个村调查⑤（晋冀鲁豫边区）	原地主		1.40
	原富农		2.50
	中农		3.55
	贫农		2.87

资料来源：①中央人民政府财政部1949年11月编印：《财政干部业务学习参考资料第二集》。②晋察冀边区财经办事处冀中工作组饶阳县影林村考察报告。③建屏县夹峪村土地改革工作组工作报告。④⑤晋冀鲁豫边区财政厅1948年汇集材料。

由于"抽多补少、抽肥补瘦"的结果，不仅按人口平均土地大体接近一致，每人平均占有的产量，每亩平均的产量多少，也大体接近一致。

农村土地关系的变化，说明了地主阶级从经济上已被彻底消灭，地主家人虽然也分了一份土地，但都不超过当地中农水平；富农阶级多余的土地已被征收（征收部分占其全部土地的1/4到1/3），富农保留的土地，按人口平均已与中农差不多；富裕中农仍然保留了较多的土地，他们的经济利益基本上受到保护；贫农的经济地位则显著上升，多数已经接近中农。这既是政策落实的结果，也是农村经济出现的新特点。这些新的特点，正是我们研究农民负担政策和税收制度的出发点。

华北老区和半老解放区的土地改革完成以后，随着全面反攻的胜利，又解放了一些新区。1949年冬季，人民政府在华北的城市近郊和若干地区，在河南的豫北地区，总共约有2600万农业人口的地区进行了土地改革。除了城市郊区外，在1949年冬季土改的地区，均是按照1947年的《土地法大纲》和1948年中共中央指示的精神进行的，也实行了土地的大体平分。

处在老解放区农村长期包围影响之下的城市郊区，包括北京、天津郊区在内，是按照政务院《关于处理老解放区市郊农业土地问题的指示》进行的。城市郊区的土改政策同老区的土改政策有些不同：（1）没收地主土地，征收旧式富农出租的土地，一律归国家所有，分配给无地与少地的农民使用。（2）地主所有与工商业相连的土地房屋一律不动，地主的其他财产（耕畜、农具除外，多余房屋征收）一律不动，不挖地主底财，允许地主将底财投资于工业和商业。（3）地主、旧式富农经营之工商业，包括车马运输在内，不没收和分配。（4）所有自耕农民之土地，包括旧式富农雇工耕种之土地在内，其土地所有权与使用权照旧不变。因此，城市郊区土改以后，富农及地主兼工商业者在经济上仍然保持较大的优势，农村各阶层的经济情况仍然有较大的差别。

大部新解放区在1949年冬和1950年春完成土改后，华北地区的土地改革基本上完成，剩下的绥远新区等地，大约有350万人口的地区，于1950年冬季最后完成土地改革。这些地区，是按照新解放区土地改革法进行的。

从1946年6月到1950年冬季，整个华北地区的土地改革前后持续了5年。而且，在各个阶段土改政策又有较多的变化。因此，农村经济有好几种不同的情况。这是华北地区的税收制度在新中国成立以后多种多样的根本原因。

四、华北老区、半老区农业税收制度的改革与统一

农业税收制度是同土地政策和农村经济变化情况紧密联系的。抗战胜利后，华北解放区继续执行减租减息政策，地主富农在经济上仍然占优势。1946年下半年开始土地改革，农村经济情况虽然起了相当大的变化，但各阶级占有的土地和收入，仍有较大的距离（有些地区土改还不彻底，个别地主还有"漏网"的）。因此，1946年晋察冀和晋冀鲁豫边区的财粮征收，一般仍沿用抗日战争时期的税收制度。只是晋察冀边区根据新解放区的特点和工作基础，制定和公布了农业统

一累进税简易办法，其余没有什么大的变动。

1947年土地改革进一步深入，这时候，地主的土地财产和富农多余的土地财产，有的已分给农民，有些暂时未分的，也已冻结封存，即将成为农民的"斗争果实"。而且，当时战争很激烈，战争的消耗大，需要的供给量大，农民负担增加较多。在这种情况下，合理负担政策如何贯彻，如何在税收制度上体现，就成了一个非常实际的新问题。

为了解决在剥削阶级即将消灭的情况下，负担如何在劳动农民内部即中农与贫农之间的分配问题，有些地区采取了一些临时性的措施，即由农会领导农民群众，来评议分配负担；有些地区根据新的情况，对原来的税收制度进行了改进，公布了新的征税办法。例如，冀南区对原公平负担办法作了较大的修正，颁发了《冀南行署三十六年度修正公平负担办法》；太行行署根据土地改革运动第一阶段结束后土地初步平分的情况，制定了《农业所得税暂行办法草案》；太岳行署也对原负担办法作了改进，公布了《太岳区农业负担试行办法草案》。

土地改革完成后，彻底废除了封建的、半封建的土地制度，农民得到了大体平均的土地，农村初步建立了新民主主义的经济基础。为了适应这一新的情况，1948年华北人民政府全面地实行了税收制度的大改革，并于12月25日公布了《华北区农业税暂行税则》。

这次税制改革，是在总结过去10年财政税收工作的经验的基础上，依照发展农业生产，保证战争供给，并使农民负担合理固定的原则进行的。改革的主要内容有四点：

第一，废除差额较大的累进税制，采取有免征点的比例征税的单一税制。

晋察冀和晋冀鲁豫边区原来的税收制度，是根据抗日战争时期的农村经济情况制定的。那时，税收的任务，除了动员钱粮草秣保证战争供给外，还要配合减租又交租的政策，削弱地主经济，限制旧式富农经济的发展。因此，各地制定的征税办法，是公平负担办法也好，是合理负担办法也好，是统一累进税也好，都采取了差额较大的累进税制。其目的是把负担的重担放在剥削者身上，用经济手段促使地主富农集中的土地逐步向农民手里分散，使农民得到实际的经济利益。累进税制的这个作用，在抗战八年和解放战争的头一年，是发挥得比较充分的，也是有效的。就是在1947年，对土改尚不彻底的地区来说，累进税的作用也还是存在的。1948年土地革命的任务彻底实现后，地主经济消灭了，旧式富农经济也不再存在，税收在限制封建剥削方面的作用相应消失，累进税也就失去了实际意义。如果继续采取差额较大的累进税率征税，那就不是限制封建剥削，而将限制劳动致富的农民。

废除差额较大的累进税制这是无疑的。那么，废除之后代之以什么样的税制才合适呢？当时，晋察冀和晋冀鲁豫边区都进行了调查研究。晋察冀边区财经办事处的工作组19人在定县吴家庄对土改前后农村经济变化进行了一个月的考察，并发动群众讨论了如何改革税制的问题。然后又派12个工作组到6个专区12个典型村中征求了群众意见。晋冀鲁豫边区则认真总结了太行、太岳、冀南等地1947年改进税制的经验。在调查研究总结经验的基础上，两个边区提出了三种不同的税制改革方案：

一是降低累进率，缩短级距，仍然实行累进税制。这就是太行、太岳、冀南等行署根据土地改革第一阶段的情况，于1947年修订税制的办法，也是华北财经会议上提出的改革意见。

二是民主评议。就是把税收任务逐级分配到村，由村里的农民用民主评议的方法，分配到户。这是1947年晋察冀边区许多地区采用过的过渡办法。

三是废除累进税制，改行有免征额的比例税制。这个方案，是晋察冀边区工作组在吴家庄调查提出的。什么是"有免征额的比例税制"？就是每一农户计算税额时，先按人口扣除一定数量的收入（免征额），所余部分按同一税率征收。例如某户每人平均收入400斤，每人扣除100斤的免征额，所余300斤，按20%的税率征收60斤。另一户每人平均收入600斤，每人扣除100斤的免征额后，所余500斤，按20%的税率征收100斤。这种办法，在形式上是比例税制，实际仍带有累进的性质。因为按人口扣除"免征额"的数量虽是一样的，但它在各户收入中所占的比重不同。以甲、乙、丙三户为例：对于甲，从400斤收入中扣除100斤，即扣除1/4，对其余3/4征20%；对于乙，从600斤收入中扣除100斤，即扣除1/6，对其余5/6征20%；对于丙，从800斤收入中扣除100斤，即扣除收入的1/8，对其余7/8征20%。这样，以征收额与扣除免征额后所余部分作比，比例一样；以征收额与全部收入作比，比例就有高低的不同，收入愈少的税率愈低，收入愈多的税率愈高（当然有一定限度）。

这三种方案，是各有自己的优点和缺点的。其中第一、二两种方案都是在一些地区试行过的。降低累进率沿用累进税制的方案，不仅在太行、太岳区试行了一年（1947年），而且早在土地革命战争时期的中央苏区就试行过。因此，不能简单地得出结论，说这两种方案就不行，就完全不能适应土地平分以后的农村经济情况。但是，比较而言，改行有免征额的比例税制，优点较多，适应性较大，而且符合华北地区的历史习惯。

实行有免征额的比例税制，优点之一是在负担上能够较好地兼顾中农和贫农的利益。土地改革以后，贫农、中农占有的土地虽然相差不多，但在经营条件上仍然有一定的差别。不少贫农缺耕畜，缺农具，缺资金，生产能力较差，收入水平也较低。中农的情况则不同，占有其他的生产资料较多，劳动致富的条件比较优越，收入水平一般也比贫农高一些。因此，在负担安排上，必须做到公平合理：对中农，可以适当多负担一些，但又不能损害他们的利益；对贫农，应当给以必要的照顾，但也不能与中农相差太远。如何达到这个要求呢？用累进税的办法，可以达到照顾贫农的目的，对中农的利益则难以兼顾。用民主评议的办法，易受人为因素出偏差，也难以达到兼顾中农利益的目的。有免征额的比例税，因为具有缓和的累进作用，既可以对贫农的负担进行照顾，使中农适当多负担一点，又可以防止把负担统统加在中农身上的偏向出现，能够较好地体现共产党的合理负担政策，兼顾中农和贫农两方面的利益。

另一个优点，就是在一定程度上仍然保持了税收调节收入的作用。土地改革以后，在一个村的范围内，户与户之间的经济差别是大大缩小了，但是村与村、县与县之间由于自然条件不同而形成的经济差别仍然存在。也就是说，绝对地租是消灭了，级差地租仍然存在。因此，税收还要继续发挥一定的调节作用。在条件较好的村庄或地区，要适当多负担一些，在条件差的村庄或地区，要酌情少负担一些。这也是公平合理的一种表现，叫作地区之间负担的公平合理。原来实行累进税制时，这种调节作用是很明显的；废除累进税制以后，要继续保留这种调节作用，当然可以采取各种不同的方法。但是，采用有免征额的比例税制，还是一种比较有效的办法。道理很简单，因为这种税制名义是一种比例税，实际上具有累进税的某些特点，可以按照收入的多少起暗累进的作用。

还有一个优点，就是符合华北地区原来负担上的历史习惯。华北各地原来实行的累进税，都是扣除免征额的（只是扣法不尽相同），实际是一种有免征额的累进税。废除累进税后，保留原来扣除免征额的做法，并把这种做法与比例税相结合，形成一种有免征额的比例税制。这既具有移花接木之效，又符合华北地区的老习惯，干部群众都容易接受。

综上所述可以看出，改行有免征额的比例税制，是从华北解放区的实际情况出发的，也是从实践当中总结出来的，因而具有华北的特点。

第二，根据恢复和发展农业生产的需要，从税收上规定若干鼓励的措施。

土地革命的任务实现后，老区、半老区的中心任务就是恢复和发展农业生产，加紧新民主主义的经济建设，支援解放战争。改革税制，必须突出地反映这个要求，体现这个要求。因此，新的税则在采用有免征额的比例税制的基础上，还明确规定了各项鼓励生产的办法。例如：（1）重申按常年应产量征收，不按实际产量征收的规定，不因勤俭增产而增加负担，以刺激农民努力提高单位面积产量；（2）规定垦种熟荒地和生荒地在一定年限内免税，以刺激农民努力恢复和扩大耕地面积；（3）规定了对兴修农田水利者的优待；（4）规定种植技术作物者收入超过粮食作物的，仍按种植粮食作物征收，不增加负担；

(5) 对饲养牲畜的农户给予定量的免税优待。

第三,根据革命战争需要和农民负担的可能,规定了农民负担的最高限度。

解放战争全面展开以后,军事消耗巨大,财政困难,从1947年开始,华北农民负担大增。这在当时是十分必要的,农民也是乐意的。但是,增加农民负担也必须有个限度,不能超过农民的负担能力。1947年华北财经会议提出,农民的负担可以达到农业生产量的15%—20%(指正税而言)。1948年8月,薄一波在华北人民代表大会上提出,"农业负担最高不超过全区人口平均农业总收入的20%"。这些政策杠子,在税制改革设计税率时,都得到了体现。

第四,从农村实际出发,简化征税手续。

华北解放区原来的税收制度,可以说是各个解放区中最复杂的,虽然比较科学,但农民难懂,计算征收均很麻烦。这次税制改革,从农村干部和农民的文化水平的实际情况出发,大大简化了征税手续。一是取消了超额累进税制,取消了分数制税率,简化了计算手续和减少了计算的工作量。二是计税收入经过调查登记达到确定程度以后,即行固定,这不仅是减少了一年一登记的麻烦,而且有利于农民放手发展生产。

第五,严格限制地方附加的比例和数额。

1946年晋察冀和晋冀鲁豫边区提出统一财政收支,整顿村款开支,村款负担混乱的现象在部分地区有所减少,但是效果并不显著。到1947年村款开支浪费和村款负担过重的问题仍然很严重。针对这种情况,华北财经会议强调指出"必须加强整理,整理村财政,节约开支,应成为村干部为人民立功内容之一。整理办法,最好由政府统一规定,收支标准,由村民主评议,经区公所核准,自筹自支,并按期结算账目,送上级审查公布。村财政负担,要求做到每人每年不超过小米6斤"。根据这个精神,新的税法规定地方粮款(包括村款在内)每负担亩不得超过小米5斤。自1948年秋季开始,村款由政府统一收支,除村款征收外,严禁一切额外征收。这样,就可以集中主要力量支援战争,并使农民负担不致过重。

以上谈到的五点,既是改革的主要内容,也是改革的基本精神。下面再介绍一下新税则的有关具体规定:

1. 纳税人。农村土地大体平分以后,各阶层人民都占有了土地,根据这个情况,新税则规定:凡有农业收入的土地,除房院地基、场用地、公路、水渠、河身、河堤占地及其他不能耕作之土地、荒地、一般林地及公营农场、林场、苗圃及以试验推广为目的的土地外,均由土地所有人缴纳农业税。并且规定,典当地的农业税,由承典人、承当人缴纳,租佃地的农业税由出租人缴纳。

2. 计税标准。新税则总结过去的经验,继续采取按耕地的常年应产谷数为计征的标准。耕地的计算单位定名为"标准亩"。凡常年应产谷 10 斗之土地作为一个标准亩,其超过或不足 10 斗谷者,1 斗按标准亩 1 分折算,1 升按标准亩 1 厘折算。所谓常年应产谷量,系指各种耕地,依当地习惯,主要种植之粮谷作物,按通常年成所应收获之产量。谷物以外之粮食按其收获量折谷计算。相同之土地,因种植"特种作物"或精耕细作,其收获量超过相同土地之应产量者,其超过部分不多计;因怠于耕作,其收获量不及相同土地之应产量者,不少计。果木园、桑园、竹园、山货及藕池等地,按其常年应产量,参照收获与出卖季节之平均批发价格,以其总收入之五成,折谷计算标准亩。

各农户的土地亩数、常年应产量、其他土地收入及其折合标准亩数,均由户主据实填报,由村农业税调查评议委员会调查评议确定。如果调查登记准确,经华北人民政府查核后,即行固定;除因土地改良改订标准亩或自然条件变化外,不再变动。

3. 免税点与牲口消耗的扣除。所有农业人口,除三种特殊情况外,不分男女老幼均扣除一个标准亩的免税点,免纳负担。鳏、寡、孤、独缺乏劳动力而家境贫穷、生活困难者,革命军人、革命职员家属及烈士家属之无劳动力而家境贫穷、生活困难者,免税点的扣除还可酌予提高。

免税点的扣除,在原来的税收制度中也是有的。原统一累进税规定每人扣除 1.2—1.5 石谷,新税则降低了免税点,目的是要扩大负担面，保障战争的供给。过去华北各地的负担面为70%—90%，实行新税则后达到95%以上。

耕畜及其所生之幼畜，也扣除一定的消耗：牛、驴，每头扣除一个标准亩的4/10；骡、马，每头扣除一个标准亩的7/10。

4. 负担亩与负担量的计算。农户所有的标准亩，扣除免税点及耕畜消耗以后，所余应纳负担之标准亩，定名为"负担亩"。"负担亩"是征收的单位，也是计征的标准。每一负担亩，规定每年征收小米25斤，另附征不超过5斤小米的地方粮款（包括村款在内）。这个负担量，当时匡算（不包括地方粮款在内），约占农业总收入的14%左右。

5. 征收。负担量确定后，如不遭自然灾害，则如数缴纳；遭受自然灾害而致减产，负担有困难者，经政府批准可以缓征、减征或免征。为了保证战争供给和贯彻军需民有的方针，除征小米、麦子外，还可折征一部分杂粮、现款、军鞋、棉花、土布、柴草及其他实物。

新的农业税则公布和实施，结束了华北解放区10多年来多种税收制度并存的局面，使老区、半老区的税收制度归于统一。这种税制上的统一，对于贯彻政策，保障供给，平衡地区之间的负担，都起了很好的作用。未进行土地改革的新解放区，当时仍沿用原来的税收制度，后来在土地改革完成后，除北京、绥远部分地区外，也都实行了华北区的统一税法。

五、反攻阶段华北农民的财粮负担

1947年华北解放军由防御转为反攻，由内线作战转入外线作战，军事消耗不断加大。据有关材料匡算，单是军政人员给养一项，全年就需要小米19.5亿斤[1]。如果加上军事装备和其他费用，数额还要大得多。这对晋察冀和晋冀鲁豫边区的财政，确实是个很大的压力。

晋察冀边区和晋冀鲁豫边区，本来就很困难。蒋介石发动全面进

---

[1] 匡算的根据是华北农林部1949年6月编印的《华北区所需食粮计算表》中列举的数字。1948年1月华北机关部队的人数为100万，按照军队占3/4，政府人员占1/4，每个兵全年需供给小米16石（折合2160斤米），每个政府人员供给小米10石（折合1350斤米）匡算，共需供应小米19.58亿斤。这还是按最低的标准匡算的。

攻时被迫放弃了一些城市和县城，财源缩小，部队忙于作战，无力再搞生产，经费自给比例降低，加上这些不利因素后，困难就更大了。在这种情况下，要保证迅速增加的军费需要，就不得不改变原来让农民休养生息的方针，增加农民的税收负担。

1947年和1948年，晋察冀边区和晋冀鲁豫边区都大幅度地增加了农业税的征收任务。据部分统计资料加上推算，1947年华北解放区实际征收的正税为25.19亿斤小米，比1946年征收数增加34.71%；1948年又在1947年征收数的基础上增加了13.69%，实征正税达到28.64亿斤小米①。其中，晋察冀边区1948年征收数比1946年增加59.1%，晋冀鲁豫边区1948年征收数比1946年增加50.53%。详细数字如表3-6所示②。

表3-6

	晋察冀边区（小米，亿斤）	晋冀鲁豫边区（小米，亿斤）	合计（小米，亿斤）
1946年	5.70	13.00	18.70
1947年	7.29	17.90	25.19
1948年	9.07	19.57	28.64
1947年比1946年增加	27.89%	37.69%	34.71%
1948年比1947年增加	24.41%	9.32%	13.69%

征收任务大幅度增加以后，农民的负担情况如何呢？不言而喻，那是相当重的。特别是1948年，可以说已经超过了农民的实际负担能力。这可以从几个方面来分析。

---

① 这里的数字，均不包括冀热辽（冀东在内）地区。如包括冀热辽地区，据财政部编印《全国农业经济情况参考资料》上的数字，1948年为37.48亿斤小米。

② 晋察冀边区的数字，引自李成瑞著《中华人民共和国农业税史稿》第97页。晋冀鲁豫边区的数字，资料来源如下：

1946年，是根据1947年8月27日董必武在全国土地会议上报告中的数字，即每人平均负担公粮4.2斗（折合56.7斤米）按负担人口2300万人推算的。

1947年，是根据《华北各解放区四八年度收入概况》表中数字计算的（陕西省档案馆档案资料，卷宗号498），原数字为12234500石小米，每石为160斤。

1948年，是根据华北农林经济典型调查表中冀南、晋中、晋南、晋东南、聊城等21县48村的数字，即每人平均负担81.9斤米，按负担人口2700万推算的。

先看养兵人数与总人口的比例关系。华北财经会议分析，为了支持长期的自卫战争，争取最后胜利，养兵需要可能达到人口的1%—1.5%。就是说，每60个老百姓养一个兵还可以勉强养得起，否则就困难。华北解放区执行的情况，则超过这个比例。据统计，1948年1月华北解放区的总人口为4473.7万，军政人员有100万名[1]，占总人口的2.24%，即每45个老百姓就需要养一个兵。这说明，无论从农民的负担能力上看，还是从财政上看，都是相当紧张而困难的。应当说明，这100万军政人员还是经过严格控制的，是经过精兵简政的措施以后的数字，不然，人民的负担还要更重，财政上的困难还要更大。

再看负担占收入比例。华北财经会议也提出了控制的比例，就是最高不要超过20%。从1947年的情况看，一般的还没有突破这个最高限度。这从表3-7的统计和典型调查材料可以看得出来。

表3-7

统计或调查地区	1947年每人平均农业收入（斤米）	1947年每人平均负担（斤米）	负担占收入的比重（%）
晋察冀边区全区统计	560.1	83.5	14.90
晋冀鲁豫边区28县34村调查	585.2	98.6	16.85
其中：冀鲁豫8县10村调查	581.9	117.9	20.26
冀南5县6村调查	602.2	140.6	23.34
太行10县13村调查	592.3	83.3	14.15
太岳5县5村调查	559.1	81.8	14.63

注：每人平均负担，包括正税（边粮）、地方粮、村款粮及其他摊派在内。

资料来源：(1)晋察冀边区的统计数字，引自李成瑞著《中华人民共和国农业税史稿》第97页。

(2)晋冀鲁豫边区28县34村调查，引自华北政府农林部编印《华北农业生产统计资料》第45页，《1947年晋冀鲁豫边区28县34村人民收支情况统计表》（此表系华北人民政府财政部整理）。原材料计算单位为石谷，本表按每石谷折100斤米编列。

1948年负担占收入的比例进一步提高，一般都超过了20%的控制

---

[1] 1949年6月华北政府农林部编印：《华北农业生产统计资料》第44页，《1948年华北区所需粮食计算表》（未包括天津等地）。

比例。晋察冀边区全区统计，达到 22.1%。晋冀鲁豫边区一般也在 20% 以上。表 3-8 是 1948 年的负担统计或调查材料[①]。

表 3-8

统计或调查地区	1948年每人平均农业收入（斤米）	1948年每人平均负担（斤米）	负担占收入的比重（%）	说　明
晋察冀边区全区统计	400.0	88.4	22.10	
华北 32 县 89 个村的典型调查	371.3	80.9	21.77	平均不到七成年景
其中：冀南 3 县 9 村调查	313.9	63.4	20.18	四五成年景
冀南 13 县 60 村调查	382.4	68.3	17.87	六七成年景
太岳 6 县 9 村调查	414.3	67.3	16.24	收入系应产量
太行 3 县 3 村调查	470.4	92.8	19.72	收入系应产量
察哈尔省 6 县 7 村调查	372.6	101.6	27.20	分配的任务较重
冀鲁豫阳谷县城南	279.8	61.9	22.10	五六成年景

分析负担的轻重，还必须研究农民交纳负担以后还有多少剩余，看看农民的生活如何，有没有再生产的能力。这是一个很重要的标准。从这个方面考察，华北农民的生活是很艰苦的。下面，摘录两个典型调查材料（见表 3-9）：一是 1947 年晋冀鲁豫边区的典型调查，二是 1948 年华北解放区全区的典型调查。分别算了两笔账：一是按农业收入计算扣除各项开支后的剩余账，二是按总收入计算扣除各项开支的剩余账。

表 3-9

项　目	1947 年晋冀鲁豫边区 28 个县 34 个村典型调查	1948 年华北区 81 个县 177 个村的典型调查
每人平均总收入（斤米）	857.4	619.2
其中：农业收入（斤米）	585.2	498.5
每人平均总支出（斤米）	745.9	620.5

---

① 每人平均负担包括村款负担在内。晋察冀边区统计，引自李成瑞著《中华人民共和国农业税史稿》第 97 页。其余资料，均为华北人民政府财政部汇集材料。

续表

项　目	1947年晋冀鲁豫边区28个县34个村典型调查	1948年华北区81个县177个村的典型调查
其中：生活消耗（斤米）	550.6	435.6
再生产投资（斤米）	96.7	89.8
其他支出（斤米）	—	24.4
负担（斤米）	98.6	70.7
按总收入计算剩余（斤米）	110.1	不足1.3
按农业收入计算剩余（斤米）	不足160.7	不足122.0

资料来源：(1) 1947年晋冀鲁豫边区典型调查，引自华北政府农林部编印：《华北农业生产统计资料》。原材料计算单位为石谷，表列按每石折合100斤米计算。

(2) 1948年华北区的典型调查，引自中央人民政府农业部印：《华北典型材料调查》。这个材料调查的时间为1948年秋收前到1949年夏收结束止，因此每人平均负担有所降低。负担数中包括村款负担在内。

从这两个典型调查材料可以看出：1947年华北的农民负担重，生活水平不高，但按总收入算账，每人还可剩余110.1斤米。1948年则不同了，由于受灾减产，收入下降，负担就显得更重了，生活也更苦了。这一年，81个县117个村平均，每人只有食粮322.9斤米，副食消费每人只有45.6斤小米，穿的每人只有62.8斤小米，生产投资只占总收入的14.48%，仅能勉强维持生产和生活。即使如此，全年收支仍不能平衡，还有一点亏空。可见，广大农民为了支持革命的胜利，保证战争的供给，是承受了很大的困难的。

1947年和1948年的农民负担是重的，可以说是革命战争整个过程中负担比例最高的两年。这是在特殊环境条件下军民共同克服困难的一种万不得已的措施。到了1948年底，战争胜利有了眉目，经济财政形势开始好转，华北人民政府就确定减轻人民负担，并相应减少了征收任务。据华北人民政府1948年9月财政会议上确定的数字，1949年全区计划征收农业税正税为25.8亿斤小米，每人负担70.8斤米，负担占常年的比例为17.63%。这些指标均比上年大大降低。现把原材料摘录如表3-10所示，以便比较。

表 3-10　　　　　　　1949年华北各区农业税征收数字表

地区	计税人口（万人）	耕地（万亩）	常年应产量（万斤米）	农业税征收额（万斤米）	每人平均负担（斤米）	负担占常产比重（％）
冀中	703	3023	312910	54847	78.0	17.52
冀南	752	2952	327345	58523	77.8	17.87
冀鲁豫	721	3040	295426	52932	74.5	17.91
太行	475	1595	185392	32922	69.3	17.76
太岳	210	794	81900	14577	69.3	17.79
北岳	518	2167	176120	29430	56.8	16.71
晋中	249	1092		14038	56.4	
石家庄市郊区	9	13	3825	700	84.4	18.30
阳泉市郊区	6	7	828	47	79.4	5.67
合计	3643	14683	1383656	258016	70.8	17.63

华北农民的负担虽然很重，但农民交纳公粮的热情很高。他们深深懂得，要争取革命的胜利，必须忍受暂时的困难，不打败蒋介石，就不会有好日子过。因此，他们节衣缩食，拿出自己的劳动成果，甚至自己的积蓄，用实际行动来支持战争，支持政府和军队渡过暂时的困难。在这个阶段，农民出钱出粮、出人出力的热情，比抗日战争时期还要高。1947年土地改革初步完成后，各地农民普遍出现了争先交运反攻公粮的高潮。冀晋各地翻身农民，翻身不忘保家，全力支前争交公粮，许多村庄不到半天就完成了任务，做到了"一干二净三多四快"。冀中青县在秋征中，大车队四昼夜不眠，连夜运送公粮。太岳霍县五区的农民，自动早交、快交，他们说："我们翻身是靠八路军共产党，所以交公粮要早，咱的部队能吃饱，蒋介石就不愁死不了，咱们就能过安定的生活。"1948年各地虽然遭受各种灾害，生活很紧，负担又重，但农民的交粮热情并不逊色，出现了许多可歌可泣的动人场景。

六、战勤负担办法的修订与华北农民在人力上对战争的支援

（一）1947年战勤负担办法的修订

伟大的爱国自卫战争，是一场近代化的大兵团作战的运动战。战

争的需要是紧迫的、集中的、大规模的、流动性很大的，而交通运输工具是落后的，人民的供应是分散的、迟缓的、零星的、笨重的，同时又是不易保守秘密的。因此，民力的需要量很大，有的地方比抗日战争时期增加 10 倍以上。

为了合理地动员民力，保证战争的需要，并平衡人民劳力负担，以发展生产，支持长期战争，1947 年晋察冀边区和晋冀鲁豫边区，分别修订和公布了战勤负担办法。

晋察冀边区在 1946 年 3 月 23 日决定取消抗战勤务后，全区农民曾有 3 个多月没有战勤负担。1946 年 6 月 29 日，鉴于时局危机十分严重，边区政府又命令各地立即恢复抗勤中之担架运输勤务及必要的通信送报勤务，并确定由财政部门主管。动员运输范围仍按 1943 年和 1944 年的抗勤条例及简化计算办法执行。1947 年 1 月 25 日边区政府经过修订，公布了《晋察冀边区自卫战争勤务暂行办法》。这个办法，恢复了缝纫勤务，扩大了战勤的负担面，并规定了服勤务工的限度。办法的主要内容是：

1. 凡年龄为 17 岁至 55 岁之男子，及能运输之牲畜、车辆、船只，均需按照规定服勤务。女子缝纫勤务由省、行署规定。例如冀晋行署规定，原则上妇女应负担一定缝纫勤务，但发给一定的工资，不再按勤务计工。如缝单衣便衣上身每件小米 2 斤半，下身每件小米 1 斤，缝新棉被每套小米 2 斤，纳鞋底一双小米 2 斤，拆洗棉军衣及棉便衣每套小米 2 斤。

2. 凡依照规定应服勤务之人、畜、车、船，每月服勤务一般均各以 5 个工为限，超过者各地政府应注意调剂，以平衡负担。

3. 根据农村习惯，规定计工办法。以一人背或挑 50—60 斤，往返 60—80 里，计 1 个工。背或挑在 80 斤以上者，计 2 个工。年轻体弱者应适当照顾，但最低不得少于 40 斤。在 40 斤以下者计半个工。牲畜：驴、马以每头驮 100—150 斤，骡每头以驮 150—200 斤，往返 60—80 里，计 1 个工。车辆：单套车以载重 500 斤，双套车以载重 800 斤，三套车以载重 1200 斤，往返 60—80 里，计 1 个工。车夫各计 1 个工。船只及骆驼之计工办法，由当地政府酌情制定。担架：每村以4人计，往返60—80里，每人各计1个工（赶牲畜者，各计1个工）。

4. 动员勤务的范围，限于六项：（1）伤病员。部队或区以上机关、团体、学校伤病员之入医院或转移，及一、二等荣军之不能行走者，得动员担架或牲畜。（2）粮秣。各部队、机关、学校所需粮秣之在距住地30里以外者，得动员勤务运输，其在30里以内者，必须自运。（3）军械、弹药、枪、炮、子弹、手榴弹、炸药等。（4）兵工器材。只限于运输钢、铁、铜、硝、磺等原料，其他均不得动员勤务。（5）通讯器材。只限于架设电线时所需之电线、电杆、磁头、钉子等器材，其他均不得动员勤务。（6）军用被服成品及医药器材。

5. 为照顾群众生活，适当平衡负担，规定凡一次服勤往返在3天以内者，由群众自备伙食草料，凡一次服勤往返，在3天以上者，由动员机关供给一天的伙食草料，4天以上者供给两天的伙食草料，以此类推。但各级政府与动员机关应充分照顾人力畜力负担与减少政府财政开支，除特别急需越站运输者外，应尽可能经过交通站转送，以便群众当日可以往返。

晋冀鲁豫边区原来执行1941年7月22日的《晋冀鲁豫边区军事支差条令》和1942年2月15日公布的《晋冀鲁豫边区义运军粮办法》。1947年根据自卫战争的新情况作了较大的修改，将支差折工办法改为战勤负担分的办法，并公布了《自卫战争勤务暂行办法草案》。有些行署根据边区的办法草案精神，结合本地实际情况，还制定了具体执行的办法。下面是太岳区民力动用办法的主要内容：

1. 凡男为16—55岁，女为18—45岁，一对牙以上的牲畜及能载运的车辆，除按规定应减免勤务与抵补勤务者外，均要进行战勤服务。

2. 人畜劳力的战勤按"负担分"计算，由村每年根据劳力强弱民主评定。计分的标准是：(1)人畜车船以负重能力1斤定1分。(2)为避免战勤负担上的偏估不均，采用男女分算制。男劳力分加能驮及拉车的畜力分，为男方负担分。女劳力分加只能拉磨不能驮的畜力分，为女方负担分。如牲口驮拉都能者，4/5的分数累在男方，1/5分数累在女方。对军烈干属之勤分给于优待：全家只有1个"半劳力"者不计负担，全家有2个"半劳力"者减60分，全家有1个"全劳力"者减45分，全家有1个半"全劳力"者减30分，全家有2个"全劳力"者减20分。

3. 凡人畜车辆及负重量能随意增减者，为鼓励人尽其力，节省劳力，采取死分活评办法，每60分计1勤工。其定分规定是：（1）载重60斤往返行程60里者定60分。其超过此规定，里程为25里或载重为25斤者，各增加30分，超过40里或40斤者，各增为60分，依此累进。驴每头超过90斤之负担量，骡超过150斤者，单套车平地超过400斤者，山地超过300斤者，其超出部分亦依此累进。（2）赶牲口不负重，参战定每日42分，后方运输30分，能多赶牲口，每增1头增30分，如能负重时，超过15斤以上者，每增5斤增加8分，赶车以一人跟一牲口为限，参战每日48分，后方运输42分。（3）民兵民夫参战及在后方押送物资或俘虏，及长期驻守看管俘虏，均用固定分制每人每日皆60分。但村中及公家所供给之服装食粮，在计算勤分时，应折合扣除之。（4）不能计算重量之勤务，可依照工作之时间的长短与重轻酌予定分。（5）妇女勤分除与男子同工同酬者外，另加二成计算以资鼓励，但一般工资应低于男子。（6）往返皆有负重任务，其负重量能以超出一般者，可依具体情况，予以鼓励。（7）如有的地区尚不易执行此种计分时，可依此精神另行确定所能执行之计分办法。

4. 战勤范围及供给。战勤分参战勤务及平时勤务两类。平时勤务又包括出勤、义勤、劳优、代雇、杂勤、妇女勤务等六种。

参战勤务的内容包括：（1）民兵之配合作战或单独作战耽误生产者；（2）前方各种军火弹药武器物资的供给，缴获品的转移；（3）伤病员、烈士灵柩的抬送及战时带路送信等；（4）修筑军工事交通、架设电线及破坏敌之军事建筑、拆城破路等；（5）押送俘虏。参战供给在超过4天者，即由政府按规定供给之（自出勤之日起，民兵每人每日食粮米1斤半，菜金米11两；民夫超过4天者，每人每日食米1斤半，菜金米半斤）。

出勤：凡所制造之武器、弹药（原料亦在内），带有营业性质者，此种物品之运送为出勤。自接受任务之日起，用勤单位即应照实负重量按每60里每斤发给1两半米之运价,并付给发运单据,村中即凭据扣除发价米予以顶分。

义勤:公粮收发翻晒与入仓,以及部队医院军工厂粮食之供给(部队吃粮平地60里以外,山地30里以外),伤病员荣军及烈士灵柩的运送皆属之。义勤不发运价,但以不超过4天为原则,如超过此规定天数者,即由政府按参战标准发给运价。

劳优:(1)为贫苦无力之军属烈属之直系亲属及不能劳作之荣军、年老退休之军政人员代耕,代耕人可不索任何报酬,但在村中折抵勤工。(2)被代耕者家境非系贫苦,可根据其家境富有的具体情况,以确定不同程度的索酬优工。

代雇:指实业、贸易两公司机器及物资转运,机关之迁移而言,其价格应以每60里负重1斤暂订2两半之运价,并付以发价单据,以备检查,村中凭据酌予抵勤,如系按市价代雇者,一般不抵勤。

杂勤:即村用勤,应减至最小限度。

妇女勤务:做军鞋、军袜、洗缝被服、磨面、站岗、放哨等,必要时可动员参加短途运输及代耕,但必须由妇女自愿,不得有任何强迫。在当地安家之外来军政民家属,其安家在半年以上,如无困难者,有做军鞋之义务,但每年不超过两双。

(二)1948年战勤负担办法的修订

1948年为了适应作战的需要,平衡战勤负担,纠正某些地方出现的混乱现象,太行、太岳区对战勤负担办法又作了修订。

太行区修订后的人民服勤暂行条例规定:(1)凡年在18岁以上50岁以下之男人,均有服勤之义务,16—17岁与51—55岁之男人,均有服短勤之义务,18—45岁之妇女,均有做军鞋之义务。(2)应服勤之人、畜、车辆,按负重能力服不同重量之勤务。日行60里负重60斤为1个勤工。由劳力评议委员会按人、畜体力强弱,评定应服勤之底分,作为服勤标准。多担多驮,可以多顶勤工。(3)前方勤务,不论人畜,应自带所需之粮食、菜金、草料,到达集中地点以后,按供给标准发给补助。后方勤务由公家发给运费,每负重60里斤者,人担的发米2—3两,牲口驮的发米1两半至2两,车拉的发米1两至1

两半,如运送之物,不能计重者,可加以评定重量,按规定标准发米。(4)代耕采取按地评工及按应产量依年成保证实收的包工、包产量的两利办法。

太岳区人民服勤试行办法规定:(1)分工服勤。民兵轮战,由男人年龄在18岁以上45岁以下民兵担负。参战民工,由男人年龄在20岁以上45岁以下身体强健的人,组成基干担运队担负之。后方勤务由基干担运队与普通担运队(男人年龄18—19岁、46—55岁的人组成)共同担负之。全村男人16—60岁及一对牙以上之牲口,除残废不能劳动者外,均有劳优义务。女人年龄在18岁以上45岁以下,有做军鞋及帮助优军之义务。(2)凡服参战及后方转运伤病员、荣军、烈士灵柩,架设电线等勤务,均按"日"为计算勤工的标准。凡服后方勤务者,均按负重之"斤秤和里程"为计算勤工的标准。(3)服参战勤务之民兵民工,自服勤之日起,每人每日发给食粮米岳秤(太岳地区的秤——编者注)1斤8两,菜斤米岳秤1斤(包括油盐、菜蔬、柴炭等在内)。服参战勤务之牲口,自服勤之日起,每头每日发给骡、马、牛草米岳秤3斤,驴2斤,骡马料4斤,牛驴料2斤半。服后方勤务之民工及牲口,除由家动身自带两天给养外,从第三天起,政府按规定发给补贴。

晋察冀边区的战勤负担办法自1947年修订后,晋冀鲁豫边区各地的战勤负担办法经过1948年再次修订以后,没有再变动。

1949年1月28日,华北人民政府为平衡全区工商及农民的战勤负担,决定在城镇征收战勤费,工人每人每月小米5斤,商人每人每月10斤。

华北地区完全解放后,华北人民为支援前线所负担的战争勤务,光荣地完成了历史任务。1949年8月19日,华北人民政府和华北军区司令部联合发布命令,决定将过去各省、区公布之战勤动员办法,除代耕勤务以及公粮入库时之义运办法暂予保留外,其余一律自10月份取消。并规定:(1)原有各级战勤机构,除将村勤务干部保留外,其余一律取消。(2)军械弹药、粮秣被服、卫生医药、电讯器材等的运输,及医院转移等,均由华北军区后勤部编造预算,开支运费。

(3) 荣誉军人和烈士灵柩,由各省政府造报预算,雇脚转运。(4) 村中代耕勤务,在未颁布新办法前,仍按各地村代耕办法执行。(5) 公粮在征收阶段的入库,其输送距离,往返不超过 100 里者,仍由群众义务运输;往返超过 100 里者,其超过部分,开支运费。(6) 公粮已经入库,须再翻晒时,由区分库呈请当地政府,按市价采征雇办法。(7) 凡经邮局邮递之信件,应健全区村邮政机构,迅速转运,一律不准动用勤务。(8) 临时发生的伤病员,由村或区公所负责代雇转运,转送工资得本人证明,由县政府垫支上报,在省预备费内开支。(9) 战争勤务取消后,战勤米征收亦即停止。

(三) 华北农民在人力上对战争的支援

从 1946 年 6 月蒋介石发动全面进攻,到 1949 年华北全境解放,华北军民共组织了几十次大的战役。每次战役,消耗的财力人力都是很大的。据有关材料匡算,华北解放区的男女劳力约有 1600 万个,动员支前的劳力一般占 15%—16%;耕畜 266 万头,有 5% 左右长年运输支差。这就是说,整个华北区经常有 240 万—256 万人、13 万头牲畜在为战争服勤。晋冀鲁豫边区从 1946 年 7 月到 1947 年底,一年半的战勤动员,估计在一亿个工以上[①]。冀鲁豫区自 1946 年 8 月 7 日第一次陇海战役起,至 1949 年 4 月支援渡江止,3 年共出动担架 10 万副,大小车 39.7 万多辆,总计用民工 294.6 万余人,牲口 94.7 万余头[②]。

动员的劳力,有些在前方服勤,有些在后方服勤,有些是短期的轮换性的,有些是长期的比较固定的。那些参战的民兵民工和固定的担架队,往往是一去几个月、一年,甚至直到解放战争彻底胜利才回到自己的家乡。如果把这些长期的短期的服勤加在一起,按照全部劳力平均计算,每年每一劳力平均约服勤 30—40 天,每年每一畜力平均约服勤 20—30 天。也就是说人畜每年均有 10% 的时间在直接和间接为战争服务。但是,地区之间是不平衡的,年度之间、月份之间也是不平衡的。下面是收集到的服勤的一些调查材料 (见表 3–11)。

---

① 齐武编著:《一个革命根据地的成长》,1957 年人民出版社出版,第 289 页。
② 《冀鲁豫战勤史》(1947 年—1949 年 9 月) (送审稿),山东省档案馆资料。

表 3-11

地 区	服勤时间	每一劳力平均服勤天数	每一畜力平均服勤天数	资料来源
晋察冀边区	1946年10月张坦撤退前后4个月	每月10天	每月10天	南汉宸:《晋察冀边区的财经概况》
晋冀鲁豫边区全区	1946年下半年到1947年春	40—60天	34天	《晋冀鲁豫的财政经济工作》
冀鲁豫区7县9村调查	1946年7月到1947年6月	全年46.1天	全年25.9天	冀鲁豫边区河北部分国民经济调查初步统计
其中：临近黄河的4村	1946年7月到1947年6月	全年85.6天	全年36.1天	
太行区清丰阳谷县6村调查	1946年8月到1947年5月	全年24.2天	全年7.2天	太行区财政处《关于村财政工作的研究》
太行区清丰县三区3村调查	1946年8月到1947年4月	全年28.4天	全年7.9天	
其中：地主 　　　富农 　　　中农 　　　贫农	1946年8月到1947年4月	全年25天 全年37.8天 全年29.8天 全年23.9天	全年11.6天 全年9.5天 全年6.9天 全年6.2天	
冀晋区浑源县37村调查	1947年底到1948年初	全年24.2天	全年13.4天	冀晋区一专区国民经济调查总结

在战争的环境里，一切为了前线，后方服从前方，这是完全必要的。不这样做，战争也就不可能取得胜利。但是，从农民来说，一年服勤几十天，不能不承认是一个沉重的负担。假如农民服一天勤务，工资算3斤小米（这是很低的），一年30—40天，负担就是90—120斤小米，比税收负担还要多。所以，当时农民反映负担重，税收负担重只是一个方面，更重要的是战勤负担重。特别是战争区、边沿区和

交通沿线，战勤负担重的问题尤为突出。当然，这中间有浪费劳力、有不合理的问题，但都是农民付出的代价。

农民在前方服勤是非常艰苦的。就以担架队为例，一副担架8个人，经常进出在炮火中。担架都是用小床绑架起来的，一副担架连自带的衣被粮食在60斤左右，抬上彩号在200斤以上，空中飞机炸，地下特务黑枪打，地情又不熟悉，夜行就是六七十里，如果没有高度的政治觉悟和献身精神，不仅生活上吃不消，而且一听炮声就会吓破胆。然而，具有优良革命传统和丰富斗争经验的华北农民，并不把它当成什么事，他们不怕负担重，也不怕在服勤中流血流汗，他们唯一的向往就是革命胜利了，过过自由的富裕的生活。冀鲁豫区南乐担架队有一个40余岁的担架员，在火线上连背三次彩号，他对其他担架员说："我们战士流血，我们还不应该流汗！"由于他的带动，大家都背了。有个担架员从前线往返送下彩号，把脚磨起了泡，把肩压破了，还继续背，经过劝慰，还抬上彩号转移到后方医院，夜行100余里。

这不过是无数支前民工中的一个例子。类似这样的事例，在当时确实多得很。齐武在《一个革命根据地的成长》一书中，对冀鲁豫区的陇海、太阳湖、龙凤、鄄南等四次战役支前中，作了这样一段真实而生动的记载：

"滑县战役以前的四次战役，正值雨季。当时霪雨连绵，最好的路面也是一片泥泞。有时，牛车每天还走不了10里路。民夫们沿着这样的道路，冒着敌机的轰炸扫射，从几百里的后方，把成千万斤的粮秣、弹药，运送到绵延200里的前线上，再把缴获的大批物资运回后方。此外，他们也要负责转运或救护伤员。有些担架员往往直达火线，爬到敌人的鹿砦里边，抢救伤员。他们参加破坏敌人的铁路、公路，而且直接参加了粉碎蒋介石'黄河战略'的斗争。1947年5月，为了修筑黄河故道的大堤，半月之内，仅堤工就用了100多万个工。有些时候，当野战军大踏步进退以找寻敌迹之际，民夫、民工常常要随军远征，千里跋涉（二次陇海战役，连续50天，转战2000里）。而另外一些场合，他们还要以自己的机智和武装的敌人周旋，以保护自己的安全。""1947年7月4日，支援刘邓大军南下的民夫15000余人，在返回的途中，被从济宁北来截击我渡河部队的蒋军第五军压缩到黄河岸边。这时，所有的船只已经全部集中北岸，形势万分危急。英勇的民夫们在沿岸的村庄搜集了大量木柴，他们利用对黄河河道及流向的特别熟悉，决定紧急渡河。他们每人抱着一捆木柴，英勇地跳入河中，用手划水抢渡。当他们渡到中流的时候，蒋军已直逼河岸。但他们终于摆脱了敌人猛烈的炮火追击，胜利地到达了北岸。"

就是这样，华北农民用实际行动支持了解放战争的胜利。他们出人出力，对革命的贡献是伟大的，是应该永远载入史册的！

第三节 西北解放区的农民负担

一、西北解放区的组成

西北解放区由陕甘宁边区与晋绥边区的山西部分合并组成，包括山西西半部，陕北全部，陕中一部，甘肃、宁夏各一部，总面积为206460平方公里（1949年3月底统计数）。

陕甘宁边区与晋绥边区，原来军事上经济上的联系就很密切。自1943年西北财经办事处成立起，陕甘宁与晋西北两个根据地在财政经济上即成为一个统一的整体。1947年3月，蒋介石重点进攻陕甘宁边区时，中共中央军委决定，以陕甘宁和晋绥解放区的第一、二纵队，新编第四旅、教导旅，共6个旅组成西北野战军，从此军事指挥也归于统一。这些，都是西北解放战争胜利和西北解放区形成的重要条件。

西北的解放战争，最大一次战斗是保卫延安之战。这次战斗，从胡宗南进攻开始（1947年3月13日），到收复延安止（1948年4月22日），持续一年多。进攻的敌军有34个旅23万人。西北解放军在彭德怀、贺龙、习仲勋等指挥下，避开优势敌人的锋芒，主动撤出延安及一些县城，诱敌深入，然后运用"蘑菇"战术，将敌磨得精疲力竭，寻机歼击。经过 7 次作战，歼灭敌人 31000 余人，打退了敌人的进攻。

1948 年 2 月 24 日，西北野战军转入外线作战，首向黄龙山区之敌进攻，围攻宜川城。3 月 3 日，克宜城，歼敌 29500 人，并击毙整编二十九军军长刘戡，创西北战场空前大捷。由于这一胜利的影响，迫使敌人于 4 月 21 日放弃延安南逃。25 日，敌又放弃洛川，黄龙山区完全解放。

4 月 12 日至 5 月 12 日，西北野战军复向西府地区进攻，10 天之内，连克陕西之栒邑、永寿、邠县、麟游、长武、扶风、凤翔、歧山、汧阳、宝鸡及甘肃之灵台、崇信等 12 座县城。之后，又挥师陇东，转战泾（泾河）北。此时，解放区扩大 1 倍以上，西北野战军亦由原来的 2.5 万余人发展到 7.5 万余人。

与此同时，晋绥解放区也不断扩大。1948 年 5 月 17 日徐向前、周士第兵团攻克临汾，晋南完全解放。6 月 17 日至 7 月 21 日，该部复向晋中太原至灵石平川地区发动强大攻势，1 个多月中，连续歼敌 7.4 万余人，俘敌兵 5.5 万余人，解放了晋中 14 座县城。

根据中共中央指示，1948 年晋绥边区的行政区划作了调整。原绥蒙分区随着内蒙古自治政府成立划归该区领导，晋中地区随着华北人民政府成立划归华北区领导（1948 年 5 月），剩下的只有晋西北地区和晋南地区（1948 年 7 月太岳十一分区划归晋南）。1949 年 2 月，根据中共中央指示，晋西北、晋南地区与陕甘宁边区合并，组成统一的西北解放区。

合并后，陕甘宁边区政府为全区最高行政领导机构，下辖陕甘宁行政区及晋西北、晋南两个行政公署，另辖有一个旗（准噶尔旗）。据 1949 年 3 月底统计，全区共 114 个县市，人口 764 万多，耕地面积约 5800 万亩。其中，陕甘宁行政区辖 9 个分区、60 个县，人口 287.3 万，耕地 2570 万亩。晋西北行政区，辖 4 个分区、2 个直属县，人口 213.9 万，耕地 1820 万亩。晋南行署（由晋绥边区之九、十分区，新解放区及太岳第三分区合并组成），辖 3 个分区、3 个直属县，人口 263 万，耕地 1410 万亩。

西北解放区组成后，西北野战军乘胜歼敌。1949年5月20日解放西安及渭河流域广大地区。8月25日解放兰州。9月5日解放西宁。到1949年9月，西北人民解放战争基本结束。西北解放战争前后共经历两年半。

1949年5月西安解放后，陕甘宁边区政府迁到西安，并于这时改为西北军政委员会。

二、西北解放区的农村经济情况

（一）老区、半老区土改前后土地关系的变化

西北解放区所属各地，按解放时间顺序，可以分成三类：一是老解放区，即土地革命战争时期和抗日战争时期解放的地区；二是半老区，即日本投降到自卫战争反攻前解放的地区；三是新解放区，即解放战争由防御转入进攻以后解放的新区。全区764万人口中（1949年3月统计数），老区274万（陕甘宁老区150万，晋西北老区124万），半老区105万（陕甘宁15万，晋西北90万），新解放区385万（黄龙新区、关中新区122万，晋南新区263万）[①]。

"五四"指示以后，老区、半老区先后开展了土地改革运动。陕甘宁边区的土改有三种情况：土地革命时期已彻底分配过土地的老区，主要是进行土地调剂；虽经土地分配但未彻底分配或分配后又被地主收回的老区，以归地为主，同时进行土地调剂；未经土地改革的区域，包括半老区和部分老区，头一段主要是进行土地征购[②]、清算，后一段又彻底平分土地。晋绥边区的土改，则普遍经过清算斗争、平分土地、复查纠偏等阶段。

在土改过程中，晋绥边区在划分阶级成分、对待中农、工商业者等问题上，出现过若干"左"的偏差，并造成了较严重的后果；陕甘宁边区也出现了过"左"的偏差。根据中共中央的指示，1948年春基

---

① 《西北解放区的行政区划》，《晋绥日报》，1949年4月25日第四版。
② 1946年12月，陕甘宁边区决定：发行土地公债，征购地主超额的土地，按征购原价之半数，分配给无地或地少的农民承购。12月20日，公布了《陕甘宁边区征购地主土地条例草案》。

本上得到纠正。

经过土地改革，晋西北有20%—60%无地缺地的农民分得了土地，每人平均得到土地2.57亩；关中分区的新宁县每户平均获地16亩。除土地外，农民还获得了其他的生产资料。据晋西北二、三、五、六分区统计，土改中接收和征收的封建底财和封建浮财计有白洋220余万元，粮食10万余大石，牲口18000余头，银子12.7万余两，金子500余两，还有大批衣服、农具、羊子等（其中少部分是错定户的财物）①。

西北解放区土地改革完成前②，地主及旧式富农的部分土地已经分散到了农民手里；老区、半老区经过减租、查租运动和贯彻合理负担政策后，地主经济和旧式富农经济普遍下降，但是，仍然保持地主富农经济地位的户，其占有的土地仍然较多。土地改革后，土地集中的问题彻底得到解决。据陕甘宁边区绥德、陇东、三边、延属等地调查③，土改前地主及旧式富农的人口占总人口的5.8%，占有土地占总土地的10.1%，土改后，人口占5.9%，土地占5.4%，基本上一致；而农民（包括新式富农）占有的土地，则由土改前的87.4%增加到93.4%。

土改后，各阶级阶层按人口平均占有的土地数量，也差距不大。据陕甘宁边区调查的材料统计，土改后每人占有的土地，总平均为11.2亩，其中，地主及旧式富农为10.2亩，新式富农为22.7亩，中农为14.7亩，贫农为9.3亩，雇农为13.1亩，其他阶层为4.9亩。

以上讲的是未经过土改地区1948年完成土改后的变化，那么，土地革命时期已彻底分配过土地的地区到后来有无变化呢？这里有一个

---

① 1949年1月1日晋绥日报社论《过去一年我们做了些什么与如何开始今年的工作》。这里的数字，均是晋绥边区三分区以北，约210万人口的地区的统计，也就是晋西北区的情况。

② 晋西北的土改于1948年春基本完成。陕甘宁边区的土改因在战争中进行，到1948年底1949年初才完成。

③ 陕西省档案馆资料：《陕甘宁边区各分区土改前后各阶层土地变化情况》。制表时间，估计是1949年初。

绥德县延家川村的调查材料①。

这个村在1935年秋进行过土地分配，1940年何绍南政权统治时曾一度将分配给群众的土地收回，但为时不久，又被群众要回。1946年春又进行了一次土地调剂。因此，各阶层占有的土地尽管有些变化，但变化不大。据1947年底统计，全村122户606人，共有土地3355亩，富农2户（该村没有地主），人口占总数的1.6%，土地占总数的2.56%；中农贫农人口占98.4%，土地占总数的97.44%，大体上相适应。全村每人平均土地5.54亩，富农为8.62亩，富裕中农为7.32亩，中农为6.41亩，贫农为4.4亩，也相差不大。所以，该村在1947年土改时，土地无大变动，只是重新定了阶级成分。

（二）农业生产和农民收入的变化

陕甘宁边区、晋绥边区的农业生产，在抗日战争末期曾得到较快的恢复和发展。1946年后，由于自然灾害的袭击和胡宗南进攻的破坏，农业生产遭到极大的摧残。

据有关资料记载，陕北、晋北1947年的自然灾害，是40年来未有过的大灾。春季大旱，秋季又相继发生风、雹、水、冻等灾害。晋绥边区有2/3的地方只有三成年景，沿黄河各县多数没有收成。陕甘宁边区受灾的面积比晋绥更大，从陕北、陇东到关中，几乎县县有灾。老百姓说，收成是"三不出"：打不出，碾不出，吃不出。

陕甘宁边区除遭受严重的自然灾害外，90%以上的地区及人民还遭受胡宗南进攻的破坏，人们称之为"胡灾"。据边区政府对15个县4300个村30多万人口的调查，"胡灾"造成的损失相当严重：每人平均损失粮食39斤，牛损失17%，驴损失30%，骡损失32%，羊损失24%，农具损失平均每10人合一件。照此推算，全边区共损失粮食约19万石（30斤斗），损失牛22万余头，损失骡马4万余头，损失农具10万余件②。全边区30万个劳力，因战争（包括参军和被敌人拉走

---

① 陕甘宁边区财政厅研究室：《陕甘宁边区绥德县延家川村人民经济及负担调查》（1948年1月），载西北行政委员会财政局编《陕甘宁边区农业税资料汇编》，1954年10月，第375—377页。

② 《陕甘宁边区1947年财政经济概况报告》。陕西省档案馆资料。

的）而离开生产的约达 5 万人，减少 1/6。

由于天灾的影响，晋西北 1947 年的粮食产量比 1946 年（平常年成）减少 40%，每亩平均产量由 19.6 斤降到 13 斤，下降 44%。陕甘宁边区在严重的天灾、"胡灾"中，曾使 10 年来建立和发展起来的经济面貌完全改观。1947 年与 1946 年比较，耕地面积由 1513.9 万亩降到 1150 万亩，减少 24.1%；粮食产量由 5.49 亿斤降为 2.7 亿斤，减少一半；棉花产量由 200 余万斤降为 50 万—60 万斤，减少 70%；农村主要副业家庭纺织业约减少 70% 以上，公营企业及城镇商业亦大半停顿；物价平均上涨 34 倍，粮价上涨 80 倍以上。

1948 年绝大部分地区完成了土地改革，一度出现的"左"的偏差基本上得到纠正，农民负担有所减轻，加之年景较好（正常年景），农业生产有较大的回升，但由于受灾过重，伤了元气，仍未能恢复到战前的水平。陕甘宁老区及半老区的粮食产量仍只相当于 1946 年的 82.5%，晋西北老区、半老区的粮食产量也只达到 1946 年的 98%。到 1949 年，按计划数字计算（实际数字缺乏材料），晋西北老区的产量已超过 1946 年的 10%，而陕甘宁老区的产量仍达不到 1946 年的水平（差 9.1%）。

陕北、晋西北农民的收入水平，原来就较低，农业生产遭受破坏后更低。按照有关统计数字计算①，陕甘宁老区、半老区每人平均占有的粮食产量（细粮），1946 年为 344 斤，1947 年为 225 斤，1948 年为 275 斤，1949 年（计划数）为 303 斤。如果以 1946 年的收入为 100，则 1947 年为 65.4，1948 年为 79.9，1949 年为 84.3。这就是说，到 1949 年仍未恢复到 1946 年的水平。晋西北老区、半老区虽然到 1949 年超过了 1946 年的水平，但绝对数比陕甘宁还低。1946 年每人平均的粮食产量为 191 斤，1947 年降到 134 斤，1948 年上升到 222 斤，1949 年为 248 斤。新解放区的自然条件虽好一些，但由于尚未进

---

① 依据下列资料整理：西北行政委员会财政局编：《陕甘宁边区农业税资料汇编》（1954 年 10 月），《四八年西北财经情况及目前问题》（1949 年 2 月 19 日），《1949 年西北解放区公粮计算及 1948 年负担表》（1949 年 4 月）；陈希云：《晋绥财经工作报告》，《晋绥边区各县人口面积区村数目统计表》（1948 年 2 月 29 日）；陕甘宁边区政府财政厅编：《财政汇刊》第二期《关于农业税负担问题——陈如龙在延安财经会议上的发言提纲》（1949 年 9 月）。

行土地改革，农民生产积极性受到影响，收入水平也不高。

各阶层收入的变化如表3-12所示。

表3-12　　　　　西北解放区各阶层户收入情况调查

调查地区	调查年度	每人平均农副业收入（细粮，斤）					
		贫农	中农	富裕中农	富农	地主	合计
绥德县延家川村①	1946	214	270	321	357	—	249
绥德县延家川村②	1947	118	142	166	239	—	134
离石县离石村③	1947	98	163	—	153	101	124
临县铁路沟五寨县五王城村④	1947	119	217	—	170	62	155
兴县等四个村⑤	1947	137	238	—	210	168	189
延安县丰富区一乡二行政村⑥	1948	240	396	—	—	—	282
黄陵县北谷区三乡⑦	1948	259	568	—	870	1171	483

注：（1）黄陵县北谷区三乡为新解放区，未进行土地改革。其余各村均为老区，已进行过土地改革（兴县等四个村当时尚未完成）。

（2）兴县等四个村为：兴县横村，保德县西南沟，五寨县赵裕庄，离石县圪垯村。

资料来源：①②⑥⑦见西北行政委员会财政局编《陕甘宁边区农业税资料汇编》。③④⑤见晋绥边区财政处编《晋绥边区1947年的财政工作》（1948年3月）。原材料的计算单位为大石，本表一律折合成斤（每大石分别按300斤、260斤计）。

表列调查材料，虽然不能完全反映西北解放区各阶层收入变化的情况，但至少可以看出这样几点：（1）1947年受灾后，各阶层的收入普遍降低一半左右。降低后的收入，仅能维持最低的生活需要，晋西北各地维持最低生活需要也困难。（2）随着土地改革的完成，农村中各阶层的收入差别大大缩小，只是中农、富农的收入稍多一些。（3）在新解放区，由于未进行土地改革，地主富农的收入仍相当高。表列黄陵县北谷区三乡的地主，每人平均收入1171斤，比贫农的收入高3.5倍。

农业生产和农民收入的下降，给西北解放区的财政经济带来严重的困难。老区、半老区和新解放区的不同情况和变化，给税收制度提出了许多新问题。这些，都是我们研究财政税收政策、制度的出发点。

三、农业税收制度的修订与改革

（一）土改完成前陕甘宁边区税收制度的修订

陕甘宁边区在老区半老区的土地改革完成之前，即1946—1947年，仍然实行两种征税制度，延安、庆阳、赤水、绥德4县及靖边的部分区乡，继续征收农业统一累进税，其余的地区继续征收救国公粮。救国公粮仍采用按条例与群众评议相结合的方法征收，条例亦未作修改，沿用1944年的规定①。农业统一累进税制度作了若干修订，并于1946年8月公布了修订后的《陕甘宁边区农业统一累进税条例》。修改的主要内容有以下几点：

第一，修订了土地财产税的计税标准。1944年规定，自耕地、出租地的土地财产税税本，均按土地常年产量的15%计算，定租、活租地的土地税本最高不超过租额的50%。这样规定，表面上自耕地与出租地的计税标准一致（都是常年产量的15%），实际上自耕地的税负要比出租地重。因为边区经过深入减租以后，租率一般低于30%，在控制土地税本最高不超过租额50%的条件下，出租地的土地税本最高为常年产量的15%，一般低于15%（如租率为20%，土地税本只相当于常年产量的10%，租率为10%，土地税本则为5%）；而自耕地的土地税本则固定为常年产量的15%，没有伸缩性。

为了纠正自耕土地税重于出租土地税的毛病，促使食租地主转化为经营地主或转化为工商业资本家，1946年边区政府对土地税税本的计算，实行区别对待：自耕地以常年产量的5%为土地税本；出租地之定租、活租，以其租额1/2为土地税本；伙种、安庄稼以常年产量的10%为土地税本。这样改订，是从以下两点考虑的：（1）当时，边区的租率最低为10%左右（个别地方为5%），出租地按租额的一半为土地税本，相当于常年产量的5%，所以，自耕地的土地税本要与出租地真正一致，只能按出租地的最低租率来确定，即定为常年产量的5%。（2）安庄稼、伙种与定租、活租对比，除了30%地租外，多分

---

① 《陕甘宁边区1944年度救国公粮公草征收条例》。条例的主要内容，请参阅本卷第二章。

得的10%—15%，除足够收回其牛料、籽种等投资外，还有利润。因这种租佃形式对赤贫农户有利，所以确定安庄稼、伙种按定租、活租的平均租率20%计算土地税本，即以常年产量的10%作为土地税本。

第二，在计算收益税税本时，提高了自耕地、佃耕地扣除生产消耗的比例。原来规定，自耕地与佃耕地的收益税税本，按其常年产量扣除15%的生产消耗后计算（佃耕地还要扣除交纳的地租）。新规定改为：自耕地以其常年产量扣除20%的生产消耗后为收益税税本；佃耕地以其常年产量扣除25%生产消耗，再扣除地租后为收益税税本；安庄稼生产消耗，佃方扣除常年产量的20%，地主扣除5%。

为什么要提高扣除生产消耗的比例呢？这是因为，原条例规定，常年产量15%的生产消耗仅仅包括了当年的牛料、籽种与部分农具费（这几项开支占农业收入的比例，延安县为10%—15%，赤水县为12.9%—16%，靖边县为8.9%—16%），没有包括劳动力的消耗（包括劳动力消耗在内各项开支占农业收入的比例，延安县为43%—52%，赤水县为38%—44.8%，靖边县为29%—37%），不够合理。适当提高生产消耗的扣除比例，有利于农民扩大再生产，也有利于平衡出租地与自耕地的负担。

安庄稼的生产消耗不是地主或佃农单方担承，而是双方担承的。佃农方所担承的生产消耗，为劳动力全部与牛料、籽种的半数；地主方面所担承的生产消耗，为耕畜、农具与牛料、籽种的半数。因此，原规定安庄稼地消耗，主佃各扣除一半，不够适当。这次修订，改为佃方扣除常年产量的20%，地主扣除5%。

第三，修订了累进税率。主要是适当降低了最高税率（由35%降为33%）和起点税率（由3%降为2%），并相应调整了税本的级距。修订后，仍然按县分别确定累进率。

农业统一累进税办法经过修订后，连续执行了两年。边区政府原来打算普遍推行这种税制，由于土地登记、评定常产的工作难以开展，统一累进办法又较复杂，加之内战爆发，无力顾及，结果仍只在5个县的范围内试行。

(二) 土改完成前晋绥边区税收制度的修订

1946年，晋绥边区行政公署对1945年颁布的公粮征收条例①作了以下两点修改：

一是取消征资产米的规定。1945年边区政府决定对富有者另征资产米，目的是要打击封建势力，调剂各阶层负担。由于计征资产米的对象规定得不明确，不易掌握，执行中出现了乱计资产米的偏差，打击了群众的生产积极性，因此，1946年3月边区政府即宣布取消。资产米取消后，中农贫农负担相应加重，又引起广大农民不满。为了消除此种不公平现象，边区政府在修正条例上又增补了这样一条："为求得各阶层负担公平合理起见，资产米取消后，凡力能负担之民户，应由县府酌情评议征收之。"这条补充规定，实际上未执行。

二是增补了一些奖励生产的一些规定：（1）对家庭副业收入，原规定在1石以下者免征，超过1石者，超过部分照征。为了刺激农民利用农暇发展生产，修订为："凡以农业为主，利用农暇时间经营之家庭副业，其收入不论多少，均予免税。"（2）凡种莜麦者，在计算其全户收入时，扣除其所用莜麦种子的全部，并适当提高莜麦的折合率，以恢复和发展莜麦生产。（3）为了进一步扶助工人生活，提高其生产积极性，规定工人的工资收入全部免征（原规定以其收入二成计算）。（4）为了进一步发展私人间的借贷关系以增加生产，规定贷出现粮现款所得的利息收入，一律免税。

1947年，晋绥边区根据受灾严重的特殊情况，制定了新的征粮办法，并于1947年12月25日公布施行。

新办法规定，公粮只就农业收入和其他兼营收入课征，各种财产均不再计税。城镇中的农商兼营者，以农业为主的，将其收入计入农业中征公粮；以工商业为主的，将农业部分计入工商业中征营业税，农村中之其他收入除已征制产税者外，均计征公粮。

各种农业收入（包括各种特产在内），都按实际产量或实际收入

---

① 1945年10月26日财政字第82号颁布的《晋绥边区修正公粮征收条例》，具体内容请参阅本书第二章。

折成小米计算，不再按通常产量计算。粗粮折米的比例，贫雇农都按四成计算；中农全户每人平均粗粮不满 1 石的，以四成半计算；其他各阶层一律按五成半计算。利用农暇时间经营的各种家庭副业，如家庭纺织、编制农具、用具、养蚕养蜂、磨豆腐及临时短期运输等，全户合并折米计算，贫雇农每人平均不超过 2 斗半的免征，超过 2 斗半的只征收超过的那一部分；中农每人平均不超过 2 斗、富农不超过 1 斗半、地主不超过 1 斗的免征，超过的也只就超过部分计征。贫苦农民在一般谷物地里种的瓜菜，按一般谷物计算；在田边院内零星种的瓜菜全不计收入。种莜麦地区需用种子较多，少数贫苦农民在征粮后口粮与种子不足，而又无法解决的，对这些贫苦农民可先扣除其所需莜麦种子，然后计征。

新办法取消按分数征收，也不分配征收任务，完全按照各户的实际产量或实际收入（折米计算），依规定的累进比例自下而上直接征收。全户每人平均收入折米未满 4 斗者免征（每斗以 26 斤计），满 4 斗者征 6%，满 5 斗者征 8%，满 6 斗者征 10%，满 7 斗者征 12%，满 8 斗者征 14%，满 9 斗者征 16%，满 1 石者征 18%，满 1 石 1 斗者征 20%，满 1 石 2 斗者征 22%，满 1 石 3 斗者征 24%，满 1 石 4 斗者征 26%，满 1 石 5 斗者征 28%，满 1 石 6 斗者征 30%，满 1 石 7 斗者征 32%，满 1 石 8 斗者征 34%，满 1 石 9 斗者征 36%，满 2 石者征 38%，满 2 石 1 斗者征 40%。

为了调整各阶层负担，富农不论其收入多少，都以 40% 计征，地主不论其收入多少都以 50% 计征。如地主富农为逃避负担而缩小生产或不从事生产致负担不公者仍可酌计资产米。但对破产地主或经彻底土地改革村庄之地主，其适用税率可由群众民主讨论决定。

每石公粮随征公草 150 斤（谷草 100 斤，杂草 50 斤）。村款由各县造报预算经行署批准后，随公粮附征。

1947 年的征粮办法，与 1946 年的一套完全不同，变动较大。这种变动，是在特殊情况下采取的临时性措施，不是正式的税制改革。所以，晋绥行署强调指出，这种办法，只适用于 1947 年的公粮征收，土改结束后，要有更合理更公平的新条例来代替它。

(三) 土改后西北解放区农业税收制度的改革

土地改革结束后,老区、半老区的土地关系发生了根本变化。为了适应这一新的情况,发展生产,保障供给,陕甘宁边区和晋绥边区都对原来的农业税收制度进行了改革。陕甘宁边区把原来并存的两种征收制度(农业统一累进税和救国公粮)合并成一种征收制度,并改称农业税。晋绥边区取消了1947年的过渡性措施,建立了新的公粮征收制度。

1948年10月29日,陕甘宁边区政府公布了《陕甘宁边区农业税条例》。1948年11月6日,晋绥行政公署也公布了《晋绥边区公粮征收条例》。这两个条例的具体内容虽然不尽相同,但基本精神是一致的。

第一,关于课税对象。两个条例都明确规定,只就农业收益征税,不再征收土地财产税。晋绥边区规定,公粮的课税对象限于土地收入。凡土地所有人,不论自种、雇工耕种或出租出伙,都要缴纳公粮。土地及农业以外的收入,工资薪给及属于家庭副业收入,本年以内免税,属于专业经营者,按营业税条例征收营业税。陕甘宁边区规定的征税范围大一些,除土地收入外,地租、房租、畜租和利息收入,畜牧业(指大批牧养牲畜)繁殖部分及皮毛收入,长脚户(指经常从事运输业)运输业收入,果园及药材收入等,也要征收农业税。

第二,关于收入的计算标准。土地收入,两个条例都规定按土地的常年产量(晋绥边区叫通常产量)计算(晋绥规定,各种耕地不论种植何种作物,均以当地一般谷物的通常产量计算)。土地以外的收入,陕甘宁边区规定:租息收入以实收额计征,付出租息者,在总收入中扣除后计征;畜牧业收入按实收入扣除免征点(每户扣除羊羔10只,羊毛20斤)后计征;长脚运输业按纯益额减半计征;果园及药材按实际收入扣除5斗免征点后计算。

土地的常年产量(通常产量),以乡(村)为单位组织评议审查委员会,按照各户土地的质量、地形、方向、距离村庄的远近等条件民主评定。晋绥边区还规定,评定的通常产量经专署审查,认为已合乎实际,无偏轻偏重或压产压垧时,即批准固定,在一定年限内不予变动。

第三，关于税率的规定。为了适应土地平分的实际情况，鼓励农民发展生产，发家致富，两个边区都废除了累进税率，改行比例税率。

陕甘宁边区实行的比例税为有免征额的比例税，即以户为单位，在应税收入中先按人口扣除一定数量的免征额，然后再依率计征。免征额的扣除，绥德、延属、三边分区每人为3斗，关中、陇东分区每人为4斗。税率由各县根据具体情况与征收任务，在23%—25%税率范围内，适当确定，呈专署及边区政府批准。这样，在一个县的范围内，各户适用的税率是相同的，县与县之间的税率则稍有差别。

晋绥边区的比例税则不扣除免征额，全边区的纳税人都按同一比例计征。每年的征收比例，由政府根据财政需要与农民的负担能力具体确定。1948年规定，每通产粗粮1石，征收小米7升5合，即15%的税率。

第四，关于减免。两个边区共同性的减税、免税规定有这样几点：（1）意外灾害减免。纳税人遭受特殊事故，如天灾、疾病及其他意外灾害，致使土地荒芜、收获减少、生活困难的，由县政府酌情减免。（2）移难民优待。晋绥边区规定，经政府审查安置的难民，自安置之年起，免征公粮2年。陕甘宁边区规定，移难民免税3年。（3）贫困户减免。陕甘宁边区规定，贫苦军烈工属，丧失劳力之退伍人员，鳏、寡、孤、独、老、弱、残等仅能维持普通生活的农民，一律免税。晋绥边区规定，因老弱孤寡残疾，缺乏劳动力，致使收获减少者，酌情减征或免征；经政府审查领有正式证件的退伍军人，自退伍之年起算，免征公粮3年。（4）翻身农民的减税照顾。晋绥边区规定，个别土改后得到土地的农民，因生产条件困难，致使收获特低而本人确实劳动者，酌情减税。陕甘宁边区规定，新分得土地的农民，因缺乏生产工具或生活资料，尚未完全翻身者，依不同情况，于其应税收入中减免15%以下的计征额，以扶持其再生产。

第五，关于征收。两个边区均继续征收粮食，并随粮征收公草。晋绥边区规定，每石公粮随征公草150斤。

上述各点是1948年的情况。1949年西北解放区组成后，陕甘宁边区政府于 1949 年 7 月 22 日颁布了统一的《陕甘宁边区农业税暂行条例》。这个暂行条例,是在总结经验的基础上,吸取了原来两个条例的优点形成的。它的要点如下:

1. 农业税由土地所有人缴纳(典当地由承典承当人缴纳,租佃地由主佃双方协议缴纳)。凡有农业收入的土地,不论公私经营都要征农业税。非农业收入的土地及家庭副业收入,不征收农业税。

2. 农业税一律依土地常年产量为征收标准。各种耕地的常年产量,均依当地主要粮谷作物平常年成的产量评定,产米地区一律折米计算,产麦为主地区一律折麦计算。藕池、竹地、苇地有一定收入的土地,按其常年产量折粮计算。果木园,按土地粮谷作物常年产量计算。

3. 农业税按照常年产量计算,于扣除免征点后,按 20%—23% 的税率征收(即每斗征收细粮 2 升至 2 升 3 合)。各县税率,由行署或专署依据当地具体情况(人口、土地、产量等)在不低于 20% 与不超过 23% 的范围内规定,呈请边区政府批准。地方粮由各县政府在不超过农业税额 1/5 的范围内,呈经行署批准,并转报边区政府备案后附征。

4. 免征点规定为:产米地区,每人扣除 6 斗小米;产麦地区,每人扣除 9 斗麦子。凡贫苦之烈军工属及丧失或缺乏劳动力之退伍人员,鳏、寡、孤、独与新分得土地之贫苦农民,生活困难者,经群众评定,乡政府审核,呈县政府批准后,得酌情提高其免征点,但免征点最高不得超过小米 8 斗或麦子 12 斗。

5. 农业税每年征收一次,分夏秋两季缴纳。除征粮食外,并依需要折征现款、布匹、棉花等实物。征收农业税时,并附征公草。征麦附征麦草 8 斤,征米附征谷草 10 斤。

陕甘宁边区的老区、半老区征税办法统一后,一直执行到 1957 年。

(四)新解放区的农业税收制度

在未进行土地改革的新解放区,包括黄龙新区、晋南新区等,农业税征收则另有一套办法。

1948 年 4 月黄龙地区解放后,部队的粮食供给,除老区支援小部分外,主要靠就地筹划解决。筹集的形式,有征发、征借、征粮、征购等四种。夏收以前,主要征发、征借地主富农的存粮。夏收后,黄龙分区制定了公粮征收条例,规定每人平均1石2斗麦子起征,起征税率为5%,最高税率为35%。但执行中,因专署指示以民主评议为主,条例为参考,致使该区并未完全按条例执行,有以条例征收者,有以民主摊派者,有按阶级成分征收者;有些地区(如白水)随意将起征点提高为1石5斗,有些地区则过分缩小了负担面(如有缩小至28%者)[1],有些地方为了完成任务,先后8次向群众动员摊派。

晋南地区在1948年5月全部解放后,成立了晋南行署。这一年,行署制定并公布了《晋南未土改区农业税暂行条例》,在各县普遍征收了农业税。条例中关于征税范围、计税标准及减免税等规定,与晋绥边区对老区征收公粮的办法基本相同。不同的是关于税制税率方面的规定。主要有三点:

第一,土地的常年产量扣除耕作费后再计征。规定产麦区每亩扣除耕作费1斗,产米区每亩扣除耕作费小米5升。这对自耕农和佃耕农是有利的。

第二,规定了免征点。凡生活消费依靠家庭之人,每人扣除1石至1石2斗免征点,产麦区扣麦,产米区扣米。一户一口之鳏、寡、孤、独、老弱、残废,扣除免征点2石至2石4斗;一户二口者,按一般免征点每人增扣5斗至6斗;一户三口以上者不再增加。

第三,实行分数制的累进税率。凡每人平均收入不足一个免征点者,不负担。超过一个免征点者,分6等累进计征:第一等,确定1斗负担分数1厘5毫,1斗至1石5斗每增1斗加分1厘5毫;第二等,确定1石6斗负担分数2分4厘5毫,1石6斗至3石每增1斗加分2厘;第三等,确定3石1斗负担分数5分5厘,3石1斗至4石5斗每增1斗加分2厘5毫;第四等,确定4石6斗负担分数9分3厘,4石6斗至6石每增1斗加分3厘;第五等,确定6石1斗负担分数13

---

[1] 《关于农业税负担问题——陈如龙在延安财经会议上的发言提纲》,载陕甘宁边区政府财政厅编《财政汇刊》第二期,1949年9月。

分 8 厘 5 毫，6 石 1 斗至 8 石每增 1 斗加分 3 厘 5 毫；第六等，8 石以上每增 1 斗加分 4 厘。

1949 年，陕甘宁边区政府制定了统一的新区征收公粮暂行办法，并于 1949 年 6 月 24 日颁布施行。这个办法的要点是：

1. 凡土地之收入（包括地租收入及土地各种产物）一律征收收益税，地主富农之土地另征收土地税，统称公粮。二者分别计算合并累进征收，由土地收入所得人及土地所有人缴纳。

2. 土地收益税按土地实收益计算。地主富农出租土地之土地税，按其租额 1/2 计算，自耕或雇人耕种的土地税按其实际产量的 1/10 计算。

3. 凡产麦区每人平均不足 14 斗麦子，产米区不足 8 斗大米（或小米）者免征；每人平均 14 斗麦子（8 斗大米或小米）以上者，按 3%—39% 的累进税率征收；收入超过 140 斗者，统以 40% 的税率征收。

4. 公粮征收额在一般地区以不超过该区农业总收入 15% 为原则，土地产量特丰地区（每亩通产在两石以上者）以不超过 20% 为原则。在土地、产量调查评议确实的情况下，按规定的税率不能完成任务时，各地可在贫农阶层负担额平均不超过总收入 8%（一般为 3%—10%），中农阶层平均不超过 20%（一般中农为 11%—20%，富裕中农为 20%—30%），地主富农除土地税外不超过 40% 的原则下，适当变更税率。

就在新区征粮办法颁布的同时，即 1949 年 6 月 30 日，为保证人民解放军进军的粮秣供给，西北野战军（一野）政治部还公布了《陕甘宁边区新区预借粮秣暂行办法》。

四、西北解放区农民的税收负担

抗战胜利后，陕甘宁边区和晋绥边区对税收作了一些调整。1946 年，陕甘宁边区废除了公盐代金，晋绥边区取消了资产米；对工商业者单独征收营业税，不再计征公粮，并普遍开征了几个地方税。调整后，两个边区征收的税种主要有公粮（农业税）、货物税、营业税、牲畜交易税、制产税（晋绥开征）、盐税等。其中，农民负担的主要是公粮（农业税）、附加粮、公草，此外，还有优待粮。

西北解放区农民的税收负担，随着战争的发展和农村经济的变化，大体可以分成三个阶段：1946年为第一阶段，1947年为第二阶段，1948年为第三阶段。

(一) 第一阶段——1946年的负担情况

1946年，是战争间歇的一年。为了巩固抗战胜利的成果，恢复和发展农村经济，改善人民的生活，陕甘宁边区和晋绥边区在负担的安排上，实行了休养民力的政策。

1946年3月，晋绥行署发出布告，郑重宣布：1946年的公粮在可能条件下尽量减少，并使生产规模超过已往任何一年。7月，晋绥高干会议决定，1946年公粮负担减少1/3，并规定总负担不得超过总产量的13%。陕甘宁边区在年初也提出了粮食征收的原则，确定部队和党政机关所需的粮食，自己解决20%—30%，人民负担70%—80%；并宣布取消公盐代金，要求各地爱惜民力，尽量减少战勤负担。

这一年，农业收成较好，粮食产量和副业收入都有增加，人民负担同抗日战争时期比较，普遍有所减轻。晋西北地区1945年公粮负担占产量的比例为20%，1946年降为13.19%。陕甘宁边区1946年的公粮负担比例，亦由1944年（大丰收年）的9.14%降到8.91%。陕北、陇东、晋西北的农民收入水平较低，生活水平也低。据典型调查，绥德一带每个农民的生活消耗全年为6斗左右（180斤细粮），晋西北为5斗多（150斤细粮）。1945年，许多地方农民的收入扣除负担后的余粮，达不到这个最低需要的标准，1946年则普遍超过了这个标准。

这一年，由于修订了税收制度，在工作中注意纠正了简单的摊派和强迫命令的做法，各阶层之间的负担也比较合理。据晋西北典型村调查，各阶层公粮负担占收入的比例大体是：地主30%左右，富农20%左右，中农12%左右，贫农5%左右。陕甘宁边区财政厅对有代表性的绥德县延家川村调查，各阶层的负担都不算重，各项财粮负担（包括公粮、优抗粮、抗属炭、军鞋、村款在内）占农副业总收入的比例，富农为 19.32%，富裕中农为 15.26%，中农为 12.71%，贫农为 6.87%。这些数字说明，各阶层的负担同负担能力是大体适应的。

1946 年两个边区减轻农民负担，都是在财政困难的条件下进行的。晋绥边区 1946 年军政人员达到 11 万人，占总人口的 4.4%，财政收支非常紧张。陕甘宁边区由于部队出发的人数多，机关部队自给性生产减少，食盐销路不好，盐税收入大大减少，财政困难也很大。然而，两个边区都想方设法，克服困难，让农民能够得到休养的机会。这样做，对于恢复农村经济，积蓄力量，保障自卫战争的供应，都起了明显的作用。

（二）第二阶段——1947 年的负担情况

1947 年是西北解放区财政经济最困难的一年，也是农民负担最重的一年。

据统计，1947 年西北解放区征收公粮的总数为 13906 万斤（细粮），比 1946 年增加 24.3%，其中陕甘宁边区增加 50.9%，晋西北增加 3.7%。公粮负担占粮食产量的比例平均为 25%，陕甘宁边区为 27.3%，晋西北地区为 22.8%。农民收入减除公粮负担后的余粮按人口平均，陕甘宁边区为 163.5 斤，晋西北地区只有 103.5 斤，不够一年的最低生活需要。

这一年的公粮负担，各阶层都重，中农以上阶层更重。据晋绥边区典型调查，富农的负担比例一般都在 40% 以上，地主的负担比例一般都在 50% 以上。陕甘宁边区的中农、富裕中农，负担比例一般也在 40% 以上。

除公粮负担外，其他财粮负担也很重。陕甘宁边区 1947 年征收公草 4182 万斤，比上年增加 1 倍。向民间动员军鞋三次：第一次计 10 万双，全系义务；第二次动员 22.5 万双，每双付价 4 尺小布或半斤棉花；第三次动员 18 万双，每双付价 8 尺小布或 1 斤棉花。三次共计 50 万双。这是 1947 年陕甘宁边区新增的一项财力负担。据绥德县延家川村调查，农民负担的公粮、村款、优抗粮、抗属炭、军鞋等项加在一起占总收入的比例平均为 46.2%，贫农为 16.9%，中农为 51.4%，富裕中农、富农分别为 115.1%、115.9%[①]。绥德分区是陕甘宁边区在自卫战争中负担较重的一个地区。这个材料虽不能说明各地人民负担都是这样的程度，但也可以看出边区自卫战争中人民负担的一般情况。

1947 年农民负担这样重，有两方面的原因：一是自然灾害的袭击和战争的破坏，使农业生产急剧下降，收入减少，农民负担能力大大减弱。这方面的情况在前面已经讲过了，不再重述。二是自卫战争展开后，军政人员倍增，军费开支加大，不得不增加农民的负担。陕甘宁边区的军政人员，1946 年 9 月为 6.5 万，1946 年 12 月增为 8.4 万，1947 年 2 月增为 9.6 万，1947 年 11 月增至 17 万。若按全年平均人数 127776 计算，军政人员占边区总人口（120 万）的比例达到 10.6%，大大超过了民力负荷的饱和点（抗日时期中央规定军政人员占总人口的比例为 2%）。这种"食之者众，生之者寡"的情况，是农民负担重的一条重要原因。当时，西北解放区的财政相当困难。胡宗南进攻，陕北的县城除保留一座外，余尽为敌占，财源减少，开支猛增，军粮民食发生严重恐慌。尽管边区政府采取了调粮、后方机关移至河东（晋西北）吃粮、预征营业税、压缩开支等项措施，粮食仍然很紧张，财政仍然入不敷出。所以，大幅度增加农民负担，实在是不得已而为之。

此外，负担政策执行过程中发生"左"的错误，也是负担加重的一个因素。主要表现是，在土改中许多地方强调贫雇农路线，强调满足贫雇农要求，过分缩小负担面（负担面一般均在 60% 以下），"抓大头"，加重了中农以上阶层的负担，使老区的新富农、富裕中农的负担超过了全年的收入。负担上这种"左"的偏向，以及土地改革中"左"的影响，大大降低了农民特别是中农的生产情绪，中农不愿再当中农，对生产消极、冷淡，更不敢放手生产、劳动致富。这个教训是很深刻的。

（三）第三阶段——1948—1949 年的负担情况

1948 年开始，西北解放区的形势逐渐好转。自卫反攻的胜利，不

---

① 西北财政局编：《陕甘宁边区农业税资料汇编》（1954 年 10 月）。

但收复了老区,而且解放了广大新区,财政经济虽然困难,但严重的难关已渡过。老区的土地改革逐步完成,"左"的偏差迅速得到纠正。随着形势的好转,陕甘宁边区和晋绥边区决定调整负担政策,减轻农民的负担,以调动农民的生产积极性。

这次负担政策的调整,主要内容是:(1)立即在新解放区开征农业税,以减少老区、半老区的征收任务。(2)废除按收入累进征税的办法,实行新的、无累进的、按土地常年产量比例征税的办法,以鼓励老区、半老区农民增加生产,劳动发家致富。(3)具体规定了赋税的制度。陕甘宁边区规定:老区农民的公粮负担额不超过总产量的15%—20%。新区负担,贫农阶层负担额平均不超过总收入的8%,一般在3%和10%之间;中农阶层平均不超过20%(一般中农在11%和20%之间,富裕中农在20%和30%之间),地主富农除土地税外,不超过40%。晋绥边区规定,老区一律按通常产量的15%计征。(4)扩大负担面。陕甘宁边区要求各地把负担面扩大到80%—90%,坚决反对"抓大头""打快牛"的做法。晋绥边区改行无免征额的比例税制,实际负担面扩大到100%。(5)控制附加。陕甘宁边区把附加粮控制在正税的10%以内,并分配了具体的征收数,不许擅自增加。

经过调整,这两年西北解放区的农民负担都有所减轻,特别是老区、半老区的负担比例有显著的下降。1948年陕北、关中、晋西北都是丰收年,这一年陕甘宁老区半老区的负担比例由上年的27.3%降为13.25%,晋西北老区半老区的负担比例由上年的22.8%降为11.72%。随着负担面的扩大,各阶层的负担也比较合理,侵犯中农利益的错误基本得到纠正。这两年农民负担的具体统计如表3-13所示。

1948—1949年西北解放区的农民负担虽有减轻,但从农民的收入和生活水平看,仍然是比较重的。同时,有些地方的公粮负担减轻了,其他的负担还不少。例如,绥德分区1948年公粮征收任务27万石,附加粮0.2万石,优待粮约4万石;延属分区有些地方,每一劳动力负担优待粮达1石小米以上。因此,全国解放后老区农民要求减轻负担,改善生活,这是完全合理的。

表 3-13

地 区	1948年公粮负担占产量的比重（%）	1949年公粮负担占产量的比重（%）
陕甘宁边区	13.17	17.89
其中：老区、半老区	13.25	15.00
新解放区	13.04	22.23
晋西北老区、半老区	11.72	15.99
晋南地区	22.29	21.47
平均	16.36	19.41

资料来源：西北财政局编《陕甘宁边区农业税资料汇编》（1954年10月）、《1949年西北解放区公粮计算及1948年负担表》，陕甘宁边区政府财政厅编《财政汇刊》第二期《关于农业税负担问题——陈如龙在延安财经会议上的发言提纲》（1949年9月），《晋绥边区历年公粮工作总结》（1948年3月），《晋绥边区四〇至四八年公粮草收支总结表》（1949年6月10日）。

五、西北解放区农民的战勤负担

（一）陕甘宁边区的战时勤务动员办法

解放战争时期，陕甘宁边区是内线作战的主要战场，兵力集中，部队迂回流动，支前的任务很重，物资供应上的矛盾很大。物资保存时，要求大量分散，供应时又要求大量集中，要求机动及时。边区是个地广人稀的地区，交通不便，运输工具落后，无论是物资的分散还是集中，均异常困难。为了解决这个矛盾，保证前方供给，边区政府向农民广泛地进行了力役的动员和征集。

1947年7月10日，陕甘宁边区政府公布了《战时勤务动员暂行办法》。这是边区自抗日战争以来制定的第二个战勤负担办法（第一个办法于1941年制定）。

暂行办法规定，解放战争时期的勤务动员分为三种：直接参加前方随军的担架民夫和运输牲畜称为前方勤务，又称定期随军担架队或运输队；在后方转运伤病员、荣誉军人、破岩、修路、转运弹药粮秣等，均称后方勤务；站岗放哨、短途送信、带路及动员妇女炒干粮、做军鞋、拆洗伤兵衣服等，均称为村内勤务。

人力的动员，主要是男劳动力。凡年在16岁以上55岁以下身无残疾的男子，均须服前方战勤和后方勤务，其中16岁的、46岁至55

岁的，服后方勤务和村内勤务，不出前方勤务。此外，凡能劳动的男女老少，均须服村内勤务。

畜力和运输工具，则普遍动员。凡能驮70斤以上的牲畜及能载运的车辆船只，都要征调服勤务。但随军运输牲口以能驮百斤以上的方为合格。

各项勤务，均由县、区、乡政府动员和组织。以行政村或自然村为单位，将合格的劳力、畜力、运输工具统一登记，分别组织，并建立人畜力负担账簿。人力畜力的使用，不论前方还是后方勤务，大批的均由边区政府民政厅或前线动员委员会统一调遣。为了爱惜民力，节省民力，规定机关部队的一切生产事业，机关部队学校过往人员之代步、捆行李、驮东西、接送眷属、机关搬家、挑水、拾柴、推磨、做饭等事，以及后方机关部队需要粮草的运输等，均不准使用民力。

动员出发的民夫、牲口、大车，以及为服勤的民夫家庭代耕代种，均以乡或行政村为单位，统一计算战勤工、代耕工。战勤工的计工标准是：随军服务的定期担架民夫，由到达使用部队时起到完成任务时止，每人每天均按1个半工计算，往返途中每人每天按1个工计算。后方勤务每人每天均按1个工计算。村内勤务不计工。不脱离生产的民兵游击小组，其因公出差在一天以上的，每人每天按1个工计算。参加运输的畜力，在服务期间，一律每头每天按1个工计算。大车运输一天按几个工计算，由各地自定。跟牲畜的人按其出差性质同样计工。随军运输人员，每人每天按1个半工计算。

各种战勤工、代耕工，均以乡或以行政村为单位，按照财劳共负与劳勤结合的原则，合理负担。按财富、劳动力分摊的比例，由县具体确定，可以劳七财三，也可以劳六财四。按财富应分摊的工数，一般按公粮负担数分摊到各户。

解放战争时期，特别是1947—1948年，陕甘宁边区的战勤动员很频繁。边区政府对战时勤务动员的各项规定，对于保证自卫战争的供应，兼顾生产，合理负担，节省民力，都起了积极的作用。

(二) 晋绥边区的军勤负担办法

晋绥边区的军勤负担，在土地改革完成之前，基本上沿用1941年公布的办法。1947年夏，为了纠正各地非法滥用军勤，严重影响群众生产的错误行为，晋绥行署和晋绥军区司令部联合发出禁令，规定除伤病员重残废的担架运输、军鞋被服的缝纫、战争区域必要的军事运输以外，任何机关个人，不论用什么借口，都不得动用抗勤。此外，为军勤负担公平合理，纠正将全体人民应负之义务完全放在部分人身上的不合理做法，还规定军勤负担基本上按劳动力计算，再加上地主、大商及富有者的富力（应按其家庭实际经济状况，不应单按征公粮的分数），合理分摊。村干部及所有退职干部、复员军人（一、二等荣誉军人除外），一律须在所在地服军勤，不得逃避。

老区、半老区的土地改革基本完成后，为了鼓励农民发展生产，翻身致富，晋绥行署修订了军勤负担政策，取消过去按阶级计分服军勤的办法，改按劳动力为标准服军勤。

据此，1948年6月28日，晋绥边区行政公署公布了新的军勤负担办法。这个办法的主要内容是：

第一，关于军勤动员的对象。办法规定凡年龄为16岁以上55岁以下的男女劳动力，和人民所有能使用的畜力、车辆、船只等，都要服军勤。其中，18—45岁的壮年劳力服较重军勤，其他在龄男子及妇女服较轻军勤，如送信、带路、代耕、缝军鞋等。

经政府登记的公私工厂、群众合作社、公营商店、公营作坊的员工及其所有的牲畜、运输工具，免服军勤。

城镇的商人、摊贩、作坊及常年经营之专业手艺工人，每个在龄男子固定每月出军勤工一个（或出代工米），其畜力、车辆亦固定每月服军勤一日，或按工折出军勤代工米。

确实无力负担军勤之手艺工人、只身度日的苦力工人、生活特殊困难的农民、小摊贩、身有残疾的人民以及缺乏劳动力而生活困难的军、烈、工属男子，三等荣誉复员军人等，经群众讨论，行政村代表会批准，可酌情减免。

第二，关于军勤负担的计算标准。军勤负担，以村为单位，以劳动力为标准，按户计分，按分摊工。每月结算一次，缺工户可以补工，也可以补工资。

各户应服军勤的人力、畜力、车辆，计分的标准是：每一在龄男子计1分，牛、驴每头各计2分，骡、马每头各计3分，骆驼每头计4分，大车计2分，小车计1分，船只免计。

服勤的计工标准是：服务1日或来回60里路的军勤，每人计1工；牲畜除脚夫按人计工外，牛、驴各计2工，骡、马各计3工，骆驼计4工；车辆除人畜工外，每辆大车计3—4工，小车计2个工。民兵参战及代耕等，亦按日计工，算军勤工（民兵在农闲时参战计半工）。大规模搬运物资，采取计重算工办法。规定必须载重的标准为：民工40斤，牛驴各100斤，骡马各150斤，骆驼200斤，二套大车800斤。除必须载重量外，每多载50斤，每日多计军勤工1个，如少于50斤的，可折合计工。

第三，动员军勤手续及民工、牲畜供给办法。使用军勤的部队机关，必须持有正式军勤支付证，才能由县、区、村政府支付军勤，不得向群众直接动员。民工服务完毕时，使用军勤机关必须填写"完成任务证"交给民工，以便回村凭证计工。

服军勤的人畜，当天能返家的，都自备粮草。服务时间在两天以上的，从家到服务地点仍自带粮草，从到达服务地点起至返回家中全部时间的粮草，由使用军勤机关按运输队供给标准供给。

晋绥行署军勤负担办法公布后，许多地方未认真执行。因而，不按手续动员、不算账还工、负担不公、浪费民力等现象仍然严重存在。为此，1949年2月15日，行署又重新印发了1947年的禁令，并对1948年的负担办法作了一点补充。此外，晋南行署于1949年1月16日也制定了《晋南行署战勤负担暂行办法》。这个办法的内容，同晋绥行署1948年的办法差不多。

（三）西北解放区农民的战勤负担情况

解放战争时期，西北解放区农民的战勤负担是很重的。重到什么程度呢？我们依据陕甘宁和晋绥边区的一些材料，分别算了这样一个账：

据不完全统计，1947年陕甘宁边区每个劳力正式服战勤约16天①。若以每天工米按2升（6斤）计算，则每个劳力的战勤负担折米为96斤。全边区共有劳动力37万个，战勤负担折米总数则为3552万斤，相当于同年边区征收公粮总数的48.1%。应当说明，这里还不包括村内勤务用工在内，如果包括村勤负担，则要相当于公粮负担的70%以上②。

晋绥边区1947—1948年支援各战场的军勤，据不完全统计，共用人工12599217个，畜工1830721个，车工207798个③。若每个人工按小米2升（5.2斤），每一畜工按小米6升（15.6斤），每个车工按小米6升（15.6斤）计算，共计工米为9733万斤，相当于这两年公粮总数的81%。

解放战争时期，陕甘宁边区、晋绥边区的军勤负担为什么这样重呢？我们分析，原因有三条：

第一，内线作战的时间长，战斗频繁。西北的解放战争，内线作战主要在陕北。从1947年3月放弃延安到1948年瓦子街战役胜利，持续1年18天。在此期间，西北野战军集中的兵力达11.9万人，大的战役有7次，小的战斗多得很。无论是大打还是小打，都需要动员相当数量的民力，有些民夫则是随军边磨边打，长期服勤。陕北地广人稀，劳动力少，在这种条件下，民力畜力的负担不可能不重。晋绥边区虽不是内线作战的主要战场，但要支援晋中作战，农民的战勤负担也就大量增加。总之，内线作战的军勤负担，只能全部由老区、半老区的农民来承担。

1948年转入外线作战后，新区农民（主要是战争中心区的农民）的战勤负担也不轻。据黄龙、黄陵、宜川、洛川4个县不完全统计，1948年3—12月的10个月中，平均每个劳力服战勤18天，每头牲畜平均服战勤16天。其中，黄龙县每个劳力在15天内服勤1天，每畜

---

① 西北财经办事处：《抗战以来的陕甘宁边区财政概况》，1948年2月18日。
② 据边区政府统计，1947年妇女共做军鞋50.5万双，每双以小布8尺计共折小布404万尺，除已付代价234万尺外，尚有170万尺系群众负担。若每尺小布按2斤小米计算，单是军鞋一项，全边区就负担340万斤小米，每个妇女平均负担5.4斤小米。
③ 晋绥1947年、1948年《军勤不完全材料》，山西档案馆资料。

在9天内服勤1天；洛川县每个劳力在6天内服勤1天，每畜在7天内服勤1天。

第二，大兵团作战，军需物资（特别是粮草）集中与分散，耗费人力畜力极大。战前，陕甘宁边区的粮草，主要存放在城镇或交通大道附近的仓库。战争爆发，各地根据边区政府的指示，紧急疏散粮草，有的就地疏散，有的搬运到十几里甚至几十里以外的地方。当时，为了保粮，动员的民力畜力相当可观。但是，当大部队一到，又要求粮草大量而集中的供应，同样消耗大量的人力、物力与财力。据前方总后勤部统计，1946年10月20日到12月10日，运粮支援前线动用的人工与畜工即达436141个。1947年野战军吃粮85924石，每天需供应粮食三四百石至六七百石。如果每匹毛驴平均驮3斗，至少要动员1000—2000头毛骡才能保障供应。据边区民政厅统计，这一年头10个月边区共动用人工5130000个，畜工3180000个（关中分区未包括在内）①。当时，陕甘宁边区粮食不足，需要从晋西北调运粮食5万石，这种远距离运粮，耗费民力更大。据晋绥边区统计，1948年1月5日至2月25日的50天内，为运送5万石调粮，共计动员劳力233883个，使用牲口238634头，共用人工1667515个、畜工1743531个，每天平均有41355人、42870头牲口在往来运粮②。

第三，使用民力过程中有浪费。由于制度不健全，组织不严密，加之一些干部思想上不重视，不少地方出现了滥用民力的现象，特别是村内勤务和后方勤务，控制不严，滥用情况很严重。例如，洛川县土基区1948年6、7、8三个月共动员大车100辆，有县政府手续的只有37辆；动员担架681副，有县政府手续的只有119副；动员牲口1489头，有县政府手续的只有389头③。所有这些，都是加重农民军勤负担的一个因素。

除了军勤负担以外，优待代耕的负担也很重。陕甘宁边区和晋绥边区都是老根据地，烈、军、工属都很多。陕北的烈军属有30.8万

---

① 西北财经办事处：《抗战以来的陕甘宁边区财政概况》，1948年2月16日。
② 晋绥边区财政处：《四八年度公粮负担政策与征收工作》，1948年3月。
③ 分区财经委员会：《黄龙分区财经工作中几个问题》，1949年2月16日。

人。根据政府规定，烈、军、工属无劳动力者，都由当地农民代耕代种，保证大人吃粮1石，儿童8斗，另给烧柴。这个标准当然不高，但农民的负担却很重。每个农民全年投入的代耕工约有36个，如果每工以2升米计，全年的工米约为7斗2升，全边区30万个劳力，总用工折米则达21.6万石，接近一年的公粮负担[①]。

总之，在解放战争时期，陕甘宁和晋绥地区农民的财力、人力负担都是很重的，都超过了他们自身的负担能力。尽管如此，广大农民对待自己的政府，仍然是要什么给什么，什么时候要什么时候给，表现出高度的自我牺牲精神和爱国主义精神。正是在这种精神的支持下，西北野战军才得以在两年半的时间里，解放了全国领土的2/5（包括新疆），赢得了西北战争的彻底胜利，把中共中央和毛主席送上了北京。

第四节　华东解放区的农民负担

一、华东解放区的斗争形势

抗日战争时期，八路军在华北敌后战场开辟了山东根据地，新四军则在华中敌后战场创建了苏中、盐阜、淮海、淮南、淮北、鄂豫、苏南、皖江、浙东等根据地。早在1942年春，中共华中局第一次扩大会议闭幕后，刘少奇离开苏北赴延安途中，在写给华中局的信中就着重指出：应加强山东、华中两大根据地的联系，以适应当前坚持斗争和抗战胜利后新的斗争的需要[②]。这一具有战略意义的预见，不断被斗争形势的发展所证实。

1945年9月19日，中共中央发出《关于向北发展，向南防御的战略方针》的指示。同时，决定中共华中局北移山东，和山东分局组

---

① 陕北行署财委主任李景林给西北财委会、边府、陕北区党委的报告，1949年8月22日。
② 《新四军抗日战争史》，新四军战史编审委员会编辑室编印，1963年12月。

成中共华东局。从此，山东根据地与华中各根据地的联系更为密切，政治、军事上的领导完全归于统一。

《双十协定》签字后，中国共产党让出8个解放区，新四军奉命从江南撤至苏北、皖北集中。1945年10月底，根据中共中央决定，中共鄂豫皖中央局改建为中共中原局；苏中、苏北、淮南、淮北等4个地区的参议长与行署主任联席会议决定，成立苏皖边区政府。于是，山东根据地和苏皖边区，统称华东解放区。华东解放区当时没有统一的政权机构，分别由山东省人民政府和苏皖边区政府行使行政的职权。山东解放区辖胶东、渤海、鲁中、鲁南等4个行署；苏皖边区辖8个行政（专员）区[①]。华东解放区的人口为4499万，其中山东区为2199万，苏皖边区为2300万。

1946年5月，国共谈判破裂。6月底，国民党军队向解放区发动了全面进攻。其中，用于进攻华东解放区者，58个旅46.3万人（内苏北解放区31个旅27.2万人，山东解放区津浦路以东27个旅19.1万人）。华中野战军苏北部队于7月13日坚决地迎击敌人向苏北的进攻，至8月27日止，在长江以北运河以东之仙女庙、泰县、海安至小洋口一线以南地区，连续打了七仗，均获得胜利，共歼敌51300人。这个七战七捷，严重地挫败了敌人进攻锐气。11月，国民党军队又分兵发动九路进攻，其中对涟水、沭阳的进攻，遭到粟裕部队的抗击，攻势受挫。此后，苏北主力部队即胜利转移北上，进入山东鲁南解放区，地方武装仍在当地坚持游击战争。

新四军主力转移后，蒋介石一面集中20余万兵力在苏皖地区进行

[①] 苏皖边区辖的8个行政区是：第一行政区（原苏中三、四分区），辖泰县、泰兴、如皋、靖江、紫石、东台、如东、南通等8个县及1东南行署。第二行政区（原苏中一分区），辖宝应、高邮、兴化、兴南、江都、樊川、溱潼、扬中等8个县及1沙沟独立市。第三行政区（原淮南路东），辖天长、盱眙、嘉山、六合、甘泉、来安、仪征、高宝、江浦等9个县。第四行政区（原淮南路西），辖定远、定合、滁全、凤阳、寿阳等5个县及英剑直属区。第五行政区（原苏北盐阜区），辖盐城、盐东、建阳、阜宁、阜东、射阳、滨海、涟东、淮安等9个县。第六行政区（原苏北淮海区），辖淮阴、涟水、沭阳、灌云、泗沭、宿迁、宿北、潼阳、东海等9个县。第七行政区（原淮北东路），辖淮宝、泗阳、泗宿、泗南、泗县、五河、盱风嘉、临壁、睢宁、邳睢、铜睢、肖宿铜、宿县等13个县及洪泽湖管理局。第八行政区（原淮北路西），辖肖县、雪枫、宿西、雪涡、宿蒙、宿怀、夏邑、雪商亳等8个县。边府尚有一个直属市——清江市。

全面"清剿",一面继续进犯山东解放区。1947年初,华东野战军与进犯的国民党军在鲁南、鲁中打了两大仗:1月2—20日在鲁南枣庄、峄县地区一仗,歼敌52000余人;2月19—23日的莱芜战斗,歼敌6万余人,俘敌49000人,创一次歼敌7个整旅的光辉战例。

1947年3月起,敌人被迫放弃全面进攻,改为重点进攻,并将进攻重点置于山东和陕北两个解放区。

敌人向山东的重点进攻,开始于1947年4月6日。汤恩伯、王敬久、欧震等3个兵团约25.5万人,沿临沂至泰安线,并肩向北进犯,企图聚歼华东野战军于沂蒙山区。为打破敌人这一阴谋,华东野战军以一部于正面节节阻击,主力则分向敌人阵线之两端反击,4月22—26日,一举攻克泰安城,歼敌2.4万余人,并乘胜插入敌人后方,于4月29日收复津浦路西之宁阳,5月1日在临沂西北之青驼寺地区,歼敌83个师1个半团。

1947年5月11日,敌人复由临沂、泰安一线,分三路北犯,企图压迫华北野战军退至胶东狭窄地区。华东野战军集中全部主力,围攻敌人中路进犯的整编七十四师,5月6—16日,将其全歼于蒙阴东南之孟良崮地区,共毙伤俘敌32000余人。七十四师被歼后,进犯鲁中之敌即全线溃退。敌人经过40天的全面整理后,又再次以24万人向沂蒙山区进攻。华东野战军以主力一部正面抗击敌人,大部主力分两路选择间隙较大的莱芜、博山地区及临沂、蒙阴地区,向敌人后方出击。左路于7月6日收复费县,歼敌1个旅又1个团,乘胜收复枣庄、峄县;右路于7月8日再克泰安,13日克大汶口、宁阳、肥城、东阿、平阴等城,迫敌由鲁中分路西撤。于是,敌人在山东之重点进攻,基本上被打破。

华东野战军打破敌人对山东的重点进攻后,8月即挺进鲁西南地区,歼敌9500余人。华东野战军苏北兵团于8月6—12日攻击盐城、东台地区之敌,歼敌8700余人。之后,12月10日在如皋东北之李堡、栟茶地区歼敌9000人,12月29日在盐城南歼敌7000人。半年中收复了苏北解放区广大失地。

1948年,华东野战军全面转入反攻。3月11—22日收复周村、张店、淄山、博山等大块地区。4月2日至5月8日向潍县、坊子地区进攻，歼敌45600余人，解放了潍县等地。于是渤海、胶东、鲁中南解放区，完全连了起来。

1948年9月16日，华东野战军进行了济南战役，经过8天的连续攻击，解放了济南市。1948年11月6日，华东、中原野战军联合发动了伟大的淮海战役，经过65天的作战，共消灭敌徐州"剿总"所部5个兵团22个军56个师555000余人。由于这一具有决定性的胜利，华东及中原地区长江北之残敌，纷纷向江南溃退，华东解放区除青岛及长江北岸少数敌人据点外，全获解放。

辽沈、淮海、平津三大战役之后，国民党军队的主力已被消灭。1949年4月20日晚和21日，人民解放军先后强渡长江，于23日解放南京。截至5月27日淞泸作战结束为止，上海、杭州等地亦迅速解放。随着上海解放，中共华东局即迁到上海，并组成了华东军政委员会。

二、华东解放区的财粮供给

华东解放区处于中国物产富饶的地区，经济条件较好。抗日战争时期，这里的财粮供给虽然困难，但根据地生产的粮食，自给有余，财政收支也能求得大体的平衡。解放战争时期，情况发生了很大的变化：财政上入不敷出，有些地方亏空很大；粮食供应也较紧张，主要作战地区年初就仓无存粮。

这种相反的变化，财粮供给上出现如此严重的困难，大大出乎人们的意料。究其原因，主要有以下几点：

首先，养兵增多，战争消耗加大。解放战争时期，华东解放区是内线作战的主要地区，转入反攻后，又连续打了几个大仗。大兵团的运动战，与抗日时期分散的游击战争不同，人力物力消耗巨大，养兵数量大大增多。特别是山东解放区，集结的部队多，财粮供应的压力大。1945年8月，山东军区对抗日部队统编时，辖9个师、12个警备旅、4个独立旅,共27万余人①。1947年发展到41万人以上②。到1948年,增为52.1万人③。如果以日本投降时山东养兵的数字为100,则1947年为151.9,1948年为192.9。这就是说,随着兵力的增加,即使供给标准不变(实际是提高了),财粮供应量也要增加近1倍。这里依据有关资料算了一个简单的供需账:1947年山东养兵41万人,按华北财经会议提出的养兵供给标准每人每年16石小米(约合山东小麦2560斤)计算,全年共需粮10.5亿斤,而山东省这年实征公粮(按粮食年度计算)只有10亿斤,全部用于养兵也不够。1948年,山东养兵52.1万人,按同样标准计算,全年需军粮13.3亿斤,而这年征收的公粮(按粮食年度计算)为12.4亿斤,也满足不了部队的需要。

除了正规军(野战军、地方军)以外,还有大量的民兵参加战斗。像鲁南会战、济南战役、淮海战役,民兵直接或间接参加战斗的都有几十万人,这是抗战以来所没有的。民兵民夫开支的浩大,使财粮供给的困难更为加剧。

其次,脱离生产的人员大大增加,超过了当时的财政负担能力。这里说的脱离生产人员,包括各级行政干部和事业人员两部分。抗战胜利后,由于出现短暂的和平间歇时期,许多同志对内战的爆发认识不足,于是放手吸收干部,兴办各项事业,致使行政人员和事业人员激增,加大了财政开支。据山东省1946年春天统计,半年中仅地方工作人员即增加了两三倍,许多机关团体的脱离生产人员,远超过了编制,一个区公所按编制只需8个干部,实际有10余人到二三十人,县政府以上机关也是如此。全省吃粮人数(仅地方工作人员,不包括部

---

① 辛玮等主编:《山东解放区大事记》,山东人民出版社1982年出版,第229页。
② 1945年10月山东军区有6万多人奉命进军东北。1946—1947年在土改中有10万青年参军,1947年鲁南、鲁中、孟良崮等三大战役中俘虏兵有10万人。增减相抵,净增加14万人,加上原来的27万人,估计到1947年的兵力至少在41万人以上(新四军主力部队转至鲁南的人数不包括在内)。以上数字,均引自薛暮桥:《抗日战争时期和解放战争时期山东解放区的经济工作》,人民出版社1979年出版。
③ 《华北各战略区总人口负担人口及脱离生产人员简计》,《军队与地方人员比例、野战军与地方军比例统计表》,1948年。陕西省档案馆资料。

队），即有 18 万人，超过编制 1 倍以上。事业人员更多，如邮政人员当时全省即有 1.2 万人，小学教员即有 4 万人。此外，大学、中学学生也全是由公家供给的①。1947 年山东省政府根据中共华东局的指示进行了精简，但到 1948 年山东全省的地方人员仍有 18.2 万人②。

1946 年底，在苏北、苏中的野战军北上转移到鲁南后，苏皖边区政府及后方机关、家属等，也转移到山东来了，这使山东的脱产人员更多。据有关资料估算，1947 年山东需要给养的脱产人员（包括军队在内）在 100 万以上，占全省总人口的 4%—5%，在脱产人员集中的鲁南地区，脱产人员可能占到全区人口的 40%—50%。这样大的数字，在农村环境下，是很难维持的。

最后，财源缩小。财源缩小，有战争的影响，有自然灾害的影响，也有工作上的不当。

战争的影响很大。随着国民党军队的进攻，华东解放区曾一度缩小，一些城镇也被敌人占领，这就直接减少了财粮收入。苏中征粮地区，1947 年要比 1946 年缩小 2/3—3/4，这年全区的夏征，标准比上年提高 1/2 以上，但收入不及上年夏征之一半，工商税收也大大减少。山东解放区由于敌人的蹂躏，粮食损失很大。胶东行署由于某些港口及城镇一时被敌侵占，工商税收大大缩减。

解放战争时期，华东解放区的自然灾害较多。1946 年山东、淮北均遭受水灾，山东水灾面积近 200 万亩。1947 年秋，苏北阴雨连绵，河堤决口，胶东、鲁南亦有水灾。1949 年山东省普遍遭受水、旱、虫、雹、风等灾害，全省受灾面积 4813 万亩，占总耕地面积的 45%③。由于灾害的影响，农民的负担能力下降。

所谓工作上的不当，主要是抗战胜利后，山东省没有坚持依靠农村、依靠农民发展农业生产，而把注意力放在发展工业上，结果所有

---

① 薛暮桥：《抗日战争时期和解放战争时期山东解放区的经济工作》，人民出版社 1979 年出版，第 26—27 页。
② 《华北各战略区总人口负担人口及脱离生产人员简计，军队与地方人员比例、野战军与地方军比例统计表》，1948 年。陕西省档案馆资料。这个数字，可能包括苏皖边区政府及后方机关转移到山东来的人数在内。
③ 《山东省 1949 年被灾田亩与减产统计》。山东省财政厅报送资料。

工业和矿业不但不能赚钱，相反地都赔钱，财政收入没有增加，农业却受到影响。这种做法虽然不久就扭转了，但加剧了1946—1947年的财政困难。

以上所述，是华东解放区财粮供给困难的几个主要原因。那么，在解放战争三年多的困难日子里，是如何度过的呢？如果要简单的回答，那就是自力更生，依靠农民，依靠广大官兵，共同艰苦奋斗。在财政粮食工作上，则采取了以下几条措施：

第一，实行精简。这是节省开支、解决财粮供需矛盾的有效办法。1946年5月，山东省即开始讨论精简脱离生产人员的问题，因当时仍存在着和平幻想，精简工作未能贯彻下去。8月财经会议①以后，山东省参议会与山东省人民政府联席会议讨论通过了省府系统的精简方案，精简人数占31%②。1946年10月25日，中共中央华东局作出《精简决定》，要求地方精简10万人，重新审查编制，调整机关人员。于是，精简精神不仅在山东，而且在苏皖边区也得以贯彻。1948年4月10日，华中工委同意并批准了高干会议通过的四大方案。其中《整编方案》提出，全华中党政军脱离生产人员，应以20万人为限（荣誉军人在外），其数额比例，主力占50%，地方武装占25%，地方党政占25%③。

第二，厉行节约。华东解放区在实行精简脱产人员的同时，狠抓了开支的节约。采取的措施有二：一是降低供给标准，二是开展群众性的节约运动。

日本投降后，华东解放区军政人员的供给标准较之抗日时期普遍提高，有的还超标准自动提高了生活待遇。为了保持抗日时期艰苦奋斗的优良传统，缓和财粮供应上的矛盾，根据中共华东局、华中分局的决定，从1947年开始，山东省和苏皖边区的供给标准都有所降低。山东省的粮食供给，主力部队由每人每日2斤4两减为2斤3两，地

---

① 1946年8月8日，山东省人民政府召开财委会议，着重研究了货币经济、财粮供给制度、收支概算、组织领导和支援前线等问题，会议至31日结束。
② 辛玮等主编：《山东解放区大事记》，山东人民出版社1982年出版，第269页。
③ 《安徽革命根据地财经史料选》（三），安徽人民出版社1983年出版，第250页。

方部队由2斤4两减为2斤3两，后勤机关由2斤4两减为2斤；菜金主力部队由公家供给，地方部队公家供给一半，自己解决一半，地方机关则完全由自己解决；单衣除主力部队发两套外，其他一切后方机关人员，皆改发一套，鞋子减少一双，衬衣取消；办公费、特别费，各单位自己解决。苏皖边区自1947年元月起，部队食粮减少大米1两（或旱粮2两），地方及后方人员减少旱粮3两；部队发单衣两套，衬衣裤节约停发，地方人员按实有人数补充50%的单衣；冬季提倡两餐制，以节约烧草。供给标准降低以后，据山东省计算，半年就可节约粮食6000万斤。

1947年开始，各地还普遍地开展了群众性的节约运动。在群众性节约的基础上，又发动了一个献金、献物、献粮运动。这一运动，不仅使干部增强了艰苦奋斗的思想，而且带来了良好的经济效果。据统计，胶东各机关、部队、学校、工厂等单位在6月份献出的物资总价值6300万元（北海币）[1]；苏皖边区献出来的财物可供主力部队两三个月开支[2]，苏皖二分区1947年2—5月，节约献金达1.1万多担大米[3]。

第三，增征、预征公粮和田赋。粮赋收入一直是华东解放区的主要的可靠的收入来源。它不仅有利于保障军粮的供应，而且有利于同敌人进行货币斗争，稳定解放区的经济。抗战胜利后，华东解放区（主要是山东）曾想减少公粮和田赋的征收数字，让农民歇歇气，但是随着内战的爆发以及由此带来的财政亏空、通货膨胀、物价上涨，民主政府不得不改变原来的计划，即由减征公粮田赋改为增征公粮田赋。

从1946年下半年起，华东解放区的粮赋增收数逐渐增加。据山东省粮食局统计的数字计算，如以1946年的粮赋征收数字（不包括村附加）为100，则1947年为146.8，1948年为168.1，1949年为181.9[4]。

---

[1] 辛玮等主编：《山东解放区大事记》，山东人民出版社1982年出版，第289页。
[2] 薛暮桥：《抗日战争时期和解放战争时期山东解放区的经济工作》，人民出版社1979年出版，第31页。
[3] 苏中《人民报》报道：郭处长与专署财经会议《总结十月来坚持成绩》，《人民报》，1947年9月10日第一版。
[4] 山东省粮食局编制：《山东省1946—1948年征收统计表》，1949年10月25日编印。1949年的数字为山东省财政厅统计数字。

另据苏皖边区第六行政区（原苏北淮海区）的有关资料计算，1947年全行政区粮赋征收数比1946年增加41.7%，1948年又比1947年增加11.14倍①。

为了解决供需之间季节性脱节的矛盾和满足大的战役的突击需要，各地还实行了公粮和田赋预征或预借的办法，即提前征收本年度或下年度的粮赋。1947年上半年，山东省鲁南地区，缺粮很多，除节约6000万斤外，欠缺部分如果花钱购买，必然引起粮价飞涨，难以完成任务。于是，山东省政府在年初（1947年1月31日）发出指示，决定预征下半年公粮1亿斤（相当于1946年秋征公粮的35%—40%），并规定每借1斤公粮附借柴草1斤半。1948年底，为了支援淮海战役粮草供应，苏皖边区政府决定预借1949年公粮100万担（1亿斤），并逐级分配了预借的数字。预征或预借公粮、田赋，特别是山东省1947年初在春荒的情况下借征公粮，这是破天荒第一次，但为保证军食，除此以外别无更好的办法。

第四，大力从工商业方面组织收入。华东解放区的财粮供给，粮食、柴草全部靠农村取得，货币收入则主要从工商业方面取得。这是由华东解放区的经济条件决定的。华东解放区交通方便，工商业比较发达，组织收入的条件本来是好的，但是敌人的经济封锁和战争的破坏，给组织收入带来很多的困难。为了战胜困难，开辟财源，增加收入，各地适时地采取了许多措施。例如，在山东解放区，加强了货币斗争和贸易工作，加强了税收管理工作，并调整了税率；在苏皖边区，许多地方的税务干部配合武装部队挺进边区，深入敌后，开展武装游击收税，并奖励蒋占区及边区商人自觉报税，组织干部、机关群众的查税团，加强稽查工作。所有这些措施，都收到了显著的成效。

华东解放区从工商业方面取得的货币收入，包括工商税收和专卖利润、贸易收入两大类，主要是工商税收。据山东省1947年上半年财政收入（不包括公粮）统计，工商税收占48%，田赋收入占42%，专

---

① 江苏省档案馆资料。均按原辖8个县计算，1948年宿北县的数字已剔除。1946年只有夏季粮赋征收数，秋季粮赋征收数是按占全年的60%推算的。

卖利润和贸易收入占32%（专卖利润实际也是税收）[①]。苏皖边区第六行政区1948年第四季度财政收入（不包括公粮、田赋）统计，工商税收占91.4%[②]。

工商税收开征的税种，各地不尽相同。在山东省，主要有契税、进出口税、产销税、营业税、盐税等数种。在苏皖边区有盐税、契税、货物进出口税、营业税、产销税、牙行营业税、屠宰营业税等数种。税种虽有不同，但在收入构成上，主要都是进出口货物税和产销税。

加强工商税的征收管理，对于解决华东解放区的财政困难起了很好的作用，不仅保证了战争花钱的需要，而且有利于减轻农民的负担。

第五，发行公债。公债的发行，是个别地区克服财粮供需矛盾采取的一项措施，不是普遍的。

1946年4月，苏皖边区政府为救济灾荒，发行过"三十五年救灾公债"。此项公债，发行额为边币（华中币）9000万元，发行期为4—7个月，月息2分，到期后可以完纳三十五年11月1日后各种赋税，或向华中银行兑现。

苏皖边区的第六行政区（原淮海区），在1946年底的涟水、沭阳自卫战争中，消耗了大量粮食，群众在支援战争的后勤工作中损失了大批牲畜和农具。为了支持游击战争，保证粮食供给，恢复农业生产，赔偿人民损失，1947年春季第六专署发行了"粮草公债"和"赔偿战争时人民损失公债"。"粮草公债"分甲乙两种。甲种以小麦为标准，按公债票面额八五折计算，在夏季征粮时十足偿还，或抵交夏季公粮、田赋。乙种以玉米为标准，按公债面额八折计算，在秋季征粮时十足偿还，或抵交秋季公粮、田赋[③]。"赔偿战时人民损失公债"规定：在紧急情况下，为解放军借用的牲畜、农具，无人跟随而受损失者，全部赔偿；有人跟随，在前线炮火中损失者，全部赔偿；牲畜死亡，农具破损，已为原主变卖，按原值估价予以补偿。损失之牲畜、农具按

[①] 薛暮桥：《抗日战争和解放战争时期山东解放区的经济工作》，人民出版社1979年出版，第32页。
[②] 江苏省档案馆资料。
[③] 《淮海区发行粮食公债暂行办法》，江苏省档案馆资料。

当地市价折成小麦，以公债赔偿。公债自1948年夏季至1949秋季，按粮额多寡分四期偿还。公债利息，在1948年夏季偿还者，为偿还粮额的10%，秋季偿还者，为偿还粮额的15%；在1949年夏季偿还者，为偿还粮额的20%，秋季偿还者，为偿还粮额的25%。公债到期，可抵交公粮、田赋或持券向当地粮库兑取粮食①。

1947年8月，山东省胶东区发行了总额2000万元的"爱国自卫公债"。这种公债，以劝募在土改复查中农民清算地主得到的金银为限，发行期为5年3个月，月息1分5厘。

华东解放区采取的上述五个方面的措施，在保证战争的供给、战胜灾荒、稳定物价等方面，都取得了很大的成就。1948年华东解放战争节节胜利，农业亦获丰收，财政粮食供给上的矛盾开始缓和。1949年大军渡江南下，各解放区在物质上人力上进行了大力支援。1949年七八月份，仅山东省向京沪调运的粮食即有6000万斤②。

三、山东省的粮赋征收制度

解放战争时期，山东省的粮赋征收制度有两种：一是老解放区的征收制度，二是新解放区（未土改地区）的征收制度。这两种制度在全省范围内都不一致，老区的粮赋制度到1948年土地改革完成后才统一起来，新解放区的粮赋征收直到1949年才制定全省统一的办法。因此，要明了全省征收制度的概貌及其演变的过程，还得分年度来叙述。

（一）1946年的粮赋征收制度

1946年5月15日，山东省政府颁发了《山东省三十五年度征收公粮办法》。这个办法，仍以中亩（即标准亩，150斤产量为一个标准亩）为课税对象，以户为纳税单位，按全户每人平均中亩的多少分五等35级累进计征。

一等户：每人平均标准亩5.81至10亩以上，其产量为871斤至1500斤以上，征收26%—35%。

二等户：每人平均标准亩4.01—5.8亩，其产量为601—870斤，

---

① 《苏皖边区第六行政专员公署赔偿战时人民损失公债暂行办法》，江苏省档案馆资料。
② 辛玮等主编：《山东解放区大事记》，山东人民出版社1982年出版，第341页。

征收20%—25%。

三等户：每人平均标准亩2.21—4亩，其产量为331—600斤，征收11%—19%。

四等户：每人平均标准亩0.61—2.2亩，其产量为91—330斤，征收2%—10%。

五等户：每人平均标准亩0.6亩以下者，免征。

上述征收数内，包括优救粮在内，其开支数额，规定不准超过实征公粮的10%。此外，夏季每斤公粮带征柴草粮20%；秋季改征现柴，每斤秋粮带征烧草一斤半（不驻部队地区，折征柴草粮或代金）。部队机关之农业生产，按实产量征收5%。村中公田，由群众团体、民兵集中耕种者，按产量征收10%。

1946年，山东老区尚未普遍开始土地改革，仍然存在租佃关系。对租佃地的公粮负担，按租率高低作了这样的规定：租额在10%以下者，出租人一亩作一分负担，承租一亩作七分负担；租额在11%—20%者，出租人一亩作二分负担，承租人一亩作六分负担；租额在21%—30%者，出租人一亩作三分负担，承租人一亩作五分负担；租额在31%—40%者，业佃双方各按四分负担；租额在41%—50%者，出租人一亩作五分负担，承租人一亩作三分负担；租额在50%以上者，出租人一亩作六分负担，承租人一亩作二分负担。

在减免方面，有这样一些规定：（1）纳税人开垦生荒地，五年以内不负担；开垦熟荒地，三年以内不负担。（2）边缘区被伪顽蹂躏过重者，可减轻负担1/3至1/2。（3）贫苦之鳏、寡、孤、独与无劳力者，每人平均标准亩不足一亩者，其负担减轻1/2，一亩至二亩者减轻1/4。（4）劣级地（产量30斤以下者）、场院、宅基地、坟墓无收益之地，不负担公粮。（5）受水、旱、虫、雹之土地，收益在1/3以上者，一亩按半亩负担；收益在1/2以上者，一亩按八分负担；收益在2/3以上者不减征。

田赋由土地所有人缴纳，不论耕地或非耕地，有收益或无收益，均征收田赋。1946年上期田赋征收的标准是：清丈土地较彻底的老区，每标准亩（平均产量150斤为一亩）征收本币7元（北海银行币）；已登记而未清丈土地，估计黑地数量相当大的老区，按官亩（以 240 号为一亩）征收本币 8 元；新解放区（大进军以后的），每官亩征收本币 6 元。1946 年下期田赋，每中中亩（即标准亩）征收本币 30 元；大军进军以后的新解放区，尚未折合中亩者，按每官亩征收本币 25 元，敌我争夺之边沿区（亦按官亩征收）及遭水、旱、虫灾地区，每亩减征 20%—60%。下期田赋自 8 月 1 日开征，限 1 个月内完成，逾期不交纳者，处以 10%—100% 的罚金。

以上征收公粮、田赋的规定，只适用于鲁中、鲁南、滨海三个区，胶东、渤海两个地区，则另订有单行的办法。

这一年，渤海区仍沿用上年的征收办法，即公粮以每人平均土地收入多少累进计征，按户负担；田赋按土地等级分别规定不同的征收额；游击区按每人平均地亩多少分别确定每亩应负担的分数。胶东区 1946 年度按四种办法征收：（1）已评定土地等级、产量的地区，以户为单位，按每人平均总产量多少累进计征。（2）已进行土地登记并评定标准亩的地区，以户为单位，按每人平均标准亩多少累进计征。（3）只进行土地登记，因工作无基础无法估算人口的地区，按上、中、下三等地征收。夏季，上等地每官亩征收小麦 6 斤，中等地每官亩征麦 4 斤，下等地每官亩征麦 2 斤。秋季，上等地每官亩征收秋粮 15 斤，中等地每官亩征收秋粮 10 斤，下等地每官亩征收秋粮 5 斤。每户自有耕地不足中等地一官亩或下等地二官亩或上等地七分者，免负担。租种地由原业主（原地主）负担，佃户不负担。（4）新解放区不能划分三等地地区，边缘区及与顽伪争夺地区，按普通地亩征收。夏季每官亩征收小麦半斤至 3 斤，秋季每官亩征收秋粮 2—8 斤。每户有地不足一亩者，免征。

（二）1947 年粮赋征收办法的若干修订

随着战争形势的变化和土地改革的开展，山东省政府于 1947 年 1 月 31 日发出了《关于预借三十六年度公粮与肃清三十五年度公粮尾欠的指示》，5 月，颁发了《山东省三十六年度征收公粮暂行办法（草案）》；与此同时，胶东行政公署也公布了《关于征收三十六年度上期田赋的决定》。这些文件，对原征收办法作了若干修订。修订的内容主要有以下几点：

第一，鲁中、鲁南、滨海、滨北四个地区，在年初预借三十六年度秋季公粮。借粮数目为上年秋季征收数的15%—40%。并规定：在土地改革中，凡土地被分配，未收获秋粮者不借；新得土地之农民，尚未收获粮食者不借；新收复区被敌人蹂躏过重者不借；新安家的荣誉军人不借，生活困难确实无粮者不借；学田、群众团体公田、复员田不借。除上述"五不借"外，其余一律要借征。

第二，渤海地区自本年起，执行山东省政府制定的统一粮赋征收办法。

第三，调整了级距和税率。为了适应土地改革后土地分散的新情况，山东省政府把原来的35级累进税率相应改为25级累进税率，除每人平均标准亩在1.05亩以下的户适用税率未动外，其余的户税率普遍提高。

在秋季征粮时，胶东、渤海两区对土改中新分得土地的雇贫农，规定减征1/3。这种照顾是必要的，但由于照顾过多，结果"中农与贫农的负担相差过大，使中农感情上受到刺激，甚至对党团结中农的政策产生疑虑"①。

第四，提高了田赋征收额。1947年上期田赋，山东省规定每标准亩征收60元（折粮食4.8斤），下期田赋估计每标亩为3斤左右。

胶东区的田赋，仍分别情况征收。上期田赋征收的标准是：（1）评定60级、12级、17级地的地区，按土地总产量征收，每一斤产量征收本币5角5分，特种地一律照征。（2）土地划分为三等的地区按亩征收，上等地每官亩征收本币150元，中等地征收70元，下等地征收40元。山岚、草场、园场、宅基、苇塘、莲塘等特种地，按收入实际情况，每官亩征收本币5元、1元、15元、20元、25元。（3）尚未划分三等地之地区，按普通地亩征收，耕地每官亩征收本币70元，特种地每官亩征收本币5元。（4）边缘区及敌游击区按普通地亩征收，耕地每亩征收本币20—60元，特种地免征。（5）尚未征收城市、港口

---

① 渤海行署《征粮手续》，1948年7月。

田房税的城市，港口的房屋基地、旷场，按繁荣情况及收入多少，分五等征收：一等每官亩征收本币220元，二等160元，三等110元，四等70元，五等40元。滨北区（胶高县除外）按中中亩征收，每中中亩征收本币60元。

（三）1948年制定的老区统一征税办法及1949年的修订

1948年上半年，山东省老区的土地改革基本结束。老区的土地改革虽然尚不彻底，但经过1947年纠正富农路线的右倾错误，实行了"中间不动两头平"的分配土地方针，重新规定了各项具体政策，各阶层占有土地已大体平衡。据山东省农林厅对16个县49个典型村499个典型户调查，1931—1936年每农户平均耕地面积15.62亩（每人平均3.59亩），其中，地主、富农每户平均35.3亩，中农每户平均17.6亩，贫雇农每户平均0.3亩。1948年（土改后）每农户平均耕地面积12.10亩（每人平均2.77亩），其中地主、富农每户平均为15.4亩，中农每户平均为14.7亩，贫农每户平均为14.4亩[①]。

为了适应农村土地关系的新变化，发展农业生产，保证解放战争的财粮供给，山东省政府改革了粮草征收制度。1948年6月，山东省政府公布了改革后的《山东省三十七年度征收公粮公草暂行办法》。经过夏征的检验，山东省政府又作了若干修正，于1948年10月1日公布了《山东省三十七年度征收公粮公草暂行办法的修正补充部分》。由此，新办法进一步得以充实和完善。

这次税制改革的内容，主要有四点：

第一，统一老区的征收制度。1939—1947年，山东根据地一直并存着几种粮赋征收制度。1948年山东解放区在军事上节节胜利，收复了广大乡村与许多城镇，使鲁南、胶东、渤海三个地区连成一片；同时，老区经过土地改革，土地已经大体平分，这不仅必要而且也有条件把老区的征收制度统一起来。因此，山东省政府规定，从1948年起，各地区一律执行全省的统一征收办法。

第二，改累进税为扣除免税地的比例税。山东省的土地改革虽不

---

① 《两年来的中国农村经济调查汇编》。中华书局1952年3月出版，第224—225页。这个调查材料，是山东省农林厅在1950年夏季调查的。

彻底，但贫雇农已大部分得到土地，在这样的变化之下，旧的累进办法已不适用，如再累进，势必加重贫雇农的负担，故采取按亩（中中亩）比例负担的办法。但又由于某些地区地少人多，不能一律平均负担，故又对每人平均土地少的户扣除一定的免税地，加以照顾。

改革后的新办法规定：公粮征收，以户为单位，以中亩为标准（一中亩产量为150斤），按人口计算。每亩地全年征收公粮20斤。但每人平均二亩以下者，每人免除七分地不负担；二亩一厘至三亩者，每人免除五分地不负担；三亩一厘以上者，不再免负担，即按实有中亩计算。

这种负担办法，形式上是比例税（每亩一律征粮20斤），实际上具有倒累进作用；对于人多地少的地区，对于占有土地较少的贫雇农，是有照顾的。

第三，根据不同情况，重新规定了减免税的各种照顾。这方面的规定有：（1）纳税人开垦新荒地免负担5年，开垦已荒芜4年以上的原耕地免负担3年，开垦荒芜3年以上耕地免负担2年，开垦荒芜2年的耕地免负担1年，开垦荒芜2季者，免负担一半。（2）自1947年1月1日起，新得土地已确定地权者，其新得地部分，每亩减征公粮10斤。（3）无劳动力之军工烈属，鳏寡孤独，其生活困难者，酌情减免其负担的20%—50%，特殊困难、确无负担能力者，全部免征。（4）凡遭水、旱、虫、雹灾之土地，酌量减免其受灾部分之负担，遭受蒋灾（蒋介石军队蹂躏——笔者注）及意外灾害，实无负担能力者，酌情减免。（5）喂养耕畜（牛、马、骡、驴）者，凡喂养耕畜一头（不分大小），全年减收秋粮15斤，随粮附减柴草22.5斤。但每户减免最多不得超过两头，完全不从事农业生产之牲畜，不予减免。

第四，田赋、柴草、村经费粮、优救粮等，统统随公粮一并征收。村经费以往都是由村里随便摊派，毫无标准，开支没有规定，谁爱用多少即用多少，因此村负担占公粮、田赋的百分之三四十，甚至到百分之百，浪费很大，增加了群众负担[①]。为了减轻农民的负担，山东

---

① 胶东行署《秋粮手册》，1948年。

省政府于1948年10月14日公布了《山东省各县村经费收支保管暂行办法》①。办法规定,自1948年秋季开始,各县随秋季公粮附征村经费,其征额暂定为公粮征额的20%。同时,还规定了村经费的开支标准:(1)办公费。全年每村(200户左右村庄)灯油36斤,纸60张,毛笔6枝,墨4锭,火柴24盒。(2)村干部生活补助费。每村每月秋粮120斤。(3)小学教师薪粮。代用教师为每人每月150斤,正式教员160—200斤。(4)战勤补助费。民工从出发日起,所有给养由公家供给,服务在半月以上者,每副挑子补助秋粮2斤,每副担架补助秋粮10斤,小车每辆补助秋粮5斤,大车每辆补助秋粮20斤。(5)学校修建费。每教室每学期开支秋粮40—80斤,由区统一调节使用。此外,新办法还明确规定,公粮直接由花户向粮库缴纳,粮库按花户裁给收据,不必经过村政府秤收,从而防止了个别分子的贪污舞弊,也免除了一般积极负责的村干部怕亏耗的顾虑。

这次税制改革是成功的,基本上达到了公私兼顾、公平合理的要求。因此,各地群众一致反映新办法好,交粮的热情也进一步提高。

1949年,山东省政府在总结经验的基础上,对新办法又作了若干修订:(1)将公粮、田赋、柴草等负担同时并征,另附征乡村经费;(2)无中亩而有地级之地区,根据中亩之税率,以地级为负担标准,按人口计算之;(3)所有农业人口,不分男女老幼,每人均扣除中亩七分地,作为免税点,免交负担;(4)扣除免税点(中亩七分地)后,以市秤为标准,每中亩全年负担公粮30斤,田赋粮5斤,柴草粮5斤,附征乡村经费粮6斤(合计46斤,占每中亩产量的30.7%)。这样修订以后,山东老区实行的税制就与华北解放区的税制完全一致了。

(四)1948年新区征粮办法的制定与修订

随着解放战争的胜利,山东解放区的范围迅速扩大。到1948年淮海战役前,山东省拥有140个县、1313个区、76097个村,人口3531

---

① 《大众日报》,1948年10月14日。

万，耕地 9432 万余亩。同 1946 年比较，人口增加 8.7%，耕地增加 17.7%[①]。这些新扩大的区域，由于工作条件较差，群众基础较差，当时没有进行土地改革（后来在 1949 年、1950 年才进行土地改革），因此粮赋的征收不能执行老区的办法，必须另行制定单独的办法。

1948 年 6 月 8 日，山东省政府公布了《山东省三十七年度边沿区、新解放区麦季公粮征收暂行办法》。秋季征粮时，又作了一些规定。这个新区征粮办法的要点是：

1. 公粮公草的征收，以官亩（五营造尺为一杆杖，二百四十杆杖为一官亩）为标准，累进计算。各个税级的累进率不同。全户每人平均占有土地在 1 亩以下者免征；每人平均为 1.01 亩的起征，夏季每亩征麦粮 2 斤，秋季每亩征秋粮 5 斤；每人平均在 30 亩以上的，夏季每亩征麦粮 15 斤，秋季每亩征秋粮 35 斤。每征一斤公粮带征公草一斤半。

2. 为解决山区、丘陵、平原土质优劣悬殊带来负担不合理的问题，规定以村为单位，把土地分为四种类型，对劣等地在计算面积时予以打折照顾。每亩产量在 151 斤以上者为一等地，不打折，一亩按一亩计征。每亩产量在 111 斤以上 151 斤以下者为二等地，打八折计征；71 斤以上 110 斤以下者为三等地，打六折计征；70 斤以下者为四等地，打四折计征。

3. 因受蒋灾过重者，以村为单位酌情予以减免照顾。其中，烈军工属、军工复员人员、鳏寡孤独及受蒋灾特重之群众，如减免后仍有困难，可再酌减其应负担额的 20%—50%，或者全免。边沿区群众负担困难者，可酌减其应负担的二三成。

4. 田赋、村经费附加，均随公粮一起征收。村经费按秋季公粮的 20% 计征。胶东规定，每中亩田赋征收三斤粮。

1949 年 5 月 18 日，山东省政府公布了《山东省 1949 年新区农业税征收暂行办法》。这个办法，与上年的办法比较，有三点修订：（1）计算土地的标准，由官亩改为负担亩（凡二年三季，平均产量每

---

① 山东省粮食局编印：《山东省农业税参考资料》，1951 年 4 月。

年在150斤者,为一个负担亩);(2)将公粮、田赋粮、柴草粮、乡村经费(按实征数的13%提取)合并计征;(3)由于粮赋合并计征,相应修订了累进税率。

四、苏皖边区的粮赋征收制度

苏皖边区的粮赋征收制度,自1945年10月底边区政府成立到1949年4月华东野战军渡江前,都是由各行署自行制定的(执行中共华东局和华东财经办事处制定的统一政策)。因此,不仅全边区没有统一的征收办法,就是在同一行政区内,有些县由于受环境和条件的影响,也没有执行行署统一规定的办法。

(一)1946年苏皖边区各地的粮赋征收办法

1946年,苏皖边区的八个行政区均征收了公粮、田赋。征收办法,基本上是分别沿用抗日时期盐阜、淮海、苏中、淮南、淮北区的办法。

1946年9月16日,苏皖一专署对征收标准作了修订,并公布了修订后的《粮赋秋征标准》。其要点是:

1. 修订后的土地等级标准(见表3-14)。

表3-14　　　　　　　　　　　　　　　　　　　　　　　　　单位:斤

土地等级	粮田每亩产量(粮食)		棉田每亩产量(籽棉)	草田每亩产量(草)	芦柴田每亩产量(芦柴)
	全 年	秋 季			
甲 等	450以上	270以上	80以上	800以上	2500以上
乙 等	300以上	180以上	60以上	600以上	1800以上
丙 等	250以上	135以上	45以上	400以上	1200以上
丁 等	150以上	90以上	30以上	200以上	600以上
戊 等	90以上	50以上	15以上	100以上	300以上
己 等	50以上	30以上	—	—	—

2. 修订后的征收标准(秋季粮赋标准)(见表3-15)。凡本分区境内所有粮田,一律按征粮标准随征公草一斤,以什么粮交什么草为原则。光白沟基秋季征收田赋二两。统筹民兵作战经费,秋季粮赋带

征一成。

表3-15

田地类别	甲等	乙等	丙等	丁等	戊等
稻田	22斤	18斤	14斤	10斤	6斤
玉米田	26斤	21斤	16斤	12斤	8斤
棉花地	11斤	9斤	7斤	5斤	3斤
草田	120斤	90斤	70斤	50斤	20斤
芦柴田	250斤	200斤	150斤	100斤	50斤
西边一熟稻田	按征粮标准加征1/2				

3. 减免。主力抗属一律对折交纳。荒歉六成打八折，五成打六折，四成打三折，三成打二折，二成以下免交。耕地不足八分，无力维持生活者免交粮赋。自卫战争中损失惨重者，予以免征或减免。

（二）1947年的粮赋征收办法

1947年苏皖边区的粮赋征收办法有这样几点重要的变动：（1）为了解决财政困难，保证供给，普遍提高了征收标准。（2）第一行政区呈请苏皖边区政府驻华中行政办事处批准，对受战争损失和自然灾害减产较重的泰兴、泰州、如皋、靖江等四县，夏季粮赋减征一半，秋季粮赋减征1/4；对泰兴、泰州二县运河以西恢复地区，夏季公粮全部豁免。（3）鉴于第六行署（原淮海区）土地改革后地权已相对平均，重新制定了《苏皖边区第六行政区三十六年度征收公粮公草田赋暂行办法》。（4）对于土地改革中新分得土地的农民，公粮负担作了必要的照顾。例如，第一行政区规定，对土改后分得土地的雇农，经农会证明，按照征收标准打八折征收。第六行政区规定，新分得的那部分土地，公粮、公草一律按应征数的九折征收，田赋照征。

调整或改革后的第一、二、六行政区的粮赋征收标准如表3-16—表3-18所示。

表 3-16　　　　　第一行政区的征收标准（减免后的标准）

（适用于泰兴、泰州、如皋、靖江等四县）

土地等级	夏季每亩征收（元麦、小麦，斤）	秋季每亩征收（稻谷，斤）	全年每亩征收（原粮，斤）
甲	11	20	31
乙	9	17	26
丙	7	14	21
丁	5	10	15
戊	3	6	9

资料来源：根据《苏皖边区第一行政区三十六年度夏季粮赋公草征收条例》及《苏皖边区第一行政区如、泰、泰、靖四县三十六年度秋季粮赋公草征收条例》中规定的征收标准综合编制。

表 3-17　　　　　　第二行政区粮赋征收标准

土地等级	一熟田每亩征收（稻谷，斤）	二熟田每亩征收		
		夏季（小麦，斤）	秋季（稻谷，斤）	全年（原粮，斤）
特	50	18	32	50
甲	45	15	30	45
乙	40	12	26	38
丙	35	9	22	31
丁	30	6	18	24
戊	25	—	14	14

资料来源：根据《苏皖边区第一行政区三十六年度夏季征收粮赋公草条例》及《苏皖边区第二行政区三十六年度秋季粮赋公草征收条例》中规定的征收标准综合编制。

表 3-18　　　　　第六行政区征收三十六年度粮赋税率表

土地等则	每亩全年收获量（斤）	中心区每亩征收		边区每亩征收		游击区每亩征收	
		公粮（斤）	田赋粮（华中币，元）	公粮（斤）	田赋粮（斤）	公粮（斤）	田赋粮（斤）
上等上则	300以上	50	1000	50	6.5	50	6.5
上等中则	251—300	44	900	44	6.0	44	6.0
上等下则	201—250	36	800	36	5.0	36	5.0

续表

土地等则	每亩全年收获量（斤）	中心区每亩征收		边区每亩征收		游击区每亩征收	
		公粮（斤）	田赋粮（华中币，元）	公粮（斤）	田赋粮（斤）	公粮（斤）	田赋粮（斤）
中等上则	161—200	25	700	25	4.5	25	4.5
中等中则	121—160	20	600	20	4.0	20	4.0
中等下则	81—120	14	500	14	3.0	14	3.0
下等上则	51—80	8	400	8	2.5	8	2.5
下等中则	31—50	5	300	5	2.0	5	2.0
下等下则	30以下	免	200	免	1.0	免	1.0

注：边区公粮在征收时，依九成征收，但在造串时，仍照上列标准编造。游击区公粮在征收时，依七成征收，在造串时，仍照上列标准编造。边区、游击区的田赋，一律按标准征收，不打折。

（三）1948年的粮赋征收办法

1948年，苏皖边区第一、二、五、六、七、九行政区根据中共华东局和边区政府的指示精神，结合本地区的具体情况，都制定了本年度的粮赋征收条例。在这些条例中，对纳税人、课税对象、减税免税以及征收的规定，基本上是相同的，不同的是征收标准（即税制税率）的规定。

这一年，上述六个行政区关于征收标准的规定，大体上有三种类型：

一是对土改区、未土改区分定征收标准。1947年起（有的从1946年起），苏皖边区大部分老区开始土地改革。这次土地改革，虽然出现了一些偏差，但地权相对平均了。因此，第一分区和第七分区在制定1948年的粮赋征收办法时，根据土改区和未土改区的土地占有情况，分别规定了不同的征收标准。

第一行政区规定：对土改区根据土地自然条件与战时生产情况，按不同地区分定征收标准；对未土改区，根据土地自然情况，田亩分四等，依照各户田亩的多寡，分为四等户，按不同类型户分定征收标准。这两种征收标准如表3-19、表3-20所示。

表 3-19　　　　　　　　土改区的征收标准　　　　　　　单位：斤

田　等	东台、台北两县		如皋、泰兴、泰县、靖江		海安县	
	每亩征小麦	每亩征草	每亩征小麦	每亩征草	每亩征小麦	每亩征草
甲等田	22	22	27	27	29	29
乙等田	18	18	21	21	23	23
丙等田	14	14	15.5	15.5	17	17
丁等田	10	10	11	11	12	12
戊等田	6	免征	—	—	—	—
己等田	3	免征	—	—	—	—

本表为夏季征收标准，秋季赋征标准缺乏资料。

表 3-20　　　　　　　　未土改区的征收标准　　　　　　　单位：斤

类　型　户	甲等田每亩征收	乙等田每亩征收	丙等田每亩征收	丁等田每亩征收
一等户（有地 6—20 亩）	24	19	14	9
二等户（有地 20—60 亩）	34	27	20	13
三等户（有地 60—80 亩）	41	32	24	16
四等户（有地 80—100 亩）	51	40	30	20

注：一等户相当于贫农、中农户，二等户相当于富农户，三等户相当于中小地主户，四等户相当于大地主户。

第七行政区颁布的《午季人民爱国自卫战争公粮田赋征收办法》规定：田赋与公粮合并征收，凡土改进行地区实行比例税，以业户为单位，按收获量的 12% 征收；未土改区，以业户为单位，按每人平均田亩多少累进征收，累进标准，由各县根据具体情况制定。此外，每斤粮赋随征公草一斤。

二是依土地整理情况分定征收标准。这是第五行政区（原盐阜区）的做法。盐阜区在 1942 年就全面进行过按亩分类的土地登记。1943 年春，涟东、滨海、阜宁、阜东及淮安县的一部在按亩分类的基础上，又进行了按亩分级的土地整理。1947 年春，阜东、滨海、射阳、盐东四县继续进行土地整理，以 30 斤以下为最低级，30 斤以上，每 40 斤进一级。经过这次整理，等级一般比较适当。但是，有些地方仍然处于混乱状态。根据这种情况，第五行政区继续采用了按土地整理情况分定征收标准的办法。

往年,分级田(即按亩分级的)按每人平均收获量累进征收,分类田(即没有划分土地等级,只按种植情况分类)按亩征收。1948年改为分级田按级累进征收,分类田按亩估产征收。这种办法,实践证明仍然存在许多矛盾。

三是按土地等级定征收标准,全区执行统一的标准。这是第二、六、九行政区的做法。但各区的土地分等不一,征收标准也不同。第二行政区仍沿用上年分五等征收(比上年征收标准提高10%—15%),第六行政区按二十一级地分定征收标准,第九行政区则分五等征收。各区制定的具体征收标准如表3-21—表3-23所示。

表3-21　　　　　　　　第二行政区的粮赋征收标准

土地等级	一熟田每亩征收数(斤)	二熟田每亩征收数		
		夏季(小麦,斤)	秋季(稻谷,斤)	全年(原粮,斤)
特	54	24	38	62
甲	48	20	33	53
乙	42	16	28	44
丙	36	12	23	35
丁	30	8	18	26

表3-22　　　　　　　　第六行政区的粮赋征收标准

土地等级	每亩全年收获量(斤)	每亩征收公粮(斤)
一级田	250以上	50
二级田	250以下220以上	47
三级田	220以下200以上	42
四级田	200以下190以上	39
五级田	190以下180以上	36
六级田	180以下170以上	34
七级田	170以下160以上	31
八级田	160以下150以上	29
九级田	150以下140以上	27
十级田	140以下130以上	24
十一级田	130以下120以上	22
十二级田	120以下110以上	19
十三级田	110以下100以上	17

续表

土地等级	每亩全年收获量（斤）	每亩征收公粮（斤）
十四级田	100以下90以上	15
十五级田	90以下80以上	13
十六级田	80以下70以上	12
十七级田	70以下60以上	10
十八级田	60以下50以上	8
十九级田	50以下40以上	6
二十级田	40以下30以上	4
二十一级田	30以下	免征

表3-23　　　　第九行政区粮赋征收标准（夏季）

土地等级	每亩应征粮食	每亩应征公草
甲等田	元麦24斤，或小麦21斤，或大麦32斤	10斤
乙等田	元麦19斤，或小麦17斤，或大麦25斤	8斤
丙等田	元麦14斤，或小麦12斤，或大麦18斤半	6斤
丁等田	元麦9斤半，或小麦8斤半，或大麦12斤半	4斤
戊等田	元麦5斤，或小麦4斤半，或大麦6斤半	2斤

（四）1949年的粮赋征收办法

1949年，苏皖边区多数行政区继续执行上年的粮赋征收办法，只有第五、七、九行政区作了一些新的规定。

第五行政区公布的《三十八年度夏季征收粮税公草暂行条例》（适用于已经土改之区、乡）及《三十八年度秋季征收粮税公草细则》规定：粮税公草，评级之乡村，用按亩分类办法征收；未评定土地等级之乡村，用按亩分类办法征收（见表3-24、表3-25）。

表3-24　　　　按亩分级征收地区的征率　　　　单位：斤/亩

项目			土 地 等 级									
			低	一	二	三	四	五	六	七	八	九	十
夏季征率	阜东、阜宁、滨海、射阳、盐东	粮税	1	4.5	9	13.5	18	22.5	27				
		公草	免	4	4	8	8	8	8				
	涟东县	粮税	1	3.5	5.5	7.5	10	12.5	15	17.5	19.5	21.5	23.5
		公草	免	免	4	4	4	8	8	8	8	8	8

续表

项目		土地等级									
		低	一	二	三	四	五	六	七	八	九	十
秋季征率	盐东、射阳、阜东、滨海、阜宁等五县 水田粮税	2	10	20	30	40	50	60				
	旱田粮税	1	5.5	11	16.5	22	27.5	33				
	棉田粮税	0.5	1	1.75	2.5	3.25	4	4.75				
	草田粮税	免	1.6	3.2	4.8	6.4	8	9.6				
	柴田粮税	免	4	8	12	16	20	24				
	涟东县 旱田粮税	1	4	6.5	9	12	15.5	18	21	24	26	28.5
	草田粮税	免	1.6	3.2	4.8	6.4	8	9.6				
各县公草		一斤随粮征一斤草										

资料来源：根据《苏北盐城行政区三十八年度夏季征收粮税公草暂行条例》与《苏北盐城行政区三十八年度秋季征收粮税公草细则》中规定的征率综合编制。征率，均为每亩征收粮食（或公草代粮）数。

表3-25　　　　　　　按亩分类的征率　　　　　　　单位：斤/亩

地区		水田	稻麦田	旱田	棉田	水田花淤	稻麦花淤	旱田花淤	水田熟荒		稻麦熟荒		旱田熟荒	
									不足百斤	百斤以上	不足百斤	百斤以上	不足百斤	百斤以上
夏季征率	建阳县和盐城西郊 粮税		27	22.5		9	4			7	12.5	6	11	
	公草		8	8		4	4			4	4	4	4	
	淮安县 粮税		27	15.5		9	4			7	12.5	6	11	
	公草		8	8		4	4			4	4	4	4	
	盐城县东郊 粮税		22.5	18		9	4			7	12.5	6	11	
	公草		8	8		4	4			4	4	4	4	
	盐东县西郊 粮税		22.5	15		9	4			7	12.5	6	11	
	公草		8	8		4	4			4	4	4	4	
秋季征率	建阳县及盐城县西郊粮税	56	33	27.5		20	11	5	15.5	28	8.5	15.5	7.5	13.5
	淮安县粮税	56	33	19		20	11	5	15.5	28	8.5	15.5	7.5	13.5
	盐东西部及盐城东部粮税	47	27.5	22	3	20	11	5	15.5	28	8.5	15.5	7.5	13.5
各地公草		每斤粮随征公草一斤												

资料来源：根据《苏北盐城行政区三十八年度夏季征收粮税公草暂行条例》与《苏北盐城行政区三十八年度秋季征收粮税公草细则》中规定的征率综合编制。征率，均为每亩征收粮食数。

1949年5月,第七行政区公布了《皖北区宿县人民专员公署民国三十八年度午季公粮田赋征收办法》。办法规定,本季粮赋分为土改区、未土改的恢复区及新解放区,依三种地区的不同情况,分别制定征收标准征收。

土改区,土地已经平分,在数量上都已一致,但土质好坏不一。对这类地区,按实际收获量征收,即按业户当年总产量,缴纳粮赋18%。

未土改区为抗战中的老解放区,已有相当的群众基础。对这类地区,采取规定地段评定产量,以人口产量累进办法征收。每人平均产量不满75斤者免征。每人平均产量75斤以上满100斤者,税率为9%。以后,每增加产量25斤,税率增加1%。每人平均产量在725斤以上者,征收35%,不再累进。

新解放区(即抗战中从未解放的地区)以简易累进办法征收。其标准是:每人平均不足1亩者免征;每人平均不足2亩者减半亩;每人平均2亩以上不足5亩者,不增不减;每人平均5亩以上不足10亩者,每亩加一成;每人平均10亩以上不足15亩者,每亩加二成;每人平均15亩以上者加三成。每亩征收粮赋的具体数量,由政府另行公布。

上述三类地区,每斤粮赋均随征公草一斤。

1949年3月,苏皖第九行政区颁布了《新区补征三十七年度秋季粮赋、预借三十八年度粮赋暂行条例》。条例规定新区补征标准如下。

1. 海门、启东自田征收标准(见表3-26)。

表3-26　　　　　　　　　　　　　　　　　　　　　　　　　单位:斤

粮别	特等田	甲等田	乙等田	丙等田	丁等田	戊等田
玉米	45	36	27	18	13	9
黄豆	26	20	15	11	6	3

2. 南通县、南通市、如东县自田征收标准(见表3-27)。

表3-27　　　　　　　　　　　　　　　　　　　　　　　　　单位:斤

粮别	特等田	甲等田	乙等田	丙等田	丁等田	戊等田
玉米	32	26	20	14	9.5	6
黄豆	26	20	15	11	5	3
棉花	22	16	12	8	5.5	3.5
稻子	48	38	28	20	12	10

3. 出租田征收标准。业主出租之粮赋,一律按上年秋季实收租额的30%计算(如收100斤租,交纳30斤粮,但蒋灾折扣照减)。

4. 佃种田的征收标准。佃户租种之田亩,照1、2两项目自田征收标准,减去业主负担,即为佃方负担。如果该田业方负担,相当于自田征收标准或超过自田征收标准,佃户无负担。

新区借粮标准,原则上根据田亩数字,参酌其他经济收入与生活情况决定,每户有田80亩以上者,按征粮数预借八成。每户有田60—80亩者,按征粮数预借六成。每户有田40—60亩者,按征粮数预借四成,40亩以下者不借。预借公粮,准予三十八年度以后归还。

五、华东解放区农民的粮赋负担分析

(一)农民的粮赋负担构成

华东解放区的经济条件较好,工商业比较发达,但战争的供给,还是主要依靠农业,依靠农村,依靠农民。据有关资料估算,三年解放战争期间,取之于农村、农民的收入(包括实物和货币)占政府财粮总收入的比例,山东省为60%—70%,苏皖边区为70%—80%。

农民的粮赋负担,直接的有公粮、田赋、柴草、契税、村经费粮(苏皖边区叫民兵经费粮)、优救粮等六项。前四项构成政府的收入,后两项为预算外收入,一般是以村为单位自收自支的。

各项粮赋负担的构成,在年度之间、地区之间不尽相同。已有的材料(契税、优救粮缺资料)如表3-28、表3-29所示。

表3-28　　　　山东省各项粮赋负担统计(原粮)　　　　单位:万斤

项　目	1946年	1947年	1948年	合　计
公　粮	100867	124258	143902	369027
田赋折粮	8290	34739	42083	85112
柴草折粮	15691	32522	35688	83901
村经费附加	30260	28728	18043	77031
合　计	155108	220247	239716	615071

注:表列数均为全年实征数。

资料来源:1949年10月25日山东省粮食局编制。

表 3-29　　　　苏皖第六行政区粮赋负担统计（原粮）　　　　单位：万斤

项　目	1946年	1947年	1948年	合　计
公　粮	1246	3004	7634	11884
田赋折粮	334	561	—	895
柴草折粮	149	360	763	1272
民兵经费折粮	—	427	916	1343
合　计	1729	4352	9313	15394

注：本表根据江苏省档案馆藏的有关苏北第六行政区的资料整理编制。公粮数为当年实征数，田赋数是按当时粮价（每斤粮约为华中币200元）折算的，柴草折粮和民兵经费折粮均是按照税收制度的规定估列的。苏皖边区第六行政区1946—1947年辖8个县，1948年辖9个县，编表时已将新增的宿北县的数字剔除，统一按8个县计算。这8个县是泗沭、潼阳、宿迁、淮阴、涟水、东海、灌云、沭阳。1948年公粮数字包括田赋在内。

如果以农民负担的粮赋总额为100，则表3-28、表3-29分项构成的比重如表3-30所示。

表 3-30

地　区	粮赋负担项目	各项负担占总额的比重（%）			
		1946年	1947年	1948年	三年合计
山东省	负担总额	100.0	100.0	100.0	100.0
	公粮负担	65.0	56.4	60.0	60.0
	田赋负担	5.3	15.8	17.6	13.8
	柴草负担	10.1	14.8	14.9	13.6
	村粮负担	19.6	13.0	7.5	12.6
苏皖第六行政区	负担总额	100.0	100.0	100.0	100.0
	公粮负担	72.1	69.0	81.9	77.2
	田赋负担	19.3	12.9	—	5.8
	柴草负担	8.6	8.3	8.2	8.3
	民兵费负担	—	9.8	9.9	8.7

从表3-30可以看出，公粮、田赋负担是农民的主要负担。这两项负担，在土地改革完成以前，一部分是农民直接负担的，一部分是地主富农从剥削收入中支付的，表现为农民的间接负担；土地改革完成以后，随着地权的转移，农民的间接负担部分大大缩小，基本上是

由农民直接负担的。

村经费负担也是一项不小的负担。村经费占总负担的百分之十几,看来比重不大,如果同公粮相比,则相当于公粮负担的20%—30%,最严重的乡村则几乎与公粮负担数字相等。所以,许多农民反映,杂派太多,负担没有底。1947年开始进行整顿,成效很大,但仍存在不少的问题。

（二）粮赋负担的变化

在三年解放战争期间,华东解放区的农民负担,总的趋势是增加的,负担率也是提高的。山东省的统计材料如表3-31所示。

表3-31

年　度	负担人口（万）	农业收入（原粮,万斤）	粮赋负担总额（原粮,万斤）	负担占农业收入的比重（%）	每人平均负担（原粮,斤）
1946	3112	993645	155108	15.61	49.8
1947	2260	978441	220247	22.51	97.5
1948	3542	1180291	239717	20.31	67.7
1949	3871	991069	227237	22.92	58.7

资料来源：根据山东省财政厅报送资料综合编制。1946—1948年的数字是1949年10月25日山东省粮食局统计数字。1949年的数字是山东省财政厅的统计数字。1949年的农业收入是1950年4月21日根据各地年成、灾情情况估计的,不是统计数字。

苏皖边区缺乏完整的统计资料,但我们把一些零星的资料汇在一起,也可以看出一个大体的趋势（见表3-32）。

表3-32

年度	地　区	负担占收入的比例	资料来源
1947	第一行政区	夏征：14% 秋征：13%—15%	1. 苏中行政办事处1947年秋征指示
	第二行政区	夏征：9%左右 秋征：13%左右	2. 二地委关于秋征工作的指示（1947年）
	第五行政区	夏征：15%	3. 二分区韦专员关于秋征标准等问题发表的谈话（人民报,1947年8月15日）
	第九行政区	夏征：18% 秋征：13%—15%	

续表

年度	地 区	负担占收入的比例	资料来源
1948	第一行政区	夏征：台北县16%，东台县15%，海安县17%，泰州县17%，泰兴县16%，如皋县14%，靖江县17% 秋征：台北、东台11%左右，海安13.5%左右，泰州、泰兴、如皋、靖江12.5%左右	《苏皖一分区1948年夏秋征负担情况》，江苏省档案馆资料
	第五行政区	夏征：淮安县13%，建阳县13.5%—14%，叶挺县14%—15%，涟东县15%—16%，阜东县20%—23%，射阳县18%—28%	《五分区三十七年度夏征情况》，江苏省档案馆资料

抗日战争时期，华东解放区的农民负担还是比较轻的。那时，负担占收入的比例在8%和12%之间，每人平均负担20—40斤，每亩地平均负担10—20斤。解放战争时期就不同了：山东省负担占收入的比例每年都在15%以上（1947年达到22.51%，1949年达到22.92%），每人平均负担增加到50—60斤（最高的1947年达到97.5斤），每亩平均负担也上升到20—30斤；苏皖边区负担占收入的比例为14%—18%，每人平均负担达30—40斤，每亩负担达30斤左右。从自身前后比较，负担是加重了，同解放战争时期其他解放区比较，山东省的负担也是很重的。

1947年华北财经会议提出的负担标准是：负担占生产量的比例为15%—20%，养兵占根据地总人口的比例为1%—1.5%。山东省执行的结果，都超过了这两条标准。原因何在呢？我们分析，主要是两条：

一是战争的需要。1946年自卫战争爆发前，山东省是打算减轻农民负担的。自卫战争展开后，战争规模不断扩大，军政人员骤增，开支加大，财粮供需之间的矛盾很尖锐，为了保证战争的需要，公粮、田赋、柴草的征收额都大大增加。当时，山东省提出的口号是"一切为了战争"，"一切为了前线"，"宁愿少吃少用，不让前线饿肚皮"。农民的负担加重，就是在这样的正确的财经指导思想下形成的。

二是农业生产未得到发展，农民的负担能力不但没有提高，而且有下降的趋势。解放战争时期，由于战争、天灾等影响，山东省的农业生产水平很低，主要农作物的单位面积产量都是不断下降的。这从调查材料中可以看出来（见表3-33）。

表3-33　　　　　　山东省历年主要农作物单位产量比较

作物名称	每亩平均产量（斤）				以1931—1936年为100定比			
	1931—1936年	1940年	1948年	1949年	1931—1936年	1940年	1948年	1949年
小麦	122.1	95.9	84.1	97.9	100	78.5	68.9	80.2
高粱	166.3		129.7	117.1	100		78.0	70.4
谷子	188.7		148.3	136.0	100		78.6	72.1
大豆	106.8		94.3	71.7	100		88.3	67.1
玉米	201.9		147.8	125.9	100		73.2	62.4
棉花	29.2		22.8	16.9	100		78.1	57.9
地瓜	1026.1		966.5	891	100		94.2	86.8

资料来源：根据《山东省农业生产统计资料》及山东省农林厅1950年8月对16个县49个典型村的调查材料（公布于1950年10月1日大众日报）编制。1931—1936年、1948年、1949年均为16个县49个村的典型调查材料。这16个县是：惠民、广饶、垦利、吴桥、东平、莱芜、苍山、临沂、沂源、莒南、桓台、临朐、五莲、黄县、文登、莱阳。棉花产量为皮棉数。

由于生产水平不高，产量下降，农民的收入增加不多或没有增加，而负担又大幅度增加，因此农民的收入在减去负担以后的剩余就相应减少。据山东省的材料统计，1949年同1946年比较，每人平均农业收入下降20%，负担增加17.9%，每人平均负担后的剩余下降26.8%（见表3-34）。这是负担重的主要原因。

表3-34　　　　　　山东省农民收入、负担按人口平均统计

年度	每人平均农业收入（原粮，斤）	每人平均粮赋负担（原粮，斤）	收入减负担后剩余（原粮，斤）
1946	319.3	49.8	269.5
1947	482.9	97.5	335.4
1948	333.2	67.7	265.5
1949	256.0	58.7	197.3

(三) 地区之间、各阶层之间的负担情况

抗日战争时期,根据地处于被敌人分割的环境,粮食不能统一调度,财政也不便于统筹,农民的负担在地区之间是很不平衡的。解放战争时期,适应大兵团作战的需要,财政收支实行统筹,军粮实行统一调度,地区之间负担不平衡的现象不太显著。以山东省为例,在抗日战争时期经济条件差的鲁中南地区负担水平较高,经济条件较好的渤海、胶东地区负担水平反而较低;到解放战争时期,这种不合理的状况基本上得到解决。三个地区的负担情况如表3-35所示。

表 3-35

项　目	地区	1946 年	1947 年	1948 年
每人平均中亩产量（原粮,斤）	渤海区	377	403	467
	胶东区	365	358	335
	鲁中南区	239	293	262
每人平均粮赋负担（原粮,斤）	渤海区	53	104	127
	胶东区	62	85	66
	鲁中南区	41	49	38
每人平均负担后剩余（原粮,斤）	渤海区	324	299	340
	胶东区	303	273	269
	鲁中南区	198	244	224
粮赋负担占中亩产量的比重（%）	渤海区	14.1	25.8	27.2
	胶东区	16.9	23.7	19.7
	鲁中南区	17.2	16.7	14.5

资料来源:根据山东省财政厅报送材料整理。中亩产量一般比当年实际产量略低。苏皖边区各分区的负担情况也差不多。一般是经济条件较好的苏中地区负担水平高一点,经济条件较差的苏北、淮北地区负担水平低一些。

关于各阶层之间的负担,各地基本上贯彻了三条基本原则:(1)收入多的多负担,收入少的少负担,力求负担与负担能力相适应。(2)注意控制赋税的限度。山东省1947年规定,纳税人的负担(指公粮)最高不得超过中亩产量的35%。1948年老区土改结束,山东省又规定,负担率最高不得超过20%。苏中行政办事处根据华北财经会议精神,在1947年也明确规定人民负担以不超过15%为原则。

(3) 注意负担面的控制。各地的负担面一般在80%以上。据山东省粮食局统计，1948年全省评定的计税土地为79222023中亩，扣除的免征土地为11083854中亩，占13.99%，实负担亩占86.01%。

各阶层的负担水平，随着占有土地的数量与质量的变化，随着征收办法的修订、改革而变化。

土地改革完成以前，地主、富农占有的土地多，质量好，负担率也高；贫农缺少土地，劣等地多，负担率则较低。据山东省渤海区计算，1946年全区各阶层负担占总收入的比例是：地主32.75%，富农24.1%，中农19.84%，贫农7.73%[1]。另据其他地区的典型调查，趋势也差不多（见表3-36）。

表3-36　　　山东省1946—1947年各阶层负担典型调查

典型调查地区	调查年度	粮赋负担占实产量的%				
		地主	富农	中农	贫农	平均
渤海区六个县	1946	—	31.64	23.74	15.15	25.16
胶东区文登县西河村	1946	—	31.53	20.63	12.91	21.98
鲁中南区新泰县杨家莫庄	1946	49.75	27.94	21.68	18.15	23.06
渤海区商河县大高家村	1947	—	27.94	25.00	16.79	—
胶东区四个县四个村	1947	42.73	36.10	23.13	25.51	26.31
鲁中南区费县马家裕村	1947	—	35.37	23.84	8.10	19.34

注：负担包括公粮、田赋、柴草、村经费等项。渤海区的6个县是博兴、平原、禹城、沾化、惠民、吴桥。胶东4个县是莱东、即墨、即东、平度。

资料来源：根据山东省财政厅报送材料编制。

土地改革完成后，老区各阶层的负担趋于平均，新解放区仍然是地主富农的负担率高，体现限制剥削、调节各阶层收入的政策。老区的负担，据渤海区对庆云、靖远、临邑、禹城、德平、桓台、益寿、万寿、阳信、惠民10个县10个村24户典型调查，1948年每人平均实产量为528斤，每人平均粮赋负担为134斤，负担占实产量的比例为25.28%。其中负担比例最高的为29.61%，最低的为23.46%，相差不大。另据胶东区对文登、昆嵛、荣城、掖南、莱东、即墨、蓬莱、

---

[1] 李文凤：《渤海区一年来政绩》，《渤海日报》(1946年)。

黄县、龙口、楼东10个县10个村263户调查，1948年负担占实产量的比例平均为18.4%，最高的23.1%，最低的17.32%；鲁中南区对博山、淄川、莱芜、沂源、沂北5个县6个村1540户调查，1948年负担占实产量的比例平均为16.86%，最高的18.81%，最低的11.21%，差距也不大。苏皖边区第一行政区1948年各阶层的负担率，老区在13%和17%之间；新区的负担率，中贫农12%，富农18%，中小地主21.6%—25%，大地主26%—30%。

由此可见，解放战争时期华东解放区的负担虽重，但各阶层之间的负担还是大体公平合理的。

六、华东解放区农民的战勤负担

在解放战争时期，华东解放区农民，特别是山东省农民的战勤负担，是比粮赋负担更重的一项负担。战勤负担的内容，包括民工服务和支前动员两个方面。前者是经常性的、制度化的，后者是临时性的、动员性的。

（一）山东省的民夫制度与劳力负担办法

内战爆发不久，中共华东局、山东军区即于1946年9月2日发出联合通知，成立山东省支援前线委员会。随后，《大众日报》的社论就指出，山东大部分已实现了土地改革，今后要在"保家乡、保饭碗"的口号下，动员农民支援战争。为了有计划地动员、组织和使用民力，使人民的负担合理，既可满足自卫战争的需要，又能节省民力，发展生产，达到民夫"调动灵活，供应及时"的目的，山东省政府于1946年11月28日公布了《山东省实行常备民夫制及使用民夫办法》，开始实行常备民夫制（后陈毅建议将民夫改为民工）。

常备民夫制度的主要内容如下：

1. 离作战地区较远的中心县、区，实行常备民夫制。作战地区、接近作战地区及边缘区，则出短夫。年在20岁以上45岁以下的男子，均需服常备民夫；18—19岁和46—55岁的男子，均出短夫。

2. 常备民夫的服务期限，从到部队服务之日起计算，以2个月为一期，轮流交换，但需保证1/3或1/2以上的熟练的民夫在部队。

常备民夫分为担架队和运输队。担架队每副三人，每四副担架为一班，共12人。三班为一排，四排为一队，总计每队有担架18副。

运输队又分挑夫队、小车队、大车队、驴骡队。挑夫队每挑一人，每挑重量在前方不超过50斤，在后方60—70斤；每12副挑子为一班，三班为一排，四排为一队。小车队每辆小车二人，每辆小车载重，前方不超过200斤，后方250—500斤；6辆为一班，三班为一排，四排为一队。大车队，每辆大车载重1000—1500斤，5辆为一班，三班为一排，四排为一队。驴骡队，每头驴子负重，前方不超过100斤，后方100—150斤；每头骡子负重150—300斤，10匹驴骡为一班，三班为一排，四排为一队。

3. 常备民夫，每天每夫供给粗粮2斤半，烧柴3斤，4钱油，6钱盐，10两菜，每月半斤猪肉，但须自备鞋子一双，大棉袄一件。如属贫苦无力自备者，得由村募鞋子一双，借大棉袄或棉被一条，服务期满回家后归还。每夫每月医药费10元，由使用民夫的兵站或部队报销。

短夫，除公家每天每夫供给3斤4两粗粮、柴1斤外，其余自备。

4. 出夫以村为单位，全村合理负担，实行全村计工算账，全体村民大换工。

5. 常备民夫在服务期间，一天算一个半工，未到部队服务前的常备民夫和短夫，一天算一个工。城镇的居民、小贩、工厂、私营及公私合营的商店，不出常备夫，但须出短夫，如不能以人力出短夫者，则以5—10斤粗粮抵算一个工。城市贫民及乡村中贫苦无力出夫者，得免予出夫，全村算账，不计在内。

6. 牲畜、车辆计工标准。牛、马、骡每头算二个工，驴每头算一个工，小车每辆算一个工，大车每辆算二个工。

7. 出夫人离家后，其庄稼农活由村中及时还工，代耕代种，不得有违农时。

1947年1月10日，胶东行政公署根据山东省政府的规定及胶东实际情况公布了一个《战时人民劳役办法》。《办法》对民力负担作了进一步的具体规定。

民力负担，实行以村为单位计工、算账，合理负担的基本原则：（1）有力者出力，按力出工，以适应战争需要；（2）无力者出粮，以粮抵工，以调剂劳力负担；（3）帮助出差者搞好农业生产，照顾贫苦出差者的家属生活，减少其家庭顾虑；（4）鳏寡孤独，军、工、烈属，疾病残废且家境清贫者，予以照顾或免除劳役。

计工标准规定为：（1）劳役工（指前后方出差工）、生产工（指帮助出差工及子弟兵团的生产工）统一计算。（2）常备担架与子弟兵团，一人一天计算二个工，普通担架及运输队，一人一天计算一个半工；帮助生产的，一人一天计算一个工，半劳动力按以上标准折半计算；妇女、老年、儿童能帮助生产者，斟酌其能力，定分计工。（3）胶轮大车，一辆一天计算三个工，铁轮大车，一辆一天计算一个工；胶轮小车一辆一天计算一个工，木轮小车一辆一天计算半个工。（4）骡马不论驮拉，一头一天计算一个半工，驴、牛一头一天计算一个工。（5）渔船、驳船，每载1000斤，每天计算两个工。

负担办法，就农民、乡村工商业者、城市港口工商业者、渔盐民、其他职业者的不同情况，分别作了具体规定。这里着重介绍一下农民的负担办法。

对农民的负担，规定了三点：（1）以全村在一定时期内，所出之总工数（折算工在内）为计算负担的根据，以工为计算单位，户为负担单位，以公粮负担额及够服劳役条件的劳动力各半负担的原则，为计算负担的标准。（2）生产工视劳役者的需要（在出劳役的日数以内）统一由村政府拨给之，但生产工一个抵消劳动者的劳役工一个，帮助者并不得借口出过生产工而不出劳役工。（3）每户实际所出之工数（劳役工折算后和生产工合计）与应负担之工数相比，多者或少者，按数以每工二斤粗粮找入找出，实行以粮抵工，以资调剂。

这个负担办法比较复杂，需要举例说明，才能具体了解。

按照规定，计算时要分三步：

第一步，结算全村在一定时间内（假定为三个月）的出工总数。算账时，先把每一户在三个月内的劳役工结算出来，再把全村各户出工数加在一起，得出全村三个月内的出工总数（假定为2400工）。

第二步，按照劳动力和公粮负担额各半的规定，算出每个劳动力和每斤公粮应出的工数。假定全村有整劳动力60个，半劳动力40个，共折合整劳动力80个（如有免役的劳动力应扣除），这样，每一个劳动力应出的工数=（2400÷2）÷80=15（个）。假定全村每年负担公粮10000斤（如有烈、军、工属减免的应扣除），则每斤公粮应摊工数=（2400÷2）÷10000=0.12（个）。

第三步，按各户劳动力及负担的公粮数，计算出各户应找入或找出的粮数。

假设赵家有三个整劳动力，一个半劳动力，实出工80个，负担公粮200斤，则该户应找入粮食7斤。计算如下：

劳动力应出工数=15×3.5=52.5（个）

公粮部分应摊工数=0.12×200=24（个）

全户应出工数=52.5+24=76.5（个）

找补工数=80-76.5=3.5（个）（多出）

应找入粮食数=2×3.5=7（斤）

又如，钱家有二个整劳动力，实出工40个，负担公粮150斤，则该户应找出粮食16斤。计算如下：

劳动力应出工数=15×2=30（个）

公粮部分应摊工数=0.12×150=18（个）

全户应出工数=30+18=48（个）

找补工数=48-40=8（个）（少出）

应找出粮食数=2×8=16（斤）

上述负担办法虽然复杂，但由于采取了按劳动力与按公粮数（实际上是按占有的土地数量与质量）分摊的办法，就在一定程度上减轻了贫农雇农的负担，因而进一步公平合理了。

（二）苏皖边区的民工服务办法

自卫战争转入反攻后，苏北、淮北、苏中的战争规模日益扩大，后勤任务相当繁重。为了有效使用民工，减少浪费，长期支持自卫战争，1948年5月华中行政办事处公布了《华中民工服务暂行条例》。

这个暂行条例共15条，其内容与山东省的办法差不多，要点如下。

1. 凡居住解放区年龄在18岁以上45岁以下身体强健之男子,不分阶层,均须轮流担任常备民工。轻便之临时民工,自45岁延长至55岁。

2. 常备民工服务时间暂定为三个月。临时民工一次服务时间,以战时不超过一次战役,平时不超过一次任务为限。

3. 工人、城市小商人及摊贩、小学教师,不担任常备民工。

4. 生产营业机关不得使用民工,如有运输,须出钱自雇。

5. 常备民工分配至服务机关部队后,粮草、菜金、津贴,均照野战军供给标准发给。民工在服务期间三个月内发鞋子一双,毛巾一条,肥皂一块(或折发代金粮食)。如有伤亡、病疾,与指战人员享受同等待遇。

(三)华东农民的支前热潮

伟大的解放战争,是一场空前广泛的人民战争。在这场战争中,华东解放区的人民特别是农民,表现出高度的爱国激情和勇于自我牺牲的共产主义精神。

战争一开始,广大农民就响应共产党和政府的号召,踊跃出粮出钱,出人出力,掀起了一股股的支前热潮。

1947年2月20日,莱芜战役开始。在这次战役中,仅鲁中区就有500万人参加后勤工作,其中有50万人在战地服务[①]。

接着,就是孟良崮战役。这是在敌人对山东解放区实施重点进攻时,华东野战军在山东蒙阴地区进行的一次成功的山地运动歼灭战。战区人民群众,在敌进犯时,彻底实行空舍清野,使敌无法获得粮食和情报。当华东野战军出击时,他们又迅速返回家园,积极支援前线,有的甚至将留藏的种子粮自动挖出来供给人民子弟兵。由7.6万名随军常备民工、15.4万多名二线民工及69万名临时民工组成的运输队伍,在敌机、炮火威胁下,日夜不停地抢运伤员,输送弹药、粮食,

---

① 辛玮等主编:《山东解放区大事记》,山东人民出版社1982年出版,第281页。

为战役的胜利作出了重大贡献①。

据山东省支前委员会统计，自1946年7月解放战争开始至1948年9月济南解放为止，在这两年零三个月内，山东共调用民工约计580余万人，约合日工26480余万人，担任了前方的运输、担架、机关搬家及破路种种工作②。

整个济南战役期间，山东全省共出动支前民工50万人，参加常备支前的小车18000辆，担架14000副。鲁中南地区担负了供应前线的最繁重任务。仅沂蒙一个分区，即完成交纳公粮1250万斤的任务，超过预定任务1/4。滨海地区及时完成了620万斤的预征任务。新泰县的凤凰泉村开展交粮竞赛，在"交足、交快、交好"的口号下，一个上午即预交1.3万多斤。不少村庄一天即完成全部交粮任务。泗水县肖家庄军属赵正荣，交粮之前，簸了又簸，上交的粮食十分干净。兰陵、蒙山等县的妇女，日夜赶磨面粉，冒雨送往前方③。

在震惊中外的淮海战役中，人民支前之踊跃，更是空前的。在中共华东局、华北局以及各级支前委员会或后勤司令部的动员组织下，山东、江苏、河南、安徽、河北五省后方人民提出了"解放军打到哪里，我们就支援到哪里""倾家荡产也要支援淮海战役""全力以赴，支援前线"等豪迈口号，三大解放区的人力、物力、财力汇成了一股波澜壮阔的洪流。

据不完全统计，仅山东、江苏、河南、安徽四省在淮海战役中的支前民工就有225万人，担架73900多副，小车41万辆，大车3000多辆，挑子42400副，牲畜6300头，船只13630艘，汽车250辆。广大民工，用落后的运输工具将57000多万斤粮食，320万吨弹药，及时运到前线④。单是粮食一项，用小车装运，每车装200斤，若把这些

---

① 华东野战军编：《孟良崮战役》，载《中国现代史资料选编》(5)，黑龙江人民出版社出版，第205页。
② 山东省支援前线委员会：《山东两年多支援前线工作的初步总结》(1948年11月)，载《山东革命根据地财政史料编选》第六辑，第234页。
③ 济南市博物馆编写：《济南战役》，山东人民出版社1959年出版。
④ 徐州市《淮海战役史》编写组：《淮海战役史》，上海人民出版社1983年出版，第232、243页。

小车排成行,可以排成从南京到北京那么长距离的五行①。

人民的支援,使部队在物质上得到了充分的保证。当时,在双堆集包围圈内外,蒋军弹尽粮绝,吃马肉、啃麦苗,而解放区人民给子弟兵送来的大米、白面、猪、羊等,堆积无地,吃不完,形成鲜明的对比!

陈毅在战马倥偬的淮海战场上,充满激情,挥笔写下了《记淮海前线见闻》的诗篇②:

几十万,民工走不通。

骏马高车送粮食,

随军旋转逐西东。

前线争立功。

担架队几夜不曾睡,

稳步轻行问伤病:

同志带花最高贵,

疼痛可减退?

这支优美的赞歌,包含着千万人民群众英勇支前的深情和无数扣人心扉的故事。

淮海战役胜利结束后,人民解放军又发动了渡江京沪战役。渡江京沪战役共动用人力320余万,用粮34399万斤。随军常备民工约16万余人,由山东、苏北、皖北组成,其中山东占35%,苏北占33.5%,皖北占31.5%③。他们配合解放军进军江南,直到南京、上海解放才还家。这些民工中,绝大部分是土改中翻身的农民。他们随军南下,并不是单纯从报答共产党的恩情出发,而是为了将革命进行到底!

---

① 徐州市《淮海战役史》编写组:《淮海战役史》,上海人民出版社1983年出版,第232、243页。

② 《陈毅诗词选集》,人民文学出版社1977年4月出版,第140页。

③ 华东支前总结委员会:《济南淮海渡江京沪三大战役支前工作总结》(1949年11月20日),载《山东革命根据地财政史料选编》第六辑,第253、267页。

第五节 中原解放区的农民负担

一、中原解放区的建立与发展

抗日战争时，中原地区有两块抗日根据地：一块是新四军五师建立的鄂豫边区，另一块是新四军四师建立的豫皖苏边区（1941年5月后，四师撤退到津浦路东的淮北地区，这里变成游击区，属晋冀鲁豫边区冀鲁豫军区领导）。中原解放区就是在这两块根据地的基础上，在解放战争的过程中随着军事上的胜利逐步发展起来的。

（一）鄂豫、豫皖苏边区被陷与陕南、鄂西根据地建立

鄂豫、豫皖苏根据地在日本投降时都具有一定的规模。鄂豫边区拥有9万多平方公里的地方，人口约1300万，控制的县达50多个。豫皖苏根据地虽属游击区，但游击队和正规军活动的范围也有4万平方里，村镇达8200多个。

日本投降，蒋介石下山"摘桃子"，到处抢占地盘。1945年8月15日起，蒋介石纠集国民党第一、五、六、九、十等五个战区20多个师及9个游击纵队，先后侵占鄂豫边区控制的鄂中、襄南、鄂东、鄂南等地。9月中旬开始，国民党55军、68军、49军共9个师9万余人，逐步侵占豫皖苏边区的扶沟、太康、西华、通许、杞县等城。自此，中原地区的形势开始恶化。

之后，蒋介石一面玩弄谈判的花招，一面不断地发动武装进攻，使中原地区的局势更加紧张，更加严重。

在豫皖苏边区，自1946年1月13日停战命令生效至3月底，国民党军连续发动77次进攻。6月底7月初，国民党军又增设据点40余处，大肆对边区进行"扫荡"。这次"大扫荡"，边区军民损失很大，仅永城（雪枫）一县，被害干部、积极分子就有1000多人，肖县更多。鉴于局势极度恶化，边区军队被迫南撤。于是豫皖苏边区大部分

被蒋介石军队侵占（游击队仍然活动）。

在鄂豫边区，蒋介石破坏"罗山协议""应山协议"和"汉口协议"，于1946年4月间调集30万兵力，筑碉堡6000余座，分割和包围中原军区及所属三个军分区①，并实行经济封锁。其目的是困死、蚕食中原部队，以便发动更大规模的内战。

面对这一紧急形势，中共中央指示中原部队于6月底全军实行突围。6月26日晚上，中原部队按照中共中央预先批准的计划，分三路举行突围。经过几个月的转战，三支突围部队分别到达预定的地区。北路突围部队到达陕南后，王震率领的三五九旅随即进至镇安、柞水地区作短期休整，于8月底胜利返抵陕甘宁边区；李先念的部队于7月24日在竹林关以南的龙山地区与陕南游击队会合，8月3日组成豫陕鄂军区（全区成立了20多个乡政权）。南路突围部队于8月27日进至房县以西狮子垴地区组成鄂西北军区，开展游击活动。东路突围部队于7月中旬进入苏皖边区，与新四军主力会师。鄂东军区部队仍留原地活动，后于7月中旬分散坚持大别山的斗争。

中原部队主力突围后，鄂豫边区基本上被国民党军控制。但是，由此又开辟了两个新的根据地——陕南和鄂西游击根据地。

（二）三军配合挺进大别山，恢复老区，开辟新区

1947年6月，中共中央决定向国民党发动战略反攻，并选定大别山作为战略反攻的突破口。

为了实现跃进大别山、夺取中原的战略计划，毛泽东作了"三军配合、两翼牵制"的周密部署。三军配合是：由刘伯承、邓小平率晋冀鲁豫野战军主力实施中央突破，直趋大别山；另外，还由陈毅、粟裕等率华东野战军主力为左后一军，挺进苏鲁豫皖地区；由陈赓等率晋冀鲁豫野战军的两个纵队和一个军为右后一军，自晋南强渡黄河，挺进豫西。两翼牵制是：陕北部队出击榆林，调动进攻陕北的敌人北上；山东部队在胶东展开攻势，继续把进攻山东的敌人引向海边，便于三军行动。

---

① 1945年10月24日，河南军区部队，八路军三五九旅南下支队在鄂豫交界的大洪山、桐柏山、枣阳地区与新四军第五师会合，正式组成中原军区，下辖三个军分区，共6万余人。

三路挺进计划的实现，迅速改变了中原的局势。

刘邓大军于1947年6月30日强渡黄河，进入鲁西南地区后，以锐不可当之势，粉碎了敌人数十万大军的前堵后追，先后跨越了陇海路、黄泛区、沙河、涡河、洪河、淮河等重重障碍，经过20多天的艰苦跋涉和激烈战斗，于8月末先后进入大别山区。大军进到大别山区后，一面捕捉战机，歼灭敌人；一面开展地方工作，发动群众。经过三个多月的艰苦、激烈的争夺战，终于粉碎了敌人的围攻、反击，建立了鄂豫、桐柏、江汉三个军区，恢复了原来的鄂豫皖根据地。到1948年初，有33个县建立了民主政权（包括皖西）。其中，鄂东地区有麻城、黄安、英山、圻春、黄冈、浠水、广济、黄梅、礼山、孝感、黄陂、罗田等县；鄂西地区有襄北的天汉、天京潜等县，襄南的天潜沔、川汉沔、监沔、江荆潜、江监石等，襄西的荆钟、荆钟宜、荆当、荆南等县。

由陈毅、粟裕率领的左后路军，于1947年8月打破敌人对山东的重点进攻之后，挺进鲁西南，进军豫皖苏边区。前后歼敌10万余人，解放人口1000万，恢复了被敌人侵占一年之久的豫皖苏边区。

由陈赓等率领的右后路军于1947年8月22日晚上，由晋南强渡黄河，占领了三门峡和新安、渑池、宜阳等地。接着，一部出陕南，开辟陕南根据地，主力转向东进，攻占郑州、洛阳以南，平汉路以西各县，开辟豫西根据地。

左后路挺进豫皖苏地区，右后路军挺进豫西后，三军在中原地区形成"品"字形阵势，对敌人的威胁越来越大。1947年12月间，陈毅、粟裕野战军及陈赓兵团联合向陇海线民权至砀山段及平汉线新郑至确山段，发动大规模的攻击战，以配合刘邓野战军作战。12月底，三军胜利会师于平汉线的遂平、西平地区。从此，中原出现了一个新局面，不但使鄂豫皖、豫皖苏及豫西三个解放区连成一片，而且创立了新的江淮河汉之间的广大的中原解放区。

（三）中原解放区的统一与中原人民政府成立

1948年3月后，三军继续向敌人展开进攻，先后解放了洛阳、开封等重要城市。当敌人集中兵力于豫东作战时，刘邓野战军一部则向鄂西襄樊地区发动攻势，于7月16日全歼襄樊守敌20000人，生擒襄绥区司令、国民党特务头子康泽。于是，敌人在中原的防御体系被彻底粉碎，中原解放区进一步得到巩固。与此同时，在大别山区坚持游击战争的部队，也粉碎了敌人的"扫荡""清剿"，度过了最困难的日子，逐步从山岳地带向平川扩展。

1948年11月，淮海战役开始后，中原地区敌军大部被迫东调，中原军民乘机歼灭敌人。淮海战役大捷，国民党主力被歼，中原地区敌我力量对比发生了根本的变化，解放区进一步得到巩固和扩大。到1949年3月，除长江沿岸安庆、黄梅、汉口一带和汉水以南部分地区仍为敌人盘踞外，其余绝大部分地区已获解放。整个中原解放区已连成辽阔的一片。

随着军事上的胜利，中共中央决定将原属晋冀鲁豫边区领导的豫皖苏边区、豫西解放区以及属中原局领导的鄂豫皖、陕南解放区合并，组成统一的中原解放区。1949年3月中原人民政府正式在开封成立。全区划分为河南省及鄂豫、江汉、陕南三个行署区，拥有人口5000万，辖222个县（市）。

1949年4月21日，毛泽东、朱德发布向全国进军的命令，第四野战军进军中南。5月14日，第四野战军在团风至武穴地段南渡长江，16日、17日解放武汉三镇。5月12日，中共中央决定建立中共华中局（后改为中南局）。不久，中原人民政府即由开封移至武汉，组成中南军政委员会。

综上所述可见，中原解放区的建立是曲折的、艰苦的，从某种意义上看，也可以说是重建的。

二、中原解放区的财粮供给来源

（一）1947年部队的财粮给养来源

1947年，是三军挺进中原的第一年。部队从数百里、千里外打到这里，没有后方依托，给养非常困难，生活非常艰苦。"当时，指战员们都背着沉重的粮食、弹药行军，抬着山炮翻山越岭；又值雨季，身上常常湿透，不少人连草鞋也没有，不得不赤足行军。干部们将自己骑的牲口用来运粮食、驮伤员,并亲自参加抬送伤员。部队在疲劳的行军之后,还得自己推谷干、舂米、做饭、打草鞋、打马掌。由于给养不能及时得到补充,有的部队曾二十几天不见油盐,甚至只能以清水煮马肉充饥。"①

如何克服、战胜这些困难呢?中共中原局、中原军区采取的办法是:依靠群众,依靠自己,就地解决部队的吃粮、穿衣问题。

这一年,部队的吃粮和马草,大部分是自己就地筹集的。当时,政权机构尚未建立,部队不得不一面打仗,一面筹粮。筹集的方式,主要是借粮,向地主富农借,也向有存粮的农民借。手续很简单,由部队或县政府打个借条,写明借到谷或米多少就行了。借粮的数量不限,部队多就多借,部队少就少借。据岳西县葛蒲区统计,1947年刘邓大军到达这里共借粮98860斤,借粮户数共472户,每户平均借粮209斤②,这算是借得多的。除了随军借粮外,凡建立政权组织的地方,例如豫皖苏边区的第三行政专署、皖西的一些县,还正式征收了公粮。公粮征收,一般都采取群众评派的方式,大户多出,中户少出,贫户不出。例如皖西工委规定,各阶层负担按当时实有财产计算,一般地主不超过40%,富农不超过20%,中农不超过10%。

部队吃的粮食,还有一部分是老区群众主动送的。大别山区的人民群众有着优良的革命传统。在土地革命战争和抗日战争时期红军、新四军主力三次撤出这一地区后,群众虽然受到反动派的残酷镇压,但他们对共产党和人民军队仍然很亲。刘邓大军一到,许多农民主动支前,送这送那,非常热情。部队到达黄安时(现名红安县),老苏区革命母亲徐大妈(徐正修)发动妇女烧茶做饭,送到路旁,给大军充饥解渴。大军打到英山时,雇农郑华岳等立即组成一个招待处,给大军送米、送柴、送鞋。汪家河人民在一个月内即自动送给部队大米1.3万多斤,柴1.5万多斤,猪肉1200多斤,鞋100多双。罗田县陈家山农民捐米2万多斤,油500多斤,菜1000多担,鞋100多双。所

---

① 刘伯承:《千里跃进大别山》,载魏宏运主编《中国现代史资料选编》(5),黑龙江人民出版社出版,第583页。

② 安徽省岳西县财政局上报的农业税负担有关历史资料,1980年7月15日。

第三章 解放战争时期的农民负担

有这些,不仅给部队改善了物质生活,而且给战士增添了杀敌的勇气。

穿的问题,也是依靠群众支援和全体指战员自己动手解决的。为了说明这一问题,我们讲一个故事——刘邓大军指战员缝棉衣的故事。

1947年刘邓大军在取得高山铺战役的胜利后,已经是露寒霜重的深秋时节。10月的大别山,已经有几分寒意,而十万大军仍然穿着单衣,夜间值勤有时便不得不披着棉被或脚下放一堆芦花取暖。这时,中共中央曾打算从晋冀鲁豫根据地送棉衣来,或送银元来就地采购。但是,千里迢迢,封锁重重,谈何容易!因此,刘邓首长报请中共中央,决定自己设法解决。他们规定了筹借材料的政策,经过宣传动员,广大群众热情支助,很快筹借到大量布匹和棉花。同志们用竹鞭、树条和自制的弹弓来弹棉花,用稻草灰染出灰布,全军上下自己动手做起棉衣来。经过20多天的努力,全军十几万人都穿上了自己缝的棉衣,冒着风雪严寒,信心倍增地投入了更加艰苦的斗争。

这个小故事,反映了人民军队的自力更生、艰苦奋斗的精神,也反映了人民群众特别是广大农民对革命的热情支援。

三军的给养,除了当地群众的支援外,老解放区的人民也给予了很大的支援。陈赓率领的部队出征时,太岳、太行区的人民多方面鼓舞部队的士气,帮助进行各项准备。太行区的人民送给九纵队的锦旗上写着"太行子弟结长缨,渡河南征缚苍龙"的豪迈词句。两区的人民还组织了3万多民兵、民工随军作战,并在渡河以后仍继续以大量物资支援部队[1]。1947年冬国民党调集33个旅大规模围攻大别山时,刘邓部队处境非常艰难。正在这时,晋冀鲁豫根据地在中共中央的指示下,增调了两个纵队的兵力,送来了一批新战士和伤愈病痊归队的指战员,还带来大批弹药、药品和银元,及时给刘邓大军以有力的支援[2]。所以,老根据地人民的支援,也是当时中原军区部队给养的一个重要的来源。

---

[1] 陈赓:《挺进豫西》,载魏宏运主编《中国现代史资料选编》(5),黑龙江人民出版社出版,第602页。

[2] 刘伯承:《千里跃进大别山》,载魏宏运主编《中国现代史资料选编》(5),黑龙江人民出版社出版,第588页。

(二) 1948—1949 年军政人员给养的来源

1948 年 3 月起,中原解放区进入稳定发展的阶段。许多县不仅建立了政权组织,而且开展了土地改革和减租减息运动①。无论是豫东、豫西,还是江汉、桐柏地区,都陆续拥有一些城镇。因此,粮款有了可靠的来源,也有条件可以逐渐采取正规的筹集办法。

这两年,中原解放区军政人员的财粮供给来源和筹集方式,大体上有以下几种:

第一,征收公粮、田赋。

公粮,是财粮收入的主要来源。1948 年起,豫皖苏区、豫西区、江汉区、桐柏区以及皖西区,都普遍开征了公粮,并且先后颁布了正式的征收办法。

田赋,只有豫西区、皖西区开征。1948 年 9 月 30 日豫西行政主任公署发出布告,确定自 1948 年度起征收田赋(上年度田赋一律豁免)。征收原则是"谁有地谁负担","好地多负担,坏地少负担"(旧政府的银两负担办法一律废除)。土地分上、中、下三等:上等地每亩(年产麦 200 斤以上)征收 30 元,中等地每亩(年产麦 200 斤以下、100 斤以上)征收 20 元,下等地每亩(年产麦 100 斤以下)征收 10 元②。皖西区为紧缩大军南下后之大量中州币与解决新形势下的财政任务,亦决定于 1948 年度征收田赋。田赋由土地产权人负担,一律征收中州币。以斗种计算的土地,每斗田种征收中州币 20 元,折合银元 1 角。

第二,借粮。部队进入新区作战,在人民民主政府尚未建立,后方接济不上的情况下,所需粮秣仍由部队政治机关就地自行筹借。借粮的对象主要是地主、富农及部分富裕中农,一般不向贫农借。在城

---

① 1948 年 1 月到 5 月,豫皖苏边区、豫西解放区的许多地方开展了土地改革。1948 年 5 月 25 日中共中央《关于 1948 年土地改革工作和整党工作的指示》下达后,中原局根据中共中央的指示精神,决定停止新区土改,实行减租减息,因为新区的土改条件尚不成熟。

② 这里的货币指中州币。1948 年 5 月下旬,中原解放区成立中州农民银行,发行中州币。中州币发行后,解放军进军之初所使用的北海银行(山东解放区)与冀南银行(晋冀鲁豫边区)钞票,由民主政府按价逐渐收回。1948 年 5 月底,中州币每元合蒋币 3000 元;6 月,中州币每元合蒋币 7000 元。

市，粮商有存粮的，也暂借一部分或全部，然后由商会负责筹款折价偿还。

在部队，都组织有筹粮机构，配有征粮人员。征粮人员主要是搞宣传、组织工作，具体筹借，则尽可能通过旧县、区、乡政府及保甲长去办理。不论向谁借的粮食，在人民政权建立之后，都准予抵交公粮。

第三，征收工商税。1948年，各地开征的税种和税率均不统一。豫皖苏区征收的税种有出入口货物税、烟酒税、营业交易税、屠宰税等数种。桐柏区开征的有出入境货物税、烟酒税、屠宰税、牲口税、商店营业税等数种。江汉区开征的有出入口税、营业交易税、屠宰税、营业利得税、烟酒税等五种。1948年10月27日中共中原局发出指示，要求各地整顿税收，增加财源，确定税收种类为出入口税（包括过境税）、产销税（包括烟酒税）、营业税、屠宰税四种。1949年1月中原人民政府制发的《中原解放区出入口货物税暂行征税办法》《中原解放区营业税征收暂行办法》《中原解放区屠宰税征收暂行办法》《中原解放区卷烟水旱烟征税暂行办法》以及《中原解放区酒税征收暂行办法》，统一了税种和税制。工商税收在1948年收入还不多，1949年则显著增加。

第四，缴获。敌人的军粮，伪政府囤积的公粮，全部充作解放军军粮。由群众报告，部队去缴获，并从查获的总数中，拿出1%—5%奖给群众。地方官产及公产田收入的存粮，征借作为军粮，不采取没收的办法。

三、公粮征收制度及公粮负担情况

（一）1947年金寨县的公粮负担办法

金寨县是土地革命战争时期皖西北特区所属的一个老苏区。1947年刘邓大军打到这里，重建了金寨县民主政府。为了保障部队的粮草需要，县政府制定了《简易征收负担暂行办法》，正式征收了公粮。

这个办法，同土地革命战争时期赣东北的办法差不多。其主要内容是：

1. 课征的对象为田地，但田地不按自然面积计算，而按产量面积计算。每年收获两石稻谷（200斤米）的水田为一斗田。山地、旱田按收获量多少，折合成稻田计算。例如，一块旱田产小麦120斤，折合为大米100斤，就是五升稻田。

2. 以户为单位，按每人平均稻田多少（即统一折算的稻田产量面积）累进计征。每人平均合五升田者，免征；每人平均合六升至一斗田者，为第一级，每升田征二斤米；每人平均合一斗一升至二斗田者，为第二级，每升田征二斤半米；每人平均合二斗一升至三斗田者，为第三级，每升田征三斤米；每人平均合三斗一升田者，为第四级，每升田征三斤半米；每人平均合三斗一升田以上者，均按三斤半米征收，不再累进。

3. 在应征的米数内，折价征收3/10的粮价款。每斤米折蒋币800元，如交冀钞（冀南银行发行的货币），每1元冀钞抵蒋币25元。

每一斤米另外征柴草二斤，随米征收。

以村为单位，做棉衣20—25套，布鞋100双（棉衣上身身长2—2.5尺，袖长2.5—2.7尺，裤长2.8—3尺，腰高5寸，裤口8寸，全套棉花絮2斤；鞋子布底麻线密纳，帮子四层黑面）。

4. 凡承租地主的土地，一律停止交租。停租后，出租地由佃户负担。贫苦老弱孤寡无力生产必须出租者，按收获量的30%交租，公粮公款由双方负担。

按照这个办法计算，负担占收入的比例是：

每人平均农业收入120—200斤米者，10%；

每人平均农业收入220—400斤米者，12.5%；

每人平均农业收入420—600斤米者，15%；

每人平均农业收入620斤米以上者，17.5%。

上述四个等级，大体上也就是贫农、中农、富农、地主的负担比例。可见，负担还是比较合理的。

(二) 1948年豫皖苏区的农业税负担办法

豫皖苏边区恢复后，于1948年开始征收农业税。1948年6月1日，边区行政公署发出布告，公布了麦季农业税负担办法。1948年10

月4日,又公布了秋季农业税负担办法。这两个办法的内容完全不同。

麦季(即夏季)负担办法是:从边区到专署、县、区、村,逐级分配征收任务,任务分配到村后,由村民按人口、标准亩分派负担。开征前,以村为单位组织评议委员会,逐户评议每一块土地,并折合为标准亩。一般地亩不论何种土质,均以平均每年能收获粮食150斤为一个标准亩,不种粮食的土地,依其生产折合粮食计算。已分配土地的地区[①],负担按标准亩分摊,不除免征地。但1947年种麦后分入土地的户,分麦地者,按分麦地多少出麦季负担,分秋地者不纳麦季负担。未分配土地的地区,每人平均不足一亩(标准亩)者,全部免征;每人平均一亩以上三亩以下者,一律免除半亩(标准亩)负担地后计算负担;每人平均三亩一分以上者,不除免征地;如系逃亡未归的地主土地,仍由佃户收打,并按租约分粮,其余粮食(属于地主部分)除应交纳之全部负担并予地主酌留生活费外,归农会保管和处理。

秋季的农业税,改为以户为单位,按常年产量累进征收。已土改区和未土改区执行同一征税办法。

常年产量以自然村为单位,组织评议会评定。土地划分为三、五等,按等级评定产量。然后确定各户的常年产量总数。

产量评定后,依每人平均产量多少累进计征。累进税率如表3-37所示。

表3-37

等级	每人平均常年产量(斤)	税率(%)
1	不足60	免征
2	61—100	6
3	101—150	8
4	151—200	10
5	201—300	12

---

① 从1947年1月到6月初,豫皖苏边区有20个县进行了土改。单是一分区,农民就得到了土地195699亩;一、三两分区合计得粮食99670斤。这是按照1946年6月中共晋冀鲁豫中央局的邯郸会议精神开展的。当时,全边区分3个分区、20个县治,解放区人口为466万多。

续表

等级	每人平均常年产量（斤）	税率（%）
6	301—400	15
7	401—500	18
8	501—600	21
9	601—700	24
10	701—800	27
11	801—1000	30
12	1001及上	30

东佃地由东佃双方负担。一九、二八佃种者，全由东方负担。三七佃种者，东方负担九成，佃方负担一成。四六佃种者，东方负担八成，佃方负担二成。对半分者，东方负担七成，佃方负担三成。包租地，按东七佃三负担。确系平分的土改区，依法新成立的租佃关系，参照上述规定，自行协议双方负担成数。

此外，还有各种减免照顾的规定。其中，对新得土地的贫农，其新得的土地，减征1/3的负担。

1948年豫皖苏区的农民负担情况，由于掌握的材料很少，这里只能就一个村的调查来进行分析。

这个村叫赵楼自然村，属界首县纸店区。全村244户1208人，土地2093亩，每人平均1.7亩。1948年2月进行土改，执行"中农不动两头平"的政策。土改后，从每人平均占有的土地看，中农、富农较多，贫农和地主较少。这一年，夏季分配征收任务为23649斤，按每亩负担11.3斤分派到各户；秋季分配征收任务41908斤，也是按亩派到各户的（按评定的常年产量和规定的税率计征，完不成任务）。两季合计征收农业税65557斤，占农业收入的10.44%。从各阶层看，贫农的负担比例为8.53%，中农为12.04%，富农为10.35%[①]，负担同负担能力大体上是相适应的。从负担的比例和负担后的剩余看，豫皖苏边区1948年的负担水平是偏低的，比其他解放区同期的负担都

[①] 赵楼实验组：《赵楼自然村是怎样发动群众完成秋征民主评议的》，《雪枫报》，1948年11月15日。

要低。

(三) 1948年豫西区的公粮负担办法

豫西区在1948年夏季即开征公粮,采取分配任务,自报土地产量,民主评议的方法确定各阶层的负担数字。执行中出现了隐瞒土地、少报产量、负担不公的问题。为了纠正这个偏向,保证战争供给需要,豫西行政主任公署于1948年9月30日公布了《豫西区秋季征收公粮暂行办法》。

这个办法与豫皖苏区的秋征办法基本相同,也是按照土地的常年产量计算农业收入,家庭副业收入不课税,实行累进税制。不同的有两点:

第一,租佃地的负担办法略有不同。出租地负担,实行定租制者,按实际收租计算;实行分租制者,按分粮比例计算。佃耕地负担,则一律按照常年收获量扣除地租并除15%的消耗后计算。

第二,起点税率较低。具体税率如表3-38所示。

表3-38

税 级	每人平均农业收入(斤)	税 率(%)
1	不足60	免征
2	61—80	4
3	81—100	6
4	101—150	8
5	151—200	10
6	201—300	12
7	301—400	15
8	401—500	18
9	501—600	21
10	601—700	24
11	701—800	27
12	801以上	30

(四) 1948年桐柏区的麦季征收办法

1948年6月5日,桐柏行政公署制定了《民国三十七年麦季征收暂行条例》，规定：

1. 凡属农业上的熟地，不论水田旱田，一律要征公粮。

2. 公粮征收按照产量面积计算。凡每亩能产小麦老秤 100 斤者为一个标准亩。标准亩即计税的依据。

3. 平均每人占有土地一个标准亩以下者，一律免征。贫苦军烈属、孤寡残废者，平均每人占有土地二亩以下者，免征一亩；二亩一分至三亩者，免征半亩；三亩一分以上者不免征。

4. 征收额按平均每人占有土地多少分十级计算：

第一级，平均每人 1.1—2 亩者，每亩征 8 斤；

第二级，平均每人 2.1—3 亩者，每亩征 10 斤；

第三级，平均每人 3.1—4 亩者，每亩征 12 斤；

第四级，平均每人 4.1—6 亩者，每亩征 15 斤；

第五级，平均每人 6.1—8 亩者，每亩征 18 斤；

第六级，平均每人 8.1—10 亩者，每亩征 21 斤；

第七级，平均每人 10.1—15 亩者，每亩征 24 斤；

第八级，平均每人 15.1—20 亩者，每亩征 27 斤；

第九级，平均每人 20.1—30 亩者，每亩征 31 斤；

第十级，平均每人 30.1 亩以上者，每亩征 35 斤。

5. 凡敌占优势的游击区，减征 25%。凡已分土地地区，对新翻身的贫农、雇农，其应征额减征 20%，以资照顾。

（五）中原解放区公粮征收办法的统一

1949 年 2 月 13 日，中原区临时人民政府拟订了《中原区 1949 年公粮合理负担暂行办法》。自此，中原区的公粮征收办法归于统一。这个办法的主要内容是：

1. 凡居住在本区从事农业生产的居民，不论出租、自耕还是佃种地的收入，均须计征公粮。家庭副业收入，小商贩、小手工业者收入，暂不计算负担。

2. 农业收入按照土地的常年产量计算。常年产量依据土质好坏评定，以小麦或大米、小米为计算单位。种植花生、烟叶、蓝靛药材，及苇塘、竹园、果园、菜园、藕池等，按种植一般作物计算；棉花按一般作物产量减半计算。

3. 以户为单位，按累进税率计征。税率如表 3-39 所示。

表 3-39

税 等	每人平均常年产量（斤）	税率（%）
	120 以下	免征
1	121—200	5
2	201—250	7
3	251—300	9
4	301—350	11
5	351—400	13
6	401—500	15
7	501—600	18
8	601—700	21
9	701—800	24
10	801—1000	28
11	1001—1200	32
12	1201—1500	36
13	1501 以上	40

注：富庶地区起征点可酌情提高，但不得超过 150 斤。

4. 租佃地，佃户、地主按一九、二八、三七（地七佃三）分粮者，公粮全部由地主负担。定租地及地主佃户对半分粮者，地主按七成、佃户按三成计算，四六分粮者（地六佃四），地主按八成、佃户按二成计算。土改区租佃地负担由租佃双方自行协议。

5. 随公粮征收公柴、公草。地方粮按公粮总数的 15%—20% 加征。

6. 工作基础薄弱，干部缺乏，支前任务繁重，群众未经过合理负担计算之地区，可以采取评标准户或按地亩累进负担办法征收。

按照上述办法执行，中原解放区 1949 年各阶层户的负担比例大体是：贫农不超过总收入的 5%，中农不超过 18%，富农不超过 25%，地主不超过 40%（在 35% 和 40% 之间）。

四、战勤负担制度

中原解放区的战勤制度,是各地自行制定的。1948年8月,豫皖苏区党委公布的《战勤工作暂行办法》,是一个比较完备的制度。

暂行办法规定:凡年在18岁以上45岁以下之男子,均需服前方勤务,如抬担架、送给养、运弹药等;凡年在18岁以下45岁以上之男子及有劳动力之妇女,均需服后方勤务,如碾米磨面、送信带路、修路、破圩寨、近距离运输及招待伤员等。农村的民工及运输力,以村为单位计工算,合理负担;城市的工商业、自由职业者、摊贩工人、贫民不出差,车船采取征雇办法。

民工出发到前方,未接受任务之前,一天算一工;接受任务后,一天算一个半工。在后方服务之民工均一天算一工、半天算半工。牲口车辆计工,牛算一工,骡马算一工,驴算一工,小车算半工,大车算一工。民工离家后,其庄稼活由村中及时还工,代耕代种,不得有违农时。民工运输力到达指定集合地点后,即由公家供给。民工秋粮每人每天三斤(菜金在内),吃麦时每人每天麦粮三斤半(菜金在内),每人每天烧柴三斤,牛每头每天草十五斤、料三斤,骡马每头每天草十斤、料三斤半,驴每头每天草七斤、料二斤。

民工因服务而有病或负伤者,送医院治疗。负伤及牺牲者,其本人及家属得享受人民解放军同等待遇。民工在服务期间因战争损失的车辆牲口等,由政府统一调查,登记赔偿。

中原解放区在淮海战役、渡江战役中,支前的任务是很繁重的。豫皖苏区为淮海战役运送粮食物资动员的民工,估计不下百万人。皖西区为渡江战役准备的粮草、船舶以及动员的水手、民夫、担架队,都是大量的。大军渡江以后,中原解放区人民广泛开展了以支前运动为中心的清算反霸斗争,从人力物力方面保证了战争给养的需要,为夺取全国胜利作出了重要贡献。

第六节 东北解放区的农民负担

一、东北根据地的建立和发展

1931年"九一八"事变后,蒋介石采取不抵抗政策,把东北88万多平方公里的土地拱手送给了日本侵略者。东北人民奋起抗敌,由中国共产党领导的东北抗日联军,以英勇不屈的精神与敌伪搏斗,坚持了14年的抗日战争。1945年8月,东北抗日联军配合苏联红军,打垮了日本最有力量的关东军,彻底地摧毁了日本侵略者的最后势力,使东北3900多万名同胞结束了所受的殖民主义奴役统治。

东北光复,为加速中国革命胜利的进程创造了极为有利的条件。中共中央根据当时的斗争形势和东北的具体情况,决定不失时机地夺取东北,并立即从晋察冀和山东根据地派遣大批干部和部队进入东北,控制广大乡村和苏联红军未驻扎的中小城市,剿匪安民,建立地方民主政权。为了统一领导东北的对敌斗争和根据地建设,1945年9月15日,中共中央决定成立中共中央东北局,以彭真为书记;随后,又把进入东北之八路军、新四军及东北抗日联军等,统一编为东北民主联军,以林彪为司令员,以彭真、罗荣桓为第一、二政治委员。

人民军队进入东北,消灭敌伪残余势力,恢复社会秩序,接收各省,发展革命势力,这一切彻底摧毁了国民党政府蓄谋按"行政接收"东北的计划[①]。于是,他们在美帝国主义援助下,经过海陆空三路向东北大举运兵,改用武力劫收东北,从1945年10月至1946年3月,国民党运到东北的兵力达7个军30万人。6月,东北停战协定签

---

① 日本投降前,国民党政学系的头目张群、熊式辉等人即用中央设计局"东北复员设计委员会"的名义,提出了抗战后阴谋劫收东北的计划。1945年8月14日,国民党政府与苏联签订了《中华民国苏维埃社会主义共和国联邦友好同盟条约》及有关协定,取得了"接收"东北主权的合法地位,企图以"行政接收"形式独占东北。

字时，增到 15 个军 51 万人。他们凭借美式装备的优势，相继占领了山海关、辽西西部、热河东部、沈阳、抚顺等广大地区。之后，趁苏联红军从四平、长春撤退之机，又沿中长路北犯，侵占铁岭、开原、昌图、四平、长春、吉林，企图夺取全东北。

对于国民党反动派的武装进攻，中共东北局及东北民主联军根据中共中央提出"让开大路，占领两厢"的方针，采取了战略防御的措施。一方面，把长春铁路沿线及大城市让给蒋军；另一方面，在距离国民党占领中心较远的城市和广大乡村，即在东满、北满、西满地区，发动群众，壮大武装力量，建设巩固的军事政治的根据地。

当时，在东北解放区后方，社会秩序很乱。百万苏联红军进入东北后，日伪在东北的统治虽然崩溃，但土匪、汉奸、恶霸等反动势力还未受到应有的打击，有的甚至在民主政权中窃据要职，暗地支持和策划叛乱，等待国民党反动派接收。国民党收编的土匪武装也趁机扩展，气势甚为猖狂，正如后来小说《林海雪原》所描写的那样。他们占据了一部分县城，占据了广大乡村，使民主政权处在他们包围之中。因此，要发动群众，建立可靠的根据地，站稳脚跟，必须首先开展剿匪和镇反斗争。

从 1946 年初开始，东北解放区动员各方面的力量，向隐蔽的或公开的敌对势力发动了猛烈的攻击。在各级政权组织中，分批清除了日伪残余，并坚决镇压了一批罪恶昭彰的汉奸和其他反革命分子。在军事上集中力量清剿土匪。广大指战员在茫茫林海，冒着严寒酷暑，不顾疲劳，不惜伤亡，连续作战，咬住敌人不放，追剿到底。在民主联军的凌厉攻势下，歼灭大股"中央"胡匪及"地下中央军"近 10 万人，匪首李华堂、谢文东、张雨新、王乃康、曹兴武、姜鹏飞等均被生俘正法[①]。

剿匪、镇反斗争的伟大胜利，打开了新的局面，民心安定，民主政权逐渐巩固。到 1946 年 5 月初，辽宁、安东、辽北、热河、黑龙江、嫩江、吉林、松江、兴安、绥宁等省政府先后建立，共产党的许

---

① 《东北三年》，《东北日报》，1948 年 8 月 13 日第四版。

多富有经验的优秀干部被推选为省政府的主席和副主席。随着省级政权的相继建立,将近30个市、专区、盟,200多个县和旗的民主政权也先后建立起来。在建立各级政权的过程中,省、市、县等的各级党组织也相继建立,并成立了各省的工作委员会。这为深入发动群众、开展根据地的经济建设,进行土地改革,创造了先决条件。

为了统一东北解放区的行政领导,建设和平、民主、繁荣的新东北,1946年8月6日在哈尔滨市召开了东北各省代表联席会议。会议通过了《东北各省市(特别市)民主政府共同施政纲领》,成立了东北解放区统一的最高行政机关——东北各省市(特别市)行政联合办事处(27人为行政委员,组成行政委员会,行使职权)。同年10月16日,改称东北行政委员会。为统一南满地区行政领导,政委会设立冀察热辽办事处,领导热河省与冀东、冀热察两个行署。

全面内战爆发后,国民党军队再次向东北解放区发动进攻。这次进攻,国民党采取北守南攻的方针,企图先消灭南满的民主联军,再攻北满,夺取全东北。从1946年9月到1947年1月,国民党军以其机动兵力连续进犯民主联军控制的临江一带狭小地区。为了粉碎敌人先南后北的侵略计划,东北民主联军采取了巩固北满,坚持南满的作战方针。南满部队一面从正面阻击敌人,一面向敌后挺进,攻其据点。北满部队为配合南满保卫战,集中三个纵队的兵力,三次南下,越过松花江,在吉林、长春以北地区出击敌人。于是,蒋军首尾失顾,先南后北的作战计划完全破产。这就是著名的"三下江南,四保临江"战役。是役,共歼敌6.9万余人,收复县城11座及广大地区,基本上使敌人停止了战略进攻,迫使其转到防御。

1947年5月,东北解放区转入战略反攻。从5月13日开始,东北民主联军在东满、西满、南满及热河、冀东各个战场上同时向敌军发动了进攻。至7月1日止,历时50天,歼敌8.2万余人,收复县城市镇42座,解放国民党占领地区16.6万余平方公里,人口近1000万,控制铁路2500余里[①]。夏季攻势的胜利,彻底改变了东北根据地被分

[①] 《东北民主联军夏季攻势战绩》,载《中国人民解放战争军事文集》(第二集),第477页。

割的局面，东、西、南满根据地已连成一片，解放区面积进一步扩大。

据1947年7月统计，东北解放区面积增加到674667平方公里，人口由2300万增加到3300万（包括冀察热辽解放区在内）。辖有松江、合江、辽北、吉林、热河、安东、辽宁、牡丹江（安东与牡丹江合并的新省）、黑龙江、嫩江等10个省，冀东和冀热察两个行署，46个专区，210个县，32个旗（相当于县），1505个区，27018个村①。此外，还有一个关东公署（即旅大地区，在党的关系上直接归中共中央东北局领导），辖旅顺市、大连市、大连县及金县②。

1947年9月14日，东北民主联军发动了新的秋季攻势。经过50余天的战斗，共歼敌6.9万余人，收复城市15座。接着，在12月15日又发动了冬季攻势。其时，广大官兵冒零下40度奇寒，进行了一连串的攻坚作战，打下蒋军设有坚固防御工事之彰武、新立屯、辽阳、鞍山、四平等城镇，并全歼各该地守敌。在冬季攻势三个月作战中，共歼敌15万余人，收复城市16座。

经过1947年的夏、秋、冬季三次攻势作战，敌人被压缩在长春、沈阳、锦州三个孤立的地区，进退两难，而东北人民解放军（1948年元旦东北民主联军改为东北人民解放军）则完全控制了战争的主动权。此时，解放军在质量上和数量上都大大超过敌军，东、南、北、西满根据地完全连成一片，土改基本胜利完成，后方巩固，解放区广大群众作好了支前的各种准备，战略决战的时机已经成熟。因此，中共中央决定发动辽沈战役，彻底消灭敌人。

辽沈战役是解放战争时期规模最大的战役之一。东北野战军集中的主力有12个纵队、1个炮兵纵队，加上地方武装共70余万人。这次战役从1948年9月12日开始，至11月2日结束，历时52天。10月15日，攻克锦州。10月19日，长春之敌投降，解放长春。11月1日，解放沈阳。11月2日，解放营口。前后共歼敌正规军4个兵团11

---

① 《东北解放区一年来的建设》，《东北日报》，1947年8月14日。
② 1945年8月22日苏联红军解放大地区。10月建立中国共产党旅大党委会。10月成立旅顺市民主政府。11月8日成立大连市民主政府。1946年11月23日成立旅大行政联合办事处。1947年4月3日正式成立关东公署。

个军66个师，共47万余人。

辽沈战役的胜利，使东北全境获得了解放。此时，东北解放区拥有1489500平方公里的土地（包括冀东和冀热察在内），解放军控制的占99%以上，敌人据点所占地不到1%。全区在东北行政委员会领导下，辖辽宁、辽北、吉林、安东、合江、松江、黑龙江、嫩江、热河等九省，一个哈尔滨特别市，冀东、辽南、冀热察三个行署，一个内蒙古自治区，人口达4275万，占全国解放区总人口的1/4[①]。

中共东北局根据东北全境解放的形势，于1948年11月23日作出了《关于东北解放后的形势与任务决议》。决议指出："在东北解放区内部以人民战争消灭国民党反动派，以强力剥夺封建地主旧富农以及敌伪官僚资本的财产的任务，已经或即将完成了，……东北全党今后必须把经济建设的任务放在压倒一切的地位，……为增加东北的物资财富与军事供应品，而进行积极的斗争。"从此，东北解放区的工作重心由战争转向建设，由农村转向城市，开始了带计划性的经济建设时期。

为了适应新的经济建设任务的需要，便于城市领导乡村，东北行政委员会根据经济、交通、人口、城市的分布及自然状况，于1949年4月21日发布命令，重划东北行政区域为六省四直辖市。

辽东省：辖5个市，29个县，省府设在安东市。

辽西省：辖4个市，21个县，省府设在锦州市。

吉林省：辖2个市，23个县、旗，省府设在吉林市。

黑龙江省：辖1个市，42个县、旗，省府设在齐齐哈尔市。

松江省：辖4个市，32个县，省府设在哈尔滨市。

热河省：辖2个市，23个县、旗，省府设在承德市。

直辖市：沈阳市、抚顺市、鞍山市、本溪市[②]。

此外，还有一个关东公署，一个内蒙古自治区。

---

① 《解放区介绍：东北解放区》，《晋绥日报》，1948年11月6日第四版。

② 《新黑龙江报》，1949年4月26日第四版。东北行政委员会命令发布之前，根据中共中央指示，于1948年12月将冀察热辽办事处撤销。原属晋察冀边区的冀东和冀热察地区的河北省属各县，划归华北行政区管辖。

1949年8月21—26日,在沈阳市召开了东北人民代表会议。会议通过了中共东北局关于东北人民政府施政方针向东北人民代表会议的建议,8月26日选出了东北人民政府委员和候补委员。8月27日,东北人民政府正式成立,由高岗任主席,李富春、林枫、高崇民任副主席。

东北解放区是全国解放区当中面积最大、物产最富、工商业最发达的一个解放区,在军事上经济上都具有重要的战略地位。它的建立和发展,不仅改变了中国革命根据地长期被敌人包围的状态,加速了整个解放战争的进程,而且建成了一个可靠的后勤供应基地,使解放战争进入全面反攻后所需的人力、财力和物力,能够源源不断地得到供应。在整个解放战争时期,东北军民的贡献是很大的,特别是广大农民的贡献尤为显著。

二、东北的农村经济及其发展变化

(一)日伪统治下东北农村经济的特点

东北地区是中国近代移民开发的一个农业区。南部开发较早,北部土地在1920—1930年才大量开垦。这里地多平原,膏腴千里,物产丰富,素有粮仓之称,是祖国富饶的宝库。

东北的农村经济,由于俄国沙皇和日本帝国主义势力相继入侵,很早就变成了半殖民地半封建性质的经济。1931年"九一八"事变后,东北沦为日本帝国主义的殖民地,农村经济进一步殖民地化。但是,日本侵略者并没有废除东北农村中的封建势力,而是扶持和依靠农村的封建势力,来推行他们的殖民主义政策,巩固他们的殖民主义统治。因此,在日伪统治时期,东北的农村经济又变为殖民主义、封建主义性质的经济。

日伪统治下的东北农村经济,同关内各地的农村经济比较,具有五个特点:

第一,土地集中的程度更高。

"九一八"事变前,东北农村土地集中的程度就比关内各地高。那时,土地集中在军阀、地主手里,东北的几个大军阀就占有东北土地的很大一部分。日本占领东北后,土地集中的情况进一步加剧。全东北的耕地,有60%—70%为日本殖民主义者、伪满官吏、地主、富农所占有。

日本殖民主义者占有的土地,叫"满拓地""开拓地"或私地。日本是个天灾较多的后起工业国,地狭人稠,资源贫乏,对原料市场的掠夺最感迫切。为了向外扩张,日本帝国主义者在占领东北后,立即在国内大量强制移民。1932年,作为"对满集团移民"的先驱试点,组织配有武装的退役军人500名,在佳木斯附近建立"第一弥荣村"。1935年成立"满洲拓植株式公社",1937年改为"满洲拓植公社",专门从事移民,促进和加速实现殖民主义的"人口政策"。日本拓务省曾野心勃勃地计划在20年内,移民100万户500万人。日本政府对移民者,每户给"始业津贴"900元,农业贷款900元①。因此,"开拓团"逐年增加,"开拓地""满拓地"迅速扩大。据统计,1933年"拓植地"面积为433町步,1940年为73986町步②,到1945年达到170万陌左右③,约占东北已有耕地的10%。

在南满,日本殖民主义者占有土地的比例要大一些。辽宁省新宝县日本"开拓地"占总面积的30%④。昭和十四年(即1939年)关东州农村的畑(出租的土地),"官有"为18579710坪,占总数的30.4%;田(自营土地),"官有"为742140坪,占总数的37.7%⑤。

日本殖民主义者占有的这些土地,并不是什么移民开拓的,而是用强制征买的手段,从东北农民手里夺过去的。强买的都是好地,所

---

① 伪满康德五年"满洲年鉴"。
② "满洲经济大观",1942年9月日本产业调查会满洲总局出版。町步,为日本计算土地面积的单位,1町步为9917.36平方米,等于中国制14.87亩。
③ 中共东北局宣传部编:《东北农村调查》,东北书店印行。陌,为日本计算土地面积的单位,1陌约为13亩多。
④ 方青:《东北农村经济的过去与现在》,《东北日报》,1946年4月12日第一版。
⑤ 中共旅大地委调查研究室:《关东农村若干问题的调查》。关东州为日本帝国主义者设置的行政区,即今旅顺、大连、金县。"官有",即日本侵略者所有。坪,为日本计算土地面积的单位,1亩约合380坪。

付地价极低。据辽宁省新宝县调查,"日本开拓团"强买的土地,每天①分8元、6元、3元三种,尚不足当时地价的1/10;"满洲拓植公司"强买的土地,规定价格每天60元、50元、45元、10元四种,但付地价时即预扣5年的国税(田赋),实际是什么代价也不付②。这是日本殖民主义者经济掠夺的方式之一。

东北农村的土地,除10%左右变为"开拓地""满拓地"及私地外,其余则集中在伪满官吏、地主和富农手里。据统计,大地主占有土地占总耕地面积的比例,北满为50%,南满为40.4%;中小地主及富农占有土地占总耕地面积的比例,南满为35.8%,中满为65.8%,北满为16.6%③。

农村土地高度集中在殖民主义、封建主义者手里,深刻地反映了东北农民遭受双重压迫与剥削的严重程度。

第二,全无土地的雇农多。

在关内各地农村中,雇农不是主要的阶层。雇农人数占农村总人口的比例,据毛泽东在湖南考察为20%④,闽西苏区调查为7%—8%⑤,华北地区一般也是10%左右。东北农村的情况则不同,雇农是农村中主要的一个阶层,无论是从户数还是从人数看,都占有较大的比重。据前面提到的统计材料,无地的农户占农村总户数的比例,南满为32.7%,中满为48.9%,北满为63.2%。雇农人数占农村总人口的比例,据几个县典型调查,一般为20%—30%,高的占40%。

东北农村雇农多,有历史的原因,主要是日本殖民主义统治的结果。东北的农民,大量是从关内(主要是山东、河北)移民来的。据

---

① "天"为东北民间计算土地面积的单位,意指每天一牛力可以耕种的亩数,一"天"约合六亩。
② 方青:《东北农村经济的过去与现在》,《东北日报》,1946年4月12日第一版。
③ 中共东北局宣传部编:《东北农村调查》,东北书店印行。
④ 毛泽东:《湖南农民运动考察报告》(1927年3月),载《毛泽东选集》第一卷,人民出版社1966年横排版,第20—21页。
⑤ 闽西第二次工农兵代表大会通过《反富农斗争决议案》(1930年9月),载中国社会科学院经济研究所中国现代经济史组《第一、二次国内革命战争时期土地斗争史料选编》,人民出版社1981年出版,第437页。

统计，1937—1943年，关内移民平均每年有80万人①。这些移民都是贫苦的，有的带着家属到东北。初到东北，无地、无农具、无钱、无粮，只好出卖劳动力过活。日本殖民主义的统治，则加剧了农民的贫困化。一方面，日本帝国主义在东北的"开拓政策"，掠夺了东北农村大量的土地，使许多有地或地少的农民全部失去土地，沦为雇农；另一方面，日本帝国主义、伪满官吏、封建势力的层层剥削，使一部分农民破产，而变成了无地的雇农。

第三，地主富农多采取雇佣劳动的经营方式。

在关内各地农村，封建地主的土地绝大部分是出租的，旧式富农的土地有相当一部分也是出租的，因此，租佃形式是地主富农的主要经营方式。东北农村则不同，地主富农经营农业，主要的不是租佃形式，而是雇佣劳动的形式。因此，在地主阶级中，经营地主的比例较大；在富农阶级中，绝大部分都属于经营性富农。北满的经营地主，一般经营土地500—1000亩，雇工人数少的3—5个，多的30—40个（均为长工）。南满的经营性富农，一般经营土地100—200亩，雇工1—2人。

东北农村的地主富农之所以采取雇工的经营方式，原因有三：（1）无地的农民多。特别是关内来的移民，一无所有，为了谋生，只好出卖劳动力。这就使榜青制（即雇工制）及经营地主、经营富农得以发展。（2）榜青制较之租佃制，可以使地主富农得到更多的纯收入。东北农村的租佃制，租率一般为25%—40%，最高的50%。采用榜青制则不同，一个雇工可以耕种4垧地（40亩），工资及一切消耗只占2垧地的收成，雇主可凭借地权得到50%的利润。如果从雇工的实际操作时间计算，一年只有4个月（东北无霜期短，一年只能种一季），其余的8个月都是给地主家干别的杂活。因此，一个雇工实际得到的工资，仅仅相当于他在4个月内创造的价值（4垧地的收入）的1/6，也就是说雇主实际得到5/6的收入②。这是地主富农多采取雇佣劳动制以及雇佣劳动制能够得到发展的重要原因。（3）日本侵略者在

---

① 《东北经济参考资料》（二），东北财经委员会调查统计处编，1949年。
② 方青：《农村雇工的剥削关系》，《东北日报》1946年10月19日。

农业上,扶植和奖励大农经营。因为大农经营有资本,有农具,有畜力,便于"出荷"①。日本侵略者扶植大农经营的办法有二:一是采取奖励办法,如规定雇工价格、组织锄草班等;二是采取逼迫的办法,如"出荷""配给"等。地主为补偿"出荷"的损失,不得不收回出租的土地自己经营;同时,为了获得日本"配给"布(日本人规定,配给布是给佃户的)高价出卖,许多地主都买马下乡,雇工经营土地。

第四,农业的商品化程度较高。

东北地区商品经济比较发达,城乡联系也较为密切。东北的农产品(主要是粮食和大豆)和副业产品(主要是毛皮)有相当一部分运销城市和国外,而农民所必需的日用工业品则几乎全部依赖城市供应。据统计,"九一八"事变前,东北每年生产粮食约1700万吨,其中运销关内和出口到西欧、日本的约有300万吨,卖到本区城市的约有150万吨,两项共计450万吨,占年粮食生产总量的1/4②。大豆年产量为400余万吨,其中出口大豆240万—290万吨,豆饼150万—180万吨,豆油11万—15万吨③。副产物仅出口一项,约相当于20万吨粮食的价值,还有很大一部分副产品销在城市④。另外,东北只有南满少数地区种棉,而农民自己不纺不织,所需棉布完全靠买。南满、北满在经济上互相依赖,南满缺粮,依靠北满运销,北满缺棉布、食盐,依靠南满供应。这些情况,同关内农村的自给自足经济比较,是显然不同的。

日本占领东北后,工业发展较快,农业比重逐渐降低。1931年在国民经济生产总值中,工矿业产值占29.4%,农业产值占70.6%⑤;到1940年,工矿业产值占54.2%,农业产值占45.8%;到1943年,工矿业产值占59%,农业产值占41%⑥。但是,农业的商品化程度不

---

① 伪满一个主要而普遍的经济统制与剥削的方式。
② 《关于开展农村合作社的意见》,1948年末或1949年初。
③ 同②。
④ 吉林省档案馆资料,吉林省财政厅抄送。
⑤ 《伪满时期东北经济统计》,1949年版。
⑥ 东北行政委员会财经委员会:《东北地区工农业生产总值比较》。

但没有降低，反而有所提高。1944年以前，粮食在全部出口额中占40%。1932—1936年，大豆输出量每年都占生产量的80%左右。当然，这里说的输出量并不全是真正的商品量，而是日本侵略者无厌掠夺的结果，但是城市经济和大农经济的发展，确实促进了农业商品化的发展。

第五，农业生产基本上处于稳定状态。

自1937年"七七事变"后，关内各地（解放区除外）的农业生产是逐渐下降的。东北的情况则不尽相同，从单位面积产量看是下降的，从总产量看则基本上是稳定的。据有关统计资料计算，每亩耕地平均的粮食产量，1931年为179斤，1936年为165斤，1945年为150斤；1945年同1931年比较，下降16.3%。粮食总产量，1931年为1845.3万吨，1933年为1680.3万吨，1938年为1803.2万吨，1941年为1870.5万吨，1944年为1852.8万吨，1945年为1690.8万吨①。总的趋势是维持原来的水平。

日伪统治东北的14年，粮食总产量仍能基本上处于稳定状态，其原因有三：（1）耕地面积扩大。据有关材料统计，1930年东北耕地面积为20160万亩，1931年为20599万亩，1945年为22490万亩。由于耕地面积扩大，在单位面积产量下降的情况下，总产量仍能大体维持原来的水平。（2）东北农村是日本侵略者的后方，没有遭受战争的直接摧残。（3）殖民主义者在一定程度上促进了地主富农经济的发展，对生产也起某些推动作用。

以上讲的五个特点，是着重从土地关系方面分析的。至于殖民主义、封建主义、伪满官吏对农民剥削压榨的手段，政治、军事上的统治以及农民贫困的状况，则与全国的情况是一致的。

---

① 各年数字，资料来源是：
A.《今日东北》，延安解放日报资料，1942年9月18日。
B. 伪满洲国编：《满洲年鉴》。
C. 吉林省档案馆资料。
D. 东北粮食总局编：《伪满时期粮产出荷》，1949年。
E. 东北银行总行编：《金融物价》第18期，1948年。
F. 东北局秘书处编印：《东北行政区划、人口、土地及农业等材料》，1949年9月9日。

(二) 解放后东北农村土地关系的变化

1945年12月28日毛泽东为中共中央起草的给中共中央东北局的指示中指出:"在确定建立巩固根据地的地区和部署力量之后，又在我军数量上已有广大发展之后，我党在东北的工作重心是群众工作。……群众工作的内容，是发动人民进行清算汉奸的斗争，是减租和增加工资运动，是生产运动。"① 东北局根据中共中央的指示精神，从1946年2月开始，即在农村发动群众，开展了减租减息和土地改革运动。

土地改革之前，即1946年2月到1946年6月，各地除了普遍实行二五减租，改上缴租为下缴租，废除押租及实行减息为一分半外，将日伪地产、"开拓地""满拓地"以及日本人和大汉奸所有的土地，全部没收，分给了无地少地的贫苦农民。据调查，这些贫苦农民每人平均分得的土地，安东市浪头区为8—12亩②，牡丹江地区的宁安县为6.6亩③，辽北省东丰县镇安村为6.2亩④。嫩江省不仅把敌伪掠夺的44%的土地（占全省土地的比例），没收分配给了农民，而且把敌伪强占群众的房子也作了合理的分配⑤。

1946年7月到1948年秋，老区（又叫基本区）普遍开展了土地改革运动。在此期间，老区的封建统治被彻底摧毁，农民得到的利益是巨大的。据1947年7月的统计，全东北已有5031908垧土地归还给6290824个无地少地的贫苦农民，最多的有一人分得10.3亩，最少的也分到3亩，平均起来每人分得8亩左右。据合江一省、松江7个县、吉林延边专区、黑龙江省北安专区、牡丹江专区等地统计，有44815头牲畜分给了缺少或没有耕畜的农户。又据合江全省、吉林全省、牡丹江专区、北安专区等地统计，约有74192间房屋分给了缺房或无房的农民。至于收回地主的浮财，如金银、首饰、衣服、粮食等项，为

---

① 毛泽东:《建立巩固的东北根据地》(1945年12月28日)，载《毛泽东选集》第四卷，人民出版社1966年横排版，第1124页。
② 延安《解放日报》，1946年5月15日。
③ 《东北日报》，1946年6月3日。
④ 《东北日报》，1946年5月12日。
⑤ 于毅夫:《在嫩江省临参会上报告政府工作》,《解放日报》，1946年7月12日。

数更巨，比所收回的土地之全部价值还大数倍①。

但是，也出现了一些偏向。头四五个月，群众没有真正发动起来，清算分地中出现了右倾偏向，许多地方形成"夹生饭"。在"砍挖"运动②中，由于过分强调彻底满足贫雇农的要求，只重视挖浮财，忽视"砍挖"斗争与土地斗争相结合，普遍发生了侵犯中农、侵犯工商业、乱打乱杀、打击面过宽和斗争方式简单化的偏向。后来，在平分土地运动中，许多地区混淆了富农和中农的界线，没收地主经营的工商业，又发生了严重侵犯中农利益、侵犯工商业的"左"的偏向。

全东北除上述70%的基本区外，尚有三种地区：（1）半老区。这种地区，土地在前一段大体上已平分，但不彻底，需要在较大范围内进行调剂。（2）新解放区。其中一部分地区也经过清算和土改，但极不彻底，封建制度依然存在，地主富农仍占有大量的土地财产，贫雇农仍然是人多地少；另一部分地区则根本未进行土地改革。（3）边沿区及游击区。敌人武装尚未全部肃清、环境尚不安定，基本群众的绝大多数尚无分地要求。上述三种地区，都在1948年冬季和1949年春季，先后完成了土地改革。在此期间的土地改革，是按照中共中央关于1948年土地改革工作及整党工作的指示，并接受前一阶段平分土地的教训，经过周密考虑进行的。据统计，新区无地和少地农民，每人平均分得3亩左右土地，土地多的地区，每人分得了土地4—5亩。

旅大地区的土改是1950年进行的。旅大地区农业比重很小，工农业生产总值约为9:1。人口共约百万，城乡各半。土地面积较少，每人平均3.6亩，全区土地仅占东北总耕地面积的0.6%。解放之初，由于战争的影响及国民党海上的封锁，工业处于维持看管阶段，部分失业工人和城市贫民无以为生，走入农村。在中国共产党和人民政府的领导下，经过了反奸清算、分配敌伪"官地"和减租减息等运动，部分地解决了贫农和流入农村的失业工人、城市贫民的土地问题，封

---

① 《一年来东北土地改革略述》，《东北日报》，1947年8月15日。
② 彻底摧毁封建势力的一种形式，就是把地主阶级隐藏的金银财宝、布匹、衣服、粮食等挖出来，分给贫苦农民。东北的"砍挖"运动首先自黑龙江省海伦县开始，1947年6月以后普及于各地。

建剥削被削弱。1950年初实行土地改革，封建残余被最后消灭。

随着土地改革的胜利完成，农村的土地关系、各阶级的经济地位相应发生了变化。

第一个变化是地权分散。

前面已经讲到，在日伪统治下东北农村土地集中的程度是较高的，土地改革后，从根本上改变了这种状况。原来日本殖民主义者、汉奸、封建地主占有的土地，绝大部分分散到了农民手里，少部分转为全民所有，归国营农场经营；富农的出租地及多余的土地，也分散到了贫雇农手里。据土改结束时调查，贫雇农、中农所有的土地占土地总数的比例，已由原来的30%—40%提高到90%左右；地主、富农所有的土地占土地总数的比例，则由原来的60%—70%降为10%左右①。

第二个变化是各阶层占有土地的数量趋于平均化。

由于没收敌伪、地主的土地和征收富农多余的土地是采取以乡为单位按人口平分的，并且在数量上、质量上进行了必要的调剂，因此，土改结束时各阶层占有的土地大体上都差不多。据松江省双城县第六区希贤村正红二屯的调查材料计算，1948年土改结束时各阶层占有的土地，按人口平均是：贫雇农8.6亩，中农7.7亩，地主富农6.2亩，全屯7.9亩。

松江省勃利县东岗地1947年11月结束土改时各阶层按人口平均占有的土地是：贫雇农6.7亩，中农6.5亩，富农6.5亩，小地主6.4亩，中地主5.0亩，全村6.6亩。

又据吉林省延吉县裕庶区4个乡调查，1948年土改结束时各阶层按人口平均占有的土地是：富农8.1亩，中农5.8亩，贫农5.1亩，雇农10.0亩，四个乡5.5亩。

各阶层占有土地的数量和质量趋于平均化，这同关内老区农村土改后的变化是相同的。但是，中农占有土地的情况不完全相同，在关内老区，中农按人口占有的土地数量，一般稍高于全村的平均数，而东北农村则略低于全村的平均数。这是因为东北农村的土地土改前高

---

① 根据松江省勃利县东岗屯，松江省双城县第六区希贤村，吉林省珲春县兴仁区高力城，吉林省延吉县平道乡、长新乡、龙盛乡等调查资料计算。

度集中在剥削阶级手里,中农按人口平均占有的土地原来就略低于平均数,土地平分时,中农土地一般是不进不出,没有多大的变化。有些侵犯了中农利益的地方,中农阶层的土地还有所减少。

第三个变化是农村逐渐中农化。

土地改革后,彻底地废除了封建剥削制度,政府又及时提出了"勤劳致富""劳动发家"的口号,因此,农村各阶层的经济地位不仅在土改结束时发生了很大的变化,而且随着大生产运动的开展又发生了新的变化。变化的总趋势是中农阶层的比重越来越大。据黑龙江省对拜泉、太安（今依安县）、兰西、镇来、甘南5个县9个村的阶级调查,土改前中农户数占总户数的比例为15.15%（包括富裕中农）,1948年土改结束时为30.58%,到1949年上升为53.84%[1]。另据辽东省对9个县14个村调查,土改前中农户数占总户数的比例为21.2%,到1949年上升到52.1%[2]。

中农阶层的比重增大,主要是贫雇农阶层上升的结果。据上述黑龙江省5个县9个村调查,1949年中农（包括富裕中农）1311户中,由贫雇农上升的为926户,占70.6%。辽东省1949年的9个县14个村1853户中农中（包括下中农和上中农）,由贫雇农上升的有1083户,占58.4%。至于原来的中农户,则有升有降,多数是保持其经济地位的。

贫雇农阶层上升的原因：首先,接受了中国共产党保护私有财产的政策,奖励生产致富、劳动发家和奖励劳动模范的政策激发了农民生产的积极性,广大农民劳动热情空前提高,因此上升较快。其次,凡是劳动力多、生产积极、勤俭节约、会过日子的,上升也较快。再次,在共产党"组织起来"的方针下,积极参加了换工互助,因而充分发挥了劳动生产效力,增加了产量。最后,男女抓紧搞副业,增加了收入,同时农村供销社的建立,帮助农民推销产品,刺激了副业生产,发展了农村经济。

---

[1] 黑龙江省档案馆资料,1949年。土改后的阶级成分是按当时的经济地位确定的。
[2] 辽宁省档案馆资料,1949年8月。原材料中数字有差错,引用时已作了调整。

(三）解放后农业生产的恢复与农民生活的改善

日本投降后，由于战争和国民党军队的破坏，加之平分土地过程中连续出现"左"的偏向，东北的农业生产发展受到很大的影响。1946—1947年，农业生产继续下降。1948年，在平分土地和纠偏的基础上，基本地区的农业生产虽然取得了一定的成绩，但就整个东北地区来说，生产水平是很低的。粮食总产量，1948年为1226万吨，比1945年低13.3%，仅相当于1931年的66.4%。粮食的单位面积产量，1948年每亩平均为130.5斤，比1945年的150.4斤低15.3%。棉花种植面积，1945年为239万亩，1948年仅有10多万亩。1945年有果树近600万棵，1948年调查已死亡1/3，尚存的410万棵中，还有70万棵患腐烂病①。耕畜，1945年约有350万头，到1948年仅有290多万头②。

1948年10月6日，中共中央东北局会议通过了《关于今年农业生产的总结与明年农业生产任务的决议》。决议指出："封建倒了，土地分了，农村今后长期的中心任务就是发展生产，就是发展新民主主义的农业经济。""除掉那些只有工商业没有农业的城市或工厂企业中的党委，应把发展工业生产当作唯一的任务外，各省委一般地应把农工业生产提在并重的地位，县及县以下的一切地方党政组织与干部，则应以领导农业生产为基本任务。"决议根据农村出现的新情况，明确了农村经济发展的方向，调整了政策，号召广大农民"开展一个完全没有封建束缚的、各阶层人民得以自由平等的条件下比赛生产致富的生产运动"，增产12%，即150万吨③。

这个决议的精神迅速得到落实，增产计划也在1949年实现了。据统计，1949年东北三省粮食总产量为1326.2万吨，比上年增加8.1%；粮食作物每亩平均产量为158.9斤，比上年增加21.7%。几种经济作物的生产，也超过了原定的计划。棉花，计划种植100万亩，

---

① 东北农林部：《1949年苹果工作总结》。
② 东北农林部：《东北解放区1949年农业生产建设计划》。《东北农业》创刊号，1949年4月1日。
③ 《东北日报》1948年12月17日。

实播 137 万亩，共产皮棉 1.7 万吨①。亚麻种植面积超过计划的 20%②，甜菜的每亩平均产量达 2075 斤③。但是，整个农业生产，包括粮食作物和经济作物、畜牧业、农村副业等，仍然没有恢复到日本投降以前的水平。

东北的农民，主要经营农业生产，但副业生产也占有相当的地位。东北农村的副业生产有着极为有利的条件：一是农闲时间长，尤其是北满地区"半年生产，半年闲"，有利于副业的经营；二是副业生产资源丰富，种类很多，分布地区极广。土地改革前，由于战争的影响，副业生产受到严重的影响。土地改革完成后，由于人民政府的提倡、奖励与支持，"劳动致富"政策的贯彻落实，农村副业生产恢复很快，达到了日本投降以前的水平。1949 年东北解放区各地的副业收入，辽西一般平均占到农业收入的 30%，个别地区占 54%；辽东省少数地区占 12%—22%，一般占 30%，个别地区占 50%—60%；黑龙江省一般占 10%，个别地区占 75%；吉林省的蛟河县占 38.4%。全东北的副业收入平均占农业收入的 30% 左右④。

根据上面谈到的农业和副业生产恢复的情况，我们可以对 1949 年东北农民的收入作一个大体的匡算。粮食总产量 1326 万吨，合 265.2 亿斤；经济作物产量按占粮食产量的 5% 估计，为 14.1 亿斤（原粮）；副业收入按占粮食产量的 30% 计算，为 84.8 亿斤（原粮）。三项合计，1949 年东北农民的总收入约为 364.1 亿斤（原粮）。这一年，东北解放区的农业人口为 3343.5 万人，每人平均收入为 1088.9 斤（原粮）。

农民收入的增加，在地区之间各阶层之间是不平衡的。一般地说，生产恢复得快的地区收入增加较多，农民生活改善较显著；贫农和雇农（土改前的成分），收入增长和生活改善比较显著。据东北农村工作部在辽宁省凤城县黄旗村的经济调查（中等村庄，一般生产水平），

---

① 东北农林部：《1949 年植棉生产总结》。
② 农业部：《1949 年农业生产总结及 1950 年农业生产计划纲要》，1950 年 1 月。
③ 东北农林部：《1949 年甜菜工作总结》。
④ 东北农林部农业处：《1949 年冬季副业生产情况》，1950 年 4 月 7 日。

该村 1943 年每人平均收入折粮为 883 斤（原粮），1949 年为 1115 斤；每人平均占有的粮食，1943 年为 576 斤，1949 年为 729 斤；每人平均购买力，1943 年为 265 斤（折成苞米计算），1949 年为 369 斤。1943 年全村的住房有 583 间，每户平均 1.7 间；1949 年共有住房 730 间，每户平均 2.1 间。1943 年的雇农，每人平均用布 6.6 尺，豆油 6 两，食盐 12 斤，白面 1.5 斤，吃肉 4 斤；1950 年每人平均用布 19 尺，豆油 2 斤，食盐 18 斤，白面 2 斤，吃肉 15 斤。贫农的生活消耗，1943 年每人平均用布 8 尺，豆油 7 两，食盐 16 斤，白面 1.5 斤，吃肉 5 斤；1950 年每人平均用布 23 尺，豆油 5 斤，食盐 20 斤，白面 2 斤，吃肉 17 斤[①]。

三、苛捐杂税的废除与公粮、公草征收制度的建立

（一）敌伪的"出荷"与苛杂制度

日本帝国主义在东北建立殖民统治后，对农村进行了肆无忌惮的奴役与压榨。在经济上，突出的是"出荷"与捐税。

"出荷"是日本侵略者一个主要而普遍的经济统制与剥削方式。日本地狭人稠，资源不丰，粮食奇缺。为了在东北夺取粮食，伪满洲国受旨于 1938 年 11 月公布了"米谷管理法"，并成立"满洲粮谷株式会社"，对粮食实行专买专卖。1939 年 10 月伪满洲国又发布了"重要特产物专管法"，成立"满洲特产专管公社"，对大豆、豆饼、豆油、特产三品实行"收购、配给、输出一元化"的管理，从而完成了重要战略物资——粮食的全面统制。太平洋战争爆发后，日本帝国主义进一步加紧了对东北粮食的掠夺[②]。从 1941 年起，伪满洲国政府根据日本侵略者的旨意，把粮食、大豆的专买改为"粮谷出荷"办法。"出荷"，日语意为出售，但伪满的"粮谷出荷"，则是强制性的搜括，是不等价交换的，实质是强加在农民头上的一种赋税。

---

① 中共中央东北局农村工作部编：《1950—1952 年东北农村调查汇集》，第 28—30 页。
② 据"满洲国通讯社"编"满洲经济十年史"一书，1941 年 12 月伪国务院总务厅长官武部六藏宣称："为了协力于盟邦，在物质方面，对盟邦之圣önvorhaben完成所必要的物资，只要在我国生产的许可范围，就将其输送给盟邦。其中，最紧要的是粮谷，……"

"粮谷出荷"是通过伪"兴农"组织征收的①。具体办法是：首先规定土地等级及各级土地的官定产量，然后将每户产粮按规定除去人畜消耗，剩下的部分一律依低贱之官价收买。官定的产量一般高于农民的实际产量。据中共旅大地委对关东农村调查：二级地每天（约合6亩）的实际产量为1石（约合400斤），官定产量为1石5斗，高50%；三级地每天实际产量1石5斗，官定产量为2石，高1/3；四级地每天实际产量2石，官定产量为2石5斗，高25%；五级地每天实际产量2石5斗，官定产量为3石，高20%。消耗的扣除办法是：人分为成年（壮年）人和老年、小孩两类，9—59岁算壮年的成年人，规定每人一年扣除1石2斗，60岁以上的老人、8岁以下的小孩，每人每年规定扣除8斗。可见，扣除的标准是很低的。"出荷"的官价则更低。以苞米为例，1941—1942年每斗市价为3.96元（满元），官价为2.96元，低25.3%；1944年每斗市价为4.3元，官价为3.3元，低23.3%②。另据日本投降前金州（即金县）登沙河区北关家村调查③，官价之低则更出奇（见表3-40）。

表3-40

物品种类	日本官定价	私卖价（元）	官价低于私价的比例（%）
三品	每斤0.83元	5.55	85.1
大豆	每斤0.78元	4.5	82.7
花生一等	每斗7元	50	86.0
花生二等	每斗5.7元	50	88.6
花生三等	每斗4.6元	50	90.8
地瓜	每斤0.06元	0.2	70.0
地豆子	每斤0.08元	0.3	73.4
苹果	每斤0.2元	2.5	92.0

---

① 伪满中央设有"兴农部"，以下有"兴农支部""兴农合作社""兴农办事处"，此外还有实业厅、科、股各级组织。为了强制推行"出荷"，更有所谓"生产出荷委员会""实践委员会""农村增产推行本部"，在县、村则派出所谓"工作班""驻在员"等。
② 中共旅大地委调查研究室出版：《关东农村若干问题的调查》，1948年。
③ 同②。

每年秋季"出荷"之前,每省①规定"出荷"的数字,名曰"契约粮",然后再分配到县、区、村,直到每家。根据一县一村所定的"契约粮"数字,分配到每家要定详细的"契约台账"(存根)。伪满洲国成立后,耕地面积重新进行了丈量,原来的10垧地有的增加到十六七垧,一律按新丈垧数来"出荷"。这中间,伪满行政官吏敲诈手段百出,他们自己有地的可以少"出荷"甚至不"出荷",把粮食高价卖给缺少粮食"出荷"或没有粮食的农民。如果村里的"驻在员"睡的炕凉一点,或给他的钱少了,吃的稍差一点,都会随便在"契约台账"上多写"出荷"的数量。定"契约粮"本来要鉴别出产多少、土地好坏,由农民盖章认可,可是后来把图章一起收去,盖了章就没有什么商量的余地了。如果有一家无法照既定数字"出荷",那么一屯、一村就要负责补足,这就是所谓的"责任粮"。有的时候,也可以临时照"契约台账"上的数字再增加,即所谓"追加粮"。收成好了还要多"出荷",即所谓"报恩出荷"。

伪满时代,粮谷的出荷率,1937—1945年平均为39.5%,最高的1944年为48.2%。按农业人口计算,每人平均"出荷量",1943年全东北为276公斤,其中,辽宁省为104公斤,辽北省为352公斤,安东省为144公斤,吉林省为317公斤,松江省为369公斤,嫩江省为468公斤,合江省为241公斤,黑龙江省为559公斤②。1937—1945年的9年间,日本侵略者用"出荷"的方式,强制在东北农村征收的粮食共计16053.1万吨③,如果按官价低于市价的50%计算,则通过不等价交换夺取农民的收入折合粮食为8026万吨。这就是日伪所谓"兴

---

① 1934年伪满洲国设有奉天、吉林、滨江、龙江、锦州、安东、热河、三江、间岛、黑河、兴安东、兴安西、兴安南、兴安北等14个省。1942年设奉天、吉林、滨江、龙江、锦州、安东、间岛(今珲春、安图县)、牡丹江、三江、通化、东安、北安、黑河、热河、兴安东、兴安西、兴安南、兴安北等18个省。1944年设立东满总省(包括间岛省、东安省、牡丹江省)、兴安总省(包括兴安东、西、南、北4个省)、奉天、四平、吉林、滨江、龙江、锦州、安东、通化、北安、黑河等17个省及1个特别市(新京市,即今长春)。
② 东北粮食总局编印:《伪满时期粮产出荷——粮食工作参考资料之一》,1949年。
③ 根据东北粮食总局《伪满各年度各种作物面积产量及农民负担统计》(1947年统计)计算。1937—1940年为伪满粮谷统购数,1941—1945年为"出荷粮"数。二者实质相同,只是做法上有所区别。

农"给东北农民带来的"恩德"!

除"出荷"外,其他的各种捐税,是日本帝国主义、伪满政府、汉奸剥削东北农民的另一种形式:

伪满洲国成立后①,立即设置了中央集权化的征税机构,对国民党和东北军阀政府执行的税制进行了调整和改革,逐步建立了一套适应日本军国主义需要的租税②体制。伪满的租税,分为关税、顿税和国内税三种。国内税又划分为国税和地方税。国税有盐税、地税(田赋)、统税、矿税、烟税、酒税、勤劳所得税、房产税等20余种。地方税有地捐、国税附加税、杂捐等5大项。在农村征收的国税主要有地税、家园基租(又叫家屋税)、契税等数种,地方税则名目繁多。据宁安县志记载,康德三年(1936年)国税地方税共有三十几种。又据中共旅大地委调查,太平洋战争爆发后,关东农村的苛捐杂税达69种③。

地税即田赋,日本人称地租。1935年前,伪满的地税沿用北洋军阀时期的田赋征收办法。东北的田赋,各省各县不尽一致。辽宁省仅课地租一种,吉林省课地租、经征费二种,黑龙江省课地租④、经征费⑤、三费(勘验、缉捕、招解)⑥、中学费等。征收方法是:以屯为单位,将课税土地面积登记于昆连册(即土地台账)⑦,每年从12月1日到次年6月30日为开征期。征收的标准,据康德二年(1935年)"黑龙江省田基租契税各项租额税率规则"规定:田赋,上则地每垧征江洋⑧五角,中则地每垧征四角,下则地每垧征三角。三费,上则

---

① 日军占领东北三省后,1932年2月,网罗汉奸,迎溥仪执政,成立傀儡政府,国名满洲,年号大同;1934年3月改为帝制,年号康德;1945年8月日本投降,傀儡政权崩溃。

② 租税,日本用语,指称一切有税捐费租等税之性质的征收金。

③ 中共旅大地委调查研究室出版:《关东农村若干问题的调查》,旅大市档案馆藏。

④ 地租,即按亩计征的田赋,始于清咸丰十年。在此之前,农民领荒免税六年,咸丰十年起,熟地升科,按垧计征。

⑤ 经征费,与今征收经费相同。

⑥ 三费,始于清宣统二年。此费先为地方行政补助税,后改作司法补助税。

⑦ 1914年东北设置清丈兼招垦总局,1916年开始,连续搞了五年的土地清丈工作,清丈后设立昆连册。

⑧ 江洋,系黑龙江省发行的江大洋(银元),其值低于现大洋。

地每垧征江洋三分，中则地二分，下则地一分。经征费按正赋及三费两项每百元征江洋三元（3%）[①]。此外，每垧加征临时军费大洋五角[②]。上述标准，均折合伪国币——满元[③]征收。

1936年，伪满实行"地税法"，整顿了原来的地租和垧捐。康德九年七月（1942年7月），伪满重新颁发了"地税税法"。征收办法是：按照1941年5月制定的"土地等级设定法"，将土地划分为100个等级，以户为单位进行土地登记，以屯为单位建立土地台账。地税的税率为：宅地及矿泉地，按地价征收1‰，旱田、水田及其他土地，按收入价格征10‰[④]。地税附加捐，属于市者为地税的600%以内，属于县及旗者为地税的300%以内，街村为地税的300%以内。这种"附加重于正税""摊派重于附加"的苛杂制度，比国民党、军阀政府有过之而无不及！其实，这不过是法定的公开的东西，实际执行则大大超过。据调查，绥化县1941年的地税附加为地税的419%。

伪满的捐税是逐步加多加重的。伪满内地的税收（国税），1933—1934年为3734万满元，1936年为5308万满元，增加42.2%。其中土地税，1933—1934年征收772万满元，1936年征收1144万满元，增加48.2%[⑤]。1937年伪满国税和地方税总额为2.46亿元，1943年增至7.57亿元，六年间增加两倍。从1944年1月起，又实行三次"战时增税"，有的税目增征1倍以上，增征的税额总计达2.45亿元。这些赋税，很大部分落在东北农民头上。

1945年8月15日，日本投降，伪满洲国崩溃，那些强加在东北人民头上的种种捐税和苛杂，随着东北的解放和人民民主政权的建立，全部被废除了。

但是，在国民党占领区，国民党东北行辕又搞了一套田赋征实、

[①] 请参阅"满洲帝国地方事情大系"。
[②] 伪满洲国"政府公报"第36号，大同元年（1932年）8月17日。黑龙江省档案馆资料。
[③] 1932年发行伪国币，江洋与满元的比例为1∶1.4元。
[④] 伪满规定，地价及收入价格一般10年不变，10年以后改订。
[⑤] 琼斯：《1931年以后的东北》。

田赋征借之类的东西，苛杂制度在一段时间内继续存在。这些捐税和苛杂制度，到 1948 年东北全境解放才全部被废除。

在废除旧东北苛捐杂税的基础上，东北行政委员会陆续建立了一套适合东北情况和战争需要的新型税收制度。

（二）1946 年的公粮、公草征收制度

东北解放区的税收制度，是从 1946 年开始建立的。

1945 年，八路军、新四军刚到东北，政权建设尚未展开，除辽宁省政府在少数市县开征了工商税外①，其余地区均未征税。但是，部分地区（例如辽宁、嫩江、松江的某些县）在 1946 年春补征了 1945 年度的公粮。

补征公粮的办法很简单，一般是利用伪满时期的土地台账，按土地面积课征的。辽宁省辽西行署规定：土地划分为上、中、下、碱四等，上等地每天（当地计算土地面积的单位，约合 6 亩）征收高粱米 150 斤，中等地每天征收 100 斤，下等地每天征收 75 斤，碱地每天征收 50 斤。除征公粮外，每天（不分等级）均征收公柴 80 斤，公草 10 斤②。嫩江省规定，每人平均占有土地在二垧以下者免征公粮，每人平均占有土地在二垧以上的累进征收，最低税率为 3%，最高税率为 9%，平均为 6%③。嫩江、松江地区一般征收现金，未征实物④。

1946 年秋，东北解放区普遍地正式地征收了公粮、公草，并相应建立了公粮征收制度。1946 年 9 月 26 日，东北政联行政委员会第五次会议通过了征收公粮等三项议案。1946 年 10 月 1 日，东北行政委员会颁发了《关于征收三十五年度公粮公草指示》。随后，吉林省政府公布了《吉林省征收公粮暂行条例》，合江省政府制定了《合江省秋季征收建国公粮暂行办法》，松江省政府制定了《松江省建国公粮公草征收暂行条例》，旅大行政联合办事处制定了《三十五年度农业所得

---

① 据《东北日报》1945 年 11 月 20 日报道，辽宁省政府体恤民艰，废除苛杂，重整税利。废除敌伪的捐税有 14 种，经过调整继续征收的有 11 种（均为工商税）。
② 辽宁省财政厅报送资料：《辽宁省农业税概况》，1980 年报送。
③ 延安《解放日报》，1946 年 7 月 12 日。
④ 黑龙江省财政厅访问雇风春、王清录谈话记录，1980 年。征收的货币为东北流通券。

税征收暂行办法》。此外，辽宁省、安东省也都作出了征收公粮的规定。

各省制定的征收办法，总的来说，都体现了东北行政委员会提出的"保证战争需要，适当照顾民力，公平合理，手续简便"的原则。具体的规定则不尽相同，归纳起来，大体上有四种：

第一，按实际收入（产量）累进计征。

这是辽宁、安东、吉林等省采用的办法。辽宁、安东省以纳税户的实际收获量（不包括副产品）作计税依据，按每人平均实际收获量的多少分级定累进税率。辽宁规定，每人平均收获量不足300斤者免征公粮，301斤起征，每隔200斤为一个税级，共分23个税级，最低税率为1%，最高税率为25%（其中没有8%和24%两级）。安东规定，平均征收率为7%，贫农税率为1%—5%，中农税率为6%—9%，富农、地主税率为10%—15%。

吉林省规定，凡耕种土地之农产品收入，农村副业收入，地租、房租、园林收入和各种出租收入，以及未纳其他税收之临时经营事业收入，都要征收公粮。农业收入，按实际产量计算（折成高粱）；副业及其他农业收入，按实际收入折成高粱计算。农业收入、副业收入及其他非农业收入合并计算，即为纳税户之总收入。以该户之总人口，除该户之总收入，得出该户每人平均收入（粮食）数，作为征收比例计算标准。每人平均收入未满200公斤者免征，201公斤为起征点，征收1%，以此累进至每人平均收入2200公斤以上，征收30%，不再累进。

第二，按土地面积定额计征。

松江省规定，建国公粮按土地与农作物经营性质征收。土地按经营情况分为正杂粮地、麦地、稻田三类，依土质情况分成几等，分类分等确定不同的征收额。麦地征麦，稻田征稻，正杂粮地征高粱。公粮征收的具体标准如表3-41所示。

表 3-41

土地类别		自耕地每垧征收粮食（公斤）	租佃地每垧征粮（公斤）	
			佃户负担	地主负担
正杂粮地	上地	80	40	80
	中地	65	25	65
	下地	50	25	50
	碱地	40	20	40
麦地	上地	50	25	50
	中地	40	20	40
稻田	上地	200	100	200
	中地	180	90	180

凡耕种土地，不论正杂粮地、麦地或稻田，均须每垧地征收公草（谷草）10斤，若无谷草可按当地市价加运费折收代金或粮食。

此外，还有免征减征加征的规定。例如，荒地、森林地、无收益地免征公粮，对军人直系亲属按应征额减征二成，遭天灾敌祸受损失者酌情减征，对大地主加征半倍至一倍，地主家中有劳动力不参加劳动而赋闲者加征一倍至一倍半。

第三，按常年产量累进计征。

合江省规定，根据合江各地土质之优劣，依平常年景之一般产量，确定每垧地之平均产量。以户为单位，每人全年平均产量低于400斤者免征建国公粮，401斤以上者分级累进征收，最低税率为5%，最高税率为35%。

第四，按农业所得额累进计征。

这是旅大地区采用的办法。这种办法的特点，是对自耕户按税额扣除15%的生产成本计算，所以叫作农业所得税。

农业所得税的征收范围，包括可耕农地之收入和果树园之收入。农地按级定产，一级地每亩定产50斤，二级地100斤，三级地140斤，四级地220斤，五级地260斤，六级地330斤。菜园，按原地级原地亩加倍计算。果树园，得利时按原地级进一级计算，不得利时仍照原地级计算。每人平均收获量在200斤以下的免征，201斤以上起征，最低税率为1%，最高税率为30%。共分38个税级。

以上四种征收办法,体现了土地改革前各地农村经济不同的实际情况,也体现了当时"分散自给"的财政方针。

(三) 1947年的征粮制度与购粮办法

1947年,东北的自卫战争由防御转入反攻,战争消耗增大;老区普遍开展了土地改革,农村土地逐渐分散。根据形势的发展和变化,这一年东北解放区对筹集粮草的做法作了一些调整与改进:第一,为了保证战争供给,东北行政委员会对各省分配了公粮征收任务,1947年分配的总额为96万吨。第二,各省根据农村经济变化的情况,对上年的公粮征收制度进行了修订、补充。第三,为了使农民与政府贸易机关之间的大宗粮食交易,能够有组织有计划地进行,1947年起实行随征带购的办法。1947年分配各省的购粮任务为48万吨[①]。

1947年,各省征粮制度修订、补充的内容,主要有以下五点:

第一,对已土改地区单独规定征收办法。

松江、嫩江、黑龙江、辽宁、吉林等省在1947年的征粮条例中,对已进行土地改革或正在进行土地改革的地区,都单独规定了征收办法,但各省的规定不一。松江省规定,由各县按照分配的征收任务和规定的负担率,民主评议征收。负担率有两个标准,上等地(包括普通所谓特等地、上等地、中等地)的公粮负担为土地产量的15%—20%,下等地(包括普通所谓下等地和碱地)的公粮负担为土地产量的10%—15%。每人耕种2亩(水地、菜地除外,地主富农成分除外)、无大宗其他副业收入者,免征公粮;凡每人耕地在2亩以上者,按全部耕地计征公粮,公粮负担面掌握在90%以上。

嫩江省规定,经过土地改革地区,实行按土地分等级,发动群众民主评议,公平合理负担,不另累进征收。黑龙江省的办法与嫩江省大体相同,也是按照土地好坏和各户经营状况,经民主评议把土地定出等级,按等级征粮。

吉林省规定,征收公粮以土地产量为主,参考富力,民主评议征收。水田分三等,旱地也分三等,每等按规定产量负担公粮。各等地

---

① 东北行政委员会命令:《关于1947年度征粮购粮问题》,1947年10月30日。

的标准产量及应负担公粮数,由各专署按照各该地区实际情况规定。

辽宁省对已分配土地区域的征收办法是:(1)旱地,每人平均占有在2亩以下者免征,2亩以上者按实有亩数征公粮。征收率为本年每亩实际产量的16%,最高不超过18%。(2)水田,每人平均占有量在1亩以下者免征,1亩以上者按实有亩数征收。征收率为本年每亩实际产量的17%—20%,最高不超过25%。(3)兼种水旱田者,以每人共有亩数合并计算,按水旱田征收标准分别计征。

第二,对未土改区的累进税率作了调整。

1947年,除松江省外,其余各省对未进行土地改革或土地改革不彻底的地区继续执行累进税制(松江对地主富农负担过轻的适当加征),但是对累进税率作了适当的调整。黑龙江省公布的征粮条例规定,土地改革没彻底的县区,按人口计算以累进办法征收(新分地户不累进)。每人平均有中等地一垧一(即11亩)的不累进,有中等地一垧二(即12亩)的按产量征收10%,有中等地一垧八(即18亩)的按产量征收30%。菜地,一垧地当两垧地征收。

嫩江省规定,未经土地改革地区及土地改革极不彻底地区,公粮之征收,实行按土地多寡、等级累进征收。每户每人土地不足中等地4亩者免征;每户每人土地在中等地四亩以上六亩以下者,按产量的8%征收;每户每人土地在中等地六亩以上一垧以下者,按产量的10%征收;每户每人土地在中等地一垧以上至一垧五以下者,按产量的15%征收;每户每人土地在中等地一垧五以上至二垧以下者,按产量的20%征收;每户每人土地在中等地二垧以上至二垧五以下者,按产量的25%征收;每户每人土地在中等地二垧五至三垧以下者,按产量的30%征收;每户每人土地在中等地三垧以上至三垧五以下者,按产量的35%征收;每户每人土地在中等地三垧五至四垧以下者,按产量的40%征收;每户每人土地在中等地四垧以上者,按产量的45%征收。

辽宁省1946年按23级累进税率计征,1947年缩小了级距,提高了累进率,并分旱地、水田分别设计税率。

辽宁省还规定:一律废除租佃关系,佃农不向地主纳租;佃农应纳之租额，50%缴公粮，其余的50%，由征粮评议委员会或政府暂为保管，将来由群众处理。

旅大地区的农业所得税率也作了调整。每人全年平均产量不足200斤的免征，200斤为起征点，1600斤为累进最高点，税率为1%—25%。共分141个税级，每级产量级差为10斤，税率级差为0.1—0.2。每人平均产量在1600斤以内的扣除35%的成本，每人平均产量在1601斤以上的扣除10%的成本，地主不扣除生产成本。此外，对乳牛、役牛、役马、猪等畜产，也征收农业所得税。

第三，重新规定了公草的征收标准。

松江省规定，每垧地征公草40满斤，以谷草为标准。黑龙江省规定，每垧地纳公草15斤，公柴15斤。嫩江省规定，每垧地征收谷草40斤，不便运输的地区酌征代品（大豆），以每6—10斤谷草折收大豆1斤为标准。吉林省规定，每5斤公粮随征1斤公草，以谷草为标准，缴其他草者，按价折谷草计算。辽宁省规定，每斤应征公粮附征柴1斤，谷草半斤，稻子每斤附征稻草1斤。1947年，东北行政委员会分配各省的征草任务数共计为18550万斤。

第四，增加了若干发展农村经济的减税免税规定。

东北行政委员会统一规定：开垦1945年以前的荒地，免征公粮一年；开垦生荒地，第一年免征，第二年减征2/3，第三年减征1/3；新种棉麻地，免征公粮。嫩江省还规定，为奖励农民种麦的积极性，每征小麦1斤，准抵公粮2斤，即已交小麦2斤者，另外多抵粗粮（高粱、谷子、苞米）1斤。

第五，开征地方附加粮。

东北行政委员会统一规定，在总任务之外允许各省增征一部分地方粮，作为地方补助，但最多不得超过本身公粮任务的5%。省以下之县、区、村、屯政府，不得擅自增加。

1947年公粮征收制度的上述五点修订，对于保证军粮的需要，限制封建势力，促进农村经济的恢复，都起了良好的作用。

关于购粮，东北行政委员会规定，与征粮同时进行，随征带购。松江省对征与购的比例具体规定为：大豆，"征一购一"；细粮，可

"征二购一"，产稻较多的县可以"征一购一"；三品种（高粱、玉米、谷子），可"征五购一"，也可"征六购一"或"征四购一"。

购粮，主要是以物资（布、盐）换粮为主，也有付给货币的。这次大规模的购粮，不仅保证了出口（向苏联出口）的需要，使解放区的经济开始活跃起来，而且对改善农民生活，促进农业生产恢复，缩小工农产品剪刀差也起了明显的作用。首先，通过购粮供给了大量布匹和食盐，解决了群众部分穿衣和吃盐的问题。其次，解决了粮食销路，激发了群众的生产积极性。日本投降后，粮食出口停业，粮食无销路，粮价极低，特别是大豆过剩，1946年春只卖二角钱一斤，同年6月，物价上涨，大豆也不过七角钱一斤。北满不少地方，群众把大豆当柴烧。购粮解决了销路，粮价也提高，农民生产情绪相应提高。最后，由于购粮提高了粮价，降低了布和食盐的价格，从而在某种程度上缩小了极不合理的工农产品比价。

但是，由于在1947年10月5日发行了购粮券，代替了货币支付，而又不准流通，不付利息，在物价上涨的情况下，农民吃了一些亏。

（四）东北全境解放后的粮草征收制度

1948年，东北解放区的公粮征收制度开始统一。这表现在：课税对象基本上统一于土地的常年产量，不论老区新区，基本上统一于比例税制。

1947年度的公粮负担，各省极不一致，最低为收获量的13%，最高有过40%者，相差悬殊，甚不合理。主要原因是，领导机关对土地面积、等级、产量，调查研究不够，分配任务欠妥。为了切实有效地解决这个问题，东北行政委员会决定在彻底平分土地后，确定地权，颁发土地执照，并在颁发地照时，发动群众丈量土地，评定土地等级和土地常年平均产量，统一登记，作为征税的依据。

1948年6月2日，东北行政委员会下达了《为进行土地登记以求公粮负担合理的通令》，1948年8月20日，又发出了《关于颁发地照的指示》。这两个文件规定土地必须实地丈量。丈量出多的地或黑地，一般仍归原来的土地所有人，不调整不重分，只有在个别地区，土地分配太不公平合理，才能采取个别调整的办法。土地面积统一按垧

（等于10亩）计算，采用十进位制。土地的等级和常年产量（即平常年景平常劳动条件下的一般产量），采取有组织有领导的自报会议，民主评定。评级的具体标准，以每垧常年产量500斤为起点，增200斤之差额即升一级（500斤及不足500斤者为一级地，700斤为二级地，900斤为三级地，以此类推）。土地、产量的登记，以区为单位，按村分别进行。

这一年，各省大部分地区完成了土地丈量登记工作，从而彻底废除了伪满时期的土地台账，建立了新的土地台账。在这个基础上，各省都统一实行了按土地常产征税的办法。

随着土地的彻底平分和土地清丈登记工作的开展，各省的税制也趋于统一。1948年，除旅大地区和热河省、辽北省对新区继续实行累进税制外，其余各省不论老区和新区，都统一改行比例税制。征收率，东北行政委员会规定北满为20%，南满及洮南10个县为15%。执行过程中，有的省全省执行一个税率；有的省根据土地等级以及战区和后方、灾区和丰收区、产粮区和非产粮区、远区和近区等不同情况，又规定了不同的税率。

1948年10月6日，中共中央东北局会议通过了《关于今年农业生产的总结与明年农业生产任务的决议》。决议指出，为着发展农业生产，确定与巩固广大群众生产发家、勤劳致富的积极性，必须确定与巩固土地改革后农村各阶层的私有权，贯彻公平合理与公私兼顾的负担政策、生产奖励政策、生产教育政策。关于如何进一步贯彻执行公平合理与公私兼顾的负担政策，决议中提出了四点意见：（1）按照各地常年产量，规定与统一农业税率，以平衡负担，刺激农民生产；（2）调整城乡的负担比例，以便城乡负担不过分悬殊；（3）合理地使用民力，规定更适合于东北解放区的战勤负担条例；（4）对于缺乏劳动力的军人与工作人员的家属，实行合理的代耕制度①。

根据决议的精神，东北行政委员会于1949年初即着手草拟统一的农业税法。1949年10月13日，东北人民政府颁布了《东北区公粮征

---

① 《东北日报》，1948年12月17日。

收暂行条例》。自此，东北解放区的公粮征收制度完全统一，并进一步得到完善。

这个条例，是根据土地平分后的农村经济情况以及公私兼顾、公平合理的负担原则制定的。其主要内容是：

1. 征收范围。限于耕种谷物土地之正产物、副产物（稷草、瓜菜），耕种棉、麻、甜菜、烟草、花生及菜园、果园等土地。国营、公营之农场、林场、农林试验场、果菜园艺等土地，不征公粮。

2. 征收标准。按土质及常年产量，评议固定地级（以每垧常年产量 500 斤以下为第一级，500—700 斤为第二级，征收时一级地按 500 斤计算，每增 200 斤提高一级，余类推），按地级应有产量（非按实际收获）计算征粮。公粮征收率，全东北统一定为常年产量的 20%[①]。对土地改革后少数雇农、贫农以及贫苦烈属、军属、荣军、孤寡等户，可以免征公粮，免征点由县政府拟定。但免征的面，最多不得超过总户数的 5%（以区为单位计算）。

3. 奖励与减免。为奖励生产，对精耕细作、改良技术、扩大耕地面积、开垦旱田、增辟水田的户，分别予以免征或减征。凡耕作棉花、亚麻、烟草、花生、甜菜等特种作物，均按大田土地等级征收。此外，为奖励大豆、棉、麻生产，在征收折合率的规定上还进行了优待。

1949 年东北解放区决定征收公草 11 万吨。公草需要多在沿交通线某些地区，不宜普遍地征草。因此，为使公草负担平衡合理，特将公草任务折成标准粮 2.2 万吨，按秋征面积计算负担，少征公草地区按数折纳粮食，多征公草地区可折抵公粮任务。

《东北区公粮征收条例》后来经过几次修订，一直沿用到 1958 年。

四、东北解放区农民的财粮负担情况

（一）建国公粮负担情况

[①] 1949 年各省实际执行税率是：黑龙江、吉林 20%，辽东省 21%，辽西省 19.9%。旅大地区仍执行累进税率，最低税率为 0.9%，最高税率 30%，每人产量在 1000 斤以上的，每增加产量 10 斤，累进率增加 0.3。

建国公粮（又叫建国保田公粮）是东北解放区财粮供给的主要来源，也是东北农民的主要负担。

东北解放区的公粮征收，是按照"公私兼顾，军民兼顾"的原则安排的。随着战争的发展和农村经济的变化，各年征收的数量和农民的负担水平又有所不同，大体上可以分成三个阶段：

第一阶段，1946年以前，为轻税阶段。

日本投降后，东北的经济遭受严重的破坏。工业生产陷入停顿状态，大片开拓地、满拓地和私地无人耕耘，伪币充斥市场[1]，物价上涨，人民生活下降。当时，东北根据地财经工作的任务是恢复生产（把地种上，工厂开工），改善民生（减租减息，调整劳资关系，解决生活必需品的供应问题），在这个前提下，组织财粮收入，保障战争供给。组织财粮收入的方式，主要是没收敌伪的财产和物资，同时在废除伪满苛捐杂税的基础上，开征新的税收。城乡征收的各种税，都采取了轻税政策（有的叫低额征收），目的是减轻人民的负担，以利于生产迅速恢复。

为了减轻农村的负担，东北行政委员会在《关于征收三十五年度公粮公草指示》中规定，公粮的征收率平均以10%为标准（总的征收量占总产量的10%），纳税户的最高征率为25%，全户每人平均收粮不满200公斤的免征。实际执行后，1946年东北解放区的实际负担率平均只有9.1%，还不到10%。这同伪满时期比较，农民负担减轻80%以上。据松江省统计，1946年全省对14个县征收的公粮68万担，仅相当于伪满时双城一个县105万担的65%[2]。所以，在1945—1946年这个阶段，公粮负担是比较轻的，从兼顾的原则看，是偏重于兼顾农民利益的。

在这个阶段，地区之间的负担不平衡。例如，松江省、黑龙江省每人平均产量较高，负担率较低；牡丹江省、嫩江省每人平均产量较

---

[1] 日本投降后，伪满洲国中央银行突击发行货币，1945年底前的几个月发行额达130多亿满元，相当于1932年到1945年8月总发行量的50%。此外，国民党东北行辕批准苏联红军于1945年10月22日发行的红军券，共计有97.25亿元，约相当于伪满14年伪币发行量的1/3。

[2] 《松江日报》，1946年9月12日。

低，负担率反而较高。其原因，主要是当时的财粮供应是以省为单位组织的，哪个地方部队多，征的公粮就多，哪个地方部队少或接收敌伪的财产多，征收的公粮就少一些。也就是说，上述情况是由分散自给的方针造成的。

在这个阶段里，由于各地普遍采取了累进税制，同时又规定了较高的起征点，因此各阶层的负担同他们的负担能力大体上是适应的。据安东省、嫩江省、吉林省1946年的若干资料统计，各阶层的负担比例大体是：贫农为5%—10%，中农为10%—15%，富农为20%左右，地主为25%—30%。

第二阶段，1947—1948年，为负担重的阶段。

从1947年初开始，东北解放战争的规模不断扩大，战争的需要同财粮供应的可能存在着严重的矛盾。这表现在：

第一，养兵数量激增。1946年7月，东北的解放军为30万人，其中正规野战军10万人，干部2万人[①]，1947年11月底，主力部队达42万余人，地方武装31万余人，总共有73.8万余人[②]。1948年4月底总兵力达98.8万人；8月底，主力部队达70余万人，地方武装30余万人，总兵力达到103万人[③]。照此计算，如果供给标准不变，单是部队的财粮需要，1947年要比1946年增加1.46倍，1948年要比1946年增加2.43倍。除部队人数激增外，政府工作人员及企业供给人员也增加很多。

第二，经济尚待恢复，财源有限。工业生产方面，在1947年三次攻势获胜后，北满和安东地区陆续得到了恢复，但沈阳及其周围的主要工矿区仍为国民党军盘踞，无法组织生产。因此，从工业方面提供的财政收入仍然是有限的。农业方面，虽然土地改革运动已全面展开，农民的生产积极性有所提高，但自然灾害的袭击对财政收入的影响较大。1947年除牡丹江省增产外，其余地区普遍歉收。全东北的粮食单

[①] 陈云：《发动农民是建立东北根据地的关键》（1946年7月13日），载《陈云文选》，人民出版社出版，第237页。

[②] 引自《中国人民解放区第四野战军第三次国内革命战争史大纲》。

[③] 同[②]。

位面积产量，1946年每垧平均为1452斤，1947年为896斤，下降38.3%。其中，松江省减产35.2%，合江省减产22.3%，黑龙江省减产45.5%，吉林省减产79.7%，嫩江省减产20.3%，辽北省减产20.6%[①]。农业减产以后，农民的负担能力相应下降。

第三，前一阶段（1945年底至1946年）财政开支主要靠敌伪物资，以后靠银行发行。到1947年，敌伪物资已经用完，货币发行已达到饱和点（每人平均1300元以上[②]）。由于粮食歉收，货币发行量激增，粮食求过于供，粮价领头上涨了10倍，1948年2月底每斤粮为160元（东北流通券），8月涨到1600元。粮价飞涨使公营企业中完全发货币工资者（约5万名工人）和部分发货币工资者（约25万名工人）的实际工资大降[③]。

第四，1947年初，国民党在军事上占着暂时的优势，人民革命力量暂时处于劣势。占东北人口53%以上、占东北面积29%以上的地区为国民党所侵占，主要铁路干线及大、中城市为国民党所控制，东北解放区的面积大大缩小。这不仅减少了财源，而且增加了组织收入工作的困难。

为了有效地解决财粮供需之间存在的矛盾，东北行政委员会根据"一月财经会议"（1947年1月在哈尔滨市召开的北满各省财经工作会议）和"八月财经会议"（1947年8月在哈尔滨市召开的东北解放区财经会议）提出方针，采取了许多措施，其中很重要的一条是增加公粮征收任务，并随征带购一部分粮食，用于开展对苏贸易，换回军民急需的生活用品。当时，农村经济尚未恢复，1947年又受灾减产，增加公粮任务本来是不具备条件的，但是，在敌我斗争存亡胜败的关头，必须坚持军事第一，坚持一切服从战争的需要。

这两年，东北解放区农民的负担，无论从哪个方面看都是较重的。从脱离生产人员占总人口的比例看，1947年为5%—6%，1948年为

---

① 黑龙江省档案馆资料。
② 这个数字包括伪满洲国发行的满元，苏联红军发行的红军券以及解放区发行的10余种货币在内。
③ 陈云：《把财经工作提到重要位置上来》（1948年8月），载《陈云文选》，人民出版社出版，第266页。

4%—5%，均超过了中共中央批准华北财经会议提出的标准。从公粮负担占农业产量的比例看，1947年为21.3%，1948年为18.6%。从每人平均负担后的剩余看，1947年只有360斤原粮，仅够最低消费需要；1948年稍好一些，也只有629斤。

各省的公粮负担率，1947年一般都在20%以上，最高的嫩江省达26.05%，如果加上购粮，则要超过40%。1948年，不少省的平均负担率接近20%，最高的吉林省达到21.14%，合江省最高的桦川县达到31%。当然，这中间有任务分配不合理等因素，但主要的还是征收任务增加、农民负担能力下降带来的必然结果。

在这个阶段里，各阶层之间的负担有两种情况：老区由于已进行土地平分，而且改行了比例税制，因而各阶层之间的收入水平差异不大，负担水平也大体接近。当然，富农和富裕中农的负担还是多一些。在尚未进行土改的半老区及新区，各阶层之间收入水平差别较大，又实行累进征收，因而地主富农的负担比例仍然较高，贫农雇农的负担比例则低一些。但是，随着减租减息运动的开展，这种负担上的差距也比原来缩小。

第三阶段，1949年，为农民负担减轻阶段。

1949年，东北解放区战争结束，全区进入了一个全面恢复经济和有计划地开展经济建设的新时期。这一年，工业商业基本上得到恢复，农业在部分地区受灾的情况下仍然有较好的收成。随着经济的恢复和发展，农民的收入增加，负担能力有所增强。因此，公粮征收的绝对额虽未减少，但实际负担比例已由1947年的21.3%降为17.9%。公粮负担的相对减轻，对于促进农村经济的发展是很有利的。

这一年，由于实行了统一的比例税制，征收率统一规定为常年产量的20%，地区之间负担上的差别进一步缩小。又由于各地都已进行了土地平分，各阶层之间负担上的差别也不大。只有旅大地区这一年尚未土改，仍然执行累进税制，税收在各阶层之间仍然起调节作用。

(二) 村款负担情况

村款负担是农民的另一项财粮负担。东北根据地的村款负担一直比较混乱，主要表现是村政府的开支没有计划和制度，需要就用，要用就向农民筹，缺乏严格的控制措施。

1945年底到1946年，村款开支完全由村政府自行筹集。由于村政权尚未改造，当时乱摊乱派的现象很严重。据调查，辽北地区私自摊派的项目有20多种①；合江省桦川县全县的村款开支每月为六七百万元，全年在8000万元以上，比全县（包括武装部队及各区政府）开支要大两倍以上②。因此，在这个阶段，公粮负担虽然较轻，但是加上村款负担，群众的负担还是很重的。

1947年3月1日，中共中央东北局发出了《关于1947年财政经济工作方针与任务的指示》，提出要整理村财政，清算村公款，反对贪污，反对浪费。并且规定民兵不要脱离生产，村的脱产人数要有控制。

根据中共东北局关于整顿村款、减轻民负的指示精神，有些省制定了整顿村财政的具体措施。例如，嫩江省规定：（1）普遍审查与清洗村政权财粮委员中的地主富农分子；（2）除为保障村小学经费、教员薪金及村政府办公费，经过群众同意、留村公田五至七垧外，其余多余土地，牲口及一切粮食、浮物、财产，全部彻底归群众分配；（3）村长、财粮委员、农会主任可以半脱产外，其余人员一律不脱产，取缔过去发薪津贴的变相雇佣制度；（4）村小学实行"民办公助"方针；（5）除村政府办公费及村小学经费、教员薪金由村公田生产解决外，各县、区、村政府及任何团体，一律不准另行额外摊派，其他工商业生产亦一概取缔；（6）民兵不脱离生产，其武器弹药来源，主要依靠没收与缴获地主、奸特、蒋伪武器，不得向人民摊派，增加人民负担。

1947—1948年，东北各地的公粮负担普遍加重，为了使农民的负担重而不伤，东北行政委员会严格控制了地方粮的附加比例。明确规定：在征粮任务之外，各省可增征一部分地方粮，作为地方补助，但最多不得超过公粮任务的5%；省以下之县、区、村、屯政府，不得擅自增加。这个禁令是起了一定作用的，但许多地方仍然存在着乱摊乱派、开支浩大的情况。

---

① 东北粮食总局：《关于辽北群众负担的报告》，1947年7月20日。
② 《合江省财政工作情况》，1947年7月15日。

为了正确地执行中共中央的负担政策,切实改变村财政混乱和农民负担过重的情况,东北人民政府于1949年10月21日颁布了统一的《村财政管理条例》。条例规定,村政府的经常费限于村办公费、村干津贴、村小教员工薪、村小学办公费四项。其标准是:村政府每月办公费平均30分;村干部二人,半脱离生产,每人每月津贴平均50分;村小学教员每人每月工薪平均90分(北满、中满等于三垧地的平均收获量);村小学办公费,每班每月20分,两个班共30分。

上述村政府经常费开支,按公粮比例征收地方附加粮,一年一次或分两季征收,一般不得超过10%—12%。村事业费,如经济建设(修水利、开渠、修路、修桥、植林、防旱、防灾等),社会文化公益事业(如修缮校舍、添置校具等),须动员村中人力、物力、财力时,须经村代表会议决定,制定计划报县政府批准,然后执行,并转省政府备案。

从此,村款收支作为单独科目反映在省、县财政收支总预决算内。

(三)公粮的作用与农民的贡献

1946—1949年的四年中,东北根据地的农民向民主政府共计缴纳公粮686.1万吨,交购粮(随征带购)179.2万吨,缴纳公草7亿斤以上。这对建立巩固的东北根据地,保障解放战争的胜利,起了很显著的作用。

东北解放区的经济条件虽然较好(工商业较发达,交通方便),但是从财政收入构成上看,公粮收入仍占相当大的比例。据有关资料计算,1947年全部财政收入(折合粮食计算)为176万吨,公粮收入为69.8万吨,占39.7%;1948年财政收入总数为362万吨,公粮收入为151.2万吨,占41.8%;1949年财政收入总数为798万吨,公粮收入为227.8万吨,占28.5%[①]。这不仅反映了在战争环境被敌人分割的条件下,用公粮的形式筹集资金比较稳定可靠,而且也体现了东

---

① 财政收入根据1948年10月2日东北局《关于东北财政情况向中央的报告》及1950年2月6日东北财政部编制《1949年度财政岁入岁出试算表》中的数字,按当年粮价折算出来的。其金额数为:1947年1.79亿元,1948年58.42亿元,1949年425.49亿元。公粮收入以实际入库粮数计算,上年秋征入库数列入下年度财政预算收入。

北农民对革命事业大公无私的共产主义精神。

从实物形式看，作用更大。农民交纳的公粮、公草以及随征带购的粮食，不仅保证了人吃马喂，而且通过粮食和大豆出口，换回了军民急需的日用品，保证了工人和城市居民的生活需要，支援了根据地的经济建设。据东北粮食总局统计，1946—1948年的三个粮食年度中，供应军政人员食用的为214.9万吨，出口的为155万吨[1]，东北城市居民约有580万人，1946—1949年解放区组织内销的粮食达80.4万吨[2]。这些粮食，都是农民提供的，而且主要是以公粮形式征收的。

此外，东北全境解放后，在粮食方面还大力支援了关内的解放战争。1949年调到关内的粮食即达80万吨。

以上都是东北农民在财力、物力上对解放战争的巨大支援。但是，这里提到的还不是全部的支援。除了按照政府规定交粮交草外，还有做军鞋、捐献、劳军等多方面的支援。这些都是农民自愿的，不具有强制性。例如，辽沈战役胜利后，为庆祝东北全境解放，各地掀起了大规模的劳军拥军运动，大批捐款与慰劳品源源不断地送到前线。据不完全统计，除热河、冀东、冀察热辽等地外，计收到现金54.7亿元，慰问信320992封，慰问袋20520个，猪72501头，大米201149斤，其他慰劳品150余种。类似的事例很多，在此就不一一列举了。

五、战勤、代耕制度及农民的劳力负担

（一）东北解放区的战争勤务制度

东北解放区的战勤制度始于1947年。在此之前，战争勤务的动员比较混乱，浪费民力的现象普遍存在。

为了动员人民为爱国自卫战争服务，调剂人力物力负担并防止滥用民力，东北行政委员会于1947年4月2日制定并公布了《东北解放区人民爱国自卫战争勤务暂行条例》。这是东北解放区的第一个战勤条例。

这个条例，把战争勤务统一归为三类：（1）运输勤务。包括前方

---

[1] 东北粮食总局编：《1946—1948年粮食收支统计表》，1948年10月13日。
[2] 东北行政委员会商业部《历年推销物资统计表》，1949年5月6日。

作战部队之军需、弹药、粮秣、被服、医药器材及后方医院转移等项，主要由车辆、船只负担之。（2）担架勤务。包括抬送伤病员、按站递送，每副担架以6个人计算，主要由壮年男子负担之。（3）招待看护。各兵站招待看护等项工作，由地方临时动员本屯及附近村屯男女负担之。上述三类勤务，均由军队政治机关、后勤机关负责，经过专署、县政府向群众动员，除规定的军事机关外，其他机关部队均不得向地方动员。

条例规定，凡解放区人民年龄为17—50岁之男子，18—45岁之妇女及人民所具有运输力之牲口、车辆、船只，均有担负战争勤务之义务。但是，区以上党、政、军、民、学校、机关脱离生产之工作人员，公营事业之职工，残废痼疾之男女，免服勤务。

民夫及车辆应服务之工数，规定为：（1）每个合格之男女，每人每月至多服工5天。（2）每辆大车连车夫一人在内，每月至多服工5天。（3）计工以家庭为单位，在一个家庭之内，统计全家合格男女、车马数量，确定其应服务之天数，为其家庭负担之总数。（4）民夫及车辆应服务之工数，系按全年累计计算，以不超过规定之总数为准则，如不需要时可减少服务。

车马、民夫供给办法：（1）动员车马、民夫行程在一日以上者，由地方政府供给，按名册核实报销。（2）随军行动之车马民夫，由部队供给，按名册核实报销。（3）临时动员之车马民夫在半日行程以内者，不予供给，由民夫自带伙食。

此外，条例还规定，参加动员遭受损失之民夫、车马，由地方政府予以抚恤赔偿；战争勤务负担较重之地区，酌量减征公粮。

统一的战勤条例公布后，有些省根据实际情况又制定了本省的战勤条例。与此同时，各级政府都成立了战勤动员委员会，并在战区附近或接近战区的交通要道设立兵站，负责接收、调动战勤队和粮草的供应。这样，农民的劳力负担开始走向制度化。

1948年，东北行政委员会对战勤暂行条例作了一些修改，经过东北政委会第三十八次常委会审议通过，于1948年2月13日公布了正式的战勤条例——《东北解放区人民爱国自卫战争勤务条例》。

正式的条例与原来的暂行条例比较，只有三处修改：（1）对于随军服务超过全年应服工数的户，其超服工数，由地方政府采取互助代耕等办法予以调剂，以平衡负担。（2）明确规定定期担架及运输车辆随军服务者，其时间以一次战役终了为限，不得留作长期随军之用。（3）公营企业、银行、商店及贸易部门、合作社等营业性质之机关，需用民力车马时，可经过政府批准代雇，一律不准自行动员。

修改公布的正式战勤条例，一直执行到中华人民共和国成立。

（二）农村的优属代耕制度

东北解放区的优属工作，从1946年起就成为一项群众性的经常性的工作。组织农民群众，帮助那些无劳力或缺乏劳力的烈属、军属、工属代耕代种，是拥军优属的一项主要内容。

最初的代耕办法，都采用派工制。这种办法在多数地方做得不好，派了工还荒了地，军属不满意，群众浪费了工。后来，各地出现了多种多样的形式，省与省之间不统一，有的省县与县之间也不统一。

1948年初，松江省实行了统一的包耕办法，并制发了《优待军人家属土地包耕办法》。其具体做法是：将军属需要代耕的土地，由全村人力、畜力共同负担。代耕户承包军属一定的代耕地，每年按评定的常年产量，交粮给军属。除因灾荒及不可抗拒的事故外，减产时由代耕户赔补，超产之数归代耕户所有。采用这种办法大体有三种形式，即互助组包耕、包耕户包耕、以区为单位包耕。

据黑龙江省委调查，1949年春耕时全省大约有四种代耕办法：

一是小组集体负责包耕制。把全村缺乏劳力的军工属应代耕的地，按全村所有应负担战勤的劳力平均分配（地富因其他战勤少，多负担1/3），再按小组的劳力，应代耕多少，把军属地分配到小组去，由小组负责固定包耕，到秋保证不比同等土地打粮少。这是多数县、区采取的办法。

二是租耕制。由村政府把军属代耕地租出去，到秋除军属应分的租子外，再由全村应负担代耕的劳力平均摊粮，或打下粮食全给军属，大家再给租地户粮食（如海伦、望奎、绥化等县）。

三是工钱办法。按全村应负担代耕的劳力，按季节摊工钱，把钱交给军属自己雇人种或由村上给包出去，由某一户负责代耕（如海伦、通北等县）。

四是按所有应负担代耕的劳动力，组织成代耕小组，专门分工给军属代耕。

此外，各县还规定：军属不论劳动力多少，不负担给别人代耕义务；四个半脱离生产的村干由群众给每人代耕两垧地（有的个别县也给生产委员、村政府通讯员、伙夫代耕一两垧），而且村政府委员不负担代耕义务。因此，农村每个劳力须负担代耕三五亩，有的多至八九亩。有些地方形成照顾地方工作人员（县区村）家属比照顾前方军属好的偏向。

（三）东北解放区农民的劳力负担情况

战争勤务和优属代耕，都是农民的劳力负担，它同财粮负担一样，都是义务性质的。

据东北行政委员会民政部1949年3月20日统计，东北三年解放战争中，共动员民工313万人，动员担架30.6万副，动员大车30.6万辆，动员牲口90.7万匹。又据民政部统计，1949年度烈军属被代耕种的户数为22.4万户（占烈军属总户数的56.4%），共代耕土地46.6万垧（见表3-42、表3-43）。

表3-42　　　　　　东北三年来动员人力、畜力统计表

省　别	民工（人）	担架（副）	大车（辆）	牲口（匹）
黑龙江省	16629	2281	1212	5617
嫩江省	51927	6000	3971	18874
松江省	205842	22560	35198	105594
辽北省	1526323	109993	88975	166962
辽宁省	667504	75210	107904	323712
合江省	9533	1382	693	2170
吉林省	549164	65595	58961	254680
安东省	99596	22537	7523	22569
哈尔滨市	6054	620	2281	6843
合　计	3132572	306178	306718	907021

表 3-43　　　　　　　　1949 年优属代耕统计表

省市别	烈属户数	军属户数	被代耕户数	代耕土地（垧）
辽宁省	5547	193055	130000	75000
辽西省	3260	52403	25430	4520
松江省	3764	107447	63632	96627
吉林省	4476	113802	—	127090
黑龙江省	3406	119442	60321	125041
热河省	5200	92761	49713	36318
沈阳市	175	10290	—	2716
抚顺市	26	1910	—	—
鞍山市	53	1675	923	570
本溪市	35	1650	—	—
旅大地区	125	4695	4354	648
总计	26067	599130	224373	466530

现在我们来做一个用工的推算。先推算战勤的用工。按照每副担架配备 6 人计算，大车一辆配备 1 人计算，则抬担架和赶大车的人数为 214.2 万。加上原统计的民工 313.2 万人，共计为 527.4 万人。按每人每年服工 5 天计算，则三年共用工 2637 万个，每年平均用工 879 万个。如果按东北解放区从事农业生产的人口 2583 万平均，则每人每年平均负担战勤工 0.3 个；如果按 601 万个农业劳动力计算，则每个劳动力每年平均负担战勤工 1.46 个。

现在我们再来推算优属代耕用工。东北的土地，每垧一般需用工 100 个，代耕 46.6 万垧，则一年需用 4660 万个工。如果按农业人口 2583 万平均，则每人每年平均负担代耕工 1.8 个；如果按 601 万个农业劳动力计算，则每个劳动力每年平均负担代耕工 7.75 个。

从我们的推算情况看，东北农民的劳力（不包括畜力）负担大体是：按人口平均，每人每年约负担 2.1 个工；按劳动力平均，每劳力每年约负担 9.21 个工。总的说来，劳力负担还不算很重。

但是，地区之间、年度之间负担则很不平衡。从地区看，则以战区负担重；从年度看，则以 1948 年负担重。1948 年是战争规模最大的一年，也是动员民力最多的一年。单是辽沈战役，就动员民工 160 万人，使用担架 13800 副、大车 6750 辆、牲口 30000 头、粮食 7000 万斤①。

广大农民的劳力支援，特别是到前方参加战斗，是解放军取得伟大胜利、解放全东北的重要基础之一。由农民组成的军勤队，是在土地改革的基础上涌现出来的一支雄厚的力量。在每一战役开始前，各地的民工担架队即准备就绪。民工们到达前方后，表现得十分英勇。每当战斗开始时，他们即有组织地进入预定地区，担任各种转运工作，有的自动参与火线救护，出入枪林弹雨，奋不顾身地抢救伤员。1947 年秋季攻势中，嫩江省一个担架队曾跟随部队行程千余里，参加火线救护百余次，光荣地完成了自己的立功计划。黑龙江省一个民工队在 1948 年初沈（阳）北战斗中，除安全转送伤员外，还配合部队捉拿俘虏 40 余名，缴获美国武器两大车。民工们在行军中常常帮助部队带路、侦察及伪装防空。在转运伤员中不辞一切劳苦，替伤员喂水喂饭，昼夜看守，体贴备至。他们在战斗间隙，除自己组织学习外，还分批向新区群众宣传，密切了驻地的军民关系，扩大了解放军的影响。1947 年秋季攻势开始后，北海各地的参战队随军进入中长路南段及北宁路沿线各地，在敌机疯狂扫射下，他们想方设法使伤员及物资在白天得以安全转运。民工的这些动人的事迹和勇于自我牺牲的精神，在东北人民的革命史上，又增添了光辉的新章。

六、内蒙古解放区的农、牧业税制度

内蒙古解放区始建于 1945 年。抗日战争胜利后，八路军迅速解放了内蒙古的锡林郭勒盟、察哈尔盟、昭乌达盟、呼伦贝尔盟、纳文慕仁盟、兴安盟等广大地区，以及哲里木盟的大部分地区。当时叫绥蒙解放区，成立了绥蒙政府，属晋绥边区领导。1946 年，由于傅作义部队的进攻，绥蒙解放区大部分变为游击区。1947 年 5 月 1 日，随着解

---

① 魏宏运主编：《中国现代史资料选编》（5），黑龙江省人民出版社出版，第 488 页。

放区恢复,成立了内蒙古自治政府。内蒙古自治政府是蒙古族各阶层联合内蒙古区域内各民族,实行高度区域性自治的地方民主联合政府,并非独立自治政府①。内蒙古自治政府成立后,立即阐明了内蒙古收复区的各项政策,并发了布告。1948年,因战争需要,内蒙古解放区划归东北解放区领导。但是,在行政上仍然执行自治区的政策。

内蒙古解放区从1947年秋季开始,在农业区稳步地进行了土地制度的改革,在牧业区实行了民主改革。内蒙古解放区的财粮供给,开始一段主要靠晋绥边区和东北解放区帮助,土改和民主改革后,主要靠税收。内蒙古解放区的税收,主要是农业税和牧业税,分别在农业区和牧业区征收,并建立了一套相应的征税制度。下面,我们重点来介绍这两种税收制度的情况。

(一)内蒙古解放区的公粮公草征收制度

1945年12月25日,绥蒙政府公布了《1945年度公粮征收暂行条例》。这是绥蒙解放区第一次征粮。

这个公粮征收办法与晋绥边区的办法相似,既征收入税,也征资产税。农业收入按所种土地全部产量计征,土地依其通常产量计征,农业以外的收益按当地市价折米计征。全户的课税对象,统一折成粮食(小米),然后不论老少每人扣除5斗消费粮,无余粮者免征,有余粮者就其余粮部分累进计算分数。每分应负担公粮数,以全行政村或自然村应征公粮总数除以该村应征总分数,平均分摊。并且规定,凡蒙汉杂居地区,蒙民公粮减半征收,畜牧区蒙民免征公粮。

由于绥蒙地区是新解放,群众工作无基础,干部也有限,因此,这次征粮只有少数村庄按条例规定征收,大部分村庄都执行民主摊派的办法。

1946年秋,绥蒙区进行了第二次征粮,即征收1946年度公粮。由于这时绥蒙大部地区变为游击区,不能执行晋绥边区的修正的公粮征收条例,绥蒙政府决定采取灵活的征收办法,即以民主摊派为原则,自上而下分配公粮任务:在比较安定巩固的地区,照晋绥边区的修正

---

① 《内蒙古人民代表会议宣言》(1947年5月9日),《东北日报》,1947年5月9日。

条例征收，以刺激群众的生产积极性；在被敌人扰乱的游击区，着重向富有户征收，中农以下贫穷户酌情减免负担；在被敌人侵占的地区，则有计划地配合军事行动，组织力量抢征，主要对象是敌人收集的粮食与富豪地主应出的公粮。

1947年，内蒙古自治政府颁发了《征收公粮公草暂行办法》。当时，土地改革刚开始，仍然采用累进征收的办法。征收率以每垧地平均收获量2石为标准（不足2石者按收获量为标准酌情减收），最低征收产量的10%，最高征收20%，并按土地分级累进。累进率如表3-44所示。

表3-44

级别	每人平均占有土地垧数	每垧地征收公粮（斗）	累进税收（%）
1	1 垧	2	不累进
2	1 垧以上至 2 垧	2	10
3	2 垧以上至 3 垧	2	20
4	3 垧以上至 4 垧	2	30
5	4 垧以上至 5 垧	2	40
6	5 垧以上至 6 垧	2	50
7	6 垧以上至 7 垧	2	60
8	7 垧以上	4	不累进

牲畜也折合为土地负担，但牲畜负担轻于土地。具体规定是：纯游牧地区，如驼、马、牛、骡，平均每4头折地1垧，驴8头（当年小畜免征）、羊20只折1垧地，牲畜副产品免负担。混合地区（半农半牧），每10垧地以下，扣除役畜1头免征。

公草随公粮附征。每征公粮1斗交黄草20斤，交羊草40斤。

1948年9月15日，内蒙古自治政府颁发了《1948年征收公粮公草暂行条例》。这个条例是根据土改后的农村经济情况制定的。条例规定，凡自治区境内耕种土地的农民（包括侨民），均有交纳公粮公草的义务。公粮依据不同土地之平年产量计征，每垧地按产量征收20%，不再累进。每征公粮100斤，附征公草20斤。为维持各旗、县村政开支及补助乡村教育经费，准许各旗、县随公粮征收10%的附加。

1949年10月28日，内蒙古自治政府对上年的条例作了一些修改，颁发了1949年度《征收公粮公草暂行条例》。修改的内容主要有三点：（1）将公粮公草与地方粮合并一次征收。负担率统依土地等级之产量为标准，定为21%（地方粮1%在内）。每征公粮100斤，附征公草20斤。（2）增加了起征点的规定，以350斤为起征点，不足350斤者免征。（3）对减税免税作了这样的具体规定：凡因遭受人力不能抵抗之自然灾害而致田地无收或收获量减少，以户为单位，其常年产量不足350斤者免征，350斤以上至500斤者征收10%，500斤以上者按实产量征收21%。无劳动力特别贫苦之军属烈属、伤废军人或鳏寡孤独者，经民主评议，旗、县政府批准，酌情减免公粮。

由于土地制度的改革，解放了生产力，并由于自治区人民政府于1948年春节抽调大批干部深入农村，协助基层政权组织与领导农民广泛地开展了大生产运动，内蒙古解放区的农业生产迅速得到了恢复和发展。据统计，1949年的粮食总产量比1947年增加30.13%。在农村经济发展的基础上，农业税收也相应增加。到1949年，农业税收入占自治区财政收入的比例为33.72%，占据了第一位。这对于保障供给、支援战争、恢复和发展自治区的各项事业，都起了重大的作用。

（二）内蒙古解放区的牧业税制度

解放前，内蒙古大草原是"千里草原万里云，人稀畜少豺狼多"。广大贫苦牧民，在王公、牧主的皮鞭下，过着奴隶般的悲惨生活。牧场由于反动统治阶级的滥垦、滥牧，受到严重的破坏，许多草原因缺水源和遭受虫害、鼠害，日益荒芜。

1947年秋开始，牧区开展了民主改革。考虑到牧区封建制度是封建特权制度产物的特点，民主改革主要采取了自下而上的和平方式。一方面，废除封建特权制度，实行牧场公有，自由放牧；另一方面，实行不斗不分、不划阶级、牧工牧主两利的政策，使牧民得到放牧自由，从封建束缚下解放了牧业生产力。

在牧区民主改革以前，为了让牧民休养生息，人民政府对牧业区没有征任何税。1948年民主改革完成，自治区政府确定先在呼伦贝尔盟、兴安盟的游牧区及半农半牧区开征牧业税，并制定了《呼伦贝尔盟、兴安盟征收公畜暂行条例》。这是新中国公布的第一个牧业税法。

这个条例，是根据自治区发展牧业的方针，适当照顾各阶层人民利益，按轻征累进的原则制定的。同时，利用了旧的牧税形式。

牧业税以户为单位，按其所有牧畜总数，除去本年幼畜，折合绵羊计征。牛1头等于绵羊6只（不论大小平均折算），马、骆驼1匹等于绵羊8只。以人为单位，从其所有牲畜折算之绵羊总数内，每人扣除15只羊的免征点。按户所有畜产总数，除去本年幼畜及应扣除之免征点数外之所余畜数，按累进税率征收。累进征收率规定如表3-45所示。

表3-45

税级	按人扣除免征后全户余畜数（折绵羊，只）	税率（%）
1	1—300	0.5
2	301—600	1.0
3	601—900	1.5
4	901—1200	2.0
5	1201—1500	2.5
6	1501—1800	3.0
7	1801—2100	3.5
8	2101—2400	4.0
9	2401—2700	4.5
10	2701—3000	5.0

1949年，呼纳盟、兴安盟仍然执行这个条例。

由于牧业税实行轻税政策，牧民的负担是轻的。据统计，1948年两个盟的平均实际负担率为0.9%，1949年为0.79%。牧业税的征收，一方面，为自治区增加了一些财政收入（1949年牧业税收入占自治区财政收入的1.76%）；另一方面，使牧民进一步摸到了共产党实行的"不划阶级、不分不斗、自由放牧、发展牧业"政策的根底，激发了牧民（包括牧主）放手发展牧业生产的积极性，从而对共产党更加爱戴，热诚拥护。

后 记

我们编写本书第三卷，断断续续地历时八年。1980年秋开始收集资料，1982年夏写出初稿。之后，经过改写，于1983年秋完成第二次稿。1986年3月下旬，财政部与中国财政学会联合召开了本卷的书稿讨论会，对第二次稿进行了讨论、评审。根据与会专家、学者、实际工作者提出的宝贵意见，编者对原稿作了较大的修改，同时增补了一些新的资料。第三次修改稿于1987年春完成后，又打印分送参加书稿讨论会的各同志提意见。1987年下半年，编者根据同志们提出的书面意见，再次进行修改，于年底正式定稿。这就是本卷编写的简要过程。

在收集资料和编写、修改本卷书稿的过程中，各地财税部门和许多高等院校、科研单位等，给了我们很大的支持与帮助。他们当中有：财政科学研究所，北京大学中国革命与建设研究中心，吉林大学历史系，黑龙江省财政专科学校，西北大学历史系，陕西财经学院财政系，中南财经大学农经系、财政系、党史教研室，河北省邢台市委党校，武汉大学历史系，四川省巴中川陕根据地博物馆，中共中央组织部老干部局，原中共海南区党委党史办公室，中共福建省建阳地委党史办公室，中国财政经济出版社，山西省档案馆，湖北省博物馆，山东省档案馆，陕西省档案馆，江苏省档案馆，福建省档案馆，辽宁省档案馆，大连市档案馆，吉林省档案馆，黑龙江省档案馆，北京图书馆，中国人民大学图书馆，江西省财政厅，福建省财政厅，安徽省财政厅，湖南省财政厅，湖北省财政厅，广东省财政厅，广东省税务局，广西壮族自治区财政厅，四川省财政厅，陕西省财政厅，江苏省财政厅，

后 记

浙江省财政厅，山东省财政厅，山西省财政厅，内蒙古自治区财政厅，辽宁省财政厅，大连市财政局，吉林省财政厅，黑龙江省财政厅，广东省肇庆地区财政局，江西省瑞金、兴国县财政局，安徽省来安、泾县财政局，福建省龙岩、上杭、永定县财政局，广西壮族自治区百色县财政局，江苏省盐城地区财政局，江苏省泰兴、东台、阜宁县财政局，四川省达县财政局，福建省崇安县财政局，中国人民建设银行总行招待所等。对此，我们表示衷心的感谢！

  本卷是根据有关历史文献资料、革命回忆录和调查资料写的，并吸取了有关方面的研究成果。由于农民负担问题涉及的面较广，编者水平有限，掌握的资料不全，不妥之处在所难免。我们垦切希望熟悉当时情况的老同志、专业工作者和广大读者批评指正。

编者

1988 年 2 月